제8판

- 법무사 자격시험 등 각종 고시 대비
- 중요한 조문 및 판례 중심 수록
- 중요한 최신판례 수록
- 기출지문 표시

2025
핵심정리 민사집행법

법무사·법학박사 한 봉 상

연세출판사

제8판 머리말

이 교재는 법무사 자격시험 등 각종 고시를 준비하는 수험생들의 최종정리를 위하여 만들어진 민사집행법 핵심정리집입니다. 기본서의 1/3 정도의 분량으로 압축하여 중요한 조문과 판례들만을 선별하여 정리한 요약집입니다.

기출지문은 [2024 법무사], [2024 승진] 등으로 시험연도와 시험명을 부기하여 출제빈도 등을 파악하도록 하였습니다.

현재 저자는 ST Unitas 법무사단기학원에서 법무사 자격시험 수험생들을 대상으로 민사집행법과 공탁법 및 가족관계등록법을 강의하고 있습니다.
또한 대한법무사협회 법무사연수원에서 민사집행실무강의를 담당하였으며, 중앙법률사무교육원에서는 법률실무가들을 위하여 민사집행실무, 민사신청실무, 부동산경매 권리분석실무, 채권집행실무, 공탁실무강의 등을 진행하고 있습니다.

이제 ST Unitas 법무사단기학원은 법무사 자격시험 수험생들을 위한 최고의 학원으로 우뚝 성장하였다고 봅니다.
저자의 민사집행법과 공탁법, 그리고 가족관계등록법 강의는 그 누구도 따라올 수 없는 독보적인 강의로 완벽하게 자리매김하고 있다고 감히 자부합니다. 이 모든 것은 수험생 여러분들의 열렬한 성원 덕분이라고 생각하며, 앞으로도 더욱 열정적인 강의와 세련된 교재로 보답할 것을 굳게 약속드립니다.

저자의 현장 강의를 적극적으로 지원해 주시는 ST Unitas 법무사단기 천인철 원장님과 김주영 실장님, 그리고 김보람 담당님께 깊이 감사드립니다.
개정작업을 함께 한 직원들께 감사드리며, 언제나 곁에서 큰 힘이 되어주는 사랑하는 아내와 아들에게 감사의 마음을 전합니다.

끝으로 이 교재로 공부하시는 전국의 모든 수험생 여러분들께 '합격'의 영광이 함께 하길 진심으로 기원합니다!

2025. 5.

법학박사·법무사 한 봉 상

목 차

제1편 총론

제1장 집행비용 / 3
제2장 강제집행의 요건 / 9
제3장 강제집행개시의 요건 / 31
제4장 강제집행의 정지 및 취소 / 45
제5장 강제집행에서의 구제절차 / 53

제2편 강제집행

제1장 부동산에 대한 강제집행 / 95
제2장 채권에 대한 강제집행 / 345

제3편 보전처분

제1장 보전소송의 당사자 및 관할 / 409
제2장 보전처분의 요건 / 415
제3장 보전처분의 신청·심리 및 재판 / 425
제4장 보전명령에 대한 채무자의 구제 / 439
제5장 보전항고 및 보전집행 / 457
제6장 각종의 가압류·가처분과 그 집행 / **467**

제1편 총론

제1장 집행비용

Ⅰ. 의의

1. 의의
집행비용이란 민사집행에 필요한 비용, 즉 민사집행의 <u>준비 및 실시</u>를 위하여 필요한 비용을 말한다.[1]

2. 사해행위취소소송과 관련된 비용
사해행위취소소송에 의하여 사해행위 목적재산이 채무자의 책임재산으로 원상회복되고 그에 대한 강제집행절차가 진행되었더라도 '사해행위취소소송'을 위하여 지출한 <u>소송비용,</u> 소유권이전등기 말소청구권 보전을 위한 부동산 <u>처분금지가처분비용,</u> 사해행위로 마쳐진 소유권이전등기의 <u>말소등기비용</u>은 위 집행에 의하여 우선적으로 변상받을 수 있는 집행비용에 해당하지 '않는다'.[2]
[2012, 2021 승진, 2014, 2016, 2020 법무사]

3. 대위상속등기비용
부동산을 목적으로 하는 담보권실행을 위한 경매절차에서 그 경매신청 전에 부동산의 소유자가 사망하였으나 그 상속인이 상속등기를 마치지 않아 경매신청인이 경매절차의 진행을 위하여 <u>상속인을 대위하여 상속등기를 마쳤다면 그 상속등기를 마치기 위해 지출한 비용(대위상속등기비용)</u>은 담보권실행을 위한 <u>경매를 직접목적</u>으로 하여 지출된 비용으로서 그 경매절차의 준비 또는 실시를 위하여 필요한 비용이고, 나아가 그 경매절차에서 모든 채권자를 위해 체당한 공익비용이므로 <u>집행비용에 해당한다</u>.[3] [2022, 2023 법무사, 2024 승진]

---

[1] 대법원 2011. 2. 10. 선고 2010다79565 판결.
[2] 대법원 2011. 2. 10. 선고 2010다79565 판결.
[3] 대법원 2021. 10. 14. 선고 2016다201197 판결.

4. 귀속정산에 의한 가등기담보권을 실행하는 경우

귀속정산에 의한 가등기담보권 실행도 민사집행법에 따라 담보물을 매각하지 않을 뿐 담보로 파악한 교환가치만큼을 채권자에게 이전한다는 점에서 경매에 의한 실행과 본질이 같으므로 청산금에서 공제할 수 있는 가등기담보권 실행비용은 경매절차의 집행비용에 상응하는 것이어야 한다.

그러므로 가등기담보권자는 귀속정산 과정에서 담보목적물의 교환가치를 파악하기 위하여 쓴 감정평가비용 등을 실행비용으로서 청산금에서 공제할 수 있을 뿐, 청산의 결과로서 본등기를 마치기 위해 지출한 절차비용과 취득세 등은 스스로 부담하여야 한다.[4] [2024 법무사]

Ⅱ. 집행비용 : 공익비용에 한함

집행비용은 집행권원 없이도 배당재단으로부터 각 채권액에 우선하여 변제받을 수 있는데, 여기서 집행비용이란 각 채권자가 실제로 지출한 비용 전부를 의미하는 것이 아니라, 배당재단으로부터 우선변제를 받을 수 있는 집행비용만을 의미하며, 당해 경매절차를 통하여 모든 채권자를 위하여 체당한 비용으로서의 성질을 띤 집행비용, 즉 '공익비용'에 한한다.[5]

[2021, 2024 승진, 2019, 2024 법무사]

Ⅲ. 집행비용의 범위

1. 집행준비비용

집행준비비용은 민사집행을 준비하기 위하여 지출한 비용이다. 집행권원 송달비용, 집행문부여신청비용, 증명서교부비용 등이 이에 속한다. [2016 승진]

2. 집행실시비용

① 집행실시비용은 집행신청 이후에 채권자나 집행기관이 집행절차의 수행을 위하여 필요한 비용이다. 집행관 수수료 등이 이에 속한다.[6] [2017 법무사]

② 가압류 및 가처분의 집행에 관하여는 강제집행에 관한 규정이 준용되므로(291조, 301조) 가압류·가처분의 집행에 소요된 비용은 집행비용에 해당한다.

③ 단체 임원 등의 직무대행자를 선임하는 가처분의 경우, 채권자가 예납한 금전에서 지급된 직무대행자의 보수는 가처분의 집행에 소요되는 비용으로서 집행비용에 해당한다.[7] [2012 승진, 2012, 2016, 2017, 2024 법무사]

---

4) 대법원 2022. 4. 14. 선고 2017다266177 판결.
5) 대법원 2011. 2. 10. 선고 2010다79565 판결.
6) 대법원 1996. 8. 21. 96그8 결정.

Ⅳ. 집행비용의 예납

① 강제집행에 필요한 비용은 종국적으로는 채무자의 부담으로 하고, 그 집행에 의하여 우선적으로 변상을 받는다(53조 1항).[2014, 2016, 2017, 2021 법무사]

② 민사집행의 신청을 하는 때에는 채권자는 민사집행에 필요한 비용으로서 법원이 정하는 금액을 미리 내야 하고, 법원이 부족한 비용을 미리 내라고 명한 때에도 같다. 채권자가 비용을 미리 내지 아니한 때에는 법원은 결정으로 신청을 각하하거나 집행절차를 취소할 수 있고, 이 결정에 대하여는 즉시항고할 수 있다(18조).[2014, 2019 법무사]

③ 민사집행을 신청한 채권자가 예납의무자이다. 국가·지방자치단체·그 밖의 공공단체가 강제집행을 신청하는 경우에도 예납의무가 있다.[2012 법무사]

Ⅴ. 집행비용의 부담 및 추심

1. 집행비용의 부담

(1) 채무자 부담

강제집행에 필요한 비용은 종국적으로 채무자가 부담하고, 그 집행에 의하여 우선적으로 변상을 받는다(53조 1항).[2021 승진]

(2) 강제집행이 취하 또는 취소된 경우

강제집행이 신청의 취하 또는 집행처분의 취소 등으로 인하여 그 목적을 달성하지 못하고 끝난 경우 그 때까지의 절차와 그 준비에 든 비용이 민사집행법 제53조 제1항에서 정한 집행비용에 해당한다고 볼 수는 없다.

그러나 이러한 경우에도 해당 강제집행이 그 목적을 달성하지 못하고 끝나게 된 사정을 고려하지 아니한 채 그 비용을 일률적으로 채권자에게 부담시키는 것은 형평에 반하여 부당하다. 따라서 이 경우 당사자는 집행이 끝날 당시에 집행이 계속된 법원에 집행비용의 부담 및 집행비용액확정재판을 신청할 수 있고, 법원은 당사자의 신청에 따라 해당 비용이 지출된 시기, 채권자가 이를 지출할 필요성, 강제집행과의 관련성 및 강제집행이 끝나게 된 원인이나 경위 등 여러 사정을 종합하여 집행비용을 부담할 당사자와 그 부담액을 정할 수 있다.[8][2024 법무사]

---

[7] 대법원 2011. 4. 28. 2011마197 결정.
[8] 대법원 2023. 9. 1.자 2022마5860 결정.

2. 추심의 방법

① 집행비용은 <u>별도의 집행권원 없이</u> 본래의 강제집행절차에서 <u>우선적으로</u> 변상을 받는다(53조 1항).

본래의 강제집행이 금전집행인 경우에는 당해 집행절차에서 변상받을 수 있다. 다만 금전채권에 기초한 것이라도 그 집행절차에서 집행비용을 변상받지 못한 경우에는 <u>집행비용액확정결정</u>을 얻어 이를 집행권원으로 하여 금전집행을 하여야 한다(규칙 24조 1항).[2016, 2017 법무사]

② 비금전채권에 대한 강제집행의 경우(예컨대 부동산인도집행)에는 당해 집행절차에서 집행비용을 변상받을 수 없으므로 <u>따로 집행비용액확정결정을 받아</u> 이를 집행권원으로 하여 별도로 금전집행을 하여야 한다(규칙 24조).

따라서 부동산인도 강제집행의 집행비용에 대하여 <u>집행비용액확정결정이 없는 경우</u>에 그 집행비용을 부동산인도집행의 집행권원인 확정판결(부당이득금반환청구)에 기한 강제경매절차에서 추심할 수는 없다.9)[2012, 2017, 2024 법무사]

③ 집행비용을 변상받지 못한 경우에는 별도로 집행비용액확정결정을 얻어야 하므로 별도의 <u>소제기나 지급명령신청</u>의 방법으로 청구하는 것은 허용되지 않는다.10)[2014 법무사]

④ 집행개시 후에 집행권원상의 채무가 변제나 그 밖의 사유로 소멸된 경우에도 집행비용을 변상하지 아니한 때에는 채권자는 그 집행권원에 기하여 집행비용의 추심을 위한 <u>강제집행을 속행</u>할 수 있고,11) 집행비용을 변상하지 아니한 이상 청구이의의 소에서 채무자가 집행력 <u>전부의 배제</u>를 구할 수는 없다.12)

[2017, 2020 법무사, 2021 승진]

3. 집행비용액확정결정

(1) 신청

① 비금전집행의 경우 또는 금전집행이라 하더라도 당해 집행절차에서 집행비용을 변상받지 못한 경우에는 <u>별도로</u> 집행비용액확정결정을 받아서 집행하여야 한다. 당해 집행절차에서 변상 받지 못한 집행비용을 별도의 <u>소제기나 지급명령신청</u>의 방법으로 청구할 수 없다.13)[2014, 2017 법무사]

---

9) 대법원 2006. 10. 12. 선고 2004재다818 판결.
10) 대법원 1996. 8. 21. 96그8 결정.
11) 대법원 1989. 9. 26. 선고 89다2356 판결 ; 1992. 4. 10. 선고 91다41620 판결.
12) 대법원 2008. 7. 10. 선고 2008다10051 판결 ; 2012. 5. 24. 선고 2011다105195 판결.
13) 대법원 1996. 8. 21. 96그8 결정.

② 민사집행법 제53조 제1항의 규정에 따라 채무자가 부담하여야 할 집행비용으로서 그 집행절차에서 변상받지 못한 비용은 <u>채권자의 신청</u>을 받아 집행법원이 결정으로 정한다(규칙 24조 1항). 민사집행법 제53조 제2항의 규정에 따라 채권자가 변상하여야 할 금액도 <u>채무자의 신청</u>을 받아 집행법원이 결정으로 정한다(규칙 24조 1항).[2020 법무사]
③ 집행비용액확정결정의 절차에서의 법원사무는 <u>사법보좌관의 업무</u>에 속한다(사법보좌관규칙 2조 1항 1호).

(2) 절차

신청을 받은 집행법원은 집행비용액을 결정하기 전에 상대방에게 비용계산서 등본을 교부하고 이에 대하여 진술할 것과 일정한 기간 이내에 비용계산서와 비용액을 소명하는데 필요한 서면을 제출할 것을 <u>최고하여야</u> 한다(규칙 24조 2항, 민사소송법 111조 1항).[2020 법무사]

(3) 재판

① 집행비용액확정의 재판은 <u>집행법원이 결정으로</u> 한다(규칙 24조 1항).
② 집행비용액확정절차에서는 변상할 <u>집행비용의 액수</u>를 정할 수 있을 뿐이고, 그 <u>변상의무</u> 자체의 존부를 심리·판단할 수는 없다.[2019, 2020 법무사]
따라서 채무자는 채권자가 제출한 비용계산서의 비용항목이 집행비용에 속하는지 여부 및 그 수액에 대하여 의견을 진술하고 소명자료를 제출할 수 있을 뿐이고, 집행비용액확정절차 외에서 이루어진 변제, 상계, 화해 등에 의하여 <u>집행비용부담에 관한 실체상의 권리가 소멸</u>되었다고 하더라도 이러한 사유는 청구에 관한 이의의 소를 제기할 사유가 됨은 별론으로 하고, 집행비용액확정절차에서 심리·판단할 대상은 될 수 없다.14)

(4) 불복신청

집행비용액확정결정에 대하여는 즉시항고할 수 있다. 다만 집행비용액확정결정은 집행종료 후의 재판으로서 민사집행법 제15조 제1항의 '집행절차'에 관한 집행법원의 재판에 해당하지 아니하므로 그 결정에 대하여는 <u>민사소송법상의 즉시항고</u>가 허용될 뿐이므로 항고이유서 제출에 관한 민사집행법 제15조 제3항, 제5항이 적용될 수 없다.15)[2020 승진, 2012, 2015, 2024 법무사]

---

14) 대법원 2009. 3. 2. 2008마1778 결정.
15) 대법원 2008. 2. 29. 2008마145 결정 ; 2011. 10. 13. 2010마1586 결정.

(5) 집행

① 집행비용액확정결정은 집행권원이 되므로(56조 1호) 채권자는 집행비용액확정결정에 집행문을 부여받아 강제집행을 할 수 있다. 다만 집행문은 집행비용액확정결정이 확정된 이후에만 부여할 수 있다.

② 채무자의 집행비용변상의무는 집행비용액확정결정의 확정에 의하여 비로소 이행기가 도래하고, 채무자가 그 이행기가 도래하였음을 안 때로부터 지체책임을 진다.16)

Ⅵ. 집행비용의 변상

① 강제집행의 완료 후에 강제집행의 기초가 된 판결 등의 집행권원이 파기된 때에는 집행권원이 소급하여 실효되므로 채권자가 추심한 집행비용을 채무자에게 변상하여야 한다(53조 2항).[2020 법무사, 2021 승진]

② 강제집행의 기초가 된 판결 등의 집행권원이 파기된 때에 채권자가 변상하여야 할 금액은 채무자의 신청을 받아 집행법원이 결정으로 정하는 것으로서 집행비용액확정절차와는 별개의 절차에서 이루어진다.17)[2019 법무사]

---

16) 대법원 2008. 7. 10. 선고 2008다10051 판결.
17) 대법원 2009. 3. 2. 2008마1778 결정.

제2장 강제집행의 요건

Ⅰ. 집행당사자

1. 집행당사자의 확정

① 강제집행에서 누가 채권자 또는 채무자가 되는가는 집행문이 누구를 위하여 또는 누구에 대하여 부여되어 있는가에 따라서 정해진다(39조 1항). 즉 집행당사자는 집행문의 부여로 확정된다.

② 집행당사자적격을 가진 자도 집행문의 부여를 받지 아니하면 집행당사자가 될 수 없고, 반대로 당사자적격을 가지지 않은 자라도 집행문이 부여되면 집행당사자가 된다. 다만 집행문의 부여 없이도 집행력이 있는 집행권원의 경우에는 그 집행권원에 표시된 당사자가 채권자 또는 채무자가 된다.[2022 법무사]

③ 집행적격자가 아닌 자에게 착오로 집행문이 부여된 경우에 그 자는 집행문부여에 대한 이의신청이나 집행문부여에 대한 이의의 소로써 집행문부여의 취소를 구할 수 있지만, 취소될 때까지는 여전히 집행당사자로 되므로 제3자이의의 소를 제기할 수 있는 제3자에 해당하지 않는다.[18)[2022, 2023, 2024 법무사]

2. 집행당사자의 적격과 변동

가. 집행당사자 적격

(1) 적격자

① 집행당사자의 적격이란 집행절차에서 누가 정당한 집행당사자인가의 문제이다. 집행문이 부여되면 집행당사자가 확정되므로 집행당사자가 누구인가는 집행문부여 후의 문제이지만, 집행당사자적격은 누구를 위하여 또는 누구에 대하여 집행문을 부여할 것인가의 문제로서 집행당사자적격의 유무는 집행문을 부여할 때 조사하여야 할 사항이다.[2014 승진]

② 재산형의 형사판결이나 과태료재판은 검사가 집행하므로 법무부장관이 아닌 검사에게 집행채권자적격이 있다. 이 경우에 법무부장관의 지정을 받은 검사만이 집행적격자가 되는 것은 아니다.[19)[2012, 2015 법무사]

---

18) 대법원 2016. 8. 18. 선고 2014다225038 판결.
19) 대법원예규 재민 64-2.

(2) 집행당사자적격의 범위

1) 판결에 표시된 당사자

2) 기판력이 미치는 제3자
기판력이 미치는 제3자도 집행당사자의 적격이 있다(25조 1항).

가) 변론종결 후의 승계인
① 판결의 기판력과 집행력은 실제로 소송을 수행한 당사자에게만 미치는 것이 원칙이지만, 변론종결 후의 승계인에게도 판결의 효력이 미친다(민사소송법 218조 1항). 이와 같이 판결의 효력이 당사자 외의 사람에게 미치는 경우에는 집행력도 같이 확장되므로 그 사람에 대하여 또는 그 사람을 위하여 집행할 수 있다(25조 1항 본문). 승계의 원인은 상속, 합병 등 포괄승계(일반승계)에 한정되지 아니하고, 채권양도, 매매와 같은 특정승계의 경우도 포함한다.[20]

② 면책적 채무인수인은 승계인에 포함되지만, 중첩적 채무인수인은 승계인에 해당하지 않으므로 중첩적 채무인수인에 대하여 승계집행문을 부여할 수는 없다.[21][2013, 2017, 2019 법무사, 2012 승진]

③ 체육시설의 설치·이용에 관한 법률 제27조 제1항에서 정하는 체육시설에 관한 영업의 양도가 있는 경우에 그 양수인의 기존 회원에 대한 채무인수는 면책적 채무인수에 해당하므로 양수인에 대하여 승계집행문을 부여할 수 있다.[22]

④ 매수인이 관계채권자의 승낙을 얻어 매각대금의 지급에 갈음하여 채무를 인수한 경우, 매수인이 현금으로 매각대금을 내는 것과 같고, 인수된 채무액의 범위에서 채무자의 채무도 소멸하게 되므로 위 규정에 따른 채무인수는 면책적 채무인수로 보아야 한다.[23][2022 승진, 2022 법무사]

⑤ 집합건물의 소유 및 관리에 관한 법률 제18조에서 '공유자가 공용부분에 관하여 다른 공유자에 대하여 가지는 채권은 그 특별승계인에 대하여도 행사할 수 있다'라고 규정하고 있는 바, 위 법률상의 특별승계인은 관리규약에 따라 집합건물의 공용부분에 대한 유지·관리에 소요되는 비용의 부담의무를 승계한다는 점에서 채무인수인으로서의 지위를 갖는데, 구분소유권이 순차로 양도된 경우 각 특별승계인들은 이전 구분소유권자들의 채무를 중첩적으로 인수한다고 봄이 상당하다.[24]

---
20) 대법원 1963. 9. 27. 63마14 결정.
21) 대법원 2016. 5. 27. 선고 2015다21967 판결 ; 2010. 1. 14. 2009그196 결정.
22) 대법원 2016. 5. 27. 선고 2015다21967 판결.
23) 대법원 2018. 5. 30. 선고 2017다241901 판결.

⑥ 채권양수인이 민사소송법 제218조 제1항에 따라 확정판결의 효력이 미치는 변론종결 후의 승계인에 해당하는지 여부는 채권양도의 합의가 이루어진 때가 아니라 대항요건이 갖추어진 때를 기준으로 판단하여야 한다.25)

나) 당사자 또는 승계인을 위하여 청구목적물을 소지한 사람

① 당사자 또는 변론종결 후의 승계인을 위하여 청구목적물을 소지하고 있는 자에게도 기판력과 집행력이 미친다(민소법 218조 1항).[2022 법무사] 청구목적물을 소지하고 있는 자에 대하여 집행하기 위해서는 승계집행문을 부여받아야 한다.

② 법인이 당사자인 경우의 그 직원 또는 당사자 본인의 동거가족 등 점유보조자의 경우에는 독립의 점유가 인정되지 않고 본인이 직접 소지·점유하는 경우와 같아서 청구목적물의 소지자에 해당하지 않으므로 이 경우의 집행에는 별도의 집행권원이 필요 없음은 물론 승계집행문도 필요 없다.26)[2022 법무사]

다) 제3자를 위하여 당사자가 된 자가 받은 판결에서의 제3자

① 다른 사람을 위하여 원고나 피고가 된 사람에 대한 확정판결의 기판력 및 집행력은 그 제3자에 대하여도 효력이 미친다(민소법 218조 3항).

예컨대 선정당사자가 받은 판결은 선정자에게 효력이 미치고(민사소송법 53조), 파산관재인이 받은 판결은 파산자에게 효력이 미친다(채무자회생 및 파산에 관한 법률 359조). 여기에서 제3자(선정자, 파산자 등)는 승계인은 아니지만 이들에 대한 강제집행을 하려면 승계집행문을 부여받아야 한다.

따라서 집행권원에 선정당사자가 채권자로 표시된 경우 선정당사자가 단독으로 일괄하여 강제집행을 신청할 수 있지만, 선정자가 강제집행을 신청하기 위해서는 승계집행문을 부여 받아야 하고, 집행권원에 선정당사자가 채무자로 표시된 경우에는 선정자에 대하여 승계집행문을 부여받아야 선정자에 대한 강제집행을 신청할 수 있다.[2012, 2014, 2019 승진, 2022 법무사]

② 채권자대위소송에서 소송고지 등 어떠한 사유로든지 채무자가 채권자대위권에 의한 소송이 제기된 사실을 알았을 경우에는 채무자에게도 판결의 기판력이 미치지만,27) 위 판결의 집행력은 원고와 피고 사이에 생기는 것이고, 소외인인 채무자에게는 미치지 않는다.28)[2014 법무사]

---

24) 대법원 2010. 1. 14. 2009그196 결정.
25) 대법원 2020. 9. 3. 선고 2020다210747 판결.
26) 대법원 2001. 4. 27. 2001다13983 판결.
27) 대법원 2014. 1. 23. 선고 2011다108095 판결 ; 1975. 5. 13. 선고 74다1664 판결.
28) 대법원 1979. 8. 10. 선고 79마232 결정.

③ 주식회사의 주주인 채권자가 위 회사의 대표이사인 채무자를 상대로 하여 주주대표소송으로 손해배상청구소송을 제기하여 채무자가 위 회사에 손해배상금을 지급하라는 판결이 선고·확정된 경우, 채권자는 위 확정판결의 원고로서 이를 집행권원으로 하여 채무자를 상대로 채권압류 및 전부명령신청을 할 수 있는 집행채권자적격이 있다.29)

나. 집행당사자적격의 변동

(1) 집행문부여 전의 변동
① 집행권원상의 청구권이 양도되어 대항력을 갖춘 경우 집행당사자적격이 양수인으로 변경되고, 양수인이 승계집행문을 부여받음에 따라 집행채권자는 양수인으로 확정되므로 승계집행문의 부여로 인하여 양도인에 대한 기존 집행권원의 집행력은 소멸한다.30)[2017, 2019, 2021 법무사, 2022 승진]

② 소송비용부담재판 후에 비용부담 의무자의 승계가 있는 경우, 그 승계인을 상대로 소송비용액확정신청을 하기 위해서는 승계집행문을 부여받아야 하고, 이를 부여받지 아니하고 그 승계인을 상대로 소송비용액확정신청을 하였다면 소송비용부담재판의 당사자가 아닌 사람에 대하여 한 것으로 부적법하다.

따라서 소송비용부담의 재판이 있은 후에 비용부담 의무자가 사망하였는데 승계집행문을 부여받지 않고 그 상속인들을 상대로 소송비용액확정신청을 하였다면 그 신청은 소송비용부담 재판의 당사자가 아닌 자들에 대하여 한 것으로 부적법하다.31)[2015, 2017, 2024 법무사]

(2) 집행문부여 후의 변동

1) 원칙
① 강제집행이 개시된 후에 신청채권자가 승계된 경우에 승계인이 자기를 위하여 강제집행의 속행을 신청하는 때에는 승계집행문이 부여된 집행권원 정본을 제출하여야 하고, 승계사실의 증명만으로는 부족하다(23조 1항).

[2015 승진, 2021 법무사]

---

29) 대법원 2014. 2. 19. 2013마2316 결정.
30) 대법원 2008. 2. 1. 선고 2005다23889 판결.
31) 대법원 2009. 8. 6. 2009마897 결정.

② 채권자가 집행권원에 기하여 채권압류 및 추심명령을 얻은 후 그 집행권원상의 채권을 양도하였다고 하더라도 양수인은 승계집행문을 부여받음으로써 집행채권자로 '확정'되는 것이므로 양수인이 기존 집행권원에 대하여 승계집행문을 받지 않았다면 여전히 양도인이 압류채권을 추심하거나 압류명령을 취하할 수 있다.32)[2022 승진, 2022 법무사]

2) 예외

강제집행을 개시한 뒤에 채무자가 죽은 때에는 승계집행문 없이 상속재산에 대하여 강제집행을 속행할 수 있다(52조 1항).[2017, 2021, 2022 법무사, 2023 승진]

다만 채무자에게 알려야 할 집행행위(채무자에 대한 경매개시결정의 송달 등)를 실시할 경우에 상속인이 없거나 상속인이 있는 곳이 분명하지 아니하면 집행법원은 채권자의 신청에 따라 상속재산 또는 상속인을 위하여 특별대리인을 선임하여 그를 집행에 관여시켜야 한다(52조 2항).[2023 승진]

Ⅱ. 집행권원

1. 의의

① 집행권원이란 일정한 사법상의 이행청구권의 존재와 범위를 표시함과 동시에 그 청구권에 집행력을 부여한 공증의 문서를 말한다.[2023 승진]

② 지부·분회·지회 등 어떤 법인의 하부조직을 상대로 일정한 의무의 이행을 구하는 소를 제기하여 승소확정판결을 받은 경우 판결의 집행력이 해당 지부·분회·지회 등을 넘어서 소송의 당사자도 아닌 법인에까지 미친다고 볼 수는 없으므로 그 판결을 집행권원으로 하여 법인의 재산에 대해 강제집행을 할 수는 없고, 법인의 재산에 대한 강제집행을 위해서는 법인 자체에 대한 별도의 집행권원이 필요하다.33)

③ 甲 회사와 乙 회사가 기업의 형태·내용이 실질적으로 동일하고, 甲 회사가 乙 회사의 채무를 면탈할 목적으로 설립된 것으로서 법인격을 남용하는 것으로 인정되는 경우라 하더라도 권리의 신속·확실한 실현을 도모하기 위하여 '절차의 명확·안정성'을 중시하는 소송절차 및 강제집행절차에 있어서는 乙 회사에 대한 판결의 기판력 및 집행력의 범위를 甲 회사에까지 확장하는 것은 허용될 수 없다.34)[2022 승진]

---

32) 대법원 2014. 11. 13. 선고 2010다63591 판결.
33) 대법원 2018. 9. 13. 선고 2018다231031 판결.
34) 대법원 1995. 5. 12. 선고 93다44531 판결.

2. 집행권원의 집행범위

집행할 수 있는 범위의 최대한도는 집행권원에 표시된 바에 의하여 정하여지고, 집행권원에 표시된 금액 이상의 채권이 있다 하더라도 그 초과부분은 집행할 수 없다. 예컨대 집행증서정본에 차용금채권의 원금 및 그에 대한 변제기까지의 이자에 대한 약정만이 있고, <u>변제기 다음 날부터</u> 완제일까지의 지연손해금에 대하여는 아무런 기재가 없다면 그 지연손해금에 대하여는 강제집행을 할 수 없다.[35] [2019, 2020 법무사]

3. 집행권원의 효력상실

가집행선고판결이 상소심에서 취소되거나 확정판결이 재심에 의하여 취소된 경우에는 집행권원은 효력을 상실한다. 다만 집행종료 후 집행권원이 실효되더라도 이미 이루어진 집행행위의 효력에는 영향이 없다.

① 가집행선고 있는 판결에 기한 강제집행은 확정판결에 기한 경우와 같이 본집행이므로 상소심판결에 의하여 가집행의 효력이 소멸되거나 집행채권의 존재가 부정된다 하더라도 그에 앞서 이미 <u>완료된 집행절차나 매수인의 소유권 취득의 효력</u>에는 영향을 미치지 않는다.[36] [2017, 2018 승진, 2018, 2022 법무사]

② 확정된 종국판결에 터잡아 경매절차가 진행된 경우, 그 후에 그 확정판결이 재심소송에서 취소되었더라도 그 경매절차를 미리 정지시키거나 취소시키지 못한 채 경매절차가 계속 진행된 이상 매각대금을 완납한 매수인은 경매 목적물의 <u>소유권을 적법하게 취득</u>한다.[37] [2022 승진, 2011, 2022 법무사]

4. 집행권원의 종류

(1) 확정된 종국판결

1) 종국판결

① 종국판결은 하나의 심급에서 소송의 전부 또는 일부를 종결시키는 판결을 말한다. 종국판결에는 <u>전부판결, 일부판결, 추가판결</u>이 포함되지만, <u>중간판결</u>(민소법 201조)은 독립하여 상소할 수 없으므로 집행권원이 될 수 없다.

② 종국판결 중에서도 <u>이행판결</u>만이 집행권원으로 되며, 확인판결이나 형성판결은 집행력이 없으므로 집행권원이 될 수 없다.

---

35) 대법원 1994. 5. 13. 94마542, 543 결정.
36) 대법원 1993. 4. 23. 선고 93다3165 판결.
37) 대법원 1996. 12. 20. 선고 96다42628 판결.

(2) 가집행선고 있는 종국판결

1) 가집행선고의 효력

① 미확정된 종국판결이라도 가집행선고가 있으면 <u>즉시 집행력</u>이 발생하며, <u>상소가 있어도</u> 집행정지 등의 사유가 없는 한 정지되지 않는다.[2013 법무사]

가집행선고에 기한 집행도 청구권의 최종적 만족단계에까지 나아간다는 점에서는 확정판결에 기한 집행과 동일하지만, 그 효력이 확정적인 것이 아니라 후일 상소심에서 가집행선고나 본안판결이 <u>취소·변경되는 것을 해제조건</u>으로 한다는 점에서 확정판결에 기한 집행과 다르다.38)[2013 법무사]

② 가집행선고에 기한 강제집행을 면하기 위하여 임의로 지급된 금원은 확정적으로 변제의 효과가 발생하는 것은 아니고, 그 <u>판결이 확정된</u> 때에 비로소 발생한다.39) 따라서 제1심 가집행선고부 판결에 기하여 그 가집행선고 금액을 지급받았다 하더라도 항소심법원으로서는 이를 <u>참작함이 없이</u> 당해 청구의 당부를 판단하여야 한다.40)[2012 승진, 2013 법무사]

2) 가집행선고의 실효

① 가집행선고 있는 제1심판결이 항소심에서 취소되면 가집행선고는 실효되지만, 항소심판결이 상고심에서 파기되면 가집행선고의 효력이 <u>다시 회복</u>되므로 채권자는 가집행선고가 있는 제1심판결에 기하여 <u>집행을 속행</u>할 수 있다.41)
[2018, 2023 승진, 2016, 2019 법무사]

② 제1심에서 가집행선고부 승소판결을 받아 그 판결에 기해 강제경매를 신청한 다음 항소심에서 조정(조정에 갈음하는 결정 포함) 내지 화해가 성립한 경우, 제1심판결 및 그 가집행선고의 효력은 조정 내지 화해에서 제1심판결보다 <u>인용 범위가 줄어든 부분</u>에 한하여 실효되고 그 <u>나머지</u> 부분에 대하여는 여전히 효력이 미친다.42)[2018 승진, 2022 법무사]

(3) 집행판결

1) 의의

① 집행판결은 외국법원의 <u>확정판결</u> 또는 이와 동일한 효력이 있는 재판에 기초한 강제집행을 대한민국 법원에서 허가하는 판결이다(26조 1항).

---

38) 대법원 1982. 11. 19. 선고 80다2626 판결 ; 2000. 7. 6. 선고 2000다560 판결.
39) 대법원 2000. 7. 6. 선고 2000다560 판결.
40) 대법원 2000. 7. 6. 선고 2000다560 판결.
41) 대법원 1993. 3. 29. 93마246,247 결정 ; 1999. 12. 3. 99마2078 전원합의체 결정.
42) 대법원 2011. 11. 10. 2011마1482 결정.

② 민사집행법 제26조 1항의 '외국법원의 확정판결'이라 함은 재판권을 가지는 외국의 사법기관이 그 권한에 기하여 사법상의 법률관계에 관하여 대립적 당사자에 대한 상호 간의 심문이 보장된 절차에서 종국적으로 한 재판으로서 구체적 급부의 이행 등 그 강제적 실현에 적합한 내용을 가지는 것을 의미하고, 그 재판의 명칭이나 형식 등이 어떠한지는 문제되지 아니한다.[43)][2019 법무사]

2) 집행판결의 대상
① 집행판결은 외국법원의 확정재판을 우리나라에서 강제집행을 하기 위한 것이므로 집행판결의 대상은 외국법원의 확정된 이행판결이고 확인판결이나 형성판결은 그 대상이 될 수 없다. 외국법상으로 확정판결과 동일한 효력이 인정되는 화해조서·조정조서 등 각종조서도 집행판결의 대상이 된다.
② 미국법원에서 한 특정이행명령의 대상이 되는 계약상 의무가 충분히 특정되지 못하여 판결국인 미국에서도 곧바로 강제적으로 실현하기가 어렵다면 우리나라 법원에서도 강제집행을 허가할 수 없다.[44)]
외국법원에서 특정한 의무의 이행에 대한 명령과 함께 소송에 소요된 변호사보수 및 비용의 지급을 명하는 판결이 있는 경우, 변호사보수 및 비용의 지급을 명하는 부분에 대한 집행판결이 허용되는지는 특정한 의무의 이행에 대한 명령과는 '별도로' 그 부분 자체로서 민사집행법 27조 2항이 정한 요건을 갖추었는지를 살펴 판단하여야 한다.[45)]

3) 관할
집행판결을 청구하는 소의 토지관할은 '채무자'의 보통재판적이 있는 곳의 지방법원이 관할하며, 보통재판적이 없는 때에는 민사소송법 제11조의 규정에 따라 청구의 목적 또는 담보의 목적이나 압류할 수 있는 채무자의 재산이 있는 곳의 지방법원이 관할한다(26조 2항).[2022 법무사]

4) 소제기 및 심리
① 집행판결의 청구는 소제기의 방식에 의하여야 하므로 반드시 당사자와 법정대리인, 청구취지와 원인을 적은 서면을 법원에 제출하는 방식으로 하여야 한다(민사소송법 248조, 249조 준용).[2021 법무사]

---

43) 대법원 2010. 4. 29. 선고 2009다68910 판결.
44) 대법원 2017. 5. 30. 선고 2012다23832 판결.
45) 대법원 2017. 5. 30. 선고 2012다23832 판결.

② 집행판결은 외국법원 확정판결 등의 옳고 그름을 심리하는 것이 아니라, 민사소송법 제217조에서 정한 요건을 모두 갖추었는가의 여부를 심리하는 것이다(27조 1항).[2021 법무사]

5) 판결
① 집행판결은 외국법원의 확정판결 등에 대하여 집행력을 부여하여 우리나라 법률상 강제집행절차로 나아갈 수 있도록 허용하는 것으로서 변론종결 시를 기준으로 집행력의 유무를 판단하는 재판이다.[46][2021 법무사]
② 심리결과 외국법원의 판결이 확정되었음을 증명하지 아니하거나 민사소송법 제217조에서 정한 요건을 갖추지 아니한 때에는 집행판결청구의 소를 각하하여야 한다(27조 2항).
③ 외국화폐로 표시된 외국법원의 확정판결 등의 주문을 집행판결에서 우리나라의 화폐로 환산하여 표시할 필요는 없고, 환산은 집행판결에 기초하여 실제로 집행할 때 그 당시의 환율에 의하여야 한다(민법 378조).

6) 집행
집행판결은 가집행선고가 있거나 확정되면 집행권원이 되며, 집행판결에 기하여 강제집행을 하려면 집행문을 부여받아야 한다.

(4) 집행증서

1) 의의
공증인이 작성한 공정증서 중에서 ① 일정한 금액의 지급이나 대체물·유가증권의 일정한 수량의 급여를 목적으로 하는 청구에 관하여 작성한 것으로서 채무자가 강제집행을 승낙한 취지가 적혀 있는 증서(법 56조 4호, 공증인법 15조의2) ② 공증인이 어음·수표에 부착하여 강제집행을 승낙하는 취지를 적어 작성한 공정증서(공증인법 56조의2) ③ 공증인이 건물·토지·특정동산의 인도·반환을 목적으로 하는 청구에 관하여 강제집행을 승낙하는 취지를 적어 작성한 공정증서(공증인법 56조의3)는 집행권원이 되는데, 이를 집행증서라고 한다.

2) 집행증서의 요건

가) 집행증서는 공증인 등이 권한 내에서 작성한 것이어야 한다.

---
[46] 대법원 2018. 11. 29. 선고 2016다18753 판결.

① 공증인이 스스로 작성한 증서이어야 하고, 사문서의 진정성립 또는 그 내용이 진실하다는 것을 인증한 것만으로는 집행증서가 되지 않는다. 제척사유가 있는 공증인은 직무를 행할 수 없다(공증인법 21조).

② 건물·토지·특정동산의 인도나 반환에 관한 법률행위 공증의 경우에는 어느 한 당사자가 다른 당사자를 대리하거나 어느 한 대리인이 당사자 쌍방을 대리할 수 없다(공증인법 56조의3, 2항).[2016 법무사]

나) 일정한 금액의 지급, 대체물 또는 유가증권의 일정한 수량의 급여, 건물·토지·특정동산의 인도·반환을 목적으로 하는 특정한 청구일 것

① 금전의 지급이나 대체물·유가증권의 급여를 목적으로 하는 청구는 물론이고 건물·토지·특정 동산의 인도·반환을 목적으로 하는 청구에 관하여도 집행증서를 작성할 수 있다(공증인법 56조의3).[2019 법무사]

② 건물·토지·특정동산의 인도·반환에 관한 집행문은 그 증서를 보존하는 공증인이 그 공증인의 사무소가 있는 곳을 관할하는 지방법원 단독판사의 허가를 받아 부여하고, 이 경우 지방법원 단독판사는 허가 여부를 결정하기 위하여 당사자 본인이나 대리인을 심문할 수 있다(공증인법 56조의3, 4항).[2015, 2021 승진]

③ 지급할 금액, 수량 등이 증서상 일정하여야 한다. 즉 증서상 금액 또는 수량이 명기되어 있던가 증서 자체로부터 이를 산출할 수 있어야 한다(예를 들어 이자에 관하여 이율과 기간이 결정되어야 한다). 청구는 기한부, 조건부 또는 반대급부에 달려 있는 경우에도 무방하다.[2021 승진]

다) 집행수락문언이 적혀 있을 것

① 집행수락의 의사표시는 채무자가 강제집행을 승낙한다는 취지의 의사표시(이른바 집행수락문언)가 있어야 집행증서에 집행력이 발생한다. 집행수락의 의사표시는 공증인에 대한 채무자의 소송행위이므로 민법상의 표현대리 규정이 적용 또는 준용될 수 없다.[47][2018 승진, 2016, 2017, 2022 법무사]

② 대리권의 흠결이 있는 공정증서라고 하더라도 추인은 가능하지만, 그 집행인낙에 대한 추인의 의사표시는 당해 공정증서를 작성한 공증인에 대하여 그 의사표시를 공증하는 방법으로 하여야 집행권원으로서의 효력이 있고, 다른 방식에 의하여 추인을 한 경우에는 집행권원으로서의 효력이 없다.[48][2021 승진]

③ 기본이 되는 행위의 대리권을 수여받은 사람이 그 수권의 범위를 넘는 행위를 하고 그에 관하여 공정증서를 작성한 경우 그 공정증서는 무권대리인의 촉탁에 의하여 작성된 것이므로 집행권원으로서의 효력이 없다.[49]

---

47) 대법원 1994. 2. 22. 선고 93다42047 판결 ; 1984. 6. 26. 선고 82다카1758 판결.
48) 대법원 2006. 3. 24. 선고 2006다2803 판결 ; 2001. 2. 23. 선고 2000다45303 판결.

무효인 공정증서에 기하여 진행된 경매절차는 무효로서 매수인은 소유권을 취득할 수 없으므로 그 등기는 말소되어야 함이 원칙이다.[50)][2018 법무사, 2015 승진]

3) 집행증서의 효력

가) 집행력

① 집행증서로서의 요건을 갖춘 경우에 집행증서도 다른 집행권원과 마찬가지로 집행력이 있다. 다만 집행증서에는 기판력이 없어서 민사집행법 제44조 제2항이 적용되지 아니하므로 증서에 기재된 청구가 처음부터 불성립 또는 무효인 경우에도 청구이의의 소를 제기할 수 있다(59조 3항).[2017 법무사, 2021 승진]

집행증서 있는 청구권에 대하여도 이행 또는 확인의 소를 제기할 수 있다.

② 실제채무액보다 더 많은 액수의 어음을 발행하여 공증을 하였다고 하더라도 그 공정증서에 표시되어 있는 채권자와 채무자의 촉탁에 의하여 그 공정증서가 작성된 것이 확실하다면 그 공정증서에 의한 강제집행인 전부명령은 무효라 할 수 없다.[51)][2016 법무사]

나) 집행증서의 요건에 흠결이 있는 경우

집행증서가 집행권원으로서 집행력을 가질 수 있도록 하는 집행인낙의 의사표시(집행수락문언)는 공증인에 대한 소송행위이므로 그것이 미성년자나 무권대리인이 한 것으로서 추인이 없는 경우에 그 집행증서는 집행권원으로서의 효력이 없다. 이 경우 채무자는 집행증서의 무효를 주장하는 방법으로 다음 두 가지 중 어느 하나를 자유롭게 선택할 수 있다는 것이 판례의 입장이다.[52)]

① **청구이의의 소**

집행증서가 무권대리인의 촉탁에 의하여 작성된 것으로서 무효인 경우에 그 무효원인의 존부를 기록만으로 쉽게 판단할 수 없으므로 채무자는 청구이의의 소를 제기하여 집행의 배제를 구할 수 있으며, 다만 무효인 집행증서에 기하여 발령된 채권압류 및 전부명령이 확정된 경우에는 이미 집행이 종료된 것이므로 청구이의의 소로 다툴 이익이 없다.[53)][2016 법무사]

---

49) 대법원 2001. 2. 23. 선고 2000다45303 판결.
50) 대법원 2002. 5. 31. 선고 2001다64486 판결.
51) 대법원 1989. 9. 12. 선고 88다카34117 판결.
52) 대법원 1989. 12. 12. 선고 87다카3125 판결 ; 1999. 6. 23. 99그20 결정.
53) 대법원 1989. 12. 12. 선고 87다카3125 판결.

② 집행문부여에 대한 이의

집행증서상의 명의를 모용당하였다고 주장하는 채무자는 위 집행증서에 채무자 본인의 집행촉탁 및 집행수락의 의사가 결여되었음을 내세워 집행문부여에 대한 이의로써 무효인 집행증서에 대하여 부여된 집행문의 취소를 구할 수 있다. 다만 무효인 집행증서에 기하여 발령된 채권압류 및 전부명령이 확정된 경우에는 이미 집행이 종료된 것이므로 집행문부여에 대한 이의로 다툴 이익이 없다.[2011 승진, 2016, 2017, 2019 법무사]

4) 집행문의 부여

① 집행증서에 대한 집행문은 그 증서를 보관하고 있는 공증인이 부여한다(59조 1항). 집행에 조건이 붙어 있거나 당사자의 승계가 있는 경우는 물론이고, 집행문을 수통부여 또는 재도부여를 하는 경우에도 재판장의 명령 없이 공증인이 독자적으로 심사하여 부여한다.[2019 법무사]

다만 '건물·토지·특정동산의 인도 또는 반환'에 관한 집행증서에 대한 집행문은 공증인이 그 사무소가 있는 곳을 관할하는 지방법원 단독판사의 허가를 받아 부여하여야 하고, 이 경우 단독판사는 당사자 본인 또는 대리인을 심문할 수 있다(공증인법 56조의3, 4항).[2015 승진]

② 집행문을 내어 달라는 신청에 관한 공증인의 처분에 대하여 이의신청이 있는 때에는 그 공증인의 사무소가 있는 곳을 관할하는 지방법원 단독판사가 결정으로 재판한다(59조 2항).[2017 법무사]

(5) 항고로만 불복할 수 있는 재판

1) 의의 및 종류

항고로만 불복할 수 있는 재판은 판결 이외의 재판인 결정·명령으로서 법률에 의하여 항고로만 불복신청이 허용되는 것을 말한다. 항고로만 불복할 수 있는 재판에는 소송비용액확정결정, 부동산인도명령 등이 있다.

2) 집행력

① 소송비용액확정결정에 대한 즉시항고는 민사소송법상 즉시항고로서 집행정지효력이 있으므로 소송비용액확정결정이 확정된 이후에만 집행문을 부여할 수 있다.[54][2019 승진]

---

54) 소송비용액확정결정에 대한 집행문부여(재민 80-2).

② 부동산인도명령에 대한 즉시항고는 민사집행법상 즉시항고이므로 집행정지의 효력이 없다(15조 6항 본문). 따라서 항고법원(재판기록이 원심법원에 남아 있는 때에는 원심법원)은 즉시항고에 대한 결정이 있을 때까지 담보를 제공하게 하거나 담보를 제공하게 하지 아니하고 원심재판의 집행을 정지하거나 집행절차의 전부 또는 일부를 정지하도록 명할 수 있고, 담보를 제공하게 하고 그 집행을 계속하도록 명할 수 있다(15조 6항 본문).

(6) 확정된 지급명령

① 확정된 지급명령에 기한 강제집행은 집행문을 받을 필요 없이 지급명령정본에 의하여 행한다(58조 1항 본문).55) 다만 지급명령의 집행에 조건을 붙인 경우나 당사자의 승계가 있는 경우에는 집행문을 부여받아야 한다(58조 1항 단서).[2012, 2022, 2023 승진, 2019 법무사]

② 채권자가 여러 통의 지급명령정본을 신청하거나(수통부여신청) 전에 내어 준 지급명령정본을 돌려주지 아니하고 다시 지급명령정본을 신청한 때(재도부여신청)에는 재판장(사법보좌관)의 명령 없이 법원사무관등이 단독으로 부여하고 그 사유를 원본 및 정본에 적어야 한다(58조 2항).[2020 법무사]

③ 판결에 대한 청구이의의 소는 그 이유가 변론종결 후에 생긴 것이어야 한다(44조 2항). 그러나 확정된 지급명령은 기판력이 없어서 민사집행법 제44조 제2항이 적용되지 아니하므로 이의사유의 발생시기에 아무런 제한이 없고, 따라서 지급명령 송달 전의 사유를 가지고도 청구이의의 소를 제기할 수 있다(58조 3항).

(7) 확정된 이행권고결정

① 확정된 이행권고결정에 기한 강제집행은 집행문을 부여받을 필요 없이 결정서의 정본에 의하여 행한다(소액사건심판법 5조의8, 1항 본문).56) 다만 집행에 조건이 붙어 있거나 당사자의 승계가 있는 경우에는 집행문을 부여받아야 한다(소액사건심판법 5조의8, 1항 단서).

② 확정된 이행권고결정에 대하여 여러 통의 이행권고결정정본을 신청하거나(수통부여), 전에 내어 준 정본을 돌려주지 아니하고 다시 이행권고결정정본을 신청한 때(재도부여)에는 재판장의 명령 없이 법원사무관등이 단독으로 부여하고, 원본과 정본에 그 사유를 부기한다(소액사건심판법 5조의8, 2항).

---

55) 송달증명과 확정증명도 필요 없다.
56) 송달증명과 확정증명도 필요 없다.

③ 판결에 대한 청구이의의 소는 그 이유가 변론종결 후에 생긴 것이어야 한다(44조 2항). 그러나 확정된 이행권고결정은 기판력이 없어서 민사집행법 제44조 제2항이 적용되지 아니하므로 이의사유의 발생시기에 아무런 제한이 없고, 따라서 이행권고결정 송달 전의 사유를 가지고도 청구이의의 소를 제기할 수 있다(소액사건심판법 5조의8, 3항).

(8) 가압류·가처분명령

가압류·가처분의 집행에는 강제집행에 관한 규정이 준용되므로(291조, 301조) 가압류·가처분명령은 집행권원이 된다. 가압류·가처분명령은 집행문 없이 즉시 집행할 수 있으나, 재판이 있은 뒤에 채권자나 채무자의 승계가 이루어진 경우에는 승계집행문을 받아야 집행할 수 있다(292조 1항, 301조).[2024 승진, 2024 법무사]

(9) 화해조서 등 확정판결과 동일한 효력이 있는 것

재판상 화해조서, 조정조서, 인낙조서 등은 확정판결과 동일한 효력이 있으므로 집행권원이 되며(56조 5호), 이에 기한 강제집행을 위하여는 집행문을 받아야 한다.

(10) 확정된 화해권고결정

① 확정된 화해권고결정은 집행권원이 되며, 강제집행을 위하여는 집행문을 부여받아야 한다.[2024 승진, 2013, 2014 법무사]

② 가압류·가처분 재판은 발령과 동시에 집행력이 생기므로 당사자의 승계가 없는 한 집행문 없이 집행할 수 있고, 채권자에게 재판을 고지한 날부터 2주를 넘긴 때에는 집행하지 못한다(292조 1항, 2항, 301조).

다만 보전처분 절차에서 이루어진 '화해권고결정'은 당사자 쌍방의 양보를 전제로 당사자에게 화해를 권고하는 것으로서 당사자가 자유로이 처분할 수 있는 권리를 대상으로 할 수 있을 뿐 보전처분 신청과 보전처분에 대한 법원의 권한을 대상으로 삼을 수 없으므로 그 결정을 가압류·가처분에 대한 법원의 재판이라고 할 수 없고, 민사집행법 제23조 제1항, 민사소송법 제220조, 제231조에 따라 확정판결과 같은 효력을 가지므로 가압류·가처분에 대한 재판과 달리 민사집행법 제57조, 제28조에 따라 화해권고결정 정본에 집행문을 받아야 집행할 수 있고, 민사집행법 제292조 제2항, 제301조가 정하는 집행기간의 제한을 받지 않는다.[57]

---

57) 대법원 2022. 9. 29. 2022마5873 결정.

(11) 채권자표

① 확정채권에 대하여 채무자가 채권조사 기일에 이의를 진술하지 아니한 때에는 파산채권자표의 기재는 파산선고를 받은 채무자에 대하여 확정판결과 동일한 효력이 있으며, 채권자는 파산종결 후에 파산채권자표의 기재에 의하여 강제집행을 할 수 있다(채무자회생 및 파산에 관한 법률 535조 1항, 2항).

② 회생채권 또는 회생담보권에 기하여 회생계획에 의하여 인정된 권리에 관한 회생채권자표 또는 회생담보권자표의 기재는 회생계획인가의 결정이 확정된 때에 확정판결과 동일한 효력이 있으며, 채권자는 회생절차종결 후 회생채권자표 또는 회생담보권자표에 의하여 강제집행을 할 수 있다(채무자회생 및 파산에 관한 법률 255조 1항, 2항).

③ 확정된 개인회생채권을 개인회생채권자표에 기재한 경우 그 기재는 확정판결과 동일한 효력이 있다. 개인회생절차폐지결정이 확정되면 개인회생절차가 종료되므로 개인회생채권자는 채무자에 대하여 개인회생채권자표에 기하여 강제집행을 할 수 있다(위 법 603조 3항, 4항).[58][2020 법무사]

(12) 과태료의 재판에 대한 검사의 집행명령

과태료의 재판은 검사의 명령에 의하여 집행하며, 검사의 집행명령은 집행력 있는 집행권원과 동일한 효력이 있다(60조 1, 2항).

Ⅲ. 집행문

1. 의의

집행문이란 집행권원에 집행력이 있음과 집행당사자를 확정하기 위하여 법원사무관등이 집행권원 정본(판결정본 등)의 끝에 덧붙여 적는 공증문언을 말한다. 집행문에는 "이 정본은 피고 아무개 또는 원고 아무개에 대한 강제집행을 실시하기 위하여 원고 아무개 또는 피고 아무개에게 준다."라고 적고 법원사무관등이 기명날인하여야 한다(29조 2항).

집행문이 붙어 있는 집행권원을 '집행력 있는 정본' 또는 '집행정본'이라고 한다. 강제집행을 하려면 원칙적으로 집행력 있는 정본이 있어야 한다(28조 1항).

---

[58] 대법원 2012. 7. 12. 2012마811 결정.

2. 집행문 부여기관

(1) 판결
판결에 대한 집행문은 원칙적으로 제1심법원의 법원사무관등이 부여하되, 다만 기록이 상급심에 있는 때에는 상급심법원의 법원사무관등이 부여한다(28조 2항).[2019, 2020 법무사]

(2) 집행증서

1) 원칙
집행증서의 경우에는 그 증서를 보관하고 있는 공증인이 단독으로 집행문을 부여한다(59조 1항). 조건이나 승계가 있는 경우는 물론이고, 수통부여나 재도부여를 하는 경우에도 재판장의 명령 없이 공증인이 독자적으로 심사하여 직접 집행문을 부여한다.[2014 법무사]

2) 예외
건물·토지·특정동산의 인도 또는 반환에 관한 집행증서에 대한 집행문은 공증인 등이 그 사무소가 있는 곳을 관할하는 지방법원 단독판사의 허가를 받아 부여하여야 하고, 이 경우 단독판사는 당사자 본인 또는 대리인을 심문할 수 있다(공증인법 56조의3, 4항).[2015, 2021 승진]

이러한 단독판사의 허가업무에 관하여는 명시적인 위임규정을 두고 있지 아니하므로 '사법보좌관'이 그 허가업무를 행할 수 없다.

3. 강제집행에 집행문이 필요 없는 경우

(1) 확정된 지급명령
확정된 지급명령에 기한 강제집행에는 집행문을 받을 필요가 없고, 지급명령 정본만으로 강제집행을 실시하며(58조 1항 본문), '송달증명원'이나 '확정증명원'을 필요로 하지도 않는다.

다만 지급명령의 집행에 조건을 붙인 경우나 당사자의 승계가 있는 경우에는 집행문을 받아야 강제집행을 할 수 있다(58조 1항 단서).

(2) 확정된 이행권고결정

확정된 이행권고결정에 기한 강제집행에는 집행문을 받을 필요가 없고, 이행권고결정정본만으로 강제집행을 실시하며(소액사건심판법 5조의8, 1항 본문), 송달증명원이나 확정증명원을 필요로 하지도 않는다.

다만 이행권고결정의 집행에 조건을 붙인 경우나 당사자의 승계가 있는 경우에는 집행문을 받아야 강제집행을 할 수 있다(소액사건심판법 5조의8, 1항 단서).

(3) 가압류·가처분명령

가압류·가처분명령의 집행에는 원칙적으로 집행문이 필요 없으나, 재판이 있은 뒤에 채권자나 채무자의 승계가 이루어진 경우에는 집행문을 받아야 집행할 수 있다(292조 1항, 301조).[2024 법무사]

(4) 의사의 진술을 명하는 재판

1) 원칙

의사의 진술을 명하는 판결(예컨대 부동산등기절차의 이행을 명하는 판결)은 확정되면 의사의 진술이 있는 것으로 간주되고 이로써 집행이 종료되므로(263조 1항) 별도로 집행문의 부여도 필요하지 않다.

2) 예외 : 조건부로 의사의 진술을 명하는 경우

① 집행권원상의 의사표시를 하여야 하는 채무가 반대급부이행 등 조건이 붙어 있는 경우에는 채권자가 조건성취를 증명하여 집행문을 부여받았을 때 의사의 진술이 있는 것으로 간주되고 집행이 종료된다(263조 2항).

② 반대급부 이행 등 조건이 성취되지 않았는데도 등기신청의 의사표시를 명하는 판결에 집행문이 잘못 부여된 경우 그 집행문부여는 무효이지만, 집행문이 부여됨으로써 집행이 종료된 것이므로 더 이상 집행문부여에 대한 이의신청이나 집행문부여에 대한 이의의 소를 제기할 이익이 없다. 이 경우 채무자는 의사표시의 무효를 주장하거나 그에 기초하여 이루어진 등기의 말소·회복을 청구하는 소를 제기하여야 한다.[59][2013, 2019, 2024 승진, 2015, 2023 법무사]

(5) 집행력 있는 집행권원과 동일한 효력이 있는 재판

다음의 경우에는 법률상 집행력 있는 집행권원과 동일한 효력이 있는 것으로 규정되어 있으므로 강제집행 시에 집행문을 필요로 하지 않는다.

---

59) 대법원 2012. 3. 15. 선고 2011다73021 판결.

① 과태료의 재판 및 형사소송법상 재산형의 집행을 위한 검사의 집행명령(민사집행법 60조, 형사소송법 477조)
② 확정된 배상명령 또는 가집행선고가 있는 배상명령이 기재된 유죄판결 정본(소송촉진 등에 관한 특례법 34조 1항)
③ '주택임대차분쟁조정위원회'가 당사자 사이의 합의에 따라 작성한 금전 그 밖의 대체물의 지급 또는 부동산의 인도에 관한 강제집행을 승낙하는 취지의 내용이 기재된 조정서 정본(주택임대차보호법 27조)

4. 집행문부여의 절차

가. 신청
집행문부여신청은 서면 또는 말로 할 수 있다(28조 3항).[2020 법무사]

나. 심사

(1) 집행권원 원본과의 대조
① 집행권원에 채권자·채무자의 주민등록번호 등이 적혀 있지 않은 경우에는 집행문을 내어 달라는 신청을 하는 때에 법원사무관등은 채권자·채무자 또는 승계인의 주민등록번호·주소를 소명하는 자료를 제출하게 할 수 있고, 이 경우에는 집행문에 채권자·채무자 또는 승계인의 주소·주민등록번호 등을 적어야 한다(규칙 19조, 20조).[2015 승진]
② 집행권원에 표시된 청구권의 '일부'에 대하여 집행문을 내어 주는 때에는 강제집행할 수 있는 범위를 집행문에 적어야 한다(규칙 20조 1항). 재판장(사법보좌관)의 명령이 있어야 내어 줄 수 있는 집행문에는 재판장의 명령에 의하여 내어 준다는 취지를 기재하여야 한다(32조 3항).

(2) 집행권원의 집행력의 유효한 존재
판결의 경우에는 확정되었거나 가집행의 선고가 있어야 집행문을 부여할 수 있다(30조 1항). 다만 소송비용액확정결정 또는 집행비용액확정결정에 대한 즉시항고는 민사소송법상의 즉시항고로서 집행정지의 효력이 있으므로 그 결정이 확정된 후에 집행문을 부여하여야 한다.[60][2019 승진]

---

60) 재민 80-2.

5. 집행문의 부여에 재판장의 명령이 필요한 경우

① 재판을 집행하는 데에 조건을 붙인 경우(즉, 조건성취집행문을 부여하는 경우)와 승계집행문을 부여하는 경우에는 재판장(사법보좌관)의 명령이 있어야 하고, 그 명령은 집행문에 적어야 한다(32조 1항, 3항). 이 경우 재판장은 그 명령에 앞서 서면 또는 말로 채무자를 심문할 수 있다(32조 2항).

② 집행문부여의 업무는 그 스스로의 이름으로 행하는 법원사무관등의 고유업무로서 집행문의 부여에 재판장의 명령을 필요로 하는 경우에도 그 명령은 내부적 지시 내지 감독작용에 불과하므로 집행문부여기관은 여전히 법원사무관등이고 재판장이 집행문부여기관이 되는 것은 아니다.[61]

그러므로 재판장의 명령의 부당·불법은 집행문부여에 대한 이의 또는 집행문부여거절에 대한 이의로써 다투어야 하고, 재판장의 명령에 대하여 직접 항고를 하는 것은 부적법하다.[62] [2014 법무사]

가. 조건성취집행문

① 집행에 조건이 붙어 있는 경우에는 채권자가 증명서로 조건의 성취를 증명한 때에 한하여 재판장(사법보좌관)의 명령에 따라 집행문을 부여한다(30조 2항, 32조 1항). 조건의 성취는 반드시 문서로 증명하여야 한다. [2014 승진]

② 확정된 지급명령 또는 확정된 이행권고결정에 기한 집행에는 원칙적으로 집행문이 필요 없으나, 집행에 조건을 붙인 경우 또는 승계가 있는 경우에는 재판장(사법보좌관)의 명령에 따라 집행문을 받아야 한다(58조 1항).

③ 집행증서를 집행하는 데에 조건을 붙인 경우 또는 승계집행문을 부여하는 경우에도 재판장의 명령을 받을 필요 없이 공증인이 독자적으로 심사하여 집행문을 부여한다. 다만 건물·토지·특정동산의 인도 또는 반환에 관한 집행증서에 대한 집행문은 공증인이 그 사무소가 있는 곳을 관할하는 지방법원 단독판사의 허가를 받아 부여하여야 하고, 이 경우 단독판사는 당사자 본인 또는 대리인을 심문할 수 있다(공증인법 56조의3, 4항). [2014 법무사, 2015, 2021 승진]

나. 승계집행문

① 집행문은 판결에 표시된 채권자의 승계인을 위하여 내어 주거나 판결에 표시된 채무자의 승계인에 대한 집행을 위하여 내어 줄 수 있다(31조 1항 본문). 다만 그 승계가 법원에 명백한 사실이거나, 증명서로 승계를 증명한 때에 한한다(31조 1항 단서). 승계가 법원에 명백한 사실(공지의 사실, 재판상 현저한 사실, 기록상 명백한 사실)인 때에는 이를 집행문에 적어야 한다(31조 2항).

---
61) 대법원 1977. 11. 23. 선고 77마348 판결.
62) 대법원 1979. 8. 25. 78마249 결정.

② 변론종결 전 사망에 의한 소송절차중단을 간과하고 변론이 종결되고 판결이 선고된 경우에 수계인의 관여를 배제한 절차상 위법은 있지만, 그 판결이 <u>당연무효는 아니므로</u> 승계인을 위한 또는 승계인에 대한 강제집행을 실시하기 위하여는 <u>승계집행문을 부여하여야</u> 하고, 이와 같이 사망자가 피고로 표시되어 있는 판결에 대하여 법원사무관등이 재판장의 명령에 따라 승계집행문을 부여한 조치는 정당하다.[63][2013 법무사]

③ 소송비용부담의 재판 이후에 비용부담 의무자의 승계가 있는 경우, 그 승계인을 상대로 소송비용액 확정신청을 하기 위해서는 <u>승계집행문을 부여받아야</u> 하고, 이를 부여받지 않고 그 승계인을 상대로 소송비용액확정신청을 하였다면 이는 소송비용부담재판의 당사자가 아닌 사람에 대하여 한 것으로서 부적법하다.[64][2015, 2017, 2024 법무사]

④ 의사의 진술을 명한 판결이 확정된 때에는 그 판결로 의사를 진술한 것으로 본다(263조 1항). 따라서 부동산등기에 관한 의사표시의무의 집행과 관련하여, 의사표시를 명하는 판결의 확정으로 <u>의사표시 간주의 효과가 생긴 후에 등기권리자의 지위가 승계</u>된 경우에는 부동산등기법의 규정에 따라 등기절차를 이행할 수 있을 뿐이고 원칙적으로 승계집행문이 부여될 수 없다.[65]
[2022 승진, 2024 법무사]

다. 집행문의 수통부여 및 재도부여

① 채권자가 여러 통의 집행문을 신청하거나(수통부여신청), 전에 내어 준 집행문을 돌려주지 아니하고 다시 집행문을 신청한 때(재도부여신청)에는 <u>재판장(사법보좌관)의</u> 명령이 있어야 집행문을 내어 준다(35조 1항). 여러 통의 집행문을 내어 주거나 다시 집행문을 내어 주는 때에는 그 사유를 <u>원본과 집행문에 적어야</u> 한다(35조 3항).

② 재판장은 그 명령에 앞서 <u>서면이나 말로 채무자를 심문</u>할 수 있고, 채무자를 <u>심문하지 아니하고</u> 수통부여나 재도부여를 한 경우에는 채무자에게 그 사유를 <u>통지하여야</u> 한다(35조 2항). 다만 이 통지는 <u>훈시규정</u>이므로 통지하지 않았다 하더라도 그 이후의 집행절차에는 아무런 영향이 없고, 상대방에게 통지서를 발송하였으나 주소불명 등으로 <u>반송되어도</u> 다시 공시송달까지 할 필요는 없다.[66]

---

63) 대법원 1998. 5. 30. 98그7 결정.
64) 대법원 2009. 8. 6. 2009마897 결정.
65) 대법원 2017. 12. 28. 2017그100 결정.
66) 대법원 1980. 10. 8. 80마394 결정.

③ 확정된 지급명령정본 또는 확정된 이행권고결정에 대하여 수통부여나 재도부여를 하는 경우에는 <u>재판장(사법보좌관)의 명령 없이</u> 법원사무관등이 부여하고, 그 사유를 원본과 정본에 기재하면 된다(56조 2항, 소액사건심판법 5조의8, 2항).[2020 법무사]

④ 공정증서에 대하여는 민사집행법 제35조가 준용되지 않으므로 공증인이 공정증서에 대한 수통부여 또는 재도부여를 하는 경우에도 재판장의 명령을 받을 필요 없이 <u>독자적으로</u> 심사하여 부여한다.

다만 건물·토지·특정동산의 인도·반환에 관한 집행문은 그 증서를 보존하는 공증인이 그 공증인의 사무소가 있는 곳을 관할하는 지방법원 <u>단독판사의 허가</u>를 받아 부여하여야 한다(공증인법 56조의3, 4항).[2015, 2021 승진, 2014, 2019 법무사]

Memo

제3장 강제집행개시의 요건

Ⅰ. 적극적 요건

1. 집행당사자의 표시

집행권원이나 집행문에 집행당사자의 표시가 없으면 집행기관은 집행을 개시할 수 없다(39조 1항).

2. 집행권원의 송달

(1) 송달의 시기

강제집행은 이를 신청한 사람과 집행을 받을 사람의 성명이 판결이나 이에 덧붙여 적은 집행문에 표시되어 있고, 판결을 이미 송달하였거나 동시에 송달한 때에만 개시할 수 있다(39조 1항).[2017, 2022 법무사, 2023 승진]

(2) 집행권원의 송달이 집행개시요건이 아닌 경우

가압류·가처분명령의 집행, 벌금·과료·몰수·추징 등 재판에 대한 검사의 명령의 집행(형사소송법 477조 3항), 과태료재판에 대한 검사의 명령의 집행(비송사건절차법 249조 2항 단서)의 경우에는 집행권원의 송달이 집행개시요건이 아니므로 집행권원의 송달 없이 집행을 개시할 수 있다.[2018 승진, 2014, 2022 법무사]

(3) 집행권원의 송달 없이 한 집행행위의 효력

1) 절대적 무효인 경우

① 강제집행의 집행권원이 된 확정된 지급명령정본을 채무자의 허위주소로 송달하게 하였다면 그 송달은 무효이고, 집행권원의 효력이 집행채무자에게 미친다고는 볼 수 없으므로 이러한 집행권원에 의하여 이루어진 강제경매절차는 집행채무자에게 대한 관계에서는 효력이 없다.[67][2015 법무사]

② 채권압류 및 전부명령의 기초가 된 집행권원인 가집행선고부 판결정본이 상대방의 허위주소로 송달되었다면 그 송달은 무효이고, 상대방은 아직도 판결정본의 송달을 받지 않은 상태에 있다 할 것이므로 그 판결정본에 기하여 행하여진 채권압류 및 전부명령은 집행개시의 요건으로서의 집행권원의 송달 없이 이루어진 것으로서 무효이다.[68][2016 법무사, 2018 승진]

---

[67] 대법원 1973. 6. 12. 선고 71다1252 판결.
[68] 대법원 1987. 5. 12. 선고 86다카2070 판결.

2) 무효가 아닌 경우

채무자의 승계인들에 대하여 집행문을 부여한 뜻을 부기한 화해조서정본, 즉 승계집행문을 송달한 증명 없이 화해조서정본에 따른 강제집행에 의하여 소유권이전등기가 행하여졌다면 이는 위법이지만 이로써 곧 위 소유권이전등기가 무효라고는 할 수 없다.69)[2018 승진]

3. 집행문 및 증명서의 송달

① 통상의 집행에 있어서는 집행권원의 송달만으로 족하고, 집행문은 채무자에게 송달할 필요가 없음이 원칙이다. 다만 판결의 집행이 그 취지에 따라 채권자가 증명할 사실에 매인 때 또는 판결에 표시된 채권자의 승계인을 위하여 하는 것이거나 판결에 표시된 채무자의 승계인에 대하여 하는 것일 때에는(즉, 조건성취집행문이나 승계집행문을 부여하는 경우) 집행할 판결 외에 이에 덧붙여 적은 집행문을 강제집행을 개시하기 전에 채무자의 승계인에게 송달하여야 한다(39조 2항).[2022 법무사]

민사집행법 제39조 제2항은 '강제집행을 개시하기 전에'라고 규정하고 있을 뿐 집행채무자가 강제집행의 개시에 앞서 위와 같은 불복절차를 밟을 수 있는 충분한 기간을 가질 수 있도록 미리 송달하라고 규정하고 있지는 아니한 점, 강제집행의 개시와 승계집행문의 송달 사이에 어느 정도의 기간이 있어야 하는지에 관하여 명문의 규정이 없다.

따라서 채무자가 강제집행의 개시 전에 승계집행문 부여에 대하여 불복절차를 밟을 수 있도록 충분한 기간을 두고 승계집행문을 송달하는 것이 채무자 보호의 관점에서는 바람직할 수 있다 하더라도 그러한 충분한 기간을 두지 않고 강제집행의 개시에 근접하여 승계집행문을 송달한 후 강제집행을 개시하였다고 하여 이를 가리켜 반드시 위법하다고 볼 수 없다.70)

② 증명서에 의하여 집행문을 내어 준 때에는 그 증명서의 등본을 집행개시 전 또는 그와 동시에 채무자에게 송달하거나 강제집행과 동시에 송달하여야 한다(39조 3항).[2014 법무사]

---

69) 대법원 1980. 5. 27. 선고 80다438 판결.
70) 대법원 2012. 6. 14. 선고 2010다41256 판결.

4. 이행일시의 도래

채무의 이행이 확정기한의 도래에 달린 때에는 그 시일이 지난 뒤에 강제집행을 할 수 있다(40조 1항). 즉 확정기한의 도래는 집행기관이 쉽게 판단할 수 있으므로 '집행개시의 요건'으로 하고 있다. 다만 불확정기한은 조건에 해당하므로 조건성취를 증명하여 집행문을 받아야 하는 '집행문부여의 요건'이다.
[2022 법무사]

5. 담보의 제공

집행이 채권자의 담보제공에 메인 때에는(담보제공을 조건으로 가집행선고를 한 경우 등) 채권자는 담보를 제공한 증명서류(공탁증명서 등)를 제출하여야 하고, 이 경우의 집행은 그 증명서류의 등본을 채무자에게 이미 송달하였거나 동시에 송달하는 때에만 개시할 수 있다(40조 2항).

담보제공은 정지조건이긴 하지만 담보제공여부를 그 증명서류에 의하여 집행기관이 용이하게 판단할 수 있으므로 집행문부여의 요건으로 하지 않고 집행개시의 요건으로 하였다.

6. 반대의무의 이행 또는 이행의 제공

(1) 원칙 : 집행개시의 요건

반대의무의 이행과 동시에 집행할 수 있다는 것을 내용으로 하는 집행권원의 집행은 채권자가 반대의무의 이행 또는 이행의 제공을 하였다는 것을 증명하여야만 개시할 수 있다(41조 1항).

즉 동시이행관계에 있는 반대의무의 이행 또는 이행의 제공은 집행문부여의 요건이 아니라 집행개시의 요건이므로 집행문부여 시에는 반대의무의 이행을 증명할 필요가 없다(41조 1항).71)[2022 법무사]

(2) 예외 : 집행문부여의 요건

동시이행관계에 있는 반대의무의 이행으로 의사표시의 진술을 명하는 경우에는 예외적으로 반대의무의 이행이 집행개시의 요건이 아니라 집행문부여의 요건이 되므로 반대의무의 이행을 증명하여야 집행문을 부여할 수 있다(263조 2항).[2011 승진, 2012, 2022 법무사]

---

71) 대법원 1962. 2. 15. 선고 4294민상708 판결.

(3) 전세권자 및 임차인의 경매신청

① 전세권자의 전세목적물 인도 및 전세권설정등기말소의무와 전세권설정자의 전세금반환의무는 서로 동시이행관계에 있으므로 경매신청을 하려면 먼저 전세목적물의 인도 및 전세권설정등기말소의 의무를 이행하여 전세권설정자를 이행지체에 빠뜨려야 한다.72)[2016 법무사]

② 주택임차인이 보증금반환청구소송의 확정판결이나 그 밖에 이에 준하는 집행권원에 기하여 당해 임차주택에 강제경매를 신청하는 경우에는 집행개시요건에 관한 민사집행법 제41조에도 불구하고 반대의무의 이행이나 이행의 제공을 집행개시의 요건으로 하지 아니한다(주택임대차보호법 3조의2 1항).
[2015, 2021 법무사, 2011, 2021 승진]

7. 본래청구의 집행불능

다른 의무의 집행이 불가능한 때에 그에 갈음하여 집행할 수 있다는 것을 내용으로 하는 집행권원의 집행은 채권자가 그 집행이 불가능하다는 것을 증명하여야만 개시할 수 있다(41조 2항).[2016, 2017, 2022 법무사]

즉 대상청구의 집행에 있어서 본래청구권의 집행불능은 집행문부여의 요건이 아니라 집행개시의 요건이므로 채권자가 집행권원상의 대상청구권에 관한 집행을 하기 위하여는 집행관의 확인 등으로 본래의 급부청구권이 집행불능이라는 것을 증명하여야 한다.

Ⅱ. 소극적 요건(집행장애)

1. 의의

① 집행법원은 강제집행의 개시나 속행에 있어서 집행장애사유에 대하여 직권으로 그 존부를 조사하여야 하고 집행개시 전부터 그 사유가 있는 경우에는 집행신청을 각하 또는 기각하여야 하며, 집행개시 후에 발견한 때에는 이미 한 집행절차를 직권으로 취소하여야 한다.73)[2019 법무사, 2024 승진]

② 집행개시 당시에는 집행장애사유가 없었더라도 집행종료 전 집행장애사유가 발생한 때에는 만족적 단계에 해당하는 집행절차를 진행할 수 없으므로 전부명령이 제3채무자에게 송달되었으나 확정되기 전 즉시항고절차 단계에서 집행채권이 압류되는 등으로 집행장애사유가 발생한 경우 특별한 사정이 없는 한 항고법원은 전부명령을 직권으로 취소하여야 한다.74)[2024 승진, 2024 법무사]

---

72) 대법원 1977. 4. 13. 77마90 결정.
73) 대법원 2000. 10. 2. 2000마5221 결정 ; 2016. 9. 28. 선고 2016다205915 판결.
74) 대법원 2023. 1. 12. 2022마6107 결정.

2. 채무자의 파산

(1) 강제집행 등의 실효
① 채무자에게 파산이 선고되면 파산채권은 파산절차에 의하지 아니하고는 행사할 수 없으므로 파산채권에 기하여 파산재단에 속하는 재산에 대하여 이미 행하여진 강제집행·가압류·가처분은 모두 그 효력을 잃고, 새로운 강제집행 등도 개시할 수 없다(채무자회생 및 파산에 관한 법률 424조, 348조 1항 본문).
② 임금채권 등 재단채권에 기하여 파산선고 전에 강제집행이 이루어진 경우에도 그 강제집행은 파산선고로 인하여 그 효력을 상실한다.[75][2017 법무사]

(2) 강제집행의 속행신청
파산관재인은 기존의 강제집행절차를 속행하는 것이 당해 재산을 신속하고 고가로 매각할 수 있다고 판단하는 경우에는 그 강제집행절차를 스스로 속행할 수 있다(채무자회생 및 파산에 관한 법률 348조 1항 단서). 이 경우 파산관재인은 집행기관에 채무자가 파산선고를 받았고, 자신이 파산관재인으로 선임되었다는 소명자료를 첨부하여 강제집행을 속행하겠다는 취지의 신청을 하여야 한다.[2020 법무사]

(3) 파산폐지결정
파산폐지결정은 파산선고의 효력을 장래에 향하여 소멸시키므로 파산선고로 실효된 강제집행 등은 사후적으로 파산폐지결정이 확정되더라도 부활하지 아니하므로 채권자는 다시 강제집행 등을 신청하여야 한다.[76][2020 법무사]

(4) 면책신청
면책신청이 있고, 파산폐지결정의 확정 또는 파산종결결정이 있는 때에는 면책신청에 관한 재판이 확정될 때까지 채무자의 재산에 대하여 파산채권에 기한 강제집행이나 가압류·가처분을 할 수 없고, 채무자의 재산에 대하여 파산선고 전에 이미 행하여지고 있던 강제집행이나 가압류·가처분은 중지된다(채무자회생 및 파산에 관한 법률 557조 1항).[2018 법무사]

법원의 별도 재판 없이 위 법률의 규정에 의하여 당연히 금지 또는 중지되는 것이다. 따라서 채무자는 별도로 집행정지결정을 받지 않더라도 면책신청이 있고, 파산폐지결정이 확정 또는 파산종결결정이 있다는 점을 소명하는 서면을 집행기관에 제출함으로써 집행 중인 강제집행을 중단시킬 수 있다.[77]

---
75) 대법원 2008. 6. 27. 2006마260 결정.
76) 대법원 2014. 12. 11. 선고 2014다210159 판결.

(5) 면책결정이 확정된 경우

① 면책결정이 확정되면 면책절차 중에 중지된 강제집행·가압류·가처분은 그 효력을 잃는다(채무자회생 및 파산에 관한 법률 557조 2항). 집행법원이 면책절차 중의 집행신청임을 간과하고 강제집행을 개시한 다음 이를 발견한 때에는 이미 한 집행절차를 직권으로 취소하여야 하고, 이는 그 후 면책불허가결정이 확정된 경우에도 마찬가지이다.[78][2019 승진, 2018, 2023 법무사]

② 면책결정이 확정되어 채무를 변제할 책임이 면제되었다고 하더라도 이는 면책된 채무에 관한 집행권원의 효력을 당연히 상실시키는 사유는 되지 아니하고, 청구이의의 소를 통하여 그 집행권원의 집행력을 배제시킬 수 있는 실체상의 사유에 불과하다.[79] 면책결정의 확정은 면책된 채무에 관한 집행력 있는 집행권원 정본에 기하여 그 확정 후 비로소 개시된 강제집행의 집행장애사유가 되지 아니하므로 면책결정 확정 후 신청되어 발령된 채권압류 및 추심명령에 대한 적법한 항고이유가 될 수 없다.[80][2017 법무사]

③ 면책결정이 확정되었음에도 어떠한 채권이 비면책채권에 해당하는지 여부가 다투어지는 경우에 채무자는 면책확인의 소를 제기할 수 있으나, 면책된 채무에 관한 집행권원을 가지고 있는 채권자에 대한 관계에서 채무자는 청구이의의 소를 제기하여 면책의 효력에 기한 집행력의 배제를 구하는 것이 법률상 지위에 현존하는 불안·위험을 제거하는 유효적절한 수단이므로 면책확인을 구하는 것은 확인의 이익이 없어 부적법하다.[81]

(6) 담보권실행을 위한 경매절차의 속행

① 파산재단에 속하는 재산상에 존재하는 유치권·질권·저당권, 동산·채권 등의 담보에 관한 법률에 따른 담보권 또는 전세권을 가진 사람은 그 목적인 재산에 관하여 별제권을 가지고, 별제권은 파산절차에 의하지 아니하고 행사한다(채무자회생 및 파산에 관한 법률 411조, 412조).

따라서 파산재단에 속하는 재산에 대한 담보권실행을 위한 경매절차는 파산선고가 있어도 실효되지 않고, 채무자의 지위가 파산관재인에게로 승계되어 계속 진행된다.[2011 승진, 2022 법무사]

---

77) 대법원 2009. 1. 9. 2008카기181 결정.
78) 대법원 2013. 7. 16. 2013마967 결정(이 경우에도 항고법원에서 집행법원의 취소결정을 취소할 수 없음).
79) 대법원 2013. 9. 16. 2013마1438 결정.
80) 대법원 2014. 2. 13. 2013마2429 결정.
81) 대법원 2017. 10. 12. 선고 2017다17771 판결.

② 파산자 소유의 부동산에 대한 별제권 행사에 따른 경매절차에서 교부청구를 한 조세채권에 대해서는 다른 담보물권자보다 우선변제권을 가진 조세채권에 우선배당을 하되, 그 배당금은 채권자인 과세관청에 직접 교부할 것이 아니라, 파산관재인이 채무자회생법 소정의 절차에 따라 각 재단채권자에게 안분변제할 수 있도록 '파산관재인'에게 교부해야 한다.

다만 근로자는 채무자 회생 및 파산에 관한 법률 제415조의2 본문에 따라 별제권 행사에 따른 경매절차에서 최우선임금채권에 대하여 배당요구를 하여 다른 담보물권자보다 우선하여 배당을 받고 그 배당금을 '직접 수령'할 수 있다.82)

③ 조세채권자인 과세관청이 파산선고 전 체납처분으로 부동산을 압류(참가압류 포함)한 경우에는 이후 체납자가 파산선고를 받더라도 선착수한 체납처분의 우선성에 따라 별제권(담보물권 등) 행사에 따른 부동산경매절차에서 조세채권자가 매각대금으로부터 직접 배당받을 수 있다.[2024 법무사]

별제권 행사에 따른 부동산경매절차에서 채무자회생법 제349조 제1항에 따라 체납처분의 우선성이 인정되어 조세채권자에게 직접 배당하는 조세채권은 체납처분의 원인이 된 조세채권의 압류 당시 실제 체납액에 한정된다고 봄이 타당하고, 이와 달리 구 국세징수법 제47조 제2항의 문언에 따라 압류 이후 발생한 위 체납액의 초과 부분까지 포함된다고 볼 수는 없다.83)

(7) 채무의 존재를 다투는 소송계속 중 파산선고가 있는 있는 경우

파산선고를 받은 자가 채권자를 상대로 채무의 존재를 다투는 소송은 파산재단에 속하는 재산에 관한 소송에 해당하므로 파산채무자에 대한 파산선고가 있는 때에는 채무자 회생 및 파산에 관한 법률 제347조84)에 따라 파산관재인 또는 상대방이 수계할 때까지 이에 관한 소송절차는 당연히 중단된다.[2021 법무사]

이와 같은 소송절차의 중단사유를 간과하고 변론이 종결되어 판결이 선고된 경우 그 판결은 절차상 위법하나 이를 당연무효라고 할 수는 없고, 대리인에 의하여 적법하게 대리되지 않았던 경우와 마찬가지로 대리권 흠결을 이유로 한 상소 또는 재심에 의하여 그 취소를 구할 수 있으며, 상소심에서 수계절차를 밟은 경우에는 위와 같은 절차상의 하자는 치유되고 그 수계와 상소는 적법한 것으로 된다.85)

---

82) 대법원 2022. 8. 31. 선고 2019다200737 판결.
83) 대법원 2022. 8. 31. 선고 2019다200737 판결.
84) 채무자회생 및 파산에 관한 법률 제347조.
85) 대법원 2020. 6. 25. 선고 2019다246399 판결.

3. 회생절차의 개시

(1) 회생절차개시신청

1) 개별적 중지명령

법원은 회생절차개시의 신청이 있는 경우 필요하다고 인정하는 때에는 이해관계인의 신청 또는 직권으로 회생신청에 대한 결정이 있을 때까지 강제집행절차의 중지를 명할 수 있다(채무자회생 및 파산에 관한 법률 44조 1항). 중지명령이 있으면 집행기관에 중지명령정본을 제출하여야 집행절차가 중지된다.[86]

2) 포괄적 금지명령

① 법원은 회생절차개시의 신청이 있는 경우 개별적 중지명령에 의해서는 회생절차의 목적을 달성하지 못할 우려가 있다고 인정할 특별한 사정이 있는 때에는 이해관계인의 신청 또는 직권으로 회생신청에 대한 결정이 있을 때까지 모든 회생채권자 및 회생담보권자에 대하여 회생채권 또는 회생담보권에 기한 강제집행의 금지를 명할 수 있다(채무자회생 및 파산에 관한 법률 45조 1항).

② 포괄적 금지명령 및 이를 변경·취소하는 결정은 '채무자'에게 결정서가 송달된 때부터 효력을 발생한다(위 법률 46조 2항). 포괄적 금지명령에 반하여 이루어진 회생채권에 기한 보전처분 및 강제집행은 무효이고, 회생절차폐지결정에는 소급효가 없으므로 무효인 보전처분 및 강제집행은 사후적으로 회생절차폐지결정이 확정되더라도 여전히 무효이다.[87] [2020 법무사]

③ 채무자에 대한 회생절차에서 있은 포괄적 금지명령의 효력이 발생한 이후 제3채무자에게 채권압류 및 전부명령이 송달되었다고 하더라도 이는 포괄적 금지명령에 반하여 이루어진 것으로서 무효이므로 채권압류의 효력 등이 발생한다고 볼 수 없고, 이와 같이 무효인 강제집행은 사후적으로 회생절차폐지결정이 확정되더라도 여전히 무효이다.[88]

(2) 회생절차개시결정

① 회생절차개시결정이 있으면 회생채권 또는 회생담보권에 기하여 채무자의 재산에 대한 강제집행의 개시나 가압류·가처분을 할 수 없고, 또한 채무자의 재산에 대하여 이미 행한 회생채권 또는 회생담보권에 기한 강제집행 등의 절차는 중지된다(채무자회생 및 파산에 관한 법률 58조 1항, 2항).[2022 법무사]

---

[86] 대법원 2017. 11. 29. 선고 2017다201538 판결.
[87] 대법원 2016. 6. 21. 2016마5082 결정.
[88] 대법원 2023. 5. 18. 선고 2022다202740 판결.

② 집행법원은 강제집행의 개시나 속행에 있어서 집행장애사유에 대하여 직권으로 그 존부를 조사하여야 하고, 집행개시 전부터 그 사유가 있는 경우에는 집행의 신청을 각하 또는 기각하여야 하며, 만일 집행장애사유가 존재함에도 간과하고 강제집행을 개시한 다음 이를 발견한 때에는 이미 한 집행절차를 직권으로 취소하여야 한다. 따라서 회생절차개시결정이 있음에도 이를 간과하고 강제집행을 개시한 다음 이를 발견한 때에는 집행법원은 이미 한 집행절차를 직권으로 취소하여야 한다.89)

③ 회생절차가 개시되면 채무자의 업무수행과 재산의 관리·처분권한이 관리인에게 전속하게 되는 등 채무자의 법률상 지위에 중대한 변화가 발생하므로 채무자는 이해관계인으로서 회생개시결정에 대하여 즉시항고할 수 있다. 이 경우 채무자가 법인인 경우에는 채무자의 기존 대표자가 채무자를 대표하여 즉시항고할 수 있다.90)

(3) 회생계획인가결정

① 회생계획인가결정이 있으면 중지된 강제집행, 가압류·가처분, 담보권실행을 위한 경매절차는 그 효력을 상실한다(채무자회생 및 파산에 관한 법률 256조 1항).

② 채무자 소유 부동산에 관하여 경매절차가 진행되어 부동산이 매각되고 매각대금이 납부되었으나 배당기일이 열리기 전에 채무자에 대하여 회생절차개시결정이 있었다면 집행절차는 중지되고, 만약 이에 반하여 집행이 이루어졌다면 이는 무효이다. 이후 채무자에 대한 회생계획인가결정이 있은 때에 중지된 집행절차는 효력을 잃게 된다.91)[2019 승진, 2021 법무사]

③ 회생채권에 관하여 회생절차개시 이전부터 회생채권 또는 회생담보권에 관하여 집행권원이 있었더라도 회생계획인가결정이 있은 후에는 채무자회생 및 파산에 관한 법률 제252조에 의하여 모든 권리가 변경·확정되고, 종전의 회생채권 또는 회생담보권에 관한 집행권원에 의한 강제집행을 할 수 없으며, 회생채권자표와 회생담보권자표만이 집행권원이 된다.92)

---

89) 대법원 2000. 10. 2. 2000마5221 결정 ; 2016. 9. 28. 선고 2016다205915 판결.
90) 대법원 2021. 8. 13. 2021마5663 결정.
91) 대법원 2018. 11. 29. 선고 2017다286577 판결.
92) 대법원 2017. 5. 23. 2016마1256 결정.

4. 개인회생절차의 개시

(1) 개인회생절차의 개시결정

개인회생절차의 개시결정이 있으면 개인회생채권자목록에 기재된 개인회생채권에 기하여 개인회생재단에 속하는 재산에 대하여 강제집행의 개시나 가압류·가처분을 <u>할 수 없고</u>, 이미 개시한 <u>집행절차는 중지</u>된다(채무자회생 및 파산에 관한 법률 600조 1항).[2023 법무사]

여기서 이미 계속 중인 강제집행 등이 중지된다는 것은 진행 중이던 강제집행 등의 절차가 그 시점에서 동결되고 <u>속행이 허용되지 않음</u>을 뜻할 뿐 강제집행 등이 소급하여 무효가 되거나 취소되는 것은 아니다.[93]

(2) 변제계획인가결정

① 개인회생 변제계획인가결정이 있는 때에는 <u>중지된 강제집행, 가압류·가처분</u>은 그 효력을 잃는다(채무자회생 및 파산에 관한 법률 615조 3항). 다만 담보권자의 별제권은 개인회생절차에 의하지 아니하고 행사하므로 개인회생절차개시결정에 의하여 중지되어 있던 <u>담보권실행을 위한 경매절차는 속행</u>할 수 있다(위 법률 586조, 411, 412, 600조 2항).[2018, 2020 법무사]

② 개인회생재단에 속하는 채권에 대한 전부명령이 확정되지 않은 상태에서 개인회생절차가 개시되고 이를 이유로 전부명령에 대하여 즉시항고가 제기된 경우, 항고법원은 다른 이유로 전부명령을 취소하는 경우를 제외하고는 <u>항고에 관한 재판을 정지</u>하였다가 변제계획이 인가되면 전부명령의 효력이 발생하지 아니하게 되었음을 이유로 <u>전부명령을 취소</u>하고 전부명령신청을 기각하여야 한다.[94][2019, 2022 법무사]

(3) 개인회생절차폐지결정

① 변제계획의 불인가결정이나 개인회생절차 폐지결정이 확정되면 개인회생절차는 종료하므로 개인회생절차 개시결정에 의하여 중지된 강제집행 등의 절차가 <u>당연히 속행</u>된다(채무자회생 및 파산에 관한 법률 603조 4항).[95]

② 개인회생채권을 개인회생채권자표에 기재한 경우 그 기재는 확정판결과 동일한 효력이 있고, <u>개인회생절차폐지결정이 확정</u>된 경우 개인회생채권자는 채무자에 대하여 <u>개인회생채권자표에 기하여</u> 강제집행을 할 수 있으며, 별도의 <u>집행권원을 필요로 하지 않는다</u>(위 법률 603조 4항).[96][2020 법무사]

---

93) 대법원 2023. 9. 19. 2023마6207 결정.
94) 대법원 2008. 1. 31. 2007마1679 결정 ; 2010. 12. 13. 2010마428 결정.
95) 대법원 2012. 7. 12. 2012마811 결정.
96) 대법원 2013. 9. 12. 선고 2013다42878 판결.

③ 변제계획인가 후의 개인회생절차의 폐지는 개인회생절차의 규정에 의하여 생긴 효력에는 영향을 미치지 아니하므로(위 법률 621조 2항) 변제계획인가결정에 의한 강제집행, 가압류, 가처분의 실효는 그 후에 개인회생절차가 폐지되더라도 번복되지 않는다.[2023 법무사]

④ 임대인에 대한 개인회생절차 진행 중에 임차주택의 환가가 이루어지지 않아 주택임차인이 보증금반환채권을 변제받지 못한 채 임대인에 대한 면책결정이 확정되어 개인회생절차가 종료되었더라도 주택임차인의 임대차보증금반환채권 중 우선변제권의 한도 내에서는 면책이 되지 않는 '개인회생채권자목록에 기재되지 아니한 청구권'에 해당하여 면책결정의 효력이 미치지 않는다.[97]

5. 집행채권이 압류·가압류된 경우

(1) 집행장애사유

집행채권자의 채권자가 집행권원에 표시된 집행채권을 압류·가압류 등을 한 경우에는 압류 등의 효력으로 집행채권자의 추심, 양도 등의 처분행위와 채무자의 변제가 금지되고 이에 위반하는 행위는 집행채권자의 채권자에게 대항할 수 없으므로 집행기관은 압류 등이 해제되지 않는 한 집행할 수 없게 되는 바, 이는 집행장애사유에 해당한다.

다만 채권압류명령은 추심명령·전부명령과는 달리 집행채권의 현금화나 만족적 단계에 이르지 아니하는 보전적 처분으로서 집행채권을 압류한 채권자를 해하는 것이 아니기 때문에 집행채권에 대한 압류의 효력에 반하는 것은 아니므로 집행채권에 대한 압류는 집행채권자가 채무자를 상대로 한 채권압류명령에는 집행장애사유가 될 수 없다.[98][2012, 2015, 2017, 2020 법무사, 2024 승진]

(2) 제3채무자의 공탁

집행채권에 대한 압류 후에 집행채권자가 채무자의 채권에 대하여 압류명령을 받은 경우 채권압류명령의 제3채무자는 공탁을 하고 채무를 면할 수 있으나, 위 압류명령은 현금화나 만족적 단계로 나아가는 데에는 집행장애사유가 존재하므로 이를 원인으로 한 공탁에는 가압류를 원인으로 한 공탁과 마찬가지의 효력만이 인정된다. 따라서 위와 같은 공탁에 따른 사유신고는 부적법하고, 이로 인하여 채권배당절차가 실시될 수는 없고, 배당절차가 개시되더라도 배당금지급 전이라면 공탁사유신고를 불수리하는 결정을 하여야 한다.[99]

---
97) 대법원 2017. 1. 12. 선고 2014다32014 판결.
98) 대법원 2000. 10. 2. 2000마5221 결정 ; 2016. 9. 28. 선고 2016다205915 판결.
99) 대법원 2016. 9. 28. 선고 2016다205915 판결.

(3) 집행채권이 압류·가압류된 상태에서 배당이 이루어진 경우[100]

집행채권이 압류·가압류된 상태에서 집행채무자에 대한 강제집행절차가 진행되어 집행채권자에게 적법하게 배당이 이루어진 경우, 집행채권에 대한 압류·가압류의 효력은 집행채권자의 배당금지급청구권에 미친다. 이 경우 집행채권자의 다른 채권자들이 집행채권자의 배당금지급청구권을 압류·가압류함으로써 민사집행법 제235조의 압류경합이 발생하고, 그에 따른 적법한 공탁사유신고로 배당절차가 개시되면 집행채권을 압류·가압류하였던 채권자는 그 배당절차에서 배당금지급청구권에 대한 압류·가압류권자의 지위에서 배당을 받을 수 있다.

만약 집행채권자에 대한 압류 또는 가압류명령이 사유신고서에 기재되지 않는 등의 이유로 그 후에 이루어진 배당절차에서 집행채권자의 채권자가 배당을 받지 못한 경우에는 과다배당을 받은 다른 채권자를 상대로 자신이 배당받을 수 있었던 금액만큼 부당이득반환청구를 할 수 있다.[2023 법무사]

6. 신탁법상의 신탁재산

(1) 강제집행의 원칙적 금지

신탁재산에 대하여는 강제집행, 담보권실행을 위한 경매, 보전처분 또는 국세 등 체납처분을 할 수 없음이 원칙이다(신탁법 22조 1항).

(2) 강제집행의 예외적 허용

신탁 전의 원인으로 발생한 권리 또는 신탁사무의 처리상 발생한 권리에 기한 경우에는 예외적으로 강제집행이나 경매가 허용된다(신탁법 22조 1항).

1) 신탁 전의 원인으로 발생한 권리

① 신탁 전의 원인으로 발생한 권리란 신탁 전에 이미 신탁부동산에 저당권이나 가압류·가처분·압류 등이 설정된 경우 등 신탁재산 그 자체를 목적으로 하는 채권이 발생된 경우를 말하는 것이고, 신탁 전에 위탁자에 관하여 생긴 모든 채권이 이에 포함되는 것은 아니다.[101][2023 법무사]

② 신탁대상 재산이 위탁자에게 상속됨으로써 부과된 국세라도 신탁법상의 신탁이 이루어지기 전에 압류등기를 하지 아니한 이상, 그 조세채권은 신탁 전의 원인으로 발생한 권리에 해당된다고 볼 수 없다.[102]

---

100) 대법원 2022. 9. 29. 선고 2019다278785 판결 ; 2023. 4. 27. 선고 2021다207717 판결.
101) 대법원 1987. 5. 12. 선고 86다545, 86다카2876 판결.
102) 대법원 1996. 10. 15. 선고 96다17424 판결.

2) 신탁사무의 처리상 발생한 권리

① 신탁사무의 처리상 발생한 권리란 <u>신탁설정 후에</u> 신탁재산의 관리나 처분으로 인하여 발생한 권리를 말하는데, 여기에는 신탁재산의 관리·처분 등 신탁업무를 수행하는 <u>수탁자의 통상적인 사업활동상의 행위</u>로 인하여 손해를 입은 제3자가 가지는 손해배상채권도 포함된다.[103][2011, 2019 승진]

② 신탁사무의 처리상 발생한 권리에는 <u>수탁자를 채무자로 하는 것</u>만이 포함되고(수탁자에게 신탁등기에 필요한 비용을 빌려 준 채권자의 대여금채권 등), 위탁자를 채무자로 하는 것은 여기에 포함되지 아니하므로[104] <u>위탁자</u>에 대한 조세채권에 기하여는 수탁자 소유의 신탁재산을 압류하거나 그 신탁재산에 대한 집행법원의 경매절차에서 배당을 받을 수 없다.[105][2014, 2015, 2017 법무사]

③ <u>수탁자가 파산</u>한 경우에 신탁재산은 수탁자의 고유재산이 된 것을 제외하고는 파산재단을 구성하지 아니하므로 신탁사무의 처리상 발생한 채권을 가지고 있는 채권자는 수탁자가 그 후 파산하였다 하더라도 신탁재산에 대하여는 강제집행을 할 수 있다.[106][2017, 2018 법무사]

7. 목적 부동산이 공장재단·광업재단의 일부인 경우

공장 및 광업재단저당법에 의한 공장재단과 광업재단은 <u>1개의 부동산</u>으로 간주한다(공장 및 광업재단저당법 12조 1항). 따라서 목적부동산이 공장재단, 광업재단의 일부를 구성하고 있는 때에는 공장재단, 광업재단 전부에 대한 경매신청이 아닌 한 <u>경매신청을 각하</u>하여야 하고(개별집행의 금지), 경매개시결정 후 밝혀진 경우에는 <u>경매절차를 취소</u>하여야 한다.[2017, 2023 법무사]

---

103) 대법원 2007. 6. 1. 선고 2005다5843 판결.
104) 대법원 2017. 11. 10. 2017마744 결정 ; 2012. 7. 12. 선고 2010다67593 판결.
105) 대법원 1996. 10. 15. 선고 96다17424 판결 ; 2012. 7. 12. 선고 2010다67593 판결.
106) 대법원 2014. 10. 21. 2014마1238 결정.

Memo

제4장 강제집행의 정지 및 취소

Ⅰ. 집행의 정지

1. 의의

(1) 의의 및 효력발생시기

집행정지결정이 있으면 결정 즉시 당연히 집행정지의 효력이 있는 것이 아니라, 그 정지결정정본을 집행기관에 제출하여야 비로소 집행정지의 효력이 발생하고, 그 제출이 있기 전에 이미 행하여진 압류 등의 집행처분에는 영향이 없다.107) 집행정지결정정본이 압류채권자에게 송달되었는지의 여부나 집행정지통보가 제3채무자에게 송달되었는지 여부는 집행정지의 효력발생과는 관계가 없다.108) [2021 승진, 2013, 2016, 2019, 2021 법무사]

(2) 의사의 진술을 명하는 판결

1) 단순한 의사진술판결

① 의사의 진술을 명하는 판결은 확정되면 의사를 진술한 것으로 간주되고(263조 1항) 집행이 종료되어 집행정지가 인정될 여지가 없으므로 판결이 확정된 후 집행정지결정이 제출되더라도 등기관은 이에 구애됨이 없이 그 등기신청을 받아들여 등기의 기입을 하여야 한다.109)[2018 승진]

② 부동산등기에 관한 의사표시의무의 집행과 관련하여 의사표시를 명하는 판결의 확정으로 의사표시 간주의 효과가 생긴 후에 등기권리자의 지위가 승계된 경우에는 부동산등기법의 규정에 따라 등기절차를 이행할 수 있을 뿐이고 원칙적으로 승계집행문이 부여될 수 없다.110)[2022 승진, 2024 법무사]

2) 조건부 의사진술판결

① 조건부 의사진술판결은 그 조건이 성취되어 집행문이 부여되었을 때 의사를 진술한 것으로 간주되고 집행이 종료되므로 집행문부여 이후에는 집행정지가 인정될 여지가 없고, 따라서 등기관은 집행정지결정에 구애됨이 없이 그 등기신청을 받아들여 등기기입을 하여야 한다.111)[2023 승진, 2012, 2023 법무사]

---

107) 대법원 1966. 8. 12. 65마1059 결정 ; 2010. 1. 28. 2009마1918 결정 ; 2013. 3. 22. 2013마270 결정.
108) 대법원 2012. 10. 25. 선고 2010다47117 판결.
109) 대법원 1995. 11. 10. 95다37568 판결 ; 1979. 5. 22. 77마427 결정.
110) 대법원 2017. 12. 28. 2017그100 결정.

② 조건부로 의사의 진술을 명하는 판결에서 조건이 성취되지 않았음에도 집행문이 부여되면 그 집행문부여는 무효이지만, 집행문이 부여되면 강제집행은 종료하므로 더 이상 집행문부여에 대한 이의신청이나 집행문부여에 대한 이의의 소는 허용되지 않는다. 이 경우에는 의사표시의 무효·부존재를 주장하거나 그에 기하여 이루어진 등기의 말소·회복을 청구하는 소를 제기하여야 한다.112)
[2013, 2019, 2024 승진, 2015, 2023 법무사]

2. 집행정지서류

(1) 집행할 판결을 취소하는 재판, 가집행을 취소하는 재판, 집행을 허가하지 아니하거나 정지를 명하는 재판, 집행처분의 취소를 명하는 집행력 있는 재판의 정본(49조 1호)

1) 집행할 판결을 취소하는 재판
가집행선고 판결을 취소하는 상소심판결 또는 재심에 의하여 확정판결을 취소하는 판결 등을 말한다.

2) 가집행을 취소하는 재판
본안판결의 당부를 심판하기 전에 가집행선고만을 취소하는 판결을 말한다(민소법 215조 3항).

3) 강제집행을 허가하지 아니하는 재판
① 집행문부여에 대한 이의의 소·청구이의의 소·제3자이의의 소를 인용한 판결과 같이 집행의 종국적 불허를 선언하는 취지의 재판을 말한다.
[2015, 2022 법무사]
② 화해권고결정의 '집행권원에 기한 강제집행을 불허한다'는 내용은 형성소송인 청구이의의 소 재판의 대상으로서 당사자가 자유롭게 처분할 수 있는 사항이 아니므로 그 문구 그대로 확정되더라도 이 사건 집행권원에 기한 강제집행을 허가하지 않는 효력은 생기지 않고, 집행권원이 확정판결로서 갖는 집행력은 여전히 남아 있다. 따라서 이러한 화해권고결정정본은 민사집행법 제49조 제1호에서 정한 '강제집행을 허가하지 아니하는 취지를 적은 집행력 있는 재판의 정본'에 해당하지 않는다.

---

111) 대법원 1979. 5. 22. 77마427 결정.
112) 대법원 2012. 3. 15. 선고 2011다73021 판결.

다만 화해권고결정의 문구를 부집행 합의가 이루어졌다는 뜻으로 새길 여지가 있고, 당사자 사이에 강제집행을 하지 않기로 하는 합의를 담은 화해조서 정본도 집행취소서류가 되나, 그 서류를 매각허가결정이 있은 뒤에 제출한 경우에는 매수인의 동의를 받아야 집행취소의 효력이 생긴다.113)[2022 법무사]

4) 강제집행의 정지를 명하는 재판정본

'강제집행을 허가하지 아니하는 재판' 중에서 집행의 일시적 불허를 선언한 재판을 말한다. 변제기한의 일시적 유예를 이유로 청구이의의 소를 인용한 판결 등이 이에 속한다.[2022 법무사]

5) 집행처분의 취소를 명하는 재판

집행문부여에 관한 이의의 소, 청구이의의 소 또는 제3자이의의 소에 부수하여 행하여지는 잠정처분 중 이미 실시한 집행처분의 취소를 명하는 재판을 말한다.

(2) 강제집행의 일시정지를 명한 재판의 정본(49조 2호)

① 잠정처분 또는 집행정지에 관한 재판 중 집행의 일시적 정지를 명한 재판을 말한다. 즉시항고, 집행에 관한 이의신청, 집행문부여에 대한 이의신청, 집행문부여에 대한 이의의 소, 청구이의의 소, 제3자이의의 소의 경우에 잠정처분으로 하는 집행정지결정 등이 있다.[2022 법무사]

② 민사집행법 제49조 제2호의 서류는 강제집행의 일시정지를 명한 취지를 기재한 재판의 '정본'이므로 채무자가 등본이나 사본을 제출한 경우에는 정지사유가 될 수 없으나, 바로 정본을 제출하지 않은 것으로 처리할 것이 아니라 상당한 기간을 정하여 정본을 제출하도록 한 뒤 그 이행여부에 따라 정지 또는 속행 여부를 결정하여야 한다.114)

(3) 집행을 면하기 위하여 담보를 제공한 증명서류(49조 3호)

법원이 가집행선고를 하면서 채무자에 대하여 채권 전액을 담보로 제공하고 가집행을 면제받을 수 있다는 것을 선고한 경우(민소법 213조 2항) 그 담보제공증명서가 이에 해당한다.

(4) 집행할 판결이 있은 뒤에 채권자가 변제를 받았거나 의무이행을 미루도록 승낙한 취지를 적은 증서(49조 4호)

---

113) 대법원 2022. 6. 7. 2022그534 결정.
114) 대법원 2001. 8. 25. 2001마313 결정.

① 채권자가 변제를 받았거나 의무이행을 미루도록 승낙한 경우에 이를 이유로 집행을 종국적으로 저지하기 위하여는 청구이의 소를 제기하여야 하지만, 채권자가 작성한 **변제증서나 변제유예증서**가 있으면 채무자를 보호하기 위하여 일단 집행을 정지하도록 하였다. '변제'란 채권자가 **채무 전부를 변제받은 경우**를 의미하므로 **일부 변제**만으로는 집행절차의 진행을 저지할 수 없다.

② 변제증서나 변제유예증서는 반드시 공정증서 또는 공증인이 인증한 증서나 공문서임을 요하지 아니하고 **사문서라도** 집행기관에서 진정한 것이라고 인정할 수 있는 것이면 된다.115)

③ 변제증서는 채권자의 의사가 명확하게 표현된 것이어야 하는데 변제공탁서가 제출된 경우에는 공탁원인의 존부 및 공탁의 유효 여부를 조사할 필요가 있으므로 **변제공탁서**는 변제증서에 해당하지 않는다(통설). 다만 공탁물수령자로서 공탁통지서를 받은 자가 그 공탁금을 **이의 없이** 수령하였다면 그 공탁의 취지에 따라 수령한 것이 되어 그에 따른 법률효과가 발생하므로 '**변제공탁서 및 출급증명서**'는 변제증서로 볼 수 있다는 것이 판례이다.116) [2013, 2019 법무사]

④ 변제증서의 제출에 따른 집행정지기간은 **2월**로 하고, 의무이행을 미루도록 승낙하였다는 취지를 적은 증서(변제유예증서)의 제출에 의한 집행정지는 **2회**에 한하며, 통산하여 **6월을 초과할 수 없다**(51조). 여기에서 '통산하여 6월'이란 당해 경매절차에서 통산하여 6개월이란 뜻이고 그 기간이 **연속함을 요하지 아니한다**.[2012 승진, 2012, 2021 법무사]

(5) 집행할 판결 등이 소취하 등의 사유로 효력을 잃었음을 증명하는 조서등본이나 법원사무관등이 작성한 문서(49조 5호)

가집행선고판결 후에 상소심에서 소를 취하하면 그 가집행선고판결은 실효되는데, 이 경우에 **법원사무관등이 작성**한 '소취하조서 또는 소취하증명서'를 말한다.

(6) 강제집행을 하지 아니한다거나 강제집행의 신청·위임을 취하한다는 취지가 기재된 화해조서의 정본 또는 공정증서의 정본(49조 6호)

강제집행을 하지 않겠다는 부집행합의 또는 강제집행의 신청이나 위임을 취하하기로 하는 합의가 **화해조서 또는 공정증서**에 명백하게 기재되어 있는 서류를 말한다.

---

115) 대법원 1965. 8. 26. 65마797 결정.
116) 대법원 1999. 3. 2. 98마2813, 2814 결정

3. 집행정지의 방법

(1) 집행정지신청의 방법

① 강제집행은 원칙적으로 채무자 등의 신청에 의하여 정지된다. 즉 집행기관에 정지서류를 제출하여야만 비로소 정지되는 것이고, 그 재판의 성립이나 확정과 동시에 당연히 정지되는 것은 아니며, 그 제출이 있기 전에 이미 행하여진 집행처분에는 영향이 없다.117) 기록이 항고나 재항고로 인하여 상급심 법원에 있는 경우에는 상급심 법원에 정지서류를 제출하여야 한다.118)[2019 법무사]

② 법 제49조의 문언에는 조문에서 정한 서류만 제출하면 강제집행을 정지하도록 규정하고 있으므로 반드시 정지를 구하는 취지의 서면을 함께 제출하여야 하는 것은 아니고, 비록 신청서가 제출되었다 하더라도 필요적 집행정지를 촉구하는 의미 이상은 없으므로 이에 대하여 어떠한 결정을 할 것은 아니며, 만약 집행기관이 집행정지서류를 제출받았음에도 강제집행을 계속 진행할 때에는 '집행에 관한 이의'로 불복할 수 있을 뿐이다.119)

(2) 집행정지서류의 제출시기

① 매각대금을 납부하기 전에 민사집행법 제49조 제2·4호 서류가 제출되면 서류가 제출된 이후의 집행을 정지하여야 하고, 이미 실시한 집행처분은 취소되지 않는다(50조 1항). 매각대금을 납부하기 전에 민사집행법 제49조 제1·3·5·6호 서류가 제출되면 경매절차가 정지되고 이미 실시한 집행처분도 취소하여야 한다.[2023 법무사]

② 다만 민사집행법 제49조 제3·4·6호 서류가 매수신고 후에 제출되는 경우에는 최고가매수신고인 등의 동의를 받아야 효력이 있으므로 동의를 얻지 못하면 집행절차를 속행하여야 한다(93조 2항, 3항). 민사집행법 제49조 제1·2·5호 서류는 매수신고 후에 제출되는 경우에도 최고가매수신고인 등의 동의를 받을 필요가 없다.[2011, 2012, 2015, 2023, 2024 법무사, 2012, 2015, 2024 승진]

> ♣ 법 제49조 서류가 대금납부 후에 제출된 경우에는 절차를 속행하되 배당절차는 다음 방법에 따른다(규칙 50조 3항)
> ① 49조 1·3·5·6호 서류가 제출된 경우 : 그 채권자를 배당에서 제외한다.
> ② 49조 2호 서류가 제출된 경우 : 그 채권자에 대한 배당액을 공탁한다.
> ③ 49조 4호 서류가 제출된 경우 : 그 채권자에게 배당액을 지급한다.

---
117) 대법원 1963. 9. 12. 선고 63다213 판결 ; 1966. 8. 12. 65마1059 결정.
118) 대법원 1999. 8. 27. 99마117, 118 결정.
119) 대법원 1983. 7. 22. 83그24 결정 ; 1986. 3. 26. 85그130 결정.

> ♣ 법 제49조 3·4·6호 서류가 매수신고 후에 매수인의 동의 없이 제출된 경우 절차를 속행하되 배당절차는 다음 방법에 따른다.
> ① 49조 3·6호 서류 : 그 채권자를 배당에서 제외한다.
> ② 49조 4호 서류 : 그 채권자에게 배당액을 지급한다.

4. 집행정지의 효력

(1) 집행개시 및 속행의 금지
① 집행이 정지되면 집행기관은 새로운 집행을 개시할 수 없고 개시된 집행을 속행할 수 없지만, 이미 행하여진 집행처분에는 영향이 없다.[120]
② 채권에 대한 전부명령이 있은 뒤에 법 제49조 제2·4호 서류를 제출한 것을 이유로 전부명령에 대한 즉시항고를 제기하거나 즉시항고 후 위 서류를 제출한 경우 항고법원은 다른 이유로 전부명령을 취소하는 경우를 제외하고는 항고에 관한 재판을 정지하여야 하고(229조 8항), 그 후 집행정지가 종국적인 집행취소나 집행속행으로 결말이 나는 것을 기다렸다가 집행취소로 결말이 난 때에는 항고를 인용하여 전부명령을 취소하고, 집행속행으로 결말이 난 때에는 항고를 기각하여야 한다.[121][2015 승진, 2022 법무사]

채무자는 전부명령 확정 전까지 법 제49조 제2·4호 서류를 제출할 수 있으므로 재항고심 계류 중 위 서류가 제출된 경우에도 재항고법원은 재항고에 관한 재판을 정지하였다가 종국적인 집행취소 여부에 따라 재항고의 인용 여부를 결정하여야 한다.[122]

(2) 집행정지 중 집행처분의 효력
집행정지서류가 제출되었음에도 불구하고 집행기관이 집행을 정지하지 아니하고 속행하는 때에는 집행에 관한 이의신청이나 즉시항고로 그 시정을 구할 수 있으나, 이러한 불복절차 없이 그대로 집행절차가 완료된 경우에는 그 집행행위에 의하여 발생된 법률효과를 부인할 수 없다.[123]

따라서 경매절차에서 매각대금이 납부되기 전에 이미 집행정지서류가 제출되었으나, 집행법원이 대금지급기한을 정하고 이에 따라 매수인이 대금을 납부하였다면 대금완납에 따른 매수인의 소유권취득의 효과를 더 이상 다툴 수 없다.[124][2016, 2018, 2020, 2024 법무사, 2022 승진]

---
120) 대법원 2010. 1. 28. 2009마1918 결정.
121) 대법원 1999. 8. 27. 99마117, 118 결정 ; 2012. 4. 12. 2011마1852 결정.
122) 대법원 2012. 4. 12. 2011마1852 결정.
123) 대법원 1992. 9. 14. 선고 92다28020 판결.

5. 정지된 집행의 속행

채권자는 집행정지사유가 소멸되었음을 증명하여 집행의 속행을 구할 수 있다. 집행정지재판에 채권자가 담보를 제공하면 집행을 속행할 수 있다고 되어 있는 경우에는 그 담보를 제공한 증명서를 제출하여 집행의 속행을 구할 수 있고, 만약 집행기관이 부당하게 집행의 계속 진행을 거부할 때에는 집행에 관한 이의신청(16조 1항)으로 다툴 수 있다.[2020 법무사]

Ⅱ. 강제집행의 취소

1. 집행취소의 사유

① 민사집행법 제49조의 집행정지서류 가운데 제1·3·5·6호의 서류가 제출된 경우에는 이미 실시한 집행처분을 취소하여야 한다(50조 1항). 다만 매수신고가 있은 후에 제49조 제3·6호의 서류가 제출된 경우에는 최고가매수신고인 등의 동의를 받아야 하고, 동의가 없으면 집행처분을 취소할 수 없다.[2015 법무사]

② 집행채권이 변제나 시효완성 등에 의하여 소멸되었다거나 존재하지 아니한다는 등의 실체상 사유는 채권압류 및 전부명령(추심명령)에 대한 적법한 항고이유가 될 수 없다.[125]

③ 그러나 채권압류 및 전부명령 등의 기초가 된 가집행선고 있는 판결을 취소한 상소심판결정본은 민사집행법 법 제49조 제1호 소정의 집행취소서류에 해당하므로 채권압류 및 전부명령 등의 기초가 된 가집행의 선고가 있는 판결이 상소심에서 취소되었다는 사실은 채권압류 및 전부명령 등에 대한 적법한 항고이유가 될 수 있다.[126][2014, 2021 승진, 2017, 2019 법무사]

채권압류 및 전부명령에 대한 항고심에서 항고인이 가집행선고가 있는 판결을 취소한 항소심 판결의 사본을 제출하였다면 항고심으로서는 항고인으로 하여금 그 정본을 제출하도록 한 후 즉시항고를 받아들여 채권압류 및 전부명령을 취소하여야 한다.[127][2021 승진, 2022 법무사]

채권압류 및 전부명령의 기초가 된 집행권원에 기한 강제집행을 불허하는 청구이의의 소 재판의 판결정본은 법 제49조 제1호 서류(집행취소서류)에 해당하므로 이러한 서류가 제출되면 채권압류 및 전부명령은 취소되어야 하고, 이는 재항고심에서 위와 같은 서류가 제출된 경우도 마찬가지이다.[128][2020 법무사]

---

124) 대법원 1995. 2. 16. 94마1871 결정.
125) 대법원 2007. 3. 15. 2006마75 결정.
126) 대법원 2007. 3. 15. 2006마75 결정.
127) 대법원 2004. 7. 9. 2003마1806 결정 ; 2008. 10. 9. 2006마914 결정.
128) 대법원 2018. 5. 23. 2018마5170 결정.

2. 집행취소결정에 대한 불복

① 집행처분을 취소하는 재판은 확정되어야 효력이 있고, 이에 대하여는 즉시항고를 할 수 있다(17조). 다만 민사집행법 제49조 제1·3·5·6호의 '집행취소서류의 제출'에 따른 집행취소의 경우에는 재판이 고지되면 곧바로 효력이 발생하고 즉시항고가 허용되지 아니하므로 '집행에 관한 이의신청'으로 불복하여야 한다(50조 2항).129)[2017, 2020 법무사, 2020, 2021, 2022 승진]

따라서 가처분결정을 취소하는 재판정본(49조 1호 서류)이 제출되어 간접강제결정을 취소한 경우에도 집행에 관한 이의로 다투어야 한다.130)[2018 법무사]

② 집행장애사유를 간과한 집행처분이라는 이유로 그 집행처분을 취소하는 재판에 관하여는 일반규정인 민사집행법 제17조를 적용하여 즉시항고로 불복할 수 있다는 것이 판례의 입장이며, 따라서 압류등기가 되어 있는 경우에 법원사무관등은 취소재판이 확정되어야 압류등기를 말소할 수 있다.131)

③ 제1심에서 가집행선고부 승소판결을 받아 그 판결에 기해 강제경매를 신청한 다음, 항소심에서 조정(조정에 갈음하는 결정 포함) 내지 화해가 성립한 경우, 제1심판결 및 그 가집행선고의 효력은 조정 내지 화해에서 제1심판결보다 인용 범위가 줄어든 부분에 한하여 실효되고, 그 나머지 부분에 대하여는 여전히 효력이 미친다.[2018 승진, 2022 법무사]

항소심에서 제1심 인용금액보다 증액된 금액으로 조정에 갈음하는 결정이 확정된 경우에는 조정에 갈음하는 결정에 의해 실효될 제1심판결 및 가집행선고 부분은 없다고 보아야 하므로 항소심에서 이루어진 조정에 갈음하는 결정정본의 제출은 민사집행법 제50조 제1항, 제49조 제5호 소정의 집행취소사유에 해당한다고 할 수 없다.132)[2012, 2015 승진, 2019 법무사]

---

129) 대법원 2011. 11. 10. 2011마1482 결정.
130) 대법원 2000. 3. 17. 99마3754 결정.
131) 대법원 2013. 7. 16. 2013마967 결정.
132) 대법원 2011. 11. 10. 2011마1482 결정.

제5장 강제집행에서의 구제절차

Ⅰ. 집행절차에서의 불복방법

1. 민사집행법상의 불복방법 체계

① 집행개시 전 집행문부여단계에서의 불복절차로 집행문부여 거절처분에 대한 이의신청(34조), 집행문부여에 대한 이의신청(34조), 집행문부여의 소(33조), 집행문부여에 대한 이의의 소(45조)가 있다.

② 집행단계에서 집행기관의 위법한 집행에 대한 불복방법으로 즉시항고(15조)와 집행에 관한 이의신청(16조)이 있다. 채권자의 부당한 집행에 관하여 강제집행의 배제를 구하는 불복방법에는 청구이의의 소(44조)와 제3자이의의 소(45조)가 있다.

2. 사법보좌관의 처분에 대한 불복방법

(1) 사법보좌관의 처분이 '집행에 관한 이의신청' 대상인 경우

사법보좌관의 처분 중 그러한 처분을 판사가 하였다면 '집행에 관한 이의신청'의 대상이 되는 경우에는 민사집행법 제16조의 규정에 따라 불복할 수 있다(사법보좌관규칙 3조 2호). 즉 이 경우에는 사법보좌관의 처분에 대한 이의신청을 할 필요 없이 집행에 관한 이의신청을 할 수 있다.[2013 승진, 2016 법무사]

(2) 사법보좌관의 처분이 항고·즉시항고·특별항고의 대상인 경우

1) 이의신청방법

① 사법보좌관의 처분 중 그러한 처분을 판사가 하였다면 항고·즉시항고·특별항고의 대상이 되는 처분에 대하여는 사법보좌관에게 이의신청을 할 수 있다(사법보좌관규칙 4조 1항). 사법보좌관의 처분에 대한 이의신청은 이의신청대상이 되는 처분의 표시와 이의신청취지를 밝히는 방법으로 사법보좌관에게 하여야 한다(사법보좌관규칙 4조 2항).[2020 법무사]

② 판사가 처리하는 경우 즉시항고 또는 특별항고의 대상이 되는 처분에 대한 이의신청은 그 처분을 고지받은 날로부터 불변기간인 7일 이내에 하여야 한다(사법보좌관규칙 4조 3항).

③ 사법보좌관에게 이의신청을 하는 때에는 '민사소송 등 인지법'에서 정하는 인지를 붙일 필요는 없으나(사법보좌관규칙 4조 4항), 나머지 서류(항고보증서류 등)는 제출하여야 한다.[2016, 2020 법무사, 2013 승진]

2) 이의신청사건을 송부 받은 판사의 처리절차

사법보좌관이 이의신청을 받은 때에는 이의신청사건을 지체 없이 소속법원의 판사 등에게 송부하여야 한다(사법보좌관규칙 4조 5항).

지방법원 합의부가 재판한 민사합의사건에 관한 소송비용액확정신청에 대하여 한 사법보좌관의 처분을 단독판사가 인가하는 것은 전속관할 위반이므로 사법보좌관은 이의신청사건을 단독판사가 아닌 합의부로 송부하여야 한다.[133]

사법보좌관으로부터 이의신청사건을 송부받은 판사는 다음과 같이 처리한다.

가) 이의신청이 이유 있다고 인정되는 경우

이의신청이 이유 있다고 인정되는 때에는 사법보좌관의 처분을 경정한다(사법보좌관규칙 4조 6항 3호).

나) 이의신청이 이유 없다고 인정되는 경우

① 사법보좌관의 처분 중 판사가 처리하는 경우 특별항고의 대상이 되는 처분에 대한 이의신청이 이유 없다고 인정되는 때에는 결정으로 이를 각하하여야 하고(사법보좌관규칙 4조 6항 4호), 위 각하결정에 대하여는 불복할 수 없다(위 규칙 4조 8항).

② 사법보좌관의 처분 중 판사가 처리하는 경우 항고 또는 즉시항고의 대상이 되는 처분에 대한 이의신청이 이유 없다고 인정되는 때에는 사법보좌관의 처분을 인가하고 이의신청사건을 항고법원에 송부한다(사법보좌관규칙 6항 5호). '인가결정'은 이의신청인에게 고지하여야 하고, 인가결정에 대하여는 불복할 수 없다(위 규칙 4조 6항, 8항).[2020 법무사]

다) 인지가 붙어 있지 않은 경우

이의신청서에 '민사소송 등 인지법'에 의한 인지가 붙어 있지 않은 경우에는 상당한 기간을 정하여 보정을 명하여야 하고, 보정하지 아니하면 이의신청을 각하한다(사법보좌관규칙 4조 6항 6호).

---

133) 대법원 2008. 6. 23. 2007마634 결정.

(3) 사법보좌관이 절차를 지키지 않은 경우

① 사법보좌관의 처분에 대하여 이의신청을 하는 취지의 즉시항고장이 제출되자 사법보좌관이 사법보좌관규칙에서 정하는 절차를 거치지 않은 채 곧바로 항고법원에 사건기록을 송부하였다면 항고법원으로서는 사건기록을 다시 제1심법원으로 이송하여 적법한 절차를 거치도록 하여야 한다.134)

② 사법보좌관규칙 제4조 제6항 제5호에 따른 단독판사 등의 인가는 사법보좌관이 한 처분의 적정성을 확인하는 단독판사 등의 판단행위로서 재판의 한 형식인 결정으로 하여야 하고, 절차진행의 투명성을 위해 그 인가결정은 이의신청인에게 반드시 고지하여야 한다.

사법보좌관의 처분(매각허가결정)에 대하여 이의신청하는 취지로 즉시항고장을 제출하자, 사법보좌관의 소속법원(제1심법원)이 즉시항고장의 우측 상단에 판사의 날인만 하였을 뿐 단독판사 등의 인가결정절차를 제대로 거치지 않은 채 항고법원인 원심법원에 사건기록을 송부한 경우, 즉시항고장의 우측 상단에 아무런 문언의 기재 없이 행하여진 판사의 날인만으로는 인가결정이 있었다고 보기 어렵고, 사건기록을 다시 사법보좌관의 소속법원에 이송하여 적법한 절차를 거치도록 하여야 한다.135)

Ⅱ. 즉시항고

1. 의의

① 즉시항고는 집행절차에 관한 집행법원의 재판으로서 특별한 규정이 있는 경우에만 할 수 있다(15조 1항). 다만 특별한 규정이 없는 경우에도 해석상 그와 동일하게 취급되어야 한다고 인정되는 때에는 즉시항고가 허용된다.136)
[2020 승진, 2017 법무사]

② 즉시항고만이 허용되는 집행법원의 재판에 대하여 '이의신청'이라는 제목으로 제출된 불복은 이를 즉시항고로 보아 처리하여야 한다.137)

2. 즉시항고의 대상

(1) 집행법원의 재판일 것

즉시항고는 집행법원의 재판에 대하여만 할 수 있다. 집행관의 집행처분에 대하여는 즉시항고를 할 수 없고 집행에 관한 이의신청을 하여야 한다.

---
134) 대법원 2008. 9. 25. 2008마922 결정.
135) 대법원 2021. 9. 9. 2021마167 결정.
136) 대법원 1995. 1. 20. 94마1961 전원합의체 결정.
137) 대법원 1994. 7. 11. 94마1036 결정.

(2) 집행절차에 관한 재판일 것

즉시항고는 '집행절차'에 관한 집행법원의 재판에 대하여만 할 수 있다.

1) 보전소송에 대한 즉시항고

가압류·가처분신청을 기각·각하하는 결정, 가압류·가처분 이의·취소신청에 대한 재판은 모두 보전소송에 관한 재판으로서 '집행절차'에 관한 집행법원의 재판이 아니므로 민사소송법상의 즉시항고에 관한 규정이 적용된다. 따라서 항고인이 항고장에 항고이유를 적지 아니하였다거나 항고이유서를 제출하지 않았다는 이유로 그 즉시항고를 각하할 수 없다.[138] [2019, 2023 법무사]

2) 집행비용액확정결정에 대한 즉시항고

집행비용액확정결정은 집행종료 후의 재판으로서 '집행절차'에 관한 집행법원의 재판이 아니므로 그 결정에 대하여는 민사소송법상의 즉시항고로 불복하여야 하고, 항고이유서 제출에 관한 민사집행법 제15조의 규정이 적용될 수 없다. 따라서 항고장에 항고이유를 적지 아니하였다거나 항고이유서를 제출하지 않았다는 이유로 그 즉시항고를 각하할 수 없다.[139] [2012, 2015, 2024 법무사, 2020 승진]

(3) 특별한 규정이 있을 것

민사집행법 및 민사집행규칙에서 즉시항고를 할 수 있다는 특별한 규정이 있는 경우에만 즉시항고를 할 수 있다.

3. 당사자 및 항고이익

(1) 항고권자

항고권자는 집행법원의 재판으로 불이익을 받은 사람이다. 절차의 안정성을 위하여 항고권자만이 즉시항고를 할 수 있고, 항고권자의 채권자가 항고권자를 대위하여 항고할 수 없다. [2021 승진]

(2) 상대방

① 즉시항고절차는 편면적 불복절차로서 판결절차에서와 같은 대립되는 당사자를 예상하고 있지 아니하므로 엄밀한 의미에서 상대방은 없다. 따라서 항고장에 반드시 피항고인의 표시가 있어야 하는 것은 아니고, 항고장을 반드시 상대방에게 송달하여야 하는 것도 아니다.[140] [2017 법무사]

---

138) 대법원 2006. 9. 28. 2006마829 결정 ; 2008. 2. 29. 2008마145 결정.
139) 대법원 2011. 10. 13. 2010마1586 결정.

② 매각허부결정에 대한 항고에서는 항고법원이 필요한 경우에 반대진술을 하게 하기 위하여 항고인의 상대방을 정할 수 있다는 규정이 있다(131조 1항).
[2011, 2017 법무사]

4. 즉시항고의 제기방법

(1) 항고장(서면주의)

절차의 안정성을 위하여 서면주의를 채택하고 있으므로 항고장은 반드시 서면으로 제출하여야 하고 말로는 제기할 수 없다.[2015, 2017 법무사, 2020 승진]

(2) 항고장의 제출기간

① 항고인은 재판을 고지받은 날로부터 1주의 불변기간 이내에 항고장을 원심법원에 제출하여야 한다(15조 2항). 즉시항고를 하는 사람이 재판의 고지를 받아야 할 사람이 아닌 경우에는 그 재판을 고지 받아야 할 사람 모두에게 고지된 날부터 즉시항고 기간이 진행된다(규칙 12조).[2021 승진, 2017, 2024 법무사]

② 판결과 달리 선고가 필요하지 않은 결정·명령의 원본이 법원사무관등에게 교부되어 성립한 경우에는 그 결정·명령이 당사자에게 고지되어 효력이 발생하기 전에도 이에 불복하여 즉시항고할 수 있다(주식양도명령에 대하여 그 명령이 고지되기 전 즉시항고를 제기한 사례임).141)[2015, 2019, 2024 법무사]

③ 매각허가결정 또는 매각불허가결정은 반드시 선고하여야 하고, 선고된 때에 고지의 효력이 발생하므로(법 126조 1항, 규칙 74조) 그에 대한 즉시항고의 제기기간은 선고일로부터 진행한다.[2022 법무사]

매각허부결정은 경매절차의 안정성을 위하여 통상의 결정과 달리 선고가 필요한 재판으로 규정되어 있으므로 매각허부결정에 대한 즉시항고는 반드시 선고 후에 제기하여야 한다. 따라서 매각허부결정 선고 전에 즉시항고를 하였다면 존재하지 아니한 결정에 대한 부적법한 항고로서 각하하여야 하고, 항고제기 후에 매각허부결정의 선고가 있었다고 하여 그 항고가 적법하게 되는 것은 아니다.142)[2019 승진]

(3) 항고장의 제출법원

즉시항고장은 원심법원에 제출하여야 하므로(15조 2항) 항고제기기간 준수 여부는 항고장이 원심법원에 접수된 때를 기준으로 결정한다.143)[2012 법무사]

---

140) 대법원 1966. 8. 12. 65마473 결정 ; 1997. 11. 27. 97스4 결정.
141) 대법원 2014. 10. 8. 2014마667 전원합의체 결정.
142) 대법원 1983. 4. 12. 83마119 결정 ; 1998. 3. 9. 98마12 결정.
143) 대법원 1984. 4. 28. 84마251 결정 ; 1992. 4. 15. 92마146 결정.

(4) 항고이유서 제출의 강제

1) 항고이유의 기재 또는 항고이유서 제출

① 민사집행법은 항고이유서 제출에 관하여 강제주의를 채택하고 있다. 즉 항고인은 <u>항고장에 항고이유를 기재</u>하여야 하고, 항고장에 항고이유를 기재하지 아니한 경우에는 항고장을 제출한 날로부터 <u>10일</u> 이내에 항고이유서를 <u>원심법원</u>에 제출하여야 한다(15조 3항).[2021 승진, 2024 법무사]

② 항고장에 항고이유를 적지 않았고, 항고장을 제출한 날로부터 10일 이내에 항고이유서도 제출하지 않은 때에는 <u>원심법원이 결정으로 즉시항고를 각하</u>하여야 한다(15조 5항).

③ 항고이유서 제출기간은 항고장 제출기간과는 달리 불변기간으로 명시하는 법률규정이 없으므로 불변기간이라 할 수 없고, 따라서 법원은 항고이유서 제출기간을 <u>늘릴 수</u> 있다. 또한 당사자가 책임질 수 없는 사유로 말미암아 불변기간을 지킬 수 없었던 경우 소송행위의 추후보완을 할 수 있는 것과의 균형상 항고인이 책임질 수 없는 사유로 말미암아 항고이유서 제출기간을 지킬 수 없었던 경우 법원은 <u>제출기간이 지난 후에라도</u> 민사소송법 제172조 제1항에 의하여 항고이유서 <u>제출기간을 늘릴 수 있다고</u> 보아야 한다.144)

2) 민사집행법상 즉시항고에만 적용

항고이유서 제출강제주의는 민사집행법 제15조 제1항의 '집행절차'에 관한 집행법원의 재판에 대한 즉시항고에 적용된다. 따라서 ① <u>가압류·가처분신청을 기각하거나 각하하는 결정</u> ② <u>가압류·가처분 이의·취소신청에 대한 재판</u> ③ <u>집행비용액확정결정</u>은 '집행절차'에 관한 집행법원의 재판에 해당하지 아니하여 그 결정에 대하여는 <u>민사소송법상 즉시항고</u>에 관한 규정이 적용되므로 항고인이 항고이유를 적지 아니하였다거나 항고이유서를 제출하지 않았다는 이유로 그 즉시항고를 <u>각하할 수 없</u>다.145)[2012, 2015, 2019, 2023, 2024 법무사]

---

144) 대법원 2024. 6. 27. 2024마5813 결정.
145) 대법원 2008. 2. 29. 2008마145 결정 ; 2011. 10. 13. 2010마1586 결정.

5. 원심법원의 처리

(1) 즉시항고가 부적법하거나 흠이 있는 경우

① 항고인이 항고장에 항고이유를 적지 않았고, 항고장 제출일로부터 10일 이내에 항고이유서도 제출하지 않은 경우에는 원심법원은 결정으로 즉시항고를 각하하여야 하고, 즉시항고가 부적법하고 이를 보정할 수 없음이 분명한 경우에도 원심법원은 결정으로 즉시항고를 각하하여야 한다(15조 5항).

② 매각허가결정에 대한 즉시항고가 제기되었는데 원심법원이 보증의 제공이 없음을 이유로 항고장 각하결정을 한 경우에, 항고장 각하결정에 대하여는 확정되어야 효력이 있다는 규정이 없고, 항고장 각하결정에 대한 즉시항고에는 집행정지의 효력이 없어서(15조 6항) 항고장 각하결정에 대한 즉시항고로 매각허가결정의 확정이 차단되지 아니하므로 강제경매절차는 정지되지 아니한다.[146][2015, 2017 법무사]

(2) 즉시항고가 적법한 경우

1) 항고가 이유 있다고 인정되는 경우

적법한 즉시항고가 제기된 경우에 원심법원(집행법원)은 스스로 항고가 이유 있다고 인정되면 그 재판을 경정하여야 하고(재도의 고안, 민사소송법 446조 준용), 이로써 항고절차는 종료된다.

2) 항고가 이유 없다고 인정되는 경우

항고가 이유 없다고 인정되면 집행법원의 법원사무관등은 원칙적으로 항고장이 제출된 날로부터 2주 이내에 항고사건의 기록 외에 집행사건의 기록도 항고법원으로 송부하여야 한다(민사소송법 400조 준용).

다만 집행법원이 상당하다고 인정하는 때에는 항고사건의 기록만을 보내거나 집행사건의 기록 일부의 등본을 항고사건의 기록에 붙여 보낼 수 있고. 이 경우에 항고법원은 필요하다고 인정하는 때에는 집행사건의 기록 또는 필요한 등본의 송부를 요구할 수 있다(규칙 14조 1항, 2항).

---

[146] 대법원 1995. 1. 20. 94마1961 결정.

6. 집행정지

(1) 집행정지의 효력이 없음

즉시항고를 제기하더라도 집행이 정지되지 아니하므로 항고법원(기록이 원심법원에 있는 경우에는 원심법원)은 즉시항고에 대한 결정이 있을 때까지 담보를 제공하게 하거나 제공하게 하지 아니하고 원심재판의 집행을 정지하거나 집행절차의 전부 또는 일부를 정지하도록 명할 수 있고, 담보를 제공하게 하고 그 집행을 계속하도록 명할 수 있다(15조 6항).

다만 매각허가결정 등 확정되어야 효력이 있는 재판의 경우에는 즉시항고로 인하여 확정이 차단되어 효력발생을 정지시키는 효과가 있으므로 별도로 집행정지의 처분이 필요 없다.[2024 승진]

(2) 불복

집행정지를 명하는 결정 또는 집행을 계속하도록 명하는 결정(이른바 잠정처분)에 대하여는 불복할 수 없으므로 특별항고만 가능하다.[2024 승진]

특별항고가 제기된 경우에는 재도의 고안이 인정되지 아니하므로 원심법원은 경정결정을 할 수 없고 기록을 그대로 대법원에 송부하여야 한다.[147] [2019 법무사]

(3) 직권에 의한 재판

즉시항고가 있는 경우에 하는 집행정지를 명하는 결정 등 잠정처분 재판은 항고법원이 직권으로 하는 것이고, 당사자에게는 신청권이 없으므로 당사자의 집행정지신청은 법원의 직권발동을 촉구하는 의미 밖에 없다. 따라서 법원은 집행정지신청에 대하여 재판을 할 필요가 없으며, 설령 법원이 이 신청을 거부하는 재판을 하였다고 하더라도 불복이 허용되지 아니하므로 특별항고도 부적법하다.[148] [2011, 2024 승진]

7. 항고법원의 심리와 재판

① 항고법원은 항고장이나 항고이유서에 기재된 이유에 대하여서만 조사한다. 다만 원심재판에 영향을 미칠 수 있는 법령위반 또는 사실오인이 있는지에 관하여는 직권으로 조사할 수 있다(15조 7항). 이 경우 법령위반이나 사실오인에 대한 조사는 항고법원의 재량에 맡겨진 사항으로서 그 조사를 하지 않았다고 하여 위법이라 할 수는 없으므로 이를 재항고이유로 삼을 수는 없다.[149]

---

147) 대법원 2001. 2. 28. 2001그4 결정.
148) 대법원 2004. 10. 14. 2004그69 결정 ; 2017. 7. 18. 2017그42 결정.
149) 대법원 2004. 2. 18. 2003마1626 결정.

② 항고법원의 심리와 재판에 대하여는 민사소송법상 즉시항고에 관한 규정을 준용한다(15조 10항). 따라서 항고법원이 항고사건을 심리함에 있어서 변론을 열거나 이해관계인을 심문할 것인지 여부는 항고법원의 재량이므로 서면심리만으로 결정하였다고 하더라도 위법하지 않다.150)

8. 재항고
① 즉시항고에 관한 항고법원의 재판에 대하여는 재판에 영향을 미친 헌법·법률·명령 또는 규칙의 위반을 이유로 드는 때에만 재항고할 수 있다(민소법 442조 준용).151) 재항고도 민사집행법 제15조의 즉시항고에 해당하므로 민사집행법상의 즉시항고에 관한 항고법원의 재판에 대한 재항고절차에 있어서는 민사집행법상의 즉시항고와 재항고에 관한 규정이 준용된다.152)[2015 법무사]

② 부동산인도명령에 대한 즉시항고는 민사집행법상의 즉시항고이므로 제1심의 부동산인도명령에 대한 즉시항고를 기각한 결정에 대하여 재항고인이 재항고를 제기하면서 재항고이유를 적지 아니하였고, 재항고장 접수일로부터 10일 이내에 재항고이유서를 제출하지 않은 경우에는 원심법원은 결정으로 재항고를 각하하여야 하고, 원심법원이 이를 각하하지 않은 때에는 대법원이 재항고를 각하하여야 한다.153)[2017 법무사]

Ⅲ. 집행에 관한 이의신청

1. 의의
집행에 관한 이의는 집행법원의 집행절차에 관한 재판으로서 즉시항고를 할 수 없는 것과 집행관의 집행처분, 그 밖에 집행관이 지킬 절차에 대해서는 법원에 이의신청을 할 수 있다(16조 1항). 집행관이 집행위임을 거부하거나 집행행위를 지체하는 경우 또는 집행관이 계산한 수수료에 다툼이 있는 경우에도 집행에 관한 이의신청으로 다툴 수 있다(16조 3항).[2021, 2022 법무사]

2. 이의의 대상

---

150) 대법원 2001. 3. 22. 2000마6319 결정.
151) 대법원 2004. 11. 26. 2004그107 결정 ; 2010.. 7. 2. 2010그24 결정.
152) 대법원 2002. 8. 16. 2002마362 결정 ; 2004. 5. 17. 2004마246 결정.
153) 대법원 2004. 9. 13. 2004마505 결정.

(1) 집행법원의 집행절차에 관한 재판으로서 즉시항고할 수 없는 것

즉시항고가 허용되는 집행법원의 재판에 대하여는 즉시항고로만 불복할 수 있으므로 집행에 관한 이의신청을 할 수 없다.

민사집행법 제49조 제1·3·5·6호의 집행취소서류의 제출에 의하여 집행처분을 취소하는 재판은 고지되면 바로 효력이 생기므로 이에 대하여는 집행에 관한 이의신청만이 인정되고 즉시항고가 허용되지 아니하며(50조 2항), 제출한 서면의 제목이 '즉시항고장'이고 그 끝부분에 '항고법원명'이 기재되어 있다고 하더라도 이를 집행에 관한 이의로 보아 처리하여야 한다.154)

[2020, 2023 승진, 2020 법무사]

(2) 집행관의 집행처분 및 집행관이 지킬 절차

'집행관의 집행처분'이란 집행관이 집행기관으로서 하는 법률효과를 수반하는 처분을 말하고, '집행관이 지킬 절차'란 집행관의 집행처분 외에 집행에 있어서 집행관이 지켜야 할 절차를 말한다.

(3) 집행관의 집행위임거부나 집행행위를 지체한 경우 또는 집행관이 계산한 수수료에 대하여 다툼이 있는 경우

1) 의의

집행관의 집행위임거부나 집행행위를 지체한 경우 또는 집행관이 계산한 수수료에 대하여 다툼이 있는 경우에도 집행법원에 집행에 관한 이의신청을 할 수 있다(16조 3항).

2) 미등기건물에 대한 철거집행

① 미등기건물에는 그 소유권을 표상하는 외관적 징표로서의 등기부가 존재하지 아니하므로 집행관이 미등기건물에 대한 철거를 실시함에 있어서는 건축허가서나 공사도급계약서 등을 조사하여 철거대상 미등기건물이 채무자에게 속하는지를 판단하여야 할 것이고, 또한 대체집행의 기초가 된 집행권원에는 철거의무의 근거로서 철거대상 미등기건물에 대한 소유권 등이 채무자에게 있다고 판단한 이유가 기재되어 있기 마련이므로 집행관으로서는 그 집행권원의 내용도 확인하여야 한다.155)

---

154) 대법원 2000. 3. 17. 99마3754 결정.
155) 대법원 2014. 6. 3. 2013그336 결정 ; 대법원 2022. 11. 10. 2022그695 결정.

② 집행대상 건물에 출입할 수 없도록 그 전면에 철제 펜스가 설치되는 등 그 물리적인 현황에 비추어 소유 및 점유관계가 명확하지 아니한 것으로 보인다면, 집행관으로서는 건축허가서와 공사도급계약서 및 판결 등을 조사함으로써 집행대상 건물이 채무자들의 소유에 속하는 것인지 확인하는 한편, 철제 펜스의 설치 목적이나 경위, 철거집행에 이의가 있는지 여부를 확인하는 등으로 건물에 대한 철거집행의 가능 여부를 판단하여야 한다.156)

③ 집행관은 집행을 개시함에 있어 집행대상이 채무자에게 속하는지를 스스로 조사·판단하여야 한다. 따라서 미등기건물의 건축주 명의가 변경되었다고 하더라도 변경시점에 이미 건물이 사회통념상 독립한 건물이라고 볼 수 있는 형태와 구조를 갖추고 있었다면 원래의 건축주(채무자)가 건물의 소유권을 원시취득하고, 변경된 건축주 명의인은 소유자가 아니므로 현재의 건축주 명의인이 채무자와 다르다는 이유만으로 철거대상 미등기건물이 채무자에게 속하는 것이 아니라고 판단하여 집행관이 철거를 실시하지 않았다면, 이는 집행관이 지킬 집행절차를 위반하여 집행을 위임받기를 거부하거나 집행행위를 지체한 경우에 해당하여 채권자는 집행에 관한 이의신청으로 구제받을 수 있다.157)

[2019 법무사]

3) 집행권원에 표시되지 않은 증축부분 등이 있는 경우

집행의 목적물인 건물에 집행권원에는 표시되지 않은 증축 또는 부속부분이 있는 경우 목적물에 부합되어 있거나 주물과 밀접한 관계가 있는 종물로 인정되는 때에는 집행권원에 표시된 당해 건물과 함께 집행의 대상이 되지만, 증축부분이나 부속부분이 당해 건물의 부합물이나 종물로 인정되지 아니하는 경우에는 당해 건물만이 집행의 대상이 된다.158)

4) 목적물 중 일부에 대하여만 집행이 가능한 경우

목적물 중 일부에 대하여만 집행이 가능한 경우에는 채권자가 그 일부 목적물에 대하여만 집행하기를 원하지 않는다는 등의 특별한 사정이 없는 한 집행이 가능한 목적물에 대하여 집행하여야 하고, 전체 목적물에 대하여 집행위임을 거부할 수 없다.159)

---

156) 대법원 2022. 11. 10. 2022그695 결정.
157) 대법원 2014. 6. 3. 2013그336 결정.
158) 대법원 2021. 1. 12. 2020그752 결정.
159) 대법원 2021. 1. 12. 2020그752 결정.

5) 집행권원에 집행장소 등이 명확히 기재되지 아니한 경우

집행관은 집행권원이 되는 결정문의 주문 자체에 집행장소나 집행대상이 명확히 기재되지 아니한 경우에는 그 결정의 이유를 살펴 집행장소나 집행대상을 확인할 필요가 있고, 그와 같이 객관적으로 확인되는 <u>특정 집행장소나 집행대상 이외의 장소나 대상을 상대로 집행을 하는 것은 위법</u>하므로 그 집행처분이나 집행절차의 위법 여부에 관하여 불복의 이익이 있는 자는 민사집행법 제16조에 따라 집행에 관한 이의신청을 할 수 있다.160)

6) 강제집행의 목적물이 아닌 동산이 있는 경우

부동산 등의 인도집행에서 강제집행의 목적물이 아닌 동산이 있는 경우에 집행관에게는 강제집행의 목적물이 아닌 동산을 제거하여 인도집행을 할 책무가 있으므로 이를 <u>제거하여 보관 혹은 매각하는 것이 다소 곤란하다는 사유만으로는 목적물의 인도집행을 불능으로 처리할 수는 없다.</u>161)[2024 법무사]

♣ **판례상 집행에 관한 이의신청이 인정되는 주요 사례**

① 부동산의 멸실 등 경매절차취소사유가 있음에도 집행법원이 <u>취소결정을 하지 않을 경우</u>의 불복162)[2016 법무사]

② 가처분해제신청서의 위조를 주장하는 가처분채권자가 법원의 촉탁에 기하여 <u>말소된 가처분등기의 말소회복을 구하는 방법</u>163)[2009 법무사]

③ 경매절차에서 배당기일에 불출석한 채무자가 자신에게 공탁된 배당잔여액의 출급을 위하여 집행법원에 <u>지급위탁서의 송부와 자격증명서의 교부</u>를 신청하였다가 거절당한 경우의 불복164)[2009 법무사]

④ <u>공탁사유신고각하결정</u>에 대한 불복165)[2009, 2013, 2017 법무사, 2010 승진]

⑤ '<u>집행취소서류제출</u>'에 의하여 집행처분을 취소하는 재판에 대한 불복166)
　　[2012 법무사, 2020, 2023 승진]

⑥ <u>가처분취소판결에 기한 간접강제결정취소결정</u>에 대한 불복167)[2018 법무사]

⑦ 집행법원이 최고가매수신고인임이 명백한 자에 대하여 특별한 사정 없이 <u>매각허가결정을 하지 아니하는 때</u> 최고가매수신고인의 불복168)
　　[2012, 2013, 2016, 2020 법무사, 2023 승진]

⑧ 집행권원상의 청구권을 양도한 채권자가 <u>집행력이 소멸한 이행권고결정정본에 기하여 강제집행절차에 나아간 경우</u>의 불복169)[2017, 2019, 2022 법무사]

⑨ 집행법원이 <u>대금납입기한을 지정하거나 지정된 기일을 취소하는 결정</u>170)[2023 승진]

---

160) 대법원 2022. 4. 5. 2018그758 결정.
161) 대법원 2022. 4. 14. 2021그796 결정.
162) 대법원 1997. 11. 11. 96그64 결정.
163) 대법원 2000. 3. 24. 선고 99다27149 판결.

3. 이의절차

(1) 관할
① 집행법원의 전속관할이다(21조).
② 집행에 관한 이의만이 인정되고 즉시항고가 허용되지 아니하는 경우 이에 불복하면서 제출한 서면의 제목이 '즉시항고장'이고 그 끝부분에 '항고법원 귀중'이라고 기재되어 있다 하더라도 이를 집행에 관한 이의로 보아 처리하여야 하므로 집행법원이 그 불복사건을 항고법원으로 보냈다면 항고법원으로서는 그 사건기록을 집행법원으로 보내 그 신청의 당부에 대하여 판단하도록 하여야 한다.171)

(2) 당사자적격
① 집행에 관한 이의신청을 할 수 있는 자는 집행기관의 위법한 처분에 대하여 불복의 이익이 있는 집행채권자, 집행채무자 및 제3자이다. 다만 장차 경매절차에서 응찰할 예정이라는 사유만으로는 법률상 이해관계를 가진다고 볼 수 없으므로 집행에 관한 이의를 신청할 적격이 없다.172)
[2023 승진, 2016, 2022, 2024 법무사]
② 이의절차는 편면적인 것이므로 원칙적으로 상대방이 없다. 집행관의 집행위임 거부 또는 집행실시 거부를 이유로 집행에 관한 이의신청을 하는 경우에도 집행관은 상대방이 될 수 없다.[2021 승진]

(3) 신청방식
① 집행에 관한 이의신청은 집행법원이 실시하는 기일에 출석하여 하는 경우를 제외하고는 서면으로 하여야 한다(규칙 15조 1항).[2022 법무사]
② 집행에 관한 이의신청을 하는 때에는 그 이의사유를 구체적으로 밝혀야 한다(규칙 15조 2항). 집행에 관한 이의신청에는 즉시항고에서의 항고이유서 제출강제주의와 같은 규정이 없으므로 의의재판 당시까지 이의사유를 추가할 수 있다.173)

---
164) 대법원 1999. 6. 18. 99마1348 결정.
165) 대법원 1997. 1. 13. 96그63 결정.
166) 대법원 2011. 11. 10. 2011마1482 결정.
167) 대법원 2000. 3. 17. 99마3754 결정.
168) 대법원 2008. 12. 29. 2008그205 결정.
169) 대법원 2008. 2. 1. 선고 2005다23889 판결.
170) 대법원 1990. 3. 27. 90그1 결정.
171) 대법원 2000. 3. 17. 99마3754 결정.
172) 대법원 1999. 11. 17. 99마2551 결정.

(4) 신청시기

집행에 관한 이의신청에는 즉시항고와 같은 신청기간의 제한은 없으나, 집행절차가 종료된 경우에는 이의신청이 허용되지 않는다.174) 다만 집행관의 수수료 계산에 대한 이의신청은 집행종료 후에도 할 수 있다.[2024 법무사]

(5) 심리

① 집행법원의 재판은 변론 없이 할 수 있다(3조 2항).
② 집행관의 집행처분 기타 집행관이 지킬 집행절차에 대한 이의신청(16조)은 감독기관인 집행법원에 의한 심사를 거침으로써 감독권 발동을 구하는 신청으로서 의미가 있고, 집행법원은 그 심리에 있어 의의재판 당시까지 제출된 이의사유 주장과 모든 자료를 종합하여 이의사유의 당부를 판단할 수 있다.175)

[2024 법무사]

(6) 재판의 형식

집행에 관한 이의신청 재판은 변론 여부에 관계 없이 결정으로 한다(3조 2항).[2013 법무사]

(7) 불복방법

1) 원칙

① 집행에 관한 이의신청에 대한 재판(이의신청을 기각하는 재판 포함)에 대하여는 원칙적으로 불복이 허용되지 않고 특별항고만 할 수 있다.176)[2019 법무사]
② 특별항고만이 허용되는 재판의 불복에 대하여는 당사자가 특히 '특별항고'라는 표시와 항고법원을 '대법원'으로 표시하지 아니하였다고 하더라도 그 항고장을 접수한 법원으로서는 이를 특별항고로 보아 소송기록을 대법원에 송부하여야 하고, 항고법원이 항고심으로서 재판하였더라도 이는 결국 권한 없는 법원의 재판에 귀착된다.177)

---

173) 대법원 2022. 6. 30. 2022그505 결정.
174) 대법원 1979. 10. 29. 79마150 결정 ; 1996. 7. 16. 95마1505 결정 ; 2010. 7. 26. 2010마458 결정.
175) 대법원 2022. 6. 30. 2022그505 결정.
176) 대법원 2008. 5. 22. 2008그90 결정 ; 2005. 10. 31. 2005그87 결정.
177) 대법원 2008. 5. 22. 2008그90 결정.

2) 예외

집행에 관한 이의신청에 대한 재판 중 ① 집행절차를 취소하는 결정 ② 집행관에게 집행취소를 명하는 결정 ③ 집행절차를 취소한 집행관의 처분에 대한 이의신청을 기각·각하하는 결정 ④ 경매개시결정에 대한 이의신청에 관한 재판에 대하여만 즉시항고를 할 수 있다(17조 1항, 86조 3항).

집행에 관한 이의신청에 대한 재판 중 위 ①,②,③번 재판은 확정되어야 효력이 있다(17조 2항). 경매개시결정에 대한 이의신청을 받아들여 집행절차를 취소하는 결정은 위 ①번 재판에 해당한다.[2015, 2024 법무사]

(8) 잠정처분

① 집행에 관한 이의신청이 있더라도 집행은 정지되지 않으므로 잠정처분의 필요성이 생긴다. 집행법원은 이의신청재판에 앞서 채무자에게 담보를 제공하게 하거나 또는 제공하게 하지 아니하고 집행의 일시정지를 명할 수 있고, 채권자에게 담보를 제공하게 하고 집행의 계속을 명할 수 있다(16조 2항). 잠정처분은 이의신청에 대한 재판을 하기 전에만 허용된다.[178][2021 승진, 2022 법무사]

② 명문의 규정은 없으나 민사집행법 제15조 제9항을 유추하여 잠정처분에 대하여는 불복할 수 없다고 할 것이므로 특별항고만 가능하다.[2013 법무사]

③ 집행에 관한 이의신청이 있는 경우에 하는 잠정처분재판은 집행법원이 직권으로 하는 것이고 당사자에게는 신청권이 없으므로 당사자의 신청은 법원의 직권발동을 촉구하는 의미 밖에 없다. 따라서 법원은 당사자의 집행정지신청에 대하여 재판을 할 필요가 없고, 설령 법원이 이 신청을 거부하는 재판을 하였다고 하더라도 불복이 허용되지 아니하므로 특별항고도 부적법하다.[179]

[2011, 2021 승진]

---

178) 대법원 2011. 5. 27. 2011그64 결정.
179) 대법원 2004. 10. 14. 2004그69 결정 ; 2017. 7. 18. 2017그42 결정.

Ⅳ. 집행문부여와 관련된 구제절차

1. 집행문부여 거절처분에 대한 이의신청

(1) 의의

집행문부여기관이 집행문부여신청에 대하여 거절을 한 경우 채권자는 그 거절처분에 대하여 이의신청을 할 수 있다(34조 1항, 59조 2항). 재판장의 명령을 얻지 못하여 집행문부여를 거절하는 경우에도 집행문부여의 주체는 법원사무관등이므로 법원사무관등의 거절처분에 대하여 이의를 하여야 하고, 재판장의 명령에 대하여 불복할 수는 없다.[180] [2014 법무사]

(2) 신청 및 재판

① 법원사무관등의 거절처분에 관하여는 그 소속 법원의 단독판사가 관할하고(34조 1항), 공증인의 거절처분에 대하여는 공증인의 사무소가 있는 곳을 관할하는 지방법원의 단독판사(59조 2항)가 관할한다.[2017 법무사]

② 제1심법원의 법원사무관등이 집행문부여를 거절한 후, 기록이 상급심법원에 송부된 경우에는 제1심법원의 법원사무관등은 집행문부여의 권한을 상실하였으므로 상급심법원에 다시 집행문부여신청을 하여야 하고, 제1심법원의 집행문부여거절처분에 대한 이의신청은 부적법하다.[181]

그러나 제1심법원의 법원사무관등이 집행문을 부여한 경우에는 소송기록이 항소심에 송부되었더라도 채무자는 제1심법원에 집행문부여에 대한 이의신청을 하여야 한다.[2014, 2023 법무사]

③ 선정당사자를 상대로 소송비용액확정결정이 이루어진 경우에 비용상환권리자는 선정당사자 외의 다른 선정자가 비용상환의무를 분담함을 전제로 하여 다른 선정자를 상대로 집행문을 내어 달라고 신청할 수 없고, 선정당사자 역시 다른 선정자의 비용분담을 이유로 그 부분에 대하여 상환의무를 지지 않는다고 주장하여 확정된 소송비용액에 관한 집행문부여를 다툴 수 없다.[182]

---

180) 대법원 1967. 10. 13. 67마530 결정.
181) 대법원 2000. 3. 13. 99마7096 결정.
182) 대법원 2013. 1. 18. 2010그133 결정.

(3) 불복방법

① 집행문부여거절처분에 대한 이의신청 재판에 대하여는 통상항고·즉시항고·집행에 관한 이의신청에 의한 불복이 모두 허용되지 않고 '특별항고'만 가능하다.[183] 따라서 집행문부여거절처분에 대한 이의신청이 기각되면 그 기각결정에 대하여 특별항고만 할 수 있다.[184][2016 승진]

② 집행문부여거절처분에 대한 의의신청이 인용된 경우에 그 인용결정은 채권자에 대한 일방적인 것이므로 채무자는 그 인용결정에 대하여 특별항고도 할 수 없으며, 대신 채무자는 집행문부여기관이 인용결정에 따라 집행문을 부여하면 집행문부여에 대한 이의신청이나 이의의 소를 제기할 수 있다.[185]

2. 집행문부여에 대한 이의신청

(1) 의의

① 집행문부여가 부적법함을 주장하여 그 취소 등의 시정을 구하는 채무자의 신청을 말한다(34조 1항, 59조 2항).

집행문부여에 대한 이의는 어떤 사람을 집행채무자로 한 집행문이 부여된 경우에 그 집행문에 표시된 채무자가 집행문부여의 위법을 이유로 집행문부여의 취소 등 시정을 구하기 위하여 제기하는 것이므로 판결에 표시된 채무자의 승계인에 대한 집행을 위하여 집행문이 부여된 경우에는 승계인만이 이의를 할 수 있고, 판결에 표시된 원래의 채무자는 이의를 할 수 없다.[186][2017 승진]

(2) 이의사유

① 채무자는 집행문부여기관의 조사사항에 속하는 모든 요건의 흠결에 대하여 이의신청을 할 수 있다.

② 집행증서가 무권대리인의 촉탁에 의하여 작성되거나 채무자 명의를 모용하여 작성된 경우 채무자는 무효인 집행증서의 집행배제를 구하기 위하여 '청구이의의 소'를 제기할 수 있음은 물론이고, '집행문부여에 대한 이의'로써 무효인 집행증서에 대하여 부여된 집행문의 취소를 구할 수 있다는 것이 판례이다.[187] 다만 무효인 집행증서에 기한 압류 및 전부명령이 확정되었다면 집행이 종료되었기 때문에 청구이의의 소나 집행문부여에 대한 이의를 제기할 수 없다.[188][2011 승진, 2012, 2016 법무사]

---

183) 대법원 1995. 5. 13. 94마2132 결정 ; 1997. 6. 20. 97마250 결정.
184) 대법원 2017. 12. 28. 2017그100 결정.
185) 대법원 1977. 11. 23. 77마348 결정 ; 1979. 8. 25. 78마249 결정.
186) 대법원 2002. 8. 21. 2002카기124 결정.
187) 대법원 1999. 6. 23. 99그20 결정.

③ 부대체적 작위의무에 관하여 의무이행기간을 정하여 그 기간 동안 의무의 이행을 명하는 가처분결정이 있는 경우에 가처분결정에서 정한 <u>의무이행기간이 경과</u>하면 가처분의 효력이 소멸하여 가처분결정은 더 이상 집행권원으로서의 효력이 없다.

따라서 가처분결정에서 정한 의무이행기간이 경과한 후에 이러한 가처분결정에 기초하여 간접강제결정이 발령되어 확정되었다면 그 간접강제결정은 무효인 집행권원에 기초한 것이므로 채무자는 <u>집행문부여에 대한 이의신청</u>으로 무효인 간접강제결정에 대하여 부여된 집행문의 취소를 구할 수 있다.[189] [2019 법무사]

(3) 이의사유의 판단시점

이의사유의 존부에 관한 판단의 기준 시는 집행문이 부여된 시점이 아니라 <u>이의를 판단하는 시점</u>이다. [2014 법무사]

(4) 관할 및 신청시기

① 집행문을 부여한 <u>법원사무관등이 속한 법원</u>의 전속관할이며(34조 1항), 상급심법원의 법원사무관등이 집행문을 부여한 경우에는 <u>상급심법원</u>이 관할법원이 된다. [2020, 2021 법무사]

② 집행문을 내어 달라는 신청에 관한 공증인의 처분에 대하여 이의신청이 있는 때에는 그 <u>공증인의 사무소</u>가 있는 곳을 관할하는 지방법원 단독판사가 결정으로 재판한다(59조 2항). [2017 법무사]

③ 채무자는 집행문이 부여된 후라면 언제든지 집행개시의 여부와는 관계없이 이의신청을 할 수 있으나, <u>집행이 완료</u>된 후에는 이의신청할 이익이 없다.[190]

(5) 불복방법

집행문부여에 대한 이의신청에 관한 재판(인용 또는 기각)에 대하여는 <u>불복할 수 없으므로</u> 통상항고·즉시항고·집행에 관한 이의가 모두 허용되지 아니하고 <u>특별항고만 가능</u>하다.[191] 만일 당사자가 집행문부여에 대한 이의신청 재판에 대하여 불복하면서 특별항고라는 표시와 항고법원을 대법원이라고 표시하지 아니하였다 하더라도 그 항고장을 접수한 법원은 이를 <u>특별항고로 취급</u>하여 소송기록을 <u>대법원에 송부하여야</u> 한다.[192] [2016 승진, 2014, 2019 법무사]

---

188) 대법원 1989. 12. 12. 선고 87다카3125 판결 ; 1997. 4. 25. 선고 96다52489 판결.
189) 대법원 2017. 4. 7. 선고 2013다80627 판결.
190) 대법원 1992. 3. 6. 92마46 결정.
191) 대법원 1995. 5. 13. 94마2132 결정 ; 1997. 6. 20. 97마250 결정.
192) 대법원 1997. 6. 20. 97마250 결정 ; 2011. 2. 21. 2010마1689 결정.

(6) 잠정처분

① 집행문부여에 대한 이의신청이 있더라도 강제집행이 당연히 정지되는 것은 아닙니다. 법원은 직권으로 채무자에게 담보를 제공하게 하거나 제공하게 하지 아니하고 집행을 일시정지하도록 명하거나, 채권자에게 담보를 제공하게 하고 집행을 계속하도록 명하는 등 잠정처분을 할 수 있다(34조 2항). 다만 집행취소를 명하는 잠정처분을 할 수는 없다(34조 2항, 16조 2항).

② 집행문부여에 대한 이의신청이 있는 경우에 발령하는 잠정처분은 법원이 직권으로 하는 것이므로 당사자에게는 신청권이 없고, 당사자의 신청은 법원의 직권발동을 촉구하는 의미밖에 없다. 잠정처분에 대하여는 불복할 수 없으므로 특별항고만 가능하다(15조 9항 유추).193)

3. 집행문부여의 소

(1) 의의

① 집행문부여의 소는 채권자가 조건성취나 승계사실을 증명할 수 없는 때에 '채무자'를 상대로 소를 제기하고 소송을 통하여 판결에 의하여 집행문을 부여받기 위한 소이다(33조).

② 판결에 대하여 집행문을 부여하기 위해서는 판결의 집행력이 유효하게 발생하고 존재할 것을 요건으로 하므로 집행력이 발생하지 않는 당연무효의 판결에 대하여는 집행문을 부여할 수 없고, 이러한 법리는 집행문부여의 소를 제기한 경우에도 마찬가지로 적용된다.194)[2013 승진]

(2) 소송절차

1) 관할

집행권원이 판결인 경우에 집행문부여의 소는 '제1심법원'의 전속관할에 속한다(33조). 지급명령(집행에 조건이나 승계가 있는 경우에 한함)에 대한 집행문부여의 소는 지급명령을 내린 지방법원이 관할하고, 그 청구가 합의사건인 때에는 합의부에서 재판한다(58조 5항).

2) 당사자적격 및 신청

집행문부여의 소는 채권자가 '채무자'를 상대로 제기하여야 하므로 원고는 채권자이고, 피고는 채무자이다. 집행문부여에 관하여 실질적 이해의 대립이 없는 집행문부여기관을 피고로 하여 소를 제기할 수는 없다.[2020 승진, 2020 법무사]

---

193) 대법원 1959. 9. 7. 4290민재항172.
194) 대법원 2012. 4. 13. 선고 2011다93087 판결.

(3) 심리와 판결

① 심리는 일반의 판결절차에 따른다. 집행문부여의 소의 심리대상은 조건성취 또는 승계사실을 비롯하여 집행문부여의 요건에 한하는 것이므로 채무자가 '청구이의의 소'의 이의사유를 '집행문부여의 소'에서 주장하는 것은 허용되지 않는다.[195][2013 승진, 2023 법무사]

② 집행문부여를 구하는 원고의 청구범위 중 일부에 대하여만 집행력의 존재가 인정되는 경우, 법원은 집행문부여기관이 집행권원에 표시된 청구권 중 그 집행력이 인정되는 일부에 대하여만 집행문을 내어줄 수 있도록 강제집행을 할 수 있는 범위를 특정하여 집행문부여를 명하여야 한다.[196][2022 승진]

4. 집행문부여에 대한 이의의 소

(1) 의의

조건성취집행문이나 승계집행문이 부여된 경우에 채무자가 '조건의 성취나 승계의 사실'이 존재하지 아니함을 주장하여 집행문부여의 취소를 구하는 소이다(45조).

(2) 이의사유

① 집행문부여에 대한 이의의 소에서 이의사유는 조건의 불성취 또는 승계사실의 부존재이다(45조).

채무자가 조건의 성취나 승계사실의 존재를 다투는 경우에는 집행문부여에 대한 이의의 소를 제기할 수도 있고, 집행문부여에 대한 이의신청을 할 수도 있다. 그러나 그 이외의 사유로 집행문부여의 위법함을 주장하는 경우에는 집행문부여에 대한 이의신청만 가능하다(34조).[197][2017 승진]

(2) 소송절차

1) 소제기의 시기

집행문부여에 대한 이의의 소는 집행문이 부여된 후 집행이 완료되기 전까지 제기할 수 있다.[198]

---

195) 대법원 2012. 4. 13. 선고 2011다93087 판결.
196) 대법원 2009. 6. 11. 선고 2009다18045 판결.
197) 대법원 2016. 8. 18. 선고 2014다225038 판결.
198) 대법원 2003. 2. 14. 선고 2002다64810 판결.

집행채권에 대하여 전부명령이 발령되어 확정된 경우에는 집행이 종료되므로 집행문부여에 대한 이의의 소를 제기할 이익이 없으나, 추심명령이 발령된 경우에는 배당절차가 남아 있는 한 강제집행이 종료되었다고 할 수 없으므로 집행문부여에 대한 이의의 소를 제기할 이익이 있다.199)[2017 승진]

2) 당사자적격
집행문부여에 대한 이의의 소는 채무자가 '채권자'를 상대로 제기하는 것이므로 원고는 채무자이고 피고는 채권자이다. 채권자의 승계인에 대하여 승계집행문이 부여된 경우 채무자만이 집행문부여에 대한 이의의 소를 제기할 수 있으며, 채권자가 그 승계사실을 다투어 본소를 제기할 수는 없다.200)[2023 법무사]

3) 관할
① 집행권원이 판결인 경우에는 제1심 판결법원의 전속관할이고(44조 1항), 이는 직분관할로서 성질상 '전속관할'에 속한다.201)

② 지방법원 합의부가 재판한 간접강제결정을 대상으로 한 집행문부여에 대한 이의의 소는 지방법원 합의부의 전속관할에 속한다.202)[2019, 2023 법무사]

수소법원인 지방법원 합의부가 한 조정을 대상으로 한 집행문부여에 대한 이의의 소는 그 지방법원 합의부의 전속관할에 속하고, 이에 부수한 잠정처분의 신청도 집행문부여에 대한 이의의 소가 계속 중인 지방법원 합의부의 전속관할에 속한다.203)

③ 지급명령에 관하여는 그 명령을 내린 지방법원이 관할하되, 그 청구가 합의사건인 때에는 합의부에서 관할한다(58조 4항, 5항). 집행증서의 경우에는 채무자의 보통재판적이 있는 곳의 법원이 관할한다(59조 4항).

(4) 재판
① 채무자(원고)가 조건의 성취나 승계사실에 관하여 다투게 되지만 조건성취나 승계사실의 증명책임은 채권자(피고)에게 있다. 즉 채무자가 채무자 지위의 승계를 부인하여 다투는 경우 승계집행문부여에 대한 이의의 소를 제기할 수 있고, 이 경우 승계사실의 존재에 관한 증명책임은 승계사실을 주장하는 '채권자'에게 있다.204)[2019, 2023 법무사]

---
199) 대법원 2003. 2. 14. 선고 2002다64810 판결.
200) 대법원 1973. 5. 22. 선고 70다1090 판결.
201) 대법원 2017. 4. 7. 선고 2013다80627 판결 ; 2022. 12. 15. 2022그768 결정.
202) 대법원 2017. 4. 7. 선고 2013다80627 판결.
203) 대법원 2022. 12. 15. 2022그768 결정.
204) 대법원 2016. 6. 23. 선고 2015다52190 판결.

② 집행문부여에 대한 이의의 소가 제기된 경우 법원이 그 청구에 정당한 이유가 있다고 인정하면 강제집행을 불허한다는 주문 이외에 집행문의 취소도 함께 선고하여야 하는가?

이에 대하여 판례는, 승계집행문부여에 대한 이의의 소가 제기된 경우 법원은 집행권원에 표시된 당사자에 관하여 실체법적인 승계가 있었는지를 심리한 후 승계사실이 충분히 증명되지 않거나 오히려 승계의 반대사실이 증명되는 경우에는 승계집행문을 취소하고 승계집행문에 기한 강제집행을 불허하여야 한다고 판시하였다.205)

(5) 잠정처분

집행문부여에 대한 이의의 소는 강제집행을 계속하여 진행하는 데에는 영향을 미치지 아니하므로(46조 1항) 채무자가 강제집행의 속행을 저지하기 위해서는 집행문부여에 대한 이의의 소를 제기한 후 법원으로부터 강제집행의 정지를 명하는 잠정처분을 받아 집행기관에 이를 제출하여야 한다.206)

5. 청구에 관한 이의의 소

(1) 의의

① 청구에 관한 이의의 소(청구이의의 소)는 채무자가 집행권원에 표시된 청구권에 관하여 생긴 실체적 사유를 주장하여 그 집행권원이 가지는 집행력을 배제함으로써 부당한 집행을 저지하기 위한 소이다(44조). 따라서 집행권원의 집행력 자체의 배제를 구하는 것이 아니라, 개개의 구체적인 집행처분의 불허를 구하는 것은 허용되지 않는다(판례는 청구이의의 소로써 개별적 집행의 배제를 구할 수 없다는 소극설을 취하고 있다).207)

② 청구이의의 소는 집행권원 그 자체의 취소나 폐기 또는 변경을 목적으로 하는 것이 아니므로 집행권원 자체의 취소 등을 구하는 경우에는 청구이의의 소를 제기할 수 없고, 상소나 재심의 소에 의하여야 한다.[2016 승진]

③ 공정증서에 대하여 청구이의의 소를 제기하지 않고 그 작성원인이 된 채무에 대하여 채무부존재확인의 소를 제기한 경우에 그 목적이 오로지 집행증서의 집행력 배제에 있는 것이 아닌 이상 청구이의의 소를 제기할 수 있다는 사실만으로 채무부존재확인소송이 확인의 이익이 없어 부적법하다고 할 것은 아니다.208)

---
205) 대법원 2016. 6. 23. 선고 2015다52190 판결.
206) 대법원 2022. 12. 15. 2022그768 결정.
207) 대법원 1971. 12. 28. 71다1008 판결.
208) 대법원 2013. 5. 9. 선고 2012다108863 판결.

④ 법률관계의 변경·형성을 목적으로 하는 형성소송인 청구이의의 소는 집행권원이 가지는 집행력의 배제를 목적으로 하는 것으로서 그 판결이 확정되더라도 당해 집행권원의 원인이 된 실체법상 권리관계에 기판력이 미치지 않고, 형성판결의 효력을 개인 사이의 합의로 창설할 수는 없으므로 형성소송의 판결과 같은 내용으로 재판상 화해와 동일한 효력이 있는 조정에 갈음하는 결정이 확정되더라도 판결을 받은 것과 같은 효력은 생기지 않는다.209)

(2) 적용범위

1) 청구이의의 소가 허용되는 경우
① '소송비용액확정결정'은 항고로만 불복할 수 있는 재판으로서 민사집행법 제56조 제1호에 의하여 집행권원이 되고, 소송비용액확정결정을 집행권원으로 한 강제집행에 대하여는 실체상의 사유를 내세워 청구이의의 소를 제기할 수 있다.
② '부동산인도명령'은 항고로만 불복할 수 있는 재판으로서 민사집행법 제56조 제1호에 의하여 집행권원이 되고, 인도명령을 집행권원으로 한 강제집행에 대하여는 실체상의 사유를 내세워 청구이의의 소를 제기할 수 있다.210)[2016 승진]
③ 면책결정이 확정되었음에도 어떠한 채권이 비면책채권에 해당하는지 여부가 다투어지는 경우에 채무자는 '면책확인의 소'를 제기할 수 있으나, 면책된 채무에 관한 집행권원을 가지고 있는 채권자에 대한 관계에서 채무자는 '청구이의의 소'를 제기하여 면책의 효력에 기한 집행력의 배제를 구하는 것이 법률상 지위에 현존하는 불안·위험을 제거하는 유효적절한 수단이므로 면책확인을 구하는 것은 확인의 이익이 없어 부적법하다.211)

2) 청구이의의 소가 허용되지 않는 경우
① 가집행선고 있는 판결은 상소로 다툴 수 있으므로 판결이 확정된 후에만 청구이의의 소를 제기할 수 있다.[2016, 2024 승진]
② 가압류·가처분명령에 대하여는 이의신청 등이 인정되므로 청구이의의 소로 다툴 수 없다.
③ 청구이의의 소는 집행권원의 집행력 배제를 그 목적으로 하므로 집행권원을 필요로 하지 아니하는 임의경매절차에서는 채무자가 경매를 정지시키기 위하여 직접 청구이의의 소를 제기할 수 없다.212)[2013 승진, 2012, 2024 법무사]

---
209) 법원 2023. 11. 9. 선고 2023다256577 판결.
210) 대법원 2015. 3. 26. 선고 2014다13082 판결.
211) 대법원 2017. 10. 12. 선고 2017다17771 판결.

④ 소유권이전등기를 명하는 판결 등 의사의 진술을 명하는 재판은 <u>확정되면</u> 의사를 진술한 것으로 간주되고 동시에 <u>집행이 종료</u>되므로 청구이의의 소가 허용되지 아니한다.213)[2016 승진, 2014, 2019 법무사]

⑤ 벌금, 과료, 몰수, 추징, 과태료 등에 대한 검사의 집행명령에 대한 불복방법은 <u>형사소송법에서 별도로 불복절차</u>를 규정하고 있으므로 청구이의의 소로써 다툴 수 없다.

⑥ 대체집행을 위한 수권결정은 원래의 집행권원(건물철거판결 등)에 기한 하나의 강제집행방법에 불과한 것이므로 집행을 배제시키려면 수권결정의 기초가 된 <u>원래의 집행권원에 대하여</u> 청구이의의 소를 제기하여야 하고, 수권결정에 대하여는 청구이의의 소를 제기할 수 없다.214)[2016 승진]

3) 유효한 집행권원의 존재

① 청구이의의 소는 채무자가 확정된 종국판결 등 집행권원에 표시된 청구권에 관하여 실체상 사유를 주장하여 집행력의 배제를 구하는 것이므로 <u>유효한 집행권원의 존재를 전제로</u> 한다.[2016 승진]

환경분쟁조정법에 의하면, 재정위원회가 재정을 한 경우 재정문서의 정본이 당사자에게 송달된 것을 전제로 그 날부터 60일 이내에 당사자가 재정의 대상인 환경피해를 원인으로 하는 소송을 제기하지 아니하는 경우 재정문서는 재판상 화해와 동일한 효력이 있으므로 재정문서의 정본이 <u>당사자에게 송달조차 되지 않은 경우</u>에는 유효한 집행권원이 될 수 없고, 따라서 이에 대하여 집행력의 배제를 구하는 청구이의의 소를 제기할 수 없다.215)[2021 법무사]

제1심판결이 공시송달의 방법으로 송달되어 확정된 후 추완항소가 제기되고, 항소심이 추완항소를 각하하지 않은 채 제1심판결 선고 후의 사정으로 판결로써 <u>소송종료선언을 하여</u> 그 판결이 확정되었다면, 이로써 <u>제1심판결의 형식적 확정력은 소멸</u>된다. 따라서 선행소송 <u>1심판결은 유효한 집행권원이라 할 수 없으므로</u> 이에 대하여 집행력의 배제를 구하는 청구이의의 소를 제기할 수 없다.216)

② 다만 무권대리인의 촉탁에 의하여 작성되어 <u>무효인 집행증서</u>에 대하여 채무자는 '<u>청구이의의 소</u>'를 제기하여 집행배제를 구하는 방법과 '<u>집행문부여에 대한 이의신청</u>'을 하는 방법 중 자유롭게 선택할 수 있다는 것이 판례의 입장이다.217)

---

212) 대법원 2002. 9. 24. 선고 2002다43684 판결.
213) 대법원 1995. 11. 10. 선고 95다37568 판결.
214) 대법원 1987. 9. 8. 86다카2771 판결.
215) 대법원 2016. 4. 15. 선고 2015다201510 판결.
216) 대법원 2024. 12. 12. 선고 2024다273869 판결.

(3) 이의사유

1) 청구권의 전부 또는 일부소멸

① 변제, 대물변제, 면제, 포기, 상계, 공탁 등의 사유가 이에 해당한다. 다만 집행권원에 표시된 본래의 채무가 변제공탁으로 소멸되었다 하여도 그 집행비용을 변상하지 아니한 경우에는 당해 집행권원의 집행력 '전부'의 배제를 구할 수는 없다.218)[2014, 2017, 2020 법무사]

② 채권자취소소송에서 피보전채권의 존재가 인정되어 사해행위취소 및 원상회복을 명하는 판결이 확정되었다고 하더라도 그에 기하여 재산이나 가액의 회복을 마치기 전에 피보전채권이 소멸하여 채권자가 더 이상 채무자의 책임재산에 대하여 강제집행을 할 수 없게 되었다면 이는 위 판결의 집행력을 배제하는 적법한 청구이의사유가 된다.219)[2021 법무사]

③ 집행권원에 표시된 청구권과 집행권원 자체는 구별되어야 할 것이므로 집행권원 자체에 관한 형식상 하자, 예컨대 집행권원 성립절차의 불비, 집행권원 자체의 무효·부존재, 집행권원 내용의 불명확 등은 청구이의의 소로써 주장할 수 없다.[2024 승진]

2) 청구권의 양도

① 집행권원상의 청구권이 양도되어 대항요건을 갖춘 경우에 집행당사자적격이 양수인으로 변경되고, 양수인이 승계집행문을 부여받으면 집행채권자는 양수인으로 확정되므로 승계집행문의 부여로 인하여 양도인에 대한 기존 집행권원의 집행력은 소멸하여 양도인을 상대로 한 청구이의의 소는 부적법하다.220)

[2022 승진, 2017, 2019, 2021, 2022 법무사]

② 집행권원상의 청구권을 양도한 채권자가 집행력이 소멸한 이행권고결정서의 정본에 기하여 강제집행절차에 나아간 경우에 채무자는 양도인을 상대로 청구이의의 소를 제기할 수는 없고, 민사집행법 제16조의 '집행에 관한 이의'의 방법으로 다툴 수 있다.221)[2017, 2019, 2022 법무사]

3) 한정승인

---

217) 대법원 1989. 12. 12. 선고 87다카3125 판결 ; 1999. 6. 23. 99그20 결정.
218) 대법원 1992. 4. 10. 선고 91다41620 판결.
219) 대법원 2017. 10. 26. 선고 2015다224469 판결.
220) 대법원 2008. 2. 1. 선고 2005다23889 판결.
221) 대법원 2008. 2. 1. 선고 2005다23889 판결.

① 채무자가 한정승인을 하고도 채권자가 제기한 소송의 사실심 변론종결시까지 그 사실을 주장하지 아니하여 책임의 범위에 관한 유보가 없는 판결이 선고·확정되었더라도 채무자는 그 후 한정승인사실을 내세워 청구에 관한 이의의 소를 제기할 수 있다.222)[2022 승진, 2017, 2019, 2022 법무사]

② 상속채권자가 아닌 한정승인자의 고유채권자가 상속재산에 관하여 저당권 등의 담보권을 취득한 경우, 담보권을 취득한 채권자와 상속채권자 사이의 우열관계는 민법상 일반원칙에 따라야 하고 상속채권자가 우선적 지위를 주장할 수 없다.223) 그러나 상속재산에 관하여 담보권을 취득하였다는 등 사정이 없는 이상, 한정승인자의 고유채권자는 상속채권자가 상속재산으로부터 채권의 만족을 받지 못한 상태에서 상속재산을 고유채권에 대한 책임재산으로 삼아 이에 대하여 강제집행을 할 수 없으며, 이는 한정승인자의 고유채무가 조세채무인 경우에도 그것이 당해세에 관한 것이 아니라면 마찬가지이다.224)[2017, 2023 법무사]

4) 상속포기

채무자가 상속포기를 하였으나 채권자가 제기한 소송의 사실심 변론종결시까지 이를 주장하지 않은 경우, 채권자의 승소판결확정 후에 상속포기사실을 내세워 청구이의의 소를 제기할 수 없다.225)[2017, 2022 법무사]

다만 상속포기신고는 그 수리심판이 당사자에게 고지된 때에 효력을 발생하므로 변론종결 전에 상속포기신고를 하였더라도 변론종결 후에 상속포기심판서를 송달받았다면 변론종결 후에 발생한 사유로서 청구이의사유가 된다.226)

5) 권리남용

① 확정판결에 기한 집행이 현저히 부당하고 상대방으로 하여금 그 집행을 수인하도록 하는 것이 정의에 반함이 명백하여 사회생활상 용인할 수 없다고 인정되는 경우에는 그 집행은 권리남용으로서 허용되지 아니하므로 청구이의의 소로써 그 집행의 배제를 구할 수 있다.227)[2012, 2014, 2016, 2021 법무사]

② 확정판결에 기한 집행이 권리남용에 해당하여 청구이의의 소에 의하여 집행의 배제를 구할 수 있는 정도의 경우라면 그러한 판결금 채권에 기초한 다른 권리의 행사, 예를 들어 판결금 채권을 피보전채권으로 하여 채권자취소권을 행사하는 것도 허용될 수 없다고 보아야 한다.228)

---

222) 대법원 2006. 10. 13. 선고 2006다23138 판결.
223) 대법원 2010. 3. 18. 선고 2007다77781 전원합의체판결 ; 2016. 5. 24. 선고 2015다250574 판결.
224) 대법원 2016. 5. 24. 선고 2015다250574 판결.
225) 대법원 2009. 5. 28. 선고 2008다79876 판결.
226) 대법원 2004. 6. 25. 선고 2004다20401 판결.
227) 대법원 2009. 10. 29. 선고 2008다51359 ; 2009. 5. 28. 2008다79876 ; 2001. 11. 13. 선고 99다32899 판결.

③ 확정판결에 의한 권리라 하더라도 신의에 좇아 성실히 행사되어야 하고 판결에 기한 집행이 권리남용이 되는 경우에는 허용되지 않으므로 집행채무자는 청구이의의 소에 의하여 집행의 배제를 구할 수 있다.

다만 확정판결은 소송당사자를 기속하는 것이므로 재심의 소에 의하여 취소되거나 청구이의의 소에 의하여 집행력이 배제되지 아니한 채 확정판결에 기한 강제집행절차가 적법하게 진행되어 종료되었다면 강제집행에 따른 효력 자체를 부정할 수는 없고, 강제집행이 이미 종료된 후 다시 확정판결에 기한 강제집행이 권리남용에 해당하여 허용될 수 없다는 등의 사유를 들어 강제집행에 따른 효력 자체를 다투는 것은 확정판결의 기판력에 저촉되어 허용될 수 없다.229)

6) 부작위의무 위반

① 채권자가 부작위채무에 대한 간접강제결정을 집행권원으로 하여 강제집행을 하기 위하여는 집행문을 받아야 하는데, 채무자의 부작위의무위반은 부작위채무에 대한 간접강제결정의 집행을 위한 '조건'에 해당하므로 민사집행법 제30조 제2항에 의하여 채권자가 조건의 성취를 증명하여야 집행문을 받을 수 있다.230)[2013, 2015 승진, 2019 법무사]

② 부작위채무에 대한 간접강제결정의 집행력 배제를 구하는 청구이의의 소에서 채무자에게 부작위의무위반이 없었다는 주장을 청구이의사유로 내세울 수 없다. 채무자의 부작위의무위반은 부작위채무에 대한 간접강제결정의 집행을 위한 '조건'에 해당하므로 집행문부여의 소 또는 집행문부여에 대한 이의의 소에서 주장·심리되어야 할 사항이다.231)[2015, 2017, 2023 승진, 2015, 2017, 2022, 2023 법무사]

7) 부집행 합의

특정의 집행권원에 기한 강제집행을 하지 않기로 하는 부집행 합의는 사법상의 채권계약으로서 이에 위반하는 집행은 실체상 부당한 집행이라고 할 수 있으므로 청구이의의 사유가 된다.232)[2013 법무사]

(4) 이의사유의 제한

---

228) 대법원 2014. 2. 21. 선고 2013다75717 판결
229) 대법원 2024. 1. 4. 선고 2022다291313ㄹ 판결.
230) 대법원 2012. 4. 13. 선고 2011다92916 판결.
231) 대법원 2012. 4. 13. 선고 2011다92916 판결.
232) 대법원 1996. 7. 26. 선고 95다19072 판결.

1) 집행권원이 확정판결인 경우

가) 이의사유는 변론종결 뒤에 생긴 것이어야 함

① 판결에 대하여 청구이의의 소를 제기할 때는 그 이의사유가 <u>변론종결 뒤</u>(변론 없이 판결을 선고한 경우에는 <u>판결선고 뒤</u>)에 생긴 것이어야 한다(44조 2항).[2016 법무사]

② 제1심 가집행선고판결에 의하여 지급된 금원은 확정적으로 변제의 효과가 발생하는 것은 아니어서 <u>항소심</u>에서는 그러한 사유를 <u>참작하지 아니하므로</u> 그 금원지급에 의한 채권소멸의 효력은 그 <u>판결이 확정된</u> 때에 발생하고, 따라서 채무자가 그와 같이 금원을 지급하였다는 사유는 적법한 청구이의사유가 된다.233)[2016 승진, 2016, 2017, 2022 법무사]

③ 확정판결의 변론종결 전에 이루어진 일부이행을 채권자가 <u>변론종결 후에 수령함</u>으로써 변제의 효력이 발생한 경우에도 그 한도 내에서 청구이의사유가 된다.234)[2011, 2016, 2017, 2019 법무사]

④ 변제공탁이 유효하려면 채무 전액에 대한 공탁이 있음을 요하고 채무 전액이 아닌 <u>일부에 대한 공탁</u>은 그 부분에 관하여서도 효력이 생기지 않으나, 채권자가 공탁금을 채권의 <u>일부에 충당</u>한다는 유보의 의사표시를 하고 <u>변론종결 후에 이를 수령</u>한 때에는 그 공탁금은 채권의 일부의 변제에 충당되므로 그 한도에서 청구이의사유가 된다.235)[2016 법무사]

나) 동시이행관계

① 집행증서상으로는 단순이행의무로 되어 있는 청구권이 반대의무의 이행과 상환으로 이루어져야 하는 동시이행관계에 있으므로 집행이 불허되어야 한다는 주장은 반대의무와 <u>동시이행관계의 범위 내에서만 집행력</u>이 있고 그것을 초과하는 범위에서의 집행력은 배제되어야 한다는 것을 의미한다. 따라서 이러한 사유는 본래 집행권원에 표시된 청구권의 변동을 가져오는 <u>청구이의의 소의 이유</u>가 된다.236)[2014 법무사, 2016, 2023 승진]

② 공정증서가 작성된 <u>약속어음의 원인채권 이행기</u>가 도래하지 아니하였다는 사유는 본래 집행권원에 표시된 청구권의 변동을 가져오는 청구이의의 소의 이유가 된다.237)[2023 승진]

---

233) 대법원 1995. 6. 30. 선고 95다15827 판결.
234) 대법원 2009. 10. 29. 선고 2008다51359 판결.
235) 대법원 2009. 10. 29. 선고 2008다51359 판결.
236) 대법원 2013. 1. 10. 선고 2012다75123, 75130 판결.
237) 대법원 2022. 4. 14. 선고 2021다299372 판결.

③ 집행권원인 동시이행판결의 반대의무의 이행 또는 이행제공은 집행개시의 요건으로서 집행개시와 관련된 집행에 관한 이의신청절차에서 주장·심리되어야 할 사항이지, 집행권원에 표시되어 있는 청구권에 관하여 생긴 이의를 내세워 그 집행권원이 가지는 집행력의 배제를 구하는 청구이의의 소에서 심리되어야 할 사항은 아니다. 따라서 동시이행판결의 채무자로서는 그 집행력의 배제를 구하는 청구이의의 소에서 채권자가 반대의무의 이행 또는 이행제공을 하지 않았다는 주장을 청구이의의 사유로 내세울 수 없다.[238]

다) 형성권

① 상계의 의사표시를 언제 하는가는 채무자의 자유이고 상계의 의사표시를 한 때에 이의의 원인이 발생한 것으로 보므로 변론종결 전에 상계적상에 있었으나 변론종결 후에 상계의 의사표시를 한 경우, 이는 변론종결 후에 생긴 사유에 해당하여 당사자가 변론종결 전에 자동채권의 존재를 알았는가 몰랐는가에 관계 없이 청구이의의 사유가 된다.[239][2013, 2016 법무사, 2012, 2023 승진]

② 변론종결 전에 취소·해제의 원인이 있었으나 변론종결 후에 취소·해제의 의사표시를 한 경우에는 이의의 원인이 변론종결 전에 발생한 것으로 보아 청구이의의 사유로써 주장할 수 없다.[240][2012, 2023 승진]

라) 건물매수청구권

건물소유를 목적으로 하는 토지임대차에 있어서, 임대차가 종료함에 따라 토지임차인이 임대인에 대하여 건물매수청구권을 행사할 수 있음에도 불구하고 이를 행사하지 아니한 채 토지임대인이 임차인에 대하여 제기한 토지인도 및 건물철거청구소송에서 패소하여 그 판결이 확정되었더라도 실제로 건물철거가 집행되지 아니한 이상 토지임차인은 추후에 건물매수청구권을 행사할 수 있으므로 건물매수청구권을 청구이의의 이유로 하여 건물철거를 명한 확정판결 부분의 집행력 배제를 구할 수 있다.[241][2012 승진]

2) 기판력이 없는 집행권원인 경우

---

238) 대법원 2024. 6. 13. 선고 2024다231391 판결.
239) 대법원 2005. 11. 10. 선고 2005다41443 판결 ; 1966. 6. 28. 선고 66다780 판결 ; 98다25344 판결.
240) 대법원 1979. 8. 14. 선고 79다1105 판결 ; 1981. 7. 7. 선고 80다2751 판결.
241) 대법원 1995. 12. 26. 선고 95다42195 판결.

가) 집행증서, 확정된 지급명령, 확정된 이행권고결정, 배상명령

집행증서, 확정된 지급명령, 확정된 이행권고결정, 배상명령과 같이 기판력이 없고 집행력만 있는 집행권원의 경우에는 이의사유의 시적 제한에 관한 민사집행법 제44조 제2항이 적용되지 아니하므로 청구이의사유의 발생시기에 관하여 제한이 없다. 따라서 변론종결 전에 생긴 사유를 가지고도 청구이의의 소를 제기할 수 있으므로 지급명령 발령 전 또는 이행권고결정 전에 생긴 청구권의 불성립·무효 등의 사유도 청구이의사유가 될 수 있고, 집행증서에 기재된 청구권이 처음부터 불성립·무효인 경우에도 청구이의의 소를 제기할 수 있다.

[2017 법무사, 2021 승진]

나) 각종 채권자표

① 파산채권자표, 회생채권자표, 개인회생채권자표, 회생담보권자표의 기재는 확정판결과 동일한 효력이 있으나(채무자회생 및 파산에 관한 법률 255조 1항, 535조 1항, 603조 3항), 여기서 확정판결과 동일한 효력은 기판력이 아닌 확인적 효력을 의미한다.242) 따라서 각종 채권자표에 대한 청구이의의 소에서도 민사집행법 제44조 제2항이 적용되지 아니하므로 이의사유의 발생시기에 관하여 제한이 없다.

② 확정된 개인회생채권에 관한 개인회생채권자표의 기재에 기판력이 없는 이상 그에 대한 청구이의의 소에서도 기판력의 시간적 한계에 따른 제한이 적용되지 않고, 청구이의의 소송심리에서는 개인회생채권 확정 후에 발생한 사유뿐만 아니라 개인회생채권 확정 전에 발생한 청구권의 불성립이나 소멸 등의 사유도 심리·판단하여야 한다.243)[2019, 2020 법무사]

다) 파산절차에서의 중간배당

채권자는 파산절차가 종결된 후에 이르러서야 비로소 파산채권자표에 기하여 강제집행을 할 수 있을 뿐이고 파산절차가 계속 중인 경우에는 파산절차에서 채권자가 중간배당을 받았다 하더라도 채권자표에 기재된 채권액을 수정할 필요가 없으므로 파산절차가 종결되지 아니한 상태에서는 중간배당금의 지급에 따라 확정된 파산채권이 일부 소멸하였더라도 파산관재인이 이를 청구이의의 소의 사유로 삼아 그 채권자표에 대하여 집행력의 배제를 구할 수는 없다.244)

---

242) 대법원 2013. 9. 12. 선고 2013다29035, 29042 판결.
243) 대법원 2017. 6. 19. 선고 2017다204131 판결.
244) 대법원 2007. 10. 11. 2005다45544, 45551 판결.

3) 이의사유의 동시주장

청구이의사유가 여러 가지인 때에는 이를 동시에 주장하여야 한다(44조 3항).[2011 법무사]

(5) 소송절차

1) 소제기의 시기

청구이의의 소는 집행권원이 성립하여 유효하게 존속하는 한 집행문부여의 전·후, 집행개시의 전·후에 관계 없이 언제나 제기할 수 있다.

전체로서의 집행이 종료하여 채권자가 이미 권리의 만족을 얻은 경우에는 청구이의의 소를 제기할 수 없고 부당이득반환이나 손해배상청구만 가능하다. 따라서 무효인 집행증서에 기한 압류 및 전부명령이 확정되었다면, 이미 집행이 종료되었기 때문에 청구이의의 소를 제기할 수 없다.[245][2012, 2019 법무사]

2) 관할법원

① 확정판결에 대한 청구이의의 소는 제1심 판결법원의 전속관할이고(44조 1항), 이는 직분관할로서 성질상 전속관할에 속한다. 따라서 제1심법원인 지방법원 합의부의 항소심인 고등법원이 한 판결을 대상으로 한 청구이의의 소는 그 사건의 제1심법원인 지방법원 합의부의 전속관할에 속한다.[246]

지방법원 합의부가 재판한 간접강제결정을 대상으로 한 청구이의의 소는 그 재판을 한 지방법원 합의부의 전속관할에 속한다.[247][2019, 2023 법무사]

② 확정된 지급명령에 대한 청구이의의 소는 그 명령을 내린 지방법원의 관할에 속하고, 이 경우 그 청구가 합의사건인 경우에는 합의부에서 재판한다(58조 4항, 5항).[2014 승진]

③ 회생채권자표 등에 관한 청구이의의 소는 회생계속법원의 전속관할이다(채무자 회생 및 파산에 관한 법률 255조 3항). 회생계속법원이란 회생사건이 계속되어 있는 회생법원을 말하는데, 회생절차가 종결되거나 폐지된 후에는 회생절차가 계속되었던 회생법원을 가리킨다. 따라서 회생채권자표에 대한 청구이의의 소가 계속 중인 법원이 회생계속법원이 아니라면 법원은 관할법원인 회생계속법원에 사건을 이송하여야 한다.[248][2021, 2023 법무사]

---

245) 대법원 1989. 12. 12. 선고 87다카3125 판결 ; 1997. 4. 25. 선고 96다52489 판결.
246) 대법원 2020. 2. 27. 선고 2019다281408 판결 ; 2024. 7. 11.자 2024그613 결정.
247) 대법원 2017. 4. 7. 선고 2013다80627 판결.
248) 대법원 2019. 10. 17. 선고 2019다238305 판결.

(6) 심판절차

① 확정된 지급명령에 대한 청구이의 소송에서 원고가 피고의 채권이 성립하지 아니하였음을 주장하는 경우에는 피고에게 채권의 발생원인 사실을 증명할 책임이 있고, 원고가 그 채권이 통정허위표시로서 무효라거나 변제에 의하여 소멸되었다는 등 권리 발생의 장애 또는 소멸사유에 해당하는 사실을 주장하는 경우에는 원고에게 그 사실을 증명할 책임이 있다.[249]

② 약속어음 공정증서가 집행권원으로서 집행력을 가질 수 있도록 하는 집행인낙의 의사표시는 공증인에 대한 소송행위이므로 무권대리인의 촉탁에 의하여 공정증서가 작성된 때에는 집행권원으로서의 효력이 없는데, 제3자가 채무자의 대리인으로 약속어음 공정증서의 작성을 촉탁한 경우, 제3자가 채무자의 인감도장, 인감증명서, 신분증을 가지고 약속어음 공정증서의 작성을 촉탁하였다는 사정은 대리권을 인정할 수 있는 하나의 자료에 지나지 아니하고 이에 의하여 당연히 제3자에게 채무자를 대리하여 약속어음 공정증서 작성을 촉탁할 대리권이 인정되는 것은 아니며, 대리권이 있다는 점에 대한 증명책임은 그 효과를 주장하는 채권자(피고)에게 있다.[250]

③ 판례는 청구이의의 소로써 개별적 집행의 배제를 구할 수 없다는 소극설의 입장을 취하고 있다.[251][2012 법무사]

(7) 잠정처분

1) 의의

① 청구이의의 소는 강제집행의 개시 및 속행에 영향이 없으므로 채무자가 강제집행을 저지하기 위하여는 청구이의의 소를 제기한 후 집행정지를 명하는 잠정처분을 받아 이를 집행기관에 제출하여야 한다. 잠정처분에 의하지 아니하고 일반적인 가처분의 방법에 의한 강제집행정지는 허용되지 않는다.[252]

[2011, 2013, 2021 법무사]

② 중재법에 중재절차의 진행을 정지하는 가처분을 허용하는 규정을 두고 있지 않은 이상 중재합의가 없거나 무효이거나 효력을 상실하였거나 그 이행이 불가능하다고 주장하면서 법원에 가처분의 방법으로 중재절차의 진행을 정지해 달라고 신청하는 것은 허용되지 않는다.[253]

---

249) 대법원 2010. 6. 24. 선고 2010다12852 판결.
250) 대법원 2010. 10. 14. 선고 2010다44248 판결.
251) 대법원 1971. 12. 28. 선고 71다1008 판결.
252) 대법원 1986. 5. 30. 86그76.
253) 대법원 2018. 2. 2. 2017마6087 결정.

2) 관할법원

① 잠정처분은 원칙적으로 청구이의의 소가 계속 중인 수소법원이 재판하고, 상소가 제기된 경우에는 상소심 법원이 수소법원으로서 잠정처분을 할 수 있다(46조 2항). 이러한 잠정처분은 수소법원의 직분관할로서 성질상 전속관할에 해당한다.254) 다만 급박한 경우에는 수소법원의 재판장이 잠정처분을 명할 수 있다(46조 3항).

② 수소법원의 재판을 얻을 시간적 여유가 없는 급박한 경우에는 집행법원도 잠정처분을 명할 수 있다. 이 경우 집행법원의 처분은 수소법원을 대신하여 하는 것이 아니라 수소법원의 재판이 있기 전까지 임시로 하는 것이므로 집행법원은 상당한 기간 이내에 수소법원의 재판서를 제출하도록 명하여야 한다(46조 4항 후문). 위 기간 내에 수소법원의 재판서를 제출하지 아니하면 집행법원의 처분은 당연히 실효되며, 집행법원의 별도결정이 없더라도 집행법원은 채권자의 신청에 따라 강제집행을 계속하여 진행한다(46조 5항).[2012 승진]

3) 심리와 재판

① 잠정처분의 재판은 변론 없이 한다(46조 5항).

② 잠정처분의 신청은 청구이의의 소가 제기되어 있음을 전제로 하므로 청구이의의 소를 제기하지 않은 채 강제집행정지의 잠정처분만을 신청한 경우에는 부적법·각하하여야 한다.255)

잠정처분은 수소법원이 종국판결을 선고할 때까지 잠정적인 처분을 하도록 하는 것으로서 강제집행을 최종적으로 불허할 수 있음을 전제로 하는 것이므로 승소하더라도 그러한 효력이 인정되지 않는 채무부존재확인의 소를 제기한 것만으로는 잠정처분을 할 요건이 갖추어졌다고 할 수 없다.256)

③ 청구이의사유가 법률상 정당한 이유가 있다고 인정되고 사실에 대한 소명이 있을 때에는 당사자의 신청에 따라 담보를 제공하게 하거나 제공하게 하지 아니하고 강제집행의 정지를 명하는 잠정처분을 할 수 있고, '담보를 제공'하게 하고 그 집행을 계속하도록 명하거나 실시한 집행처분의 취소를 명할 수 있다(46조 2항).

담보액은 잠정처분의 내용에 따라 담보의 목적을 고려하여 법원이 재량으로 정하고, 보증서 제출에 의한 담보제공의 허가 여부를 결정하기 위하여 신청인에게 강제집행의 확실성 등이 확보되어 강제집행의 일시정지에 따른 손해액만을 담보할 필요가 있음을 소명하는 자료의 제출을 요구할 수 있다.257)[2024 승진]

---

254) 대법원 2022. 12. 15. 2022그768 결정 ; 2024. 7. 11. 2024그613 결정.
255) 대법원 2004. 8. 17. 2004카기93 결정 ; 2003. 9. 8. 2003그74 결정.
256) 대법원 2015. 1. 30. 2014그553 결정.

④ 강제집행의 정지를 위하여 채무자가 제공하는 담보는 강제집행정지로 인하여 채권자에게 생길 손해를 담보하기 위한 것이므로 집행정지의 대상인 집행권원에 기한 기본채권 자체를 담보하는 것은 아니다.258)[2023 법무사]

⑤ 집행권원을 필요로 하지 않는 임의경매절차를 정지시키기 위하여 직접 경매의 불허를 구하는 청구이의의 소를 제기할 수는 없다.259)[2014 법무사]

⑥ 민사집행법 제46조 제2항은 잠정처분의 효력존속기간을 '판결이 있을 때까지'로 규정하고 있으나, 본안판결 선고 시까지로 정하지 않고 본안판결 확정 시 까지로 정하여도 위법이 아니라는 것이 판례의 입장이다.260)[2011 법무사]

4) 잠정처분에 대한 불복

'잠정처분'에 대하여는 불복이 허용되지 않으므로 민사소송법 제449조의 특별항고만 가능하고, '잠정처분신청을 기각한 결정'에 대하여도 특별항고만 가능하다.261) 불복이 허용되지 않음에도 불구하고 집행정지결정에 대하여 항고가 제기되었다면 이를 특별항고로 보아 기록을 그대로 대법원에 송부하여야 하고, 집행정지결정을 내린 원심법원에서 재도의 고안으로 스스로 경정할 수는 없다.262)[2018 법무사]

5) 본안판결 시의 잠정처분

수소법원은 청구이의의 소에서 본안판결을 할 때 잠정처분이 없었으면 직권으로 잠정처분을 내리고, 이미 내린 명령을 취소·변경 또는 인가할 수 있다(47조 1항).263) 본안판결 시의 잠정처분에 대하여는 반드시 직권으로 가집행선고를 하여야 하고, 이에 대하여는 불복하지 못한다(47조 2항, 3항).[2018 승진]

---

257) 재판예규 제1787호 5조 2호(2021. 11. 26. 개정).
258) 대법원 2017. 4. 28. 선고 2016다277798 판결.
259) 대법원 2002. 9. 24. 선고 2002다43684 판결 ; 2004. 8. 17. 2004카기93 결정.
260) 대법원 1977. 12. 21. 77그6 결정.
261) 대법원 2005. 12. 19. 2005그128 결정 ; 2001. 2. 28. 2001그4 결정.
262) 대법원 2001. 2. 28. 2001그4 결정.
263) 법 제47조 제1항은 '할 수 있다'라고 규정하여 재량적인 것처럼 되어 있으나, 반드시 하여야 하는 필요적 규정으로 해석한다.

6. 제3자이의의 소

(1) 의의
 제3자이의의 소란 제3자가 강제집행의 목적물에 대하여 <u>소유권</u>이 있다고 주장하거나 목적물의 <u>양도·인도를 막을 수 있는 권리</u>가 있을 때 그 제3자가 채권자를 상대로 그 강제집행에 대한 이의를 주장하고 집행의 배제를 구하는 소이다(48조 1항). 다만 제3자이의의 소로써 <u>집행권원 자체</u>의 집행력의 배제를 구할 수는 없다.264)[2019 승진, 2012, 2021, 2023 법무사]

(2) 적용범위
 ① 제3자이의의 소는 금전집행, 비금전집행, 보전집행(가압류·가처분), 담보권실행을 위한 경매(임의경매) 등 <u>모든 재산권</u>을 대상으로 하는 집행에 대하여 제3자이의의 소를 제기할 수 있다.[2019 승진, 2012 법무사]
 ② 금전채권에 대한 압류 및 추심명령이 있은 경우에, 집행채무자 아닌 제3자가 자신이 진정한 채권자로서 자신의 채권행사에 있어 <u>압류로 인하여 사실상 장애</u>를 받았다면 그 채권이 자기에게 귀속한다고 주장하여 집행채권자에 대하여 제3자이의의 소를 제기할 수 있다.265)[2017, 2019 승진, 2020 법무사]
 등기청구권에 대하여 압류명령이 있은 경우에 집행채무자 아닌 제3자가 자신이 진정한 등기청구권의 귀속자로서 자신의 등기청구권의 행사에 있어 위 <u>압류로 인하여 장애</u>를 받는 경우에는 그 등기청구권이 자기에게 귀속함을 주장하여 집행채권자에 대하여 제3자이의의 소를 제기할 수 있다.266)[2023 법무사]
 ③ 제3자이의의 소는 집행관, 집행법원 등 집행기관의 종류에 관계없이 제기할 수 있다. 강제집행의 방법이 <u>적법한 경우</u>는 물론이고, 그 집행이 다른 이유로 집행절차상 위법이기 때문에 <u>집행에 관한 이의신청</u>을 할 수 있거나 <u>즉시항고</u>를 제기할 수 있는 경우에도 제3자이의의 소를 제기할 수 있다.[2016 승진]

(3) 이의의 원인
 제3자이의의 소에서 이의원인은 제3자가 강제집행의 목적물에 대하여 <u>소유권</u>이 있다고 주장하거나 목적물의 <u>양도나 인도를 막을 수 있는 권리</u>가 있다고 주장하는 것이다(48조 1항).[2019 승진, 2023 법무사]

---

264) 대법원 1982. 9. 14. 선고 81다527 판결.
265) 대법원 1997. 8. 26. 선고 97다4401 판결.
266) 대법원 1999. 06. 11. 선고 98다52995 판결.

1) 소유권

① 소유권은 목적물의 인도·양도를 막을 수 있는 권리의 대표적인 것이다.

부동산을 명의신탁한 경우에는 소유권이 대외적으로 수탁자에게 귀속하므로 명의신탁자는 신탁을 이유로 제3자에 대하여 그 소유권을 주장할 수 없고, 특별한 사정이 없는 한 명의신탁자가 수탁자에 대해 가지는 '명의신탁해지를 원인으로 한 소유권이전등기청구권'은 집행채권자에게 대항할 수 있는 권리가 될 수 없으므로 결국 명의신탁자인 종중은 명의신탁된 부동산에 관하여 제3자이의의 소를 제기할 수 없다.267)[2011 법무사, 2017 승진]

② 경매개시결정 후에 소유권을 취득한 사람은 채권자에게 대항할 수 있는 경우가 아니면 제3자이의의 소를 제기할 수 없지만,268) 집행 후에 취득한 권리라고 하더라도 특별히 권리자가 집행채권자에게 대항할 수 있는 경우라면 그 권리자는 제3자이의의 소를 제기할 수 있다.269)

가압류집행이 형식적으로는 채권확보를 위한 집행절차라고 하더라도 그 자체가 법이 보호할 수 없는 반사회적 행위에 의하여 이루어진 것임이 분명한 경우, 그 집행의 효력을 그대로 인정할 수 없으므로 가압류집행 후 본집행으로 이행하기 전에 가압류목적물의 소유권을 취득한 자는 그 가압류집행에 터잡은 강제집행절차에서 그 집행의 배제를 구할 수 있다.270)[2018 법무사]

선행 가압류가 사망자를 상대로 한 것이어서 무효인 경우에도 무효인 가압류결정에 기한 가압류집행 후에 소유권을 취득한 사람은 제3자이의의 소에 의하여 가압류집행의 배제를 구할 수 있다.271)[2017 승진, 2019 법무사]

③ 강제경매개시결정 후 소유권을 취득한 제3자는 집행채권이 변제 기타 사유로 소멸된 경우에도 '청구이의의 소'에 의하여 집행권원의 집행력이 배제되지 아니한 이상 그 경매개시결정은 취소될 수 없고 집행채권이 변제되었다는 사유만으로 소유권을 집행채권자에게 대항할 수 없으므로 제3자이의의 소에 의하여 그 강제집행의 배제를 구할 수 없다.272)[2017 승진]

다만 가압류 후 경매개시결정 전에 부동산을 양수한 제3취득자의 변제로 인하여 가압류의 피보전권리가 소멸한 경우에 그 제3취득자는 가압류채권자에 대한 관계에서도 소유권취득을 대항할 수 있으므로 제3자이의의 소를 제기할 수 있다.273)[2016, 2023 법무사]

---

267) 대법원 2007. 5. 10. 선고 2007다7409 판결.
268) 대법원 1976. 8. 24. 선고 76다216 판결 ; 1982. 9. 14. 선고 81다527 판결.
269) 대법원 1988. 9. 27. 선고 84다카2267 판결.
270) 대법원 1997. 8. 29. 선고 96다14470 판결.
271) 대법원 1982. 10. 26. 선고 82다카884 판결.
272) 대법원 1982. 9. 14. 선고 81다527 판결.
273) 대법원 1982. 9. 14. 선고 81다527 판결.

④ 매수인이 소유권유보부 매매의 목적물을 타인의 직접점유를 통하여 간접점유하던 중 그 타인의 채권자가 그 채권의 실행으로 목적물을 압류한 경우, 매수인은 그 강제집행을 용인하여야 할 별도의 사유가 없는 한 소유권유보 매수인 또는 간접점유자의 입장에서 법 제48조 제1항에서 정한 목적물의 인도를 막을 수 있는 권리를 가지므로 제3자이의의 소를 제기할 수 있다.274)[2015 법무사]

⑤ 점유이전금지가처분의 대상이 된 목적물의 소유자가 그 의사에 기하여 가처분채무자에게 직접점유를 하게 한 경우, 그 점유에 관한 현상을 고정시키는 것만으로 소유권이 침해되거나 간접점유권이 침해되는 것이 아니므로 간접점유자에 불과한 소유자는 직접점유자를 가처분채무자로 하는 점유이전금지가처분의 집행에 대하여 제3자이의의 소를 제기할 수 없다.275)
[2015, 2016 법무사, 2022, 2024 승진]

2) 공유권 및 합유권
① 공유자 중 1인에 대한 집행권원으로 공유물 전부에 대하여 집행을 실시할 경우 채무자 아닌 다른 공유자는 단독으로 공유물 전부에 대하여 제3자이의의 소를 제기할 수 있다. 다만 부부공유인 유체동산은 공유물 전부에 대하여 집행할 수 있으므로 다른 일방이 자기 지분권을 주장하여 제3자이의의 소를 제기할 수는 없다(190조).[2020, 2022 승진, 2024 법무사]

② 조합원 중 1인에 대한 채권자가 그 조합원 개인을 집행채무자로 하여 조합재산에 대하여 강제집행을 하는 경우에 다른 조합원은 보존행위로서 제3자이의의 소를 제기하여 그 강제집행의 불허를 구할 수 있다.276)[2014 승진, 2017 법무사]

5) 채무자에 대한 채권적 청구권
① 집행목적물이 '채무자에게 속하는 경우'에는 제3자가 채무자와의 사이의 매매·증여·임대차계약 등에 따라 인도 또는 이전등기를 구할 수는 있더라도 이러한 채권적 청구권만으로는 채권자에게 대항할 수 없으므로 제3자이의의 소를 제기할 수 없다.277)[2014 승진, 2015, 2016 법무사]

② 집행목적물이 채무자의 재산에 속하지 아니하는 경우에는 채무자와 사이의 계약관계에 의거하여 채무자에 대하여 목적물의 반환을 구할 채권적 청구권을 가지고 있는 제3자는 집행에 의한 양도나 인도를 막을 이익이 있으므로 제3자이의의 소를 제기할 수 있다.278)[2014 승진, 2023 법무사]

---
274) 대법원 2009. 4. 9. 선고 2009다1894 판결.
275) 대법원 2002. 3. 29. 선고 2000다33010 판결.
276) 대법원 2015. 10. 2. 선고 2012다21560 판결 ; 대법원 1997. 8. 26. 선고 97다4401 판결.
277) 대법원 2007. 5. 10. 선고 2007다7409 판결 ; 1980. 1. 29. 선고 79다1223 판결.
278) 대법원 2013. 3. 28. 선고 2012다112381 판결 ; 2003. 6. 13. 선고 2002다16576 판결.

6) 양도담보권

① 양도담보권설정자가 여전히 점유하고 있는 양도담보의 목적 동산을 담보권설정자의 일반채권자가 압류한 경우에 문제가 되는데, 양도담보권자는 제3자에 대하여 소유권을 주장할 수 있으므로 그 목적물에 대하여 설정자의 일반채권자가 집행한 경우에는 제3자이의의 소를 제기할 수 있다.279)[2017 법무사]

② 집행증서를 소지한 동산양도담보권자는 특별한 사정이 없는 한 양도담보권자인 지위에 기초하여 '제3자이의의 소'에 의하여 목적물건에 대한 양도담보권설정자의 일반채권자가 한 강제집행의 배제를 구할 수 있으나, 제3자이의의 소를 제기하지 아니하고 집행증서에 의한 담보목적물에 대한 '이중압류'의 방법으로 배당절차에 참가하여 선행한 동산압류에 의하여 압류가 경합된 양도담보권설정자의 일반채권자에 우선하여 배당을 받을 수도 있다.280)[2015 법무사]

7) 보전처분이 서로 어긋나는 경우

동일 건물에 대하여 甲의 채무자 乙을 상대로 한 집행관 보관 및 채무자 乙 사용의 점유이전금지가처분이 집행된 후에(1차 가처분), 丙의 채무자 丁을 상대로 한 집행관 보관 및 채무자 丁 사용의 점유이전금지가처분이 다시 집행(2차 가처분)된 경우, 양자는 비록 당사자는 다르지만 각기 서로 다른 채무자에게 같은 건물의 사용을 허락한 한도 내에서 모순·저촉된다. 이 경우 1차 가처분채권자는 실체법상의 권리에 기하여 '제3자 이의의 소'를 제기할 수 있고, '집행에 관한 이의'로서 제2차 가처분집행의 배제를 구할 수도 있다.281)

8) 시설대여계약의 목적물에 대한 강제집행의 경우

여신전문금융업법 제33조 제1항에 의하여 대여시설이용자의 명의로 등록된 차량에 대한 소유권은 대내적·대외적으로 시설대여회사에게 있는 것으로 보아야 하므로 대여시설 이용자의 채권자가 그 차량에 대하여 가압류 등을 한 경우 시설대여회사는 소유권에 기하여 제3자이의의 소를 제기할 수 있다.282)

(4) 소송절차

1) 제소시기

---

279) 대법원 1971. 3. 23. 선고 71다225 판결 ; 1994. 8. 26. 선고 93다44739 판결.
280) 대법원 2004. 12. 24. 선고 2004다45943 판결 ; 2005. 2. 18 선고 2004다37430 판결.
281) 대법원 1981. 8. 29. 81마86 결정.
282) 대법원 2000. 10. 27. 선고 2000다40025 판결 ; 2018. 10. 4. 선고 2017다244139 판결.

제3자이의의 소는 강제집행을 전제로 하므로 <u>집행개시 후 종료 전</u>에 한하여 제기할 수 있다.283) 물건에 대한 매각절차는 종료되었으나 아직 배당절차가 종료하지 않은 경우, 경매목적물의 매수인이 유효하게 소유권을 취득한다면 경매절차에서 집행관이 영수한 매각대금은 경매목적물의 대상물로서 제3자이의의 소에서 승소한 사람이 그 권리를 주장할 수 있다고 할 것이므로 <u>매각절차가 종료되었다</u> 하더라도 <u>배당절차가 종료되지 않은 이상</u> 제3자이의의 소는 여전히 소의 이익이 있다.284)[2019 승진, 2015, 2017, 2023 법무사]

2) 당사자적격

① 제3자이의의 소의 원고는 집행목적물에 대하여 양도·인도를 막을 수 있는 권리가 있음을 주장하는 제3자이다. 제3자는 집행권원이나 집행문에 채권자, 채무자 또는 승계인으로 표시된 사람 <u>이외의</u> 사람을 말하므로 승계집행문에 피고의 <u>승계인</u>으로 표시된 자가 집행권원의 집행력배제를 구하는 소는 제3자이의의 소가 아니다.285)[2023 법무사]

② 집행채무자적격이 없는 사람이라도 그에게 집행문이 부여되면 집행문부여에 대한 이의신청 등에 의하여 취소될 때까지는 <u>여전히 집행채무자</u>가 되므로 제3자이의의 소를 제기할 원고적격이 없다.286)[2022, 2023 법무사]

③ 상속인이 한정승인을 하고도 채권자가 제기한 소송의 사실심의 변론종결시까지 그 사실을 주장하지 아니하여 책임의 범위에 관한 <u>유보가 없는 판결</u>이 선고되어 확정된 경우, 채무자는 위 한정승인사실을 내세워 <u>청구이의의 소</u>를 제기하여야 한다.287)[2017, 2019, 2022 법무사]

상속인이 한정승인 항변을 하여 집행권원 자체에 <u>유한책임의 취지가</u> 명시되어 있음에도(상속재산 한도 내에서의 이행판결) 상속인의 고유재산에 대하여 강제집행이 이루어진 경우, 상속인은 제3자의 지위에 있으므로 <u>제3자이의의 소</u>를 제기하여야 한다.

다만 집행권원 자체에 유한책임의 취지가 명시되어 있음에도 불구하고 상속인의 고유재산인 임금채권에 대한 <u>압류 및 전부명령이</u> 확정되어 강제집행절차가 종료된 후에는 더 이상 <u>제3자이의의 소를 제기할 수 없으므로</u> 집행채권자를 상대로 '부당이득반환'을 구하되, 피전부채권 중 <u>실제로 추심한 금전 부분</u>에 관하여는 그 상당액의 반환을 구하고, <u>아직 추심하지 아니한 부분</u>에 관하여는 그 채권 자체의 양도를 구하는 방법에 의하여야 한다.288)[2017 승진, 2012 법무사]

---
283) 대법원 1968. 9. 3. 선고 68다1111 판결 ; 1996. 11. 22. 선고 96다37176 판결.
284) 대법원 1997. 10. 10. 선고 96다49049 판결.
285) 대법원 1992. 10. 27. 선고 92다10883 판결 ; 대법원 2016. 8. 18. 선고 2014다225038 판결.
286) 대법원 2016. 8. 18. 선고 2014다225038 판결.
287) 대법원 2006. 10. 13. 선고 2006다23138 판결.

④ 제3자이의의 소의 피고는 목적물에 대하여 집행을 하는 채권자이다. 다만 무자가 집행목적물의 귀속 또는 제3자의 권리의 존부 등 이의를 다투는 때에는 채권자와 채무자를 공동피고로 할 수 있다(48조 1항 단서).

3) 관할법원
제3자이의의 소는 집행법원의 관할에 속한다(48조 2항 본문).[288] 다만 소송물이 단독판사의 관할에 속하지 아니한 때에는 집행법원이 있는 곳을 관할하는 지방법원 합의부가 관할한다(48조 2항 단서).[2012, 2021 법무사]

4) 심리
① 본안의 심리는 제3자가 주장하는 이의사유의 존부에 한정되며, 집행의 적부에는 미치지 아니한다.[2012 법무사]
② 강제집행이 종료된 후에 제3자이의의 소가 제기되거나, 제3자이의의 소가 제기될 당시 존재하였던 강제집행이 소송계속 중 종료된 경우에는 소의 이익이 없어 부적법하다.[290] 경매신청이 취하되면 압류의 효력이 소멸하여 경매절차는 당연히 종료되므로 제3자이의의 소가 제기될 당시 강제집행절차가 진행 중이었으나 소송계속 중 경매신청이 취하된 경우에도 제3자이의의 소의 이익은 없게 된다.[291]

5) 판결
① 심리한 결과 이의가 이유 있다고 인정되면 청구취지에 따라 강제집행의 불허를 선언한다. 제3자이의의 소를 인용한 판결은 제3자의 집행이의권의 존부를 확정하는 것이고 제3자가 이의사유로 주장하는 소유권에 관한 존부를 확정하는 것은 아니므로 제3자가 제3자이의의 소에서 패소하더라도 목적물에 대한 소유권이 없다는 '기판력'이 생기는 것은 아니다.[292][2012 법무사]
② 제3자이의의 소에 대한 판결을 하는 경우에는 직권으로 잠정처분을 내리고, 이미 내린 잠정처분을 취소·변경 또는 인가할 수 있으며(48조 3항, 47조 1항), 이에 대하여는 직권으로 가집행선고를 하여야 한다. 가집행 선고에 대하여는 불복할 수 없다(48조 3항, 47조 3항).

---

288) 대법원 2005. 12. 19. 2005그128 결정.
289) 따라서 제3자이의의 소는 집행법원, 즉 집행행위가 있은 곳을 관할하는 지방법원에 제기하여야 한다.
290) 대법원 1996. 11. 22. 선고 96다37176 판결.
291) 대법원 2016. 6. 9. 선고 2016다207973 판결.
292) 대법원 1977. 10. 11. 선고 77다1041 판결.

(5) 잠정처분

1) 집행정지의 신청
제3자이의의 소가 제기되어도 이미 개시된 집행이 당연히 정지되지는 아니하므로 강제집행의 정지신청을 할 수 있다(48조 3항 본문).

2) 청구이의의 소와 다른 점
① 제3자이의의 소가 제기된 경우 법원은 당사자의 신청에 따라 담보를 제공하게 하지 아니하고도 집행처분을 취소할 수 있다(48조 3항 단서).
② 집행처분의 정지·취소대상은 원고인 제3자가 주장하는 피압류재산에 대한 집행에 한정되고, 집행권원에 기한 일반적 정지·취소는 허용되지 않는다.

3) 불복
집행정지결정 등 잠정처분을 인용하는 결정 및 잠정처분의 신청을 기각하는 결정에 대하여는 불복할 수 없으므로 특별항고로만 다툴 수 있다.[293] 제3자이의의 소가 계속되지 아니한 상태에서 한 잠정처분의 재판도 부적법하므로 특별항고로만 다툴 수 있다.[294]

Memo

---

[293] 대법원 1963. 3. 30. 63마5 결정 ; 1964. 12. 9. 64마912 결정.
[294] 대법원 1986. 5. 30. 86그76 결정.

제2편 강제집행

제1장 부동산에 대한 강제집행

제1절 부동산강제경매

Ⅰ. 압류절차

1. 강제경매의 신청

가. 의의

강제경매에 관한 매각의 성질에 관하여, 미성년자의 매수신청을 <u>무효라고 판시</u>하고,295)[2021 법무사] 동산에 관하여 매수인의 <u>선의취득을 인정</u>하는 등296) 매수인과 소유자인 채무자 간의 <u>매매</u>로 보는 것이 판례의 입장이다.297) 따라서 경매에 의한 소유권취득은 원시취득이 아니라 <u>승계취득</u>이다.298)[2014 승진]

나. 신청방식

강제경매신청은 <u>서면으로</u> 하여야 한다(4조). 여러 개의 집행권원에 기하여 경매신청을 하는 경우에는 '<u>집행권원'의 수</u>에 따른 인지를 첨부하여야 한다.299)

다. 신청서의 기재사항

강제경매신청서에는 채권자·채무자와 법원의 표시, 부동산의 표시, 경매의 이유가 된 일정한 채권(청구금액)과 집행할 수 있는 일정한 <u>집행권원</u>을 적어야 한다(80조).[2021 법무사]

---

295) 대법원 1969. 11. 19. 69마989 결정.
296) 대법원 1998. 3. 27. 선고 97다32680 판결.
297) 대법원 1969. 11. 19. 69마989 결정 ; 1998. 3. 27. 선고 97다32680 ; 1993. 5. 25. 선고 92다15574 판결.
298) 대법원 2006 .9. 28. 선고 2004다53050 판결 ; 1991. 8. 27. 선고 91다3703 판결.
299) 재민 87-9.

(1) 채권자·채무자 및 법원의 표시

① 단순히 법인의 명칭이나 상호의 변경은 승계가 아니므로 승계집행문은 필요 없고, 신·구 명칭 또는 상호가 동일인의 것이라는 증명서(법인등기사항증명서 등)를 제출하면 된다.[2012 법무사]

② 검사의 집행명령에 기하여 벌금 등 재산형의 집행을 위하여 강제경매를 신청하는 경우에는 법무부장관이 아닌 검사가 채권자로 된다.300) 이 경우에 법무부장관의 지정을 받은 검사만이 채권자가 되는 것은 아니다. 경매신청 시에 형사판결문이나 재판서의 사본을 제출하여도 무방하지만, '검사의 집행명령'은 반드시 첨부하여야 한다(형사소송법 477조).[2015 법무사]

(2) 부동산의 표시

① 구분소유권의 경우에는 1동의 건물 중 구분소유로 된 부분을 특정할 수 있도록 표시하여야 한다. 구분소유권의 객체로서 적합한 물리적 요건을 갖추지 못한 건물의 일부는 그에 관한 구분소유권이 성립될 수 없는 것이어서 건축물관리대장상 독립한 별개의 구분건물로 등재되고, 등기기록상에도 구분소유권의 목적으로 등기되어 있어 이러한 등기에 기초하여 경매절차가 진행되어 매각대금을 완납하여도 그 등기는 그 자체로 무효이므로 매수인은 그 소유권을 취득할 수 없다.301)[2015, 2019, 2020, 2021, 2023 승진, 2023 법무사]

② 어느 토지에 대하여 도시개발법에 의한 환지예정지가 지정되었다 하더라도 경매신청은 종전의 토지에 대하여 하여야 하므로 종전의 토지를 표시하여야 한다. 다만 최저매각가격의 결정에는 환지예정지의 위치, 지적 등이 참작되어야 하며, 매각기일공고를 할 때에는 환지예정지 지정의 내용을 표시하여야 하므로 환지예정지도 아울러 표시하여야 한다.302)[2009 법무사]

(3) 경매의 이유가 된 일정한 채권

1) 경매의 이유가 된 일정한 채권(청구금액)의 특정

청구금액은 채권자가 변제받고자 하는 일정한 채권의 내용과 그 청구액을 말한다. 채권은 다른 채권과 구별될 수 있을 정도로 특정하여야 한다.[2023 승진]

---

300) 대법원예규 재민 64-2.
301) 대법원 2008. 9. 11. 2008마696 결정.
302) 대법원 1974. 1. 8. 73마683 결정.

2) 청구금액의 확장

① 강제경매에서 채권의 일부만을 청구한 경우에 <u>경매개시결정 이후</u>에는 청구금액의 확장은 허용되지 않고 그 이후에 청구금액을 확장하여 잔액의 청구를 하였다 하여도 민사집행법 제88조에 의한 <u>배당요구의 효력</u>밖에는 없으며, 다만 이자·지연손해금 등 <u>부대채권은 배당요구의 종기까지</u> 확장할 수 있다.303) 따라서 집행권원에 원금 외에 이자채권이 포함되어 있는데 경매신청 시에 이자채권에 관하여 아무런 표시를 하지 않았다면 <u>배당요구의 종기까지</u> 이자에 관하여 배당요구를 한 경우에 한하여 이자도 배당받을 수 있다.[2020, 2024 법무사, 2023 승진]

② 경매신청서에 청구금액으로서 '<u>원리금</u>'의 기재를 하였다면 '<u>경매개시결정</u>'에 원금만이 기재되어 있더라도 채권자는 매각대금에서 원리금의 변제를 받을 수 있다.304)[2017, 2020, 2021 법무사]

<u>집행권원</u>에 원금 외에 이자채권이 포함되어 있는 경우에는 경매신청 시에 이자채권에 관하여 표시가 없었다 하더라도 <u>배당요구의 종기까지</u> 채권계산서에 기재하면 그부분에 관하여 배당요구의 효력이 있으므로 배당을 받을 수 있다.

③ '강제경매'에서 채권의 일부만을 청구한 경우 강제경매 신청채권자는 집행권원을 가지고 있는 채권자로서 민사집행법 제88조 제1항 소정의 배당요구권자이므로 <u>배당요구의 종기까지</u> 청구금액을 확장하여 나머지 잔액을 청구한 경우에는 <u>배당요구의 효력</u>이 있으므로 잔액에 대하여도 배당을 받을 수 있으며, 이 경우의 배당요구는 <u>채권계산서의 제출</u>에 의하여서도 할 수 있다.305)
[2020 법무사, 2023 승진]

3) 약속어음 공정증서

약속어음 공정증서상의 집행인낙의 범위에 <u>어음금액만이</u> 기재되어 있다면 위 금액에 대한 <u>법정이자</u>는 청구금액에 포함될 수 없다.306)

(4) 집행할 수 있는 일정한 집행권원

집행할 수 있는 집행권원이라 함은 즉시 집행할 수 있는 집행권원이어야 하므로 기한부 채권인 경우에는 기한이 도래하여야 하고, 조건부 채권인 경우에는 조건이 성취된 것이어야 한다.

---

303) 대법원 1983. 10. 15. 83마393 결정.
304) 대법원 1968. 6. 3. 68마378 결정.
305) 대법원 1983. 10. 15. 83마393 결정.
306) 대법원 1994. 5. 13. 94마542, 543 결정.

(5) 대리인의 표시

판결절차에서의 각 심급의 소송대리인은 그 판결에 관한 강제집행에 관하여도 당연히 대리권이 있으므로 별도의 위임 없이도 강제경매를 신청할 수 있다. 대리권의 존재가 집행력 있는 정본에 나타나 있으므로 새로이 위임장을 제출할 필요도 없다.[2015, 2016 법무사]

라. 첨부서류

(1) 집행력 있는 정본

강제경매를 신청함에는 집행력 있는 정본 및 강제집행개시의 요건이 구비되었음을 증명하는 서면을 제출하여야 한다. 집행법원은 집행력 있는 정본이 아닌 그 사본을 근거로 경매절차를 개시할 수는 없으며, 그 하자를 추후보완할 수도 없다.307) 집행문이 필요함에도 집행문이 없는 집행권원에 기하여 이루어진 강제경매는 절대적으로 무효이다.308)[2024 승진]

(2) 집행권원 등에 대한 송달증명서

① 강제집행은 집행권원이 집행개시 전 또는 집행개시와 동시에 채무자에게 송달된 경우에만 집행을 개시할 수 있다(39조 1항). 다만 강제경매의 경우에는 법원이 집행기관이므로 동시송달이란 있을 수 없고, 채권자는 집행권원이 채무자에게 송달되었다는 것을 증명하는 서면을 집행법원에 제출하여야 한다.

② 집행권원의 송달 없이 한 강제집행의 효력과 관련하여, 판례는 부동산강제경매와 전부명령에 대하여 절대무효설을 취하고 있다. 즉 지급명령이나 가집행선고부 판결 등의 집행권원이 상대방의 허위주소로 송달되었다면, 그러한 집행권원에 기한 강제경매나 전부명령은 모두 무효이다.309)[2016 법무사, 2018 승진]

③ 판결의 집행이 그 취지에 따라 채권자가 증명할 사실에 매인 때(집행에 조건이 붙어 있는 경우) 또는 판결에 표시된 채권자의 승계인을 위하여 하는 것이거나 판결에 표시된 채무자의 승계인에 대하여 하는 것일 때에는(승계집행문을 부여하는 경우) 집행할 판결 외에, 이에 덧붙여 적은 집행문을 강제집행을 개시하기 전에 채무자의 승계인에게 송달하여야 한다(39조 2항).

② 집행문의 송달이 필요함에도 이를 결여한 집행행위의 효력에 관하여, 판례는 승계집행문의 송달증명 없이 이루어진 화해조서정본에 기하여 마쳐진 소유권이전등기는 위법하지만 무효는 아니라고 판시함으로서 그 유효성을 인정하고 있다.310)[2018 승진]

---

307) 대법원 1968. 12. 30. 68마912 결정.
308) 대법원 1978. 6. 27. 선고 78다446 판결.
309) 대법원 1973. 6. 12. 선고 71다1252 판결 ; 1987. 5. 12. 선고 86다카2070 판결.

(3) 반대의무의 이행 또는 이행의 제공을 증명하는 서면

① 동시이행관계에 있는 반대의무의 이행은 집행문부여의 요건이 아닌 <u>집행개시의 요건</u>이므로 반대의무의 이행과 동시에 집행할 수 있다는 것을 내용으로 하는 집행권원의 집행은 채권자가 반대의무의 이행 또는 이행의 제공을 하였음을 증명하여야 집행을 개시할 수 있다(41조 1항).[2022 법무사]

② 반대의무의 이행으로 의사의 진술을 명하는 경우에는 채권자가 반대의무의 이행을 증명하고 재판장의 명령에 의하여 <u>집행문을 부여받았을 때</u> 효력이 생기므로(263조 2항) 이 경우에는 반대의무의 이행 또는 이행의 제공은 <u>집행문 부여의 요건</u>이다.[2022 법무사]

③ 주택임차인이 보증금반환청구소송의 확정판결이나 그 밖에 이에 준하는 집행권원에 기하여 경매를 신청하는 경우에는 집행개시요건에 관한 민사집행법 제41조의 규정에 불구하고 반대의무의 이행 또는 이행의 제공을 증명하는 서면을 <u>제출할 필요가 없다</u>(주택임대차보호법 3조의2, 1항).[2021 승진, 2015, 2021 법무사]

(4) 집행불능증명서

다른 의무의 집행이 불가능한 때에 그에 갈음하여 집행할 수 있다는 것을 내용으로 하는 집행권원의 집행은 채권자가 그 집행이 불가능하다는 것을 증명한 때에 한하여 집행을 개시할 수 있으므로(41조 2항) 경매신청 시에 그 <u>집행불능증명서</u>를 제출하여야 한다.[2016, 2017 법무사]

(5) 증명서의 첨부를 요하지 아니하는 경우

강제관리를 하기 위하여 이미 부동산을 압류한 경우에 그 집행기록에 민사집행법 81조 1항 서류 중 어느 하나가 붙어 있으면 다시 그 서류를 붙이지 아니할 수 있다(81조 5항).

---

310) 대법원 1980. 5. 27. 선고 80다438 판결.

2. 강제경매의 대상

가. 토지 및 건물

(1) 토지

1) 채무자 소유의 미등기 수목

토지 위에 생립하고 있는 채무자 소유의 미등기 수목은 토지의 구성부분으로서 토지와 함께 경매하여야 하므로 특별한 사정이 없는 한 수목의 가액도 포함하여 최저매각가격을 정하여야 하고, 토지가격만을 평가하여 최저매각가격을 결정한 것은 가격결정에 중대한 하자가 있는 경우에 해당한다.[311]

경매대상 토지인 임야가 도시계획상 자연녹지지역 내에 설치된 공원으로서 그 사용·수익에 있어서 공법상의 제한이 있다고 하여도 그 지상에 식재된 수목이 경제적 가치를 가지지 않는 것은 아니므로 위 수목의 가액을 포함하여 평가하여야 함에도 불구하고 토지가격만을 평가하여 이를 그대로 최저매각가격으로 결정한 것은 그 가격결정에 중대한 하자가 있는 경우에 해당하여 매각을 불허하여야 한다.[312][2017, 2019, 2020, 2022, 2023 법무사]

2) 입목 및 명인방법을 갖춘 수목

입목에 관한 법률에 따라 소유권보존등기가 된 입목과 명인방법을 갖춘 수목은 토지로부터 독립된 부동산으로 취급되므로 독립하여 강제경매의 대상이 된다.[313][2021 승진, 2017, 2019, 2022, 2023 법무사]

3) 토지에서 분리되기 전의 과실

토지에서 분리되기 전의 과실로서 1월 이내에 수확할 수 있는 것은 '유체동산'으로 취급되므로(189조 2항 2호) 이러한 유체동산에 대하여는 강제집행을 할 수 있다.[2020 승진, 2023 법무사]

(2) 공유지분

① 공유지분에 대한 강제경매신청의 경우 채무자인 공유자 이외에 다른 공유자 전원의 성명·주소 및 채무자가 가지는 지분의 비율을 적어야 한다(139조 1항, 2항).

---

311) 대법원 1998. 10. 28. 98마1817 결정.
312) 대법원 1998. 10. 28. 98마1817 결정.
313) 대법원 1998. 10. 28. 98마1817 결정.

② 집합건물의 대지사용권인 토지공유지분은 전유부분과 분리처분이 가능하도록 규약이나 공정증서로 정하여져 있는 경우가 아닌 한 건물과 독립하여 강제경매의 대상이 될 수 없으므로(집합건물의 소유 및 관리에 관한 법률 20조 2항) 이를 위반한 대지사용권의 처분은 강제경매절차에 의한 것이라 하더라도 무효이다.314)[2019 법무사, 2022 승진]

③ 민법 제714조는 '조합원의 지분에 대한 압류는 그 조합원의 장래의 이익배당 및 지분의 반환을 받을 권리에 대하여 효력이 있다.'라고 규정하여 조합원의 지분에 대한 압류를 허용하고 있으나, 여기에서의 조합원의 지분이란 '전체로서의 조합재산'에 대한 조합원 지분을 의미하는 것이고, 이와 달리 '조합재산을 구성하는 개개의 재산'에 대한 합유지분에 대하여는 압류 기타 강제집행의 대상으로 삼을 수 없다.315)[2021 승진]

(3) 건물

1) 다른 건물과 합동된 경우

경매대상 건물이 인접한 다른 건물과 합동됨으로써 건물로서의 독립성을 상실하게 되었다면 경매대상 건물만을 독립하여 양도하거나 경매의 대상으로 삼을 수는 없고, 경매대상 건물에 대한 채권자의 저당권은 합동으로 생겨난 새로운 건물 중 당초 경매대상 건물이 차지하는 비율에 상응하는 공유지분 위에 존속하게 될 뿐이다.316)[2020 법무사]

2) 미등기 제시 외 건물

등기부에 등재되지 않은 건물이 존재하는 경우에는 경매신청 채권자가 대위에 의한 보존등기를 하여 일괄경매신청을 하거나 또는 그것이 경매대상 부동산의 종물 내지 부합물임이 명백한 경우에만 매각대상에 포함시켜야 한다.317)

[2022 승진, 2019 법무사]

3) 부합물 또는 종물

집행법원이 제3자 소유인 별개의 독립된 건물을 채무자 소유 건물의 부합물 또는 종물로 오인하여 경매대상에 포함시켜 매각허가를 하였더라도 그 매각은 당연무효이므로 매수인은 소유권을 취득할 수 없다.318)[2017, 2019 법무사]

---

314) 대법원 2009. 6. 23. 선고 2009다26145 판결.
315) 대법원 2007. 11. 30. 2005마1130 결정.
316) 대법원 2011. 9. 5. 2011마605 결정 ; 2010. 3. 22. 2009마1385 결정.
317) 대법원 1999. 8. 9. 99마504 결정.

4) 증축부분

증축 또는 개축된 부분이 독립된 구분소유권의 객체가 될 수 없는 경우에는 기존건물에 부합한다.319) 따라서 증축된 부분에 대한 평가를 누락한 감정평가액을 기초로 최저매각가격을 정한 것은 위법하지만,320) 기존건물에 부합된 증축부분이 기존건물에 대한 경매절차에서 경매목적물로 평가되지 아니한 경우에도 매각대금을 완납한 매수인은 증축부분의 소유권을 적법하게 취득한다.321)

[2019, 2022 승진, 2015, 2019, 2023 법무사]

(4) 구분건물

1) 구분소유권의 객체가 될 수 없는 건물

① 구분소유권의 객체로서 적합한 물리적 요건을 갖추지 못한 건물의 일부는 그에 관한 구분소유권이 성립될 수 없는 것이어서, 건축물관리대장상 독립한 별개의 구분건물로 등재되고 등기부상에도 구분소유권의 목적으로 등기되어 있어 이러한 등기에 기초하여 경매절차가 진행되어 매각대금을 완납하여도 그 등기는 그 자체로 무효이므로 매수인은 그 소유권을 취득할 수 없다.322)

[2015, 2019, 2020, 2021, 2023 승진, 2023 법무사]

② 구분소유권의 객체가 될 수 없는 구분점포가 구분소유권의 목적으로 등기되어 경우에도 그 등기 자체가 무효이므로 그 구분점포의 경매절차에서 매각대금을 납부한 매수인은 소유권을 취득할 수 없다.323)

③ 1동의 건물의 일부분이 구분소유권의 객체가 될 수 있으려면 그 부분이 이용상은 물론 구조상으로도 다른 부분과 구분되는 독립성이 있어야 하고, 구조상의 구분에 의하여 구분소유권의 객체범위를 확정할 수 없는 경우에는 구조상의 독립성이 있다고 할 수 없다. 다만 일정한 범위의 상가건물(구분점포)에 관하여는 구조상 독립성 요건이 완화되어, 경계를 명확하게 식별할 수 있는 표지를 바닥에 견고하게 설치하고 구분점포별로 부여된 건물번호표지를 견고하게 부착함으로써 구분소유권의 객체가 될 수 있다(집합건물의 소유 및 관리에 관한 법률 제1조의2, 같은 법 시행령 제2조, 제3조).324)[2022 승진]

---

318) 대법원 1990. 10. 12. 선고 90다카27969 판결.
319) 대법원 1981. 7. 7. 선고 80다2643, 2644 판결.
320) 대법원 1981. 6. 15. 81마151 결정.
321) 대법원 1992. 12. 8. 선고 92다26772, 26789 판결.
322) 대법원 2008. 9. 11. 2008마696 결정.
323) 대법원 2008. 9. 11. 2008마696 결정 ; 2021. 9. 29. 2011마1420 결정 ; 2014. 9. 30. 2014마1100 결정.
324) 대법원 2018. 3. 30. 2017마1291 결정.

2) 집합건물이 증축된 경우

구분소유권이 이미 성립한 집합건물이 증축되어 새로운 전유부분이 생긴 경우, 건축자의 대지소유권은 기존 전유부분을 소유하기 위한 대지사용권으로 이미 성립하여 기존 전유부분과 일체불가분성을 가지게 되었으므로 규약 또는 공정증서로써 달리 정하는 등의 특별한 사정이 없는 한 새로운 전유부분을 위한 대지사용권이 될 수 없다. 따라서 증축부분을 경매로 취득한 매수인은 대지사용권이 없는 전유부분만을 취득하게 된다.[325][2021 법무사]

나. 미등기 부동산

(1) 미등기 토지

① 미등기 토지라 하더라도 채무자의 소유이면 채무자 명의로 등기할 수 있는 서류를 붙여서 경매신청을 할 수 있다(81조 1항 2호 본문). 채무자 명의로 등기할 수 있음을 증명할 서류로는 토지·임야대장, 소유권을 증명하는 확정판결, 수용증명서 등이 있다(부동산등기법 65조).[2021 법무사]

② 제3자 명의로 등기되어 있는 부동산은 사실상 그 부동산이 채무자의 소유라고 하더라도 채무자 명의로 등기가 회복되지 아니하는 한 경매신청을 할 수 없으므로 채권자가 그 부동산에 관하여 채무자의 제3채무자에 대한 소유권이전등기청구권을 압류하고 민사집행법 제244조 제2항에 정한 권리이전명령을 받았다고 하더라도 그에 따라 제3채무자로부터 채무자 명의로 소유권이전등기가 마쳐지지 아니한 이상 경매신청을 할 수 없다.[326][2017, 2023 법무사]

(2) 미등기 건물

1) 민사집행법 제81조 제1항 제2호 본문에 따른 집행방법

미등기건물도 즉시 채무자의 명의로 등기할 수 있는 서류를 제출하면 강제경매를 신청할 수 있다(81조 1항 2호). 즉시 채무자 명의로 등기할 수 있음을 증명하는 서류로는 건축물대장, 수용증명서 등이 있다(부동산등기법 65조).

2) 민사집행법 81조 1항 2호 단서에 따른 집행방법
(건축허가·신고를 마쳤으나 사용승인을 받지 못한 미등기건물에 대한 집행방법)

---

325) 대법원 2017. 5. 31. 선고 2014다236809 판결.
326) 대법원 2007. 5. 22. 2007마200 결정.

① 미등기 건물의 경우에는 채무자의 소유임을 증명할 서류,327) 그 건물의 지번·구조·면적을 증명할 서류 및 그 건물에 관한 건축허가 또는 건축신고를 증명할 서류를 제출하여 강제경매를 신청할 수 있다(81조 1항 2호 단서).

다만 민사집행법 제81조 제1항 제2호 단서에 따른 미등기 신축건물에 대한 경매신청은 모든 미등기 건물에 대하여 허용되는 것이 아니라 적법하게 건축허가나 건축신고를 마쳤으나 사용승인을 받지 못한 경우에만 적용되므로 무허가 건물은 부동산경매의 대상이 될 수 없다.[2018 승진]

② 완공되지 않았더라도 건물로서의 실질과 외관을 갖추고 지번·구조·면적 등이 건축허가 또는 건축신고의 내용과 사회통념상 동일하다고 인정되는 건물에 대하여는 부동산경매의 대상으로 삼을 수 있다.328)[2019 법무사]

민사집행법 제81조 제1항 제2호 단서가 완공된 건물뿐 아니라 완공되지 않은 건물에 대하여도 경매를 인정하고 있으나, 최소한 건축허가의 내역과 같은 층수의 골조공사가 완공되고, 주벽과 기둥 등의 공사가 이루어져 건축허가의 내역과 같은 건물로서의 실질과 외관을 갖춘 건물로 인정될 수 있는 정도의 공사가 이루어진 경우에만 부동산경매의 대상으로 삼을 수 있다.329)

지하 4층 및 지상 12층으로 건축허가를 받았으나 지상 8층까지만 골조공사가 완료된 채 공사가 중단된 건물은 민사집행법상 강제집행이나 보전처분의 대상이 될 수 있다고 단정하기 어렵다는 것이 판례의 견해이다.330)[2023 법무사]

③ 1동의 신축건물이 건물로서의 실질과 외관을 갖추고 있고, 그 지번·구조·면적이 건축허가의 내용과 사회통념상 동일하다고 인정된다면, 그 1동의 건물 중 일부가 아직 건축허가에서 예정한 대로 구분건물로 될 수 있는 요건을 갖추지 못하고 있더라도 원시취득 소유자의 채권자들은 1동의 건물 전체를 일반건물로 하여 부동산강제경매의 대상으로 삼을 수 있다.331)

④ 건물이 이미 완성되었으나 단지 준공검사만을 받지 아니하여 그 보존등기를 경료하지 못한 건물은 민사집행법 제189조 제2항 제1호의 '등기할 수 없는 토지의 정착물로서 독립하여 거래의 객체가 될 수 있는 것'에 해당하지 아니하므로 유체동산집행의 대상이 될 수 없다.332)[2023 법무사]

---

327) 실무상으로는 건축허가서 또는 신고서를 제출받고 있으며, 미흡할 경우 건축도급계약서 등을 추가로 제출받고 있다.
328) 대법원 2011. 6. 2. 2011마224 결정.
329) 대법원 2003. 7. 15. 2003마353 결정 ; 2004. 10. 14. 2004마342 결정.
330) 대법원 2014. 10. 27. 선고 2014도9442 판결.
331) 대법원 2013. 1. 18. 2012마690 결정.
332) 대법원 1994. 4. 12. 93마1933 결정.

3) 민사집행법 81조 1항 2호 단서에 따른 경매신청절차
   (건축허가·신고를 받았으나 사용승인을 받지 못한 미등기건물에 대한 경매신청절차)

① 건축허가나 신고를 마친 뒤 사용승인을 받지 못한 미등기 건물에 대한 강제집행을 신청함에는 채무자의 소유임을 증명할 서류,333) 그 건물의 지번·구조·면적을 증명할 서류 및 그 건물에 관한 건축허가 또는 건축신고를 증명할 서류를 첨부하면 족하다(81조 1항 2호 단서).

② 채권자는 공적 장부를 주관하는 공공기관에 위 사항들을 증명하여 줄 것을 청구할 수 있다(81조 2항). 채권자가 건물의 지번·구조·면적을 증명하지 못한 때에는 경매신청과 동시에 그 조사를 집행법원에 신청할 수 있고, 이 경우에 법원은 집행관에게 그 조사하게 하여야 한다(81조 3항, 4항).

③ 미등기건물에 대한 경매를 신청하면서 민사집행법 제81조 제1항 제2호 소정의 서류를 붙이지 아니하였고, 같은 조 3항의 조사를 신청하지 아니하였다고 하더라도 법원으로서는 민사집행법 제23조 1항, 민사소송법 제254조에 따라 그 보정을 명하고 이에 불응할 경우 경매신청을 각하할 수 있지만, 위 서류를 붙이지 아니하였다고 하여 바로 그 경매신청이 부적법하다고 할 수는 없다.334)

4) 등기촉탁

등기관은 실체법상의 권리관계와 일치하는지 여부를 심사할 실질적 심사권한은 없으나, 신청서 및 그 첨부서류와 등기부에 의하여 등기요건에 합당한지 여부를 심사할 형식적 심사권한이 있다.

따라서 법원이 집행관에 의한 현황조사를 거쳐 경매신청이 된 미등기건물이 경매대상이 되는 건물이라고 판단하여 강제경매개시결정을 하고 등기관에게 강제경매개시결정등기를 촉탁한 경우에도 등기관은 그 촉탁서 및 첨부서류에 의하여 등기요건에 합당한지 여부를 심사할 권한이 있고, 그 심사결과 등기요건에 합당하지 아니하면 강제경매개시결정등기의 촉탁을 각하하여야 한다.335)
[2023 법무사]

다. 공장재단 및 광업재단

① 공장 및 광업재단저당법에 의한 공장재단 및 광업재단은 1개의 부동산으로 취급되어 강제경매의 대상이 된다(공장 및 광업재단저당법 12조 1항, 54조).

---

333) 실무상으로는 건축허가서 또는 신고서를 제출받고 있으며, 미흡할 경우 건축도급계약서 등을 추가로 제출받고 있다.
334) 대법원 2005. 9. 9. 2004마696 결정.
335) 대법원 2008. 3. 27. 2006마920 결정.

따라서 공장재단이나 광업재단을 구성하는 기계·기구 등 유체동산은 개별적으로 유체동산에 대한 집행대상이 될 수 없고, 그 저당권의 목적물인 토지·건물·광업권과 함께 '부동산'에 대한 강제집행방법에 의하여 경매를 할 수 있을 뿐이다.[2023 법무사]

② 매각부동산이 공장재단이나 광업재단의 일부를 구성하고 있는 때에는 이에 대한 개별집행이 금지되므로 재단의 일부임이 판명된 경우에는 매각절차를 취소하여야 한다(공장 및 광업재단저당법 14조, 54조).[2017 법무사]

라. 입목

소유권보존등기를 마친 입목은 부동산으로 취급되므로 독립하여 강제경매의 대상이 된다(입목에 관한 법률 3조 1항, 23조).[2022 법무사]

마. 광업권 및 어업권

광업권 및 어업권은 법률상 부동산으로 간주하므로 강제경매의 대상이 된다(광업법 10조 1항, 수산업법 16조 2항). 다만 공동광업권자의 지분은 다른 공동광업권자의 동의가 없으면 처분할 수 없으므로(광업법 30조 2항) 그 지분은 그 밖의 재산권 집행의 대상이 되는 것은 별론으로 하고 강제경매의 대상이 되지 않는다.336)[2012 승진, 2013, 2017, 2019 법무사]

바. 용익물권 등

① 금전채권에 기초한 강제집행에서 지상권과 그 공유지분은 부동산으로 간주한다(규칙 40조).[2013, 2022 법무사]

② 전세권에 대하여 설정된 저당권의 실행과 관련하여, 전세권의 존속기간이 만료되지 않은 경우에는 전세권 자체를 부동산매각절차의 방법에 의하여야 한다.337) 존속기간이 만료된 경우에는 전세금반환채권에 대하여 압류 및 추심명령(또는 전부명령)을 얻거나 제3자가 전세금반환채권에 대하여 실시한 강제집행절차에서 배당요구를 하여야 한다.338)[2014 승진, 2014, 2020 법무사]

③ 채권담보를 목적으로 하는 가등기상의 권리, 부동산환매권은 그 밖의 재산권에 대한 강제집행의 대상이 될 수 있을 뿐이고, 부동산집행의 목적은 되지 않는다.[2014, 2023 법무사]

---

336) 재민 63-16.
337) 대법원 2008. 3. 13. 선고 2006다29372, 29389 판결 ; 1995. 9. 18. 95마684 결정.
338) 대법원 1995. 9. 18. 95마684 결정.

3. 경매절차의 이해관계인

> **법 제90조(경매절차의 이해관계인)** 경매절차의 이해관계인은 다음 각 호의 사람으로 한다.
> 1. 압류채권자와 집행력 있는 정본에 의하여 배당을 요구한 채권자
> 2. 채무자 및 소유자
> 3. 등기부에 기입된 부동산 위의 권리자
> 4. 부동산 위의 권리자로서 그 권리를 증명한 사람

가. 이해관계인의 범위

현행 민사집행법은 경매절차의 이해관계인을 제한적으로 열거함으로써 민사집행법 제90조에 열거된 사람만을 이해관계인으로 본다.[339][2020 법무사]

(1) 압류채권자와 집행력 있는 정본에 의하여 배당요구를 한 채권자(90조 1호)

1) 압류채권자

① 압류채권자란 경매를 신청한 채권자를 말한다.[2024 승진]

② 민사집행법 제87조 제1항에 의하여 이중경매개시결정이 있고, 선행사건의 경매절차에 따라 경매가 진행되는 경우에 이해관계인 여부의 판단은 선행사건을 기준으로 하여야 한다.[340][2020, 2023 법무사]

따라서 선행사건의 배당요구종기 이후에 설정된 후순위 근저당권자로서 선행사건의 배당요구종기까지 아무런 권리신고를 하지 아니한 이중경매신청인은 선행사건에서 이루어진 매각허가결정에 대하여 즉시항고를 할 수 있는 이해관계인이 될 수 없다.[341][2015, 2017, 2020, 2023 승진, 2015, 2020, 2023 법무사]

2) 집행력 있는 정본에 의하여 배당을 요구한 채권자

① '집행력 있는 정본에 의하여 배당을 요구한 채권자'란 집행력 있는 정본에 기하여 배당요구의 종기까지 배당요구를 한 채권자를 말한다. 집행문이 필요한 집행권원에 집행문이 붙어 있지 아니한 집행권원으로 배당요구를 한 경우에는 배당요구의 효력이 인정되지 않으므로 이해관계인이 될 수 없다.[2024 승진]

---

339) 대법원 1999. 4. 9. 선고 98다53240 판결.
340) 대법원 2005. 5. 19. 2005마59 결정.
341) 대법원 2005. 5. 19. 2005마59 결정.

② 집행력 있는 정본에 기한 배당요구는 그 정본 또는 사본을 첨부하여 할 수 있으므로(규칙 48조 2항) 집행문이 부여된 공정증서의 원본이 아닌 사본을 제출하여 배당요구를 한 채권자도 이해관계인에 해당한다.342) 다만 집행문이 부여되지 아니한 공정증서의 사본을 제출하여 배당요구를 한 경우에는 적법한 배당요구로 볼 수 없다.343)[2017 법무사, 2017 승진]

(2) 채무자 및 소유자(법 90조 2호)

1) 채무자
담보권실행을 위한 경매절차에서 경매신청이 되지 아니한 저당권의 피담보채권의 채무자는 제90조 제2호의 채무자가 아니다.344)[2013, 2023 법무사] 예컨대 1순위 저당권에 기하여 경매가 신청된 경우 경매신청이 되지 않은 2순위 저당권의 채무자는 이해관계인이 될 수 없다.

2) 소유자
① 제2호의 소유자는 '경매개시결정등기' 당시의 부동산 소유자를 말한다. 경매개시결정등기 이후에 소유권이전등기를 마친 자는 여기서 말하는 소유자에 해당하지 않지만, 그 권리를 증명하면 제90조 제4호(부동산 위의 권리자로서 그 권리를 증명한 자)의 이해관계인이 된다.345) 이 경우 소유권을 양도한 전 소유자는 채무자가 아닌 한 소유권의 상실과 동시에 이해관계인의 지위도 함께 상실한다.346)[2021, 2024 승진]

② 진정한 소유자이더라도 경매개시결정등기 당시 소유자로 등기되어 있지 아니하였다면 민사집행법 제90조 제2호의 소유자가 아니고, 그 후 등기를 갖추고 집행법원에 권리신고를 하지 아니하였다면 경매절차의 이해관계인에 해당하지 아니한다.347)[2020 법무사, 2023 승진]

③ 경매개시결정등기 당시 소유자로 등기되어 있는 사람은 설령 진정한 소유자가 따로 있는 경우라 하더라도 그 명의의 등기가 말소되거나 이전되지 아니한 이상 경매절차의 이해관계인에 해당하므로 배당표에 대하여 이의를 진술할 권한이 있고, 나아가 배당이의의 소를 제기할 원고적격도 있다.348)

[2020, 2023 승진, 2020 법무사]

---

342) 대법원 2002. 10. 29. 2002마580 결정.
343) 대법원 2020. 9. 3. 선고 2019다233096 판결.
344) 대법원 1968. 7. 31. 68마716 결정.
345) 대법원 1964. 9. 30. 64마525 전원합의체 결정.
346) 대법원 1967. 8. 31. 67마615 결정.
347) 대법원 2015. 4. 23. 선고 2014다53790 판결.
348) 대법원 2015. 4. 23. 선고 2014다53790 판결.

(3) 등기부에 기입된 부동산 위의 권리자(90조 3호)

① '등기부에 기입된 부동산 위의 권리자'라 함은 경매개시결정등기 당시 등기부에 기입된 자를 말한다.349) 경매개시결정등기 후에 그 부동산에 관하여 저당권을 취득한 자는 '등기부에 기입된 부동산 위의 권리자'가 아니므로 이해관계인이 될 수 없으나, 그가 경매법원에 그러한 사실을 증명한 때에는 제90조 제4호(부동산 위의 권리자로서 그 권리를 증명한 자)의 이해관계인이 될 수 있다.350)[2020 법무사]

② 부동산의 공유지분에 대한 강제경매에서 다른 공유자는 이해관계인에 해당한다.351)[2020, 2024 승진, 2024 법무사]

③ 가등기담보권은 완전한 담보권으로서의 실체가 있으므로 가등기담보권자가 이해관계인이 되는 것은 당연하고, 소유권의 이전에 관한 순위보전의 가등기권리자도 이해관계인이 된다(가등기담보 등에 관한 법률 16조 3항).[2016 법무사]

④ 유치권은 등기할 수 없는 권리이므로 제90조 제3호(등기부에 기입된 부동산 위의 권리자)의 이해관계인에는 해당하지 않지만, 그 권리를 증명한 경우에는 제90조 제4호(부동산 위의 권리자로서 그 권리를 증명한 자)의 이해관계인에 해당한다.[2017 법무사]

⑤ 민사집행법 제87조 제1항에 의하여 이중경매개시결정이 있고, 선행사건의 경매절차에 따라 경매가 진행되는 경우에 이해관계인 여부의 판단은 선행사건을 기준으로 하여야 한다.352)[2020, 2023 법무사]

(4) 부동산 위의 권리자로서 그 권리를 증명한 자(90조 4호)

1) 스스로 권리를 증명하여야 이해관계인이 됨

① 부동산 위에 권리를 가지고 있다는 것만으로 당연히 이해관계인이 되는 것이 아니라, 집행법원에 스스로 권리를 증명하여야 이해관계인이 될 수 있다.353) 따라서 집행관의 현황조사보고서에 임차인으로 기재된 사실, 이중경매에서 후행사건기록에 이해관계인으로 기재된 사실, 다른 권리자가 제출한 등기사항증명서에 등재된 사실만으로써는 이해관계인이 될 수 없다.354)

[2023 승진, 2017, 2021. 2022, 2023, 2024 법무사]

---

349) 대법원 1999. 11. 10. 99마5901 결정.
350) 대법원 1994. 9. 13. 94마1342 결정.
351) 대법원 1998. 3. 4. 97마962 결정.
352) 대법원 2005. 5. 19. 2005마59 결정.
353) 대법원 1994. 9. 14. 94마1455 결정.
354) 대법원 1994. 9. 14. 94마1455 결정.

② 주택임대차보호법상의 대항요건을 마친 임차인이라도 <u>스스로 권리신고를 하여야</u> 이해관계인이 될 수 있으므로 주택임대차보호법상의 대항요건을 갖춘 임차인이 이해관계인이 되기 위해서는 집행법원에 그 <u>권리를 증명하여 신고하여야</u> 한다.355) <u>주택의 인도 및 주민등록</u>이라는 대항요건을 갖춘 임차인이면 족하고, 확정일자를 갖추고 있어야 한다거나 소액임차인에 해당하여 우선변제권까지 있을 필요는 없다.356)[2017, 2021 승진, 2014, 2022 법무사]

③ 민사집행법 제87조 제1항에 의하여 이중경매개시결정이 있고, 선행사건의 경매절차에 따라 경매가 진행되는 경우에 이해관계인 여부의 판단은 <u>선행사건을 기준</u>으로 하여야 한다.357)[2020, 2023 법무사]

2) 이해관계인이 될 수 없는 경우

① 집행력 있는 정본 또는 그 사본에 의하지 않고 재판예규358)에 따라 <u>체불임금확인서 등 소명자료</u>를 붙여 배당요구를 한 임금채권자는 경매절차에 관하여 사실상의 이해관계를 가진 자일 뿐 임차인 등과는 달리 <u>부동산 위의 권리자가 아니므로</u> 법 제90조 제4호(부동산 위의 권리자로서 그 권리를 증명한 자)의 이해관계인에 해당하지 않는다.359)[2017, 2023 법무사]

다만 임금채권자가 <u>집행력 있는 정본 또는 그 사본</u>에 기하여 배당요구를 하였다면 제90조 제1호(집행정본에 의하여 배당요구를 한 채권자)의 이해관계인에 해당한다.

② 등기 없는 진정한 소유자는 이해관계인이 될 수 없으므로 진정한 소유자로서 <u>소유권회복등기를 할 수 있는 확정판결</u>이 있더라도 그로 인한 소유권이전등기를 경료하고 집행법원에 권리신고를 하여야 이해관계인이 될 수 있다.360)

[2021 승진]

③ 진정한 소유자이더라도 <u>경매개시결정기입등기</u> 당시 소유자로 등기되어 있지 아니하였고, 그 후 등기를 갖추었으나 집행법원에 권리신고를 하지 아니하였다면 경매절차의 이해관계인에 해당하지 아니한다.361)[2014, 2020 법무사]

---

355) 대법원 2004. 2. 13. 2003마44 결정.
356) 대법원 1995. 6. 5. 94마2134 결정.
357) 대법원 2005. 5. 19. 2005마59 결정.
358) 재민 97-11.
359) 대법원 2003. 2. 19. 2001마785 결정.
360) 대법원 1991. 4. 18. 91마141 결정.
361) 대법원 2015. 4. 23. 선고 2014다53790 판결.

3) 권리증명의 종기

① 이해관계 여부에 대한 권리증명은 매각허가결정이 있을 때까지 할 수 있다.362) 따라서 매각허가결정이 있은 후 즉시항고를 제기하면서 비로소 그 권리를 증명한 자는 이해관계인이 될 수 없고, 주택임대차보호법상의 대항요건을 갖춘 임차인이라 하더라도 매각허가결정 이후에 권리신고를 한 경우에는 이해관계인이 될 수 없다.363)[2017 승진, 2015, 2017, 2023, 2024 법무사]

② 집행법원은 민사집행법 제104조 제2항에 따라 매각기일과 매각결정기일을 민사집행법 제90조의 이해관계인에게 통지하여야 하는데, 이 때 유치권 신고자가 민사집행법 제90조 제4호의 이해관계인인 '부동산 위의 권리자로서 그 권리를 증명한 사람'에 해당하기 위해서는 신고서 접수 이후 매각허가결정이 있을 때까지 유치권의 취득·존속에 관한 사실을 집행법원에 증명하여야 한다.364)

나. 이해관계인이 아닌 자

(1) 가압류·가처분권자

① 경매절차에 관하여 사실상의 이해관계를 가진 자라 하더라도 민사집행법 제90조에 열거한 자에 해당하지 아니한 경우에는 경매절차에 있어서의 이해관계인이라고 할 수 없으므로 가압류채권자 및 가처분채권자는 위 조항에서 말하는 이해관계인이라고 할 수 없다.365) 따라서 경매개시결정등기 전에 가압류등기를 마친 가압류채권자는 배당요구 없이도 당연히 배당에 참가할 수 있지만 경매절차의 이해관계인이 될 수 없다.[2011, 2013, 2014, 2020 법무사, 2021, 2023, 2024 승진]

② 가압류채권자와 가처분채권자는 민사집행법 제90조가 정하는 경매절차의 이해관계인이 될 수는 없으나, 경매기록에 대한 열람·등사를 신청할 수 있는 이해관계인의 범위에는 해당한다.366)

(2) 재매각절차에서의 전 매수인

매각대금의 미납으로 재매각을 실시하는 경우 전 매수인은 민사집행법 제90조에서 정하는 경매절차의 이해관계인이 될 수 없다.

---

362) 대법원 2005. 3. 29. 2005마58 결정.
363) 대법원 1994. 9. 12. 94마1465 결정 ; 1999. 8. 26. 99마3792 결정 ; 2008. 11. 13. 선고 2008다43976 판결.
364) 대법원 2024. 4. 5. 2023마7896 결정.
365) 대법원 2004. 7. 22. 선고 2002다52312 판결 ; 1999. 4. 9. 선고 98다53240 판결..
366) 재민 2004-3.

4. 강제경매개시결정, 경매개시결정등기의 촉탁, 경매개시결정의 송달

가. 강제경매개시결정

(1) 심사할 사항

1) 관할 및 집행력 있는 정본의 조사

① 집행법원의 관할은 전속관할이므로 법원은 관할권의 유무를 조사하여 관할권이 없는 경우에는 관할법원에 이송하여야 한다(법 21조, 민사소송법 39조).

② 재판장(사법보좌관)의 명령이 있어야만 집행문을 부여할 수 있는데도 법원사무관등이 재판장의 명령 없이 단독으로 부여한 경우 또는 집행문부여의 조건이 성취되지 아니하였는데 집행문을 부여하여 실질적으로 부적법한 경우에는 집행법원은 이를 심사할 권한이 없으므로 이를 이유로 신청을 각하할 수 없다.
[2018 승진]

2) 집행개시요건에 대한 심사

① 확정기한에 이르러야 집행을 할 수 있는 경우에는 그 이행기가 도래하였는지 여부를 심사하여야 한다(40조 1항). 불확정기한의 도래는 집행개시의 요건이 아니라 집행문부여의 요건이므로 집행문이 부여된 이상 집행법원은 이를 심사할 권한이 없으므로 경매절차를 개시하여야 한다.[2012, 2022 법무사]

② 집행장애사유가 있는 경우 강제집행을 개시할 수 없으므로 집행법원은 집행장애사유를 직권으로 조사하여야 한다. 집행개시 전부터 집행장애사유가 있음이 발견되면 경매신청을 각하하여야 하고, 이를 간과하고 강제집행을 개시한 다음 발견한 때에는 이미 한 경매개시결정을 직권으로 취소하여야 한다.[367]

③ 담보권자가 피담보채권의 조건이 성취되기 전에 담보권을 실행하여 경매절차가 개시되더라도 경매개시결정이 무효로 되는 것은 아니므로 집행이의나 항고 등으로 경매절차가 저지되지 아니한 채 진행되어 대금을 완납하면 매수인은 유효하게 소유권을 취득한다.[368] [2012, 2019, 2023 승진, 2011, 2021 법무사]

④ 집행권원에 표시된 청구권에 대한 소멸시효가 완성된 경우에도 그대로 경매절차를 개시하여야 하고 신청을 각하할 수 없다. 소멸시효가 완성된 채무를 피담보채무로 하는 근저당권이 실행되어 매각되고 그 대금이 배당될 때까지 채무자가 아무런 이의를 제기하지 아니하였다면, 채무자는 시효의 이익을 포기한 것으로 보아야 한다.[369] [2018 승진]

---

367) 대법원 2000. 10. 2. 2000마5221 결정.
368) 대법원 2015. 12. 24. 선고 2015다200531 판결 ; 2002. 1. 25. 선고 2000다26388 판결.

(2) 경매목적물(부동산)에 대한 심사

1) 부동산의 소유권에 대한 심사

① 강제경매의 대상인 부동산은 채무자의 소유이어야 하고, 등기사항증명서에 의하여 증명되어야 한다. 미등기 부동산의 경우에는 채무자의 명의로 즉시 등기할 수 있는 서류를 첨부하여야 한다(81조 1항 2호).

② 집행력 있는 정본에 '상속받은 재산의 범위 내에서' 집행할 수 있음이 기재되어 있는 등 채무자가 한정승인을 한 경우에는 채무자가 피상속인으로부터 상속받은 재산에 대하여만 강제집행을 할 수 있고, 상속인의 고유재산에 대하여는 강제집행을 할 수 없다.370)

③ 제3자 명의로 되어 있는 부동산은 그 부동산이 사실상 채무자의 소유라 하더라도 채무자 명의로 등기가 회복되지 아니하는 한 경매신청을 할 수 없다.

④ 채권자가 대지권등기가 없는 전유부분만에 관하여 강제경매를 신청하면서 대지사용권에 대하여 아무런 표시를 하지 않은 경우, 집행법원은 대지사용권이 있는지의 여부 및 그 전유부분 및 공용부분과 분리처분이 가능한 규약이나 공정증서가 있는지의 여부 등에 관하여 집행관에게 현황조사명령을 하여 조사하도록 지시하는 한편, 그 스스로도 관련자를 심문하는 등의 가능한 방법으로 필요한 자료를 수집하여야 한다.371)[2023 법무사]

2) 상속등기를 하지 않은 부동산

강제경매개시결정 전에 이미 채무자가 사망하였으나 이를 간과하고 강제경매개시결정이 내려진 경우에는 경매개시결정을 취소하고 경매신청을 각하하여야 한다.[2013, 2017, 2021 법무사]

3) 처분금지가처분등기가 있는 부동산

① 매각에 의하여 소멸하는 근저당권·가압류·압류등기 이후에 처분금지가처분등기가 마쳐진 경우에는 가처분권자는 매수인에게 대항할 수 없고, 대금납부 후 그 가처분등기는 말소하게 되므로 경매개시나 경매진행을 방해할 사유가 될 수 없다.372)

② 최선순위 처분금지가처분등기는 매각으로 소멸되지 아니하고 매수인에게 인수된다.

---

369) 대법원 2001. 6. 12. 선고 2001다3580 판결 ; 2010. 5. 13. 선고 2010다6345 판결.
370) 대법원 2003. 11. 14. 선고 2003다30968 판결 ; 2016. 5. 24. 선고 2015다250674 판결.
371) 대법원 2006. 3. 27. 2004마978 결정.
372) 대법원 1997. 1. 16. 96마231 결정.

③ 소유권이전등기청구권을 보전하기 위한 처분금지가처분 집행 후 그 가처분의 피보전권리에 기한 소유권이전등기가 마쳐졌다면 그 가처분은 이미 그 목적을 달성한 것으로서, 이 경우 가처분등기의 말소는 그 말소에 관하여 이익을 갖는 자가 집행법원에 가처분의 목적달성을 이유로 하여 신청할 수 있으며, 그 신청에 기하여 집행법원은 별도의 '취소결정 없이' 등기관에게 말소촉탁을 하여야 하고, 가처분의 목적이 달성된 후에 사정변경이 있음을 주장하여 그 가처분결정 자체의 취소를 신청하는 것은 아무런 이익이 없어 부적법하다.373)

4) 순위보전 가등기가 있는 부동산
① 소유권이전등기청구권 보전을 위한 가등기가 매각에 의하여 소멸되는 근저당권·가압류·압류등기 이후에 이루어진 경우에는 매수인에게 대항할 수 없고, 매각으로 인하여 소멸되므로 경매진행을 방해할 사유가 되지 않는다.374)

② 최선순위의 순위보전을 위한 가등기는 매각으로 소멸되지 아니하고 매수인에게 인수된다. 최선순위의 순위보전을 위한 가등기가 있는 경우에 경매개시결정등기 촉탁 이후의 절차를 반드시 중지할 필요는 없고, 그 부담이 매수인에게 부담될 수도 있다는 취지를 매각물건명세서에 기재 후 경매절차를 그대로 속행하는 것으로 족하다.375)[2015 승진, 2020, 2023 법무사]

5) 담보가등기가 경료된 부동산
담보가등기는 최선순위라 하더라도 저당권으로 간주되어(가등기담보 등에 관한 법률 제12조 후문) 매각에 의하여 소멸하므로 경매절차를 계속 진행하여야 한다. 다만 가등기권자가 법원이 정한 신고기간(배당요구종기) 내에 담보가등기라는 채권신고를 한 경우에만 담보가등기로 인정되고, 채권신고를 하지 않아 담보가등기인지 순위보전을 위한 가등기인지 알 수 없는 경우라면 순위보전을 위한 가등기로 보아야 한다.376)[2015 승진, 2014, 2017 법무사]

6) 체납처분에 의한 압류등기가 있는 부동산
① 현행법상 국세체납절차와 민사집행절차는 별개의 절차로서 양 절차 상호간의 관계를 조정하는 법률의 규정이 없으므로 한 쪽의 절차가 다른 쪽의 절차에 간섭할 수 없는 반면, 쌍방 절차에서 각 채권자는 서로 다른 절차에 정한 방법으로 그 다른 절차에 참여할 수 밖에 없다.377)

---
373) 대법원 2005. 5. 27. 선고 2005다14779 판결 ; 2004. 10. 15. 선고 2004다34738 판결.
374) 대법원 1997. 1. 16. 96마231 결정.
375) 대법원 2003. 10. 6. 2003마1438 결정.
376) 대법원 2003. 10. 6. 2003마1438 결정.
377) 대법원 1989. 1. 31. 선고 88다카42 판결.

따라서 국세체납처분에 의한 공매절차가 진행 중인 경우에도 법원은 그 부동산에 대하여 강제경매나 임의경매절차를 별도로 진행할 수 있으며,378) 이 경우에 양 절차 중 먼저 진행된 절차에서 매각대금을 먼저 납부하여 소유권을 취득한 자가 진정한 소유자로 확정된다.[2023 법무사]

② 농지법상 농지에 관한 공매절차에서 매각결정과 대금납부가 이루어졌다고 하더라도 매수인이 농지법에서 정한 농지취득자격증명을 발급받지 못하는 이상 소유권을 취득할 수 없고, 공매대상 농지의 원소유자가 여전히 농지의 소유자이므로 공매절차의 매수인이 위와 같은 사유로 소유권을 취득하지 못하던 중 원소유자에 대한 가압류채권에 근거한 민사집행절차에서 농지를 매수한 매수인이 농지취득자격증명을 발급받고 대금을 완납한 때에는 그 매수인이 적법하게 농지의 소유권을 취득한다.379)

7) 압류금지부동산

가) 학교교육에 직접 사용하는 교지, 교사 등 : 압류금지

① 매각부동산이 법률의 규정에 의하여 압류가 금지되어 있으면 경매할 수 없다. 학교법인이 학교교육에 직접 사용하는 교지, 교사 등 재산은 매도하거나 담보에 제공할 수 없으므로 강제집행의 대상이 되지 않는다.380)

② 사립학교 경영자가 학교의 교사·교지 등으로 사용하기 위하여 출연·편입시킨 토지나 건물이 그 학교경영자 개인 명의로 등기가 되어 있는 경우에도 그 토지나 건물에 대하여는 강제집행의 목적물이 될 수 없다.381) [2014 법무사, 2014 승진]

다만 학교교육에 직접 사용되는 교사·교지 등 사립학교법시행령 제12조에 정한 재산이라고 하더라도 사립학교 경영자가 설립허가를 얻기 전에 이미 담보권을 설정한 경우에는 담보권실행이 금지되거나 감독청의 처분허가를 필요로 하는 것은 아니다.382) [2024 법무사]

③ 유치원교육에 직접 사용되는 교지·교사 등도 강제집행의 대상이 되지 않지만, 유치원설립자가 유치원 설립허가를 얻기 전에 이미 저당권을 설정한 경우에는 담보권실행이 금지되거나 감독청의 처분허가를 필요로 하는 것은 아니다.383) [2023 법무사]

---

378) 대법원 1961. 2. 9. 선고 4293민상124 판결.
379) 대법원 2014. 2. 13. 선고 2012다45207 판결.
380) 대법원 1996. 11. 15. 선고 96누4947 판결.
381) 대법원 2002. 6. 28. 선고 2001다25078 판결.
382) 대법원 2004. 7. 5. 2004마97 결정.
383) 대법원 2004. 7. 5. 2004마97 결정.

④ 유치원 건물의 <u>소유자와 유치권 경영자가 다른 경우</u>, 유치원건물의 소유자는 사립학교 경영자가 아니므로 제3자에게 그 건물을 매도할 수 있다.384)
[2014 승진]

나) 학교법인의 교지, 교사 등을 제외한 기본재산 등 : 주무관청의 허가 필요

① 주무관청의 허가를 받으면 처분할 수 있는 재산, 예컨대 학교법인이 학교교육에 직접 사용하는 <u>교지·교사 등을 제외한</u> 기본재산(사립학교법 28조 1항), <u>사회복지법인의 기본재산</u>(사회복지사업법 23조 3항), <u>의료법인의 기본재산</u>(의료법 48조 3항) 등에 대한 강제집행을 실시하는 경우 '주무관청의 허가'는 <u>경매개시의 요건이 아니고 매수인의 소유권취득요건</u>에 불과하므로 경매신청 시에 그 <u>처분허가서</u>를 제출하지 아니하였다 하더라도 경매신청을 각하하여서는 아니되고, 일단 경매개시결정을 하여야 한다.385)[2018 승진, 2018, 2023 법무사]

② 민법상 재단법인의 기본재산에 대하여 강제집행을 실시하는 경우 정관변경에 대한 주무관청의 허가는 반드시 사전에 얻어야 하는 것은 아니므로 재단법인의 정관변경에 대한 '주무관청의 허가'는 <u>경매개시요건이 아니라 매수인의 소유권취득의 요건</u>이다. 그러므로 집행법원으로서는 그 허가를 얻어 제출할 것을 <u>특별매각조건</u>으로 경매절차를 진행하고, 매각허가결정 시까지 이를 제출하지 못하면 매각불허가결정을 하면 된다.386)[2021 법무사]

③ 주무관청의 허가가 필요한 학교법인의 기본재산 등에 관한 경매절차에서 <u>주무관청의 허가가 없음</u>에도 불구하고 집행법원이 이를 간과하고 매각허가결정을 하고 매수인이 매각대금을 완납하였더라도 그 <u>대금납부는 무효</u>이므로 매수인은 소유권을 취득할 수 없다.387)[2015 승진, 2018 법무사]

다) 개별집행의 금지 : 공장재단 및 광업재단

공장재단·광업재단은 <u>1개의 부동산</u>으로 간주한다(공장 및 광업재단저당법 12조 1항). 매각부동산이 공장재단·광업재단의 일부를 구성하고 있는 때에는 이에 대한 <u>개별집행이 금지</u>되므로 공장재단이나 광업재단 전체가 아닌 그 구성물인 부동산에 대한 경매신청은 각하하여야 한다(공장 및 광업재단저당법 14조, 54조).[2017 법무사]

---

384) 대법원 2002. 6. 28. 선고 2001다25078 판결.
385) 대법원 2004. 9. 8. 2004마408 결정 ; 2018. 7. 20. 2017마1565 결정.
386) 대법원 2018. 7. 20. 2017마1565 결정.
387) 대법원 1999. 10. 22. 선고 97다49817 ; 1994. 1. 25. 선고 93다42993 ; 2003. 9. 26. 2002마4353 결정.

(4) 경매개시결정에 의한 압류의 효력

1) 압류의 효력발생시기

① 강제경매개시결정에 의한 압류의 효력은 그 결정이 채무자에게 송달된 때 또는 경매개시결정의 기입등기가 된 때에 발생한다(83조 4항). 즉 경매개시결정이 채무자에게 송달된 때와 경매개시결정등기가 된 시기 중 먼저 된 시기에 경매개시결정에 의한 압류의 효력이 발생한다.[2018 승진]

② 압류의 효력이 생기면 경매신청 시로 소급하여 집행채권에 관한 시효중단의 효력이 생기는데 교부송달의 방법으로 송달되어야 그 효과가 발생하고, 발송송달이나 공시송달로 진행된 경우에는 시효중단의 효력이 없다.388)[2018 법무사]

2) 압류로 인한 시효중단의 효력

채권자의 신청에 의한 경매개시결정에 따라 연대채무자 1인의 소유 부동산이 압류된 경우에 위 채무자에 대한 채권의 소멸시효는 중단되지만, 압류에 의한 시효중단의 효력은 다른 연대채무자에게 미치지 아니하므로 경매개시결정에 의한 시효중단의 효력을 다른 연대채무자에 대하여 주장할 수는 없고, 다만 민법 제174조에서 정한 최고로서의 효력은 있다.389)

3) 제3자와 압류의 효력

제3자는 권리를 취득할 때에 경매신청 또는 압류가 있다는 것을 알았을 경우에는 압류에 대항하지 못한다(92조 1항). 즉 채무자에 대한 경매개시결정 송달 후 경매개시결정등기 전에 권리를 취득한 제3자는 경매신청 또는 압류가 있었다는 사실을 몰랐다면 압류의 효력을 부인하여 압류채권자에게 대항할 수 있고, 알았다면 압류채권자에게 대항할 수 없다.[2019 승진]

나. 경매개시결정등기의 촉탁

(1) 등기촉탁의 시기

① 법원이 경매개시결정을 하면 법원사무관등은 즉시 그 사유를 등기부에 기입하도록 등기관에게 촉탁하여야 한다(94조 1항). 부동산의 공유지분에 대하여 경매개시결정을 하였을 때에도 경매개시결정의 기입등기를 촉탁하여야 한다(139조 1항).

---

388) 대법원 1994. 11. 25. 선고 94다26097 판결.
389) 대법원 2001. 8. 21. 선고 2001다22840 판결.

② 미등기 부동산에 경매개시결정을 한 경우에도 경매개시결정등기의 기입만을 촉탁하여야 하고, 등기관이 직권으로 소유권보존등기를 하는데 필요한 서면을 함께 첨부하면 된다. 따라서 이 경우에는 소유권보존등기촉탁을 하지 않는다.[2012 법무사]

(2) 경매개시결정등기의 효력

1) 압류의 효력발생시기

① 경매개시결정을 하는 경우에는 동시에 부동산의 압류를 명하여야 하고(83조 1항), 압류는 경매개시결정이 채무자에게 송달된 때 또는 경매개시결정등기가 된 때에 효력이 발생하므로(83조 4항) 경매개시결정이 송달된 시점과 기입등기가 이루어진 시점 중 먼저 도래한 때에 압류의 효력이 생긴다.[2018 승진]

② 경매개시결정의 송달에 위법이 있다 하더라도 경매개시결정의 등기가 기입되면 그로써 경매개시결정에 의한 압류의 효력은 이미 생긴 것이므로 그 후 경매개시결정의 송달에 위법이 있다 하여도 이미 생긴 압류의 효력에는 영향이 없다.390)[2023 법무사]

③ 경매개시결정이 송달되어 압류의 효력이 발생한 이상 채무자의 상호를 잘못 표시하여 경매개시결정을 경정하고 그 경정결정이 적법하게 송달되지 않았다고 하더라도 이미 생긴 경매개시결정에 의한 압류의 효력에는 전혀 영향이 없다.391)

2) 압류의 처분금지효

① 압류의 처분금지효에 의하여 금지되는 처분행위에 점유의 이전은 해당하지 않지만, 경매개시결정등기가 마쳐진 경우에는 압류등기(경매개시결정등기) 이후의 점유이전을 압류의 처분금지효에 저촉되는 처분행위로 보아 압류등기(경매개시결정등기) 이후에 유치권을 취득한 자는 경매절차의 매수인에게 대항할 수 없도록 하고 있다.392) 즉 집행절차의 법적 안정성을 보장할 목적으로 부동산에 관하여 경매개시결정등기가 된 뒤에 비로소 부동산의 점유를 이전받거나 피담보채권이 발생하여 유치권을 취득한 경우에는 경매절차의 매수인에 대하여 유치권을 행사할 수 없다.393)[2020, 2024 법무사]

---

390) 대법원 2003. 6. 24. 선고 2003다13116 판결.
391) 대법원 2003. 6. 24. 선고 2003다13116 판결.
392) 대법원 2005. 8. 19. 선고 2005다22688 판결.
393) 대법원 2022. 12. 29. 선고 2021다253710 판결.

② 경매개시결정등기로 인한 압류의 효력이 발생하기 전에 유치권을 취득한 경우에는 그 유치권으로 매수인에게 대항할 수 있고, 유치권의 취득시기가 근저당권설정 후라거나 유치권취득 전에 설정된 근저당권에 기해 경매절차가 개시되었다 하더라도 마찬가지이다.394)[2012, 2024 법무사]

③ 체납처분압류가 되어 있는 부동산에 대하여 경매절차가 개시되기 전에 민사유치권을 취득한 경우 그 유치권자는 경매절차의 매수인에게 유치권을 행사할 수 있다.395)[2015, 2020, 2024 법무사]

(3) 등기관의 등기사항증명서 송부

등기관은 경매개시결정등기를 한 후에 등기사항증명서를 작성하여 이를 집행법원에 송부하여야 한다(95조). 민사집행법 제95조는 훈시규정으로서 등기관이 등기사항증명서를 송부하지 아니하면 경매절차를 진행할 수 없는 것은 아니므로 등기사항증명서의 송부 없이 경매를 진행하였다 하더라도 경매의 효력에는 아무런 영향이 없다.396)

다. 경매개시결정의 송달

(1) 채무자에 대한 송달

1) 직권에 의한 송달
부동산의 압류는 채무자에게 경매개시결정이 송달된 때 또는 경매개시결정등기 된 때에 생기므로 직권으로 그 결정정본을 채무자에게 송달하여야 한다(83조 4항, 23조 1항, 민소법 174조).

2) 경매절차 진행의 유효요건
① 경매개시결정은 비단 압류의 효력을 발생시키는 것일 뿐만 아니라, 경매절차의 기초가 되는 재판이어서 그것이 채무자에게 송달되지 않으면 효력이 없으므로 압류의 효력이 발생하였는가의 여부에 관계 없이 유효하게 경매를 속행할 수 없다.397) 따라서 채무자 아닌 이해관계인도 채무자에 대한 경매개시결정의 송달하자를 이유로 매각허가결정에 대한 항고사유로 삼을 수 있다.398)
[2017, 2019, 2024 법무사]

---

394) 대법원 2009. 1. 15. 선고 2008다70763 판결.
395) 대법원 2014. 3. 20. 선고 2009다60336 전원합의체판결.
396) 대법원 1967. 5. 16. 67마116 결정.
397) 대법원 1991. 12. 16. 91마239 결정 ; 1994. 1. 28. 선고 93다9477 판결.
398) 대법원 1997. 6. 10. 97마814 결정.

② 집행법원이 경매개시결정을 <u>채무자에게 송달하지도 않고</u> 경매개시결정등기만 기입한 채 경매를 진행하여 매각대금의 납부를 받은 것은 압류의 효력발생 여부에 관계 없이 경매개시결정의 효력이 발생하지 아니한 상태에서 경매절차를 속행한 경우에 해당하여 매각허가의 효력이 없으므로 매수인은 적법하게 소유권을 취득할 수 없다. <u>대금납부 후에</u> 사후적으로 경매개시결정을 채무자에게 송달하였다고 하더라도 그 결론이 달라지는 것은 아니다.399)[2011 법무사]

③ 경매절차의 진행 중 채권자와 경매기일연기를 위한 협의 또는 이중경매개시결정사건에 대한 경매개시결정의 송달 등을 통하여 <u>채무자가 경매진행사실을 알았더라도</u> 이는 적법한 경매개시결정의 송달이 아니다.400)[2011 승진]

3) 송달방법

① 채무자가 교도소나 구치소에 수감 중인 경우에는 반드시 그 <u>교도소장 또는 구치소장에게</u> 경매개시결정을 송달하여야 하고, 수감되기 전의 주소지로 송달하면 무효이다.401)

② 이사불명으로 경매개시결정이 송달되지 않는 경우에 당사자의 신청 또는 직권으로 <u>공시송달</u>의 방법에 의하여 송달할 수 있다. 다만 채무자가 법인인 경우에는 법인등기사항증명서상 법인주소지와 대표이사 개인 주소지 <u>두 곳 모두</u> 송달이 되지 아니하는 경우에만 공시송달을 할 수 있다.402)

③ 집행법원이 집행절차에서 외국으로 송달이나 통지를 하는 경우에는 송달이나 통지와 함께 대한민국 안에 송달이나 통지를 받을 장소와 영수인을 정하여 상당한 기간 내에 <u>신고하도록 명</u>할 수 있고(13조 1항), 그 기간 이내에 신고가 없는 경우에는 그 이후의 송달이나 통지를 <u>아니할 수</u> 있다(13조 2항).

(2) 채권자에 대한 송달

채권자에게는 송달에 의하지 아니하고 적당한 방법으로 고지하여도 무방하다(민소법 221조). 따라서 채권자에게 경매개시결정을 <u>송달하지 않고</u> 경매절차를 진행하여도 매각허가의 효력에는 영향이 없다.403)[2014 법무사, 2018 승진]

---

399) 대법원 1994. 1. 28. 선고 93다9477 판결.
400) 대법원 2006. 3. 27. 2005마912 결정.
401) 대법원 1982. 12. 28. 선고 82다카349 전원합의체판결.
402) 대법원 1997. 12. 9. 선고 97다31267 판결.
403) 대법원 1969. 6. 10. 69마231 결정.

(3) 공유자에 대한 통지

부동산의 공유지분에 대한 경매에서 <u>다른 공유자</u>는 경매절차의 이해관계인이 되고,[404] 집행법원이 공유지분에 관하여 경매개시결정을 하였을 경우에는 채무자 지분에 대한 경매개시결정이 있음을 등기부에 기입하고 <u>다른 공유자에게도 경매개시결정이 있음을 통지</u>하여야 한다(139조 1항).[2024 승진, 2024 법무사]

공유자에 대한 경매개시결정의 통지는 채무자에 대한 경매개시결정의 송달과는 성질이 다른 것이므로(채무자에 대한 경매개시결정의 송달은 경매절차를 진행하기 위한 유효요건임) 공유자에 대한 경매개시결정의 <u>통지가 누락</u>되었다고 하여도 <u>경매개시결정의 효력에는 영향이 없다</u>.[2013, 2024 법무사, 2024 승진]

5. 이중경매

가. 이중경매개시결정

강제경매절차 또는 담보권실행을 위한 경매절차를 개시하는 결정을 한 부동산에 대하여 다른 강제경매의 신청이 있는 때에는 법원은 <u>다시 경매개시결정을</u> 하고, <u>먼저 경매개시결정을 한 경매절차</u>에 따라 경매절차를 진행한다(87조 1항).[2021 법무사]

나. 이중경매개시결정의 요건

(1) 이미 경매개시결정이 되어 있을 것

이미 <u>경매개시결정</u>이 되어 있으면 족하고, 그 경매개시결정의 효력이 발생하였는지 여부를 묻지 않는다.

(2) 부동산이 동일한 채무자의 소유일 것

① <u>이중경매신청 당시</u>의 소유자가 선행 경매사건의 소유자와 동일하여야 하므로 선행사건의 진행 중에 <u>소유자가 변경</u>되고 그 새로운 소유자의 채권자가 경매신청을 한 경우에는 이중경매가 아니다.[2015 법무사]

② 가압류등기 후 제3자에게 소유권이 이전된 경우 <u>제3자의 채권자</u>가 매각절차를 개시한 후에 <u>가압류채권자</u>가 본집행으로서 경매를 신청한 때에도 이중경매가 아니므로 민사집행법 제87조의 규정이 적용될 여지가 없다.[2017 승진]

---

404) 대법원 1998. 3. 4. 97마962 결정.

(3) 대금납부 이전일 것

① 이중경매신청은 선행사건의 매수인이 매각대금을 완납하여 소유권을 취득하기 전까지 할 수 있고, 매각대금이 완납된 이후에는 이중경매신청이 허용되지 않는다.405)[2013 법무사]

② 선행사건의 배당요구종기까지 이중경매를 신청한 채권자는 당연히 선행사건의 배당에 참가할 수 있으나, 선행사건의 배당요구종기 이후에 이중경매를 신청한 자는 선행사건으로 경매절차가 진행되는 한 배당에 참가할 수 없다(148조 1호).[2014 승진, 2015, 2017, 2020, 2022 법무사]

다. 이중경매개시결정절차

(1) 통지

① 이중경매신청이 있으면 다시 경매개시결정을 하고 압류도 다시 명하여야 하며(83조 1항), 직권으로 등기관에게 경매개시결정의 기입등기를 촉탁하여야 한다(94조 1항).

② 이중경매신청이 있으면 법원사무관등의 명의로 그 사유를 이해관계인에게 통지하여야 하는데(89조), 이러한 통지(중복통지)는 이중경매개시결정의 효력발생요건은 아니다.406)

(2) 송달

① 이중경매개시결정은 채무자에게 송달하여야 한다(83조 4항). 후행사건으로 경매를 진행하면서 후행사건의 경매개시결정을 채무자에게 송달하지 않은 채 경매절차를 진행한 경우에 그 경매절차는 무효이므로 매각대금을 완납한 매수인은 소유권을 취득할 수 없다.407)[2017, 2018 법무사] 매각완납 후에 사후적으로 이중경매개시결정을 채무자에게 송달하였다고 하여 당초에 개시결정을 송달하지 아니하여 무효로 된 대금납부의 효력이 새로이 유효하게 되지는 않는다.408)

② 선행사건의 경매절차에서 채무자가 주소변경신고를 하였다면 선행사건이 취하·취소되었더라도 그 주소변경신고는 후행사건의 경매절차에서 당연히 효력이 있으며, 만일 후행절차에서 변경되기 전의 종전주소로 매각기일 및 매각결정기일의 통지를 한 경우에는 이른바 통지의 누락으로서 매각허가에 대한 이의사유가 된다.409)[2017, 2021 승진, 2018, 2022 법무사]

---

405) 대법원 1972. 6. 21. 72마507 결정 ; 1978. 11. 15. 78마285 결정.
406) 대법원 1972. 3. 29. 72마79 결정.
407) 대법원 1995. 7. 11. 95마147 결정.
408) 대법원 1994. 1. 28. 선고 93다9477 판결.
409) 대법원 2001. 7. 10. 선고 2000다66010 판결.

라. 이중경매개시결정의 효력

(1) 효력

1) 압류의 효력
이중경매개시결정도 독립된 경매개시결정이므로 채무자에게 경매개시결정이 송달된 때 또는 경매개시결정등기가 된 때에 압류의 효력이 생긴다(83조 4항).

2) 선행사건 기준
① 이중경매개시결정이 있더라도 선행사건의 개시결정의 효력이 유지되는 한 매각절차는 먼저 경매개시결정을 한 집행절차에 따라 진행하여야 한다(87조 1항). 따라서 이해관계인의 범위, 매각기일의 통지, 이의·항고 등의 적법 여부 등은 선행사건을 기준으로 정하여야 한다.[2020, 2022 법무사]
② 선행사건이 있음에도 뒤의 경매개시결정에 의하여 매각절차를 진행하는 것은 위법하지만, 이해관계인의 이의나 항고가 없어 후행사건이 그대로 진행되어 매각허가결정이 확정되고 매수인이 매각대금을 완납한 경우에는 매수인이 적법하게 소유권을 취득한다.[410][2018 법무사, 2021 승진]

3) 배당요구의 효력
이중경매신청이 선행사건의 배당요구종기까지 이루어진 경우에는 선행사건의 배당에 참가할 수 있으나, 배당요구종기 이후에 이중경매신청을 한 경우에는 선행사건의 배당에 참가할 수 없다(148조 1호).[2017, 2020 법무사]

(2) 선행사건이 취하 또는 취소된 경우

1) 후행사건에 기한 절차진행
먼저 경매개시결정을 한 경매신청이 취하되거나 그 절차가 취소된 때에는 법원은 민사집행법 제91조 제1항의 규정에 어긋나지 아니하는 한도 내에서 뒤의 경매개시결정에 따라 절차를 계속 진행하여야 한다(87조 2항).

---

410) 대법원 2000. 5. 29. 2000마603 결정.

2) 선행사건의 배당요구 종기 이후에 이중경매를 신청한 경우

선행사건이 취하 또는 취소되어 후행사건으로 속행하는 경우에 후행사건이 선행사건의 배당요구 종기 이후의 신청에 의한 것인 때에는 집행법원은 후행사건의 배당요구의 종기를 새로이 정하여야 한다(87조 3항 전문). 이 경우 민사집행법 제84조 제2항 또는 제4항의 규정에 따라 이미 배당요구 또는 채권신고를 마친 사람에 대하여는 다시 배당요구종기의 고지나 최고를 하지 아니한다(87조 3항 후문).[2015 승진, 2018, 2019, 2020, 2024 법무사]

3) 선행절차의 승계

① 선행사건이 취하·취소되어 후행사건으로 경매절차를 속행하는 경우 선행사건의 경매절차는 후행사건의 경매절차에서 유효한 범위에서 그대로 승계되어 이용되는 것이므로 남은 절차만 속행하면 되고, 새로운 경매절차를 진행할 필요는 없다. 따라서 선행사건이 취하·취소된 경우 선행절차에서 이미 행하여진 현황조사나 감정평가 등의 절차는 특별한 원용절차 없이도 후행절차에 이용할 수 있으며 나머지 절차만을 속행하면 된다.411)[2015, 2020, 2024 법무사]

② 선행절차에서 채무자가 주소변경신고를 하였다면 선행절차의 취하·취소로 인하여 후행절차로 속행하는 경우에 그 주소변경신고는 후행절차에서도 당연히 효력이 있으며, 만일 후행절차에서 변경되기 전의 종전주소로 매각기일 및 매각결정기일의 통지를 한 경우에는 이른바 통지의 누락으로서 매각허가에 대한 이의사유가 된다.412)[2017 승진, 2018, 2022 법무사]

(3) 선행사건이 정지된 경우

1) 후행사건 속행의 요건

> ♣ 선행사건이 정지된 경우 후행사건으로 속행하기 위한 요건
> ① 후행사건의 압류채권자(신청채권자)의 신청이 있어야 한다(87조 4항).
> ② 후행사건으로 속행하기 위하여는 집행법원의 결정이 있어야 한다(87조 4항).
> ③ 후행사건이 선행사건의 배당요구종기까지 신청된 것이어야 한다(87조 4항).
> ④ 선행사건이 정지된 경우 그 선행절차가 취소되면 법 제105조 제1항 제3호의 기재사항 (매각물건명세서 중 '등기된 부동산에 대한 권리 또는 가처분으로서 매각으로 효력을 잃지 아니하는 것')이 바뀔 때에는 후행사건으로 속행할 수 없다(87조 4항 단서).

---

411) 대법원 1991. 4. 13. 91마131 결정 ; 1980. 2. 7. 79마417 결정.
412) 대법원 2001. 7. 10. 선고 2000다66010 판결.

2) 후행 압류채권자에 대한 통지

법원사무관등은 선행사건이 정지되면 그 취지를 후행사건의 압류채권자에게 통지하여야 한다(규칙 47조). 다만 후행사건이 선행사건의 배당요구종기 이후에 이루어진 경우에는 후행사건의 압류채권자는 경매속행신청권이 없으므로 (87조 4항 괄호 안) 통지할 필요가 없다.[2011 법무사]

(4) 이중경매신청의 취하

압류가 경합되어 이중경매개시결정이 있더라도 선행절차가 정지·취소·취하되기 전까지는 후행사건은 잠정적인 것에 불과하므로 후행경매신청인은 선행사건으로 경매절차가 진행되는 한 선행사건에서의 최고가매수인 등의 동의 여부와 관계 없이 취하할 수 있고, 그 취하 후 선행절차가 정지, 취하, 취소되면 이후의 모든 절차를 정지 또는 종료하여야 한다.413)[2017, 2018 법무사]

6. 당사자의 승계

① 강제집행을 개시한 후 신청채권자의 지위가 승계된 경우에 승계인은 승계집행문을 부여받아야 집행을 속행할 수 있고, 단순히 승계사실을 증명하는 것으로는 부족하다(규칙 23조 1항).[2013, 2015, 2017, 2021 법무사]

② 강제집행을 개시한 후에 채무자가 사망한 경우에는 상속인에 대한 승계집행문 '없이' 집행을 계속할 수 있다(52조 1항).[2017, 2021 법무사, 2014, 2024 승진]

다만 채무자에게 알려야 할 집행행위를 실시할 경우에 상속인이 없거나 상속인의 존부가 분명하지 아니한 때에는 채권자의 신청으로 상속재산 또는 상속인을 위하여 특별대리인을 선임하여야 한다(52조 2항).[2023 승진]

7. 부동산의 멸실 등으로 인한 경매절차의 취소

가. 의의 및 취소사유

부동산이 없어지거나 매각 등으로 말미암아 권리를 이전할 수 없는 사정이 명백한 경우에는 법원은 강제경매절차를 취소하여야 한다(96조 1항).

(1) 부동산의 멸실

부동산이 멸실되면 더 이상 경매를 진행할 수 없으므로 법원은 경매절차를 취소하여야 한다.

---

413) 재민 91-3 참조.

(2) 채무자의 소유권상실

1) 개시결정 송달 후 개시결정등기 전에 소유권이 이전된 경우
　강제경매에서 채무자에게 경매개시결정 송달 후 경매개시결정등기 전에 소유권을 취득한 제3자가 이미 경매신청 또는 압류의 사실을 알았을 경우에는 제3자는 압류채권자에게 대항할 수 없다(92조 1항).[2018 법무사]

2) 제1, 2순위의 근저당권 사이에 가등기가 마쳐진 경우
　제1, 2순위의 근저당권 사이에 가등기가 마쳐진 부동산에 대하여 제2순위 근저당권의 실행을 위하여 실시된 임의경매절차에서, 매각허가결정선고 전에 본등기가 실행되면 집행법원은 경매절차를 취소하여야 한다. 다만 집행법원이 이러한 본등기사실을 모른 채 경매절차가 그대로 진행되어 매각허가결정이 확정되고 매각대금을 완납하면 그 때까지 유효하게 존재하고 있던 제1순위 근저당권이 매각으로 인하여 소멸하고, 그 보다 후순위인 가등기 및 본등기의 효력도 상실되므로 대금납부 이후에는 경매절차를 취소할 수 없다.414)[2018 법무사]

3) 개시결정등기와 가처분등기가 동일 순위로 등기된 경우
　동일한 부동산에 관하여 동일 순위로 등기된 강제경매개시결정으로 인한 압류와 처분금지가처분의 효력은 서로 처분금지적 효력을 주장할 수 없으므로415) 경매개시결정등기와 동순위의 가처분등기가 마쳐진 다음 가처분권자의 본안승소판결에 기한 소유권이전등기가 먼저 경료되면 경매절차를 취소하여야 한다.416)

4) 상속포기신고의 수리심판
　가정법원의 상속포기신고 수리의 심판은 상속포기의 요건을 구비한 것으로 인정한다는 것일 뿐 그 효력을 확정하는 것이 아니고, 상속포기의 효력이 있는지 여부의 최종적인 판단은 민사소송에서 결정될 문제이므로 상속개시 후에 상속포기신고를 하여 그 신고가 수리되었다 하더라도 민법 제1026조 제1호의 상속재산에 대한 처분행위 등을 이유로 상속포기로서의 효력이 없을 수도 있다.417) 따라서 상속포기를 하였다는 사정만으로 상속포기자가 상속재산에 대한 소유권을 취득할 수 없게 되었다고 단정할 수 없다.

---

414) 대법원 1997. 1. 16. 96마231 결정.
415) 대법원 1998. 10. 30. 98마475 결정.
416) 대법원 2011. 9. 30. 2010마1972 결정.
417) 대법원 2012. 4. 16. 선고 2011스191, 192 판결.

그러므로 강제경매개시결정 이전에 채무자의 상속포기신고에 대한 수리심판이 있었다 하더라도 그러한 사정만으로 민사집행법 제96조 제1항에서 정한 '권리를 이전할 수 없는 사정이 명백하게 된 때'에 해당한다고 볼 수 없어 경매절차의 취소사유에는 해당하지 않는다.418)

나. 경매절차의 취소

부동산이 멸실되거나 매각 등으로 말미암아 권리를 이전할 수 없는 사정이 명백하게 된 때에는 집행법원은 직권으로 경매절차를 취소하여야 한다(96조 1항). 다만 당사자에게는 신청권이 없으므로 이해관계인의 신청은 법원의 직권발동을 촉구하는 의미에 불과하지만, 집행법원이 민사집행법 제96조 제1항의 규정에 따라 경매절차를 취소하여야 할 사정이 명백함에도 불구하고 취소결정을 하지 아니할 때에는 집행에 관한 이의로 불복할 수 있다.419)[2016 법무사]

다. 취소결정에 대한 불복

부동산의 멸실 등으로 인한 집행법원의 취소결정에 대하여는 즉시항고할 수 있다(96조 2항).

라. 민사집행법 제96조 제1항에 의한 취소와 담보책임 [2018 승진, 2020 법무사]

① 민사집행법 제96조 제1항은 '부동산이 없어지거나 매각 등으로 말미암아 권리를 이전할 수 없는 사정이 명백하게 된 때에는 법원은 강제경매절차를 취소하여야 한다.'라고 규정하고 있는데(제268조에 의하여 담보권실행을 위한 경매절차에 준용됨), 위 규정에서 정한 경매절차의 취소사유는 대금완납 전에 발생한 것이어야 한다.420)[2018 승진]

② 매수인이 경매절차에서 부동산에 대한 매각허가결정을 받아 매각대금까지 납부하고 소유권을 취득하였으면, 그 후 소유권을 상실하게 되더라도 부동산의 매각 등으로 소유권의 이전이 불가능하였던 것은 아니므로 이러한 사유는 민사집행법 제96조 제1항, 제268조에서 정한 경매절차의 취소사유에 해당하지 않는다.421)[2020 법무사]

③ 이 경우 매수인은 매도인의 담보책임에 관한 민법규정을 적용하거나 유추적용하여 담보책임을 물을 수 있고, 이러한 담보책임은 경매절차 밖에서 별소로써 채무자 또는 채권자를 상대로 추급하는 것이 원칙이다.

---

418) 대법원 2016. 10. 21. 2016마1056 결정.
419) 대법원 1997. 11. 11. 96그64 결정.
420) 대법원 2017. 4. 19. 2016그172 결정.
421) 대법원 2017. 4. 19. 2016그172 결정.

다만 아직 배당이 실시되기 전이라면 매수인은 민사집행법 제96조를 유추적용하여 집행법원에 대하여 경매에 의한 매매계약을 해제하고 납부한 매각대금의 반환을 청구하는 방법으로 담보책임을 추급할 수 있다.[422][2018 승진]

8. 강제경매개시결정에 대한 이의

(1) 의의
강제경매개시결정에 대하여는 이의신청으로 불복할 수 있고(86조 1항), 이의신청에 대한 재판에 대하여는 즉시항고를 할 수 있다(86조 3항).[2018 법무사]

(2) 신청권자
경매개시결정에 대한 이의를 신청할 수 있는 자는 경매절차의 이해관계인이다. 민사집행법 제90조에 열거된 자만이 경매절차의 이해관계인이 될 수 있다.[423]

(3) 관할법원 및 신청방법
① 경매개시결정에 대한 이의는 경매개시결정을 한 집행법원에 신청하여야 한다. 매각허가결정에 대한 즉시항고 등으로 인하여 기록이 항고심 또는 재항고심에 있는 경우에도 경매개시결정을 한 집행법원에 제출하여야 한다.
[2013, 2016, 2023 법무사]
② 경매개시결정에 대한 이의신청재판은 사법보좌관의 업무범위에서 제외되므로 이에 대한 재판은 판사가 담당한다(사법보좌관규칙 제2조 제1항 제7호 가목).[2023 법무사]

(4) 이의신청의 시기 및 취하

1) 이의신청 시기
① 경매개시결정에 대한 이의신청은 매수인이 매각대금을 모두 완납할 때까지 할 수 있다(86조 1항). 매수신고가 있는 후 또는 매각허가결정이 확정된 경우에도 대금납부 전이라면 이의신청을 할 수 있다.[424][2013, 2022 승진]

---

422) 대법원 2017. 4. 19. 2016그172 결정.
423) 대법원 1999. 4. 9. 선고 98다53240 판결.
424) 대법원 2000. 6. 28. 99마7385 결정.

② 경매개시결정에 대한 이의신청을 하였으나 집행정지결정(잠정처분)을 받지 아니한 탓에 경매가 계속 진행되는 바람에 매각허가결정이 선고되어 그대로 확정되고 매각대금을 완납하였다면 경매개시결정에 대한 이의신청을 기각하는 결정에 대하여 즉시항고가 있었다고 하더라도 경매개시결정을 취소할 수 없다(매수인이 적법하게 소유권을 취득하기 때문).425)[2018, 2024 법무사]

2) 이의신청의 취하

경매개시결정에 대한 이의신청은 그에 대한 재판이 있기 전까지만 이를 취하할 수 있으므로 이의신청에 대한 재판이 있은 후에 이루어진 이의신청의 취하는 아무런 효력이 없다.426)[2013, 2016, 2018 법무사]

(5) 이의사유

1) 절차상(형식상) 하자

① 강제경매개시결정에 대한 이의신청은 민사집행법 제16조의 집행에 관한 이의의 성질을 가지고 있으므로427) 절차상(형식상) 하자만 이의사유로 삼을 수 있다.428)[2017, 2020, 2022 법무사]

② 강제경매에서는 집행채권의 소멸 등 강제경매의 기초가 된 집행권원의 실체적 권리관계에 관한 사유는 이의사유가 될 수 없다.429)[2020, 2023 법무사, 2022 승진]

다만 담보권실행을 위한 경매에서는 절차상 하자는 물론이고 담보권의 부존재, 담보권의 소멸 등 실체상 하자도 임의경매개시결정에 대한 이의사유로 삼을 수 있다(265조).[2022, 2024 법무사]

③ 학교용지에 대한 강제경매절차에서 집행권원인 확정판결에 의한 채권이 '甲 학교법인에 대한 것'이 아니라 '甲 학교법인의 전 이사장인 乙 개인에 대한 것'이라는 주장은 실체적 권리관계에 관한 것으로서 강제경매개시결정에 대한 적법한 이의사유가 될 수 없다.430)[2018 법무사]

---

425) 대법원 2005. 4. 7. 2004마901 결정.
426) 대법원 2004. 3. 26. 2003마1481 결정.
427) 대법원 1968. 6. 25. 68마588 결정 ; 1978. 9. 30. 77마263 결정.
428) 대법원 1994. 8. 27. 94마147 결정 ; 1978. 9. 30. 77마263 결정.
429) 대법원 2010. 5. 14. 2010마124 결정 ; 1991. 2. 6. 90그66 결정.
430) 대법원 2004. 9. 8. 2004마408 결정.

2) 경매개시결정 이전에 생긴 하자

① 강제경매, 임의경매를 불문하고 절차상(형식상) 하자를 이유로 경매개시결정에 대한 이의신청을 하는 경우에는 그 사유가 '경매개시결정 이전'에 생긴 것이어야 하고, 경매개시결정 이후에 생긴 절차상(형식상) 하자(예컨대 최저매각가격의 결정 또는 매각기일의 지정·공고에 관한 하자 등)는 이의사유가 될 수 없다.[2018 법무사]

② 청구채권이 일부만 존재한다든가 실제의 채권금액보다 많은 금액을 청구하는 등으로 경매개시결정에 표시된 청구금액이 실제의 채권액과 서로 다르다고 하더라도 이를 이유로 경매개시결정에 대한 이의신청을 할 수는 없고, 배당이의절차에 따라 그 시정을 구하여야 한다(경매개시결정으로 경매신청서에 기재된 채권액이 확정되는 것이 아니기 때문이다).[431][2011, 2018, 2021 법무사]

(6) 잠정처분

① 경매개시결정에 대한 이의신청은 집행정지의 효력이 없으므로 집행법원은 이의신청재판에 앞서 잠정처분을 명할 수 있다. 즉 집행법원은 채무자에게 담보를 제공하게 하거나 제공하게 하지 아니하고 집행을 일시정지하도록 명하거나, 채권자에게 담보를 제공하게 하고 그 집행을 계속하도록 명하는 등 잠정처분을 할 수 있다(86조 2항, 16조 2항).

② 잠정처분은 이의신청에 대한 재판을 하기 전에만 허용되고, 이의재판을 한 이후에는 잠정처분을 할 수 없다.[432][2018 법무사]

③ 경매개시결정에 대한 이의신청이 있는 경우에 하는 잠정처분은 법원이 직권으로 하는 것이므로 이의신청인은 직권발동을 촉구하는 의미에서 집행정지신청을 할 수 있을 뿐이고 이를 신청할 권한은 없다.[433] 따라서 법원은 이 신청에 대하여 재판을 할 필요가 없고, 설령 법원이 집행정지신청을 거부하는 재판을 하였다 하더라도 불복이 허용될 수 없으므로 그에 대한 불복은 부적법하다.[434]

(7) 이의신청에 대한 재판

① 이의신청에 대한 재판은 변론을 열거나 열지 아니하고 결정의 형식으로 한다(3조 2항).

---

431) 대법원 1973. 2. 26. 72마991 결정.
432) 대법원 2011. 5. 27. 2011그64 결정.
433) 따라서 집행정지신청에 인지를 첨부할 필요가 없다.
434) 대법원 2016. 7. 26. 2016그80 결정.

② 강제경매개시결정에 대한 이의의 재판절차에서는 민사소송법상 재판상 자백이나 의제자백에 관한 규정은 준용되지 아니한다. 절차상(형식상) 하자를 이유로 한 임의경매개시결정에 대한 이의의 재판절차에서도 민사소송법상 재판상 자백이나 의제자백에 관한 규정은 준용되지 아니한다.435)[2017, 2023 법무사]

(8) 이의신청재판에 대한 불복

1) 불복방법 : 즉시항고
① 경매개시결정에 대한 이의신청에 대한 재판에 대하여 이해관계인은 즉시항고할 수 있다(86조 3항).[2022 승진]
② 경매개시결정에 대한 이의신청재판에 대하여 '즉시항고'가 제기된 경우 원심법원은 기록을 항고법원으로 송부하기에 앞서 집행절차의 정지를 명하는 잠정처분을 할 수 있다. 다만 이 잠정처분은 '즉시항고에 대한 결정 시까지 잠정처분을 할 수 있다'라는 민사집행법 제15조 제6항을 근거로 한 것이고, 경매개시결정에 대한 이의신청재판에서의 잠정처분에 관한 같은 법 제86조, 제16조 제2항을 근거로 하는 것은 아니다.436)

2) 원심법원이 항고를 각하하지 않고 항고심에 송부한 경우
원심법원이 즉시항고를 각하하여야 함에도 불구하고 각하하지 아니하고 기록을 항고법원에 송부한 경우에는 항고법원이 즉시항고를 각하하여야 한다.437)

3) 즉시항고의 효력 및 불복
즉시항고에는 집행정지의 효력이 없다(15조 6항 본문). 경매개시결정에 대한 이의신청을 기각한 결정에 대한 즉시항고도 민사집행법상의 즉시항고이므로 그에 대한 항고법원의 결정에 대한 재항고절차에서도 민사집행법상의 즉시항고와 재항고에 관한 규정이 준용된다.438)[2018 법무사]

(9) 경매개시결정등기의 말소촉탁
경매개시결정에 대한 이의신청이 인용되어 경매개시결정이 취소되고, 그 취소결정이 확정되면 법원사무관등은 경매개시결정등기를 말소하도록 등기관에게 촉탁하여야 한다(141조). 위 말소등기의 촉탁에 관한 비용은 경매를 신청한 채권자의 부담으로 한다(규칙 77조).

---
435) 대법원 2015. 9. 14. 2015마813 결정.
436) 대법원 2011. 5. 27. 2011그64 결정.
437) 대법원 2008. 12. 22. 2008마1348 결정.
438) 대법원 2005. 2. 28. 2004마1144 결정.

Ⅱ. 현금화절차

1. 배당요구 종기의 결정 및 공고

가. 의의
현행 민사집행법은 배당요구의 종기를 첫 매각기일 이전으로 정함으로써(84조 1항) 매수참가를 희망하는 사람이 매수신고 전에 권리의 인수 여부를 판단할 수 있도록 하였다.

나. 배당요구종기의 결정시기
① 배당요구종기의 결정 및 공고는 압류의 효력이 발생한 때로부터 1주 이내에 하여야 한다(84조 3항).[2014, 2024 법무사]

② 경매개시결정에 따른 압류의 효력이 생긴 때에는 집행법원은 절차에 필요한 기간을 감안하여 배당요구를 할 수 있는 종기를 첫 매각기일 이전으로 정한다(84조 1항). 배당요구의 종기는 감정평가와 현황조사가 완료되어 매각물건명세서를 작성할 수 있는 시점 이후로 정하여야 한다.[2020 법무사]

③ 배당요구의 종기는 특별한 사정이 없는 한 배당요구종기의 결정일로부터 2월 이상 3월 이하의 범위에서 정하여야 하고, 다만 자동차나 건설기계의 경우에는 1월 이상 2월 이하의 범위 안에서 정할 수 있다.439)[2016 법무사]

다. 배당요구종기의 공고
① 채권자들이 배당요구의 종기를 널리 알 수 있도록 하기 위하여 법원은 배당요구의 종기가 정하여진 때에는 경매개시결정을 한 취지 및 배당요구의 종기를 공고하여야 한다(84조 2항 전단).[2022 법무사]

② 배당요구종기의 결정 및 공고는 압류의 효력이 발생한 때로부터 1주 이내에 하여야 한다(84조 3항).[2014, 2024 법무사]

라. 배당요구종기의 고지
배당요구의 종기가 정해지면 ① 최선순위 전세권자 및 ② 법원에 알려진 법 제88조 제1항의 채권자(배당요구를 하여야 배당받을 수 있는 채권자)에게 고지하여야 한다(84조 2항). 배당요구를 하여야 배당받을 수 있는 채권자는 집행력 있는 정본을 가진 채권자, 경매개시결정등기 뒤에 가압류를 한 채권자, 민법·상법 그 밖의 법률에 의하여 우선변제청구권이 있는 채권자 등이 있다.[2024 법무사]

---
439) 부동산 등에 대한 경매절차 처리지침(재민 2004-3) 6조 1항.

마. 배당요구종기의 연기

① 법원이 특별히 필요하다고 인정하는 경우에는 배당요구의 종기를 연기할 수 있다(84조 6항). 특별한 사정이 있어서(현황조사나 감정평가가 예상보다 늦어지는 경우 또는 채무자에게 경매개시결정이 송달되지 않는 경우 등) 배당요구의 종기를 연기하는 경우에도 최초의 배당요구종기의 결정일부터 6월 이후로 연기하여서는 아니된다.440)[2014, 2016, 2019 법무사] 배당요구의 종기를 연기하는 경우에도 반드시 첫 매각기일 이전으로 정하여야 한다(84조 1항).441)

② 주채무자 소유 부동산에 대한 강제경매절차에서 보증인이 채무를 대위변제한 후 주채무자에 대한 구상권을 행사하는 과정에서 배당요구의 종기를 준수하지 못하여 연기신청을 한 경우, 배당요구종기 연기신청을 인용하거나 기각하는 집행법원의 결정은 민사집행법 제84조 제6항에 따른 재량에 의한 것이다.442)[2021 법무사]

③ 배당요구의 종기를 연기한 경우에는 다시 이를 공고하고 최선순위의 전세권자 및 법원에 알려진 법 제88조 제1항의 채권자(배당요구를 하여야 배당받을 수 있는 채권자)에게 고지하여야 하고, 다만 이미 배당요구를 한 사람에 대하여는 고지를 하지 아니한다(84조 7항).[2019 승진, 2011, 2019, 2024 법무사]

바. 배당요구종기를 새로이 정하여야 하는 경우

선행사건이 취하 또는 취소되어 후행사건으로 경매절차를 진행하는 경우, 후행사건이 배당요구종기 이후에 신청된 때에는 새로이 배당요구의 종기를 정하여야 하고, 다만 이미 배당요구를 한 사람에 대하여는 배당요구종기의 고지를 하지 아니한다(87조 3항).[2011, 2018 법무사]

2. 채권신고의 최고

가. 의의

(1) 의의

① 집행법원의 법원사무관등은 법 제148조 제3호(첫 경매개시결정등기 전에 등기된 가압류채권자) 및 법 제148조 제4호(저당권·전세권 등으로서 첫 경매개시결정등기 전에 등기되었고 매각으로 소멸하는 채권자) 및 조세 기타 공과금을 주관하는 공공기관에 대하여 채권의 유무 및 그 원인과 액수를 배당요구의 종기까지 법원에 신고하도록 최고하여야 한다(84조 4항).[2015 승진, 2014, 2024 법무사]

---

440) 부동산 등에 대한 경매절차처리지침(재민 2004-3) 6조 5항.
441) 대법원 2014. 6. 17. 2014그85 결정.
442) 대법원 2008. 6. 12. 2008그72 결정 ; 2013. 7. 25. 선고 2013다204324 판결.

② 민사집행법 제84조 제4항(채권신고의 최고)의 규정은 <u>훈시규정</u>이므로, 예컨대 조세 기타 공과금 주관 공공기관에 대하여 채권신고의 <u>최고를 하지 않았다 하더라도</u> 매각허가결정에는 아무런 영향이 없고, 매각허가결정에 대한 항고사유도 되지 않는다.443)[2012, 2016, 2020 법무사]

(2) 최고의 방법

최고는 특별한 규정이 없으면 <u>상당하다고 인정되는</u> 방법으로 할 수 있다(규칙 8조 1항). 최고를 받을 사람이 외국에 있거나 있는 곳이 분명하지 아니한 때에는 최고할 사항을 공고하면 되고, 이 경우 최고는 공고를 한 날로부터 <u>1주가 지나면 효력</u>이 생긴다(규칙 8조 3항).[2015 승진, 2016 법무사]

나. 최고의 대상

(1) 첫 경매개시결정등기 전에 등기된 가압류채권자(148조 3호)

첫 <u>경매개시결정등기 전에</u> 등기된 가압류채권자는 배당요구 없이도 배당에 참가할 수 있으므로 채권신고의 최고를 하여야 한다.

(2) 경매개시결정등기 전에 등기된 저당권·전세권 등으로서 매각으로 소멸하는 채권자(148조 4호)

저당권, 전세권 등으로서 첫 <u>경매개시결정등기 전에</u> 등기되었고 <u>매각으로 소멸하는 채권자</u>는 배당요구 없이도 배당에 참가할 수 있으므로 채권신고의 최고를 하여야 한다.

(3) 조세 그 밖의 공과금을 주관하는 공공기관

국세·지방세 등의 조세채권자 및 국민건강보험공단 등 공과금 채권자는 배당요구로서의 교부청구를 하면 배당에 참가할 수 있으므로 별도로 채권신고의 최고를 할 필요가 없지만, 조세징수의 편의를 위하여 특별히 채권신고를 최고하도록 규정하였다(84조 4항).

다. 가등기권자에 대한 최고

① 소유권이전에 관한 가등기가 있는 부동산에 대하여 경매개시결정을 한 경우, 가등기권리자에 대하여 담보가등기인 경우에는 그 내용과 채권(이자 및 부수채권 포함)의 존부·원인 및 금액을, 담보가등기가 아닌 경우에는 해당내용을 법원에 신고하도록 <u>상당한 기간을 정하여 최고</u>하여야 한다(가등기담보 등에 관한 법률 16조 1항).[2020, 2024 법무사]

---

443) 대법원 1979. 10. 30. 79마299 결정.

② 다만 담보가등기라 하더라도 집행법원이 정한 기간 내에 담보가등기권자로서의 채권신고를 한 경우에만 배당에 참가할 수 있다. 따라서 압류등기(경매개시결정등기) 전에 마쳐진 담보가등기권자라 할지라도 <u>집행법원이 정한 기간(배당요구종기)</u> 내에 <u>채권신고를 하여야</u> 배당에 참가할 수 있고, 채권신고를 하지 아니하면 배당받을 권리를 상실한다.444)[2019 승진, 2012, 2017, 2019, 2023 법무사]

라. 채권신고가 없는 경우의 효과

(1) 불신고의 효과

첫 경매개시결정등기 전에 등기된 가압류채권자와 저당권 등으로서 첫 경매개시결정등기 전에 등기되었고 매각으로 소멸하는 것을 가진 채권자가 배당요구의 종기까지 <u>채권신고를 하지 아니한 때에는</u> 등기사항증명서 등 집행기록에 있는 서류와 증빙에 따라 계산하여야 하고, 이 경우 채권액을 <u>다시 추가하지 못한다</u>(84조 5항).[2024 법무사]

1) 첫 경매개시결정등기 전에 등기된 가압류채권자

첫 <u>경매개시결정등기 전에</u> 등기된 가압류채권자가 채권신고를 하지 않은 경우 배당에서 제외할 수 없으므로 <u>등기사항증명서상의</u> 채권금액을 기준으로 하여 배당을 하여야 하고, 등기사항증명서에 채권금액의 기재가 없는 경우에는 <u>가압류결정 등의 자료를</u> 직권으로 조사하여야 한다.[2019 법무사, 2020 승진]

2) 첫 경매개시결정등기 전에 등기된 근저당권자

① 첫 <u>경매개시결정등기 전에</u> 등기된 근저당권자가 채권신고를 하지 않은 경우에는 배당에서 제외할 수는 없으므로 경매기록상 특별한 자료가 없으면 <u>채권최고액을 채권액으로 하여</u> 배당하여야 한다.445)

② 甲 소유 부동산에 설정된 채무자를 甲으로 하는 1, 2순위 근저당권과 채무자를 乙 주식회사로 하는 3순위 근저당권에 기하여 경매신청을 한 丙 은행이 채권계산서를 제출하면서 피담보채권 내역에 1, 2순위 근저당권의 피담보채권만 기재하고 3순위 근저당권의 피담보채권에 관하여는 채권계산서를 제출하지 아니한 경우, 집행법원은 3순위 근저당권에 기한 경매신청채권자인 丙 은행에 대하여 등기사항증명서에 기재된 <u>채권최고액과 경매신청서에 기재된 청구금액의 범위 내에서</u> 배당표작성 당시까지 제출된 자료 등에 의하여 산정한 채권액을 그 순위에 따라 배당하여야 한다.446)

---
444) 대법원 2008. 9. 11. 선고 2007다25278 판결.
445) 대법원 2006. 9. 28. 선고 2004다68427 판결.

(2) 채권액의 추가

민사집행법 제84조 제5항 후문에서 말하는 '다시 채권액을 추가하지 못한다'는 규정과 관련하여, 경매개시결정등기 전에 등기된 가압류채권자 또는 근저당권자가 배당요구종기 전에 제출한 채권신고서에 기재한 채권액을 배당요구종기 후에 확장할 수 있는 지에 관하여 우리 판례는 긍정한다.

따라서 압류등기(경매개시결정등기) 전에 등기된 가압류채권자 또는 저당권자는 배당요구의 종기 전에 채권계산서를 제출하였더라도 배당표가 작성될 때까지는 청구금액을 확장하는 채권계산서를 다시 제출할 수 있고, 집행법원은 배당표작성 당시까지 제출된 채권계산서와 증빙 등에 의하여 가압류청구금액이나 등기기록상 기재된 채권최고액의 범위 내에서 배당받을 채권액을 산정하여야 한다.447)[2019 승진]

3. 공유자에 대한 통지

(1) 통지

공유부동산의 지분을 경매하는 경우에는 다른 공유자에게 경매개시결정이 있음을 통지하여야 한다(139조 1항). 다만 상당한 이유가 있을 때에는 공유자통지를 하지 아니할 수 있다(139조 1항 단서).

(2) 통지결여의 효력

공유자에 대한 경매개시결정이 있다는 것의 통지가 없었다 하더라도 경매개시결정의 효력에는 영향이 없다. 다만 매각기일 및 매각허가결정기일을 공유자에게 통지하지 않은 경우에는 매각허가결정에 대한 항고사유가 된다.448)

[2024 법무사]

(3) 적용범위

민사집행법 제139조는 공유물 지분을 경매하는 경우에 다른 공유자의 우선매수권을 보장하는 규정이므로 공유물 지분을 경매하는 경우에만 적용되고 공유물 전부에 대한 경매에서는 그 적용의 여지가 없다.449) 따라서 공유물분할판결에 기하여 공유물 전부를 경매에 붙여 그 매각대금을 분배하기 위한 현금화의 경우에는 공유자통지를 할 필요가 없다.450)[2024 법무사]

---

446) 대법원 2016. 7. 29. 선고 2012다8864 판결.
447) 대법원 2000. 9. 8. 선고 99다24911 판결.
448) 대법원 1998. 3. 4. 97마962 결정.
449) 대법원 1991. 12. 16. 91마239 결정.
450) 대법원 1991. 12. 16. 91마239 결정.

4. 현황조사

가. 현황조사명령
집행법원은 경매개시결정을 한 뒤에 바로 집행관에게 부동산의 현상 및 점유관계, 임대차관계, 그 밖의 현황에 대하여 조사하도록 명하여야 한다(85조 1항).[2020 법무사] 현황조사는 집행관만 할 수 있는 것이 원칙이다.

나. 조사사항
① 집행관이 조사하여야 할 사항은 부동산의 현상, 점유관계, 차임 또는 보증금의 액수, 그 밖의 현황이다(85조 1항).
② 구분소유적 공유지분에 설정된 저당권에 기하여 임의경매를 실시하는 경우, 경매목적물은 특정 구분소유목적물이므로 그에 대한 현황조사를 명하여야 하고, 감정평가의 대상도 특정의 구분소유목적물이 된다.[451][2017, 2018, 2023 법무사]

다. 집행관의 조사권한

(1) 강제력 사용권한
집행관은 현황조사를 하기 위하여 건물에 출입할 수 있고, 채무자나 건물을 점유하는 제3자에게 질문하거나 문서를 제시하도록 요구할 수 있다(82조 1항). 또한 건물에 출입하기 위하여 잠긴 문을 여는 등 적절한 처분을 할 수도 있다(82조 2항).

(2) 경찰 또는 국군의 원조요청
집행관이 현황조사를 함에 있어서 저항을 받는 경우에는 경찰 또는 국군의 원조를 요청할 수 있다(5조 2항).

(3) 야간 또는 휴일 조사
폐문부재로 평일 주간에 현황조사를 할 수 없을 때에는 야간 또는 휴일에 현황조사를 실시하고, 현황조사보고서에 야간 또는 휴일에 현황조사를 실시한 사유를 기재하여 집행법원에 제출하여야 한다.[452]

---

451) 대법원 2008. 2. 15. 선고 2006다68810, 68827 판결 ; 2001. 6. 15. 2000마2633 결정.
452) 부동산경매·입찰절차에서 현황조사 시 유의사항(재민 97-8).

라. 현황조사보고서

(1) 현황조사보고서의 제출

집행관이 현황조사를 마친 때에는 현황조사 명령일로부터 2주 이내에 현황조사보고서를 작성하여 제출하여야 한다(규칙 46조 1항, 재민 91-5).

(2) 현황조사 시 유의할 사항

집행관은 현실로 존재하는 임대차의 실체를 있는 그대로 보고하면 충분하고, 그 임대차가 제3자에게 대항할 수 있는지 여부의 법률적 판단까지 할 필요는 없다. 등기부상 지목이 농지인 때에는 그 현황 및 이용상황을 정확하게 기재하고 현장사진 및 도면을 첨부하여야 하며, 농지법 소정의 농지에 해당하는지 여부에 대하여 의문이 있는 경우에는 즉시 집행법원에 보고하여야 한다.453)
[2011 법무사, 2019 승진]

(3) 사본의 비치

집행법원은 현황조사보고서의 사본을 매각물건명세서 및 평가서의 사본과 함께 매각기일(기간입찰의 경우에는 입찰기간 개시일)마다 1주 전까지 비치하여 누구든지 볼 수 있도록 하여야 한다(105조 2항). 다만 상당하다고 인정한 때에는 현황조사보고서의 기재내용을 전자통신매체로 공시함으로써 사본의 비치에 갈음할 수 있다(규칙 55조 단서).[2011, 2013, 2015, 2018 법무사]

마. 집행법원의 심문

집행법원은 집행관의 현황조사내용이 충분하지 못하면 추가조사명령 또는 재조사명령을 발할 수 있으나, 이로써도 점유관계에 관한 사실을 확정할 수 없는 경우에는 심문기일을 정하여 채무자, 부동산을 점유하는 제3자 그 밖의 참고인을 심문할 수 있다(규칙 2조).[2011 법무사]

바. 임차인에 대한 통지

① 임차인에 대한 통지는 법률상 규정된 의무가 아니라 당사자의 편의를 위하여 임차인에게 임차목적물에 대하여 경매절차가 진행 중인 사실과 소액임차권자나 확정일자부 임차권자라도 배당요구의 종기까지 배당요구를 하여야만 우선변제를 받을 수 있다는 내용을 안내하여 주는 것에 불과하므로 임차인이 경매진행사실에 관한 통지를 받지 못하였더라도 매각허가결정에 대한 불복사유가 될 수 없다.454)[2024 법무사]

---
453) 재민 97-1.

② 집행관의 현황조사 과정에서 임대차관계를 제대로 확인하지 않은 직무상 잘못이 있고, 그 결과 임차인이 경매법원으로부터 경매절차의 진행에 관한 통지를 받지 못하여 우선변제권의 행사에 필요한 조치를 취하지 못해 손해를 입었다 하더라도, 경매절차상 이해관계인이 아닌 임차인에 대한 관계에서 불법행위를 구성한다고 할 수 없고, 임차인의 손해와 위 잘못 사이에 상당인과관계가 있다고 할 수도 없다.455)[2018 승진]

사. 농지에 대한 사실조회

(1) 매각허가의 요건
① 농지법상 농지를 경매로 취득하고자 하는 자는 농지취득자격증명을 발급받아야 한다(농지법 8조 1항).
② 경매절차에서 농지에 대한 매수인의 농지취득자격증명의 취득여부는 매각허가요건이다.456) 다만 농지에 대한 경매절차에서 농지취득자격증명 없이 매각허가 및 대금납부가 이루어지고 그에 따른 소유권이전등기까지 경료되었더라도 그 후에라도 농지자격증명을 추완하면 소유권취득의 효력에는 영향이 없다.457)

(2) 항고사건 또는 재항고사건 계속 중에 제출된 경우
① 농지취득자격증명의 미제출로 매각불허가결정이 내려진 이후 그 결정에 대한 항고사건 계속 중에 농지취득자격증명이 제출된 경우에 항고법원은 이와 같은 사유까지 고려하여 매각불허가결정의 당부를 판단하여야 한다.458)
② 그러나 재항고사건이 계속 중에 농지취득자격증명을 제출하였다 하더라도 재항고심은 법률심으로서 사후심이므로 재항고사건 계류 중에 농지취득자격증명이 제출된 사정은 재항고심의 고려사유가 될 수 없다.459)

(3) 농지법상 농지가 아닌 경우
경매목적인 토지의 지목이 농지로 되어 있지만 사실상 대지화되어 농경지로 사용되지 아니하고 있어 객관적인 현상으로 보아 농지법의 적용대상인 농지가 아니라면 토지의 최고가매수인이 농지법 소정의 농지취득자격증명을 제출하지 아니하였다는 이유만으로 매각을 불허할 수 없다.460)

---
454) 대법원 2000. 1. 31. 99마7663 결정.
455) 대법원 2008. 11. 13. 선고 2008다43976 판결.
456) 대법원 1997. 12. 23. 선고 97다42991 판결 ; 2010다68060 판결.
457) 대법원 2008. 2. 1. 선고 2006다27451 판결.
458) 대법원 2004. 2. 25. 2002마4061 결정.
459) 대법원 2007. 6. 29. 2007마258 결정.

(4) 농지취득자격증명을 제출하지 않은 경우

① 최고가매수신고인이 매각결정기일까지 농지취득자격증명을 <u>제출하지 않았다면</u> 이는 민사집행법 제121조 제2호의 <u>매각불허가사유</u>에 해당하고, 최고가매수신고인이 농지취득자격증명서의 발급에 필요한 모든 요건을 갖추었음에도 행정청이 <u>부당히 위 증명서발급을 거부</u>하여 이를 제출하지 못한 경우에도 마찬가지이고(매각불허가사유에 해당), 또한 행정청의 농지취득자격증명신청 반려처분이 위법한 처분으로서 이에 대한 <u>행정소송이 제기</u>될 경우 취소될 것이 충분히 예상된다 하더라도 마찬가지이다(<u>매각불허가사유</u>에 해당).461)[2019 승진]

② 농지법상 농지에 관한 공매절차에서 매각결정과 대금납부가 이루어졌다고 하더라도 매수인이 농지취득자격증명을 발급받지 못하는 이상 소유권을 취득할 수 없고, 공매대상 농지의 원소유자가 여전히 농지의 소유자이므로 공매절차의 매수인이 위와 같은 사유로 소유권을 취득하지 못하던 중 원소유자에 대한 가압류채권에 근거한 <u>민사집행절차에서 농지를 매수한 매수인</u>이 농지취득자격증명을 발급받고 대금을 완납한 때에는 적법하게 농지의 소유권을 취득하고, <u>공매절차의 매수인</u>은 소유권을 취득할 수 없게 된다.462)

5. 부동산의 평가 및 최저매각가격의 결정

가. 최저매각가격의 의의

최저매각가격은 법정매각조건으로서 <u>이해관계인 전원의 합의</u>에 의하여서도 바꿀 수 없다(110조).[2011, 2015, 2019 법무사] 최저매각가격제도를 채택하고 있는 이유는 공정·타당한 가격을 유지하여 부당하게 <u>염가로 매각되는 것을 방지</u>함과 동시에 매수희망자에게 기준을 제시함으로써 <u>매각이 공정</u>하게 이루어지도록 하고자 함에 있다.463)[2023 법무사]

나. 매각부동산의 평가절차

(1) 평가의 방법

① 감정평가업자인 감정인이 '감정평가 및 감정평가사에 관한 법률'과 '감정평가에 관한 규칙'의 기준을 무시하고 자의적인 방법에 의하여 감정평가한 경우에는 고의 또는 이에 가까운 중과실에 의한 <u>부당감정에 해당</u>한다.464)

---

460) 대법원 1987. 1. 15. 86마1095 결정.
461) 대법원 2014. 4. 3. 2014마62 결정.
462) 대법원 2014. 2. 13. 선고 2012다45207 판결.
463) 대법원 1995. 7. 29. 95마540 결정.

② 감정평가업자의 부실감정으로 인하여 손해를 입게 된 감정평가의뢰인이나 선의의 제3자는 '감정평가 및 감정평가사에 관한 법률'상의 손해배상책임과 민법상의 불법행위로 인한 손해배상책임을 <u>함께</u> 물을 수 있다.[465]

③ 실지답사나 확인을 거치지 아니하고 한 감정은 감정인을 <u>심문하여</u> 신빙성 여부를 심리한 후에 그 채용여부를 결정하여야 한다.[466] 감정대상 물건의 실지 조사확인은 반드시 공인감정업자 자신이 하여야 하는 것은 아니고, 업무를 신속·원활하게 할 사정이 있는 경우에는 감정자료의 조사능력 있는 <u>보조자에 의하여</u> 행할 수 있다.[467]

④ 감정인은 대상 부동산에 대한 <u>평가 시를 기준</u>으로 하여 그 시점에 있어서의 가격을 평가하면 족하다.

(2) 감정인의 권한

① 감정인은 평가를 위하여 <u>건물에 출입</u>할 수 있고, 채무자 또는 건물을 점유하는 제3자에게 <u>질문하거나 문서를 제시</u>하도록 요구할 수 있다(97조 2항, 82조 1항).[2022 법무사]

② 감정인은 집행관과는 달리 부동산에 출입하기 위하여 강제력을 행사할 수는 없고, 강제력의 행사가 필요한 경우에는 <u>집행법원의 허가</u>를 얻어 <u>집행관의 원조를 요구</u>할 수 있다(97조 3항).

(3) 재평가

① 감정인의 평가가 합리적 근거가 없거나 당연히 고려하여야 할 사항을 고려하지 아니하고 평가함으로써 이를 최저매각가격으로 삼을 수 없다고 인정하는 때에는 재평가를 명할 수 있다. <u>당사자에게는 재평가에 대한 신청권이 없으</u>므로 당사자의 신청은 집행법원의 직권발동을 촉구하는 의미에 불과하다.

② 재평가사유가 존재함에도 집행법원이 재평가를 하지 않는 경우에는 매각기일 전에는 <u>집행에 관한 이의</u>로 다툴 수 있고, 매각허가 이후에는 매각허가에 대한 <u>이의</u> 또는 매각허가결정에 대한 <u>즉시항고</u>로 다툴 수 있다.

③ 첫 최저매각가격을 결정한 후 상당한 시일이 경과되고 부동산의 가격에 변동이 있다고 하더라도 <u>평가의 전제가 되는 중요한 사항</u>이 변경된 경우(평가 후에 환지처분이 있는 경우 등)와 같은 특별한 사정이 없는 한 집행법원이 재평가를 할 필요가 없다.[468]

---
464) 대법원 1997. 5. 7. 선고 96다52427 판결.
465) 대법원 1999. 5. 25. 선고 98다56416 판결.
466) 대법원 1995. 12. 8. 선고 95누5561 판결.
467) 대법원 1993. 5. 25. 선고 92누18320 판결.
468) 대법원 1998. 10. 28. 98마1817 결정.

즉 단순히 상당한 기간이 경과하였다는 사실469) 또는 가격이 저렴하다는 사실만으로는 재평가사유가 되지 못한다.[2019, 2020 승진, 2012, 2019 법무사]

다. 감정평가서

(1) 평가서의 제출
감정평가서에는 대상 부동산의 모습과 그 주변의 환경을 알 수 있는 도면 및 사진 등을 붙여야 한다(규칙 51조 2항).[2022 법무사]

(2) 평가서 사본의 비치
집행법원은 감정평가서의 사본을 매각물건명세서, 현황조사보고서의 사본과 함께 비치하여 누구든지 볼 수 있도록 하여야 하고(105조 2항), 그 사본은 매각기일(기간입찰의 경우에는 일찰기간 개시일)마다 1주 전까지 법원에 비치하여야 한다. 다만 상당하다고 인정한 때에는 감정평가서의 기재내용을 전자통신매체로 공시함으로써 사본의 비치에 갈음할 수 있다(규칙 55조).[2015, 2018 법무사]

라. 평가의 대상

(1) 부동산 자체
경매물건명세서 중 부동산의 표시는 목적물의 동일성을 인식할 정도의 기재이면 되고 그 이상 자세히 기재할 필요는 없으나, 등기부상 표시 외에 미등기 건물이 있음을 표시한 경우에는 그것이 경매목적물에 '포함'됨을 전제로 한 것이므로 미등기건물을 목적물에서 '제외'할 경우에는 그 취지를 명확히 하여 매수희망자들로 하여금 그 취지를 알 수 있도록 하여야 한다.470)[2022 법무사]

(2) 부합물

1) 토지의 부합물
토지에 대한 경매절차에서 그 지상건물을 부합물 또는 종물로 보고 경매를 진행하여 매각된 경우에 매수인이 매각대금을 완납하였더라도 매수인은 건물에 대한 소유권을 취득할 수 없다.471)[2017, 2019 법무사]

---

469) 대법원 1971. 9. 2. 71마533 결정.
470) 대법원 1991. 12. 27. 91마608 결정.
471) 대법원 1997. 9. 26. 선고 97다10314 판결.

2) 건물의 부합물

증축 또는 개축된 부분이 독립된 구분소유권의 객체가 될 수 없는 경우에는 기존건물에 부합한다.472) 증축된 부분에 대한 평가를 누락한 감정평가액을 기초로 최저매각가격을 정한 것은 위법하지만,473) 기존건물에 부합된 증축부분이 기존건물에 대한 경매절차에서 경매목적물로 평가되지 아니한 경우에도 매각대금을 완납한 매수인은 증축부분의 소유권을 적법하게 취득한다.474)[2019, 2022 승진, 2015, 2019, 2023 법무사]

(3) 종물

건물이 경매목적건물과 동일지번 위에 있다는 사실이나 건축물대장상에 경매목적건물의 부속건물이라 기재되어 있다는 사실만으로써는 그것이 곧 종물인 부속건물이라 단정할 수 없다.475)

(4) 종물·부합물이 아닌 것을 매각한 경우

독립된 건물을 경매신청건물의 부합물 또는 종물로 오인하여 진행된 경우 그 독립된 건물의 매각은 당연무효이므로 매수인은 위 독립된 건물에 대한 소유권을 취득할 수 없다.476) 따라서 제3자 소유인 별개의 독립된 건물을 채무자 소유건물의 종물 또는 부합물로 오인하여 경매대상에 포함시켜 매각허가를 하였더라도 매수인은 별개의 건물에 대한 소유권을 취득할 수 없다.477)
[2017, 2019 법무사]

(5) 종물 또는 부합물에 대한 일괄경매

등기부에 등재되지 않은 제시외 건물이 존재하는 경우에는 소유자가 건축하여 소유하는 것으로 판명되어 경매신청채권자가 대위에 의한 보존등기를 하여 일괄경매신청을 하거나, 그것이 경매대상부동산의 종물 내지 부합물임이 명백한 경우에만 매각물건에 포함시켜야 한다.478)[2022 승진, 2019 법무사]

---

472) 대법원 1981. 7. 7. 선고 80다2643, 2644 판결.
473) 대법원 1981. 6. 15. 81마151 결정.
474) 대법원 1992. 12. 8. 선고 92다26772, 26789 판결.
475) 대법원 1966. 10. 5. 66마222 결정 ; 1994. 6. 10. 선고 94다11606 판결.
476) 대법원 1988. 2. 23. 선고 87다카600 판결.
477) 대법원 1990. 10. 12. 선고 90다카27969 판결.
478) 대법원 1999. 8. 9. 99마504 결정.

(6) 공유지분에 대한 평가

최저매각가격의 평가는 공유물 전부의 평가액을 기본으로 채무자의 지분에 관하여 정하여야 한다. 다만 그와 같은 방법으로 정확한 가치를 평가하기 어렵거나 그 평가에 부당하게 많은 비용이 드는 등 특별한 사정이 있는 경우에는 그러하지 아니하다(139조 2항).[2013, 2022 법무사]

(7) 구분소유적 공유지분에 대한 평가

경매에 의한 소유권취득은 성질상 승계취득이므로 하나의 토지 중 특정부분에 대한 구분소유적 공유관계를 표상하는 공유지분 등기에 근저당권이 설정된 후, 그 근저당권의 실행에 의하여 위 공유지분을 취득한 매수인은 구분소유적 공유지분을 그대로 취득하는 것이므로 집행법원은 평가명령을 할 때에 구분소유적 공유이면 이를 명시하여 토지의 지분에 대한 평가가 아닌 특정 구분소유 목적물에 대한 평가를 하게 하고 그 평가액을 참작하여 최저매각가격을 정한 후 매각을 실시하여야 한다.[479)][2022 승진, 2011, 2017, 2018, 2019, 2023 법무사]

(8) 종된 권리

① 평가 당시에 종된 권리로서 존재하고 있는 것은 아니지만 매각허가로 인하여 건물의 매수인이 법정지상권을 취득하게 되는 경우, 그 장래의 법정지상권도 종된 권리로서 평가의 대상이 된다.[480)][2012 법무사]

② 건물을 경매할 경우 토지의 임차권은 매수인에게 양도되는 것으로 보아야 하지만, 이 경우 임대인이 토지의 임차권에 관하여 사전에 그 양도에 대한 동의를 한 경우에는 그 임차권도 양도성이 있는 임차권이 되어 종된 권리로서 평가의 대상이 되고, 임대인의 동의가 없으면 양도되지 아니하므로(민법 629조) 이를 평가에서 제외하여야 한다.[481)][2015 법무사]

(9) 대지권

1) 대지권

전유부분의 소유자가 대지사용권을 취득하고 있다면 대지권등기가 되어 있지 않더라도 대지사용권의 분리처분이 가능한 규약 등이 없는 한 그 대지사용권은 종된 권리로서 당연히 경매목적물에 포함되고, 경매개시결정의 효력은 대지사용권에도 미친다.[482)][2019 법무사]

---

479) 대법원 2001. 6. 15. 2000마2633 결정.
480) 대법원 1991. 12. 27. 91마608 결정.
481) 대법원 1993. 4. 13. 선고 92다24950 판결.

2) 대지권등기 없는 집합건물에 대한 경매

구분건물에 대한 경매에 있어서 경매신청서에 대지사용권에 대한 아무런 표시가 없는 경우 집행법원은 대지사용권이 있는지, 대지사용권과 분리처분이 가능한 규약 또는 공정증서가 있는지 등에 관하여 집행관에게 현황조사명령을 하는 때에 이를 조사하도록 지시하는 한편, 집행법원 스스로도 관련자를 심문하는 등의 방법으로 필요한 자료를 수집하여야 한다.483) 그 결과 대지사용권이 전유부분 건물과 불가분적인 일체로서 경매의 대상이 되어야 할 대지권의 존재가 밝혀진 때에는 이를 경매목적물의 일부로서 평가대상에 포함시켜 최저매각가격을 정하여야 하고, 매각기일의 공고와 매각물건명세서의 작성에 있어서도 그 존재를 표시하여야 한다.484)[2023 법무사]

(10) 미분리의 천연과실

토지에서 분리하기 전의 과실로서 1월 이내에 수확할 수 있는 것은 유체동산으로 간주하므로(189조 2항 2호) 부동산강제경매절차에서 이러한 과실에 대한 유체동산압류가 선행되어 있는 경우에는 평가의 대상이 되지 않는다.
[2020 승진, 2023 법무사]

(11) 법정과실

1) 저당부동산에 대한 압류와 차임채권의 실행

① 저당부동산에 대하여 압류가 있으면 차임채권에도 저당권의 효력이 미친다. 다만 저당부동산에 대한 경매절차에서 저당부동산에 관한 차임채권 등을 관리하면서 이를 추심하거나 저당부동산과 함께 매각할 수 있는 제도가 마련되어 있지 아니하므로, 저당권의 효력이 미치는 차임채권 등에 대한 저당권의 실행이 저당부동산에 대한 경매절차에 의하여 이루어질 수는 없고, 그 저당권의 실행은 저당권의 효력이 존속하는 동안에 채권에 대한 담보권의 실행에 관하여 규정하고 있는 민사집행법 제273조에 따른 채권집행의 방법으로 저당부동산에 대한 경매절차와 별개로 이루어질 수 있을 뿐이다.485)[2022 법무사]

② 부동산임대차에서 수수된 보증금은 차임채무, 목적물의 멸실·훼손 등으로 인한 손해배상채무 등 임대차에 따른 임차인의 모든 채무를 담보하는 것으로서 이와 같은 피담보채무 상당액은 임대차관계 종료 후 목적물이 반환될 때에 특별한 사정이 없는 한 별도의 의사표시 없이 보증금에서 당연히 공제된다.486)

---

482) 대법원 2001. 9. 4. 선고 2001다22604 판결.
483) 대법원 2006. 3. 27. 2004마978 결정.
484) 대법원 2006. 3. 27. 2004마978 결정.
485) 대법원 2016. 7. 27. 선고 2015다230020 판결.

따라서 보증금이 수수된 임대차계약에서 <u>차임채권이 양도</u>되었다고 하더라도 임차인은 임대차계약이 종료되어 목적물을 반환할 때까지 연체한 차임 상당액을 보증금에서 공제할 것을 주장할 수 있으며,487) <u>차임채권에 관하여 채권압류 및 추심명령</u>이 있었다 하더라도 당해 임대차계약이 종료되어 목적물이 반환될 때까지 추심되지 아니한 차임채권 상당액도 임대보증금에서 당연히 공제된다.488)[2022 법무사]

③ 저당권자가 차임채권 등에 대하여 민사집행법 제273조에 따른 채권집행의 방법으로 <u>별개로 저당권을 실행하지 아니한 경우</u>에 저당부동산에 대한 <u>압류의 전후와 관계 없이</u> 임차인이 연체한 차임 등의 상당액이 임차인이 배당받을 <u>보증금에서 당연히 공제</u>되어야 한다. 저당권자가 차임채권 등에 대하여 위와 같은 방법으로 <u>별개로 저당권을 실행</u>한 경우에도 채권집행절차에서 임차인이 실제로 차임 등을 지급하거나 공탁하지 아니하였다면 잔존하는 차임채권 등의 상당액은 임차인이 배당받을 <u>보증금에서 당연히 공제</u>된다.489)[2022 법무사]

2) 차임채권이 양도된 경우

부동산 임대차에서 수수된 보증금은 차임채무, 목적물의 멸실·훼손 등으로 인한 손해배상채무 등 임대차에 따른 임차인의 모든 채무를 담보하는 것으로서 피담보채무 상당액은 임대차관계의 종료 후 목적물이 반환될 때에 특별한 사정이 없는 한 별도의 의사표시 없이 보증금에서 당연히 공제되므로 보증금이 수수된 임대차계약에서 <u>차임채권이 양도</u>되었다고 하더라도 임차인은 임대차계약이 종료되어 목적물을 반환할 때까지 <u>연체한 차임 상당액을 보증금에서 공제</u>할 것을 주장할 수 있다.490)[2022 법무사]

3) 차임채권이 압류된 경우

부동산 임대차에서 수수된 보증금은 차임채무, 목적물의 멸실·훼손 등으로 인한 손해배상채무 등 임대차에 따른 임차인의 모든 채무를 담보하는 것으로서 피담보채무 상당액은 임대차관계의 종료 후 목적물이 반환될 때에 특별한 사정이 없는 한 별도의 의사표시 없이 보증금에서 당연히 공제되므로 보증금이 수수된 임대차계약에서 <u>차임채권에 관하여 압류 및 추심명령</u>이 있었다 하더라도 당해 임대차계약이 종료되어 목적물이 반환될 때에는 그 때까지 추심되지 아니한 채 <u>잔존하는 차임채권 상당액도 보증금에서 당연히 공제</u>된다.491)[2022 법무사]

---

486) 대법원 2016. 7. 27. 선고 2015다230020 판결.
487) 대법원 2015. 3. 26. 선고 2013다77225 판결.
488) 대법원 2004. 12. 23. 선고 2004다56554 판결.
489) 대법원 2016. 7. 27. 선고 2015다230020 판결.
490) 대법원 2015. 3. 26. 선고 2013다77225 판결.

(12) 공장저당의 목적인 부동산에 대한 평가

① 공장저당의 목적인 부동산과 이에 설치된 기계·기구 및 그 밖의 공용물은 유기적인 일체성으로 인하여 반드시 일괄매각하여야 한다.492)[2017 법무사]

평가의 대상이 되는 기계·기구 그 밖의 공용물의 범위는 공장의 토지 또는 건물에 대하여 공장저당권이 설정되어 있는 경우에 이에 부가하여 일체를 이루는 물건과 공장 및 광업재단저당법 제6조 소정의 기계·기구목록에 기재된 것에 한정된다.493) 다만 제3자의 소유이거나 양도담보로 제공된 기계·기구는 비록 공장 및 광업재단저당법 제6조 소정의 목록에 기재되었다 하더라도 공장저당권의 효력이 미치지 않는다.494)[2012 법무사]

② 공장저당권의 목적인 토지 또는 건물에 대한 경매개시결정이 내려져 압류된 경우, 그 토지 또는 건물과 함께 공장공용물도 법률상 당연히 일괄매각되어 매각허가결정도 일괄하여 이루어지는 것이고, 경매법원이 경매개시결정에서 공장공용물을 경매목적물로 명시하지 아니하거나 경매목적물의 감정평가와 물건명세서에서 이를 누락하였다고 하여도 마찬가지이다.495)[2011 승진, 2019 법무사]

(13) 법정지상권 등 부동산상의 부담

부동산을 평가할 당시에는 아직 발생하지 않았고 매각에 의하여 비로소 건물의 매수인이 법정지상권을 취득하게 되는 경우에도 매수인이 매각허가로 인하여 토지소유권을 취득할 때에는 그 토지의 부담으로 성립되기 때문에 장래의 법정지상권도 평가의 대상이 된다.496)[2012 법무사]

(14) 온천공

온천법상의 온천공이란 온천권 또는 온천수 이용권을 의미하며, 판례는 토지와 독립된 물권 또는 준물권으로는 보지 않고 토지소유권의 한 권능으로 파악하고 있으므로 온천공은 토지와 별도로 경매의 대상이 되지는 않는다.497)

온천공은 이를 훼손하지 아니하면 토지에서 분리할 수 없고, 굴착완공과 동시에 토지에 부합하므로 온천공을 경매대상 물건에서 제외한 다음 온천공이 굴착되어 있는 토지만을 경매절차에서 매각하였다 하더라도 온천공은 토지의 부합물로서 그 토지를 매수한 매수인의 소유로 귀속된다.498)

---

491) 대법원 2015. 3. 26. 선고 2013다77225 판결.
492) 대법원 1992. 8. 29. 92마576 결정.
493) 대법원 1993. 4. 6. 93마116 결정.
494) 대법원 2003. 9. 26. 선고 2003다29036 판결.
495) 대법원 2000. 4. 14. 99마2273 결정.
496) 대법원 1991. 12. 27. 91마608 결정.
497) 대법원 1972. 8. 29. 선고 72다1243 판결.

◎ 매각물건명세서 양식

사건	20 타경 부동산강제경매	매각물 건번호		작성 일자	20 . . .	담임법관 (사법보좌관)	
부동산 및 **감정평가액**, **최저매각가격**의 표시		별지기재와 같음	**최선순위 설정**		20 . . . 근저당설정	배당 요구 종기	20 . . .

부동산의 점유자와 점유의 권원, 점유할 수 있는 기간, 차임 또는 보증금에 관한 관계인의 진술 및 임차인이 있는 경우 배당요구와 그 일자, 전입신고일자 또는 사업자등록신청일자와 확정일자 유무와 그 일자

점유자의 성명	점유 부분	점유의 권원	임대차기간 (점유기간)	보증금	차임	전입신고일자· 사업자등록 신청일자	확정일자	배당요구여부 (배당요구일자)

*위 최선순위 설정일자보다 대항요건을 먼저 갖춘 주택·상가건물 임차인의 임차보증금의 매수인에게 인수되는 경우가 발생할 수 있고, 대항력과 우선변제권이 있는 주택·상가건물 임차인이 배당요구를 하였으나 보증금 전액에 관하여 배당을 받지 아니한 경우에는 배당받지 못한 잔액이 매수인에게 인수되게 됨을 주의하시기 바랍니다.

등기된 부동산에 관한 권리 또는 가처분으로서 매각으로 그 효력이 소멸되지 아니하는 것

매각에 따라 설정된 것으로 보는 지상권의 개요

비고란

---

498) 대법원 2005. 1. 28. 선고 2003다5351 판결.

6. 매각물건명세서의 작성

> **법 제105조(매각물건명세서 등)** ① 법원은 다음 각 호의 사항을 적은 매각물건명세서를 작성하여야 한다.
> 1. 부동산의 표시
> 2. 부동산의 점유자와 점유의 권원, 점유할 수 있는 기간, 차임 또는 보증금에 관한 관계인의 진술
> 3. 등기된 부동산에 대한 권리 또는 가처분으로서 매각으로 효력을 잃지 아니하는 것
> 4. 매각에 따라 설정된 것으로 보게 되는 지상권의 개요
> ② 법원은 매각물건명세서·현황조사보고서 및 평가서의 사본을 법원에 비치하여 누구든지 볼 수 있도록 하여야 한다.

가. 취지

① 매각물건명세서의 비치목적은 경매대상 부동산의 현황을 되도록 정확히 파악하여 일반인에게 그 현황과 권리관계를 공시함으로써 매수희망자로 하여금 경매대상 물건에 필요한 정보를 쉽게 얻을 수 있도록 하여 예측하지 못한 손해를 입는 것을 방지하고자 함이다.499)[2014, 2017, 2022 법무사]

② 매각물건명세서의 작성에 중대한 하자가 있는 때에는 매각허가에 대한 이의사유(121조 5호) 및 매각허가결정에 대한 즉시항고사유(130조 1항)가 된다.

[2014 승진, 2013, 2022 법무사]

나. 매각물건명세서의 작성

① 매각물건명세서는 법원의 인식을 기재한 서면에 불과하고 재판이 아니므로 그 작성행위는 일종의 '사실행위'에 속한다. 매각물건명세서에 의하여 매각조건이 결정되거나 실체법상의 권리관계에 영향을 미치는 것이 아니므로 공신적 효력도 인정되지 않는다.500)[2018, 2019 법무사]

② 매각물건명세서는 매각기일(기간입찰에서는 입찰기간 개시일)마다 1주일 전까지 작성하여 그 원본을 경매기록에 가철하여야 하고, 다른 문서의 내용을 인용하는 방법으로 작성하여서는 아니 된다.501) 다만 법원은 상당하다고 인정하는 때에는 매각물건명세서의 기재내용을 전자통신매체로 공시함으로써 그 사본의 비치에 갈음할 수 있다(규칙 55조 단서).[2015, 2019, 2022 법무사]

---

499) 대법원 2004. 11. 9. 2004마94 결정 ; 2008. 6. 2. 2006마807 결정.
500) 대법원 2000. 2. 16. 98마2837 결정.
501) 재민 2004-3, 8조 1항.

다. 기재사항

(1) 부동산의 표시(105조 1항 1호)

① 등기기록상 표시 이외에 미등기건물이 있음을 표시한 경우에는 그것이 경매목적물에 '포함'되는 것을 전제로 하는 것이므로 미등기건물을 목적물에서 '제외'하는 경우에는 그 취지를 명확히 하여 매수희망자들로 하여금 그 취지를 알 수 있도록 하여야 한다.[502][2022 법무사]

② 매각물건명세서에는 최저매각가격과 감정평가액을 함께 표시하여야 한다.[503][2015 법무사]

③ 집행법원은 매각대상 부동산에 관한 이해관계인이나 그 현황조사를 실시한 집행관 등으로부터 제출된 자료를 기초로 매각대상 부동산의 현황과 권리관계를 되도록 정확히 파악하여 이를 매각물건명세서에 기재하여야 하고, 경매절차의 특성이나 집행법원이 가지는 한계 등으로 매각대상 부동산의 현황이나 권리관계를 정확히 파악하는 것이 곤란한 경우에는 그 부동산의 현황이나 권리관계가 불분명하다는 취지를 매각물건명세서에 그대로 기재함으로써 매수신청인 스스로의 판단과 책임 하에 매각대상 부동산의 매수신고가격이 결정될 수 있도록 하여야 한다.[504][2022 법무사]

④ 미등기의 제시외 건물이 존재하는 경우, 소유자가 건축하여 소유하는 것으로 판명되어 경매신청채권자가 대위에 의한 보존등기를 하여 일괄경매신청을 한 때 또는 그것이 경매대상 부동산의 부합물 또는 종물임이 명백한 경우에만 매각물건에 포함시켜야 한다.[505][2019 법무사, 2022 승진]

⑤ 경매대상이 아닌 부동산이 경매신청된 다른 부동산과 함께 감정평가되어 매각기일에 공고되고 매각된 결과 매수인에 대한 매각허가결정이 확정되었다고 하더라도 채권자에 의해 경매신청이 되지도 않았고 집행법원으로부터 경매개시결정을 받은 바도 없는 부동산에 대한 매각은 당연 무효이므로 매수인은 그 부동산에 대한 소유권을 취득할 수 없다.[506][2019 승진, 2022 법무사]

(2) 점유관계와 관계인의 진술(105조 1항 2호)

1) 의의

---

502) 대법원 1991. 12. 27. 91마608 결정.
503) 재민 2004-3, 제8조 제3항.
504) 대법원 2008. 1. 31. 선고 2006다913 판결.
505) 대법원 1999. 8. 9. 99마504 결정.
506) 대법원 1991. 12. 10. 선고 91다20722 판결.

현황조사보고서와 감정평가서를 토대로 점유자, 점유권원, 점유기간, 차임 또는 보증금에 관한 관계인의 진술을 기재한다. 임차인이 있는 경우에는 전입신고일자, 확정일자의 유무와 그 일자, 배당요구의 여부와 그 일자를 기재한다.

2) 유치권자

① 압류(경매개시결정등기) 전에 성립한 유치권은 매수인이 인수하여야 하지만 등기된 권리가 아니어서 제3호(매각으로 소멸되지 아니하는 등기된 부동산 위의 권리 또는 가처분)에는 기재할 수 없으므로 유치권자가 점유자인 경우에는 제2호(점유관계와 관계인의 진술)에 기재하여야 한다.[2015 법무사]

② 부동산경매절차에서 이미 최고가매수신고인이 정해진 후 매각결정기일까지 사이에 유치권의 신고가 있고, 그 유치권이 성립될 여지가 없음이 명백하지 아니한 경우에 집행법원은 매각불허가결정을 하여야 한다.[507)[2020 승진]

③ 근저당권자는 유치권신고를 한 사람을 상대로 유치권 전부의 부존재뿐만 아니라 경매절차에서 유치권을 내세워 대항할 수 있는 범위를 초과하는 유치권 부존재 확인을 구할 법률상 이익이 있다.508)[2011, 2020 법무사]

④ 경매절차에서 유치권이 주장되었으나 소유부동산 또는 담보목적물이 매각되어 그 소유권이 이전되어서 소유권을 상실하거나 근저당권이 소멸하였다면, 소유자와 근저당권자는 유치권의 부존재확인을 구할 법률상 이익이 없다. 다만 경매절차에서 유치권이 주장되지 아니한 경우에는 담보목적물이 매각되어 그 소유권이 이전됨으로써 근저당권이 소멸하였더라도 채권자인 근저당권자는 유치권의 부존재 확인을 구할 법률상 이익이 있으나, 채무자가 아닌 소유자는 민법상 담보책임을 부담하지 아니하므로 유치권의 부존재 확인을 구할 법률상 이익이 없다.509)

(3) 매각으로 소멸되지 아니하는 등기된 부동산 위의 권리 또는 가처분 (105조 1항 3호)

1) 최선순위의 가처분등기

최선순위의 가처분등기는 매각으로 소멸되지 아니하므로 '매각으로 소멸되지 않는 권리 또는 가처분'란에 기재하여야 한다.

---

507) 대법원 2008. 6. 17. 2008마459 결정 ; 2007. 5. 15. 2007마128 결정 ; 2005. 8. 8. 2005마643 결정.
508) 대법원 2016. 3. 10. 선고 2013다99409 판결 ; 2011. 12. 22. 선고 2011다84298 판결.
509) 대법원 2020. 1. 16. 선고 2019다247385 판결.

건물만의 경매에서 토지소유자가 건물소유자를 상대로 '건물철거 및 토지인도청구권'을 피보전권리로 하여 가처분을 한 경우에는 경매개시결정등기 또는 담보권설정등기 이후에 이루어진 가처분이라 하더라도 매각으로 말소되지 아니하므로 물건명세서에 반드시 기재하여야 한다.[2018, 2022 승진, 2016 법무사]

2) 최선순위의 전세권설정등기
① 최선순위의 전세권설정등기는 전세권자가 배당요구의 종기까지 배당요구를 하면 매각으로 인하여 소멸하므로 '매각으로 소멸되지 않는 권리 또는 가처분'란에 기재할 필요가 없으나, 배당요구를 하지 않은 경우에는 매수인이 전세권을 인수하여야 하므로 그 취지를 기재하여야 한다(105조 1항 3호).
② 주택임대차보호법상 임차인으로서의 지위와 최선순위 전세권자로서의 지위를 함께 가지고 있는 자가 '임차인'으로서의 지위에 기하여 배당요구를 한 경우, 최선순위 전세권에 관하여는 배당요구가 있는 것으로 볼 수 없으므로 최선순위 전세권이 매수인에게 인수된다는 취지를 기재하여야 한다.510)
[2021, 2022 승진, 2015, 2017, 2018, 2019, 2022 법무사]

3) 임차권등기를 마친 대항력 있는 임차인
임차권등기명령에 의하여 임차권등기를 마친 임차권 중 매수인에게 대항할 수 있는 임차권은 보증금 전액이 변제되지 아니하는 한 말소되지 아니하고 매수인에게 인수되므로 '매각으로 소멸되지 않는 권리 또는 가처분'란에 기재하여야 한다.511)

4) 지상권설정등기
① 최선순위의 지상권설정등기는 매각으로 소멸되지 아니하고 매수인에게 인수되므로 '매각으로 소멸되지 않는 권리 또는 가처분'란에 기재하여야 한다.
② 도시철도법 제2조 제7호의 도시철도건설자나 도로법 제2조 제5호의 도로관리청, 전기사업법 제2조 제2호의 전기사업자 등이 '공익사업을 위한 토지 등의 취득 및 보상에 관한 법률'에 따라 토지수용 또는 사용재결을 원인으로 하는 '구분지상권설정등기'가 경료된 경우에는 그 보다 먼저 마쳐진 근저당권설정등기, 가압류등기, 압류등기 등이 있는 경우에도(즉 위 구분지상권설정등기가 최선순위가 아닌 경우에도) 매각으로 말소되지 아니하므로 매각물건명세서에 매수인에게 인수된다는 취지를 반드시 기재하여야 한다(도시철도법 등에 의한 구분지상권등기규칙 4조).512)[2022 승진]

---
510) 대법원 2010. 6. 24. 선고 2009다40790 판결.
511) 대법원 1997. 8. 22. 선고 96다53628 판결.

③ 담보권의 목적인 토지 위에 차후 용익권이 설정되거나 건물 또는 공작물이 축조·설치되는 등으로써 그 목적물의 담보가치가 저감하는 것을 막는 것을 주요한 목적으로 하여 담보권과 아울러 지상권을 설정한 경우(이를 담보지상권이라 함), 담보권이 소멸하면 등기된 지상권의 목적이나 존속기간과 관계 없이 지상권도 그 목적을 잃어 함께 소멸한다. 따라서 이 경우에는 지상권설정등기가 최선순위라고 하더라도 매각으로 소멸되므로 매수인이 인수할 권리로 기재하지 않는다.513)

5) 최선순위 설정

'최선순위 설정'란에는 매각으로 '소멸'되는 등기기록상 권리 중 최선순위 권리를 기재하여야 하므로 매각으로 소멸되지 않는 권리는 최선순위 설정란에 기재할 수 없다.

예컨대 전세권설정(배당요구의 종기까지 배당요구를 하지 않음) ⇨ 근저당설정 ⇨ 가압류등기가 순차로 이루어진 경우, 최선순위의 전세권설정등기는 매각으로 소멸되지 아니하므로 '최선순위 설정'란에는 근저당설정등기를 기재하여야 한다. 순위보전을 위한 가등기 ⇨ 가압류등기 ⇨ 압류등기가 순차로 이루어진 경우, 최선순위의 순위보전 가등기는 매각으로 소멸되지 아니하므로 '최선순위 설정'란에는 가압류등기를 기재하여야 한다.[2020 법무사]

(4) 매각에 따라 설정된 것으로 보게 되는 지상권의 개요(105조 1항 4호)

매각물건명세서에는 '매각에 따라 설정된 것으로 보게 되는 지상권의 개요'를 적어야 한다(105조 1항 4호).[2022 법무사]

1) 민법상 법정지상권

① 저당부동산이 임의경매로 인하여 토지와 지상 건물이 다른 소유자에게 속한 경우에는 토지소유자는 건물소유자에 대하여 지상권을 설정한 것으로 본다(민법 366조).

② 민법 제366조에 의한 법정지상권은 토지 저당권설정 당시 토지 위에 건물이 존재하는 경우에 한하여 성립되며, 건물이 없는 토지에 관하여 저당권이 설정될 당시 근저당권자가 토지소유자에 의한 건물의 건축에 '동의'하였다고 하더라도 법정지상권은 성립하지 아니한다.514)[2015 법무사, 2021 승진]

---

512) 등기선례 6-354.
513) 대법원 2014. 7. 24. 선고 2012다97871, 97888 판결 ; 2011. 4. 14. 선고 2011다6342 판결.
514) 대법원 2003. 9. 5. 선고 2003다26051 판결.

③ 토지 저당권설정 당시 그 지상에 건물이 '건축 중'인 경우에는 사회관념상 독립된 건물로 볼 수 있는 정도에 이르지 않았다 하더라도 건물의 규모 및 종류가 외형상 예상할 수 있는 정도까지 건축이 진전되어 있었고, 그 후 경매절차에서 매수인이 매각대금을 다 낼 때까지 최소한의 기둥·지붕·주벽이 이루어지는 등 독립된 부동산으로서 건물의 요건을 갖춘 경우에는 법정지상권이 성립한다.515)[2021 승진]

가설건축물은 특별한 사정이 없는 한 독립된 부동산으로서 건물의 요건을 갖추지 못하여 법정지상권이 성립하지 않는다.516)

④ 동일인 소유의 토지와 지상 건물에 관하여 공동저당권이 설정된 후 건물이 철거되고 다른 건물이 신축된 경우, 신축건물의 소유자가 동일하고 토지 저당권자에게 신축된 건물에 토지와 동순위의 공동저당권을 설정해 주는 등의 특별한 사정이 없는 한 저당물의 경매로 인하여 토지와 신축건물의 소유자가 달라지더라도 신축건물을 위한 법정지상권은 성립하지 않는다.517)

[2013 승진, 2015 법무사]

2) 관습상 법정지상권

판례는 동일인 소유의 토지 또는 건물의 강제경매로 인하여 각 소유자가 달라진 경우에 관습상의 법정지상권의 성립을 인정하고 있다.518) 토지와 건물의 동일인 판단기준의 시기는 다음과 같다.

① 강제경매의 목적이 된 토지 또는 그 지상건물의 소유권이 강제경매로 인하여 매수인에게 이전된 경우, 건물의 소유를 위한 관습상 법정지상권의 성립 문제는 매각대금의 완납 시가 아닌 압류의 효력이 발생하는 때를 기준으로 하여 토지와 그 지상건물이 동일인에 속하였는지를 판단하여야 한다.519)[2021 승진]

② 경매의 목적이 된 부동산에 대하여 가압류가 있고, 그것이 본압류로 이행되어 경매절차가 진행된 경우에는 애초 가압류의 효력이 발생하는 때를 기준으로 토지와 그 지상건물이 동일인에 속하였는지를 판단하여야 한다.520)[2013 승진]

③ 강제경매의 목적이 된 토지 또는 그 지상건물에 관하여 강제경매를 위한 압류나 그 압류에 선행한 가압류가 있기 이전에 저당권이 설정되어 있다가 강제경매로 저당권이 소멸한 경우에는 저당권설정 당시를 기준으로 토지와 그 지상건물이 동일인에 속하였는지를 판단하여야 한다.521)[2019 법무사]

---

515) 대법원 2011. 1. 13 선고 2010다67159 판결.
516) 대법원 2021. 10. 28. 선고 2020다224821 판결.
517) 대법원 2014. 9. 4. 선고 2011다73038, 73045 판결.
518) 대법원 1995. 7. 28. 선고 95다9075, 9082 판결.
519) 대법원 2012. 10. 18. 선고 2010다52140 전원합의체 판결.
520) 대법원 2012. 10. 18. 선고 2010다52140 전원합의체 판결.

♣ **판례상 법정지상권이 인정되는 사례**
① 건물공유자의 1인이 그 건물의 부지인 토지를 단독으로 소유하면서 그 토지에 관하여만 저당권을 설정하였다가 위 저당권에 의한 경매로 토지 소유자가 달라진 경우에는 위 건물공유자들은 민법 제366조에 의하여 토지 전부에 관하여 건물의 존속을 위한 법정지상권을 취득한다.522)[2013 승진, 2015 법무사]
② 동일한 소유자에 속하는 대지와 그 지상건물이 매매에 의하여 각기 소유자가 달라지게 된 경우에는 특히 건물을 철거한다는 조건이 없는 한 건물소유자는 대지 위에 건물을 위한 법정지상권을 취득하는 것이고, 법정지상권을 취득한 자로부터 경매에 의하여 건물 소유권을 이전받은 매수인은 매각 후 건물을 철거하는 등의 매각조건 하에서 경매되는 경우 등 특별한 사정이 없는 한 건물의 취득과 함께 그 지상권도 당연히 취득한다.523)[2018 법무사, 2021 승진]
③ 압류, 가압류, 체납처분압류 등 처분제한 등기가 된 건물에 관하여 그에 저촉되는 소유권이전등기를 마친 사람이 건물 소유자로서 관습상의 법정지상권을 취득한 후 경매나 공매절차에서 건물이 매각되는 경우에도 매수인은 지상권을 취득한다.524)

♣ **판례상 법정지상권이 부정되는 사례**
① 토지공유자 중 한 사람이 다른 공유자 지분 과반수의 동의를 얻어 건물을 건축한 후 토지와 건물의 소유자가 달라진 경우, 관습법상의 법정지상권은 성립하지 않는다.525)[2015 법무사]
② 토지와 건물 모두가 각각 공유에 속한 때 토지에 관한 공유자 일부의 지분만을 목적으로 하는 근저당권이 설정되었다가 경매로 그 지분을 제3자가 취득하게 된 경우에도 법정지상권은 성립하지 않는다.526)[2015 법무사]
③ 민법상 법정지상권은 저당권설정 당시에 동일인의 소유에 속하는 토지와 건물이 저당권의 실행에 의한 경매로 인하여 각기 다른 사람의 소유에 속하게 된 경우에 건물소유를 위하여 인정되는 것이다. 따라서 미등기건물을 그 대지와 함께 매수한 사람이 그 대지에 관하여만 소유권이전등기를 넘겨받고 건물에 대하여는 그 등기를 이전받지 못하고 있다가 대지에 대하여 저당권을 설정하고 그 저당권의 실행으로 대지가 경매되어 다른 사람의 소유로 된 경우에는 그 저당권설정 당시에 이미 대지와 건물이 각각 다른 사람의 소유에 속하고 있었으므로 법정지상권이 성립될 여지가 없다.527)

---

521) 대법원 2013. 4. 11. 선고 2009다62059 판결.
522) 대법원 2011. 1. 13. 선고 2010다67159 판결.
523) 대법원 1991. 6. 28. 선고 90다16214 판결 ; 2014. 9. 4. 선고 2011다13463 판결.
524) 대법원 2014. 9. 4. 선고 2011다13463 판결.
525) 대법원 2014. 9. 4. 선고 2011다73038 판결.
526) 대법원 2014. 9. 4. 선고 2011다73038 판결.
527) 대법원 2002. 6. 20. 선고 2002다9660 전원합의체 판결 ; 1989. 2. 14. 선고 88다카2592 판결.

라. 열람을 위한 비치

① 매각물건명세서가 작성되면 원본은 경매기록에 철하고, 그 사본을 만들어 현황조사보고서 및 평가서 사본과 일괄편철하여 매각기일(기간입찰의 경우에는 입찰기간 개시일) 1주 전까지 사건별·기일별로 구분한 후 집행과 사무실 등에 비치하여 매수희망자가 손쉽게 열람할 수 있게 하여야 한다.[2016 승진, 2022 법무사]

② 3~4회의 매각기일 및 매각결정기일을 일괄하여 지정한 경우에도 매각물건명세서는 매각기일마다 1주일 전까지 작성, 비치하여야 한다.528) 다만 집행법원은 상당하다고 인정하는 때에는 그 기재내용을 인터넷 등 전자통신매체로 공시함으로써 사본의 비치에 갈음할 수 있다(규칙 55조 단서).[2016 법무사]

마. 매각물건명세서의 정정

① 매각물건명세서의 작성은 재판이 아니라 일종의 집행처분에 불과하므로 그 기재에 잘못이 있거나 변동이 있는 경우에는 비치 후에도 직권으로 정정·변경할 수 있다.[2017 법무사]

② 매각물건명세서를 비치하기 전에 정정한 경우에는 매각절차를 그대로 진행하되, 집행관이 매각기일에 매각을 실시하기 전에 그 정정·변경된 내용을 고지하여야 한다.529) 그러나 매각물건명세서를 비치한 후에 정정·변경한 경우, 그 내용이 매수신청에 영향을 미칠 수 있는 사항(예컨대 대항력 있는 임차인의 추가 등)이면 매각기일을 변경하여야 한다.530)[2016 승진, 2014, 2018 법무사]

바. 불복방법

(1) 불복방법

① 매각물건명세서의 작성은 일종의 사실행위에 불과하므로 물건명세서 작성 자체의 위법사유를 근거로 하는 집행에 관한 이의는 허용되지 않는다. 물건명세서의 작성에 중대한 하자가 있는 때에는 매각허가에 대한 이의 및 매각불허가사유가 되며, 나아가 매각허가결정에 대한 즉시항고사유가 된다.
[2014 승진, 2013, 2018, 2022 법무사]

② 물건명세서를 아예 비치하지 않은 경우는 물론이고 비치기간을 준수하지 아니한 경우에도 중대한 하자에 해당하므로 매각허가에 대한 이의 및 직권에 의한 매각불허가사유가 된다.531)[2017 법무사]

---

528) 재민 98-11.
529) 부동산 등에 대한 경매절차 처리지침 9조 3항(재민 2004-3).
530) 부동산 등에 대한 경매절차 처리지침 9조 2항(재민 2004-3).
531) 대법원 2010. 11. 30. 2010마1291 결정.

(2) 중대한 하자의 판단기준

① 물건명세서 작성의 하자가 매각을 허가하지 아니하여야 할 정도로 중대한지의 여부는 그 하자가 '일반 매수희망자'가 매수의사나 매수신고가격을 결정함에 있어 어떠한 영향을 받을 정도의 것이었는지를 중심으로 하여 부동산경매와 경매물건명세서 제도의 취지에 비추어 구체적 사안에 따라 합리적으로 판단하여야 한다.532)[2014 법무사]

② 최선순위 근저당권자보다 먼저 대항력을 갖추었으나 확정일자를 부여받지 않아 매각대금에서 배당받지 못하고 매수인이 임대인의 지위를 양수해야 하는 임차인과 그 부동산의 소유자가 부자관계에 있다는 사실을 물건명세서에 기재하지 않은 경우는 중대한 하자라고 할 수 없다.533)[2018 법무사]

> ♣ **판례상 중대한 하자에 해당하는 사례**[2014 승진, 2014, 2022 법무사]
> ① 토지·건물의 최선순위 설정일자가 다름에도 물건명세서에서 구분하지 않은 경우534)
> ② 선순위 근저당설정일자보다 앞선 일자로 전입신고가 되어 있음에도 선순위 임차인의 주민등록에 관한 기재를 '행정복지센터에서 확인 안됨'으로 기재한 경우535)
> ③ 농지법 소정의 농지취득자격증명이 필요하지 않음에도 이와 반대의 취지로 작성되어 있는 경우536)[2014 승진, 2022 법무사]
> ④ 매각으로 소멸되지 않는 최선순위 전세권이 매수인에게 인수된다는 취지를 기재하지 아니한 경우537)
> ⑤ 임차인의 전입신고일자를 저당권설정일자보다 앞선 일자로 잘못 기재한 경우538)

---

532) 대법원 1994. 1. 15. 93마1601 결정.
533) 대법원 2000. 1. 19. 99마7804 결정.
534) 대법원 2000. 8. 16. 99마5148 결정.
535) 대법원 1995. 11. 22. 95마1197 결정.
536) 대법원 2003. 12. 30. 2002마1208 결정.
537) 대법원 2010. 6. 24. 선고 2009다40790 판결.
538) 대법원 1999. 9. 6. 99마2696 결정.

7. 남을 가망이 없을 경우의 경매취소(무잉여취소)

가. 적용범위 및 매수통지

① 집행법원은 법원이 정한 <u>최저매각가격으로</u> 압류채권자의 채권에 우선하는 부동산상의 모든 부담과 절차비용을 변제하고 나면 남을 것이 없다고 인정한 때에는 이를 <u>압류채권자에게 통지</u>하여야 한다(102조 1항).[2022 승진]

압류채권자가 통지를 받은 날로부터 <u>1주 이내</u>에 남을 것이 있다는 사실을 증명하지 못하고 적법한 매수신청 및 보증제공도 하지 아니하면 법원은 경매절차를 취소하여야 한다(102조 2항).[2020 법무사] 위 규정은 담보권실행을 위한 경매에도 준용된다(268조).539)

② 민사집행법 제102조는 압류채권자가 변제를 받을 가망이 전혀 없는데도 무익한 경매가 행해지는 것을 막고, 또 우선채권자가 그 의사에 반한 시기에 투자의 회수를 강요당하는 것과 같은 부당한 결과를 피하기 위한 것으로서 <u>우선채권자나 압류채권자를 보호</u>하기 위한 규정일 뿐, 결코 채무자나 소유자의 법률상 이익이나 권리를 위한 것이 아니므로 <u>채무자나 소유자</u>는 위 규정에 어긋난 잘못이 있음을 다툴 수 있는 이해관계인에 해당하지 않는다.540) 따라서 남을 가망이 없음에도 매각허가결정을 한 경우 즉시항고를 할 수 있는 자는 <u>압류채권자와 우선채권자</u>에 한하고, <u>채무자와 소유자</u>는 항고할 수 없다.541)
[2015, 2018, 2020, 2023 법무사, 2017, 2022, 2023 승진]

③ 경매절차의 진행 중에도 최저매각가격으로 압류채권자에 우선하는 채권과 절차비용을 변제하면 남을 것이 없다고 인정한 때에는 압류채권자에게 이를 통지하여야 한다(102조 1항). 일괄매각의 경우에는 부동산 전체를 1개의 부동산으로 보아야 하므로 <u>전체 매각대금에서 변제</u>받을 수 있는 한 그 중 일부만을 매각한다면 남을 가망이 없는 경우라도 경매절차를 속행하여야 한다.[2012 법무사]

④ 신청채권자에게 우선하는 임차인의 <u>보증금반환채권이 있음을 간과하고 선순위 근저당권의 피담보채권만이 있음을 통지</u>하여 신청채권자가 선순위 근저당권의 피담보채권과 절차비용을 변제하고 남을 만한 가격을 정하여 매수신고를 한 경우에도 경매법원이 그 후 <u>보증금반환채권이 누락되었음을 발견</u>하였을 때에는 신청채권자에게 <u>새로이 남을 가망이 없다는 통지를 하여야</u> 한다.542)
[2014, 2018, 2023 법무사]

압류채권자에 대한 통지는 반드시 '<u>집행법원</u>'의 명의로 하여야 하고, 법원사무관등의 명의로 할 수 없다(규칙 8조 5항).[2014 법무사]

---
539) 대법원 2011. 6. 17. 2009마2063 결정.
540) 대법원 1987. 10. 30. 87마861 결정.
541) 대법원 1987. 10. 30. 87마861 결정.
542) 대법원 1994. 9. 5. 94마1205 결정.

나. 우선채권의 범위

우선채권이란 압류채권자(경매신청채권자)의 채권에 우선하여 매각대금에서 변제받게 될 채권을 말한다. 이중경매의 경우에는 경매개시결정을 받은 채권자(압류채권자, 경매신청 채권자) 중 최선순위 권리자의 권리를 기준으로 남을 가망이 있는지 여부를 판단하여야 한다.543) 따라서 강제경매개시 후 압류채권자에 우선하는 저당권자 등이 경매신청을 하여 이중경매개시결정이 되어 있는 경우, 민사집행법 제102조 소정의 최저경매가격과 비교하여야 할 우선채권의 범위를 정하는 기준이 되는 권리는 그 절차에서 경매개시결정을 받은 채권자(압류채권자) 중 최우선순위권리자의 권리이다.544)[2014, 2022 승진, 2012, 2017, 2020, 2022 법무사]

(1) 절차비용

절차비용은 항상 매각대금으로부터 우선변제되므로 우선채권에 해당한다. 이미 지출된 비용은 물론이고 경매절차가 완료될 때까지 지출이 예상되는 매각수수료 등도 포함된다.[2012 법무사]

(2) 저당권

모든 저당권은 매각으로 인하여 소멸하고 매각대금으로부터 배당을 받을 수 있으므로(91조 2항) 압류채권자보다 선순위 저당권은 우선채권에 해당한다.

부동산임의경매 신청채권자가 경매절차 진행 중에 신청채권과 '별개'의 선순위 채권 및 근저당권을 양수받은 경우에도 선순위 근저당권의 피담보채권액을 선순위 채권액의 계산에 포함시켜 민사집행법 제102조에 따른 잉여 여부를 계산하여야 한다.545)[2014, 2018, 2023 법무사, 2017, 2022 승진]

(3) 전세권

① 최선순위가 아닌 전세권이 매각으로 소멸하는 경우에는 후순위 권리자보다 우선변제를 받을 수 있으므로(민법 303조 1항) 압류채권자보다 선순위인 전세권은 우선채권에 포함된다.

② 최선순위 전세권자는 배당요구종기까지 배당요구를 하면 매각으로 소멸하고 배당을 받을 수 있으므로 우선채권에 포함되지만, 배당요구가 없으면 배당을 받을 수 없고 매수인에게 인수되므로 우선채권에서 제외된다.[2016 승진]

---

543) 대법원 2001. 12. 28. 2001마2094 결정 ; 1998. 1. 14. 97마1653 결정.
544) 대법원 2001. 12. 28. 2001마2094 결정 ; 1998. 1. 14. 97마1653 결정.
545) 대법원 2010. 11. 26. 2010마1650 결정.

(4) 가등기담보권

가등기권자는 집행법원이 정한 기간(배당요구의 종기) 내에 담보가등기라는 채권신고를 한 경우에는 배당을 받을 수 있으므로 우선채권에 포함된다. 집행법원이 정한 기간 내에 채권신고가 없는 경우에는 순수한 순위보전의 가등기로 취급되어 배당을 받을 수 없으므로 우선채권에 포함되지 않는다.

(5) 임차보증금

① 주택임차인은 배당요구의 종기까지 적법한 배당요구를 하여야 배당에 참가할 수 있으므로 배당요구를 하지 않은 임차인의 임차보증금은 우선채권에 포함되지 않는다. 소유권보존등기가 되지 않은 미등기건물의 임차인도 우선변제권이 인정된다.546)[2020 법무사]

② 첫 경매개시결정등기 전에 임차권등기명령에 의한 임차권등기를 마친 임차인은 별도로 배당요구를 하지 않아도 당연히 배당에 참가할 수 있으므로 배당요구와 관계 없이 우선채권에 포함된다.547)[2017 승진]

③ 주택임대차보호법상의 대항력과 우선변제권을 모두 가지고 있는 임차인이 보증금을 반환받기 위하여 보증금반환청구 소송의 확정판결 등 집행권원을 얻어 임차주택에 대하여 스스로 강제경매를 신청하였다면 특별한 사정이 없는 한 대항력과 우선변제권 중 우선변제권을 선택하여 행사한 것으로 보아야 하고, 이 경우 우선변제권을 인정받기 위하여 배당요구의 종기까지 별도로 배당요구를 하여야 하는 것은 아니다.548)[2015, 2017, 2020, 2022 법무사]

(6) 임금채권

우선변제권 있는 임금, 퇴직금 채권도 배당요구의 종기까지 배당요구를 하면 우선채권에 포함된다(근로기준법 38조, 근로자퇴직급여보장법 12조).

(7) 조세 및 공과금 채권

조세채권(국세, 지방세) 및 체납처분의 예에 따라 징수되는 공과금채권(건강보험료, 연금보험료 등)은 배당요구종기까지 교부청구(배당요구)를 한 경우 또는 경매개시결정등기 전에 체납처분에 의한 압류등기를 마친 경우에만 우선채권에 포함된다.

---

546) 대법원 2007. 6. 21. 선고 2004다26133 판결.
547) 대법원 2005. 9. 15. 선고 2005다33039 판결.
548) 대법원 2013. 11. 14. 선고 2013다27831 판결.

(8) 제3취득자의 필요비 및 유익비

제3취득자가 민법 제367조에 의하여 필요비·유익비에 대한 우선상환을 받으려면 저당부동산의 경매절차에서 배당요구의 종기까지 배당요구를 하여야 하므로(민집 제268조, 제88조) 배당요구를 한 경우에만 우선채권에 포함된다.

[2010, 2023, 2024 법무사]

♣ **판례확인**
대법원 2023. 7. 13. 선고 2022다265093 판결
[제3취득자가 민법 제367조를 근거로 직접 저당권설정자, 저당권자 또는 경매절차 매수인 등에 대하여 비용상환을 청구할 수 있는지 여부(소극) 등]
(1) 민법 제367조는 저당물의 제3취득자가 그 부동산의 보존, 개량을 위하여 필요비 또는 유익비를 지출한 때에는 제203조 제1항, 제2항의 규정에 의하여 저당물의 경매대가에서 우선상환을 받을 수 있다고 규정하고 있다. 이는 저당권이 설정되어 있는 부동산의 제3취득자가 저당부동산에 관하여 지출한 필요비, 유익비는 부동산 가치의 유지·증가를 위하여 지출된 일종의 공익비용이므로 저당부동산의 환가대금에서 부담하여야 할 성질의 비용이고 더욱이 제3취득자는 경매의 결과 그 권리를 상실하게 되므로 특별히 경매로 인한 매각대금에서 우선적으로 상환을 받도록 한 것이다. 저당부동산의 소유권을 취득한 자도 민법 제367조의 제3취득자에 해당한다.
(2) 제3취득자가 민법 제367조에 의하여 우선상환을 받으려면 저당부동산의 경매절차에서 배당요구의 종기까지 배당요구를 하여야 한다(민집 제268조, 제88조). 위와 같이 민법 제367조에 의한 우선상환은 제3취득자가 경매절차에서 배당받는 방법으로 민법 제203조 제1항, 제2항에서 규정한 비용에 관하여 경매절차의 매각대금에서 우선변제받을 수 있다는 것이지 이를 근거로 제3취득자가 직접 저당권설정자, 저당권자 또는 경매절차 매수인 등에 대하여 비용상환을 청구할 수 있는 권리가 인정될 수 없다. 따라서 제3취득자는 민법 제367조에 의한 비용상환청구권을 피담보채권으로 주장하면서 유치권을 행사할 수 없다.

다. 매수신청과 보증의 제공

(1) 매수신청

① 압류채권자가 남을 가망이 없다는 통지를 받은 날로부터 1주 이내에 채권에 우선하는 부동산의 모든 부담과 절차비용을 변제하고 남을 만한 가격을 정하여 그 가격에 맞는 매수신고가 없을 때에는 자기가 그 가격으로 매수하겠다고 신청하면서 충분한 보증을 제공하지 아니하면 법원은 경매절차를 취소하여야 한다(102조 2항).

② 남을 가망이 없다는 통지를 받은 날로부터 1주가 지났더라도 취소결정을 하기 전에 경매신청 채권자가 매수신청 및 보증의 제공을 하면 경매절차를 속행하여야 하며, 경매절차를 취소할 수 없다.549)[2015 승진, 2011, 2014, 2021 법무사]

(2) 충분한 보증의 제공
압류채권자는 충분한 보증을 제공하여야 하는데(102조 2항), 어느 정도의 액이 충분한 보증으로 되는가에 관하여는 구체적인 규정이 없다.

(3) 보증제공의 방법
① 보증제공의 방법으로는 금전, 집행법원이 상당하다고 인정하는 유가증권, 지급보증위탁계약체결증명서의 3가지가 있으며, 법원은 상당하다고 인정하는 때에는 보증의 제공방법을 제한할 수 있다(규칙 54조 1항). 집행법원은 보증을 제공한 압류채권자의 신청에 의하여 보증을 바꾸도록 결정할 수 있다(규칙 54조 2항, 민소법 126조 본문 준용).

② 매각기일에서 매수희망자가 제공하는 보증은 금전, 자기앞수표, 지급보증위탁계약체결증명서의 3가지가 있으며, 보증의 변경이 인정되지 않는다는 점에서 압류채권자가 제공하는 보증과 다르다(규칙 64조).

라. 경매절차의 속행

(1) 매수신청 및 보증제공을 한 경우
① 매각기일에서의 매수신고가격이 압류채권자의 매수신청금액을 넘지 않으면 그 매수신고액이 최저매각가격을 초과하더라도 매각허가를 할 수 없으므로 집행관은 '특별매각조건'이 있는 경우에 준하여 압류채권자의 매수신청금액을 고지하고 그 이상의 액으로 매수신고를 하도록 최고하여야 한다(112조).
[2020 법무사]

② 압류채권자가 신고한 매수신청금액 이상의 매수신고가 없는 경우에는 압류채권자가 매각기일에 출석하였는지 여부를 불문하고 압류채권자를 최고가매수인으로 하여 그 이름과 가격을 부른 후 매각기일을 종결한다고 고지하여야 한다(115조 1항).[2018, 2020 법무사]

---

549) 대법원 1975. 3. 28. 75마64 결정.

(2) 남을 가망이 있음을 증명한 경우

① 압류채권자가 매수통지를 받은 날로부터 1주 이내에 선순위 채권과 집행비용을 공제하고도 <u>남을 가망이 있음을 증명</u>한 때에는 경매절차를 속행하여야 한다(규칙 53조).[2014 법무사]

② 남을 가망이 없을 경우의 경매취소절차는 압류채권자에 의한 무익·무용한 집행을 방지하기 위한 것으로서 여러 개의 부동산에 관하여 일괄매각결정을 한 경우, 여러 개의 부동산 중 일부 부동산만을 매각한다면 남을 가망이 없는 경우라도 전체로서 판단하여 <u>배당받을 가능성이 있으면</u> 남을 가망이 있는 경매이므로 집행법원은 그 매각절차를 진행할 수 있다.[550)[2021 법무사]

③ 집행채무자가 수 개의 공유지분을 순차로 취득하고, 압류채권자가 집행채무자의 공유지분 전부에 관하여 강제집행을 할 때, 공유지분 전부 중 일부 지분만을 매각한다면 남을 가망이 없더라도 압류채권자가 나머지 지분의 매각대금에서 <u>일부라도 배당받을 가능성</u>이 있다면 공유지분 전부에 대한 경매가 남을 가망이 있는 경매에 해당한다.[551)[2014, 2023 법무사]

마. 경매절차의 취소

① 압류채권자가 남을 가망이 없다는 통지를 받고도 1주 이내에 적법한 <u>매수신청 및 보증의 제공이 없는</u> 때에는 법원은 결정으로 경매절차를 취소한다(102조 2항). 다만 위 기간 <u>경과된 후에도</u> 취소결정 전에 적법한 매수신청 및 보증 제공이 있으면 경매절차를 속행하여야 한다.

② <u>경매신청이 취하된</u> 경우에는 특별한 사정이 없는 한 압류로 인한 소멸시효중단의 효력이 소멸하고, 첫 경매개시결정등기 전에 등기되었고 매각으로 소멸하는 저당권을 가진 채권자의 채권신고로 인한 소멸시효 중단의 효력도 소멸한다. 다만 민사집행법 <u>제102조 제2항에 따라 경매절차가 취소된</u> 경우에는 압류로 인한 소멸시효 중단의 효력이 소멸하지 않고, 첫 경매개시결정등기 전에 등기되었고 매각으로 소멸하는 저당권을 가진 채권자의 채권신고로 인한 소멸시효 중단의 효력도 소멸하지 않는다.[552)[2017 승진, 2016, 2020 법무사]

---

550) 대법원 2012. 12. 21. 2012마379 결정.
551) 대법원 2013. 11. 19. 2012마745 결정.
552) 대법원 2015. 2. 26. 선고 2014다228778 판결.

바. 규정위반의 효과

① 남을 가망이 없음에도 불구하고 집행법원이 이를 간과하고 경매절차를 진행한 결과, 우선채권과 절차비용을 초과하는 매수신고가 있으면 절차위반의 하자가 치유되지만, 우선채권과 절차비용에 미달하는 때에는 그 하자가 치유되지 아니하므로 매각불허가결정을 하여야 한다.553) 다만 즉시항고 등이 없이 매각허가결정이 확정된 경우에는 그 하자가 치유되고, 따라서 대금을 완납한 매수인은 적법하게 소유권을 취득한다.[2017, 2018 승진, 2018 법무사]

② 남을 가망이 없음에도 불구하고 집행법원이 매각허가결정을 한 경우, 즉시항고를 할 수 있는 자는 압류채권자(경매신청채권자)와 우선채권자에 한하고, 채무자와 소유자는 매각절차에서 위 규정에 어긋난 잘못이 있음을 다툴 수 있는 이해관계인이 아니다.554) 민사집행법 제102조는 우선채권자나 압류채권자를 보호하기 위한 규정일 뿐 결코 채무자나 소유자의 법률상 이익이나 권리를 위한 것이 아니기 때문이다.[2015, 2018, 2023 법무사, 2017 승진]

사. 취소결정에 대한 불복

압류채권자는 남을 가망이 없음을 이유로 경매절차를 취소하는 결정에 대하여 즉시항고할 수 있다(102조 3항).

8. 매각기일 및 매각결정기일의 지정·공고·통지

가. 매각기일 및 매각결정기일의 지정 및 변경

(1) 매각기일 및 매각결정기일의 지정

1) 의의

'매각기일'이란 집행법원이 매각부동산에 대한 매각을 실시하는 기일을 말한다. '매각결정기일'이란 매각이 실시되어 최고가매수신고인이 있을 때 법원이 출석한 이해관계인의 진술을 듣고 매각절차의 적법 여부를 심사하여 매각허가 또는 매각불허가의 결정을 선고하는 기일을 말한다.

---

553) 대법원 1995. 12. 1. 95마1143 결정.
554) 대법원 1987. 10. 30. 87마861 결정.

2) 기일의 지정

① 법원은 최저매각가격으로 제102조 제1항의 부담과 비용을 변제하고도 남을 것이 있다고 인정하거나 압류채권자가 제102조 제2항의 신청을 하고 충분한 보증을 제공한 때에는 직권으로 매각기일과 매각결정기일을 정하여 대법원규칙이 정하는 방법으로 공고한다(104조 1항). 매각기일을 지정할 때에는 연·월·일·시를 특정하여야 한다(예컨대 2024. 9. 26. 10:00).

② 매각결정기일은 매각기일로부터 1주 이내로 정하여야 하나(109조 1항), 이 규정은 훈시규정에 불과하므로 매각기일로부터 7일을 경과한 일자로 매각결정기일을 지정하였더라도 부적법하지 않다.555)

(2) 매각기일·매각결정기일의 변경 및 취소

① 법원은 직권으로 매각기일 및 매각결정기일을 취소·변경할 수 있다. 법원은 직권으로 매각결정기일만을 변경할 수도 있다. 매각기일 종료 후에 매각결정기일을 변경한 때에는 변경된 매각결정기일을 우편송달 기타의 방법으로 이해관계인에게 통지하였으면 족하고, 이를 공고하지 않았더라도 매각허가결정은 위법하지 않다.556)[2016, 2019 법무사]

② 이해관계인은 기일지정·변경신청권이 없으므로 이해관계인 사이에 기일변경에 관한 합의가 있었다고 하더라도 법원은 이에 구속되지 않는다. 수회 매각기일·매각결정기일 지정방식에 의하여 경매절차를 진행하는 경우에는 부득이한 사유가 없는 한 당사자의 기일변경신청을 허용하여서는 아니된다.557)[2016 법무사]

나. 매각기일 및 매각결정기일의 공고

(1) 공고방법

① 법원은 매각기일과 매각결정기일을 지정한 때에는 이를 공고하여야 한다(104조 1항). 매각기일의 공고는 법원게시판 게시, 관보·공보 또는 신문 게재, 전자통신매체를 이용한 공고 중 하나의 방법으로 한다(규칙 11조 1항). 법원은 필요하다고 인정하는 때에는 적당한 방법으로 공고사항의 요지를 공시할 수 있다(규칙 11조 1항 후문).

② 신문공고에는 부동산을 아파트, 다세대주택, 단독주택, 상가, 대지, 전·답, 임야 등 용도별로 구분하여 작성하고 감정평가액과 최저매각가격을 함께 표시하여야 한다.558)[2016 승진, 2016 법무사]

---

555) 대법원 1984. 8. 23. 84마454 결정.
556) 대법원 1981. 1. 19. 80마96 결정.
557) 재민 98-11.

(2) 공고시기

① 법원은 매각기일(기간입찰의 경우에는 입찰기간 개시일) 2주 전까지 공고하여야 한다(규칙 56조). 여기서 '2주 전까지'의 기간규정은 훈시규정이 아니므로 그 기간을 어긴 때에는 매각기일을 변경하여야 하고, 이 기간을 지키지 않은 채로 매각이 실시된 경우에는 매각불허가사유가 된다.[2019 승진]

② 공고일과 매각기일 사이의 중간기간은 13일이면 족하다.559)

(3) 공고의 기재사항

1) 부동산의 표시(106조 1호)

① 부동산의 표시는 매각부동산의 동일성을 인식할 수 있을 정도로 특정하여 표시하여야 하고, 매수희망자로 하여금 목적물의 실질적 가치를 알 수 있도록 구체적으로 부동산의 현황을 표시하여야 하므로560) 부동산의 표시가 특정되지 않은 매각기일공고는 부적법하다.561)

② 등기부에 등재되지 않은 제시 외 건물이 존재하는 경우에는 소유자가 건축하여 소유하는 것으로 판명되어 경매신청채권자가 대위에 의한 보존등기를 하여 일괄경매신청을 하거나 또는 그것이 경매대상 부동산의 종물 내지 부합물임이 명백한 경우에만 매각물건에 포함시켜야 한다.562)[2019 법무사]

2) 강제집행으로 매각한다는 취지와 그 매각방법(106조 2호)

기일입찰 또는 기간입찰 등 그 매각방법을 기재한다.

3) 부동산의 점유자, 점유의 권원, 점유하여 사용할 수 있는 기간, 차임 또는 보증금의 약정 및 그 액수(106조 3호)

① 임대차가 매수인에게 대항할 수 없는 것이면 매각기일의 공고에 기한, 차임 등의 기재가 없더라도 요건의 기재에 흠결이 있다고 볼 수 없다.563)

② 매각기일의 공고에 임대차가 없는 것처럼 잘못 기재된 경우에 매수신고인은 그와 같은 사유로 다툴 수 있으나, 채무자나 임차인은 공고누락으로 인하여 손해를 받는다고 할 수 없으므로 매각허가결정에 대한 항고사유로 삼을 수 없다.564)[2018 승진, 2015, 2016 법무사]

---

558) 재민 2004-3, 7조 2항.
559) 대법원 1979. 3. 20. 79마79 결정.
560) 대법원 1964. 10. 28. 64마595 결정.
561) 대법원 1973. 5. 23. 73마388 결정.
562) 대법원 1999. 8. 9. 99마504 결정.
563) 대법원 1964. 12. 23. 64마982 결정.
564) 대법원 1991. 2. 7. 91마18 결정.

4) 매각기일의 일시 및 장소, 매각기일을 진행할 집행관의 성명 및 기간입찰의 방법으로 매각할 경우에는 입찰기간 및 장소(106조 4호)

① 매각기일은 법원 안에서 진행하여야 함이 원칙이나, <u>집행법원의 허가가</u> 있으면 다른 장소에서 진행할 수 있다(107조).[2020 법무사]

② 매각기일공고에 경매할 자로 표시된 집행관이 사망, 질병 그 밖의 사유로 경매를 실시할 수 없게 되면 <u>같은 소속의 다른 집행관이</u> 대신 그 매각절차를 주재하여도 무방하므로 이미 적법하게 시행된 매각기일공고가 소급하여 부적법 하게 된다고는 할 수 없고, 그러한 사유는 매각허가결정에 대한 적법한 '항고사유'가 될 수 없다.565)

5) 최저매각가격(106조 5호)

6) 매각결정기일의 일시 및 장소(106조 6호)

매각기일공고에는 매각결정기일의 날짜와 시각도 적어야 한다. 매각결정절차는 <u>법원 안에서</u> 진행하여야 한다(109조 2항).

7) 매각물건명세서·현황조사보고서·평가서 사본을 매각기일 전에 법원에 비치·열람에 제공한다는 취지(106조 7호)

법원은 매각물건명세서, 현황조사보고서, 평가서의 사본을 비치·열람에 제공한다는 취지를 매각기일 공고에 기재하여야 한다.

8) 등기기록에 기입할 필요가 없는 부동산에 대한 권리를 가진 사람은 채권을 신고하여야 한다는 취지(106조 8호)

등기기록에 기입을 요하지 않는 부동산 위의 권리자는 집행법원에 권리를 증명하여야 이해관계인이 될 수 있다는 취지를 매각기일 공고에 기재하여야 한다.

9) 이해관계인은 매각기일에 출석할 수 있다는 취지(106조 9호)

매각기일의 공고에는 이해관계인은 '매각기일'에 출석할 수 있다는 취지를 공고하여야 한다. '매각결정기일'에 출석할 수 있다는 취지는 공고사항이 아니다.

10) 일괄매각의 결정을 한 때에는 그 취지(규칙 56조 1호)

일괄매각결정을 한 때에는 그 취지를 매각기일 공고에 기재하여야 한다.

---

565) 대법원 1996. 8. 19. 96마1174 결정.

11) 매수신청인의 자격을 제한한 때에는 그 제한의 내용(규칙 56조 2호)

법원이 매수신청인의 자격을 제한한 때에는(규칙 60조) 그 제한의 내용도 매각기일 공고에 기재하여야 한다.

12) 매수신청의 보증금액과 보증제공의 방법(규칙 56조 3호)

매수신청의 '보증금액'과 '보증제공의 방법'도 매각기일 공고에 기재하여야 한다(규칙 63조, 71조, 72조 4항).[2023 법무사]

(3) 위법공고의 효력

① 위법공고를 간과하고 집행을 속행하면 매각허가에 대한 이의 및 매각불허가사유가 되며, 나아가 매각허가결정에 대한 항고사유가 된다.

② 매수가격의 신고가 된 당해 매각기일의 공고가 법률의 규정에 위반되었는지 여부만을 따져서 매각허가 또는 불허가를 하여야 하므로 당해 매각기일의 공고에 법규위반이 없는 이상 그 이전의 공고가 법률의 규정에 위반되었더라도 이를 민사집행법 제121조 제7호(경매절차에 그 밖의 중대한 잘못이 있는 때)에 해당한다고 보아 매각을 불허할 것은 아니다.566)[2017, 2023 승진, 2022 법무사]

③ 매각기일공고 등의 위법으로 매각을 불허하고 다시 매각을 실시하는 경우, 최저매각가격은 당초의 최저매각가격에 의하여야 하고, 저감된 가격에 의할 수는 없다.567)[2017 법무사]

다. 매각기일 및 매각결정기일의 통지

(1) 취지

① 집행법원은 매각기일과 매각결정기일을 이해관계인에게 통지하여야 한다(104조 2항).

② 이해관계인의 권리신고가 통지절차가 완료되기 전에 행해졌다면 그 자에 대한 통지를 하지 않은 채 매각절차를 속행한 것은 매각허가결정에 적법한 즉시항고사유가 된다.568) 그러나 매각기일에 대한 통지절차가 완료된 후에 권리신고가 있는 경우에는 비록 그 신고가 매각기일 전에 있었더라도 위법하다고 할 수 없다.569)[2012, 2024 법무사]

---

566) 대법원 2001. 8. 30. 99마7372 결정 ; 대법원 2008. 5. 20. 2008마463 결정.
567) 대법원 1994. 11. 30. 94마1673 결정.
568) 대법원 1995. 4. 22. 95마320 결정.
569) 대법원 2000. 1. 31. 99마7663 결정.

③ 3~4회의 매각기일 및 매각결정기일을 일괄하여 지정하는 경우에는 이해관계인에 대한 통지도 일괄로 하여야 한다.570)[2019 승진, 2015, 2017 법무사]

수회 매각기일 및 매각결정기일 일괄지정 방식에 의한 입찰절차에서 일괄지정 이후에 새로이 이해관계인의 지위를 취득한 자에 대하여는 별도의 기일통지를 하여야 하고, 일괄지정 당시의 이해관계인에 대한 기일통지만으로써 이에 갈음할 수는 없다.571)

다만 수회 매각기일 및 매각결정기일 일괄지정 방식에 의한 매각절차에서 선행기일에 매각불능이 되어 그 다음 기일을 실시하는 경우, 기존의 이해관계인에 대하여는 다시 기일을 통지할 필요 없이 그 통지절차가 이미 완료된 것이므로 매각불능이 된 선행기일 이후 새로운 권리신고가 행하여졌더라도 매각불능이 된 선행기일의 바로 다음 기일에 관한 한 위 권리신고를 한 이해관계인에 대하여 기일통지를 누락한 것은 위법하지 않다.572)[2012, 2015, 2017 법무사]

예컨대 4회의 매각기일·매각결정기일을 일괄지정하여 통지하였는데, 1회 기일에 입찰불능이 된 후 2회 기일 전에 새로운 권리신고가 있는 경우 2회 기일 통지절차는 이미 완료되었으므로 3회, 4회의 매각기일·매각결정기일만 일괄통지하면 된다.

(2) 통지의 방법

1) 등기우편에 의한 발송송달

① 매각기일 및 매각결정기일의 통지는 집행기록에 표시된 이해관계인의 주소에 등기우편으로 발송할 수 있다(104조 3항). 근저당권자가 주소변경등기를 게을리하여 종전의 등기기록상 주소로 발송하였다면 수령 여부와 관계 없이 발송 시에 송달의 효력이 발생하고, 등기기록에 기입된 권리자가 사망하여 이해관계인의 지위를 승계한 상속인들이 등기기록상 상속등기를 게을리하여 매각기일 통지가 이미 사망한 등기기록상 권리자의 주소에 등기우편으로 송달된 경우에도 마찬가지이다.573)

② 민사집행법 규정에 의한 발송송달을 하지 않고 교부송달 또는 공시송달에 의한 방법으로 통지하였더라도 그 송달은 적법하고, 처음에는 교부송달 또는 공시송달에 의한 방법으로 통지하였다가 나중에 등기우편에 의한 발송송달로 바꾸어 통지하여도 무방하다.574)[2017 법무사]

---

570) 재민 98-11.
571) 대법원 1999. 11. 15. 99마5256 결정.
572) 대법원 1999. 11. 15. 99마5256 결정.
573) 대법원 1995. 9. 6. 95마372, 373 결정.

2) 이해관계인이 외국 거주 또는 소재불명인 경우

이해관계인에 대한 매각기일·매각결정기일의 통지는 '민사집행법'에 규정된 통지이므로 공유자 등 이해관계인이 외국에 있거나 있는 곳이 분명하지 아니한 경우에도 그 통지를 생략할 수 없다.575)

3) 외국송달의 특례

외국으로 송달하는 경우에는 대한민국 안에 송달이나 통지를 받을 장소와 영수인을 정하여 상당한 기간 내에 신고하도록 명할 수 있고, 그 기간 내에 신고가 없는 경우에는 그 이후의 송달·통지를 하지 아니할 수 있다(13조).

4) 매각결정기일 변경의 통지

매각결정기일이 변경된 경우에는 최고가매수신고인, 차순위매수신고인 및 이해관계인에게 변경된 기일을 다시 통지하면 족하고, 변경된 기일을 공고할 필요는 없다.576)[2016, 2019 법무사]

(3) 통지의 누락

1) 이의사유 및 항고사유

① 이해관계인에 대한 매각기일 및 매각결정기일의 통지누락은 민사집행법 제121조 제1호에서 정한 매각허가에 대한 이의사유인 '집행을 속행할 수 없는 때'에 해당한다.577)

② 민사집행법 제90조에 따른 권리신고를 하지 않은 주택임차인에게 매각기일 및 매각결정기일 통지를 하지 않았다고 하여도 이해관계인이 아닌 주택임차인에 대한 통지는 법률상 규정된 의무가 아니어서 경매절차에 위법이 있다고 할 수 없으므로 매각허가결정에 대한 불복사유가 될 수 없다.578)[2024 법무사]

2) 이의사유 및 항고사유가 되지 않는 경우

① 이해관계인이 기일통지를 받지 못하였더라도 매각기일을 스스로 알고 그 절차에 참가함으로써 자신의 권리보호에 필요한 조치를 취할 수 있었다면 이러한 통지의 누락은 법 제121조 제1호에서 정한 매각허가에 대한 이의사유인 '집행을 속행할 수 없을 때'에 해당한다고 볼 수 없다.579)[2013, 2015, 2024 법무사]

---

574) 대법원 1995. 4. 25. 95마35 결정.
575) 대법원 2010. 6. 14. 2010마363 결정.
576) 대법원 1981. 1. 19. 80마96 결정.
577) 대법원 1999. 11. 15. 99마5256 결정.
578) 대법원 2008. 11. 13. 선고 2008다43976 판결 ; 2000. 1. 31. 99마7663 결정.

② 공유지분경매에서 다른 공유자는 경매절차의 이해관계인에 해당하므로(90조 3호) 다른 공유자에 대한 매각기일통지의 누락은 매각허가결정에 대한 항고사유가 된다.580)[2024 승진, 2024 법무사]

다만 우선매수권을 행사하여 매각허가결정을 받은 공유자가 대금지급기한까지 대금을 지급하지 아니하여 재매각절차가 진행된 경우, 재매각절차에서 위 공유자에 대한 통지누락은 위법하다거나 민사집행법 제121조 제1호에서 정한 매각허가에 대한 이의사유인 '집행을 계속 진행할 수 없는 때'에 해당되지 않는다.581)[2016 승진, 2017 법무사]

3) 추완항고

① 집행법원이 이해관계인에게 매각기일 등의 통지를 하지 아니하여 그가 매각허가결정에 대한 항고기간을 준수하지 못하였다면 특단의 사정이 없는 한 그 이해관계인에게는 추완항고가 허용되며, 매각대금이 완납되고 배당절차가 종료됨으로써 매각절차가 완료되었더라도 추완항고가 허용되며, 항고법원에서 추완신청이 허용되었다면 매수인이 매각대금을 완납하였더라도 적법한 납부라 할 수 없다.582)[2011, 2015, 2017, 2018, 2020, 2024 법무사]

② 매각허가결정에 대하여 추완항고가 받아들여지면 그 매각허가결정 자체가 확정되지 않은 것으로 되고 매수인이 이미 그 매각대금을 완납하고 소유권이전등기를 마쳤다고 하더라도 처음부터 소유권을 취득하지 못한 것으로 되므로 이 경우 매수인이 입은 손해는 자신에 대한 매각이 적법·유효한 것으로 믿고 출연한 금액이 될 뿐이고, 그 매각부동산의 소유권을 일단 취득하였다거나 취득할 수 있는 권리가 있었음을 전제로 그 부동산의 시가와 매각대금 반환액의 차액 또는 그 시가상승분의 일실손해로 파악할 것은 아니다.583)

4) 최저매각가격을 잘못 통지한 경우

집행법원이 이해관계인에게 통지할 의무가 있는 사항은 매각기일과 매각결정기일에 관한 것에 한하고, 최저매각가격은 통지의무가 있는 사항이 아니라 당사자의 편의를 위해 통지하는 것이므로 최저매각가격을 착오로 잘못 통지하였더라도 이는 매각허가결정에 대한 취소사유가 될 수 없다.584)[2015 법무사]

---

579) 대법원 2000. 1. 31. 99마7663 결정.
580) 대법원 1998. 3. 4. 97마962 결정.
581) 대법원 2014. 9. 2. 2014마969 결정.
582) 대법원 2002. 12. 24. 2001마1047 전원합의체 결정.
583) 대법원 2007. 12. 27. 선고 2005다62747 판결.
584) 대법원 1999. 7. 22. 99마2906 결정.

라. 특별매각조건에 대한 재판

(1) 매각조건의 의의 및 종류
① '법정매각조건'이란 모든 경매절차에서 공통적으로 적용되도록 민사집행법과 민사집행규칙이 미리 정해 놓은 매각조건을 말한다. 법정매각조건 중에서 공공의 이익이나 경매의 본질에 관계되지 않는 조건들은 이해관계인 전원의 합의 또는 법원의 직권으로 이를 변경할 수 있는데, 이와 같이 변경된 매각조건을 '특별매각조건'이라 한다.
② 특별매각조건이 있는 경우에는 집행관이 매각을 개시할 때에 그 <u>내용을 고지</u>하여야 하고(112조), 특별매각조건으로 매각한 때에는 <u>매각허가결정</u>에 그 조건을 적어야 한다(128조 1항).[2021 법무사]

(2) 법정매각조건

1) 경매이익의 존재
압류채권자의 채권에 우선하는 채권에 관한 부동산의 부담을 매수인에게 인수하게 하거나, 매각대금으로 그 부담을 변제하는 데 부족하지 아니하다는 것이 인정된 경우가 아니면 그 부동산을 매각하지 못한다(91조 1항).[2021 법무사]

2) 최저매각가격 미만의 매각금지
최저매각가격 이상의 가격으로만 매각을 허가하여야 하고, 그 미만으로는 매각을 허가할 수 없다.

3) 매수신청인의 의무
매수신청인은 최저매각가격의 1/10에 해당하는 금전, 자기앞수표, 지급보증위탁계약체결문서(지급보증서) 중 하나를 집행관에게 제공하여야 한다(113조, 규칙 63, 64조).

4) 매수인의 대금지급의무와 그 지급시기
매수인은 집행법원이 정한 대금지급기한까지 대금을 지급하여야 한다(142조 2항).

5) 매수인의 소유권취득시기
매수인은 매각대금을 다 낸 때에 매각의 목적인 권리를 취득한다(135조).

6) 매수인이 인도청구를 할 수 있는 시기
매수인은 대금완납 후 6개월 이내에 인도명령을 신청할 수 있다(136조 1항).

7) 소유권이전등기 등의 시기 및 비용부담
매각대금이 완납되면 법원사무관등은 매수인 앞으로의 소유권이전등기 및 매수인이 인수하지 아니한 부동산 위의 부담의 말소를 촉탁하여야 한다(144조).

8) 매수인의 자격
① 농지에 대한 매수신청을 할 경우에는 매각결정기일까지 농지취득자격증명을 제출하여야 하는 등 매수인의 자격에 제한이 있다(농지법 6조, 8조).
② 집행채무자, 매각절차에 관여한 집행관, 매각부동산을 평가한 감정인 등은 매수신청을 할 수 없다(규칙 59조).[2021, 2022 법무사]
③ 외국인이 경매로 토지를 취득하는 경우 군사기지 및 군사시설 보호구역, 지정문화재 등 특별한 경우를 제외하고는 별다른 제한이 없다(부동산거래신고 등에 관한 법률 8조 2항).[2013 법무사]

(3) 특별매각조건

1) 합의에 의한 매각조건의 변경
① 특별매각조건이란 이해관계인의 합의 또는 직권으로 법정매각조건을 변경한 조건을 말한다. 이해관계인은 '전원'의 합의로 최저매각가격 '이외의' 법정매각조건을 변경할 수 있다(110조 1항).
② 이해관계인의 합의는 배당요구의 종기까지 하여야 한다(110조 2항). 합의에 의한 매각조건변경결정에 대하여는 즉시항고할 수 없다(15조, 110조).

2) 직권에 의한 매각조건의 변경
① 법원은 거래의 실상을 반영하거나 경매절차의 효율적 진행을 위하여 필요한 경우, 배당요구종기까지 직권으로 매각조건을 바꾸거나 새로운 매각조건을 설정할 수 있다(111조 1항).[2021 법무사]
② 최저매각가격은 이해관계인의 합의로는 변경할 수 없으나, 수긍할 만한 합리적인 이유가 있는 경우에 한하여 직권으로 변경할 수 있다.585)
[2011, 2015, 2019, 2021 법무사]

---

585) 대법원 1994. 11. 30. 94마1673 결정.

③ 법원이 직권으로 매각조건을 변경한 경우에도 매각조건변경결정을 하여야 하고, 집행법원의 '직권'에 의한 매각조건변경결정에 대하여는 즉시항고할 수 있다(111조 2항).[2015, 2021 법무사]

3) 특별매각조건의 고지

특별매각조건은 매각기일공고에 기재할 필요적 기재사항은 아님을 주의하여야 한다(106조 참조). 특별매각조건은 매각기일에 집행관이 매수가격의 신고를 최고하기 전에 고지하여야 한다(112조).[2021 법무사]

마. 일괄매각

(1) 개별매각의 원칙

1) 의의

개별매각(분할매각)의 원칙이란 수 개의 부동산에 대하여 동시에 경매신청이 있는 경우에 각 부동산별로 최저매각가격을 정하여 매각하여야 한다는 원칙을 말한다.586) 개별매각이 원칙이므로 집행법원이 여러 개의 부동산을 동시에 매각하는 경우에 일괄매각결정이 없었다면 그 부동산들은 개별매각되는 것이다.587)[2022 법무사]

2) 집행법원의 재량 및 제한

개별매각의 원칙은 법정매각조건이 아니므로 집행법원이 자유재량에 의하여 개별매각을 할 것인지 아니면 일괄매각을 할 것인지의 여부를 결정할 수 있다.588)[2017 승진]

(2) 일괄매각의 요건

1) 이용관계의 견련성

① 법원은 여러 개의 부동산의 위치·형태·이용관계 등을 고려하여 이를 일괄매수하게 하는 것이 알맞다고 인정하는 경우에는 직권 또는 이해관계인의 신청에 따라 일괄매각결정을 할 수 있다(98조 1항).[2020 승진, 2022 법무사]

---

586) 대법원 1994. 8. 8. 94마1150 결정.
587) 대법원 1994. 8. 8. 94마1150 결정.
588) 대법원 2004. 11. 9. 2004마94 결정.

② 이용관계의 견련성은 집행법원이 일괄매각의 상당성을 판단하는 경우에 요건의 예시가 아니라 유일한 기준이므로 견련성이 있는 경우에만 일괄매각결정을 할 수 있다.589)[2017 법무사]

③ 농지와 농지가 아닌 토지는 특별한 사정이 없는 한 그 상호 간의 이용관계에 관하여 견련성이 없다.590) 농지가 공장에 속하는 토지나 건물 및 공장의 공용물과 함께 공장저당의 목적물이 된 경우, 그 농지 위에 공장에 속하는 건물이나 공용물이 설치되어 있지 아니한 이상 농지에 대하여 일괄매각할 수 없다.591)[2020 승진, 2017 법무사]

2) 소유자가 동일하지 않아도 됨

① 압류채권자가 다르거나 소유자가 다르더라도 일괄매각을 할 수 있다. 각 부동산마다 저당권 등의 권리자가 다르거나 그 순위가 다른 경우에도 일괄매각을 할 수 있다.

② 일괄매각절차에서 각 재산의 대금액을 특정할 필요가 있는 경우에는 각 재산에 대한 최저매각가격의 비율을 정하여야 하며, 각 재산의 대금액은 총대금액을 각 재산의 최저매각가격의 비율에 따라 나눈 금액으로 한다(101조 2항). [2017, 2022 법무사]

3) 과잉매각금지

① 여러 개의 부동산을 일괄매각하는 경우 그 중 일부의 매각대금으로 모든 채권자의 채권액과 집행비용을 변제하기에 충분하면 '과잉매각금지의 원칙'이 적용되어 다른 재산의 매각은 허용되지 않는 것이 원칙이다(101조 3항 본문). 이 경우 채무자는 그 재산 중 매각할 것을 지정할 수 있고, 그 지정은 매각허가결정의 선고 전에 서면으로 하여야 한다(규칙 52조).

② 과잉매각 여부는 항고심의 직권조사사항은 아니므로 항고심에서 과잉매각을 주장하지 않았다면 항고심에서 주장하지 아니한 새로운 사실을 들어 재항고이유로 할 수 없다.592)

③ 부동산의 최저경매가격과 각 채권자의 채권 및 집행비용을 비교하여 그 중 일부 부동산만 경매하여도 모든 채권의 변제에 충분하다고 인정되더라도 일부 부동산에 대하여서만 경매를 실시할 것인지 아니면 나머지 부동산에 대하여도 함께 경매를 실시할 것인지 여부는 집행법원의 재량에 속한다.593)[2020 승진]

---

589) 대법원 2004. 11. 30. 2004마796 결정 ; 2001. 8. 22. 2001마3688 결정.
590) 대법원 2004. 9. 24. 2003마757 결정.
591) 대법원 2004. 11. 30. 2004마796 결정.
592) 대법원 1978. 4. 20. 78마45 전원합의체 결정.
593) 대법원 1998. 10. 28. 98마1817 결정.

이 경우 과잉매각으로 인한 채무자의 불이익은 매각허가결정 단계에서 매각을 허가하지 아니함으로써 막을 수 있다.

④ 토지와 지상 건물을 일괄매각하는 경우와 재산을 분리하여 매각하면 그 경제적 효용이 현저하게 떨어지는 경우 및 채무자의 동의가 있는 경우에는 과잉매각여부에 관계 없이 일괄매각을 할 수 있다(101조 3항).[2018 법무사]

4) 합체로 생긴 건물에 대한 매각

합체되기 전의 구분건물들 전부와 합체로 생긴 새로운 건물 사이에는 특별한 사정이 없는 한 사회통념상 동일성이 있으므로 합체되기 전의 구분건물들 전부에 대한 저당권자가 그 전부를 경매의 대상으로 삼아 경매를 신청한 경우라면 이는 합체로 생긴 새로운 건물에 대하여 경매를 신청한 것이라고 볼 수 있다.

따라서 이 경우에는 비록 합체되기 전의 각 구분건물에 관한 저당권을 합체로 생긴 새로운 건물의 공유지분에 관한 것으로 등기기록의 기재를 고치기 전이라고 하더라도 합체되기 전의 구분건물들 전부를 경매의 대상으로 삼은 경매신청을 합체로 생긴 새로운 건물에 대한 경매신청으로 보아 일괄매각을 허용하고, 위와 같은 사정을 매각물건명세서에 기재하여 매각절차를 진행하여야 할 것이다.594)

(3) 견련성과 관계 없이 일괄매각하는 경우

1) '공장 및 광업재단 저당법'에 의한 당연 일괄매각

① '공장 및 광업재단 저당법'에 의한 저당권의 실행으로 경매가 이루어지는 경우, 공장저당이나 공장재단 또는 광업재단 저당의 목적물인 토지·건물 및 기계·기구 그 밖의 공장의 공용물과는 유기적인 일체성이 있으므로 반드시 일괄매각하여야 한다.595)[2017, 2023 법무사]

② 경매목적물인 부동산에 신청 근저당권자 이외의 근저당권자의 공장저당이 있을 경우, 그 근저당권자의 공장저당의 목적이 된 기계, 기구 등도 모두 일괄매각하여야 한다.596)[2022 법무사] 강제경매의 경우에 매각대상 부동산에 공장저당이 설정되어 있는 경우에는 그 공장저당의 목적이 된 기계, 기구 등도 일괄매각하여야 한다.

---

594) 대법원 2016. 3. 15. 2014마343 결정.
595) 대법원 1992. 8. 29. 92마576 결정 ; 1968. 12. 30. 68마1406 결정.
596) 대법원 2003. 2. 19. 2001마785 결정.

2) 대지권등기가 되어 있는 집합건물의 대지사용권

대지권등기가 된 집합건물은 대지권만의 분리처분이 불가능하고 전유부분에 대한 경매개시결정의 효력이 대지사용권에도 미치므로 별도의 일괄매각결정 '없이' 당연히 일괄매각하여야 한다.597)[2019 법무사, 2020 승진]

3) 민법 제365조에 의한 일괄매각

가) 요건

① 의의

민법 제365조의 규정에 의한 토지와 지상 건물의 일괄매각신청은 법률의 규정에 따른 것이므로 당연히 일괄매각을 하여야 하고, 집행법원은 일괄매각의 상당성을 판단할 필요가 없다.

② 민법 제365조의 일괄매각의 요건
ㄱ. 토지저당권설정 당시에 그 지상에 건물이 없을 것
ㄴ. 토지저당권설정 후에 설정자가 당해 토지에 건물을 신축하였을 것
이와 관련하여, 지상 건물에 대한 일괄매각청구권은 저당권설정자가 건물을 축조한 경우뿐만 아니라 저당권설정자로부터 저당토지에 대한 용익권을 설정받은 자가 그 토지에 건물을 축조한 경우라도 그 후 저당권설정자가 그 건물의 소유권을 취득한 경우에는 저당권자는 토지와 함께 그 건물에 대하여 경매를 청구할 수 있다.598)
ㄷ. 경매신청 당시 토지와 건물의 소유자가 동일할 것599)

나) 배당관계

토지 저당권자는 건물 매각대금에 대하여는 배당을 받을 수 없으므로(민법 365조 단서) 건물 매각대금에서 배당을 받으려면 민사집행법 제268조, 제88조 제1항의 규정에 의한 적법한 배당요구를 하였거나 그 밖에 달리 배당을 받을 수 있는 채권으로서 필요한 요건을 갖추고 있어야 한다.600)[2019 법무사]

---

597) 대법원 1997. 6. 10. 97마814 결정.
598) 대법원 2003. 4. 11. 선고 2003다3850 판결.
599) 대법원 1999. 4. 20. 93마1736 결정 ; 1999. 4. 20. 99마146 결정.
600) 대법원 2012. 3. 15. 선고 2011다54587 판결.

다) 건물에 대한 추가경매신청

토지저당권자가 토지에 대하여 임의경매를 신청한 후에도 '토지에 대한 매각기일공고 시까지'는 지상건물에 대하여 일괄경매의 추가신청을 할 수 있고,[601] 이 경우에 집행법원은 두 개의 사건을 병합하여 일괄매각절차를 진행함이 상당하다(98조 3항).[2017 승진]

라) 관련문제

① 나대지에 근저당이 설정된 후 건축된 건물의 일부가 인접한 다른 대지에 걸쳐 있는 경우에 건물의 상당부분이 근저당이 설정된 대지 위에 건립되어 있고, 그 건물 전체가 불가분의 일체로서 소유권의 객체를 이루고 있다면 위 대지 근저당권자는 건물 '전부'에 대하여 민법 제365조 본문에 의한 경매청구권을 행사할 수 있다.[602]

② 동일인 소유의 토지와 지상건물에 공동저당권이 설정된 후 건물이 철거되고 새로운 건물이 신축된 경우, 토지와 신축건물이 민법 제365조에 의하여 일괄매각되었다면 토지에 안분할 매각대금은 법정지상권 등 이용제한이 '없는' 상태의 토지를 기준으로 하여야 한다.[603]

③ 민법 제365조에 의한 일괄매각은 저당권자의 권리이므로 법원은 저당권자의 일괄매각신청이 있으면 그 요건이 인정되는 한 재량의 여지 없이 이를 받아들여야 한다.[604] 다만 민법 제365조에 의한 일괄매각은 저당권자의 권리일 뿐 의무는 아니므로 저당권자가 단지 건물소유자를 괴롭힐 목적으로 일부러 토지에 대하여만 경매신청을 하여 매수인이 되어 건물철거를 구하는 등의 특별한 사정이 없는 한 토지만에 대하여 경매를 신청하여 매각으로 인한 소유권을 취득하고 건물의 철거를 구하는 것은 위법하다고 할 수 없다.[605]

(4) 부동산과 다른 종류의 재산의 일괄매각

법원은 부동산을 매각할 경우에 그 위치·형태·이용관계 등을 고려하여 다른 종류의 재산(금전채권을 제외한다)을 그 부동산과 함께 일괄매각하는 것이 알맞다고 인정하는 때에는 직권 또는 이해관계인의 신청에 따라 일괄매각결정을 할 수 있다(98조 2항).

---

601) 대법원 2001. 6. 13. 2001마1632 결정.
602) 대법원 1985. 11. 12. 85다카246.
603) 대법원 2012. 3. 15. 선고 2011다54587 판결.
604) 대법원 1987. 3. 26. 86마341 결정.
605) 대법원 1977. 4. 26. 선고 77다77 판결.

(5) 일괄매각결정의 절차

1) 사건의 이송 및 병합

법원은 각각 경매신청된 여러 개의 재산 또는 다른 법원이나 집행관에 계속된 경매사건의 목적물에 대하여 일괄매각결정을 할 수 있고, 다른 법원이나 집행관에 계속된 경매사건의 목적물의 경우에 그 다른 법원 또는 집행관은 그 목적물에 대한 경매사건을 일괄매각결정을 한 법원에 이송한다(99조 1항, 2항). 이 경우 법원은 그 경매사건들을 병합한다(99조 3항).

2) 일괄매각결정의 시기 및 방법

① 일괄매각결정은 매각기일 이전까지만 할 수 있다(98조 3항).[2015 법무사]
② 일괄매각결정은 직권 또는 이해관계인의 신청에 의하여 할 수 있다(98조 1항).

(6) 일괄매각에 따른 매각 및 배당절차

1) 매각절차

가) 매각기일의 공고

일괄매각결정을 하는 경우에는 매각기일공고에 일괄매각을 한다는 취지를 기재하여야 하고(규칙 56조 1호), 집행관은 매각기일에 매각을 하면서 매수신고의 최고 전에 이를 고지하여야 한다.606)

나) 최저매각가격의 결정

일괄매각의 경우에는 여러 개의 매각목적물을 일괄평가하고 최저매각가격도 일괄하여 결정하여야 하는 것이 원칙이다. 다만 각 재산의 대금액을 특정할 필요가 있는 경우에는 각 재산에 대한 최저매각가격의 비율을 정하여야 하고, 각 재산의 대금액은 총 대금액을 각 재산의 최저매각가격의 비율에 따라 나눈 금액으로 한다. 각 재산이 부담할 집행비용액을 특정할 필요가 있는 경우에도 또한 같다(101조 2항).[2022 법무사]

---

606) 재민 2004-3, 31조 2호..

다) 전체에 대한 매각불허가

① 수개의 부동산을 일괄매각하는 경우 그 중 일부에 매각불허가사유가 있는 경우에는 전체에 대하여 매각을 불허가하여야 한다.607)[2017 승진, 2022 법무사]

② 다만 다수의 매각대상 부동산 중 일부씩만 묶어 각각 일괄매각을 한 경우, 각 일괄매각결정별로 하나의 매각물건으로 개별매각하는 것이므로 그 중 일부 부동산에 대하여만 매각불허가사유가 있는 경우에는 해당 부동산을 포함하여 일괄매각결정을 한 매각물건에 대하여만 매각불허가를 하여야 한다.608)

2) 배당절차

가) 각 부동산의 매각대금에서 배당받을 채권자가 다른 경우

대지와 건물을 일괄매각하는 경우 각 부동산의 매각대금에서 배당받을 채권자가 다른 때에는 각 부동산마다 따로 배당표를 작성하여야 하며, 배당표에 대한 이의는 각 물건마다 작성된 배당표를 대상으로 따로 처리되어야 한다. 대지와 건물에 대한 배당표가 하나로 작성되었더라도 이는 대지 매각대금에 대한 배당표와 건물 매각대금에 대한 배당표의 각 채권자의 배당액이 합산되어 작성된 것에 불과하다.609)

나) 부동산별로 최저매각가격을 정하지 않은 경우

① 부동산별로 최저매각가격을 정하여야 함에도 이를 간과하고 부동산별로 최저매각가격을 정하지 않은 상태에서 일괄매각이 진행된 경우 배당실시가 불가능하다.610) 위와 같이 매각절차에서 부동산별로 최저매각가격을 정하지 않았음에도 배당법원이 임의로 매각대금을 부동산별로 개별배당재단을 형성한 경우, 부동산별 최저매각가격을 정하지 않았음에도 임의로 매각대금을 개별배당재단에 잘못 안분한 것 자체를 이유로 '배당이의'를 할 수 있다.611)

② 집행법원이 일괄매각절차에서 각 부동산별 매각대금의 안분을 잘못하여 적법한 배당요구를 한 권리자가 정당한 배당액을 수령하지 못하게 되었다면 그러한 사유도 '배당이의사유'가 될 수 있다.612)[2017 법무사]

---

607) 대법원 1985. 2. 8. 84마카31 결정.
608) 대법원 2019. 10. 21. 2018마825 결정.
609) 대법원 2003. 9. 5. 선고 2001다66291 판결.
610) 대법원 1995. 3. 2. 94마1729 결정.
611) 대법원 2012. 3. 15. 선고 2011다54587 판결.
612) 대법원 2012. 3. 15. 선고 2011다54587 판결.

다) 민법 제365조에 의한 일괄매각 시 토지 저당권자에 대한 배당

① 토지 저당권자는 건물 매각대금에 대하여는 배당을 받을 수 없으므로(민법 365조 단서) 건물 매각대금에서 배당을 받으려면 민사집행법 제268조, 제88조 제1항의 규정에 의한 적법한 배당요구를 하였거나 그 밖에 달리 배당을 받을 수 있는 채권으로서 필요한 요건을 갖추고 있어야 한다.613)[2019 법무사]

② 소액임차인과 관련하여, 지상 건물이 없었던 토지에 저당권이 설정된 후 건축된 건물의 임차인이 대지의 환가대금에서 소액보증금의 우선변제를 받을 수 없으나, 토지에 관한 저당권설정 당시 그 지상에 건물의 규모, 종류가 외형상 예상할 수 있는 정도까지 건축이 진전되어 있어 그 지상에 건물이 존재한다고 볼 수 있는 경우에는 소액임차인에게 대지의 매각대금에 대한 우선변제권을 인정할 수 있으며,614) 소유권보존등기가 되어 있지 않은 미등기건물의 임차인도 대지 환가대금에 대하여 우선변제받을 수 있다.615)[2020 법무사]

(7) 일괄매각결정에 대한 불복방법

① 일괄매각결정에 불복이 있으면 집행에 관한 이의신청을 할 수 있고(16조), 매각기일 이후에는 매각허가에 대한 이의 또는 매각허가결정에 대한 항고로만 다툴 수 있다.

② 채권자의 경매신청이 없었고 경매법원의 경매개시결정 및 목적물에 대한 압류절차도 없었던 부동산을 일괄매각한 경우에 그 매각은 당연무효이므로 매수인은 그 부동산에 대한 소유권을 취득할 수 없다.616)[2022 법무사]

---

613) 대법원 2012. 3. 15. 선고 2011다54587 판결.
614) 대법원 1999. 7. 23. 선고 99다25532 판결.
615) 대법원 2007. 6. 21. 선고 2004다26133 판결.
616) 대법원 1991. 12. 10. 선고 91다20722 판결.

9. 매각의 실시

가. 매각방법
현행법은 호가경매, 기일입찰, 기간입찰 등 부동산의 매각방법으로 3가지를 규정하고 있다(103조 2항). 집행법원은 부동산집행에 관하여 위 3가지 매각방법 중 어느 하나를 재량에 따라 자유롭게 선택할 수 있다(103조 1항). 매각기일은 집행법원이 정한 매각방법에 따라 집행관이 주재한다.

(1) 호가경매
① 호가경매는 호가경매기일에 매수신청의 액을 서로 올려가는 방법으로 하고, 매수신청을 한 사람은 더 높은 액의 매수신청이 있을 때까지 신청액에 구속된다(규칙 72조 1항, 2항). 집행관은 매수신청의 액 가운데 최고의 것을 3회 부른 후 그 신청을 한 사람을 최고가매수신고인으로 정하며, 그 이름과 매수신청의 액을 고지하여야 한다(규칙 72조 3항).

② 매수신고가격은 최저매각가격 이상이어야 하며, 두 번째 이후의 신고가격은 종전 신고가격보다 고가이어야 한다. 이 경우 타인이 신고한 매수가격에 '10% 더' 또는 '100만원 더'라는 식으로 비례로 표시할 수 있다. 그러나 기일입찰에서는 입찰가격을 반드시 일정한 금액으로 표시하여야 하고 다른 입찰가격에 대한 비례로 표시할 수 없다(규칙 62조 2항).

(2) 기일입찰
기일입찰이란 '매각기일'에 매수희망자로 하여금 입찰가격 등을 기재한 입찰표를 제출하게 하는 방법으로 입찰을 시킨 다음, 집행관이 개찰을 하여 최고입찰가격을 기재한 입찰자를 최고가매수인으로 정하는 방법이다(규칙 62조 1항).

1) 기일입찰의 입찰장소
기일입찰의 입찰장소에는 입찰자가 다른 사람이 알지 못하게 입찰표를 적을 수 있도록 설비를 갖추어야 한다(규칙 61조 1항).[2020, 2021 법무사]

2) 동시입찰의 원칙
같은 매각기일에 입찰에 부칠 사건이 두 건 이상이거나 매각할 부동산이 두 개 이상인 경우에는 각 부동산에 대한 입찰을 동시에 실시하여야 한다. 다만 동시입찰을 실시하는 것이 상당하지 않다고 인정하는 경우에는 집행법원의 판단에 따라 개별사건별로 입찰을 실시할 수 있다(규칙 61조 2항).

3) 입찰표의 기재사항

입찰표에는 사건번호와 부동산의 표시, 입찰자의 이름과 주소, 대리인을 통하여 입찰을 하는 때에는 대리인의 이름과 주소, 입찰가격을 적어야 한다. 입찰가격은 '일정한 금액'으로 표시하여야 하며, 다른 입찰가격에 대한 비례로 표시하지 못한다(규칙 62조 2항). 입찰표에 날인할 수 없는 경우에는 날인에 갈음하여 무인할 수 있다. 이 경우에는 집행관이 본인의 무인임을 증명한다는 문구를 기재하고 기명날인하여야 한다.617)

4) 입찰표의 제출절차

기일입찰에서의 입찰은 매각기일에 입찰표를 집행관에게 제출하는 방법으로 한다(규칙 62조 1항).

5) 입찰의 변경 또는 취소의 금지

① 입찰가격은 한번 기재하면 정정할 수 없고, 다시 새로운 용지를 사용하여야 하므로 입찰가격을 정정한 경우에는 정정인의 날인 유무를 불문하고 그 입찰은 무효로 처리한다.618) 일단 제출한 입찰표는 취소·변경 또는 교환이 금지된다(규칙 62조 6항).[2020 법무사]

② 일괄매각결정이 없었던 입찰절차에서 1장의 입찰표에 여러 개의 부동산을 입찰가액의 총액만을 기재하여 제출하였다가, 입찰기일 종결 후 집행관의 보완지시를 받고 부동산별로 입찰표를 다시 작성 및 제출한 경우, 그 입찰표는 무효이다.619)[2011 법무사]

(3) 기간입찰

기간입찰이란 법원이 정한 입찰기간 내에 입찰표를 작성하여 집행관에게 직접 제출하거나 우편으로 송부하게 하고, 매각기일에 개찰하는 방법이다. 기간입찰에 대하여 규정이 없는 부분은 기일입찰의 규정을 준용한다(규칙 71조).

1) 입찰기간의 지정

기간입찰의 방법으로 매각하는 경우에는 입찰기간을 지정하여 공고하고 이해관계인에게 통지하여야 한다(104조 4항). 입찰기간은 1주 이상 1개월 이하의 범위 내에서 정하여야 하고, 매각기일은 입찰기간이 끝난 후 1주 안의 날로 정하여야 한다(규칙 68조).

---
617) 재민 99-2.
618) 재민 2004-3.
619) 대법원 1994. 8. 8. 94마1150 결정.

2) 입찰의 준비

법원사무관등은 입찰기간 개시일 1주 전까지(기일입찰의 경우에는 매각기일 1주 전까지) 물건명세서, 현황조사보고서, 평가서의 사본을 비치하여 이해관계인 또는 매수희망자가 열람할 수 있도록 하여야 한다(105조 2항). 다만 법원이 상당하다고 인정하는 때에는 그 기재내용을 전자통신매체로 공시함으로써 그 사본의 비치에 갈음할 수 있다(규칙 55조 단서).

3) 매수신청의 방법

기일입찰에서는 매각기일에 직접 출석하여 입찰표 등을 넣은 입찰봉투를 직접 집행관에게 제출하여야 하지만, 기간입찰의 경우에는 집행관에게 직접 제출하는 방법과 등기우편으로도 부치는 방법의 2가지가 있다. 입찰표의 등기우편 제출은 기간입찰의 경우에만 있는 특유한 방법이다. 일반우편에 의하여 우송된 경우에는 접수는 하되, 개찰에 포함시키지 않는다.[620]

4) 입찰의 변경 또는 취소의 금지

기일입찰과 마찬가지로 입찰(입찰표)의 취소·변경 또는 교환할 수 없다(규칙 62조 6항, 71조).

나. 매수신청인의 자격

(1) 능력

1) 확인

① 매수신청을 함에는 권리능력과 행위능력이 필요하다(121조 2호). 미성년자가 법정대리인의 관여 없이 한 매수신청은 무효이다.[621][2021 법무사]

② 법인인 입찰자는 대표자의 자격을 증명하는 서면을 집행관에게 제출하여야 하는데(규칙 62조 3항), 경매절차에서 법인대표자의 자격은 법인등기사항증명서에 의하여 증명하여야 하고, 법인인감의 동일성을 증명하는 서류일 뿐 대표자의 자격을 증명하는 서류로 볼 수 없는 '법인인감증명서'로 증명할 수는 없다.[622][2017, 2020, 2021 법무사]

---

620) 대법원예규 재민 2004-3.
621) 대법원 1969. 11. 19. 69마989 결정 ; 1967. 7. 12. 67마507 결정.
622) 대법원 2014. 9. 16. 2014마682 결정.

2) 행정관청의 증명·허가

① 경매목적물을 취득하는 데에 관청의 증명이나 허가를 필요로 하는 때에는 (예컨대 농지의 경우 농지취득자격증명 등) 매각허가결정 시까지 보완하면 되므로 매수신청 시에 증명할 필요는 없다.623) 따라서 농지인 경우에는 매각허가결정 전까지 농지취득자격증명을 제출하면 되고, 제출하지 않으면 직권으로 매각불허가결정을 하면 된다.624)

② 외국인이 경매로 토지를 취득하는 경우 군사기지 및 군사시설 보호구역, 지정문화재 등 특별한 경우를 제외하고는 별다른 제한이 없다(부동산거래신고 등에 관한 법률 8조 2항).[2013 법무사]

(2) 매수신청의 대리

① 매수신청은 재판상의 행위가 아니므로 대리인은 변호사가 아니라도 무방하며 법원의 허가를 얻을 필요도 없다.625) 법무사는 매수신청대리인 자격이 있다(법무사법 2조 1항 5호).

② 대리입찰을 하면서 입찰표에 위임장을 첨부하지 아니한 경우에는 개찰에서 제외하여야 한다. 임의대리의 경우 위임장은 첨부되어 있으나 인감증명서가 첨부되어 있지 않거나 위임장과 인감증명서의 인영이 다른 경우에도 개찰에서 제외하여야 한다.626) 다만 '법무사 및 변호사'가 임의대리인으로 입찰하는 경우에는 위임인의 인감증명서 첨부를 생략할 수 있다.627)

③ 입찰자는 동일물건에 대하여 다른 입찰자의 대리인이 될 수 없고, 동일인이 2인 이상의 다른 입찰자의 대리인이 될 수도 없다.628)[2021 법무사]

(3) 공동입찰

공동으로 입찰하는 때에는 입찰표에 각자의 지분을 분명하게 표시하여야 한다(규칙 62조 5항).[2020 법무사]

공동입찰인은 각자 매수할 지분을 정하여 입찰하였더라도 그 일체로서 권리를 취득하고 의무를 부담하는 관계에 있으므로 그 공동입찰인에 대하여는 일괄하여 매각허부결정을 하여야 하고, 공동입찰인 중 일부에 매각불허가사유가 있으면 전원에 대하여 매각을 불허하여야 한다.629)

---

623) 재민 97-1, 5항.
624) 대법원 1999. 2. 23. 98마2604 결정.
625) 대법원 1985. 10. 12. 85마613 결정.
626) 재민 2004-3.
627) 재민 2004-3(19조 1항 단서).
628) 대법원 2004. 2. 13. 2003마44 결정.
629) 대법원 2001. 7. 16. 2001마1226 결정.

따라서 공동입찰인 각자는 입찰보증금 및 매각대금에 대하여 불가분채무를 부담하므로 전액이 지급되지 않으면 전부에 대하여 재매각명령을 하여야 한다.[2014 승진, 2011, 2023 법무사]

(4) 매수신청의 제한
채무자, 매각절차에 관여한 집행관, 매각 부동산을 평가한 감정인(감정평가법인이 감정인인 때에는 그 감정평가법인 또는 소속 감정평가사)은 매수인이 될 수 없다(규칙 59조).[2021, 2022 법무사]

다. 차순위매수신고

(1) 요건
차순위매수신고는 그 신고액이 최고가매수신고액에서 보증금을 뺀 금액을 넘는 때에만 할 수 있다(114조).

(2) 절차
최고가매수신고인 외의 매수신고인은 매각기일을 마칠 때까지 집행관에게 최고가매수신고인이 대금지급기한까지 그 의무를 이행하지 아니하면 자기의 매수신고에 대하여 매각을 허가하여 달라는 취지의 신고를 할 수 있다(114조 1항). 차순위로 신고한 매수가격이 같은 경우에는 '추첨'에 의하여 정한다(115조 2항).

(3) 차순위매수신고의 구속
차순위매수신고인은 집행관에 의하여 차순위매수신고인으로 정하여진 이상 임의로 철회할 수 없다. 차순위매수신고인은 최고가매수신고인이 매각대금을 납부한 때에 비로소 매수의 책임을 벗게 되고, 매수신청의 보증을 돌려줄 것을 요구할 수 있다(142조 6항).[2022 승진, 2023 법무사]

(4) 차순위매수신고인에 대한 매각허가
① 최고가매수신고인이 법원이 정한 대금지급기한까지 대금을 납부하지 아니하면 차순위매수신고인에 대하여 매각을 허가할 것인지를 결정하여야 한다(137조 1항). 차순위매수신고인이 매각대금을 납부하면 최고가매수인은 매수보증금의 반환을 청구하지 못하고, 그 보증금은 배당할 금액에 포함된다.[2011 승진]
② 차순위매수신고인에 대한 매각허가결정이 있은 후에는 차순위매수신고인이 새로운 매수인으로서 우선적으로 대금을 납부할 수 있다.[2015 법무사]

다만 차순위매수신고인에 대한 매각허가결정이 확정되었으나 차순위매수신고인도 대금을 납부하지 아니하여 재매각절차가 진행되는 경우에는 재매각 3일 전까지 최고가매수신고인과 차순위매수신고인 중 먼저 대금을 납부한 사람이 매각부동산의 소유권을 취득한다(138조 3항).[2012, 2015, 2019, 2024 법무사]

③ 최고가매수신고인에게 매각불허가를 하는 때에는 차순위매수신고인이 있더라도 새매각을 실시하여야 하며, 차순위매수신고인에게 매각허가를 하여서는 아니 된다.[2012, 2021, 2022 법무사] 최고가매수인이 대금을 지급하지 않은 경우에만 차순위매수신고인에게 매각을 허가할 수 있기 때문이다(137조 1항).

(5) 경매신청 취하의 동의권

매수신고가 있은 후에 채권자가 경매신청을 취하하는 경우에는 최고가매수인 또는 매수인뿐만 아니라 차순위매수신고인의 동의도 받아야 그 효력이 있다(93조 2항).[2016 법무사, 2023 승진]

라. 매수신청 보증금

(1) 기일입찰에서의 매수신청 보증금

1) 보증금액 및 변경

① 기일입찰에서 매수신청 보증금액은 최저매각가격의 1/10로 하고, 법원이 상당하다고 인정하는 때에는 보증금액을 달리 정할 수 있다(규칙 63조). 최저매각가격의 1/10을 넘는 액을 정하는 것은 물론이고 이에 미치지 아니하는 금액을 정하는 것도 허용된다.

② 집행법원이 정한 매수신청보증금에서 불과 20원이 부족한 금액이라 하더라도 그 입찰은 무효가 된다.630)[2021 법무사]

2) 보증금액의 공고

① 매수신청 보증금액과 그 제공방법은 매각기일공고의 내용에 기재되어야 한다(규칙 56조 3호). 보증금액이 민사집행규칙 제63조 제2항에 따라 변경된 경우에는 물론이고, 최저매각가격의 10분의 1로 정하여지는 통상적인 경우에도 그 내용을 공고하여야 한다.[2023 법무사]

---

630) 대법원 2008. 7. 11. 2007마911 결정(보증금액이 141,143,700원인데 20원이 부족한 141,143,680원을 제공한 사례임).

② 법원이 최저매각가격의 10분의 1이 아닌 다른 금액으로 보증금액을 정하려면 이러한 내용의 '결정'을 하여야 한다. 최저매각가격의 10분의 1이 아닌 다른 금액으로 보증금액을 정하는 '결정' 없이 다른 금액으로 한 매각기일공고는 위법한 공고이고, 이를 간과한 채 매각을 실시한 경우 이해관계인의 이익이 침해되거나 매각절차의 공정성을 해칠 우려가 있으므로 특별한 사정이 없는 한 '경매절차에 그 밖의 중대한 잘못이 있는 때'로서 매각허가에 대한 이의신청사유 및 매각불허가사유(121조 7호, 123조 2항)가 된다. 따라서 법원은 위와 같은 위법한 공고를 간과하고 매각기일을 진행하였을 경우 형식상 유효한 최고가매수가격의 신고가 있었더라도 매각결정기일에 그 매각을 불허하는 결정을 하고 새 매각기일을 정하여 적법한 매각기일공고를 한 후에 매각을 실시하여야 한다.[631] [2024 승진]

3) 보증의 제공과 반환

① 재매각절차에서 전 매수인은 매수신청의 보증을 돌려줄 것을 요구하지 못하고, 이 보증은 배당할 금액으로 편입된다(138조 4항, 147조 1항 5호). 다만 경매신청이 취하되거나 또는 경매절차가 취소된 경우에는 매수신청의 보증을 반환받을 수 있다.

② 최고가 매수신고인과 차순위 매수신고인을 제외한 다른 매수신고인은 매각기일종결의 고지에 따라 매수의 책임을 벗게 되고, 즉시 매수신청의 보증을 돌려줄 것을 신청할 수 있다(115조 3항). 차순위매수신고인은 최고가매수신고인이 매각대금을 모두 지급한 때에 매수의 책임을 벗게 되고, 즉시 매수보증금을 돌려줄 것을 요구할 수 있다(142조 6항).[2022 승진, 2023 법무사]

---

631) 대법원 2023. 3. 10. 2022마6559 결정.

♣ **판례확인**
대법원 2023. 3. 10. 2022마6559 결정
[집행법원이 매수신청의 보증금액을 최저매각가격의 10분의 1이 아닌 다른 금액으로 변경하는 '결정' 없이 최저매각가격의 10분의 2에 해당하는 금액으로 매각기일공고를 한 채 매각을 실시한 경우 매각 불허가사유인 '경매절차에 그 밖의 중대한 잘못이 있는 때'에 해당하는지 여부=적극]

[1] 경매절차에서 매수신청인은 대법원규칙이 정하는 바에 따라 집행법원이 정하는 금액과 방법에 맞는 보증을 집행관에게 제공하여야 하고(법 제113조), 기일입찰에서 매수신청의 보증금액은 최저매각가격의 10분의 1로 하되(규칙 제63조 제1항), 법원은 상당하다고 인정하는 때에는 보증금액을 그와 달리 정할 수 있다(제63조 제2항).

[2] 매수신청의 보증은 진지한 매수의사가 없는 사람의 매수신청을 배제하여 매각의 적정성을 보장하는 한편 매수인이 대금을 지급하지 않는 경우에는 보증금을 몰취하게 된다. 매수신청의 보증금액은 최저매각가격의 10분의 1로 정하는 경우는 물론, 이를 변경하는 경우에도 매각기일의 공고에 명시되어야 한다(규칙 제56조 제3호). 집행관은 매각기일에 입찰을 개시하기 전에 참가자들에게 매수신청보증의 제공방법(법원이 달리 정하지 아니한 이상 최저매각가격의 10분의 1에 해당하는 금전 등이어야 한다는 것 포함) 등에 관하여 고지하여야 한다(재민 2004-3, 제31조).

[3] 매수신청인이 최저매각가격의 10분의 1에 해당하는 금액으로 보증을 집행관에게 제공해야 하는 의무는 민사집행법령에 의하여 미리 정해진 법정매각조건이다. 법원은 재매각의 경우는 물론 일반의 매각절차에서도 최저매각가격의 10분의 1이 아닌 다른 금액으로 보증금액을 정함으로써 매수신청인의 보증 제공의무에 관한 법정매각조건을 변경할 수 있으나(법 제111조 제1항, 규칙 제63조 제2항), 법원이 최저매각가격의 10분의 1이 아닌 다른 금액으로 보증금액을 정하려면 이러한 내용의 '결정'을 해야 한다.

[4] 최저매각가격의 10분의 1이 아닌 다른 금액으로 보증금액을 정하는 '결정' 없이 다른 금액으로 한 매각기일공고는 위법한 공고이고, 이를 간과한 채 매각을 실시한 경우 이해관계인의 이익이 침해되거나 매각절차의 공정성을 해칠 우려가 있으므로 특별한 사정이 없는 한 '경매절차에 그 밖의 중대한 잘못이 있는 때'로서 매각허가에 대한 이의신청사유 및 매각불허가사유(법 제121조 제7호, 제123조 제2항)가 된다. 따라서 법원은 위와 같은 위법한 공고를 간과하고 매각기일을 진행하였을 경우 형식상 유효한 최고가매수가격의 신고가 있었더라도 매각결정기일에 그 매각을 불허하는 결정을 하고 새 매각기일을 정하여 적법한 매각기일공고를 한 후에 매각을 실시하여야 한다.

(2) 호가경매 및 기간입찰에서의 매수신청 보증금

기일입찰에서의 매수신청의 보증금액을 규정하고 있는 규칙 제63조의 규정은 호가경매와 기간입찰에도 준용되므로(규칙 71조, 72조 4항) 원칙적으로 최저매각가격의 1/10에 해당하는 보증을 제공하여야 하며, 법원이 상당하다고 인정할 때에는 달리 정할 수 있다.

마. 보증제공의 방법

(1) 호가경매 및 기일입찰에서의 보증제공방법

1) 보증의 제공시기
보증의 제공은 입찰표를 제출하는 때에 입찰표와 함께 집행관에게 제출하여야 한다(규칙 64조).

2) 보증의 종류
① 매수신청보증은 금전, 자기앞수표, 지급보증위탁체결문서 가운데 어느 하나를 입찰표와 함께 집행관에게 제출하여야 한다(규칙 64조).[2020 법무사]

② 지급보증위탁계약체결 증명문서가 보증으로 제공된 경우 보증서를 매수보증의 증명문서로서 보관하게 된다. 이 경우 매수인은 대금납부 시에 대금 전액을 납부하여야 하나, 보증금을 제외한 나머지 금액만을 납부하면 법원이 은행 등에 납부를 최고하여 보증금을 받아 매각대금에 충당하여야 하고, 모자라는 금액이 있으면 다시 대금지급기한을 정하여 매수인으로 하여금 내게 한다(142조 4항, 규칙 80조 5항).[2019 법무사]

3) 보증제공방법의 제한
집행법원이 상당하다고 인정하는 때에는 보증의 제공방법을 제한할 수 있다(규칙 64조 단서).[2020 법무사]

4) 보증의 변경
매수신청의 보증에 관하여는 '남을 가망이 없는 경우'의 보증과는 달리 보증의 변경은 허용되지 않음을 주의하여야 한다.[2023 법무사]

(2) 기간입찰에서의 보증제공방법

기간입찰에서는 금전, 자기앞 수표를 제출하는 방법은 허용되지 않고, 법원의 예금계좌에 입금하는 방법과 지급보증위탁계약을 체결하는 2가지 방법만을 인정하고 있다(규칙 70조). 보증의 변경이 허용되지 않는 점은 기일입찰의 경우와 같다.

(3) 매수신청보증의 특례

한국자산관리공사가 매수신고인이 되거나 채권회수를 위탁한 금융기관을 대리하여 매수신고를 하고자 하는 경우에는 공사의 '지급확약서'를 담보로 제공할 수 있다(금융회사 부실자산 등의 효율적 처리와 한국자산관리공사의 설립에 관한 법률 45조).

바. 매각의 진행절차

(1) 매각장소의 질서유지

1) 질서유지를 위한 집행관의 권한

집행관은 다른 사람의 매수신청을 방해한 사람 및 그 행위를 교사한 사람 또는 부당하게 다른 사람과 담합하거나 매각의 적정한 실시를 방해한 사람 및 그 행위를 교사한 사람 등에 대하여 매각장소에 들어오지 못하도록 하거나 매각장소에서 내보내거나 매수의 신청을 하지 못하도록 할 수 있다(108조).

2) 신분증명과 집행법원의 원조

집행관은 매각장소의 질서유지를 위하여 필요하다고 인정하는 때에는 그 장소에 출입하는 사람의 신분을 확인할 수 있고, 매각장소의 질서유지를 위하여 필요한 때에는 법원의 원조를 요청할 수 있다(규칙 57조 1항, 2항).

(2) 매각기일의 개시

1) 개시선언

매각기일은 법원이 정한 매각방법에 따라 담임 집행관이 진행하고,[632] 매각기일에 매각절차를 개시하기 전에 매각실시방법의 개요를 매수희망자에게 설명하여야 한다.[633]

---

[632] 재민 2004-3, 26조 1항.

2) 물건명세서, 현황조사보고서, 평가서 사본의 열람

법원사무관등은 매각기일(기간입찰의 경우에는 입찰기간 개시일)마다 1주 전까지 매각물건명세서, 현황조사보고서, 평가서의 사본을 비치하여 이해관계인 또는 매수희망자가 열람할 수 있도록 하여야 한다(105조 2항). 다만 법원이 상당하다고 인정하는 때에는 그 기재내용을 전자통신매체로 공시함으로써 그 사본의 비치에 갈음할 수 있다(규칙 55조 단서).

3) 특별매각조건의 고지

집행관은 특별매각조건이 있으면 매수신청의 최고 전에 그 내용을 명확하게 고지하여야 한다(112조).634)

(3) 기일입찰에서의 매각기일 절차

1) 입찰표 등의 비치

집행과 사무실 및 경매법정 그 밖에 입찰을 실시하는 장소에는 입찰표와 입찰봉투를 비치한다.635)

2) 입찰기일의 절차

집행관이 입찰을 최고하는 때에는 입찰마감시각과 개찰시각을 고지하여야 하고, 다만 입찰표의 제출을 최고한 후 1시간이 지나지 않으면 입찰을 마감할 수 없다(규칙 65조 1항). 집행관은 입찰표를 개봉할 때에 입찰을 한 사람을 참여시켜야 한다. 입찰을 한 사람이 아무도 참여하지 아니하는 때에는 적당하다고 인정하는 사람을 참여시켜야 한다(규칙 65조 2항).

3) 1기일 2회 입찰

① 기일입찰 또는 호가경매에 의한 매각기일에서 매각기일 마감할 때까지 허가할 매수신고가 없는 때에는 집행관은 즉시 매각기일의 마감을 취소하고 같은 방법으로 매수가격을 신고하도록 최고할 수 있다(115조 4항).[2011, 2023 법무사]
즉 매각기일에 유찰되는 부동산에 대하여는 최저매각가격의 저감 없이 즉시 제2회의 입찰을 실시할 수 있다. 다만 2회 이상을 할 수 없으므로 두 번째로 매수신고가 없어 매각기일을 마감하는 경우에는 매각기일의 마감을 다시 취소하지 못한다(115조 5항).

---

633) 재민 2004-3, 27조.
634) 재민 2004-3, 29조.
635) 재민 2004-3, 14조.

② 같은 매각기일에 다시 매수신고를 허용할 수 있는 것은 기일입찰 및 호가경매의 방법에 의한 경우에 한하고, '기간입찰'의 경우에는 1기일 2회 입찰이 인정되지 않는다.[2011 법무사]

6) 개찰 후의 절차

가) 최고가 매수신고인의 결정
집행관은 적법한 매수신청을 한 자 중 최고가 매수신고인을 정한 때에는 최고가 매수신고인의 이름과 가격을 불러야 한다(115조 1항).

나) 2인 이상이 같은 금액으로 입찰한 경우
① 최고가매수신고를 한 사람이 둘 이상인 경우에는 집행관은 그 사람들에게 다시 입찰하게 하여 최고가 매수신고인을 정한다. 이 경우 입찰자는 종전의 입찰가격에 못 미치는 가격으로 입찰할 수 없다(규칙 66조 1항).
② 추가입찰에서 입찰자 모두가 입찰에 응하지 아니하거나 두 사람 이상이 다시 최고의 가격으로 입찰한 때에는 추첨으로 최고가 매수인을 정하여야 한다(규칙 66조 2항). 입찰자가 출석하지 아니하거나 추첨을 하지 아니하는 때에는 집행관은 법원사무관등 적당하다고 인정하는 사람으로 하여금 대신 추첨하게 할 수 있다(규칙 66조 3항).
③ 최고가 매수인이 있음에도 불구하고 집행관이 그의 이름과 가격을 부르고 매각의 종결을 고지하는 절차를 취함이 없이 추가입찰을 실시한 경우 이는 직권에 의한 매각불허가사유에 해당한다.[636][2011, 2023 법무사]
④ 차순위 매수신고를 한 사람이 둘 이상인 때에는 신고한 매수가격이 높은 사람을 차순위 매수신고인으로 정하며, 신고한 매수가격이 같은 때에는 추가입찰을 거치지 않고 바로 추첨에 의하여 차순위 매수인을 정한다(115조 2항).

---

636) 대법원 2000. 3. 28. 2000마724 결정.

사. 공유자의 우선매수권

(1) 취지

공유물지분경매에서 공유자는 매각기일까지 매수보증을 제공하고 최고매수신고가격과 같은 가격으로 지분을 우선매수하겠다는 신고를 할 수 있고, 이 경우 법원은 최고가매수신고가 있더라도 그 공유자에게 매각을 허가하여야 한다(140조 1항, 2항).[2024 법무사]

여러 사람의 공유자가 우선매수하겠다는 신고를 하고 제2항의 절차를 마친 때에는 특별한 협의가 없으면 공유지분의 비율에 따라 채무자의 지분을 매수하게 한다(140조 3항).

(2) 적용범위

① 공유자 우선매수권은 호가경매, 기일입찰, 기간입찰 관계 없이 모두에 적용된다.[2014 승진]

② 공유물분할판결에 기하여 공유물 '전부'를 경매에 붙여 그 매각대금을 분배하기 위한 환가의 경우에는 공유자의 우선매수권이 인정되지 않는다.[637]
[2014, 2015, 2022 승진, 2017, 2020 법무사]

③ '선박·자동차·건설기계·항공기'의 공유지분에 대한 경매절차는 민사집행법 제251조 규정에 의한 그 밖의 재산권에 대한 집행절차를 따르므로 우선매수권의 규정이 적용되지 않는다.[2013, 2014, 2015 법무사]

④ 일괄매각으로 진행되는 경매절차에서 매각대상인 여러 개의 부동산 중 일부 부동산에 대한 공유자는 전체 부동산에 대하여 우선매수권을 행사할 수 없다.[638][2017, 2022 승진, 2016, 2017, 2024 법무사]

⑤ 甲이 남편인 乙과 부동산을 공유하던 중 乙의 사망으로 乙의 재산을 상속한 후, 乙이 생전에 위 부동산의 공유지분에 설정한 근저당권의 실행으로 진행된 매각절차에서 甲은 위 매각절차에서의 채무자로서 매수신청이 금지된 자이므로 민사집행법 제121조 제2호에 정한 '부동산을 매수할 자격이 없는 자'에 해당하고, 따라서 공유자로서 우선매수권을 행사할 수는 없다.[639]

[2014, 2023 승진, 2014 법무사]

---

637) 대법원 1991. 12. 16. 91마239 결정.
638) 대법원 2006. 3. 13. 2005마1078 결정.
639) 대법원 2009. 10. 5. 2009마1302 결정.

(3) 우선매수권의 행사방법

1) 우선매수신고의 시한

공유자는 매각기일까지 민사집행법 제113조에 따른 보증을 제공하고 최고매수신고가격과 같은 가격으로 채무자의 지분을 우선매수할 것을 신고할 수 있다(140조 1항). 여기에서 '매각기일까지'라고 하는 것은 집행관이 '매각기일을 종결한다는 고지를 할 때까지'라는 의미이다(규칙 76조 1항).[2024 법무사]

따라서 공유자는 집행관이 최고가매수인의 이름과 가격을 호창하고 매각의 종결을 고지하기 전까지 최고매수신고가격과 동일가격으로 매수할 것을 신고하고 즉시 보증을 제공하면 적법한 우선매수권의 행사가 될 수 있다.[640] 우선매수권을 행사할 수 있는 시한을 입찰마감시각까지 제한하면 아니 된다.[641]
[2018, 2022 승진, 2013, 2016, 2023 법무사]

2) 매각기일 이전의 우선매수신고

① 공유자는 매각기일 전에 미리 매각을 실시할 집행관 또는 집행법원에 민사집행법 제113조에 따른 보증을 제공하고 최고매수신고가격과 같은 가격으로 우선매수권을 행사하겠다는 신고를 함으로써 우선매수권을 행사할 수도 있다.

② 우선매수신고서를 제출하면서 반드시 동시에 매수보증금을 집행관에게 제출하여야 하는 것은 아니다.[642]

③ 공유자가 매각기일 이전에 우선매수신고서만을 제출하거나 납부하여야 할 매수보증금에 미달하는 금액의 보증금을 제공한 경우에도 매각기일에 매각법정에서 집행관은 최고가매수인의 성명과 가격을 부르고 매각종결을 선언하기 전에 그 공유자의 출석여부를 확인한 다음, 최고가매수신고인의 매수가격으로 매수할 의사가 있는지 여부를 확인하여 즉시 매수신청보증금을 제공 또는 추가제공하도록 하는 등으로 최고매수신고가격으로 매수할 기회를 주어야 한다.[643]

④ 입찰기일 전에 공유자우선매수신고서를 제출한 공유자가 입찰기일에 입찰에 참가하여 입찰표를 제출하였다고 하여 그 사실만으로 우선매수권을 포기한 것으로 볼 수는 없다.[644][2018 승진, 2014, 2023 법무사]

---

640) 대법원 2000. 1. 28. 99마5871 결정.
641) 대법원 2004. 10. 14. 2004마581 결정.
642) 대법원 2002. 6. 17. 2002마234 결정.
643) 대법원 2002. 6. 17. 2002마234 결정.
644) 대법원 2002. 6. 17. 2002마234 결정.

(3) 우선매수권의 행사와 제한

1) 다른 최고가매수신고인이 있는 경우
① 공유자가 우선매수신고를 한 경우, 매각기일에 다른 최고가매수신고가 있더라도 그 가격으로 공유자에게 매각을 허가하여야 한다(140조 2항). 여러 사람의 공유자가 우선매수하겠다는 신고를 하여 매각허가결정을 한 경우, 특별한 협의가 없으면 공유자가 가진 지분비율에 따라 지분을 인수한다(140조 3항).[2017 법무사]

② 공유자가 우선매수신고를 한 경우에 최고가 매수신고인은 차순위매수신고인으로 본다(140조 4항). 공유자의 우선매수신고에 따라 최고가매수신고인은 자신을 차순위매수신고인으로 취급하여 달라는 신고나 의사표시 없이 바로 위 규정에 따라 차순위매수신고인이 된다. 이 경우 최고가 매수신고인은 집행관이 매각절차를 종결한다는 고지를 하기 전까지 차순위 매수신고인의 지위를 포기할 수 있다(규칙 76조 3항).[2022, 2024 승진, 2017, 2024 법무사]

2) 다른 매수신고인이 없는 경우
공유자의 우선매수신고가 있었으나 다른 매수신고인이 없으면 최저매각가격을 최고매수신고가격으로 하여 공유자에게 매각을 허가하여야 한다(규칙 76조 2항).[2015, 2024 승진]

(4) 지분경매 진행 중 공유물분할을 위한 경매가 개시된 경우
목적물의 지분 일부에 대하여 강제경매 등 절차가 진행되던 중 목적물 전체에 대하여 공유물분할경매가 개시된 경우에는 강제경매 등 절차와 공유물분할경매절차를 병합하여 목적물 전체를 한꺼번에 매각하되, 이중경매의 대상인 지분 매각은 강제경매 등 절차에 따라 진행하고 나머지 지분 매각은 공유물분할경매절차에 따라 진행함이 상당하고, 이 경우에는 결과적으로 공유물 전체를 매각하는 것이므로 민사집행법 제140조 소정의 공유자의 우선매수권은 그 적용이 배제된다.[645]

---

645) 대법원 2014. 2. 14. 2013그305 결정.

아. 새 매각

(1) 의의
새 매각이란 매각을 실시하였으나 매수인이 결정되지 않아 다시 매각기일을 지정하여 실시하는 경매를 말한다. 매수인의 대금미납으로 다시 실시하는 재매각(138조)과 구별하여야 한다.

(2) 허가할 매수가격의 신고가 없는 경우의 새 매각

1) 새 매각의 요건
허가할 매수가격의 신고 없이 매각기일이 최종적으로 마감된 때에는 법원은 최저매각가격을 상당히 낮추고 새 매각기일을 정하여야 한다(119조).

2) 새매각의 절차

가) 최저매각가격의 저감
① 허가할 매수가격의 신고가 없어서 새 매각을 할 경우에 법원은 민사집행법 제91조 제1항의 '잉여주의의 원칙'을 해하지 않는 한도에서 최저매각가격을 상당히 낮출 수 있다(119조).
② 최저매각가격은 적법하게 매각기일이 열렸으나 허가할 매수신고가 없는 경우에만 저감할 수 있다. 매각기일이 적법하게 열린 경우에 한하므로 적법한 매각기일의 공고가 없었던 경우나 매각기일을 변경한 경우에는 최저매각가격을 저감할 수 없다.[2021 법무사]

나) 자유재량
최저매각가격 저감의 정도는 경매법원의 자유재량에 속하므로 1회 저감액이 30% 정도라 하여도 위법하지 않다.646) 다만 합리적이고 객관적인 타당성을 구비하지 못할 정도로 과도하게 가격을 낮춘 최저경매가격 저감절차는 위법하여 무효이다.647)[2015 법무사]

다) 가격저감절차
최저매각가격을 저감하는 경우 재평가는 필요하지 않고 가격저감 산출근거를 명시할 필요도 없으며, 별도의 가격저감결정서를 작성할 필요도 없다.648)

---
646) 대법원 1997. 4. 24. 96마1929 결정.; 1969. 2. 11. 68마1697 결정 ; 1966. 12. 17. 66마1027 결정.
647) 대법원 1994. 8. 27. 94마1171 결정.
648) 대법원 1968. 3. 30. 68마186 결정.

라) 계속 저감

새 매각기일에서 매수가격의 신고가 없으면 매수가격의 신고가 있을 때까지 최저매각가격의 저감 및 새 매각기일의 지정절차를 되풀이 할 수 있다.

최저매각가격의 <u>저감 자체가 잘못된</u> 경우에는 새매각절차에서 저감 전의 최저매각가격 이상의 매수신고가 있더라도 그 <u>매각절차는 위법</u>하다.[649)]

[2015, 2018, 2021 법무사]

마) 가격저감에 대한 불복

가격저감 자체에 대하여는 <u>독립된 불복방법이 없으므로</u>[650)] 매각결정기일에서 매각허가에 대한 이의 또는 매각허가결정에 대한 즉시항고로 불복하여야 한다.

[2015, 2023 법무사]

(3) 매각불허가를 한 경우의 새 매각

1) 매각불허가로 인한 새 매각

최고가매수인에 대하여 매각을 허가할 수 없는 사유가 존재하여 <u>매각을 불허가</u>한 경우에는 새 매각을 실시하여야 한다.

2) 최저매각가격의 저감 불가

① 집행법원이 <u>매각불허가결정을 하고 새 매각</u>을 실시하는 경우에는 최저매각가격을 저감할 수 없고, 당초의 최저매각가격으로 진행하여야 한다.[651)]

② 물건명세서작성상의 중대한 하자를 이유로 <u>매각불허가를 하고 새 매각</u>을 하는 경우에도 최저매각가격을 저감할 수 없고, 당초의 최저매각가격으로 진행하여야 한다.[652)]

③ 매각기일공고의 위법으로 <u>매각불허가결정을 하고 새 매각</u>을 실시하는 경우에도 최저매각가격을 저감할 수 없고, 당초의 최저매각가격에 의하여야 한다.[653)][2017, 2018, 2021 법무사]

---

649) 대법원 1969. 9. 23. 69마544 결정.
650) 대법원 1971. 7. 19. 71마215 결정.
651) 대법원 1994. 8. 27. 94마1171 결정.
652) 대법원 2000. 8. 16. 99마5148 결정.
653) 대법원 1994. 11. 30. 94마1673 결정.

10. 매각결정절차

가. 매각결정기일

(1) 매각결정기일의 개시

① 매각결정기일이란 집행법원이 매각허부에 관하여 이해관계인의 진술을 듣고 법정의 이의사유가 있는지를 직권으로 조사한 다음 매각허가 또는 매각불허가결정을 선고하는 기일을 말한다.

② 매각결정절차는 법원 안에서 진행하여야 한다(109조 2항). 매각결정기일은 매각기일로부터 1주 이내로 정하여야 하지만(109조 1항), 이 규정은 훈시규정이므로 매각기일로부터 1주일이 지난 날을 매각결정기일로 지정하였더라도 위법하지 않다.654)

(2) 매각결정기일의 변경 및 통지

매각결정기일은 매각실시 전에 지정·공고 및 이해관계인에게 통지되지만(104조 1항, 2항), 매각결정기일을 변경한 때에는 이해관계인 등에게 통지하면 족하고, 변경된 기일을 다시 공고할 필요는 없다.655)[2019 법무사]

매각결정기일 및 변경된 매각결정기일의 통지는 매각기일의 통지와 마찬가지로 집행기록에 표시된 이해관계인의 주소지에 등기우편으로 발송할 수 있다(73조 2항).[2016 법무사]

(3) 이해관계인의 진술

1) 진술할 수 있는 이해관계인의 범위

① 법원은 매각결정기일에 출석한 이해관계인에게 매각허가에 관한 의견을 진술하게 하여야 한다(120조 1항).[2022 승진]

② 전 매수인은 재매각절차의 매각결정기일에서의 의견진술권이 없다. 다만 대금지급기한통지가 부적법함에도 대금미납을 이유로 재매각명령을 한 경우, 이와 같은 재매각명령의 위법은 민사집행법 제121조 제1호의 '집행을 계속 진행할 수 없는 때'에 해당하므로 전 매수인은 이를 이유로 재매각명령에 따른 매각결정기일에서 이의를 하거나 매각허가결정에 대한 즉시항고를 할 수 있다.656)[2018, 2023 법무사]

---

654) 대법원 1984. 8. 23. 84마454 결정.
655) 대법원 1981. 1. 19. 80마96 결정.
656) 대법원 2001. 6. 4. 2000마7550 결정.

③ 매수인에 대한 대금지급기한통지가 부적법함에도 불구하고 대금미납을 이유로 재매각명령을 하고 이에 대한 이의제기나 즉시항고가 없어 매각허가결정이 확정된 경우에는 재매각명령의 취소를 구하는 '집행에 관한 이의신청'을 할 수 없다.657)[2013, 2018, 2019 법무사, 2014 승진]

2) 진술의 방법 및 시기

이해관계인의 진술은 매각결정기일에 출석하여 말로 진술하여야 하는 것이 원칙이다. 이해관계인이 매각허가에 관한 의견을 진술할 수 있는 시기는 매각허가가 있을 때까지(매각허부결정의 선고가 있을 때까지) 하여야 한다(120조 2항).[2022 승진]

(5) 매각허가에 대한 이의

1) 이의사유

매각허가에 대한 이의는 매각을 허가하여서는 아니된다는 소송법상의 진술을 말한다. 매각허가에 대한 이의사유는 민사집행법 제121조에 열거된 것에 한정되므로 그 이외의 사유로는 이의할 수 없다. '경매절차에 그 밖의 중대한 잘못이 있는 때(7호)'라는 포괄적이고 추상적인 사유를 함께 규정하고 있다.

가) 강제집행을 허가할 수 없거나 집행을 계속 진행할 수 없을 때(1호)

나) 최고가매수신고인이 부동산을 매수할 능력이나 자격이 없는 때(2호)

'부동산을 매수할 능력이 없는 때'란 미성년자, 피한정후견인, 피성년후견인과 같이 독립하여 법률행위를 할 수 있는 능력이 없는 경우를 의미하고, '부동산을 매수할 자격이 없다'는 것은 법률의 규정에 의하여 매각부동산을 취득할 자격이 없거나 그 부동산을 취득하려면 관청의 증명이나 인·허가를 받아야 하는 경우를 의미하는 것으로서, 부동산을 매수할 경제적 능력을 의미하는 것이 아니다.658)[2020, 2022 승진, 2019 법무사]

다) 매수자격이 없는 자가 타인을 시켜 최고가매수신고를 한 때(3호)

부동산경매절차에서 다른 사람의 이름을 빌려 매수하는 이른바 차명매수의 경우에 매각대금을 실질적으로 누가 부담하는지에 관계 없이 매각허가를 받은 매수인이 대내적·대외적으로 소유권을 확정적으로 취득한다.659)[2011 법무사]

---

657) 대법원 2001. 6. 4. 2000마7550 결정.
658) 대법원 2009. 10. 5. 2009마1302 결정 ; 2004. 11. 9. 2004마94 결정.

라) 최고가매수신고인이나 그 대리인 또는 최고가매수신고인을 내세워 매수신고를 한 사람이 108조 각 호 중 어느 하나에 해당하는 경우(4호)

민사집행법 제108조 각 호에 해당하는 자(다른 사람의 매수신청을 방해하거나 교사한 사람, 부당하게 다른 사람과 담합하거나 그 밖에 매각의 적정한 실시를 방해하거나 위 각 행위에 대하여 교사한 사람 등)가 최고가매수인 또는 그 대리인이 되거나 다른 제3자를 내세워 매수신고를 함으로써 최고가매수신고인이 된 경우이다.[2013 법무사]

마) 최저매각가격의 결정, 일괄매각의 결정 또는 매각물건명세서의 작성에 중대한 흠이 있는 때(5호)

① 최저매각가격의 중대한 흠이 있는 때

경매의 대상이 된 토지 위에 생립하고 있는 채무자 소유의 미등기 수목은 토지의 구성부분으로서 토지와 함께 경매하여야 하므로 특별한 사정이 없는 한 수목의 가액도 포함하여 최저매각가격을 정하여야 하고, 토지가격만을 평가하여 최저매각가격을 결정한 것은 '최저매각가격의 결정에 중대한 흠이 있는 경우'에 해당한다.660)[2017, 2019, 2022, 2023 법무사]

② 일괄매각결정에 중대한 흠이 있는 때

농지가 공장에 속하는 토지나 건물 및 공장의 공용물과 함께 공장저당의 목적물이 된 경우에 있어서 그 농지 위에 공장에 속하는 건물이나 공용물이 설치되어 있지 않으면 그 농지에 대하여 일괄매각할 수 없음에도 일괄매각결정을 한 경우 '일괄매각결정에 중대한 위법이 있는 때'에 해당한다.661)[2017 법무사]

③ 매각물건명세서의 작성에 중대한 흠이 있는 때

'매각물건명세서의 작성에 중대한 흠이 있는 때'에 해당하는지 여부는 그 흠이 '일반 매수희망자'가 매수의사나 매수신고가격을 결정함에 있어 어떠한 영향을 받을 정도의 것이었는지를 중심으로 하여 합리적으로 판단하여야 한다.662)

농지법에서 정한 농지취득자격증명이 필요하지 않음에도 불구하고 이와 반대의 취지로 작성되었다면 '매각물건명세서 작성에 중대한 하자가 있는 경우'에 해당한다.663)[2014 승진, 2014, 2022 법무사]

---

659) 대법원 2008. 11. 27. 선고 2008다62687 판결.
660) 대법원 1998. 10. 28. 98마1817 결정.
661) 대법원 2004. 11. 30. 2004마796 결정.
662) 대법원 2024. 4. 5. 2023마7896 결정.

바) 천재지변, 기타 책임질 수 없는 사유로 인한 부동산의 현저한 훼손 또는 중대한 권리관계의 변동이 있는 때(6호)

① 부동산경매절차에서 매수신고인이 유치권이 존재하지 않는 것으로 알고 매수신청을 하여 이미 최고가매수신고인으로 정하여졌음에도 그 이후 매각결정기일까지 사이에 유치권신고가 있을 뿐만 아니라, 유치권이 성립할 여지가 없음이 명백하지 아니한 경우, 장차 매수신고인이 인수할 매각부동산에 관한 권리의 부담이 현저히 증가하여 민사집행법 제121조 제6호의 이의사유인 '중대한 권리관계의 변동이 있는 때'에 해당한다.664)

② 선순위 근저당권의 존재로 후순위 임차권의 대항력이 소멸하는 것으로 알고 부동산을 매수하였으나, 그 후 매각대금 납부 '전에' 선순위 근저당권의 소멸로 인하여 임차권의 대항력이 존속하는 것으로 변경된 경우에도 매각허가에 대한 이의사유(중대한 권리관계의 변동이 있는 때)에 해당한다.665)[2017, 2024 승진]

사) 경매절차에 그 밖에 중대한 잘못이 있는 때(7호)

① 이해관계인의 이익이 침해되거나 매각절차의 공정성을 해칠 우려가 있는 중대한 절차위반의 사유가 있는 때를 말한다.666)

② 여러 차례의 매각기일에서 매수가격의 신고가 없어 매각불능으로 된 후 그 다음 기일에서 매수가격의 신고가 이루어진 경우, 당해 매각기일의 공고에 법규위반이 없는 이상 그 이전의 매각기일의 공고가 법률의 규정에 위반되었더라도 이는 매각불허가사유가 될 수 없다.667)[2017, 2023 승진, 2022 법무사]

③ 매수신청인이 최저매각가격의 1/10에 미치지 못하는 금액을 보증으로 제공하였음에도 집행관이 최고가매수신고인으로 결정한 경우에도 매각허가에 대한 이의사유가 된다. 매수신청인이 제공한 매수신청보증의 미달액이 극히 근소한 경우에도 매각불허가를 하여야 하므로 집행관이 보증금에 미달하는 보증금만을 받고 매각을 허가하였다면 매각허가에 대한 이의사유가 된다(보증금액이 20원 부족한 사례임).668)[2020 승진, 2021 법무사]

④ 부동산경매절차에서 최고가매수신고인이 착오로 본래 기재하려고 한 입찰가격보다 높은 가격을 기재하였다는 사유(착오로 입찰가액에 '0'을 하나 더 넣어서 기재하였다는 사유)는 매각허가에 대한 이의사유가 될 수 없으므로 매각을 불허할 수 없다.669)[2015 승진, 2012, 2018 법무사]

---

663) 대법원 2003. 12. 30. 2002마1208 결정.
664) 대법원 2008. 6. 17. 2008마459 결정.
665) 대법원 1998. 8. 24. 98마1031 결정.
666) 대법원 2024. 4. 5. 2023마7896 결정.
667) 대법원 2001. 8. 30. 99마7372 결정 ; 2008. 5. 20. 2008마463, 464, 465, 466 결정.
668) 대법원 2008. 7. 11. 2007마911 결정.

2) 이의의 제한

① 매각허가에 대한 이의는 이해관계인 자신의 권리에 영향을 주는 사유라야 하고, 다른 이해관계인의 권리에 관한 이유로 이의를 할 수 없다(122조). 따라서 남을 가망이 없는 경우의 경매절차취소규정(102조)은 압류채권자나 우선채권자를 보호하기 위한 것이므로 채무자나 소유자는 위 절차를 거치지 않았다는 이유로 이의를 할 수 없고,670) 다른 이해관계인에게 매각기일·매각결정기일의 통지가 없었음을 이유로 이의를 할 수 없다.671)[2019 법무사, 2023 승진]

② 다만 채무자에 대한 경매개시결정의 고지 없이는 유효하게 경매절차를 속행할 수 없으므로 채무자 '아닌' 이해관계인도 채무자에 대한 경매개시결정송달의 흠결을 이유로 매각허가에 대한 이의 또는 매각허가결정에 대한 항고를 할 수 있다.672)[2024 승진, 2014, 2024 법무사]

③ 매각기일의 공고에 임대차가 없는 것처럼 잘못 기재되어 있다고 하더라도 매수신고인이 아닌 채무자나 임차인은 그와 같은 사유로 매각허가에 대한 이의 이유로 삼을 수 없다.673)[2015, 2016 법무사, 2018 승진]

3) 이의에 대한 재판

법원은 매각허가에 대한 이의신청이 정당하다고 인정한 때에는 매각을 허가하지 않는다(123조 1항). 매각허가에 대한 이의는 독립된 신청이 아니므로 정당하지 않다고 인정한 때에는 이의의 진술이 있었음을 매각결정기일조서에 기재함으로써 충분하고 이의신청 자체에 대하여 응답할 필요는 없으며 매각허가결정을 선고하면 된다.[2022, 2024 승진, 2018, 2019 법무사]

이의를 진술한 이해관계인도 이의가 받아들여지지 아니한 경우에 매각허가결정에 대한 즉시항고를 할 수 있을 뿐 별도로 매각허가에 대한 이의가 받아들여지지 않은 데 대한 불복항고를 할 수는 없다.674)[2024 승진, 2022 법무사]

---

669) 대법원 2010. 2. 16. 2009마2252 결정(입찰가격을 532,000,000원으로 기재하여야 할 것인데 착오로 5,320,000,000원으로 잘못 기재한 사안임).
670) 대법원 1987. 10. 30. 87마861 결정.
671) 대법원 1992. 1. 30. 91마728 결정 ; 1997. 6. 10. 97마814 결정.
672) 대법원 1997. 6. 10. 97마814 결정.
673) 대법원 1991. 2. 27. 91마18 결정.
674) 대법원 1983. 7. 1. 83그18 결정.

나. 매각불허가결정

(1) 매각불허가결정을 하여야 할 경우

1) 이해관계인의 이의가 정당하다고 인정될 때
법원은 매각허가에 대한 이의신청이 정당하다고 인정되면 매각을 허가하지 아니한다(123조 1항).

2) 직권으로 매각을 불허가할 사유가 있을 때
이해관계인의 매각허가에 대한 이의가 없더라도 법원이 직권조사한 결과 민사집행법 121조에 정한 이의사유가 있다고 인정되는 때에는 직권으로 매각을 허가하지 아니한다(123조 2항).[2023 승진]

3) 과잉매각으로 되는 때

가) 과잉매각이 금지되는 경우
여러 개의 부동산을 동시에 매각하는 경우에 한 개의 부동산의 매각대금으로 모든 채권자의 채권액과 집행비용을 변제하기에 충분하면 다른 부동산의 매각을 허가하지 아니한다(124조 1항). 이것이 '과잉매각금지의 원칙'이다.

나) 매각실시 후 채무자의 지정권 행사
여러 개의 부동산을 매각한 결과 과잉매각이 된 경우에 채무자는 매각할 부동산을 지정할 수 있으며, 채무자의 지정권행사는 반드시 서면으로 매각허가결정 선고 전까지 하여야 한다(124조 2항, 규칙 52조). 채무자로부터 적법한 지정신청이 있으면 집행법원은 이에 구속되고, 지정권을 행사하지 아니한 경우에는 집행법원이 재량으로 매각허가할 부동산을 선택할 수 있다.[675)[2017 법무사]

다) 매각실시 전인 경우
경매실시 전 단계에 있어서 부동산의 최저경매가격과 각 채권자의 채권 및 집행비용을 비교하여 그 중 일부 부동산만 경매하여도 그 채권 등의 변제에 충분하다고 인정된다고 하더라도 일부 부동산에 대하여서만 경매를 실시할 것인지 아니면 나머지 부동산에 대하여도 함께 경매를 실시할 것인지 여부는 집행법원의 재량에 속한다.[676)[2017 승진]

---
675) 대법원 1966. 10. 10. 66마891 결정.
676) 대법원 1998. 10. 28. 98마1817 결정.

4) 집행정지결정 정본(제49조 제2호 서류)이 제출된 경우
[2017, 2021 승진, 2011, 2016, 2018, 2019 법무사]

① 민사집행법 제49조 제2호의 집행정지결정정본이 매각실시 전에 제출되면 매각기일을 변경하여야 하고, 매각실시 후 매각결정기일 전에 제출되면 매각결정기일을 연 다음 매각불허가결정을 하여야 한다.

② 집행정지결정정본이 매각허가결정 후에 제출된 경우에 매수인은 대금납부시까지 매각허가결정의 취소신청을 할 수 있으며, 이 신청에 대한 결정에 대하여는 '즉시항고'할 수 있다(규칙 50조 2항).

③ 집행정지결정정본이 매각허가결정 후에 제출된 경우에 재판의 효력발생을 저지하는 효력은 없어서 즉시항고기간의 도과로 매각허가결정은 그대로 '확정'되므로 확정 전이라면 채무자는 즉시항고를 제기하여 매각의 불허를 구할 수 있다. 다만 집행정지결정정본이 제출되어 있으므로 '대금지급기한'을 지정할 수는 없다.677)[2011, 2019 법무사, 2012, 2017, 2022 승진]

④ 집행정지결정정본이 제출되었음에도 대금지급기한을 지정하고 대금납부를 받는 것은 위법하지만, 집행에 관한 이의나 즉시항고 없이 대금이 납부되면 매수인은 적법하게 소유권을 취득하므로 이해관계인은 더 이상 집행에 관한 이의나 즉시항고를 할 수 없다.678)

(2) 부동산의 현저한 훼손 또는 권리관계의 중대한 변동이 있는 경우

① 천재지변, 그 밖에 자기가 책임질 수 없는 사유로 부동산이 현저하게 훼손되거나 부동산에 관한 중대한 권리관계가 변동된 사실이 매각허가결정의 확정 '뒤에' 밝혀진 경우에는 대금납부 전까지 '매각허가결정의 취소신청'을 할 수 있다(127조 1항).[2023, 2024 승진, 2016, 2024 법무사]

② 매각으로 인하여 근저당권이 소멸하고 매수인이 소유권을 취득하게 되는 시점인 대금납부 이전에 선순위 근저당권이 다른 사유로 소멸한 경우 대항력 있는 임차권의 존재로 인하여 담보가치의 손상을 받을 선순위 근저당권이 없게 되므로 임차권의 대항력이 소멸하지 아니한다.679)[2024 법무사]

선순위 근저당권의 존재로 후순위 임차권의 대항력이 소멸하는 것으로 알고 부동산을 매수하였으나, 대금납부 전에 선순위 근저당의 소멸로 인하여 임차권의 대항력이 존속하는 것으로 변경됨으로써 매각부동산의 부담이 현저히 증가하는 경우 매수인은 자신에 대한 매각허가결정의 취소신청을 할 수 있다.680)

---

677) 대법원 1994. 6. 25. 선고 93다12305 판결.
678) 대법원 1994. 6. 25. 선고 93다12305 판결 ; 1995. 2. 16. 94마1871 결정.
679) 대법원 2003. 4. 25. 선고 2002다70075 판결.
680) 대법원 1998. 8. 24. 98마1031 결정.

선순위 근저당권의 존재로 후순위 임차권이 소멸하는 것으로 알고 부동산을 매수하였으나, 대금납부 전에 채무자가 후순위 임차권의 대항력을 존속시킬 목적으로 선순위 근저당권의 피담보채무를 모두 변제하고 그 근저당권을 소멸시키고도 이 점에 대하여 매수인에게 아무런 고지도 하지 않아 매수인이 대항력 있는 임차권이 존속하게 된다는 사정을 알지 못한 채 대금지급기일에 매각대금을 지급하였다면, 채무자는 민법 제578조 제3항의 규정에 의하여 매수인이 입게 된 손해를 배상할 책임이 있다.[681][2017 승진, 2018 법무사]

③ 재매각명령이 나면 매각허가결정의 효력이 상실되므로 매수인은 재매각명령 이후에는 매각허가결정의 취소신청을 할 수 없다.[682][2012, 2019, 2023 법무사]

④ 민사집행법 제127조 제1항에 의하여 매각허가결정을 취소한 때에는 법원은 최저매각가격의 결정부터 새로 정하여 경매절차를 속행하여야 한다(134조).[2023 승진]

(3) 매각목적물의 하자와 담보책임

① 담보책임은 경매절차는 유효하게 이루어졌으나 경매의 목적이 된 권리의 전부 또는 일부가 타인에게 속하는 등의 하자로 매수인이 완전한 소유권을 취득할 수 없거나 이를 잃게 되는 경우에 인정되는 것이고, 경매절차 자체가 무효인 경우에는 경매의 채무자나 채권자의 담보책임은 인정될 여지가 없다.[683]

② 매수인이 강제경매절차를 통하여 부동산을 매수하여 대금을 완납하고 그 앞으로 소유권이전등기까지 마쳤으나, 그 후 강제경매절차의 기초가 된 채무자 명의의 소유권이전등기가 원인무효의 등기이어서 경매부동산에 대한 소유권을 취득하지 못하게 된 경우, 이와 같은 강제경매는 무효라고 할 것이고, 이 때 매수인은 경매채권자에게 경매대금 중 그가 배당받은 금액에 대하여 일반 부당이득의 법리에 따라 반환을 청구할 수 있으나, 민법 제578조 제1항, 제2항에 따른 경매의 채무자나 채권자의 담보책임은 인정될 여지가 없다.[684][2016 법무사]

③ 구 건물이 멸실된 후에 신 건물이 신축되었고, 이들 사이에 동일성이 없는 경우에 멸실된 구 건물에 대한 근저당권설정등기는 무효이므로 이에 기하여 진행된 임의경매절차도 무효이고, 매수인은 대금을 완납하였더라도 적법하게 소유권을 취득할 수 없다.[685][2016 법무사]

---

681) 대법원 2003. 4. 25. 선고 2002다70075 판결.
682) 대법원 2009. 5. 6. 2008마1270 결정.
683) 대법원 1991.10.11. 선고 91다21640 판결.
684) 대법원 2004. 6. 24. 선고 2003다59259 판결.
685) 대법원 1993. 5. 25. 선고 92다15574 판결.

④ 경매절차에서 소유권이전청구권 가등기가 경료된 부동산을 매수하였으나 가등기에 기한 <u>본등기가 경료되지 않은 경우</u>에는 아직 매수인이 그 부동산의 소유권을 상실한 것이 아니므로 매수인은 경매신청채권자에 대하여 민법 제578조에 따른 담보책임(손해배상책임)을 물을 수 없다.[686)][2016 법무사]

(4) 매각불허가결정의 선고
매각불허가결정은 매각결정기일에 <u>선고하여야</u> 한다.(126조 1항). 이 결정은 <u>선고한 때에 고지</u>의 효력이 발생하므로(규칙 74조) 이해관계인에게 송달할 필요는 없다.

(5) 매각불허가 후의 절차
① 민사집행법 제121조 제6호에서 정한 사유, 즉 부동산의 현저한 훼손 또는 중대한 권리관계의 변동으로 인하여 매각불허가결정을 하고 새 매각기일을 진행하는 때에는 <u>최저매각가격부터 새로 정하여</u> 경매절차를 진행하여야 한다(125조 2항).[2023 승진]
② 과잉매각으로 일부 부동산에 대하여 매각불허가를 한 경우 매각허가된 부동산의 매수인이 대금을 납부하지 아니한 때에는 부동산 모두를 함께 매각에 부칠 수 있는데, 이 경우 <u>매각불허된 부동산</u>의 매각에 대하여는 <u>전 매수인</u>도 매수신고를 할 수 있다.[2018 법무사]

(6) 매각허가 여부의 결정을 하지 않는 경우의 불복방법
집행법원이 최고가매수신고인임이 명백한 자에 대하여 특별한 사정도 없이 매각허가여부의 결정을 하지 아니하는 때에는 최고가매수신고인은 <u>집행에 관한 의의</u>(16조)에 의하여 불복할 수 있다.[687)][2012, 2013, 2016, 2020, 2022, 2024 법무사]

(7) 매수신청보증의 반환
매각불허가결정이 확정되면 최고가매수신고인, 차순위매수신고인은 매수에 관한 책임이 면제되므로 즉시 <u>매수보증금의 반환</u>을 청구할 수 있다(114조 1항, 133조).

---

686) 대법원 1999. 9. 17. 선고 97다54024 판결.
687) 대법원 2008. 12. 29. 2008그205 결정.

다. 매각허가결정

(1) 매각허가결정을 하여야 할 경우

이해관계인의 매각허가에 대한 이의가 이유 없다고 인정되고 그 밖에 직권으로 매각을 불허가할 사유가 없는 경우에는 최고가매수신고인에게 매각허가결정을 하여야 한다(126조 1항).

(2) 매각허가결정의 기재사항

매각허가결정에는 매각한 부동산의 표시, 매수인, 매각가격의 표시, 특별매각조건으로 매각한 때에는 그 특별매각조건을 기재하여야 한다(128조 1항).

(3) 매각허가결정의 선고 및 공고

1) 선고

① 매각허가결정은 매각결정기일에 반드시 선고하여야 하고(126조 1항), 선고에 의하여 고지의 효력이 생긴다(규칙 74조). 따라서 매각허가결정을 선고하지 아니하고 일반 결정의 경우와 같이 결정서의 정본이나 등본의 송달에 의하여 고지하는 것은 위법하다.[2022 법무사]

② 매각허가결정은 이해관계인들의 출석여부에 관계 없이 선고에 의하여 일률적으로 그 고지의 효력이 생기는 것이므로 이해관계인에게 통지할 필요는 없다.[688] 매각허가결정을 선고하지 않고 공고만 한 경우에는 불변기간인 항고기간이 진행되지 아니한다.[2015 법무사, 2017 승진]

③ 선고되지 아니하여 그 효력이 발생하지 아니한 매각허가결정에 대한 항고는 부적법하며, 그 항고가 각하되지 아니하고 있는 동안에 항고인에게 불이익한 매각허가결정이 선고되더라도 당해 항고는 적법한 것으로 되지 아니한다.[689][2019 승진]

④ 매각허가결정은 확정되어야 효력이 있다(126조 3항).[2022 법무사]

2) 공고

매각허가결정은 선고하는 외에 공고하여야 한다(128조 2항).

---

688) 대법원 2000. 1. 31. 99마6589 결정.
689) 대법원 1998. 3. 9. 98마12 결정 ; 1967. 11. 17. 67마914 결정.

3) 매각허가결정에 대한 경정결정의 고지방법

매각허가결정에 대한 경정결정의 고지방법에 대하여 특별히 규정한 바는 없으므로 민사소송법 221조 1항에 의하여 상당한 방법으로 고지하면 된다.690) 다만 이해관계인에게 경정결정의 정본을 송달하는 것이 유일한 고지방법이 아니라고 하더라도 단지 법원게시판에 공고하거나 배당기일통지서를 송달한 것만으로는 상당한 방법으로 고지한 것이라 볼 수 없다.[2018 법무사]

라. 매각허부결정에 대한 즉시항고

(1) 매각허부결정에 대한 불복방법

① 매각허부결정에 대하여는 즉시항고만 허용되므로 통상항고, 특별항고, 집행에 관한 이의로 불복할 수 없다.691) 매각허가결정에 대한 이의신청이라는 제목으로 제출된 불복신청도 즉시항고로 보아 처리함이 상당하다.692)

[2023 승진, 2018 법무사]

② 즉시항고는 매각허부의 결정이 선고된 뒤에 하여야 하고, 매각허가결정이 선고되기도 전에 존재하지도 아니한 매각허가결정을 대상으로 하여 제기된 항고는 부적법하고, 그 항고가 부적법하다는 이유로 각하되지 않고 있는 동안에 항고인에게 불이익한 매각허가결정이 선고되었다고 하여도 당해 항고는 적법한 것으로 되지 아니한다.693)[2019 승진]

(2) 항고권자

즉시항고를 제기할 수 있는 사람은 이해관계인, 매수인 및 매수신고인에 한한다(129조 1항, 2항). 항고권자의 채권자가 채권자대위권에 의하여 즉시항고할 수는 없다.694)[2021 승진]

1) 이해관계인

가) 항고적격

① 이해관계인은 매각허가 여부의 결정에 따라 손해를 볼 경우에만 즉시항고를 할 수 있다(129조 1항).

---

690) 대법원 1985. 2. 8. 84마카31.
691) 대법원 1994. 7. 11. 94마1036 결정.
692) 대법원 1994. 7. 11. 94마1036 결정.
693) 대법원 1998. 3. 9. 98마12 결정.
694) 대법원 1961. 10. 26. 4294민재항559 결정.

② 민사집행법 제87조 제1항에 의하여 이중경매개시결정이 있고, 선행사건의 경매절차에 따라 경매가 진행되는 경우 이해관계인 여부의 판단은 선행사건을 기준으로 하여야 한다.695) 따라서 선행사건의 배당요구종기 이후에 설정된 후순위 근저당권자로서 선행사건의 배당요구종기까지 아무런 권리신고를 하지 아니한 이중경매신청인은 선행사건의 매각허가결정에 대하여 즉시항고를 제기할 수 있는 이해관계인에 해당하지 않는다.696)[2012, 2015, 2017 승진, 2015, 2023 법무사]

나) 손해의 의미

매각기일통지를 받지 못한 이해관계인은 법이 보장하고 있는 절차상의 권리를 침해당하는 손해를 받은 것이므로 매각허가결정에 대한 즉시항고를 할 수 있고, 구체적 또는 추상적으로 재산상의 손해가 발생한 경우에 한하여 그 이해관계인이 즉시항고를 할 수 있는 것은 아니다.697)

다) 이해관계인이 아닌 자의 항고

① 이해관계인으로서 매각허가결정에 대하여 즉시항고를 제기하기 위하여는 매각허가결정이 있을 때까지 그러한 사실을 증명하여야 하고, 매각허가결정이 있은 후에 즉시항고장을 제출하면서 경매개시결정등기 후에 저당권이나 소유권을 취득한 사실을 증명한 때에는 이해관계인이라 할 수 없다.698) 경매개시결정등기 후에 전입신고를 한 임차인이 매각허가결정 후 즉시항고를 제기하면서 이해관계인 소명자료로 임대차계약서와 주민등록등본을 제출한 경우에도 그 항고는 부적법하다.699)

② 가압류채권자·가처분권자는 경매절차의 이해관계인이 될 수 없다.700) 매각부동산에 관하여 소유권회복의 등기를 할 수 있는 확정판결이 있다 하더라도 이에 기한 등기를 갖추고 집행법원에 신고하기 전에는 항고할 수 있는 이해관계인이 될 수 없다.701)

---

695) 대법원 2005. 5. 19. 2005마59 결정.
696) 대법원 2005. 5. 19. 2005마59 결정.
697) 대법원 2001. 3. 22. 2000마6319 결정 ; 2002. 12. 24. 2001마1047 전원합의체 결정.
698) 대법원 1994. 9. 13. 94마1342 결정 ; 2005. 3. 29. 2005마58 결정.
699) 대법원 2002. 5. 16. 2002마1617 결정.
700) 대법원 1994. 9. 30. 94마1534 결정 ; 1994. 9. 12. 94마1465, 1466 결정.
701) 대법원 1991. 4. 18. 91마141 결정.

2) 매수인

① 매각허가에 정당한 이유가 없거나 허가결정에 적은 것 외의 조건으로 허가하여야 한다는 것을 주장하는 매수인도 매각허부결정에 대하여 즉시항고할 수 있다(129조 2항). 일반적인 이해관계인의 경우와 달리 그 결정으로 손해를 받을 것이 요건이 되지 않는다.[2024 법무사]

② 매수인이 즉시항고를 하는 경우에는 그가 신고한 매수신고가격에 구속되므로 그 신고가격 이하로 매각허가할 것을 주장할 수는 없다(129조 3항).

3) 매수신고인

① 매수신고인도 자기가 적법한 최고가 매수신고인임을 주장하여 자기에게 매각을 허가하여 달라는 것을 주장하는 경우에 한하여 즉시항고를 할 수 있다(129조 2항).[2024 법무사]

② 매각허가를 주장하는 매수신고인도 자기가 신고한 매수신고가격에 구속되므로 그 가격 이하로의 매각허가를 주장할 수는 없다(129조 3항).

(3) 항고기간

① 매각허부결정은 선고한 때에 고지의 효력이 생기므로(규칙 74조) 매각허부결정에 대한 1주의 항고기간은 매각허부결정의 선고일로부터 일률적으로 진행되며 불변기간이다. 위 항고기간은 매각허부결정이 적법하게 선고된 것을 전제로 진행되므로 선고 없이 공고만 한 경우에는 항고기간이 진행되지 아니한다. [2015 법무사, 2017 승진]

② 판결과 달리 선고가 필요하지 않은 결정·명령은 그 원본이 법원사무관등에게 교부되면 성립한 것으로 보아야 하므로 결정·명령이 당사자에게 고지되어 효력이 발생하기 전에도 결정·명령에 불복하여 즉시항고할 수 있다(주식양도명령이 당사자에게 고지되기 전에도 즉시항고를 제기할 수 있다고 판시한 사례임).[702][2015, 2019, 2024 법무사]

(4) 항고제기방법

① 항고장은 원심법원에 제출하여야 하고, 편면적 불복절차이므로 반드시 상대방을 표시하여야 하는 것도 아니고, 항고장을 상대방에게 송달하여야 하는 것도 아니다.[703] 다만 매각허부결정에 관하여 항고법원은 필요한 경우에 반대진술을 위하여 항고인의 상대방을 정할 수 있다(131조 1항).[2011, 2017 법무사]

---

702) 대법원 2014. 10. 8. 2014마667 전원합의체 결정.
703) 대법원 1997. 11. 27. 97스4 결정.

② 사법보좌관에게 이의신청을 할 때에는 민사소송 등 인지법에서 정하는 인지를 붙일 필요가 없으나 보증제공서류 등은 붙여야 한다(사법보좌관규칙 4조 4항).[2013 승진, 2016, 2020 법무사]

(5) 항고이유

1) 항고이유서 제출 강제주의
항고장에 항고이유를 기재하지 아니한 경우에는 항고장을 제출한 날로부터 10일 이내에 항고이유서를 원심법원에 제출하여야 한다(15조 3항). 항고이유서를 제출하지 아니하거나, 항고이유의 기재방법이 대법원규칙에 위반된 경우에는 원심법원은 즉시항고를 각하하는 결정을 하여야 한다(15조 5항). 만일 원심법원이 각하결정을 하지 않은 채 기록을 항고법원에 송부한 경우에는 항고법원이 바로 각하결정을 하여야 한다.[704][2014 법무사]

2) 항고이유
매각허가결정에 대한 항고는 매각허가에 대한 이의사유가 있다거나 매각결정절차의 중대한 잘못을 이유로 드는 때에만 할 수 있다(130조 1항). 다만 재심사유는 그 자체로서 매각허부결정에 대한 항고이유로 삼을 수 있다(130조 2항).[2015, 2017 법무사]

3) 항고이유가 될 수 없는 경우
① 다른 이해관계인의 권리에 관한 것을 이유로 항고하는 것은 허용되지 아니하므로(122조, 131조 3항) 다른 이해관계인에 대한 매각기일통지의 송달에 하자가 있음을 이유로 항고할 수 없다.[705] 다만 채무자에 대한 경매개시결정의 고지 없이는 유효하게 경매절차를 속행할 수 없으므로 채무자 아닌 다른 이해관계인도 채무자에 대한 경매개시결정의 송달하자를 항고이유로 삼을 수 있다.[706]

② 매각기일의 공고에 임대차가 없는 것처럼 잘못 기재된 경우에 매수신고인은 그와 같은 사유로 다툴 수 있으나, 매수신고인이 아닌 채무자나 임차인은 그와 같은 사유를 매각허가결정에 대한 항고사유로 삼을 수 없다.[707][2016 법무사]

---

704) 대법원 2005. 5. 19. 2005마59 결정.
705) 대법원 1992. 1. 30. 91마728 결정 ; 1997. 6. 10. 97마814 결정.
706) 대법원 1997. 6. 10. 97마814 결정.
707) 대법원 1991. 2. 7. 91마18 결정.

③ 조세 기타 공과금 주관 공공기관에 대하여 <u>채권신고의 최고를 하지 않았다 하더라도</u> 매각허가결정에는 아무런 영향이 없고, 매각허가결정에 대한 항고사유도 되지 않는다.708)[2012, 2016, 2020 법무사]

(6) 항고의 보증

1) 보증금액
① '<u>매각허가결정</u>'에 대하여 항고를 하고자 하는 모든 사람은 보증으로 매각대금의 1/10에 해당하는 <u>금전 또는 법원이 인정하는 유가증권</u>을 공탁하여야 한다(130조 3항). 지급보증위탁계약체결문서(지급보증서)의 제출에 의한 보증은 허용되지 않는다. '<u>매각불허가결정</u>'에 대한 항고 시에는 보증을 제공할 필요가 없다.[2023 승진, 2020 법무사]
② 항고인이 2인 이상인 경우에는 이해관계의 기초가 되는 권리관계를 공유하는 등의 특별한 사정이 없는 한, <u>항고인별로 각각</u> 매각대금의 10분의 1에 해당하는 금전 또는 유가증권을 공탁하여야 한다.709)[2023 승진, 2017, 2018 법무사]

2) 항고인이 보증을 공탁하지 않은 경우
① 항고인이 <u>보증제공서류</u>를 제출하지 아니한 때에는 항고장이 접수된 날로부터 <u>1주 이내에 항고장을 각하</u>하여야 한다(130조 4항).
② 보증의 제공이 없음을 이유로 한 <u>항고장 각하결정</u>에 대하여는 즉시항고를 할 수 있으나(130조 5항), <u>집행정지의 효력이 없어서</u> 매각허가결정의 효력이 차단되지 아니하므로 강제경매절차는 정지되지 아니한다.710) 이 경우의 즉시항고 대상은 매각허가결정이 아니라 원심법원의 항고장 각하결정이므로 <u>매각허가결정을 하여서는 아니될 사유</u>에 관한 주장은 항고장 각하결정에 대한 적법한 불복사유가 될 수 없다.711)[2017 법무사]
③ 보증제공서류가 첨부되지 않았다는 이유로 항고장각하결정을 하였으나 항고인이 항고장각하결정 전에 이미 보증제공을 하였고, 이를 이유로 항고장각하결정에 대하여 즉시항고를 한 경우, 집행법원은 스스로 위 <u>항고장각하결정을 취소</u>하고(재도의 고안) 경매기록 원본을 항고법원으로 송부한다. 이 경우 즉시항고에 대한 결정이 확정될 때까지 <u>경매절차를 정지</u>하여야 한다.712)[2020 법무사]

---

708) 대법원 1979. 10. 30. 79마299 결정.
709) 대법원 2006. 11. 23. 2006마513 결정.
710) 대법원 1995. 1. 20. 94마1961 전원합의체 결정.
711) 대법원 1989. 9. 7. 89그29 결정.
712) 재민 95-2(7조).

3) 즉시항고가 기각(각하) 또는 취하된 경우

① **채무자 및 소유자가 항고한 경우** :
채무자 및 소유자가 항고하여 기각된 경우에는 보증의 반환을 요구할 수 없으므로(130조 6항) 보증금 전액이 배당할 금액에 편입된다(147조 1항 3호).

채무자 및 소유자가 항고한 후 항고를 취하한 경우에도 기각된 경우와 마찬가지로 취급하므로(130조 8항) 보증의 반환을 요구할 수 없고, 보증금 전액이 배당할 금액에 편입된다. 다만 항고가 기각(각하) 또는 취하되었더라도 경매신청이 취하되거나 매각절차가 취소된 경우에는 항고인은 보증금을 반환받을 수 있다.[2017, 2022 법무사]

② **채무자, 소유자 이외의 사람이 항고한 경우** :
채무자, 소유자 '이외의' 사람이 항고하여 기각된 경우에는 항고를 한 날로부터 항고기각이 확정된 날까지의 매각대금에 대한 대법원규칙이 정하는 이율(연 12/100)에 의한 금액(보증으로 제공한 금전 또는 유가증권을 현금화한 금액을 한도로 함)의 반환을 요구하지 못하므로 그 금액만 배당할 금액에 편입되고, 나머지는 항고인에게 반환하여야 한다(130조 7항). 항고를 취하한 경우에도 기각된 경우와 마찬가지로 취급한다(130조 8항).

4) 항고가 인용된 경우
항고가 인용되면 항고인은 두 가지 서면, 즉 ① 공탁서 ② 항고인용의 재판이 확정되었음을 증명하는 서면 또는 보증금이 배당할 금액에 포함될 필요가 없게 되었음을 증명하는 서면(집행법원의 법원사무관등이 발급한 것에 한함)을 첨부하여 바로 보증금을 회수할 수 있다.713)

(7) 즉시항고의 효력
매각허가결정에 대한 즉시항고는 이심의 효력과 확정차단의 효력이 있을 뿐이고, 집행정지의 효력은 없다(15조 6항 본문). 다만 매각허부결정은 확정되어야 효력이 있고(126조 3항), 즉시항고로 인하여 매각허가결정의 확정이 차단되므로 대금지급기한 지정 등 그 이후의 모든 절차를 진행할 수 없다.
[2017 승진, 2015, 2017 법무사]

---

713) 행정예규 980호.

(8) 매각허가결정에 대한 추완항고

1) 추완항고의 사유
매각허가결정에 대하여 이해관계인이 자기책임에 돌릴 수 없는 사유로 항고기간을 지킬 수 없었던 경우에는 항고기간 도과 후에 추후보완에 의한 항고를 제기할 수 있다(23조 1항). 집행법원이 이해관계인에게 매각기일 등의 통지를 하지 아니하여 매각허가결정에 대한 항고기간을 준수하지 못하였다면 특단의 사정이 없는 한 그 이해관계인은 자기책임에 돌릴 수 없는 사유로 항고기간을 준수하지 못한 것이므로 추완항고가 허용된다.714)[2024 법무사]

2) 추완항고의 시기
공유자에 대한 매각기일 통지누락 등 경매절차상의 하자로 인하여 매각허가결정에 대한 추완항고가 받아들여지면 매각허가결정은 확정되지 아니하고, 집행법원의 대금지급기한통지에 따라 매수인이 대금을 완납하고 소유권이전등기까지 마쳤더라도 소유권을 취득할 수 없다.715) 매각대금이 완납되고 배당까지 종료되어 경매절차가 모두 완결되었더라도 매각허가결정에 대한 추후보완항고가 인정된다.716)[2017, 2018, 2020 법무사]

(9) 사법보좌관의 매각허가결정에 대한 불복

1) 사법보좌관의 업무처리
① 매각허가결정은 즉시항고의 대상이지만 사법보좌관의 매각허가결정에 대하여 불복하려면 즉시항고에 앞서 사법보좌관의 처분에 대한 이의신청을 거쳐야 한다(사법보좌관규칙 4조 3항).

이의신청을 할 때에는 이의신청대상이 되는 처분의 표시와 그 처분에 대한 이의신청취지를 밝히는 방법으로 사법보좌관에게 하여야 하고(위 규칙 4조 2항), 이의신청은 그 처분을 고지 받은 날로부터 1주의 불변기간 이내에 하여야 한다. 사법보좌관에게 이의신청을 할 때에는 민사소송 등 인지법에서 정하는 인지를 붙일 필요가 없으나 보증제공서류 등은 붙여야 한다(위 규칙 4조 4항).[2016, 2020 법무사]

② 사법보좌관이 이의신청을 받은 때에는 이의신청사건을 지체 없이 소속법원의 단독판사 등에게 송부하여야 한다(위 규칙 4조 5항).

---

714) 대법원 2002. 12. 24. 2001마1047 전원합의체 결정.
715) 대법원 2007. 12. 27. 선고 2005다62747 판결.
716) 대법원 2002. 12. 24. 2001마1047 전원합의체 결정.

2) 이의신청사건을 받은 판사의 업무처리

① 이의신청이 이유 있다고 인정되는 때에는 사법보좌관의 처분을 경정하여야 한다(위 규칙 4조 6항 3호).

② 즉시항고의 대상이 되는 처분에 대한 이의신청이 이유 없다고 인정하는 경우에는 사법보좌관의 처분을 인가하고, 이의신청사건을 항고법원으로 송부한다. 이 경우 인가결정은 재판의 한 형식인 결정으로 하여야 하고, 이의신청인에게 고지하여야 하며, 또한 인가결정에 대하여는 불복할 수 없다(위 규칙 4조 6항, 8항).

③ 이의신청서에 민사소송 등 인지법에 의한 인지가 붙어 있지 않은 경우에는 상당한 기간을 정하여 보정을 명하여야 하고, 보정하지 아니하면 이의신청을 각하한다(위 규칙 4조 6항 6호).

3) 단독판사 등의 인가결정절차를 거치지 않은 경우

사법보좌관의 처분(매각허가결정)에 대하여 이의신청하는 취지로 즉시항고장을 제출하자, 사법보좌관의 소속법원(제1심법원)이 즉시항고장의 우측 상단에 판사의 날인만 하였을 뿐 단독판사 등의 인가결정절차를 제대로 거치지 않은 채 항고법원인 원심법원에 사건기록을 송부한 경우, 즉시항고장의 우측 상단에 아무런 문언의 기재 없이 행하여진 판사의 날인만으로는 인가결정이 있었다고 보기 어렵고, 사건기록을 다시 사법보좌관의 소속법원에 이송하여 적법한 절차를 거치도록 하여야 한다.717)

(10) 항고법원의 처리절차

① 항고법원은 항고장 또는 항고이유서에 기재된 항고이유에 대하여만 조사하여야 한다(15조 7항 본문). 다만 원심재판에 영향을 미칠 수 있는 법령위반 또는 사실오인에 대하여는 직권으로 조사할 수 있다(15조 7항 단서).

② 항고법원이 집행법원의 결정을 취소하는 경우에도 매각허부의 결정은 집행법원이 하여야 하므로(132조) 항고법원이 단독판사 등의 인가처분결정을 취소하는 경우에는 사건을 원심법원에 다시 환송하여야 한다.[2020 법무사]

(11) 재항고

항고심 재판에 불복하거나 손해를 받는 이해관계인은 재항고할 수 있다(23조 1항, 민소법 442조).

---

717) 대법원 2021. 9. 9. 2021마167 결정.

11. 매각대금의 지급

가. 대금지급기한의 지정 및 통지

(1) 대금지급기한의 지정
① 대금지급기한은 매각허가결정이 확정된 날부터 1개월 안의 날로 정하여야 하고, 다만 경매기록이 상소법원에 있는 때에는 그 기록을 송부받은 날부터 1월 안의 날로 정하여야 한다(규칙 78조).[2013, 2019 법무사]
② 대금지급기한을 지정할 때에는 연, 월, 일 및 '시각'을 정하여야 한다.
③ 매각허가결정의 확정에 의하여 매수인의 대금지급의무가 현실적으로 발생하므로 매각허가결정이 확정되기 전에는 대금지급기한을 지정할 수 없다.
매각허가결정이 확정되기 전에 법원이 대금지급기한을 지정한 경우 그 기한지정은 아무런 효력이 없으므로 법원이 매수인으로 하여금 매각대금을 납부하게 하였더라도 이는 적법한 매각대금의 지급이라고 할 수 없고, 또한 그 기한 내에 대금을 납부하지 아니하였더라도 매각허가결정이 그 효력을 상실하는 것도 아니다.[718][2012, 2018 법무사]

(2) 대금지급기한의 통지

1) 매수인 및 차순위 매수인에 대하여 통지
① 매각허가결정이 확정되면 집행법원은 직권으로 대금지급기한을 정하고 이를 매수인과 차순위매수신고인에게 통지하여야 한다(142조 1항).[2015 법무사]
② 대금지급기한의 통지는 매수인과 차순위매수신고인에게만 하면 족하고 채무자 등 이해관계인에 대하여까지 할 필요는 없으므로 채무자가 대금지급기한의 통지를 받지 못하였다는 사유는 대금납부의 효력을 다툴 사유가 되지 못한다.[719]
③ 경매개시결정을 채무자에게 송달하지 아니한 채 경매절차가 진행되어 대금납부를 하더라도 이는 경매절차를 속행할 수 없는 상태에서의 대금납부로서 부적법하여 대금납부의 효력이 인정되지 않는다.[720][2018 법무사]

---

718) 대법원 1992. 2. 14. 선고 91다40160 판결.
719) 대법원 1992. 11. 11. 92마719 결정.
720) 대법원 1995. 7. 11. 선고 95마147 결정.

2) 대금지급기한의 통지가 부적법한 경우

대금지급기한 통지가 부적법함에도(예컨대 통지를 받지 못한 경우) 대금미납을 이유로 재매각명령을 한 경우에 매수인은 재매각명령에 따른 매각결정기일에서 이의를 하거나 매각허가결정에 대한 즉시항고로 다툴 수 있으나, 이의신청이나 즉시항고가 없어 매각허가결정이 '확정'된 경우에는 재매각명령의 취소를 구하는 집행에 관한 이의신청을 할 수 없다.721)[2014 승진, 2013, 2018, 2023 법무사]

(3) 추완항고가 허용된 경우

매각허가결정이 확정되어 매각대금을 지급하였더라도 매각허가결정에 대한 추후보완항고가 항고법원에서 허용되었다면 비록 추후보완항고에 의한 항고가 기각되고 또한 재항고도 기각되었다 하더라도 위 대금지급은 적법한 지급이라 할 수 없다.722)[2017, 2018 법무사]

나. 대금지급방법

(1) 매수인의 대금지급의무

① 매각허가결정이 확정되면 매수인은 대금지급의무가 발생한다. 매수인의 대금지급의무는 매각허가결정의 확정으로 발생하는 것이므로 매수인의 일방적인 의사표시로 포기할 수 없다.723) 따라서 대금지급기한 전에 매수인이 매수를 포기한다는 약정을 채무자와 합의하고 매각대금을 납부하지 않겠다는 내용의 포기서를 경매법원에 제출하였다고 하여도 매수인은 여전히 대금지급의무를 부담한다.[2012, 2018 법무사, 2014 승진]

② 공유자에 대한 매각기일통지의 누락 등 경매절차상의 하자로 인하여 매각허가결정에 대한 추후보완항고가 받아들여지면 매각허가결정은 확정되지 아니한다. 따라서 그 이전에 이미 매각허가결정이 확정된 것으로 알고 경매법원이 매각대금납부기한을 정하여 매수인으로 하여금 매각대금을 납부하도록 하였더라도 이는 적법한 매각대금의 납부가 될 수 없다.724) 매각대금이 납부되고 배당절차까지 완료되어 경매절차가 모두 종료된 경우에도 추완항고가 허용된다.[2017, 2018, 2020 법무사]

---

721) 대법원 2001. 6. 4. 2000마7550 결정.
722) 대법원 1998. 3. 4. 97마962 전원합의체 판결 ; 2002. 12. 24. 2001마1047 결정 ; 2007. 12. 27. 선고 2005다62747 판결.
723) 대법원 1971. 5. 10. 71마283 결정.
724) 대법원 2007. 12. 27. 선고 2005다62747 판결.

(2) 통상의 대금지급방법

① 매각대금은 현금으로 지급하여야 하고, 금융기관이 발행한 자기앞수표는 현금에 준한다. 매수신청의 보증으로 금전이 제공된 경우에 그 금전은 매각대금에 넣는다(142조 3항).[2022 승진] 따라서 매수보증이 금전일 경우에는 매각대금에서 이를 공제한 잔액만을 지급하면 된다.

② 매수신청의 보증으로 금전 '외의' 것이 제공된 경우에는 매각대금 전액을 현금으로 납부하여야 하고, 전액이 지급되면 보관 중인 유가증권이나 지급보증서를 반환하면 된다. 만일 매수인이 매수보증을 제외한 금액만을 지급한 때에는 법원은 보증을 현금화하여 그 비용을 뺀 금액을 보증액에 해당하는 매각대금 및 이에 대한 지연이자에 충당하고, 모자라는 금액이 있으면 다시 대금지급기한을 정하여 매수인으로 하여금 내게 한다(142조 4항).[2019 법무사]

③ 공동매수의 경우에 공동매수인의 대금지급의무는 성질상 불가분채무이므로 전원에게 대금지급기한을 통지하여야 한다. 또한 공동매수인 전부가 대금을 완납하여야 대금납부의 효과가 발생하므로 공동매수인 중 일부만이 대금을 납부한 때에는 전부에 대하여 재매각을 명하여야 한다.[2023 법무사]

(3) 특별한 지급방법

1) 배당액과의 차액지급

가) 신청시기 및 신청권자

① 채권자가 매수인인 경우에는 매각결정기일이 끝날 때까지 법원에 신고하고 배당받아야 할 대금을 제외한 금액을 배당기일에 납부할 수 있다(143조 2항). 차액지급신청은 매각결정기일이 끝날 때까지 집행법원에 신고하여야 하므로 매각결정기일 이후에 신고된 차액지급신고는 부적법하다.[2013, 2018, 2019 법무사]

② 매수인이 실제로 배당받을 수 있는 금액이 있어야 차액지급이 가능하므로 매수인이 배당받을 금액이 없는 경우에는 차액지급이란 있을 수 없다. 압류채권자는 물론이고 당해 경매사건의 채권자가 매수인이 된 경우에는 배당받을 금액이 있는 한 누구든지 차액지급신청을 할 수 있다. 다만 매수인이 배당표에 배당받는 것으로 기재되더라도 그 배당금을 현실로 수령할 수 없어 공탁하여야 하는 경우 또는 매수인의 채권이 압류·가압류된 경우에는 차액지급신청이 허용되지 않는다.[2018 법무사]

나) 차액지급신청이 적법한 경우의 처리

차액지급신청서가 제출된 경우에 매각허가결정이 확정되면 바로 배당기일을 지정하면 되고, 대금지급기한을 정할 필요가 없다.[2019 법무사]

다) 차액지급의 효과

일단 차액지급신청이 허용되면 그 후에 매수인의 채권의 전부 또는 일부가 부존재하는 것으로 밝혀지더라도 대금납부의 효력에는 영향이 없다.725) 가집행선고부판결에 기한 강제경매절차에서 압류채권자인 매수인이 차액지급신청을 한 결과 배당이의가 없어 배당기일에 상계의 효력이 발생하고, 매수인이 소유권을 취득하였다면 그 후 위 판결이 상소심에서 취소되더라도 이미 완료된 경매절차의 효력에는 아무런 영향이 없다.726)

라) 차액지급신청이 허용되지 않는 경우

① 매수인이 배당받을 금액에 대하여 배당이의가 있는 경우에는 배당기일이 끝날 때까지 이에 해당하는 금액을 모두 지급하여야 하며(143조 3항), 매수인이 그 금액을 납부하지 않는 경우에는 재매각을 명하여야 한다.

② 재매각절차에서 전 매수인이 대금·지연이자 및 절차비용을 납부하면서 재매각절차의 취소를 구하는 경우 차액지급에 의한 특별지급방법은 허용되지 않는다.727)[2013, 2019 법무사]

2) 채무인수

가) 신청 및 인수액의 확정

① 매수인은 매각조건에 따라 부동산의 부담을 인수하는 외에 배당표의 실시에 관하여 매각대금의 한도에서 관계채권자의 승낙이 있으면 대금지급에 갈음하여 채무를 인수할 수 있다(143조 1항).

채무인수는 모든 채권자의 채무를 인수하여야 하는 것은 아니고 승낙을 얻은 일부 채권자의 채무만 인수할 수도 있다. 이 경우 인수되는 채무의 액수는 배당기일에 채권자가 매각대금에서 배당받을 채권액을 한도로 하므로 배당기일에서야 비로소 인수액이 확정된다.728)[2018 법무사]

---

725) 대법원 1990. 2. 27. 선고 88다카6549 판결.
726) 대법원 1991. 2. 8. 선고 90다16177 판결.
727) 대법원 1999. 11. 17. 99마2551 결정.
728) 대법원 2018. 5. 30. 선고 2017다241901 판결.

② 채무인수를 허용하는 경우에는 매각허가결정이 확정되면 <u>바로 배당기일을 지정</u>하면 되고, 대금지급기한을 지정할 필요는 없다. 매수인이 배당기일에 채무인수금액을 공제한 차액을 납부하지 아니한 경우에는 <u>재매각명령</u>을 하여야 한다.[2019 법무사]

③ 매수인이 차액을 납부하였으나 <u>인수할 채무에 대하여 배당이의</u>가 있는 경우에는 배당기일이 끝날 때까지 이에 해당하는 금액을 모두 납부하여야 하고(143조 3항), 만약 납부하지 않으면 <u>재매각</u>을 명하여야 하며, 배당이의를 한 것으로 처리하면 아니 된다.

④ 채무인수신청은 신고의 종기가 없으므로 <u>매각허가결정이 확정된 이후</u>에도 가능하다.

나) 채무인수의 법적 성격

매수인이 관계채권자의 승낙을 얻어 매각대금의 지급을 갈음하여 채무를 인수한 경우, 매수인이 현금으로 매각대금을 내는 것과 같고, 인수된 채무액의 범위에서 채무자의 채무도 소멸하게 되므로 위 규정에 따른 채무인수는 '<u>면책적 채무인수</u>'로 보아야 한다.729)[2022 승진, 2022 법무사]

다) 채무인수신청이 허용되지 않는 경우

재매각절차에서 전 매수인이 대금·지연이자 및 절차비용을 납부하면서 <u>재매각절차의 취소</u>를 구하는 경우 채무인수에 의한 특별지급방법은 허용되지 않는다.730)[2013, 2019 법무사]

다. 대금지급의 효과

(1) 대금지급의 효과

① 매수인은 매각대금을 <u>모두 지급한 때</u>에 매각의 목적인 권리를 취득한다(135조).[2022 법무사]

② 경매절차에서 대금납부에 의한 소유권취득은 원시취득이 아니라 <u>승계취득</u>에 해당한다.731) 따라서 하나의 토지 중 특정부분에 대한 구분소유적 공유관계를 표상하는 공유지분 등기에 근저당권이 설정된 후 그 근저당권의 실행에 의하여 위 공유지분을 취득한 매수인은 '<u>구분소유적 공유지분</u>'을 그대로 취득한다.732)[2011, 2017 법무사]

---

729) 대법원 2018. 5. 30. 선고 2017다241901 판결.
730) 대법원 1999. 11. 17. 99마2551 결정.
731) 대법원 2006. 9. 28. 선고 2004다53050 판결 ; 1991. 8. 27. 선고 91다3703 판결.

③ 매수대금은 자신이 부담하고 매각허가결정은 다른 사람 명의로 받기로 약정하였더라도 매수대금의 실질적 부담자가 누구인지에 관계 없이 대내적·대외적으로 매각허가결정상의 매수인이 소유권을 취득한다.733) 이 경우 매각대금을 부담한 명의신탁자와 명의를 빌려 준 명의수탁자 사이의 명의신탁약정은 부동산 실권리자명의 등기에 관한 법률 제4조 제1항에 의하여 무효임에도 불구하고 명의수탁자는 당해 부동산에 대하여 완전한 소유권을 취득하고, 다만 명의신탁자에 대하여 부당이득반환의무를 부담할 뿐이다. 따라서 이 경우 명의수탁자가 명의신탁자에게 반환하여야 할 부당이득은 부동산 자체가 아니라 명의수탁자에게 제공한 '매수자금'이다(이 경우 명의신탁자는 이를 피보전권리로 하여 '가압류'를 할 수 있다).734)[2023 승진, 2011 법무사]

(2) 집합건물과 관련된 소유권취득의 범위

① 건축자의 대지소유권에 관하여 부동산등기법에 따른 구분건물의 대지권등기가 마쳐지지 않았다 하더라도 전유부분에 관한 경매절차가 진행되어 그 경매절차에서 전유부분을 매수한 매수인은 전유부분과 함께 대지사용권을 취득한다.735)[2023 법무사]

② 전유부분에 관하여 설정된 저당권에 기한 경매절차에서 전유부분을 매수한 매수인은 대지지분에 대한 소유권을 함께 취득하고, 대지에 관한 저당권을 매수인이 인수한다는 특별매각조건이 없는 이상, 대지사용권 성립 전에 대지에 관하여 설정된 저당권이라고 하더라도 대지지분의 범위에서는 민사집행법 91조 2항이 정한 '매각부동산 위의 저당권'에 해당하여 매각으로 소멸한다.[2021 승진] 전유부분에 관한 경매절차에서 대지지분에 대한 평가액이 반영되지 않았다거나 대지의 저당권자가 배당받지 못하였다고 하더라도 달리 볼 것은 아니다.736)

③ 집합건물의 분양자가 수분양자에게 대지지분에 관한 소유권이전등기나 대지권변경등기는 지적정리 후 해주기로 하고 우선 전유부분에 관하여만 소유권이전등기를 마쳐 주었는데, 그 후 대지지분에 대한 소유권이전등기나 대지권변경등기가 되지 아니한 상태에서 전유부분에 대한 경매절차가 진행되어 제3자가 전유부분을 매수한 경우에도 매수인은 대지사용권을 취득한다.[2018 법무사] 이는 수분양자가 분양자에게 그 분양대금을 완납한 경우는 물론이고 그 분양대금을 완납하지 못한 경우에도 '마찬가지'이다.737)

---
732) 대법원 2006. 9. 28. 선고 2004다53050 판결 ; 1991. 8. 27. 선고 91다3703 판결.
733) 대법원 2008. 11. 27. 선고 2008다62687 판결.
734) 대법원 2005. 1. 28. 선고 2002다66922 판결 ; 2009. 9. 10. 2006다73102 판결.
735) 대법원 2012. 3. 29. 선고 2011다79210 판결 ; 2021. 11. 11. 선고 2020다278170 판결.
736) 대법원 2013. 11. 28. 선고 2012다103325 판결.
737) 대법원 2006. 9. 22. 선고 2004다58611 판결(다만 분양대금을 완납하지 못한 경우에 매수인은 분양자와

④ 구분소유권이 이미 성립한 집합건물이 증축되어 새로운 전유부분이 생긴 경우, 건축자의 대지소유권은 기존 전유부분을 소유하기 위한 대지사용권으로 이미 성립하여 기존 전유부분과 일체불가분성을 가지게 되었으므로 규약 또는 공정증서로써 달리 정하는 등의 특별한 사정이 없는 한 새로운 전유부분을 위한 대지사용권이 될 수 없다. 따라서 증축부분을 경매로 취득한 매수인은 대지사용권이 없는 전유부분만을 취득하게 된다.738)[2021 법무사]

라. 경매절차의 하자와 소유권취득 여부

(1) 경매개시결정 송달의 하자

① 채무자에 대한 경매개시결정을 송달하지 않은 채 경매절차가 진행된 경우, 그 강제경매절차는 무효이므로 매수인이 대금을 완납하였더라도 소유권을 취득할 수 없다. 경매개시결정은 비단 압류의 효력을 발생시키는 것일 뿐만 아니라 경매절차의 기초가 되는 재판이어서 그것이 채무자에게 송달되지 않으면 효력이 없으므로 압류의 효력이 발생하였는가의 여부에 관계 없이 유효하게 경매를 속행할 수 없다.739) 따라서 채무자 아닌 이해관계인도 채무자에 대한 경매개시결정의 송달하자를 이유로 매각허가결정에 대한 항고사유로 삼을 수 있다.740)[2019 승진, 2014, 2017, 2024 법무사]

② 이중경매사건에서 선행사건이 취소되어 후행사건으로 경매절차를 진행하는 경우 후행사건의 경매개시결정을 채무자에게 송달하지도 않고 경매개시결정 등기만 기입한 채 경매를 진행하여 매각대금의 납부를 받은 것은 압류의 효력 발생 여부에 관계 없이 경매개시결정의 효력이 발생하지 아니한 상태에서 경매절차를 속행한 경우에 해당하여 위법하므로 매수인은 적법하게 소유권을 취득할 수 없다. 대금납부 후에 사후적으로 후행사건의 경매개시결정을 채무자에게 송달하였다고 하더라도 소유권을 취득할 수 없음은 마찬가지이다.741)

③ 경매절차의 진행 중 채권자와 경매기일연기를 위한 협의 또는 이중경매개시결정사건에 대한 경매개시결정의 송달 등을 통하여 채무자가 경매진행사실을 알았더라도 이는 적법한 경매개시결정의 송달이 아니다.742)[2011 승진]

수분양자를 상대로 대지지분에 관한 소유권이전등기절차의 이행을 청구할 수 있고, 분양자는 분양대금 미지급을 이유로 한 동시이행항변을 할 수 있을 뿐이다).
738) 대법원 2017. 5. 31. 선고 2014다236809 판결.
739) 대법원 1994. 1. 28. 선고 93다9477 판결 ; 1991. 12. 16. 91마239 결정.
740) 대법원 1997. 6. 10. 97마814 결정.
741) 대법원 1994. 1. 28. 선고 93다9477 판결.
742) 대법원 2006. 3. 27. 2005마912 결정.

(2) 학교법인의 기본재산 등에 대한 경매

1) 저당권의 실행

① 학교법인의 기본재산에 대한 저당권설정 당시에 <u>관할청의 허가</u>를 받은 경우 <u>저당권의 실행</u>으로 인한 매각 시에는 다시 관할청의 허가를 받을 필요가 없다.743) 민법상 재단법인의 정관에 기본재산은 담보권설정 등을 할 수 없으나 주무관청의 허가·승인을 받은 경우에는 이를 할 수 있다는 취지로 정해져 있고, 정관규정에 따라 <u>주무관청의 허가·승인</u>을 받아 민법상 재단법인의 기본재산에 관하여 근저당권을 설정한 경우, <u>근저당권을 실행</u>하여 기본재산을 매각할 때에는 주무관청의 허가를 다시 받을 필요는 없다.744)[2021 승진, 2023 법무사]

② 사회복지법인이 설정 당시 보건복지부장관의 허가를 받아 기본재산인 토지와 건물에 대하여 공동근저당권을 설정하였다가 <u>건물을 철거하고 새 건물을 신축</u>한 후에 민법 제365조의 일괄경매청구권에 기하여 위 신축건물에 대한 경매가 진행된 경우에 위 <u>신축건물의 매각</u>에 관하여는 '별도로' 보건복지부장관의 허가를 받아야 한다.745)

2) 강제경매의 실행

① 학교법인의 기본재산에 대한 저당권설정 당시에 관할청의 허가를 받은 경우에도 집행권원에 기한 <u>강제경매로 매각</u>되는 경우에는 관할청의 허가를 다시 받아야 한다.746) 학교법인이 해산명령을 받아 <u>해산되고 학교폐쇄처분</u>을 받아 사실상 학교법인으로서의 실체를 상실하는 등 학교법인이 학교로서의 기능을 유지하지 못하는 경우에도 기본재산을 처분할 때에는 관할청의 허가를 받아야 한다.747)[2014, 2021 법무사]

② 다만 <u>강제경매</u>의 대상이 된 부동산에 주무관청의 허가를 받아 근저당이 설정되었고, 그 매각대금이 모두 근저당권자에게 배당되어 그 근저당권이 소멸되었다면 이는 근저당권실행에 의하여 <u>임의경매가 실시된 것</u>과 구별할 이유가 없으므로 강제경매절차에서 주무관청의 허가를 별도로 받을 필요가 없다.748)
[2021 법무사]

---

743) 대법원 1993. 7. 16. 선고 93다2094 판결.
744) 대법원 2019. 2. 28. 2018마800 결정.
745) 대법원 2007. 6. 18. 2005마1193 결정.
746) 대법원 1977. 9. 13. 선고 77다1476 판결.
747) 대법원 2005. 9. 6. 2005마578 결정 ; 2010. 4. 8. 선고 2009다93329 판결.
748) 대법원 1993. 7. 16. 선고 93다2094 판결.

3) 주무관청의 허가 없이 매각대금이 납부된 경우

학교법인의 기본재산이 관할청의 허가 없이 강제경매절차에서 매각되어 매각허가결정이 확정되고 매수자 명의의 소유권이전등기가 경료되었다 하더라도 대금을 완납한 매수인은 소유권을 취득할 수 없으므로 그 등기는 원인무효의 등기로서 말소되어야 한다.749)[2014 승진, 2018 법무사]

(3) 경매절차의 하자

1) 농지취득자격증명의 미제출

농지를 취득하려는 자가 농지에 대하여 소유권이전등기를 마쳤다 하더라도 농지취득자격증명을 발급받지 못한 이상 그 소유권을 취득하지 못하고, 설령 매수인 앞으로 소유권이전등기가 경료되었다고 하더라도 달라지지 않으며, 다만 매각허가결정과 대금납부 후에 농지취득자격증명을 추완할 수 있다.750)

2) 집행권원의 무효

무권대리인의 촉탁에 의하여 공정증서는 집행권원으로서의 효력이 없으며, 무효인 공정증서에 기한 강제경매절차 역시 무효이므로 매수인은 소유권을 취득하지 못하고, 그 등기는 원인무효로서 말소되어야 함이 원칙이다.751)

3) 구분건물등기가 무효인 경우

구분소유권의 객체로서 적합한 물리적 요건을 갖추지 못한 건물의 일부는 그에 관한 구분소유권이 성립될 수 없는 것이어서 건축물관리대장상 독립한 별개의 구분건물로 등재되고, 등기기록상에도 구분소유권의 목적으로 등기되어 있어 이러한 등기에 기초하여 경매절차가 진행되어 매각대금을 완납하여도 그 등기는 그 자체로 무효이므로 매수인은 그 소유권을 취득할 수 없음을 주의하여야 한다.752)[2015, 2019, 2020, 2021, 2023 승진, 2023 법무사]

(4) 집행문 없는 집행권원에 기한 경매절차

① 집행문이 필요한 집행권원에 집행문 없이 이루어진 강제경매절차는 절대적으로 무효이고, 그로 인하여 이루어진 소유권이전등기는 원인무효의 등기로서 말소를 면치 못한다.753)[2024 승진]

---

749) 대법원 1994. 1. 25. 선고 93다42993 판결 ; 2003. 9. 26. 2002마4353 결정.
750) 대법원 2012. 11. 29. 선고 2010다68060 판결.
751) 대법원 2002. 5. 31. 선고 2001다64486 판결.
752) 대법원 2008. 9. 11. 2008마696 결정.
753) 대법원 1978. 6. 27. 선고 78다446 판결.

② 강제경매신청에는 집행력 있는 판결 또는 공정증서의 정본을 집행법원에 제출하여야 하고, 그 정본의 사본을 근거로 하여서는 강제경매절차를 개시할 수 없다. 만일 부동산강제경매절차가 집행력 있는 판결 또는 공정증서의 정본 없이 개시되었다면 그 이후에도 그 하자를 <u>추완보정할 수도 없다</u>.754)

(5) 집행권원의 무효

① 처음부터 <u>무효인 집행권원</u>에 기하여 이루어진 강제경매절차는 무효이므로 매수인이 대금을 납부하여도 소유권을 취득할 수 없다. 따라서 <u>무효인 집행증서</u>에 기하여 이루어진 강제경매절차는 <u>무효</u>이므로 매수인은 대금을 완납하더라도 소유권을 취득할 수 없다.[2011, 2017 법무사]

② 대리권의 흠결이 있는 공정증서 중 <u>집행인낙에 대한 추인의 의사표시</u>는 공증인에 대하여 그 <u>의사표시를 공증</u>하는 방식으로 하여야 집행권원으로서의 효력이 있고, 다른 방식에 의하여 추인을 한 경우에는 집행권원으로서의 효력이 없다.755)[2021 승진]

③ 공정증서가 집행권원으로서 집행력을 가질 수 있도록 하는 집행인낙의 표시는 공증인에 대한 소송행위이므로 <u>무권대리인의 촉탁</u>에 의하여 공정증서가 작성된 경우 그 공정증서는 채권자는 물론 공증인이 대리권이 있는 것으로 믿었는지 여부나 믿을만한 정당한 이유가 있는지 여부에 관계 없이 집행권원으로서의 효력이 없다.756) 이러한 무효인 공정증서에 기초하여 채권압류 및 전부명령이 발령되어 확정되었더라도 채권압류 및 전부명령은 무효인 집행권원에 기초한 것으로서 강제집행의 요건을 갖추지 못하여 <u>실체법상 효력이 없고</u>, <u>제3채무자</u>는 채권자의 전부금 지급청구에 대하여 그러한 <u>실체법상의 무효를 들어 항변할 수 있다</u>.757)[2017, 2018, 2022 법무사]

④ 회생절차폐지결정이 확정되어 효력이 발생하면 관리인의 권한은 소멸하므로 관리인을 채무자로 한 지급명령 발령 후 <u>정본 송달 전에</u> 회생절차폐지결정이 확정된 경우, 채무자가 사망한 경우와 마찬가지로 보아야 하므로 위 <u>지급명령은 무효</u>이고, 무효인 위 지급명령에 기하여 발령된 채권압류 및 전부명령도 무효이다.758)

---

754) 대법원 1968. 12. 30. 68마912 결정.
755) 대법원 2006. 3. 24. 선고 2006다2803 판결.
756) 대법원 2006. 3. 24. 선고 2006다2803 판결 ; 2016. 12. 29. 선고 2016다22837 판결.
757) 대법원 2016. 12. 29. 선고 2016다22837 판결.
758) 대법원 2017. 5. 17. 선고 2016다274188 판결.

(6) 집행권원의 부존재 [2018 승진, 2016, 2018 법무사]

① 강제경매의 기초가 된 집행권원인 지급명령정본을 <u>허위주소로 송달</u>하게 하였다면 이러한 집행권원의 효력은 집행채무자에게 미치지 않으므로 이에 기한 강제경매절차는 집행권원 없이 경매가 진행된 것과 같아서 무효이다.[759]

② 채권압류 및 전부명령의 기초가 된 가집행선고부 판결정본이 상대방의 <u>허위주소로 송달</u>되었다면 그 송달은 무효이고, 그 판결에 기한 채권압류 및 전부명령은 집행개시의 요건으로서의 집행권원의 송달 없이 이루어진 것으로서 무효이다.[760]

(7) 집행채권의 소멸

① 가집행선고 있는 판결에 기한 강제집행은 확정판결에 기한 경우와 같이 본집행이므로 <u>상소심의 판결</u>에 의하여 가집행선고의 효력이 소멸되거나 집행채권의 존재가 부정된 경우에도 이미 완료된 집행절차나 이에 기한 매수인의 소유권취득에는 아무런 영향이 없다.[761] [2018 승진, 2018, 2022 법무사]

② 확정된 종국판결에 기한 강제경매절차에서 그 <u>확정판결이 재심소송에서 취소되더라도</u> 취소 전에 이미 매각대금을 완납한 매수인의 소유권취득에 아무런 영향이 없다.[762] [2011, 2022 법무사]

(8) 집행절차가 종료된 후 상표등록 무효심결이 확정된 경우

상표권의 발생 근거와 그 효력의 특수성, 상표권에 대한 집행절차의 내용과 성격, 집행절차의 안정적인 운영 필요성 등을 종합하여 보면, 상표권에 대한 집행절차에서 <u>매수인이 상표권을 취득하고 집행절차가 종료되었는데</u> 그 후 상표등록 무효심결이 확정됨에 따라 <u>상표권을 소급적으로 상실</u>하게 되더라도 상표권에 대한 '<u>집행절차의 효력</u>'이 무효로 된다고 할 수는 없다.[763]

마. 매각대금의 미납

(1) 차순위 매수신고인에 대한 매각허부결정

① 매수인이 대금지급기한 또는 민사집행법 제142조 제4항의 다시 정한 기한까지 대금을 납부하지 아니하였고, 차순위매수신고인이 없는 때에는 법원은 직권으로 <u>재매각을 실시하여야</u> 한다(138조 1항). 재매각절차에서는 <u>전 매수인</u>은 <u>매수신청을 할 수 없으며</u>, 매수보증의 반환을 요구할 수도 없다(138조 4항).

---

759) 대법원 1973. 6. 12. 선고 71다1252 판결.
760) 대법원 1987. 5. 12. 선고 86다카2070 판결.
761) 대법원 1993. 4. 23. 선고 93다3165 판결.
762) 대법원 1996. 12. 20. 선고 96다42628 판결 ; 1996. 9. 6. 선고 96다26589 판결.
763) 대법원 2023. 12. 28. 선고 2022다209079 판결.

② 차순위매수신고인이 있는 경우 매수인이 대금지급기한까지 대금지급의무를 이행하지 아니한 때에는 차순위매수신고인에게 매각을 허가할 것인지를 결정하여야 한다(137조 1항 본문). 차순위매수신고인에 대한 매각허가결정이 있으면 매수인은 매수신청보증의 반환을 요구하지 못한다(137조 2항).

차순위매수신고인에 대한 매각허부의 결정은 매수인의 대금미납을 전제로 하는 것이므로 최고가 매수신고인에 대한 매각이 불허·취소된 경우에는 새매각을 실시하여야 하고, 차순위 매수신고인에 대하여 매각허부결정을 할 것은 아니다.764)[2012, 2021, 2022 법무사]

(2) 재매각절차

1) 의의

① 재매각이란 매수인이 대금지급기한 또는 민사집행법 제142조 제4항의 다시 정한 기한까지 그 의무를 완전히 이행하지 아니하였고, 차순위매수신고인이 없는 때에 법원이 직권으로 다시 실시하는 매각을 말한다(138조 1항).[2022 법무사]

② 최고가 매수신고인에 대한 매각허가결정이 항고심 또는 재항고심에서 취소된 경우에는 차순위매수신고인이 있더라도 집행법원은 새 매각기일을 정하여 매각절차를 진행하여야 하고, 차순위매수신고인에게 매각허가를 하여서는 아니 된다.765)[2022 법무사]

2) 재매각의 요건

가) 대금지급기한까지 의무를 완전히 이행하지 아니하였을 것

민사집행법 제140조 제3항에 따라 각자 우선매수신고를 한 여러 사람의 공유자들에게 공유지분의 비율에 따라 공동으로 채무자의 지분을 매수하게 한 경우, 그 공유자들이 대금지급기한까지 매각대금 전액을 납부하지 않은 때에는 민사집행법 제138조의 규정에 따라 채무자 지분 전부에 대한 재매각을 명하여야 한다.766)

나) 차순위매수신고인이 없을 것

매수인이 대금을 지급하지 아니한 경우에 차순위매수신고인이 없다면 바로 재매각을 명할 수 있다.

---

764) 대법원 2011. 2. 15. 2010마1793 결정.
765) 대법원 2011. 2. 15. 2010마1793 결정.
766) 대법원 2012. 3. 9. 2011그316 결정.

3) 재매각절차

가) 재매각명령
① 재매각명령이 발령되면 매각허가결정은 당연히 그 효력을 상실하고, 이해관계인은 '재매각명령'에 대하여 집행에 관한 이의로 다툴 수 있다. 따라서 재매각명령이 발령되면 매각허가결정의 효력이 상실되므로 그 이후에는 매수인이 매각허가결정의 취소신청을 할 수 없다.767)[2012, 2019, 2023 법무사]
② 매수인에 대한 대금지급기한통지서의 송달이 부적법함에도 대금미납을 이유로 재매각명령을 하고, 이에 대한 이의신청이나 즉시항고 없이 매각허가결정이 확정된 경우에는 더 이상 재매각명령의 취소를 구하는 집행에 관한 이의신청이 허용되지 않는다.768)[2014 승진, 2013, 2018, 2023 법무사]

나) 매각조건
① 재매각절차는 앞의 매각절차의 '속행'이므로 종전에 정한 최저매각가격 및 그 밖의 매각조건을 그대로 적용하여야 한다(138조 2항). 즉 전 매수인이 최고가매수인으로 호명받은 매각기일에서 정하여졌던 최저매각가격 그 밖의 매각조건이 그대로 적용된다.[2016 승진, 2022 법무사]
② 최저매각가격은 전 매수인이 최고가매수인으로 호명받은 매각기일에 정하여졌던 최저매각가격이 그대로 적용되므로 재매각기일 '직전' 매각기일에서 적용하였던 최저매각가격을 적용하여야 한다. 따라서 재매각 직전 매각기일에서의 최저매각가격을 저감하여 재매각절차를 진행하여서는 아니 되며, 감정인이 처음 평가한 금액 또는 전 매수인이 매수신고한 가격을 최저매각가격으로 하여 재매각을 실시하여서도 아니 된다.769)[2022 법무사]
③ 통상의 매각절차에서 매수신청보증은 최저매각가격의 1/10로 함이 원칙이지만(규칙 63조 1항), 집행법원이 상당하다고 인정하는 때에는 보증금액을 달리 정할 수 있다(규칙 63조 2항).[2023 법무사] 따라서 최저매각가격의 1/10을 넘는 액을 정하는 것은 물론이고 이에 미치지 아니하는 금액을 정하는 것도 허용된다.

다) 재매각기일의 지정, 공고, 통지
법원이 재매각명령을 한 때에는 즉시 재매각기일을 지정 및 공고하고 이해관계인에게 통지하여야 한다. 다만 재매각절차에서의 전 매수인은 경매절차의 이해관계인에 해당하지 아니하므로 통지할 필요가 없다.[2013 승진]

---

767) 대법원 2009. 5. 6. 2008마1270 결정.
768) 대법원 2001. 6. 4. 2000마7550 결정.
769) 대법원 1975. 5. 31. 75마172 결정.

4) 매각절차에서 전 매수인의 지위

가) 매수신청보증금의 몰수
① 대금지급기한까지 대금을 지급하지 아니하여 재매각이 실시되면 전 매수인은 매수보증의 반환을 요구하지 못하고(138조 4항), 전 매수인의 보증금은 배당할 금액에 포함된다(147조 1항 5호). 다만 당해 경매절차가 취하·취소된 경우에는 처음부터 경매신청이 없었던 것과 동일한 상태로 복귀하므로 매수보증의 반환을 청구할 수 있으며, 이중경매사건에서는 압류가 경합된 모든 사건이 취하·취소되어야 매수보증금의 반환을 요구할 수 있다.[2011, 2017 법무사]

② 매수인이 대금지급기한까지 그 의무를 완전히 이행하지 아니하여 진행되는 재매각절차에서는 전 매수인은 매수신청의 보증을 돌려줄 것을 요구하지 못하고, 재매각절차 진행 중에 부동산 일부에 관한 권리관계가 변동되어 법원이 직권으로 최저매각가격을 변경하였더라도 마찬가지이다.[770][2021 법무사]

나) 취하동의권의 배제
매수신고가 있은 뒤에 경매신청을 취하하려면 최고가매수신고인·매수인·차순위매수신고인의 동의를 받아야 한다(93조 2항). 그러나 매수인의 대금미납으로 인한 재매각절차에서 경매신청을 취하하는 경우에는 재매각절차를 야기한 전 매수인의 동의를 받을 필요가 '없다'.[771][2014, 2016, 2019 법무사]

다) 매수신청의 불허
재매각절차에서 전 매수인은 당해 경매사건이 끝날 때까지 매수신청을 할 수 없다(138조 4항).

라) 대금납부의 제한
① 차순위매수신고인에 대한 매각허가결정이 있으면 매수인은 보증의 반환을 요구하지 못하므로(137조 2항) 매수인은 차순위매수신고인에 매각허가결정이 있기 전까지는 대금을 완납하고 소유권을 취득할 수 있다.

② 차순위매수신고인에 대한 매각허가결정이 있으면 차순위매수신고인이 새로운 매수인으로서 우선적으로 대금을 납부할 수 있다.[2012, 2015 법무사]

---

770) 대법원 2008. 9. 12. 2008마1112 결정.
771) 대법원 1999. 5. 31. 99마468 결정.

5) 재매각절차의 취소

가) 의의

매수인이 재매각기일 3일 전까지 대금 및 대금지급기한이 지난 다음 날부터 대금지급일까지의 대금에 대한 대법원규칙이 정하는 이율(연 12/100)에 따른 지연이자 및 절차비용을 지급한 때에는 재매각절차를 취소하여야 한다(법 138조 3항, 규칙 75조).[2011, 2022, 2024 승진, 2022, 2024 법무사]

재매각절차가 취소되면 효력이 상실된 매각허가결정이 부활하고 대금, 지연이자 및 절차비용을 완납한 매수인은 확정적으로 소유권을 취득하게 된다.

나) 요건

① 재매각기일 3일 전까지 대금 등을 지급할 것

재매각기일 3일 전까지라 함은 재매각기일의 전날부터 소급하여 3일이 되는 날까지를 의미한다.[772] 예컨대 4월 19일이 재매각기일인 경우 역산하여 3일이 되는 날은 4월 16일이므로 늦어도 4월 16일까지는 매각대금을 지급하여야 한다.[773][2013 법무사]

재매각명령 후 첫 매각기일이 유찰·변경되어 다시 매각기일이 지정된 경우, 다시 정한 매각기일도 재매각기일에 속하므로 3일 전까지 대금 등을 납부함으로써 재매각절차를 취소시킬 수 있다.[774][2015, 2021 법무사]

② 대금, 지연이자 및 절차비용을 지급할 것

지연이자는 대금지급기한 다음 날부터 실제로 대금을 지급하는 날까지의 대금에 대한 대법원규칙이 정하는 이율(연 12/100)에 따라 계산하여야 한다(138조 3항, 규칙 75조). 매수인은 매각대금 등을 금전으로 지급하여야 하며 채무인수나 차액지급신청에 의한 특별지급방법은 허용되지 않는다.[775][2013 법무사]

③ 차순위매수신고인의 대금미납

차순위매수신고인이 매각허가결정을 받아 매수인이 되었으나 차순위매수신고인도 대금지급을 하지 아니하여 재매각을 하는 경우에는 최고가매수인과 차순위매수인 중에서 재매각기일 3일 전까지 '먼저' 대금을 납부하는 자가 소유권을 취득한다(138조 3항 후문).[2011, 2016, 2024 승진, 2012, 2019, 2024 법무사]

---

772) 대법원 1992. 6. 9. 91마500 결정.
773) 대법원 1992. 6. 9. 91마500 결정.
774) 대법원 1992. 6. 9. 91마500 결정.
775) 대법원 1999. 11. 17. 99마2551 결정.

12. 소유권이전등기 등의 촉탁

가. 촉탁시기

매각대금이 완납되면 집행법원은 매각허가결정등본을 붙여 매수인 앞으로 소유권을 이전하는 등기, 매수인이 인수하지 않은 부동산의 부담에 관한 기입을 말소하는 등기, 경매개시결정등기를 말소하는 등기를 등기관에게 촉탁하여야 한다(144조 1항). 소유권이전등기 등에 소요되는 비용은 매수인이 부담한다(144조 2항).

나. 촉탁할 등기

(1) 소유권이전등기

① 매수인이 대금을 모두 지급하면 매각부동산의 소유권을 취득하므로 매각허가결정을 원인으로 하여 매수인 앞으로 소유권을 이전하는 등기를 관할등기소 등기관에게 촉탁하여야 한다(144조 1항 1호).

② 경매절차가 진행 중인 토지에 대하여 '지적재조사에 관한 특별법'에 따른 지적재조사에 의하여 면적이 일부 증가하였더라도 이는 토지의 이동에 해당하여 그 동일성이 유지되는 것이므로 지적재조사 완료에 따라 그 면적이 증가하여 토지대장에 변경등록이 된 다음 변경 전의 표시대로 매각허가결정이 있었고 이후 등기기록에 표시변경등기가 이루어졌다면, 매각허가결정을 경정할 필요 없이 촉탁서에 변경 전의 부동산의 표시를 하고 그 밑에 변경된 현재의 내용대로 표시를 하여 매각을 원인으로 한 소유권이전등기촉탁을 할 수 있다.776)

(2) 부담의 말소등기

집행법원은 소유권이전등기의 촉탁과 동시에 매수인이 인수하지 아니하는 부담에 관한 기입등기의 말소를 촉탁하여야 한다(144조 1항 2호). 매수인이 인수하지 않는 부동산의 부담에 관한 기입등기인지의 여부는 법원사무관등이 등기기록과 경매기록에 따라 판단하여야 한다.777)

등기된 사항에 무효 또는 취소의 원인이 있다고 하더라도 매수인은 소송으로 그 등기의 효력을 다툴 수 있을 뿐이고, 민사집행법 제144조 제1항에 따른 말소촉탁을 구할 수도 없고 법원사무관등의 처분에 대한 이의의 방법으로 그 말소의 촉탁을 구할 수도 없다.778)[2018 법무사]

---

776) 부동산등기선례 201804-3.
777) 대법원 2018. 1. 25. 2017마1093 결정.
778) 대법원 2018. 1. 25. 2017마1093 결정.

1) 저당권설정등기

① 매각부동산 위의 저당권은 매각으로 인하여 소멸하므로(91조 2항) 그 등기는 말소촉탁의 대상이다. 말소될 저당권에 저당권이전의 부기등기가 있는 경우 주등기에 대한 말소촉탁만 하면 되고, 부기등기는 등기관이 직권으로 말소하여야 한다.779)[2013 법무사]

② 전유부분에 관하여 설정된 저당권에 기한 경매절차에서 전유부분을 매수한 매수인은 대지지분에 대한 소유권을 함께 취득하고, 대지에 관한 저당권을 매수인이 인수한다는 특별매각조건이 없는 이상, 대지사용권 성립 전에 대지에 관하여 설정된 저당권이라고 하더라도 대지지분의 범위에서는 민사집행법 91조 2항이 정한 '매각부동산 위의 저당권'에 해당하여 매각으로 소멸한다. 이러한 대지지분에 대한 소유권의 취득이나 대지에 설정된 저당권의 소멸은 전유부분에 관한 경매절차에서 대지지분에 대한 평가액이 반영되지 않았다거나 대지의 저당권자가 배당받지 못하였다고 하더라도 달리 볼 것은 아니다.780)[2021 승진]

2) 순위보전가등기

① 최선순위의 가등기가 순위보전가등기인 경우에는 매각으로 소멸되지 않으므로 매수인에게 인수된다.

② 가등기보다 선순위로서 매각으로 소멸하는 저당권·가압류·압류가 존재하는 경우에는 가등기도 말소촉탁의 대상이 된다. 예컨대 제1, 2순위의 근저당권설정등기 사이에 순위보전의 가등기가 있는 부동산에 대하여 제1순위 근저당권의 실행을 위한 경매절차에서 매각허가결정이 확정되고 대금이 완납된 경우, 가등기권자는 선순위의 근저당권에게 대항할 수 없으므로 1, 2순위 근저당권과 가등기는 모두 말소촉탁의 대상이 된다.781)[2018, 2020 법무사]

3) 담보가등기

① 최선순위의 가등기가 담보가등기인 경우에는 매각으로 소멸된다(가등기담보 등에 관한 법률 15조). 다만 최선순위의 가등기가 담보가등기인 경우에도 집행법원이 정한 기간(배당요구의 종기) 내에 채권신고가 없으면 일단 '순위보전가등기'로 간주하여야 하므로 말소할 수 없다.

② 가등기보다 선순위로서 매각으로 소멸하는 저당권·가압류·압류등기가 있으면 담보가등기인지 아닌지 여부에 관계 없이 말소촉탁의 대상이 된다.782)

---

779) 대법원 1995. 5. 26. 선고 95다7550 판결 ; 2001. 4. 13. 선고 2001다4903 판결.
780) 대법원 2013. 11. 28. 선고 2012다103325 판결 ; 2021. 1. 14. 선고 2017다291319 판결.
781) 대법원 2007. 12. 13. 선고 2007다57459 판결.
782) 대법원 1980. 12. 30. 80마491 결정 ; 2007. 12. 13. 선고 2007다57459 판결 등.

4) 가압류등기 및 체납처분에 의한 압류등기

가압류등기 및 체납처분에 의한 압류등기는 압류의 효력발생 전·후를 불문하고 매각으로 인하여 소멸한다.

① 부동산에 관하여 가압류등기가 마쳐졌다가 등기가 아무런 원인 없이 말소되었다는 사정만으로는 곧바로 가압류의 효력이 소멸하는 것은 아니지만, 가압류등기가 원인 없이 말소된 이후에 부동산의 소유권이 제3자에게 이전되고 그 후 제3취득자의 채권자 등 다른 권리자의 신청에 따라 경매절차가 진행되어 매각허가결정이 확정되고 매수인이 매각대금을 다 낸 때에는 집행법원이 가압류의 부담을 매수인이 인수할 것을 특별매각조건으로 삼지 않은 이상 원인 없이 말소된 가압류의 효력은 소멸한다.783)[2021 승진, 2019, 2023 법무사]

② 부동산 전체에 대하여 최선순위의 근저당이 있는데 그 근저당권자가 아닌 다른 채권자의 신청에 의하여 경매가 개시되었고 매각대상이 일부 지분인 경우 선순위의 근저당권자는 피담보채권 전액에 대하여 우선적으로 변제받을 권리가 있다.784)[2019 법무사]

5) 가처분등기

① 최선순위의 가처분등기는 매각으로 말소되지 않지만, 선순위로서 매각으로 소멸하는 저당권·가압류·압류등기가 있는 경우에는 말소의 대상이 된다.785)

② 건물만의 경매에서 토지소유자가 그 지상의 건물소유자에 대한 건물철거 및 토지인도청구권을 보전하기 위하여 건물에 대한 가처분등기를 한 경우에는 설령 그 가처분등기가 경매개시결정등기 후 또는 담보권설정등기 후에 이루어졌더라도 말소대상이 되지 않는다.[2018, 2022 승진, 2016 법무사]

6) 용익물권등기

① 지상권·지역권·전세권 중 저당권·압류·가압류에 대항할 수 없는 경우에는 매각으로 소멸하므로 말소대상이 된다(91조 3항).[2015 법무사]

최선순위의 지상권 및 지역권설정등기는 매각으로 소멸되지 아니하고 매수인에게 인수된다. 다만 최선순위 전세권은 배당요구를 하면 매각으로 소멸하므로 말소촉탁의 대상이 되고(91조 4항), 최선순위 전세권자가 배당요구를 하여 일부만을 배당받은 경우에도 말소대상이 된다.[2013, 2015, 2016 법무사]

---

783) 대법원 2017. 1. 25. 선고 2016다28897 판결.
784) 대법원 2012. 3. 29. 선고 2011다74932 판결.
785) 대법원 2004. 5. 17. 2004마195 결정.

② 도시철도법 제2조 제7호의 도시철도건설자나 도로법 제2조 제5호의 도로관리청이 공익사업을 위한 토지 등의 취득 및 보상에 관한 법률에 따라 '토지수용을 원인으로 하는 구분지상권설정등기'가 경료된 경우에는 그보다 먼저 마쳐진 강제경매개시결정등기, 근저당권 등 담보권설정등기, 가압류등기, 압류등기 등에 의하여 경매로 인한 소유권이전등기의 촉탁이 있는 경우에도 이를 말소할 수 없으므로 매각물건명세서에 매수인에게 인수된다는 취지를 기재하여야 한다(도시철도법 등에 의한 구분지상권등기규칙 4조).786)[2022 승진]

③ 근저당권 등 담보권설정의 당사자들이 그 목적이 된 토지 위에 차후 용익권이 설정되거나 건물 또는 공작물이 축조·설치됨으로써 그 목적물의 담보가치가 저감하는 것을 막는 것을 주요한 목적으로 하여 담보권과 아울러 지상권을 설정한 경우에(이른바 담보지상권) 담보권이 소멸하면 등기된 지상권의 목적이나 존속기간과 관계없이 지상권도 그 목적을 잃어 함께 소멸한다.787)

(3) 소멸여부의 기준시점

부동산 위의 부담의 인수 또는 소멸과 같은 매각조건이 확정되는 시점은 매각대금의 납부 시이다.788)[2015 법무사]

(4) 등기촉탁거절에 대한 불복

부동산이 매각되어 대금이 모두 지급되었음에도 법원사무관등이 그에 따른 후속조치로서의 등기촉탁을 거절하는 경우 민사소송법 제223조를 준용하여 매수인은 법원사무관등의 처분에 대한 이의를 제기할 수 있고, 그 이의를 기각한 결정에 대하여는 민사소송법 제439조를 준용하여 통상항고로 불복할 수 있다.789) 다만 이의를 인용한 결정에 대하여는 특별항고로 불복할 수 있다.790)

(5) 경매개시결정등기의 말소

매각대금이 지급되면 법원사무관 등은 직권으로 그 등기를 말소촉탁한다(144조 1항 3호). 경매개시결정등기의 말소는 매각으로 인한 소유권이전등기와 동시에 하여야 하고, 소유권이전등기를 경료하지 않은 채 경매개시결정등기만을 말소할 수는 없다.791)

---

786) 등기선례 6-354.
787) 대법원 2014. 7. 24. 선고 2012다97871, 97888 판결 ; 2011. 4. 14. 선고 2011다6342 판결.
788) 대법원 2003. 4. 25. 2002다70075 판결.
789) 대법원 2009. 10. 16. 2009그90 결정.
790) 대법원 2013. 5. 6. 2013마325 결정.
791) 등기선례 3-637.

다. 등기촉탁절차

(1) 등기촉탁방법

① 매각대금이 지급되면 법원사무관등은 매각허가결정의 등본을 붙여 매수인 앞으로 소유권을 이전하는 등기, 매수인이 인수하지 아니한 부동산의 부담에 관한 기입을 말소하는 등기, 경매개시결정등기를 말소하는 등기를 촉탁하여야 한다(144조 1항).

② 매각대금을 지급할 때까지 매수인과 그 부동산을 담보로 제공받으려고 하는 사람이 공동으로 신청한 경우에는 등기신청의 대리를 업으로 할 수 있는 사람으로서 신청인이 지정하는 사람에게 등기촉탁서를 교부하여 등기소에 제출하도록 하는 방법으로 하여야 한다(144조 2항).[2013 법무사]

(2) 등기촉탁서의 기재사항 등

등기촉탁서에는 부동산의 표시, 등기권리자, 등기의무자, 등기원인과 그 연월일, 등기목적, 과세표준 및 취득세액 등을 기재한다.

매각허가결정에 기재된 공유지분 중 일부에 대하여 등기촉탁을 신청할 수 없는 사정이 있는 경우 그러한 제한이 없는 부분에 대하여만 등기촉탁신청을 할 수 있고, 이 경우 법원사무관등은 등기상 권리관계에 부합하는 범위 내에서 등기촉탁신청을 수리하여야 하고, 그 지분이 매각허가결정에 기재된 공유지분과 다르다는 이유로 등기촉탁신청을 거절할 수 없다.[792]

---

[792] 대법원 2017. 5. 25. 2016그644 결정.

13. 부동산인도명령

가. 신청방법 및 시기

(1) 의의

법원은 매수인이 대금을 낸 뒤 6월 이내에 신청하면 채무자·소유자 또는 부동산 점유자에 대하여 부동산을 매수인에게 인도하도록 명할 수 있는데(136조 1항), 이를 '부동산인도명령'이라 한다.

(2) 신청방법 및 신청시기

① 부동산인도명령은 집행절차의 부수적인 신청으로서 민사집행법 제4조가 적용되지 아니하므로 서면 또는 구술로 신청할 수 있다(법 23조 1항, 민사소송법 161조 1항).[2011 법무사]

② 부동산인도명령은 대금지급 후 6월 이내에 신청하여야 하고(136조 1항) 6개월이 지난 뒤에는 점유자를 상대방으로 하여 소유권에 기한 인도소송을 제기하여야 한다.[2012 승진]

② 부동산인도명령은 대금을 납부한 매수인의 신청에 의하여 그 부동산을 매수인에게 인도할 것을 명하는 재판으로서 간이·신속한 절차에 의하여 부동산을 인도받도록 기판력이 없는 집행권원을 부여하는 것이므로 만일 매수인이 채무자, 소유자 또는 점유자를 상대로 인도를 구하는 소를 제기하여 그 인도청구를 인용하는 판결이 확정됨으로써 기판력 있는 집행권원을 얻게 된 경우에는 더 이상 인도명령을 신청할 이익이 없다.[793][2021 법무사]

(3) 관할법원

당해 부동산에 대한 경매사건이 현재 계속되어 있거나 또는 과거에 계속되어 있었던 집행법원의 전속관할이다(136조 1항). 부동산인도명령에 관한 사무처리는 사법보좌관의 업무범위에 속한다(사법보좌관규칙 2조 1항 7호 단서 나목 삭제).

나. 신청인

① 인도명령의 신청권자는 매수인 및 매수인의 일반승계인에 한한다. 매각대금을 완납하였으면 되고, 매수인 명의로의 소유권이전등기가 되어 있음을 요하지 아니한다.

---

793) 대법원 2013. 12. 27. 2011마1204 결정.

② 인도명령신청권은 매수인에게 인정되는 집행법상의 전속적 권리이므로 매각부동산을 제3자에게 양도하였더라도 그 권리를 상실하지 아니한다.794) 따라서 매수인으로부터 매각부동산을 양수한 자(특정승계인)는 승계를 이유로 인도명령을 신청할 수 없고,795) 매수인을 대위하여 인도명령을 신청하는 것도 허용되지 아니한다.[2012, 2015 법무사, 2020, 2024 승진]

③ 매수인이 대금납부 후 소유자, 채무자 기타 인도명령의 상대방이 될 수 있는 점유자에게 매매 등 소유권을 양도하는 행위를 한 경우에는 인도명령을 신청할 수 없지만, 그 매매계약이 해제되었다는 등 그 점유권원이 소멸된 사실을 매수인이 입증하면 인도명령을 신청할 수 있다.796)

④ 인도명령이 발하여진 후의 일반승계인은 승계집행문을 부여받아 인도명령을 집행하여야 한다.[2012, 2018 법무사]

공동매수인과 공동상속인은 전원이 공동하여 인도명령을 신청할 수 있고, 불가분채권에 관한 규정(민법 409조) 또는 공유물의 보존행위에 관한 규정(민법 265조 단서)에 의하여 각자 단독으로 인도명령을 신청할 수도 있다.[2021 법무사]

⑤ 부동산을 공유자 甲, 乙이 각 1/2씩 공유하고 있는데, 甲의 공유지분이 경매로 매각되어 매수인이 부동산 전부를 점유하고 있는 乙을 상대로 부동산인도명령을 신청한 경우 법원은 인도명령신청을 기각하여야 한다.797)[2021 법무사]

다. 상대방

(1) 채무자

① 채무자의 점유는 인도명령의 요건이 아니다. 채무자에 대한 인도명령은 채무자에게만 효력이 있으므로 제3자가 점유하고 있는 부동산에 대하여는 인도집행을 할 수 없다.798) 다만 채무자에 대한 인도명령의 집행력은 당해 채무자는 물론이고, 채무자와 한 세대를 구성하며 독립된 생계를 영위하지 아니하는 가족과 같이 그 채무자와 동일시되는 자에게도 미친다.799)

[2015, 2023 법무사, 2019, 2024 승진]

---

794) 대법원 1970. 9. 30. 70마539 결정.
795) 대법원 1966. 9. 10. 66마713 결정.
796) 대법원 1999. 4. 16. 98마3897 결정.
797) 대법원 2020. 6. 12. 2020마5186 결정참조 ; 대법원 2020. 5. 21. 선고 2018다287522 판결(공유물의 소수지분권자가 다른 공유자와 협의 없이 공유물 전부를 독점적으로 사용하고 있는 경우, 다른 소수지분권자는 공유물의 보존행위로서 그 인도를 청구할 수 없다).
798) 대법원 1976. 5. 25. 선고 75도528 판결.
799) 대법원 1998. 4. 24. 선고 96다30786 판결.

② 채무자가 동생 아파트에 관하여 근저당권을 설정하고 대출을 받으면서 채권자에게 자신은 임차인이 아니고 위 아파트에 관하여 일체의 권리를 주장하지 않겠다는 내용의 확인서를 작성하여 준 경우, 그 후 대항력을 갖춘 임차인임을 내세워 인도명령을 다투는 것은 금반언 및 신의칙에 위배되어 허용되지 않는다.800)

③ 주택경매절차의 매수인이 권리신고 및 배당요구를 한 주택임차인의 배당순위가 1순위 근저당권자보다 우선한다고 신뢰하여 임차보증금 전액이 매각대금에서 배당되어 임차보증금반환채무를 인수하지 않는다는 전제 아래 매수가격을 정하여 낙찰을 받아 소유권을 취득하였다면, 설령 주택임차인이 1순위 근저당권자에게 무상거주확인서를 작성해 준 사실이 있어 임차보증금을 배당받지 못하게 되었다고 하더라도, 그러한 사정을 들어 주택의 인도를 구하는 매수인에게 주택임대차보호법상 대항력을 주장하는 것은 신의칙에 위반되어 허용될 수 없다.801)

(2) 소유자
여기서 말하는 소유자는 경매개시결정 당시의 소유자를 말하고, 소유자의 점유는 채무자와 마찬가지로 인도명령의 요건이 아니다.

(3) 점유자
① 매수인에게 '대항할 수 있는 점유자'는 인도명령의 대상이 될 수 없으나, 압류의 효력발생 전에 점유를 시작하였더라도 매수인에게 '대항할 수 없는 점유자'라면 모두 인도명령의 대상이 된다.[2024 승진, 2012, 2018 법무사]

소유자의 승낙 없는 유치권자의 임대차에 의하여 유치권의 목적물을 임차한 자의 점유는 민사집행법 제136조 제1항 단서에서 규정하는 '매수인에게 대항할 수 있는 권원'에 기한 것이라고 할 수 없다.802)

② 매수인이 인도명령에 의한 집행 또는 임의인도 등으로 한번 부동산을 인도받은 뒤에는 제3자가 불법으로 점유를 침탈하여도 더 이상 인도명령을 신청할 수 없다.[2021 법무사]

③ 대항력과 우선변제권을 겸유하고 있는 임차인이 경매절차에서 배당요구를 하여 보증금 전액을 배당받은 경우에도 그 배당금을 실제로 지급받을 수 있는 때, 즉 배당표확정 시까지는 매수인에 대하여 주택의 인도를 거절할 수 있으므로803) 임차권이 소멸하지 않는다.804)

---
800) 대법원 2000. 1. 5. 99마4307 결정 ; 2017. 4. 7. 선고 2016다248431 판결.
801) 대법원 2017. 4. 7. 선고 2016다248431 판결.
802) 대법원 2002. 11. 27. 2002마3516 결정 ; 2004. 2. 13. 선고 2033다56694 판결.

(4) 유치권자

1) 경매개시결정등기와 유치권

① 경매개시결정의 <u>기입등기가 경료되어</u> <u>압류의 효력이 발생한 후에</u> 유치권을 취득한 유치권자는 경매절차의 매수인에게 대항할 수 없으므로805) 인도명령의 대상이 된다.

② 경매개시결정의 <u>기입등기 후에</u> 점유를 이전받은 다음 채권을 취득하여 유치권이 성립된 경우,806) 채권은 경매개시결정의 등기 전에 취득하였는데 경매개시결정의 <u>기입등기 후에</u> 점유를 이전받아 유치권이 성립한 경우,807) 점유는 경매개시결정의 등기 전에 이전받았는데 경매개시결정의 <u>기입등기가 마쳐진 다음에</u> 채권을 취득하여 유치권이 성립한 경우808)에는 유치권을 내세워 경매절차의 매수인에게 대항할 수 없다. 이 경우 유치권자가 경매개시결정의 기입등기가 있음을 알았는지 또는 알지 못한 것에 대하여 <u>과실이 있는지 여부</u>는 묻지 않는다.809)

③ 체납처분압류가 되어 있는 부동산에 대하여 <u>경매절차가 개시되기 전에</u> 민사유치권을 취득한 유치권자도 경매절차의 매수인에게 유치권을 행사할 수 있다.810)[2015, 2024 승진, 2015, 2020, 2024 법무사]

2) 저당권과 유치권

① 경매개시결정 <u>기입등기</u>가 마쳐져 <u>압류의 효력이 발생하기 전에</u> 유치권을 취득하였다면 유치권 취득시기가 근저당권설정 이후라거나 유치권취득 전에 설정된 근저당권에 기하여 경매절차가 개시되었는지 여부와 관계 없이 경매절차의 매수인에게 대항할 수 있다.811)[2024 승진, 2020, 2024 법무사]

② 다만 채무자 소유의 부동산에 관하여 이미 저당권이 설정되어 있는 상태에서 채권자의 <u>상사유치권이 성립</u>한 경우, 상사유치권자는 채무자 및 그 이후 채무자로부터 부동산을 양수하거나 제한물권을 설정받는 자에 대하여는 대항할 수 있지만, 선행저당권자 또는 선행저당권에 기한 임의경매절차에서 부동산을 취득한 매수인에게 상사유치권으로 대항할 수 없다.812)[2015 법무사]

---
803) 대법원 1997. 8. 29. 선고 97다11195 판결.
804) 대법원 2004. 8. 30. 선고 2003다23885 판결.
805) 대법원 2009. 1. 15. 선고 2008다70763 판결.
806) 대법원 2006. 8. 25. 선고 2006다22050 판결.
807) 대법원 2005. 8. 19. 선고 2005다22688 판결.
808) 대법원 2011. 10. 13. 선고 2011다55214 판결.
809) 대법원 2006. 8. 25. 선고 2006다22050 판결.
810) 대법원 2014. 3. 20. 선고 2009다60336 전원합의체 판결.
811) 대법원 2009. 1. 15. 선고 2008다70763 판결

♣ **유치권에 관한 판례**

1. 채무자 소유의 부동산에 <u>경매개시결정등기가 경료되어 압류의 효력이 발생한 후에</u> 채무자가 공사대금 채권자에게 점유를 이전함으로써 그로 하여금 유치권을 취득하게 한 경우, 위 점유자는 유치권을 내세워 매수인에게 대항할 수 없다.[813]
[2015, 2024 법무사]

2. 부동산에 저당권이 설정되거나 가압류등기가 된 뒤에 유치권을 취득하였더라도 <u>경매개시결정등기가 되기 전에 유치권을 취득하였다면 경매절차의 매수인에게 유치권을 행사할 수 있다</u>.[814]

3. 체납처분압류가 되어 있는 부동산이라고 하더라도 경매절차가 개시되어 <u>경매개시결정등기가 되기 전</u>에 부동산에 관하여 민사유치권을 취득한 자는 경매절차의 매수인에게 유치권을 행사할 수 있다.[815][2012, 2015, 2024 법무사, 2024 승진]

4. 채무자 소유의 건물 등 부동산에 강제경매개시결정의 <u>기입등기가 마쳐져 압류의 효력이 발생한 이후에</u> 채무자가 위 부동산에 관한 공사대금 채권자에게 그 점유를 이전함으로써 그로 하여금 유치권을 취득하게 한 경우, 그와 같은 <u>점유의 이전은 압류의 처분금지효에 저촉되므로 점유자로서는 위 유치권을 내세워 그 부동산에 관한 경매절차의 매수인에게 대항할 수 없다</u>.[816][2018, 2024 승진, 2024 법무사]

5. 채무자 소유의 건물에 관하여 증·개축 등 공사를 도급받은 수급인이 경매개시결정의 기입등기 전에 채무자로부터 건물의 점유를 이전받았다 하더라도 <u>경매개시결정의 기입등기 후에</u> 공사를 완공하여 공사대금채권을 취득함으로써 그때 비로소 유치권이 성립한 경우에는 수급인은 유치권을 내세워 경매절차의 매수인에게 대항할 수 없다.[817][2015 승진]

6. 채무자 소유의 부동산에 관하여 <u>이미 저당권이 설정되어 있는 상태에서 채권자의 상사유치권이 성립한 경우</u>, 선행저당권자 또는 선행저당권에 기한 임의경매절차에서 부동산을 취득한 매수인에게 상사유치권으로 대항할 수 없다.[818][2015 법무사]

7. 근저당권자는 유치권신고를 한 사람을 상대로 유치권 전부의 부존재뿐만 아니라 경매절차에서 <u>유치권을 내세워 대항할 수 있는 범위를 초과하는 유치권부존재 확인을 구할 법률상 이익이 있다</u>.[819][2011, 2020 법무사]

8. (1) 경매절차에서 <u>유치권이 주장되었으나 소유부동산 또는 담보목적물이 매각되어</u> 그 소유권이 이전되어서 <u>소유권을 상실하거나 근저당권이 소멸</u>하였다면, 소유자와 근저당권자는 <u>유치권의 부존재확인을 구할 법률상 이익이 없다</u>.[820]
(2) 경매절차에서 <u>유치권이 주장되지 아니한 경우</u>, 채권자인 근저당권자는 <u>근저당권이 매각으로 소멸된 경우에도 유치권의 부존재 확인을 구할 법률상 이익이 있으나, 채무자가 아닌 소유자는 민법상 담보책임을 부담하지 아니하므로 유치권의 부존재 확인을 구할 법률상 이익이 없다</u>.[821]

---

812) 대법원 2013. 3. 28. 선고 2012다94285 판결.
813) 대법원 2009. 1. 15. 선고 2008다70763 판결.
814) 대법원 2014. 3. 20. 선고 2009다60336 전원합의체 판결.
815) 대법원 2014. 3. 20. 선고 2009다60336 전원합의체 판결.

♣ 판례확인
대법원 2020. 1. 16. 선고 2019다247385 판결
[경매절차에서 유치권이 주장되었으나 소유부동산 또는 담보목적물이 매각된 경우, 소유권을 상실하거나 근저당권이 소멸된 소유자와 근저당권자가 유치권의 부존재 확인을 구할 법률상 이익이 있는지 여부 등]
[1] 근저당권자에게 담보목적물에 관하여 유치권의 부존재 확인을 구할 법률상 이익이 있다고 보는 것은 경매절차에서 유치권이 주장됨으로써 낮은 가격에 입찰이 이루어져 근저당권자의 배당액이 줄어들 위험이 있다는 데에 근거가 있고, 이는 소유자가 그 소유의 부동산에 관한 경매절차에서 유치권의 부존재 확인을 구하는 경우에도 마찬가지이다. 위와 같이 경매절차에서 유치권이 주장되었으나 소유부동산 또는 담보목적물이 매각되어 그 소유권이 이전되어 소유권을 상실하거나 근저당권이 소멸하였다면, 소유자와 근저당권자는 유치권의 부존재 확인을 구할 법률상 이익이 없다.
[2] 경매절차에서 유치권이 주장되지 아니한 경우에는 담보목적물이 매각되어 그 소유권이 이전됨으로써 근저당권이 소멸하였더라도 채권자는 유치권의 존재를 알지 못한 매수인으로부터 민법 제575조, 제578조 제1항, 제2항에 의한 담보책임을 추급당할 우려가 있고, 위와 같은 위험은 채권자의 법률상 지위를 불안정하게 하는 것이므로 채권자인 근저당권자로서는 위 불안을 제거하기 위하여 유치권 부존재 확인을 구할 법률상 이익이 있다. 반면, 채무자가 아닌 소유자는 위 각 규정에 의한 담보책임을 부담하지 아니하므로 유치권의 부존재 확인을 구할 법률상 이익이 없다.

라. 인도명령의 재판 및 집행

(1) 사법보좌관의 업무
부동산인도명령에 관한 사무는 사법보좌관의 업무에 속한다.[822]

(2) 심문
① 인도명령은 서면심리만으로 할 수도 있고, 상대방을 심문하거나 변론을 열 수도 있다(23조 1항, 민소법 134조 1항, 2항). 채무자나 소유자 이외의 점유자에 대하여 인도명령을 할 때에는 그 점유자를 심문하여야 하고, 다만 그 점유자가 매수인에 대한 대항력이 없는 것이 명백하거나 이미 그 점유자를 심문한 때에는 심문할 필요가 '없다'(136조 4항).[2015 법무사, 2019 승진]

---

816) 대법원 2005. 8. 19. 선고 2005다22688 판결.
817) 대법원 2013. 6. 27. 선고 2011다50165 판결.
818) 대법원 2013. 3. 28. 선고 2012다94285 판결.
819) 대법원 2016. 3. 10. 선고 2013다99409 판결 ; 2011. 12 .22. 선고 2011다84298 판결.
820) 대법원 2020. 1. 16. 선고 2019다247385 판결.
821) 대법원 2020. 1. 16. 선고 2019다247385 판결.
822) 2020. 7. 1. 시행

(3) 재판

① 매각대금 지급 후 민사집행법 제49조 소정의 집행정지서류가 제출되더라도 매수인의 권리에 영향을 주지 못하므로 인도명령을 발하는 데 지장이 없다.[2012, 2021 법무사]

② 인도명령의 신청인은 상대방의 점유사실만 소명하면 족하고, 그 점유가 신청인에게 대항할 수 있는 권원에 의한 것이라는 사실은 이를 주장하는 상대방이 소명하여야 한다.[823)[2015 법무사]

③ 인도명령신청에 관한 재판은 인도명령을 청구할 수 있는지 여부만 판단함에 그치고, 실체법상의 권리관계를 확정하는 것이 아니므로 매수인의 소유권에 기한 인도청구권의 존부에 관한 기판력이 생기는 것은 아니다.[824] 민사집행법상의 인도명령에 의하여 간이·신속하게 부동산을 인도받을 수 있더라도 매수인은 채무자 등을 상대로 소로써 부동산의 인도를 청구하는 것을 배제할 수 없다.[825)[2011, 2018 법무사]

(4) 집행

① 인도명령은 항고로만 불복할 수 있는 재판으로서 집행권원이므로 인도명령에 기한 강제집행을 하려면 집행문을 부여받아야 집행할 수 있고, 그 집행력을 배제하려면 청구이의의 소를 제기하여 강제집행정지를 구하여야 한다. 인도명령 후에 일반승계가 있거나 상대방의 점유가 다른 사람에게 승계된 경우에는 승계집행문을 부여받아 집행할 수 있다.[2012 법무사]

② 인도집행 5분 전에 집행관이 승계집행문을 송달하고 집행에 착수한 경우와 같이 집행채무자가 강제집행의 개시 전에 승계집행문 부여에 대한 불복절차를 밟을 수 있도록 충분한 기간을 두지 않고 강제집행의 개시에 근접하여 승계집행문을 송달한 후에 강제집행을 개시하였더라도 위법하지 않다.[826]

마. 인도명령에 대한 불복방법

(1) 즉시항고

① 인도명령에 대한 재판에 관하여는 즉시항고할 수 있으나(136조 5항), 즉시항고가 제기되더라도 집행정지효력이 없다(15조 6항).

---

823) 대법원 2017. 2. 8. 2015마2025 결정 ; 2012. 5. 25. 2012마388 결정.
824) 대법원 1981. 12. 8. 선고 80다2821 판결.
825) 대법원 1971. 9. 28. 선고 71다1437 판결.
826) 대법원 2012. 6. 14. 선고 2010다41256 판결.

② 이미 인도집행이 종료된 후에는 인도명령에 대하여 즉시항고를 할 수 없고, 즉시항고사건 계속 중에 인도집행이 종료된 경우에도 그 즉시항고는 불복의 대상을 잃게 되어 부적법하다.827)[2012 법무사, 2012 승진]

③ 인도명령에 대한 즉시항고도 민사집행법상의 즉시항고이므로 그에 관한 항고법원의 결정에 대한 재항고절차에 있어서는 민사집행법상의 즉시항고와 재항고에 관한 규정이 준용된다.828) 따라서 항고인은 재판을 고지 받은 날로부터 1주 내에 원심법원에 항고장을 제출하여야 하고(15조 2항), 항고장에 항고이유를 적지 않은 때에는 항고장을 제출한 날로부터 10일 이내에 항고이유서를 원심법원에 제출하여야 한다(15조 3항).[2011, 2015 법무사]

④ 제1심의 인도명령에 대한 즉시항고를 기각한 원심의 항고기각결정에 대하여 재항고인이 재항고를 제기하면서 10일 이내에 재항고이유서를 제출하지 않은 경우, 원심법원은 사건을 대법원으로 송부할 것이 아니라 곧바로 재항고를 각하하는 결정을 하여야 한다. 만일 원심법원이 이를 각하하지 아니하고 대법원으로 송부한 경우에는 대법원이 재항고를 각하하여야 한다.829)[2017 법무사]

(2) 즉시항고사유

인도명령에 대한 불복사유는 인도명령의 발령시에 판단하여야 할 절차적 요건의 흠, 인도명령 심리절차의 하자, 인도명령 자체의 형식적 하자, 인도명령의 상대방이 매수인에게 인도를 거부할 수 있는 점유권원의 존재에 한정되고, 매각절차 자체에 존재하는 하자(경매절차 고유의 절차적 흠)는 매각허가에 대한 이의, 매각허가결정에 대한 즉시항고 등의 불복방법에 의하여야 하고, 이러한 하자로 인도명령에 대하여 불복할 수는 없다.830)[2020 승진, 2018, 2021 법무사]

(3) 인도명령에 기한 집행의 저지

① 확정된 인도명령에 대하여 인도명령의 상대방은 집행배제를 구하기 위하여 '청구이의의 소'를 제기할 수 있고, 상대방이 아닌 제3자가 인도집행을 받게 되는 때에는 '제3자이의의 소'를 제기할 수 있다. 확정된 인도명령에 대하여 민사소송법 제451조 제1항 각호에 규정한 사유(재심사유)가 있는 때에는 '준재심' 신청을 할 수 있다.831)[2019 승진]

---

827) 대법원 2008. 2. 5. 2007마1613 결정 ; 2010마458 결정.
828) 대법원 2004. 9. 13. 2004마505 결정.
829) 대법원 2008. 12. 22. 2008마1348 결정.
830) 대법원 2015. 4. 10. 2015마19 결정.
831) 대법원 2007. 5. 29. 2006재마44 결정 ; 2011. 6. 8. 2011마872 결정.

② 부동산경매절차에서 발령된 부동산인도명령의 집행을 저지하기 위한 강제집행정지의 재판은 민사집행법 제15조 제6항 외에는 달리 근거가 없고, 위 규정에 따른 강제집행정지의 재판은 법원이 <u>직권으로 하는 것</u>이고 당사자에게 신청권이 인정되지 아니하므로 당사자의 강제집행정지신청은 단지 법원의 직권발동을 촉구하는 의미밖에 없다. 따라서 법원은 이 신청에 대하여는 <u>재판을 할 필요가 없고</u>, 설령 법원이 이 신청을 거부하는 재판을 하였다고 하여도 불복이 허용될 수 없으므로 그에 대한 <u>불복은 부적법</u>하다.832)

Ⅲ. 배당절차

1. 배당요구

가. 의의

① 배당요구란 다른 채권자에 의하여 개시된 강제집행절차에 참가하여 그 매각대금에서 변제를 받으려는 민사집행법상의 행위를 말한다. 권리신고를 함으로써 경매절차상의 이해관계인이 되지만(90조 4호), <u>권리신고</u>를 하였다고 하여 당연히 배당을 받게 되는 것은 아니므로 <u>별도로 배당요구</u>를 하여야 배당에 참가할 수 있다(148조 2호). 다만 배당요구는 채권의 원인과 수액을 기재한 서면에 의하여 집행법원에 배당을 요구하는 취지가 표시되면 되므로 채권자가 경매목적 부동산에 관하여 가압류결정을 받은 다음 채권의 액수를 기재한 서면에 그 가압류결정을 첨부하여 경매법원에 제출하였다면, 채권의 원인과 수액을 기재하여 <u>배당을 요구하는 취지가 표시된 것으로</u> 보아야 하고, 그 서면의 제목이 '권리신고'라고 되어 있다 하여 달리 볼 것이 아니다.833)[2013 승진, 2022 법무사]

② 주택임대차보호법상 임차인으로서의 지위와 최선순위 전세권자로서의 지위를 함께 가지고 있는 자가 <u>임차인으로서의 지위에 기하여</u> 경매법원에 배당요구를 하였다면 최선순위 전세권에 관하여는 배당요구가 있는 것으로 볼 수 없다.834)[2021, 2022 승진, 2017, 2018, 2022 법무사]

나. 배당요구의 방식과 시기

(1) 배당요구의 방식

---

832) 대법원 2017. 7. 18. 2017그42 결정.
833) 대법원 1999. 2. 9. 선고 98다53547 판결.
834) 대법원 2010. 6. 24. 선고 2009다40790 판결.

1) 서면신청
배당요구는 채권(이자, 비용, 부대채권 포함)의 원인과 액수를 적은 '서면'으로 하여야 한다(규칙 48조 1항).[2022 승진]

2) 기재사항
배당요구신청서에는 채권의 원인과 액수를 기재하여야 하고(규칙 48조 1항), 채권의 원인은 채무자에 대하여 배당요구채권자가 가지는 원인채권을 특정할 수 있을 정도로 기재하면 충분하다.835) 다만 집행력 있는 정본에 의하지 아니한 배당요구인 경우에는 채무자로 하여금 채권이 어느 것인가를 식별할 수 있을 정도로 그 채권의 원인에 관한 구체적인 표시가 필요하다.836)

3) 첨부서류
① 강제집행을 신청할 때에는 반드시 집행력 있는 정본을 붙여야 하지만, 배당요구를 할 때는 반드시 집행력 있는 정본을 붙일 필요는 없고, 그 사본, 그 밖에 배당요구의 자격을 소명하는 서면을 붙이면 된다(규칙 48조 2항). 채권을 계산할 수 있는 구체적인 증빙서류까지 함께 제출할 필요는 없다.837)[2017 승진]

집행문 없이 판결정본만을 붙여 배당요구를 한 경우 배당요구의 종기까지 집행문을 덧붙인 판결정본 또는 사본을 제출하지 않으면 그 배당요구신청은 부적법하다.838)

② 지급명령이 확정되어 지급명령정본을 가지기 전에 지급명령신청 접수증명원만을 제출하여 미리 한 배당요구는 부적법하고, 그 하자가 치유되려면 배당요구종기까지 '지급명령정본 등'을 제출하여야 한다.839)[2018, 2019 법무사]

4) 임차인이 강제경매를 신청한 경우
주택임대차보호법상의 대항력과 우선변제권을 모두 가지고 있는 임차인이 보증금을 반환받기 위하여 보증금반환청구 소송의 확정판결 등 집행권원을 얻어 임차주택에 대하여 스스로 강제경매를 신청하였다면 특별한 사정이 없는 한 대항력과 우선변제권 중 우선변제권을 선택하여 행사한 것으로 보아야 하고, 이 경우 우선변제권을 인정받기 위하여 배당요구의 종기까지 별도로 배당요구를 하여야 하는 것은 아니다.840)[2017, 2022 법무사]

---

835) 대법원 2008. 12. 24. 선고 2008다65242 판결.
836) 대법원 2008. 12. 24. 선고 2008다65242 판결.
837) 대법원 2001. 5. 8. 선고 2001다12393 판결.
838) 대법원 2014. 4. 30. 선고 2012다96045 판결 ; 2016. 3. 24. 선고 2015다254323 판결.
839) 대법원 2014. 4. 30. 선고 2012다96045 판결.
840) 대법원 2013. 11. 14. 선고 2013다27831 판결.

이와 같이 우선변제권이 있는 임차인이 집행권원을 얻어 스스로 강제경매를 신청하는 방법으로 우선변제권을 행사하고, 그 경매절차에서 집행관의 현황조사 등을 통하여 경매신청채권자인 임차인의 우선변제권이 확인되고 그러한 내용이 현황조사보고서, 매각물건명세서 등에 기재된 상태에서 경매절차가 진행되어 매각이 이루어졌다면 특별한 사정이 없는 한 강제경매 신청채권자인 임차인은 배당절차에서 <u>후순위권리자나 일반채권자보다 우선하여 배당받을 수 있</u>다.841) [2017, 2022 승진]

(2) 배당요구의 종기

① 배당요구의 종기는 <u>첫 매각기일 이전으로</u> 정하여야 한다(84조 1항). 배당요구의 종기가 정하여진 때에는 경매개시결정을 한 취지 및 배당요구의 종기를 공고하고, <u>최선순위 전세권자</u> 및 <u>배당요구를 하여야만</u> 배당을 받을 수 있는 채권자에게 배당요구의 종기를 고지하여야 한다(84조 2항, 3항).

② 집행법원이 특별히 필요하다고 인정하는 경우에는 <u>배당요구의 종기를 연기</u>할 수 있다(84조 6항). 감정평가나 현황조사가 예상보다 지연되는 경우 등 불가피한 사정으로 인하여 배당요구종기를 연기하는 경우에도 최초의 배당요구종기결정일로부터 <u>6월 이후로</u> 연기하여서는 아니된다.842)[2014, 2016, 2019 법무사]

다. 배당요구 없이도 당연히 배당에 참가하는 채권자

(1) 이중경매신청인

선행사건의 <u>배당요구의 종기까지</u> 이중경매신청을 한 채권자는 별도의 배당요구 없이도 배당에 참가할 수 있다(148조 1호).

(2) 첫 경매개시결정등기 전에 등기된 가압류채권자

① 첫 <u>경매개시결정등기 전에</u> 가압류등기를 마친 채권자는 별도의 배당요구 없이도 배당에 참가하므로(148조 3호) 채권계산서를 제출하지 않았다 하여 배당에서 제외할 수 없다.843) [2019 법무사]

② 첫 경매개시결정등기 전에 <u>등기된</u> 가압류채권자로부터 그 피보전권리를 양수한 채권양수인은 '승계집행문'을 <u>부여받지 않더라도</u> '<u>배당표확정 전까지</u>' 경매법원에 피보전권리를 양수하였음을 소명하여 가압류의 효력을 원용함으로써 가압류채권자의 승계인 지위에서 배당을 받을 수 있다.844) [2017 승진, 2020 법무사]

---
841) 대법원 2013. 11. 14. 선고 2013다27831 판결.
842) 재민 2004-3.
843) 대법원 2002. 5. 14. 선고 2002다4870 판결.

③ 근로기준법상 우선변제권이 있는 임금채권자가 <u>경매개시결정등기 전에</u> 이미 가압류등기를 마친 경우에는 배당요구의 종기까지 우선권 있는 임금채권임을 소명하지 않았더라도 '<u>배당표확정 전까지</u>' 그 가압류의 청구채권이 우선권 있는 임금채권임을 입증하면 우선변제를 받을 수 있다.845)[2016 법무사]

(3) 첫 경매개시결정등기 전에 등기된 체납처분에 의한 압류채권자

첫 경매개시결정등기 <u>전에</u> 체납처분에 의한 압류등기가 된 경우에는 교부청구를 하지 않더라도 당연히 그 등기로써 배당요구와 같은 효력이 발생하므로 별도로 <u>교부청구(배당요구) 없이</u> 배당에 참가할 수 있다.846)[2018, 2022, 2024 법무사]

▣ 판례확인
대법원 2022. 4. 28. 선고 2020다299955 판결
[우선변제청구권 있는 임금 및 퇴직금 채권자의 소명자료의 보완]
[1] 집행력 있는 정본을 가진 채권자, 경매개시결정이 등기된 뒤에 가압류를 한 채권자, 민법·상법, 그 밖의 법률에 의하여 우선변제청구권이 있는 채권자는 배당요구를 할 수 있고(민사집행법 제88조 제1항), 이에 따른 배당요구는 채권(이자, 비용, 그 밖의 부대채권을 포함한다)의 원인과 액수를 적은 <u>서면으로 하여야</u> 하며(민사집행규칙 48조 1항), 그 <u>배당요구서에는 집행력 있는 정본 또는 그 사본, 그 밖에 배당요구의 자격을 소명하는 서면을 붙여야</u> 한다(민사집행규칙 48조 2항).
[2] 이러한 민사집행법과 민사집행규칙의 규정에 의하면, 근로기준법 및 근로자퇴직급여 보장법에 의하여 <u>우선변제청구권을 갖는 임금 및 퇴직금 채권자는 그 자격을 소명하는 서면을 붙인 배당요구서에 의하여 배당요구를 해야 한다</u>. 다만 민사집행절차의 안정성을 보장하여야 하는 절차법적 요청과 근로자의 임금채권을 보호하여야 하는 실체법적 요청을 형량하여 보면, <u>우선변제청구권이 있는 임금 및 퇴직금 채권자가 배당요구 종기까지 위와 같은 소명자료를 제출하지 않았다고 하더라도 "배당표가 확정되기 전까지" 이를 보완하였다면 우선배당을 받을 수 있다</u>고 해석하여야 한다.[2024 법무사]

---

(4) 첫 경매개시결정등기 전에 등기된 우선변제권자

1) 첫 경매개시결정등기 전에 등기된 저당권자

첫 경매개시결정등기 전에 등기된 저당권자(근저당권자)는 매각으로 소멸하는 대신 법률상 <u>당연히 배당요구</u>한 것과 동일한 효력이 있으므로 별도의 배당요구가 없더라도 순위에 따라 배당받을 수 있다.847)

---

844) 대법원 1993. 7. 13. 선고 92다33251 판결.
845) 대법원 2004. 7. 22. 선고 2002다52312 판결 ; 2022. 4. 28. 선고 2020다299955 판결.
846) 대법원 1997. 2. 14. 선고 96다51585 판결.

2) 첫 경매개시결정등기 전에 등기된 담보가등기권자

첫 경매개시결정등기 전에 등기된 담보가등기권자라 하더라도 집행법원이 정한 기간(배당요구의 종기) 내에 채권신고를 하지 아니하면 매각대금의 배당을 받을 권리를 상실한다.848) 채권신고기간이 지난 후에 채권신고를 한 경우에도 배당받을 권리를 상실한다.[2017, 2019, 2023 법무사]

3) 최선순위의 전세권

전세권등기보다 선순위로 소멸하는 저당권, 가압류, 압류등기가 있는 경우에는 전세권등기는 매각으로 인하여 소멸하므로 그 순위에 따라 배당을 받을 수 있으나, '최선순위'의 전세권은 경매개시결정등기 전에 등기되었더라도 배당요구의 종기까지 배당요구를 하여야 배당에 참가할 수 있다(91조 4항 단서).
[2024 법무사]

4) 첫 경매개시결정등기 전에 임차권등기를 마친 경우

첫 경매개시결정등기 전에 임차권등기명령에 기한 임차권등기를 마친 임차인은 '저당권 등으로서 경매개시결정 등기 전에 등기되었고 매각으로 소멸하는 것을 가진 채권자'에 준하여 배당요구의 종기까지 별도로 배당요구를 하지 않아도 배당에 참가할 수 있다.849)[2015 승진, 2014, 2017, 2018 법무사]

라. 배당요구를 하여야 배당에 참가할 수 있는 채권자

집행력 있는 정본을 가진 채권자, 경매개시결정이 등기된 뒤에 가압류를 한 채권자, 민법·상법, 그 밖의 법률에 의하여 우선변제청구권이 있는 채권자는 배당요구를 할 수 있고(88조 1항), 배당요구의 종기까지 배당요구를 한 경우에 한하여 비로소 배당을 받을 수 있다.[2022 승진, 2024 법무사]

배당요구의 종기까지 배당요구를 한 채권자라 할지라도 채권의 일부 금액만을 배당요구한 경우 배당요구종기 이후에는 배당요구하지 아니한 채권을 추가하거나 확장할 수 없으며, 이는 추가로 배당요구하지 아니한 채권이 이자 등의 부대채권이라 하더라도 마찬가지이다.850) 다만 경매신청서 또는 배당요구종기 이전에 제출된 배당요구서에 배당기일까지의 이자 등의 지급을 구하는 취지가 기재되어 있다면 배당대상에 포함된다.851)[2018 법무사]

---

847) 대법원 1996. 5. 28. 선고 95다34415 판결 등.
848) 대법원 2008. 9. 11. 선고 2007다25278 판결.
849) 대법원 2005. 9. 15. 선고 2005다33039 판결.
850) 대법원 2005. 8. 25. 선고 2005다14595 판결 ; 2008다65242 판결 ; 2015다203660 판결.
851) 대법원 1999. 3. 23. 선고 98다46938 판결.

(1) 집행력 있는 정본을 가진 채권자

집행력 있는 정본을 가진 채권자는 배당요구종기까지 배당요구를 하여야 배당에 참가할 수 있다. 집행력 있는 정본을 가진 채권자가 배당요구를 함에 있어서는 사본을 제출하여도 무방하다(규칙 48조 2항).

(2) 경매개시결정등기 후에 가압류를 한 채권자

① 첫 경매개시결정등기 후에 가압류를 한 채권자는 배당요구종기까지 배당요구를 하여야 배당에 참가할 수 있다. 여기서 '가압류를 한 채권자'는 단순히 가압류결정을 받은 채권자를 의미하는 것이 아니라, 가압류집행(등기)을 마친 자를 의미한다.[852]

② 가압류집행 전에 가압류결정만을 제출하여 미리 배당요구를 하였다면 그 배당요구는 부적법하고, 다만 그 후에 가압류집행이 됨으로써 배당요구의 하자가 치유된다고 할 것이나, 이 경우에도 가압류집행은 배당요구의 종기까지는 이루어져야 한다.[853] [2017, 2018 법무사]

③ 외국선박에 대한 가압류결정을 받은 가압류권자도 가압류집행을 마쳐야 배당요구를 할 수 있으므로 가압류 대상인 선박에 대하여 이미 경매신청채권자 등에 의하여 선행 감수·보존처분이 되어 있다고 하더라도 별도로 가압류집행을 하여야 하고, 그러한 집행을 하지 아니한 채 선행 감수·보존처분을 원용하거나 가압류결정만으로 적법한 배당요구라고 할 수 없다.[854]

(3) 경매개시결정등기 후에 체납처분에 의한 압류를 한 채권자

첫 경매개시결정등기 후에 체납처분에 의한 압류등기를 마친 채권자는 배당요구종기까지 별도로 교부청구(배당요구)를 하여야 배당에 참가할 수 있다.
[2020, 2022, 2024 법무사]

(4) 민법, 상법 그 밖의 법률에 의하여 우선변제청구권이 있는 채권자

① 주택임차인, 임금채권자 등 우선변제권이 있는 채권자는 배당요구의 종기까지 배당요구를 하여야 배당을 받을 수 있다. 대항력과 우선변제권을 겸유한 임차인이 보증금반환청구 소송의 확정판결을 얻어 임차주택에 대하여 강제경매를 신청하였다면 대항력과 우선변제권 중 우선변제권을 선택하여 행사한 것으로 보아야 하고, 이 경우 우선변제권을 인정받기 위하여 배당요구의 종기까지 별도로 배당요구를 하여야 하는 것은 아니다.[855] [2017, 2022 법무사]

---

852) 대법원 2003. 8. 22. 선고 2003다27696 판결.
853) 대법원 2003. 8. 22. 선고 2003다27696 판결.
854) 대법원 2011. 9. 8. 선고 2009다49896 판결.

② 채권양수인이 임차권과 분리된 임차보증금반환채권만을 양수한 경우 그 채권양수인은 주택임대차보호법상의 우선변제권을 행사할 수 있는 임차인에 해당한다고 볼 수 없으므로 임차인의 지위에서 배당요구를 할 수 없다.856)
[2011 승진, 2019 법무사]

(5) 조세 기타 공과금채권

조세 기타 체납처분의 예에 따라 징수할 수 있는 공과금채권도 배당요구의 종기까지 배당요구로서의 교부청구를 하여야 배당받을 수 있다.

(6) 대위변제자의 배당요구

① 피대위자가 배당받기 위하여 배당요구가 필요한 때에는 대위자만이 배당요구를 하여도 되고, 대위할 범위에 관하여 이미 피대위자가 배당요구를 하였거나 배당요구 없이도 당연히 배당받을 수 있는 경우에는 대위권자가 별도로 배당요구를 하지 않더라도 배당표확정 전까지 대위권자임을 소명하면 된다.857)

따라서 임금채권자가 적법한 배당요구를 한 경우 또는 첫 경매개시결정등기 전에 가압류를 마친 경우에는 대위권자가 별도로 배당요구를 할 필요는 없고 배당표확정 전까지 대위권자임을 소명하여야 한다.858)

② 집행력 있는 정본을 가진 채권자의 채권을 대위변제한 경우 대위변제자는 그 정본에 승계집행문을 부여받아 강제집행 또는 배당요구를 할 수 있다.859)
[2016 법무사]

마. 배당요구의 통지 및 철회

(1) 배당요구의 통지

적법한 배당요구가 있으면 법원은 이해관계인에게 그 취지를 통지하여야 한다(89조, 88조 1항). 다만 배당요구의 통지는 배당요구의 효력발생요건은 아니므로 배당요구의 통지가 없더라도 배당요구의 효력에는 영향이 없다. 따라서 경매법원의 담당공무원이 배당요구 사실을 채무자 등 이해관계인에게 통지하지 아니하였고, 그로 인하여 관련자들의 법률상 지위에 어떤 영향을 미쳤다 하더라도 그것이 그들에 대한 관계에서 불법행위를 구성할 만한 주의의무위반이 되지 않는다.860)

---
855) 대법원 2013.11.14. 선고 2013다27831 판결.
856) 대법원 2010. 5. 27. 선고 2010다10276 판결.
857) 대법원 2005. 9. 29. 선고 2005다34391 판결 ; 2007. 9. 7. 선고 2005다70816 판결.
858) 대법원 2005. 9. 29. 선고 2005다34391 판결.
859) 대법원 2007. 4. 27. 선고 2005다64033 판결.

(2) 배당요구의 철회

배당요구를 하였더라도 배당요구종기 전에는 자유롭게 철회할 수 있으나, 배당요구에 따라 매수인이 인수하여야 할 부담이 바뀌는 경우에는 배당요구의 종기가 지난 뒤에는 이를 철회하지 못한다(88조 2항). 예컨대 '최선순위 전세권자'나 '대항력 있는 소액임차인'이 배당요구종기까지 배당요구를 하였다면 배당요구종기 이후에는 철회할 수 없다.[2015, 2019 승진, 2019, 2021 법무사]

바. 배당요구의 효력

① 집행력 있는 정본 또는 그 사본을 가진 자가 한 배당요구는 민법 제168조 제2호의 압류에 준하는 시효중단의 효력이 있다.861)

첫 경매개시결정등기 전에 등기되었고 매각으로 소멸하는 저당권자는 다른 채권자의 신청에 의하여 개시된 경매절차에서 배당요구를 하지 않아도 당연히 배당에 참가할 수 있는데, 이러한 저당권자가 법원에 채권신고를 한 경우, 그 채권신고도 민법 제168조 제2호의 압류에 준하는 소멸시효중단의 효력이 있다.862)

② 가압류채권자에 대한 배당액을 공탁한 뒤 그 공탁금을 가압류채권자에게 전액 지급할 수 없어서 추가배당이 실시됨에 따라 배당표가 변경되는 경우에는 추가배당표가 확정되는 시점까지 배당요구에 의한 권리행사가 계속된다고 볼 수 있으므로, 그 권리행사로 인한 소멸시효 중단의 효력은 추가배당표가 확정될 때까지 계속된다.863)

③ 경매절차에서 소멸시효가 완성된 어음채권에 관한 집행력 있는 정본을 가진 채권자가 배당요구를 하여 배당을 받기까지 채무자가 아무런 이의를 제기하지 않았다면 채무자는 소멸시효의 이익을 포기한 것으로 보아야 한다.864)
[2013 승진, 2018 법무사]

④ 적법한 배당요구를 하였으나 단지 배당기일에 출석하지 않았거나 출석하였더라도 배당이의를 하지 않은 경우에도 부당하게 배당받은 후순위채권자를 상대로 한 부당이득반환청구를 할 수 있다.865) 다만 배당요구를 하여야 배당에 참가할 수 있는 채권자가 배당요구를 하지 아니한 경우에는 배당을 받을 수 없게 되고, 나아가 그 뒤 배당을 받은 후순위 채권자를 상대로 부당이득반환청구도 할 수 없다.866)[2021 승진, 2024 법무사]

---

860) 대법원 2001. 9. 25. 선고 99다4528 판결 ; 2001. 9. 25. 선고 2001다1942 판결.
861) 대법원 2002. 2. 26. 선고 2000다25484 판결.
862) 대법원 2010. 9. 9. 선고 2010다28031 판결.
863) 대법원 2022. 5. 12. 선고 2021다280026 판결.
864) 대법원 2002. 2. 26. 선고 2000다25484 판결.
865) 대법원 2004. 7. 22. 선고 2002다52312 판결.
866) 대법원 1996. 12. 20. 선고 95다28304 판결 ; 2002. 1. 22. 선고 2001다70702 판결.

⑤ 선행사건이 취하 또는 취소되어 후행사건으로 경매절차를 진행하는 경우, 선행 경매절차에서 한 배당요구의 효력은 후행 사건에서도 인정되지만, 이는 선행 경매절차에서 배당요구를 한 채권자에 대하여는 다시 배당요구를 하지 않아도 후행 경매절차에서 <u>배당요구를 한 것으로</u> 취급하겠다는 의미일 뿐이고, 그러한 배당요구의 효력에 대상 부동산에 대한 처분금지효 등 압류의 일반적인 효력이 포함된다는 뜻은 아니다.867)[2015 승진]

사. 배당요구할 수 있는 채권의 범위

(1) 이행기의 도래

강제집행의 개시나 배당요구는 이행기가 도래한 경우에만 할 수 있다(40조 1항). 약속어음이 수취인 겸 소지인의 발행인에 대한 장래 발생할 구상금채권을 담보하기 위하여 발행된 것이라면, 소지인은 발행인에 대하여 구상금채권이 발생하지 않은 기간 중에는 약속어음상의 청구권을 행사할 수 없고, 구상금채권이 현실로 발생한 때에 비로소 이를 행사할 수 있다. 따라서 약속어음이 일람출급식이고 소지인이 위 약속어음에 관하여 강제집행을 수락하는 취지가 기재된 공정증서를 작성받았다 하더라도 <u>배당요구의 종기까지 구상금채권이 발생하지 않았다면</u> 달리 특약이 없는 한 소지인은 위 약속어음공정증서에 기하여 강제집행을 개시할 수도 없고, 배당요구도 할 수 없다.868)

(2) 집행채무자에 대한 채권

집행채무자에 대한 채권이라 하더라도 경매절차 진행 중에 <u>제3자에게 양도되어 소유권이전등기가 된 이후에는</u> 더 이상 배당요구를 할 수 없고, <u>양수인에 대한 채권자</u>만 배당요구를 할 수 있다.869)

---

867) 대법원 2014. 1. 16. 선고 2013다62315 판결.
868) 대법원 2016. 1. 14. 선고 2015다233951 판결.
869) 대법원 2005. 7. 29. 선고 2003다40637 판결.

2. 배당기일의 지정·통지 및 채권계산서의 제출

가. 배당기일의 지정 및 통지

① 매수인이 매각대금을 지급하면 집행법원은 배당에 관한 진술 및 배당을 실시할 기일을 정하고, 이해관계인과 배당을 요구한 채권자에게 이를 통지하여야 한다(146조 본문). 다만 채무자가 외국에 있거나 있는 곳이 분명하지 아니한 때에는 배당기일을 통지하지 아니한다(146조 단서).[2023 법무사]

② 채무인수 또는 차액지급신청을 허용하는 경우에는 바로 배당기일만 지정하면 되고 대금지급기한까지 지정할 필요는 없다.[2019 법무사]

나. 채권계산서의 제출

(1) 계산서 제출의 최고

배당기일이 정하여진 때에는 법원사무관등은 각 채권자에 대하여 채권의 원금, 배당기일까지의 이자, 그 밖의 부대채권 및 집행비용을 적은 계산서를 1주 안에 법원에 제출할 것을 최고하여야 한다(규칙 81조).

(2) 채권계산서에 의한 청구금액의 확장 여부

채권 중 일부만을 청구한 경우에 경매개시결정 이후에는 청구금액의 확장이 허용되지 않으며, 담보권실행을 위한 경매의 경우에도 마찬가지이다.[870] 다만 이 경우 나머지 금액에 대하여 배당받는 방법은 강제경매와 담보권실행을 위한 경매의 경우가 다르다.

1) 강제경매

강제경매의 경우 채권액 중 일부를 청구금액으로 하여 경매신청을 한 후 나머지 채권에 대하여 배당을 받으려면 이중경매신청을 할 필요 없이 배당요구종기까지 배당요구를 하면 되고, 이 경우의 배당요구는 채권계산서의 제출에 의하여서도 할 수 있다.[871][2014 법무사]

2) 임의경매

① 담보권실행을 위한 경매의 경우에는 채권계산서에 담보채권을 확장하는 방법으로 나머지 피담보채권액을 청구할 수 없으므로 배당요구종기까지 이중경매신청을 하거나, 별도의 집행권원을 얻어 배당요구를 하여야 한다.[2017 법무사]

---

870) 대법원 1983. 10. 15. 83마393 결정 ; 1995. 6. 9. 선고 95다15261 ; 2011. 12. 8. 선고 2011다65396 판결.
871) 대법원 1983. 10. 15. 83마393 결정.

② 담보권실행을 위한 경매절차에서 경매신청채권자는 경매신청서에 기재한 청구금액을 채권계산서의 제출에 의하여 확장할 수는 없지만, 그 후 배당표가 작성될 때까지 청구금액을 감축한 채권계산서를 제출할 수 있으며, 이 경우 배당법원으로서는 채권계산서상의 감축된 채권액을 기준으로 하여 배당할 수밖에 없고, 그 채권액을 초과하여 배당할 수는 없는 만큼 그 계산서에 따른 배당표는 정당하게 작성된 것이라 할 것이다.[872][2020 법무사]

3. 배당표의 작성 및 배당순위

가. 배당표원안

① 법원은 채권자와 채무자에게 보여주기 위하여 배당기일 3일 전에 배당표원안을 작성하여 비치하여야 하고, 배당기일에 출석한 이해관계인과 배당을 요구한 채권자를 심문하여 배당표를 확정하여야 한다(149조).[2023 법무사]

② 집행법원이 경매절차에서 외화채권자에 대하여 배당을 할 때에는 특별한 사정이 없는 한 배당기일 당시의 외국환시세를 우리나라 통화로 환산하는 기준으로 삼아야 한다.[873][2015, 2022 법무사]

나. 배당표에 기재할 사항

배당표에는 매각대금, 채권자의 채권의 원금, 이자, 비용, 배당의 순위와 배당의 비율을 적어야 한다(150조 1항). 출석한 이해관계인과 배당을 요구한 채권자가 합의한 때에는 이에 따라 배당표를 작성하여야 한다(150조 2항).[2023 법무사]

다. 잉여금의 처리

① 매각대금 중 각 채권자에게 배당하고 남은 잔액(잉여금)은 위 제3취득자에게 교부하여야 하고, 제3취득자가 경매법원에 권리신고하지 아니하여 이해관계인으로서의 지위를 취득하지 못하였다고 하더라도 제3취득자에게 교부하여야 한다.[2013, 2019 승진, 2019 법무사]

② 채무자와 근저당권설정자가 동일한 경우에 근저당권의 채권최고액은 민사집행법 제148조에 따라 배당받을 채권자나 저당목적 부동산의 제3취득자에 대한 우선변제권의 한도금액이라는 의미를 갖는 것에 불과하고, 그 채권최고액의 범위 내에서만 변제를 받을 수 있다는 이른바 책임의 한도라고까지는 볼 수 없다.[874][2018 법무사]

---

872) 대법원 2002. 10. 11. 선고 2001다3054 판결.
873) 대법원 2011. 4. 14. 선고 2010다103642 판결.

따라서 근저당설정자와 채무자가 동일하고 민사집행법 제148조에 따라 배당받을 채권자나 제3취득자가 없는 한 근저당권자의 채권액이 근저당권의 채권최고액을 초과하는 경우, 그 최고액을 초과하는 금액은 <u>근저당설정자에게 반환할 것이 아니라</u> 근저당권자의 채권최고액을 초과하는 채무의 변제에 충당하여야 한다.[875][2013, 2020 승진, 2023 법무사]

③ 사해행위취소소송의 승소확정판결에 따라 전 소유자(채무자)에게 환원된 부동산의 경매절차에서 생긴 잉여금은 그 <u>수익자에게 지급</u>하여야 한다.

채권자취소권 행사에 의한 취소판결의 효력은 그 취소채권자와 수익자 사이에서만 상대적으로 미칠 뿐이므로 취소 결과 소유명의가 수익자로부터 채무자에게 환원된 경우에도 채무자가 실체법상 소유권이나 처분권한을 취득하는 것은 아니다.[876] 따라서 수익자로부터 환원된 부동산에 대한 경매절차에서 취소채권자 등이 전액 배당받고 남은 <u>잉여금은 그 부동산을 반환한 수익자에게 복귀</u>시켜야 하고, 채무자에게 지급할 수 없다.

④ 잉여금이 생기면 몰수된 항고보증금은 반환하여야 하고, 항고보증 전액을 돌려주기 부족한 경우로서 수인이 항고보증을 제공한 때에는 <u>보증의 비율</u>에 따라 나누어 주어야 한다(147조 2항, 3항).

⑤ 공탁물이 금전인 경우 그 원금 또는 이자의 수령, 회수에 대한 권리는 그 '권리를 행사할 수 있는 때'부터 10년간 행사하지 아니하면 시효로 소멸하는데 (공탁법 9조 3항), 경매절차에서 채무자에게 교부할 <u>잉여금을 공탁</u>한 경우에는 권리를 행사할 수 있는 <u>공탁일부터 소멸시효기간이 진행</u>한다(행정예규 948호).

소멸시효는 객관적으로 권리가 발생하고 그 권리를 행사할 수 있는 때부터 진행하고, 그 권리를 행사할 수 없는 동안에는 진행하지 아니한다. 여기서 '권리를 행사할 수 없다.'란 그 권리행사에 <u>법률상의 장애사유</u>, 예컨대 기간의 미도래나 조건불성취 등이 있는 경우를 말하는 것이고, 사실상 그 권리의 존부나 권리행사의 가능성을 알지 못하였거나 알지 못함에 과실이 없다고 하여도 이러한 사유는 법률상 장애사유에 해당한다고 할 수 없다.

따라서 부동산경매절차에서 채무자에 대한 송달이 <u>공시송달</u>의 방법으로 이루어짐으로써 채무자가 경매진행사실 및 잉여금의 존재에 관하여 사실상 알지 못하였다고 하더라도 <u>소멸시효기간이 진행</u>한다.[877]

---

874) 대법원 2009. 2. 26. 선고 2008다4001 판결.
875) 대법원 1992. 5. 26. 선고 92다1896 판결.
876) 대법원 2000. 12. 8. 선고 98두11458 판결.
877) 대법원 2024. 4. 30. 2023그887 결정.

라. 배당순위

(1) 배당순위
제1순위 : 집행비용
제2순위 : 저당물의 제3취득자가 지출한 필요비 및 유익비(민법 367조)
제3순위 : 소액임차인의 우선변제금, 최종 3개월 임금, 최종 3년간 퇴직금

(2) 대항요건과 확정일자를 갖춘 임차인
주택임대차보호법상 대항요건과 확정일자를 갖춘 임차인이 배당요구의 종기까지 배당요구를 하면 저당권자 등 담보물권자와 동등한 지위에서 배당받는다.878) 확정일자 있는 임차인들 사이에는 확정일자의 선후에 따라 순위가 결정된다.

(3) 가압류 후에 저당권이 설정된 경우

1) 선순위 가압류채권자와 후순위 저당권(담보가등기, 확정일자 임차인)
선순위 가압류채권자와 후순위 저당권자가 경합된 경우 저당권자는 선순위의 가압류채권자와 채권액에 비례한 평등배당(안분배당)을 받을 수 있으므로 가압류채권자와 저당권자는 같은 순위로써 배당에 참가한다.879)
선순위 가압류채권자와 후순위 담보가등기권자(배당요구종기까지 채권신고를 한 경우)가 경합된 경우에도 평등배당을 하여야 하고, 선순위 가압류채권자와 후순위로 대항요건과 확정일자를 갖춘 주택임차인(배당요구종기까지 배당요구를 한 경우)이 경합된 경우에도 평등배당을 하여야 한다.880)
[2024 승진, 2011, 2015, 2016, 2023, 2024 법무사]

2) 가압류 ⇨ 저당권 ⇨ 가압류등기 : 안분후흡수설(판례)
저당권에 대하여 선순위 및 후순위 가압류채권이 있는 경우, 저당권자는 선순위 가압류채권에 대하여는 우선변제권을 주장할 수 없으므로 먼저 저당권과 선순위 및 후순위 가압류채권 모두에 대하여 채권액에 따른 안분비례에 의하여 평등배당을 한 다음, 저당권자는 후순위 가압류채권에 대하여는 우선변제권이 인정되므로 자기의 채권액에 만족할 때까지 후순위가압류권자의 배당액을 흡수하여 변제받을 수 있다.881)[2022 승진]

---
878) 대법원 1992. 10. 13. 선고 92다30597 판결.
879) 대법원 2008. 2. 28. 선고 2007다77446 판결 ; 동 1994. 11. 29. 94마417 결정.
880) 대법원 1992. 10. 13. 선고 92다30597 판결.
881) 대법원 1992. 3. 27. 선고 91다44407 판결.

3) 가압류 ⇨ 저당권 ⇨ 저당권등기 : 안분후흡수설(판례)

안분 후 흡수설에 기하여 배당을 하여야 한다.882)

4) 가압류 ⇨ 저당권 ⇨ 강제경매신청(일반채권자) : 안분후흡수설(판례)

안분 후 흡수설에 기하여 배당을 하여야 한다. [2017 승진, 2020, 2022 법무사]

4. 배당표에 대한 이의

가. 이의신청권자

(1) 채권자

① 채권자는 반드시 배당기일에 출석하여 이의를 진술하여야 하고, 배당기일 전에 서면으로 이의하는 것은 허용되지 않는다(151조 3항). 따라서 채권자가 설령 배당기일 전에 서면으로 작성된 이의신청서를 제출하였다 하여도 배당기일에 출석하지 아니하거나 출석하였더라도 이미 제출한 이의신청서를 진술하지 않았다면 그 이의서면을 무시하고 그대로 배당을 실시하여야 한다.
[2013, 2014, 2017, 2019 법무사]

② 배당기일통지를 받고도 배당기일에 출석하지 아니한 채권자는 배당표와 같이 배당을 실시하는데 동의한 것으로 본다(153조 1항). 다만 기일에 출석하지 아니한 채권자가 다른 채권자가 제기한 이의에 관계된 때에는 그 채권자는 이의를 정당하다고 인정하지 아니한 것으로 본다(153조 2항).

③ 이의할 수 있는 채권자에는 가압류채권자도 포함되며, 강제집행의 일시정지의 사유가 있는 채권자도 이의신청을 할 수 있다. 다만 제3자는 자기의 물건이 채무자 소유로 오인되어 집행목적물로 매각되어도 경매절차의 이해관계인에 해당하지 아니하므로 배당기일에 출석하여 배당표에 대한 이의를 신청할 권한이 없다.883)[2012 승진, 2020 법무사]

(2) 채무자

① 채무자는 배당기일에 출석하여 이의를 할 수도 있고, 집행법원에 배당표원안이 비치된 이후부터 배당기일이 끝날 때까지 서면으로도 이의할 수 있다(151조 2항).[2018 법무사]

---

882) 대법원 1992. 3. 27. 선고 91다44407 판결.
883) 대법원 2002. 9. 4. 선고 2001다63155 판결.

② 진정한 소유자이더라도 경매개시결정등기 당시 소유자로 등기되어 있지 아니하였다면 민사집행법 제90조 제2호의 소유자가 아니고, 그 후 등기를 갖추고 집행법원에 권리신고를 하지 아니하였다면 경매절차의 이해관계인이 될 수 없으므로 배당표에 대한 이의를 할 권한이 없고, 나아가 배당이의의 소를 제기할 원고적격도 없다.884)[2020 법무사]

경매개시결정등기 당시 소유자로 등기되어 있는 사람은 설령 진정한 소유자가 따로 있더라도 그 명의의 등기가 말소되거나 이전되지 아니한 이상 경매절차의 이해관계인에 해당하므로 배당표에 대하여 이의를 진술할 권한이 있고, 나아가 배당이의의 소를 제기할 원고적격도 있다.885)[2020 승진, 2020 법무사]

(3) 근저당권부 채권이 양도된 경우

근저당권부 채권이 양도되었으나 근저당권이전등기를 경료하지 않은 상태에서 배당절차가 개시된 경우, 위 근저당권은 그 피담보채권의 양수인에게 이전되어야 할 것에 불과하고 근저당권의 명의인(양도인)은 피담보채권을 양도하여 결국 피담보채권을 상실한 셈이므로 배당이의를 할 수 없다.886)[2019, 2023 법무사]

(3) 소송신탁에 해당하여 무효인 경우

소송신탁에서의 '소송행위'란 민사소송법상의 소송행위에 한정되지 않고 널리 사법기관을 통하여 권리의 실현을 도모하는 행위를 말하는 것으로서 민사집행법에 의한 강제집행의 신청도 포함된다.

따라서 일반채권자가 다른 일반채권자들보다 우선하여 변제받기 위한 목적으로 선순위 근저당권자에게 채권을 양도하여 그 근저당권의 피담보채권에 편입되게 한 것은 선순위 근저당권자로 하여금 강제집행의 신청이라는 소송행위를 하게 하는 것을 주된 목적으로 이루어진 소송신탁에 해당하여 무효이다.887)

---

884) 대법원 2015. 4. 23. 선고 2014다53790 판결.
885) 대법원 2015. 4. 23. 선고 2014다53790 판결.
886) 대법원 2003. 10. 10. 선고 2001다77888 판결.
887) 대법원 2022. 1. 14. 선고 2017다257098 판결.

나. 절차상(형식상) 사유에 기한 이의

이해관계 있는 각 채권자와 채무자는 배당표의 작성방법이나 배당실시절차에 위법이 있음을 이유로 이의를 진술할 수 있다.

다. 실체상 사유에 기한 이의

(1) 이의사유

절차상(형식상) 이의가 배당절차상의 잘못을 이유로 한 것이라면, 실체적 이의는 배당받을 채권자의 채권 자체에 관한 사정을 이유로 한 것이라 할 수 있다. 채무자는 각 채권자의 채권의 존부·범위·순위에 관하여 이의할 수 있고, 배당기일에 출석한 각 채권자는 자기의 이해에 관계되는 범위 안에서 다른 채권자의 채권의 존부·범위·순위에 관하여 이의할 수 있다(151조).

(2) 이의방법

1) 채권자가 이의하는 경우

채권자는 이의 결과 자기의 배당액이 '증가'되는 경우에 한하여 이의를 할 수 있다(151조 3항).[888]

2) 채무자가 이의하는 경우

채무자가 이의하는 경우에는 이의에 관계된 채권자의 채권을 줄이는 내용을 진술하면 족하다.

(3) 이의의 상대방

1) 이의의 상대방

이의의 상대방은 배당표 원안에 배당을 받는 것으로 기재된 채권자라면 누구라도 관계 없으나, '채무자'가 가압류채권자를 상대로 배당이의를 할 수 없다(154조 1항).[2022 법무사] 판례도 가압류채무자는 가압류채권자가 제기한 본안소송에서 가압류의 피보전채권의 존부나 변제기의 도래 등을 다투어 그 결과에 따라 민사집행법 제161조에 의한 배당절차가 진행되도록 할 수 있을 뿐, 가압류채권자를 상대로 배당이의의 소를 제기할 수는 없다고 판시하였다.[889]

---

[888] 대법원 1994. 1. 25. 선고 92다50270 판결.
[889] 대법원 2016. 8. 18. 선고 2015다256503 판결.

2) 선정당사자가 선정된 경우

배당절차에서 선정당사자가 선정되면 선정당사자만이 배당표에 대한 이의의 상대방이 되며, 선정당사자를 상대로 그가 배당받는 것으로 적힌 금액 전체에 대하여 이의를 한 채무자나 다른 채권자는 선정당사자를 피고로 하여 배당이의의 소를 제기하여 선정자들에게 귀속될 부분을 포함한 선정당사자가 배당받는 것으로 적힌 금액 전체에 대하여 경정을 구할 수 있다.[890][2017, 2018 법무사]

3) 일괄매각한 부동산의 배당순위가 다른 경우

대지와 건물을 일괄매각하는 경우 각 재산의 매각대금에서 배당받을 채권자 및 채권이 다른 때에는 각 부동산의 매각대금마다 구분하여 이른바 개별배당재단을 형성한 후 각 대금마다 따로 배당표를 작성하여야 하며, 이 경우 배당표에 대한 이의는 각 물건마다 작성된 배당표를 대상으로 따로 처리되어야 하는 것이고, 설령 대지와 건물에 대한 배당표가 하나로 작성되었다고 하더라도 이는 대지매각대금에 대한 배당표와 건물매각대금에 대한 배당표의 각 채권자의 배당액이 합산되어 하나로 작성된 것에 불과하다.[891]

(4) 이의의 효과

1) 채권자가 이의한 경우

① 채권자가 다른 채권자에 대하여 이의를 한 경우에는 배당이의의 소를 제기하여야 하고, 배당기일부터 1주 이내에 배당이의의 소를 제기하였음을 증명하는 서류를 집행법원에 제출하지 아니하면 이의를 취하한 것으로 간주한다(154조 1항, 3항).[2023 법무사]

② 채권자가 다른 채권자에 대한 배당에 대하여 이의를 한 경우에는 그 다른 채권자가 집행력 있는 집행권원의 정본을 가지고 있는지 여부에 상관없이 배당이의의 소를 제기하여야 하고, 이는 채권자가 배당이의를 하면서 배당이의사유로 채무자를 대위하여 집행권원의 정본을 가진 다른 채권자의 채권의 소멸시효가 완성되었다는 주장을 한 경우에도 마찬가지이다(이 경우에도 배당이의의 소를 제기하여야 한다).[892]

[2024 법무사]

---

890) 대법원 2015. 10. 29. 선고 2015다202490 판결.
891) 대법원 2003. 9. 5. 선고 2001다66291 판결.
892) 대법원 2023. 8. 18. 선고 2023다234102 판결 ; 2012. 5. 10. 선고 2011다109500 판결.

2) 채무자가 이의한 경우

가) 집행정본을 가지지 아니한 채권자에 대하여 이의하는 경우

① 채무자가 집행정본을 가지지 아니한 채권자에 대하여 이의를 하는 경우에는 배당이의의 소를 제기하여야 한다(154조 1항). 이 경우 채무자는 배당기일부터 1주일 이내에 배당이의의 소를 제기하였음을 증명하는 서류를 집행법원에 제출하여야 하고, 위 기간 내에 제출하지 아니하면 이의를 취하한 것으로 간주한다(154조 3항).[2022 승진]

② 집행력 있는 판결정본을 가진 채권자가 담보권에 기하여 배당요구를 한 경우에는 배당의 기초가 되는 것은 '담보권'이지 집행력 있는 판결정본이 아니므로 채무자가 담보권에 대한 배당에 관하여 우선변제권이 미치는 피담보채권의 존부 및 범위 등을 다투고자 하는 때에는 '배당이의의 소'로 다투면 되고, 집행력 있는 판결정본의 집행력을 배제하기 위하여 청구이의의 소를 제기할 필요는 없다.[893)][2017 법무사]

나) 집행정본을 가진 채권자에 대하여 이의하는 경우

① 채무자가 집행정본을 가진 채권자에 대하여 이의를 하는 경우에는 청구이의의 소를 제기하여야 한다(154조 2항). 이 경우 채무자는 배당기일부터 1주 이내에 청구이의의 소를 제기하였음을 증명하는 서류 및 집행정지재판의 정본 두 가지 모두 집행법원에 제출하여야 하며, 위 기간 내에 제출하지 아니하면 이의를 취하한 것으로 간주한다(154조 3항).[2022 승진], 2023 법무사]

② 집행력 있는 집행권원을 가진 채권자에 대하여 이의한 채무자가 청구이의의 소를 제기하였음을 증명하는 서류 및 집행정지재판의 정본 중 어느 하나라도 제출하지 않으면 채무자가 실제로 위 기간 내에 청구이의의 소를 제기하고 그에 따른 집행정지재판을 받았는지 여부와 관계없이 채권자에게 당초 배당표대로 배당을 실시하여야 하고, 배당을 실시하지 않고 있는 동안에 청구이의의 소에서 채권자가 패소한 판결이 확정되었다고 하여 달리 볼 것이 아니다.[894)]

[2019 법무사]

---

893) 대법원 2011. 7. 28. 선고 2010다70018 판결 ; 2012. 9. 13. 선고 2012다45702 판결.
894) 대법원 2011. 5. 26. 선고 2011다16592 판결.

③ 집행력 있는 집행권원을 가진 채권자에 대하여 이의한 채무자가 배당기일부터 1주 이내에 청구이의의 소 제기증명서와 집행정지재판의 정본이 제출되지 않았는데도 집행법원이 채권자에 대한 배당을 중지하였다가 청구이의의 소 결과에 따라 추가배당절차를 밟는 경우에 채권자는 추가배당절차의 개시가 위법함을 이유로 집행에 관한 이의신청을 할 수 있으나, 채권자가 집행에 관한 이의 대신 추가배당표에 대하여 배당이의를 하고 당초 배당표대로 배당을 실시해 달라는 취지로 배당이의의 소를 제기하였다면, 당초 배당표와 동일하게 추가배당표를 경정하여야 한다.895)[2018, 2019 법무사]

④ 집행력 있는 집행권원을 가진 채권자에 대하여 이의한 채무자가 청구이의의 소가 아닌 배당이의의 소를 제기한 것은 부적법하다.896) 확정되지 않은 가집행선고 판결에 대하여는 청구이의의 소를 제기할 수 없다는 이유로 채무자가 이러한 집행력 있는 정본을 가진 채권자를 상대로 배당이의의 소를 제기할 수는 없다.897)[2018 법무사]

다) 가압류채권자에 대한 이의 : 허용되지 않음

채무자는 '가압류채권자'에 대하여는 이의를 할 수 없다(154조 1항).[2022 법무사]

(5) 채권자의 인부 및 이의의 취하

① 이의에 관계된 채권자가 출석하였으면 이에 대하여 진술하여야 하고, 이의에 관계된 채권자가 이의를 정당하다고 인정하거나 다른 방법으로 합의한 때에는 이에 따라 배당표를 경정하여 배당을 실시하여야 한다(152조1항, 2항).

② 채권자 또는 채무자가 배당이의의 소를 제기한 후에 배당이의만 취하하고 배당이의의 소를 취하하지 않은 경우에는 배당이의의 소는 부적법하므로 각하하여야 한다. 다만 채무자가 청구이의의 소를 제기한 후에 배당이의만 취하하고 청구이의의 소를 취하하지 않은 경우에는 이의의 취하만으로는 집행권원의 집행력의 배제를 구할 실익이 없다고 단정할 수 없으므로 채무자가 소를 취하하지 않는 이상 청구이의 소송은 유지되고 집행정지서면이 제출되어 있는 한 배당도 실시할 수 없다.

---

895) 대법원 2011. 5. 26. 선고 2011다16592 판결.
896) 대법원 2005. 4. 14. 선고 2004다72464 판결.
897) 대법원 2015. 4. 23. 선고 2013다86403 판결.

마. 사법보좌관이 작성한 배당표에 대한 이의신청

① 사법보좌관이 작성한 배당표에 대하여는 민사집행법 제151조의 규정에 따라 배당표에 대한 이의신청을 할 수 있다(사법보좌관규칙 3조 4호). 따라서 사법보좌관이 작성한 배당표에 대한 이의신청이 있는 경우에 이의가 완결되지 아니하면 이의가 없는 부분에 한하여 배당을 실시하여야 한다.

② 사법보좌관이 작성한 배당표에 대한 이의신청이 있는 경우에 이의가 완결되지 아니하면 이의 없는 부분에 한하여 배당을 실시하여야 하므로 사법보좌관이 작성한 배당표가 실효되는 것이 아니다. 이의가 완결되지 아니하면 배당기일을 중지하고 이의신청사건을 지체 없이 소속법원의 판사에게 송부하도록 규정하였던 사법보좌관규칙 제5조는 삭제되었다.[2018 법무사]

③ 배당표원안을 작성하고 확정하는 사법보좌관의 행위는 재판상 직무행위에 해당하고, 사법보좌관의 재판상 직무행위로 인한 국가배상책임이 인정되려면 사법보좌관에게 부여된 권한의 취지에 명백히 어긋나게 이를 행사하였다고 인정할 만한 특별한 사정이 있어야 한다.[898]

바. 배당이의가 있었던 채권의 소멸시기[899]

[2019, 2021, 2023 법무사]

① 배당표에 대한 이의가 있는 채권에 관하여 배당이의의 소가 제기되어 배당액이 공탁되었다가 배당표가 확정됨에 따라 공탁된 배당금이 지급된 경우 배당액에 대한 이의가 있었던 채권은 공탁된 배당액으로 충당되는 범위에서 배당표확정 시에 소멸한다. 다만 배당표확정 전에 채권자가 공탁된 배당금을 수령한 경우에는 공탁금수령 시에 변제의 효력이 발생한다.[2021, 2023 법무사]

② 담보권실행을 위한 경매절차에서 경매신청채권자에 우선하는 근저당권자는 배당요구 없이도 당연히 배당받을 수 있으므로 채권계산서를 제출하지 않았더라도 배당에서 제외될 수 없다. 만일 그 근저당권자가 배당요구종기 전에 채권계산서를 제출하거나 그 후 배당표작성 시까지 이를 보정함으로써 그에 따라 배당표가 확정되었다면 채권최고액 범위 내에서 배당기일까지 발생한 이자나 지연손해금은 배당에 포함될 수 있지만, 배당기일 이후에 발생한 것은 배당에 포함될 여지가 없다. 따라서 위와 같은 경우에 배당기일 이후 배당금이 공탁되어 있는 동안 실체법상 이자나 지연손해금이 발생하더라도 해당 근저당권자가 수령할 배당액을 정하는 단계에서는 채권최고액 범위 내에서 '배당기일까지'의 이자나 지연손해금만 배당액에 포함될 수 있다.

---

898) 대법원 2023. 6. 1. 선고 2021다202224 판결.
899) 대법원 2018. 3. 27. 선고 2015다70822 판결.

③ 채권계산서를 제출한 근저당권자의 피담보채권에 대하여 다른 채권자가 이의함으로써 해당 배당액이 공탁되었다가 배당이의소송을 거쳐 배당표가 확정됨에 따라 공탁된 배당금이 지급되는 경우 그 배당금은 특별한 사정이 없는 한 민법 제479조 제1항에 따라 <u>배당표확정 시까지</u>(배당표 확정 전에 공탁금을 수령한 경우에는 <u>공탁금수령 시까지</u>) <u>발생한 이자나 지연손해금 채권에 먼저 충당</u>된 다음 원금에 충당된다.

5. 배당이의의 소

가. 소송요건

(1) 제소기간

① 배당이의의 소는 이의를 한 <u>배당기일로부터 1주 이내</u>에 제기하여야 하는데(154조 3항),900) 단지 1주 이내에 배당이의의 소를 제기하는 것만으로는 부족하고, 그 <u>소를 제기하였음을 증명하는 서류</u>를 1주 안에 집행법원에 제출하여야 한다. 배당기일로부터 1주 이내에 소제기 증명서류를 제출하지 않으면 <u>배당이의가 취하</u>된 것으로 간주된다(154조 3항).[2023 법무사]

② 배당이의를 한 채권자 및 집행정본을 가지지 않은 채권자에 대하여 이의한 채무자는 배당기일부터 1주일 이내에 배당이의의 소를 제기해야 하는데, 소송 진행 도중에 배당이의의 소로 청구취지를 변경한 경우, 제소기간을 준수하였는지는 <u>청구취지 변경신청서</u>를 법원에 제출한 때를 기준으로 판단하여야 한다.901)[2021 승진]

③ 이의한 채권자가 배당기일부터 1주 이내에 집행법원에 대하여 배당이의의 소를 제기한 사실을 증명하는 서류를 제출하지 아니한 경우에도 배당표에 따른 배당을 받은 채권자에 대하여 <u>소로 우선권 및 그 밖의 권리를 행사</u>하는 데 영향을 미치지 아니한다(155조).[2011 승진]

(2) 관할법원

① 배당이의의 소는 <u>배당을 실시한 집행법원</u>이 속한 지방법원의 전속관할이고, 다만 소송물이 단독판사의 관할에 속하지 아니할 때에는 <u>합의부가 관할</u>한다(156조 1항). 여러 개의 배당이의의 소가 제기된 경우에 한 개의 소를 합의부가 관할하는 때에는 <u>다른 소도 함께 관할</u>한다(156조 2항).[2024 법무사]

---
900) 이 법정기간은 법원이나 당사자가 연장할 수 없고, 불변기간이 아니므로 추완(민소법 173조)이 허용되지 않는다.
901) 대법원 2020. 10. 15. 선고 2017다216523 판결.

② 배당이의의 소에서는 이의한 사람과 상대방이 단독판사의 재판을 받을 것을 합의한 경우에는 합의부 관할인 사건도 단독판사가 재판할 수 있다(156조 3항).

③ 파산관재인이 부인권을 행사하면서 원상회복으로서 배당이의의 소를 제기한 경우에는 채무자회생 및 파산에 관한 법률 제396조 제3항이 적용되지 않고, 민사집행법 제156조 제1항, 제21조에 따라 '배당을 실시한 집행법원'이 속한 지방법원의 전속관할이다.[902][2021 법무사]

(3) 소의 이익

채권자가 배당이의의 소를 제기하기 위하여는 그 이의가 인용되면 자기의 배당액이 증가되는 경우이어야 한다.[903]

배당이의가 있으면 배당법원은 그 부분에 대한 배당실시를 유보하고 배당표 가운데 이의가 없이 확정된 부분에 대하여 배당을 실시할 것이지만, 배당법원의 잘못으로 이의의 대상이 된 부분까지 배당을 실시하여 버린 때에는 배당이의의 소를 제기할 이익이 없다.[904]

(4) 당사자적격

1) 원고적격

채권자는 반드시 배당기일에 출석하여 이의를 한 채권자만이 원고적격이 있다(151조 3항).[905] 다만 채무자는 배당기일에 출석하여 이의를 한 경우뿐 아니라 배당기일에 불출석하였더라도 배당표원안이 비치된 이후에 배당기일이 끝날 때까지 서면으로 이의한 경우에도 원고적격이 있다(151조 1항, 2항).

가) 채권자

① 적법하게 배당요구를 하지 못한 채권자는 배당기일에 출석하여 배당표에 대한 실체상 이의를 신청할 권한이 없으므로 그러한 자가 배당기일에 출석하여 배당표에 대한 이의를 신청하였다고 하더라도 이는 부적법한 이의신청에 불과하고, 그 자에게는 배당이의의 소를 제기할 원고적격이 없다.[906]

---

902) 대법원 2021. 2. 16. 2019마6102 결정.
903) 대법원 1994. 1. 25. 선고 92다50270 판결 ; 2010. 10. 14. 선고 39215 판결.
904) 대법원 1965. 5. 31. 선고 65다647 판결.
905) 대법원 1981. 1. 27. 선고 79다1846 판결.
906) 대법원 2002. 9. 4. 선고 2001다63155 판결.

② 가등기담보 등에 관한 법률 제16조 제2항에 해당하는 <u>담보가등기권자가</u> 집행법원이 정한 기간(배당요구의 종기)까지 적법한 배당요구(채권신고)를 한 바 없다면 배당이의를 할 수 없으므로 배당이의의 소를 제기할 원고적격이 없다.907)[2023 법무사]

③ 통정허위표시에 의한 허위의 근저당권에 대하여 배당이 이루어진 경우, 채권자는 '채권자취소의 소'를 제기하지 않고 <u>배당이의의 소</u>로써 그 무효를 주장할 수 있다.908)[2011, 2018 법무사]

④ 배당이의 소송 제기 전에 채권양도가 있었으나 그 대항요건을 배당이의 소송 계속 중에 갖추었다면, <u>대항요건을 갖춘 이후에야 비로소</u> 채권양수인으로서는 배당이의소송에 승계참가할 수 있다.909)

나) 채무자

① 채무자는 집행력 있는 집행권원의 정본을 가지지 아니한 채권자에 대하여는 <u>배당이의의 소</u>를 제기하여야 하고, 집행력 있는 집행권원의 정본을 가진 채권자에 대하여는 <u>청구이의의 소</u>를 제기하여야 한다(154조 2항).[2023 법무사]

집행력 있는 정본을 가진 채권자에 대하여 이의를 한 채무자는 배당기일부터 1주 이내에 청구이의의 소를 제기하였음을 증명하는 서류 및 집행정지재판의 정본 <u>두 가지 모두</u> 집행법원에 제출하여야 한다(154조 3항).[2012 승진]

② 채무자가 <u>가집행선고 있는 제1심판결</u>을 가진 채권자를 상대로 채권의 존부와 범위를 다투기 위해 제기한 배당이의의 소는 부적법하지만, 배당이의소송 도중 가집행선고 있는 제1심판결이 <u>항소심에서 전부 취소</u>되었고 그대로 확정되기까지 하였다면 위와 같은 <u>배당이의의 소의 하자는 치유</u>된다.910)[2021 승진]

따라서 채권자가 받은 가집행선고 있는 제1심판결이 항소심에서 전부 취소되어 그대로 확정되었다면 채권자는 배당받을 지위를 상실하므로 <u>제1심판결의 취소</u>는 배당이의의 소에서 <u>배당이의사유</u>가 될 수 있다.911)

③ 진정한 소유자이더라도 경매개시결정등기 당시 <u>소유자로 등기되어 있지 아니하였다면</u> 민사집행법 제90조 제2호의 소유자가 아니고, 그 후 등기를 갖추고 집행법원에 권리신고를 하지 아니하였다면 경매절차의 이해관계인이 될 수 없으므로 배당표에 대한 이의를 할 권한이 없고, 나아가 배당이의의 소를 제기할 원고적격도 없다.912)[2020 법무사]

---

907) 대법원 2008. 9. 11. 선고 2007다25278 판결.
908) 대법원 2001. 5. 8. 선고 2000다9611 판결.
909) 대법원 2019. 5. 16. 선고 2016다8589 판결.
910) 대법원 2020. 10. 15. 선고 2017다228441 판결.
911) 대법원 2020. 10. 15. 선고 2017다228441 판결.
912) 대법원 2015. 4. 23. 선고 2014다53790 판결.

반면에, 경매개시결정등기 당시 소유자로 등기되어 있는 사람은 설령 진정한 소유자가 따로 있는 경우라도 그 명의의 등기가 말소되거나 이전되지 아니한 이상 경매절차의 이해관계인에 해당하므로 배당표에 대하여 이의를 진술할 권한이 있고, 나아가 배당이의의 소를 제기할 원고적격도 있다.913)[2020 승진, 법무사]

④ 확정되지 않은 가집행선고 판결에 대하여는 청구이의의 소를 제기할 수 없다는 이유로 채무자가 이러한 집행력 있는 정본을 가진 채권자를 상대로 배당이의의 소를 제기할 수는 없다.914)[2018 법무사]

⑤ 민사집행법 제148조 각 호에 해당하지 아니하여 배당에 참가하지 못하는 채권자는 배당표에 대하여 이의할 수 없으므로 채무자 역시 배당에 참가하지 못하는 채권자의 채권에 배당해야 한다는 이유로 배당이의의 소를 제기할 수는 없다.915)[2020 법무사]

다) 제3자

배당이의 소의 원고적격이 있는 자는 배당기일에 출석하여 배당표에 대한 실체상의 이의를 신청한 채권자 또는 채무자에 한하고, 제3자 소유의 물건이 채무자의 소유로 오인되어 강제집행목적물로서 매각된 경우에도 그 제3자는 경매절차의 이해관계인에 해당하지 아니하므로 배당기일에 출석하여 배당표에 대한 실체상의 이의를 신청할 권한이 없다.916)[2012 승진, 2020 법무사]

라) 관련 판례

① 다른 채권자가 신청한 부동산경매절차에서 채무자 소유의 부동산이 매각되고 그 대금이 이미 소멸시효가 완성된 채무를 피담보채무로 하는 근저당권을 가진 채권자에게 배당되어 채무변제에 충당될 때까지 채무자가 이의를 제기하지 않았다면 소멸시효 이익을 포기한 것으로 볼 수 있고, 가분채무 일부에 대하여도 소멸시효 이익을 포기할 수 있다.917)

② 甲 소유 부동산에 관하여 乙 명의의 가압류등기와 丙 명의의 근저당권등기가 순차 마쳐진 후, 丙의 근저당권에 관하여 계약양도를 원인으로 근저당권자를 丁으로 하는 근저당권 이전등기가 마쳐졌고, 그 후 丁의 경매신청에 따른 선행 임의경매개시결정과 乙의 경매신청에 따른 후행 강제경매개시결정이 내려져 선행 경매절차에서 乙과 丁만 배당을 받은 경우에 乙은 丁을 상대로 근저당권 양도행위의 무효를 주장하여 배당이의의 소를 제기할 수 있다.918)

---

913) 대법원 2015. 4. 23. 선고 2014다53790 판결.
914) 대법원 2015. 4. 23. 선고 2013다86403 판결.
915) 대법원 2015. 4. 23. 선고 2013다86403 판결.
916) 대법원 2002. 9. 4. 선고 2001다63155 판결.
917) 대법원 2012. 5. 10. 선고 2011다109500 판결.

③ 소멸주의에 따른 경매절차에서는 우선채권자나 일반채권자의 배당요구와 배당을 인정하므로 그 절차에서 작성된 배당표에 대하여 배당이의의 소를 제기하는 것이 허용되지만, 인수주의에 따른 경매절차에서는 배당요구와 배당이 인정되지 아니하고 배당이의의 소도 허용되지 아니한다.919)[2017, 2018 법무사]

2) 피고적격자

배당이의가 인용되면 자기에 대한 배당액이 줄어드는 채권자이다.

배당절차에서 선정당사자가 선정되면 선정자들이 아닌 선정당사자만이 배당표에 대한 이의의 상대방이 되고, 선정당사자를 상대로 그가 배당받는 것으로 적힌 금액 전체에 대하여 이의를 한 채무자나 다른 채권자는 선정당사자를 피고로 하여 배당이의의 소를 제기하여 선정자들에게 귀속될 부분을 포함한 선정당사자가 배당받는 것으로 기재된 금액 전체에 대하여 경정을 구할 수 있다.920)[2017, 2018 법무사]

나. 소송절차

(1) 원고의 공격방법

1) 공격방법

배당이의를 함에 있어서는 그 사유를 진술할 필요가 없으나, 설령 그 사유를 진술하였다 하더라도 배당이의소송에 있어서 원고의 공격방법이 배당기일에 이의한 사유에 구속되지 않는다.921)[2016 승진]

2) 채권자가 배당이의의 소를 제기한 경우

배당이의의 소는 배당표에 배당받는 것으로 기재된 자의 배당액을 줄여 자신에게 배당되도록 하기 위하여 배당표의 변경 또는 새로운 배당표의 작성을 구하는 것이므로 '채권자'가 제기한 배당이의의 소에서 승소하기 위해서는 피고의 채권이 존재하지 아니함을 주장·증명하는 것만으로 충분하지 않고, 자신이 피고에게 배당된 금원을 배당받을 권리가 있다는 점까지 주장·증명하여야 한다.922)[2020, 2024 법무사]

---

918) 대법원 2016. 7. 29. 선고 2016다13710 판결.
919) 대법원 2014. 1. 23. 선고 2011다83691 판결.
920) 대법원 2015. 10. 29. 선고 2015다202490 판결.
921) 대법원 1997. 1. 21. 선고 96다457 판결.
922) 대법원 2015. 4. 23. 선고 2014다53790 판결.

3) 채무자 또는 소유자가 배당이의의 소를 제기한 경우

① '채무자 또는 소유자'가 제기한 배당이의의 소에서는 피고로 된 채권자에 대한 배당액 자체만 심리대상이 되므로 채무자 또는 소유자는 피고의 채권이 존재하지 아니함을 주장·증명하는 것으로 충분하다.[923] [2023, 2024 법무사]

② '채무자나 소유자'가 배당이의 소를 제기한 경우의 소송목적물은 피고로 된 채권자가 경매절차에서 배당받을 권리의 존부·범위·순위에 한정되는 것이지, 원고인 채무자나 소유자가 경매절차에서 배당받을 권리까지 포함하는 것은 아니므로 제3자가 채무자나 소유자로부터 위와 같이 배당받을 권리를 양수하였더라도 그 배당이의 소송이 계속되어 있는 동안에 소송목적인 권리 또는 의무의 전부 또는 일부를 승계한 경우에 해당된다고 볼 수는 없다.[924] [2024 법무사]

4) 배당이의사유의 발생시기

① 배당이의소송에서 원고는 배당기일까지 발생한 사유뿐만 아니라 배당기일 후 사실심 변론종결 시까지 발생한 사유도 이의사유로 주장할 수 있다. 따라서 가압류채권자의 청구금액을 기준으로 배당표를 작성하였으나 그 후 가압류채권자가 배당이의 소송 중에 다른 부동산의 경매절차에서 배당받음으로써 그 잔존 채권액이 위 가압류청구금액에 미달하게 된 경우에는 이를 이의사유로 주장할 수 있고, 법원은 잔존채권액을 기준으로 배당표를 경정하여야 한다.[925]

[2013 승진, 2014, 2018 법무사]

② 가압류결정이 취소되면 가압류채권자로서 배당받을 지위를 상실하므로 가압류결정의 취소는 배당이의의 소에서 가압류채권자에 대한 배당이의사유가 된다. 배당이의의 소에서 원고는 배당기일 후 사실심 변론종결 시까지 발생한 사유도 이의사유로 주장할 수 있으므로 배당이의 소송 중에 가압류결정이 취소된 경우에도 배당이의사유로 주장할 수 있다.[926] [2014 법무사]

5) 처분권주의

배당이의의 소에서 법원은 처분권주의의 원칙에 따라 원고가 구하는 청구의 양적 범위를 넘어서 판단할 수는 없으므로 배당이의가 없는 부분에 대하여 배당표를 변경하는 판단을 하여서는 아니된다.[927] [2013 승진]

---

923) 대법원 2015. 4. 23. 선고 2014다53790 판결.
924) 대법원 2023. 2. 23. 선고 2022다285288 판결.
925) 대법원 2007. 8. 23. 선고 2007다27427 판결.
926) 대법원 2015. 6. 11. 선고 2015다10523 판결 ; 2017. 4. 27. 선고 2016다277132 판결.
927) 대법원 2000. 6. 7. 선고 99다70983 판결.

(2) 피고의 방어방법

① 배당이의의 소에 있어서 피고는 원고의 청구를 배척할 수 있는 모든 주장을 방어방법으로 내세울 수 있으므로 원고의 채권 자체의 존재를 부인할 수 있다.928)

② 채무자가 제3채무자에 대한 채권을 특정 채권자에게 양도하였다가 채권양도가 사해행위라는 이유로 취소판결이 확정되었으나, 채권자가 당해 채권에 대하여 채권압류 및 추심명령도 받아 둔 경우에는 당해 채권에 대한 제3채무자의 혼합공탁에 따른 배당절차에서 채권자가 사해행위의 수익자인 당해 채권의 양수인의 자격으로는 배당받을 수 없으나, 압류 및 추심명령을 받은 채권자의 지위에서 배당받는 것은 가능하다.929)[2019 법무사]

③ 배당이의의 소에서 피고의 채권이 존재하지 않는 것으로 인정되는 경우에 다툼이 있는 배당부분 가운데 원고에게 귀속시키는 배당액을 계산함에 있어서 이의신청을 하지 아니한 다른 채권자의 채권을 참작할 필요가 없으며, 이는 이의신청을 하지 아니한 다른 채권자 가운데 원고보다 선순위의 채권자가 있다 하더라도 마찬가지이다.930)[2013 승진, 2023 법무사]

④ 경매개시결정등기 전에 등기된 근저당권자가 채권신고서를 제출하였고, 그 채권신고서에 기재한 피담보채권이 존재하지 아니한다 하더라도 그 근저당권자는 피담보채권의 부존재를 이유로 하여 다른 채권자가 제기한 배당이의의 소에서 그 근저당권의 피담보채권이 될 수 있는 다른 채권이 존재하고 있다는 주장을 할 수 있으며, 그 다른 채권이 존재하고 있음이 밝혀진 경우에는 그 근저당권자에 대한 배당은 적법하다.931)[2019 법무사]

(3) 증명책임

① 원고는 배당이의사유를 구성하는 사실에 대하여 자기가 주장·입증하여야 하므로 피고의 채권이 가장된 것임을 주장하여 배당이의를 하였다면 원고가 이에 대한 증명책임을 부담한다.932)

② 원고가 피고의 채권이 성립하지 아니하였음을 주장하는 경우에는 피고에게 채권의 발생원인사실을 입증할 책임이 있고, 원고가 그 채권이 통정허위표시로서 무효라거나 변제로 소멸되었음을 주장하는 경우에는 원고에게 그 장애 또는 소멸사유에 해당하는 사실을 증명할 책임이 있다.933)

---

928) 대법원 2004. 6. 25. 선고 2004다9398 판결 ; 2012. 7. 12. 선고 2010다42259 판결.
929) 대법원 2014. 3. 27. 선고 2011다107818 판결.
930) 대법원 2001. 2. 9. 선고 2000다41844 판결.
931) 대법원 1998. 7. 28. 선고 98다7179 판결.
932) 대법원 1997. 11. 14. 선고 97다32178 판결.
933) 대법원 2007. 7. 12. 선고 2005다39617 판결.

(4) 취하간주의 특칙

① 배당이의의 소에 있어서 원고(배당이의를 한 사람)가 <u>첫 변론기일</u>에 출석하지 아니한 때에는 소를 취하한 것으로 본다(158조). 첫 변론기일에 원고가 불출석하고 피고가 출석한 경우뿐만 아니라 쌍방이 모두 불출석한 경우도 적용되므로 <u>원고가 출석하지 아니한 이상</u> 피고의 출석여부에 관계 없이 소취하간주된다.934)[2011 법무사]

② 첫 변론기일이라 함은 최초로 지정된 변론기일을 말하는 것이 아니라, <u>변론을 실제로 하게 된 최초의 기일</u>을 말한다. '제1심'의 '최초변론기일'을 말하므로 제2회 이후의 변론기일이나 항소심의 기일에는 적용되지 않는다. 위 변론기일에 <u>첫 변론준비기일</u>은 포함되지 아니하므로 배당이의 소송에서 원고가 변론준비기일에 출석한 적이 있더라도 하더라도 첫 변론기일에 불출석하면 소를 취하한 것으로 간주된다.935)[2014, 2023, 2024 법무사]

다. 판결

(1) 판결의 형식

1) 원고패소
원고패소의 판결이 확정된 경우에는 원래의 배당표가 그대로 확정되므로 유보하였던 배당을 실시하여야 한다.

2) 원고승소(채권자가 원고인 경우)
① 심리결과 청구의 전부 또는 일부가 정당하다고 인정되는 때에는 피고의 배당액을 <u>삭제 또는 감액</u>하고 이를 원고에게 배당하는 것으로 정하여야 하고, 다만 이를 정하는 것이 적당하지 않은 경우에는 <u>배당표를 다시 만들고</u> 새로운 배당절차를 밟도록 명하여야 한다(157조).

② 채권자가 제기한 배당이의소송 판결의 효력은 <u>원고와 피고 사이에만</u> 미치므로 피고의 채권이 존재하지 않는 것으로 인정되는 경우에도 다른 채권자의 채권을 참작함이 없이 그 다툼이 있는 배당부분을 원고가 가지는 채권액의 한도에서 원고에게 배당하는 것으로 경정하고, 그 <u>나머지는 피고의 배당액으로 유지</u>하여야 한다.936)[2017, 2023 법무사]

③ 배당이의소송을 인용하는 판결에는 <u>가집행선고</u>를 붙이지 못한다.

---

934) 대법원 1967. 6. 27. 선고 67다796 판결.
935) 대법원 2007. 10. 25. 선고 2007다34876 판결.
936) 대법원 1998. 5. 22. 선고 98다3818 판결 ; 2001. 2. 9. 선고 2000다41844 판결.

3) 원고승소(채무자가 원고인 경우)

'채무자'가 배당이의를 하여 승소한 경우에는 배당이의를 하지 않은 채권자를 위하여도 배당표를 바꾸어야 한다(161조 2항 2호). 이 판결에 따라 집행법원이 배당이의 여부에 관계 없이 모든 채권자들을 위하여 다시 배당하는 것을 추가배당이라고 한다.

4) 전소의 확정판결의 효력

배당이의의 소의 당사자인 원고와 피고 사이의 전소에서 원고 채권의 존부에 대한 판결이 확정되었다면, 그 판결의 기판력은 원고 채권의 존부를 선결문제로 하는 배당이의의 소에 미친다고 할 것이므로 배당이의의 소에서 전소의 확정판결과 모순·저촉되는 판단을 할 수 없다.937)[2020 법무사]

(2) 판결의 효력

1) 판결의 주관적 범위

① '채권자'가 제기한 배당이의의 소의 판결의 효력은 오로지 소송당사자인 원고와 피고 사이에만 미치고 그 밖의 채권자와 채무자에 대하여는 미치지 아니한다(상대효의 원칙).938)[2011, 2017 법무사]

그러나 '채무자'가 제기한 배당이의의 소에서 채무자가 승소한 때에는 이의를 제기하지 않은 채권자를 위하여도 배당표를 바꾸어야 하므로(즉 추가배당을 하여야 하므로) 이 경우에는 이의하지 않은 다른 채권자에게도 판결의 효력이 미친다(161조 2항 2호).[2013 승진]

② 동일한 채권자의 배당액에 관하여 채권자와 채무자가 각각 배당이의의 소를 제기하여 각 승소한 경우, 채권자가 제기한 배당이의의 소의 판결은 상대적 효력밖에 없는 반면에, 채무자가 제기한 배당이의의 소의 판결은 절대적 효력이 있으므로(161조 2항 2호) 동일한 채권자의 배당액에 관한 여러 개의 판결이 확정되어 그 정본이 집행법원에 제출되면 '채무자'가 제기한 배당이의의 소의 판결에 기하여 추가배당을 하여야 한다.

---

937) 대법원 2012. 7. 12. 선고 2010다42259 판결.
938) 대법원 2007. 2. 9. 선고 2006다39546 판결.

2) 판결의 객관적 범위

① 채권자가 제기한 <u>배당이의의 소의 판결이 확정</u>된 때에는 이의가 있었던 배당액에 관한 실체적 배당수령권의 존부의 판단에 <u>기판력</u>이 생긴다. 따라서 배당이의의 소에서 <u>패소판결</u>을 받은 당사자가 그 판결확정 후 상대방에 대하여 위 판결에 의하여 확정된 배당액이 부당이득이라는 이유로 그 반환을 구하는 소송을 제기한 경우에 당사자는 그 <u>배당수령권의 존부</u>에 관하여 위 배당이의소 판결의 판단과 다른 주장을 할 수 없으며, 법원도 이와 다른 판단을 할 수 없다.939)

② 배당이의의 소의 당사자인 원고와 피고 사이의 전소에서 원고 채권의 존부에 대한 판결이 확정되었다면, <u>그 판결의 기판력</u>은 원고 채권의 존부를 선결문제로 하는 배당이의의 소에 미친다고 할 것이므로 배당이의의 소에서 전소의 확정판결과 모순·저촉되는 판단을 할 수 없다.940)[2020 법무사]

라. 배당이의의 소와 부당이득반환청구

(1) 부당이득반환청구가 허용되는 경우

1) 배당이의 여부

① 적법한 배당요구를 한 우선변제권이 있는 채권자가 배당을 받지 못하고 권리 없는 자가 배당을 받았다고 하더라도 그로 인하여 손해를 입은 사람, 즉 부당이득반환청구를 할 수 있는 사람은 그 배당이 <u>잘못되지 않았더라면</u> 배당을 받을 수 있었던 사람이다.941)

② 확정된 배당표에 의하여 배당을 실시하는 것은 <u>실체법상의 권리를 확정하는 것이 아니므로</u> 적법하게 배당요구를 한 자 또는 배당요구 없이도 당연히 배당에 참가하는 채권자는 배당이의를 하였는지 여부나 형식상 배당절차가 확정되었는지 여부에 관계 없이 부당이득반환청구권이 인정된다.942) 따라서 배당받을 권리 있는 채권자가 자신이 배당받을 몫을 받지 못하고 그로 인해 권리 없는 다른 채권자가 그 몫을 배당받은 경우에는 <u>배당이의 여부 또는 배당표의 확정 여부와 관계없이</u> 배당받을 수 있었던 채권자가 배당금을 수령한 다른 채권자를 상대로 <u>부당이득반환청구</u>를 할 수 있다.943)[2021 승진, 2018 법무사]

---

939) 대법원 2000. 1. 21. 선고 99다3501 판결.
940) 대법원 2012. 7. 12. 선고 2010다42259 판결.
941) 대법원 2000. 10. 10. 선고 99다53230 판결.
942) 대법원 1988. 11. 8. 선고 86다카2949 판결 ; 2001. 3. 13. 선고 99다26948 판결.
943) 대법원 2019. 7. 18. 선고 2014다206983 전원합의체 판결.

2) 근저당설정등기가 위법하게 말소된 경우

근저당권설정등기가 위법하게 말소되었더라도 그 권리가 소멸하는 것은 아니어서 경매개시결정등기 전에 등기되어 있던 근저당권자는 회복등기를 하지 않았다고 하더라도 배당요구 없이 당연히 배당받을 수 있는 자에 해당하므로 경매절차에서 배당을 받지 못한 경우, 그 근저당권자는 경매절차에서 실제로 배당받은 채권자를 상대로 부당이득반환청구를 할 수 있다.944)

3) 부당이득반환의무를 부담하는 자와 배당금을 수령한 사람의 일치 여부

경매목적물의 매각대금이 잘못 배당되어 배당받을 권리 있는 채권자가 배당받을 몫을 받지 못하고 그로 인해 권리 없는 다른 채권자가 그 몫을 배당받은 경우, 배당금을 수령한 다른 채권자는 배당받을 수 있었던 채권자의 권리를 침해하여 이득을 얻은 것이 된다. 위와 같이 배당금을 수령한 다른 채권자는 그 이득을 보유할 정당한 권원이 없는 이상 이를 부당이득으로 반환할 의무가 있다.

이 때 부당이득반환의무를 부담하는 '배당금을 수령한 다른 채권자'는 실체법적으로 볼 때 배당을 통하여 법률상 원인 없이 이득을 얻은 사람을 의미하고, 그가 부동산 임의경매절차에서 현실적으로 배당금을 수령한 사람과 언제나 일치하여야 하는 것은 아니다.

질권설정자의 채무자에 대한 근저당권부채권 범위를 초과하여 질권자의 질권설정자에 대한 피담보채권 범위 내에서 질권자에게 배당금이 직접 지급됨으로써 질권자가 피담보채권의 만족을 얻은 경우, 실체법적으로 볼 때 배당을 통하여 법률상 원인 없이 이득을 얻은 사람은 피담보채권이라는 법률상 원인에 기하여 배당금을 수령한 '질권자가 아니라' 근저당권부채권이라는 법률상 원인의 범위를 초과하여 질권자에게 배당금이 지급되게 함으로써 자신의 질권자에 대한 피담보채무가 소멸하는 이익을 얻은 '질권설정자'이다.945)

4) 임금채권자 및 채권양수인의 부당이득반환청구

① 근로기준법상 우선변제청구권 있는 임금채권자가 경매개시결정등기 전에 이미 가압류를 마친 경우에는 별도로 배당요구를 하지 않아도 배당에 참가할 수 있으나, 배당표확정 전까지 그 가압류청구채권이 우선변제권 있는 임금채권임을 소명하여야 우선배당을 받을 수 있다.946)

---

944) 대법원 2002. 10. 22. 선고 2000다59678 판결 ; 95다28304 판결 ; 2001다70702 판결.
945) 대법원 2024. 4. 12. 선고 2023다315155 판결.
946) 대법원 2002. 5. 14. 선고 2002다4870 판결.

따라서 임금채권자가 배당표확정 전까지 우선변제권 있는 임금채권임을 소명하였으나 배당에서 제외된 경우 배당이의 여부에 관계 없이 배당받은 후순위 채권자를 상대로 부당이득반환청구를 할 수 있다.947)[2017, 2020 법무사]

② 첫 경매개시결정등기 전에 등기된 가압류채권자로부터 피보전권리를 양수한 채권양수인이 배당표확정 전까지 채권양수사실을 제대로 소명하지 못함에 따라 가압류채권자에게 배당된 금액을 다른 배당참가 채권자가 배당이의의 소를 제기하여 배당받은 경우 채권양수인이 그 채권자를 상대로 부당이득반환을 구할 수 있다.948)[2013 승진]

(2) 부당이득반환청구가 허용되지 않는 경우

배당요구를 하여야 배당에 참가할 수 있는 임금채권자 등의 채권자가 배당요구종기까지 배당요구를 하지 아니한 경우에는 배당을 받을 수 없게 되고, 나아가 그 뒤 배당을 받은 후순위 채권자를 상대로 부당이득반환청구도 할 수 없다.949)[2018, 2024 법무사]

마. 배당이의의 소와 사해행위취소소송

(1) 허위의 근저당권에 기하여 배당이 이루어진 경우

허위의 근저당권에 대하여 배당이 이루어진 경우, 통정한 허위표시는 당사자 사이에서는 물론 제3자에 대하여도 무효이고, 다만 선의의 제3자에 대하여만 이를 대항하지 못하므로 채권자취소의 소로써 취소되지 않았다 하더라도 그 무효를 주장하여 그에 기한 채권의 존부, 범위, 순위에 관한 배당이의의 소를 제기할 수 있다.950)[2018 법무사]

(2) 저당권설정계약이 사해행위로 취소된 경우

① 채무자와 수익자 사이의 저당권설정행위가 사해행위로 인정되어 저당권설정계약이 취소되는 경우에도 당해 부동산이 이미 경매절차에 의하여 매각되어 대금이 완납되었을 때에는 매수인의 소유권취득에는 영향을 미칠 수 없으므로 매수인의 소유권이전등기를 말소할 수는 없고, 수익자가 받은 배당금을 반환하여야 한다.951)[2015 승진]

---

947) 대법원 2004. 7. 22. 선고 2002다52312 판결.
948) 대법원 2012. 4. 26. 선고 2010다94090 판결.
949) 대법원 1996. 12. 20. 선고 95다28304 판결 ; 2002. 1. 22. 선고 2001다70702 판결.
950) 대법원 2001. 5. 8. 선고 2000다9611 판결.
951) 대법원 2001. 2. 27. 선고 2000다44348 판결.

② 배당이의 소송을 통하여 자신이 배당받아야 할 금액보다 초과하여 배당받은 채권자는 그 초과 부분을 적법하게 배당요구를 하였으나 배당이의 소송에 참여하지 못한 다른 채권자에게 부당이득으로서 반환할 의무가 있을 뿐 사해행위를 한 채무자에게 반환할 의무는 없다.952)

(3) 사해행위취소청구권의 행사방법

사해행위취소청구권은 법원에 소를 제기하는 방법으로 청구할 수 있을 뿐이고 소송상의 공격방어방법으로는 주장할 수 없다. 따라서 임대차보증금을 배당받지 못한 임차인이 배당을 받은 다른 채권자를 상대로 배당이의 소를 제기한 경우 다른 채권자가 이에 응소하면서 임차인이 내세우는 임대차계약이 사해행위에 해당하여 취소되어야 한다는 취지의 주장을 하려면 위 배당이의소송에서 반소로써 사해행위취소의 소를 제기하여야 한다.953)

(4) 채무자 부동산에 대한 매매계약 등이 사해행위로 취소된 경우

① 채무자가 사해행위취소로 등기명의를 회복한 부동산을 제3자에게 처분하더라도 이는 무권리자의 처분에 불과하여 효력이 없으므로 채무자로부터 제3자에게 마쳐진 소유권이전등기나 이에 기초하여 순차로 마쳐진 소유권이전등기 등은 모두 원인무효의 등기로서 말소되어야 한다. 이 경우 취소채권자나 민법 제407조에 따라 사해행위취소와 원상회복의 효력을 받는 채권자는 채무자의 책임재산으로 취급되는 부동산에 대한 강제집행을 위하여 원인무효 등기의 명의인을 상대로 등기의 말소를 청구할 수 있다.954)

② 채무자의 부동산에 관한 매매계약 등의 유상행위가 사해행위라는 이유로 취소되고 원상회복이 이루어짐으로써 수익자에 대하여 부당이득반환채무를 부담하게 된 채무자가 부당이득반환채무의 변제를 위하여 수익자와 소비대차계약을 체결하고 강제집행을 승낙하는 취지가 기재된 공정증서를 작성하여 준 경우에도 그와 같은 행위로 다른 채권자를 해하는 새로운 사해행위가 된다고 볼 수 없다. 이러한 수익자의 채무자에 대한 채권은 당초의 사해행위 이후에 취득한 채권에 불과하므로 수익자는 원상회복된 재산에 대한 강제경매절차에서 배당을 요구할 권리가 없다.955)

---

952) 대법원 2011. 2. 10. 선고 2010다90708 판결.
953) 대법원 1995. 7. 25. 선고 95다8393 판결 ; 1998. 3. 13. 선고 95다48599, 48605 판결.
954) 대법원 2017. 3. 9. 선고 2015다217980 판결 .
955) 대법원 2015. 10. 29. 선고 2012다14975 판결.

③ 채무자가 특정 채권자에 대한 채무를 담보하기 위하여 채무자 소유 부동산에 관하여 근저당권을 설정하여 주었다가 그 근저당설정계약이 사해행위라는 이유로 취소되었으나, 그 채권자가 위 근저당권의 피담보채권을 피보전채권으로 하여 가압류결정을 받은 다음 위 부동산에 대한 경매절차에서 배당요구종기까지 적법하게 배당요구를 하였다면, 근저당권자의 자격으로는 배당을 받을 수 없으나 적법한 배당요구권자의 지위에서 배당받는 것은 가능하다.956) [2022 승진]

바. 배당이의소송 진행 중에 파산이 선고된 경우

파산절차는 모든 채권자들을 위한 포괄적인 강제집행절차로 파산절차가 개시되면 채무자가 파산선고 당시에 가진 모든 재산은 원칙적으로 파산재단에 속한다(채무자 회생 및 파산에 관한 법률 382조).

채무자 소유 부동산에 관해 경매절차가 진행되어 부동산이 매각되었으나 배당기일에 작성된 배당표에 대한 이의가 제기되어 파산채권자들 사이에서 배당이의소송이 계속되는 중에 채무자에 대해 파산이 선고되었다면 배당이의소송의 목적물인 '배당금'은 배당이의소송의 결과와 상관없이 파산선고가 있은 때에 즉시 파산재단에 속하고, 그에 대한 관리·처분권 또한 파산관재인에게 속한다(위 법 384조). 따라서 법원사무관등은 배당이의의 소의 결과를 기다릴 필요 없이 위 배당금을 파산관재인에게 지급하면 된다.

이와 같이 소송의 결과가 파산재단의 증감에 아무런 영향을 미치지 못하는 파산채권자들 사이의 배당이의소송은 채무자의 책임재산 보전과 관련이 없으므로 이러한 배당이의소송은 채무자회생 및 파산에 관한 법률 347조 1항에 따라 파산관재인이 수계할 수 있는 소송에 해당한다고 볼 수 없다.957)

---

956) 대법원 2015. 7. 9. 선고 2014다229177 판결.
957) 대법원 2019. 3. 6. 2017마5292 결정.

6. 배당의 실시

가. 배당을 실시하여야 하는 경우

배당이의가 없는 경우에는 배당표가 확정되고 이에 따라 배당을 실시한다. 배당이의가 있더라도 관계인이 이의를 정당하다고 인정하거나 다른 방법으로 합의하면 이에 따라 배당표를 경정하고 배당을 실시하여야 한다(152조 2항). 이의가 완결되지 아니한 때에는 이의가 없는 부분에 한하여만 배당을 실시하여야 한다(152조 3항).

나. 집행정지서류가 제출된 경우 [2012, 2015 승진, 2011, 2012, 2023, 2024 법무사]

대금지급 후 민사집행법 제49조의 서류가 제출된 경우 집행법원은 경매절차를 계속하여 진행하되, 배당절차가 실시되는 때에는 다음의 구분에 따라 처리하여야 한다(규칙 50조 3항).

① 49조 1·3·5·6호 서류가 제출된 경우 : 그 채권자를 배당에서 제외
② 49조 2호 서류가 제출된 경우 : 그 채권자에 대한 배당액을 공탁
③ 49조 4호 서류가 제출된 경우 : 그 채권자에게 배당액을 지급

다. 배당금의 지급절차

(1) 배당액의 지급

① 채권자와 채무자에 대한 배당금의 교부절차, 배당금의 공탁 및 그 공탁금의 지급위탁절차는 법원사무관등이 그 이름으로 실시한다(규칙 82조 1항).

② 배당기일에 출석하지 아니한 채권자가 배당액을 입금할 예금계좌를 신고한 때에는 법원사무관등은 민사집행법 제160조 2항의 규정에 따른 공탁(불출석한 채권자의 배당액공탁)에 갈음하여 배당액을 예금계좌에 입금할 수 있다(규칙 82조 2항).

배당받을 채권자가 계좌입금신청을 한 경우에는 입금신청인이 출급지시 전에 계좌입금신청을 철회하지 않은 한 반드시 신고된 예금계좌에 입금하는 방법으로 배당금을 지급하여야 하고, 신청인이나 그 대리인에게 직접 지급하여서는 아니된다.[958]

---

[958] 행정예규 1045호 4조 4항.

(2) 배당재단이 공탁금인 경우

① 배당재단이 공탁금인 경우에는 공탁금의 보관 및 관리를 공탁관이 하고 있으므로 집행법원의 법원사무관등은 지급할 배당금액을 적은 지급위탁서를 공탁관에게 보내고, 지급받을 자에게는 자격증명서(배당액 지급증, 지급증명서)를 교부하여야 한다(159조 2항, 3항, 규칙 43조 1항). 이 경우 공탁관은 집행법원의 보조자로서 공탁금 출급사유 등을 심리함이 없이 집행법원의 공탁금 지급위탁서에 따라 공탁금을 출급한다.[959]

② 집행법원이 공탁관에게 지급위탁서를 송부하고 채권자에게 자격증명서를 교부하는 사무는 공탁관의 공탁사무가 아니라 집행법원이 공탁된 배당액의 출급을 위하여 집행절차에 부수하여 행하여지는 사무로 보아야 한다.

따라서 배당기일에 불출석한 채무자가 자신에게 공탁된 배당잉여액의 출급을 위하여 집행법원에 지급위탁서 송부 및 지급증명서의 교부를 신청하였다가 거절당한 경우, '공탁관의 처분에 대한 이의신청'을 할 것이 아니라 법 제16조가 정한 '집행에 관한 이의'로 불복하여야 하고, 그 이의신청은 배당절차에 관한 집행법원의 처분을 대상으로 한 것이 아니라 공탁된 배당액의 출급에 관한 집행법원의 처분을 대상으로 한 것이므로 배당절차 종료 '후에도' 이의신청을 할 이익이 있다.[960]

라. 채권증서 등의 교부

① 채권 전부의 배당을 받을 채권자에게는 배당액 지급증(지급증명서)을 교부하는 동시에 그가 가진 집행력 있는 정본 또는 채권증서를 받아 채무자에게 교부하여야 한다(159조 2항).

② 채권 일부의 배당을 받을 채권자에게는 집행력 있는 정본 또는 채권증서를 제출하게 한 뒤 배당액을 적어서 돌려주고, 배당액 지급증을 교부하는 동시에 영수증을 받아 채무자에게 교부하여야 한다(159조 3항).

마. 배당금의 공탁

(1) 정지조건 또는 불확정기한이 붙어 있는 때(160조 1항 1호)

정지조건이나 불확정기한이 붙어 있는 채권은 그 이행기가 도래하지 아니한 것이므로 배당액을 공탁하여야 한다(160조 1항 1호).

---

[959] 대법원 2018. 3. 27. 선고 2015다70822 판결.
[960] 대법원 1999. 6. 18. 99마1348 결정.

(2) 가압류채권자의 채권(160조 1항 2호)

가압류채권은 아직 확정되지 않은 채권이므로 공탁하여야 한다(160조 1항 2호).

1) 청구기초의 동일성

가압류채권자의 배당액이 공탁된 후에 가압류채권자가 확정판결 등을 제출한 경우, 가압류의 피보전권리와 본안소송의 권리는 엄격히 일치함을 요하지 아니하고, '청구기초의 동일성'이 인정되면 가압류에 대한 관계에서 본안이라고 보아야 한다.961)[2013, 2014, 2019, 2020 법무사]

2) 확정된 피보전채권액에 따른 배당방법

① 가압류의 효력은 가압류를 청구한 피보전채권액에 한하여 미치므로 가압류결정에 피보전채권액으로서 기재된 금액(가압류 청구금액)이 가압류채권자에 대한 배당액의 산정기준이 되며, 배당법원이 배당을 실시할 때에 가압류채권자의 피보전채권은 공탁하여야 하고, 그 후 피보전채권의 존재가 본안의 확정판결 등에 의하여 확정되어 가압류채권자가 확정판결 등을 제출하면 배당법원은 가압류채권자에게 배당액을 지급한다.962)[2021 법무사]

이 경우 가압류채권자의 확정된 피보전채권액이 가압류 청구금액 이상인 경우에는 가압류채권자에 대한 배당액 전부를 가압류채권자에게 지급하지만, 반대로 확정된 피보전채권액이 가압류 청구금액에 미치지 못하는 경우에는 집행법원은 확정된 피보전채권액을 기준으로 하여 다른 동순위 배당채권자들과 사이에서의 배당비율을 다시 계산하여 배당액을 감액 조정한 후 공탁금 중에서 그 감액 조정된 금액만을 가압류채권자에게 지급하고, 나머지는 다른 배당채권자들에게 추가배당하여야 한다.963)[2017, 2021 법무사]

② 본안소송 결과 배당액 전액을 지급받기에 부족한 피보전권리만이 확정되어 다른 배당채권자들에게 추가배당하여야 할 경우임이 밝혀진 때에는 당초의 배당액 중 다른 배당채권자들에게 추가배당하여야 할 부분에 관하여는 가압류채권자가 처음부터 그 부분에 대한 배당금지급청구권을 가지고 있지 않았다고 보아야 하므로 가압류채권자가 그 부분 채권을 부당이득하였다고 할 수는 없다.964)[2016 법무사]

---

961) 대법원 1997. 2. 28. 선고 95다22788 판결.
962) 대법원 2013. 6. 13. 선고 2011다75478 판결.
963) 대법원 2013. 6. 13. 선고 2011다75478 판결.
964) 대법원 2013. 6. 13. 선고 2011다75478 판결.

③ 배당이의의 소 진행 중에 가압류채권자가 다른 부동산의 경매절차에서 배당을 받는 등의 사유로 잔존 채권액이 가압류청구금액에 미달하게 된 경우에 이를 배당이의사유로 주장할 수 있으며, 이 경우에는 잔존채권액을 기준으로 배당표를 경정하여야 한다.965)[2014, 2018 법무사]

3) 피보전채권의 승계인

가압류의 피보전권리를 승계하고 직접 가압류채무자를 상대로 집행권원을 취득한 승계인이 가압류채권자를 피공탁자로 하여 공탁된 배당금의 지급을 요구하는 경우, 당해 집행권원 안에 가압류결정의 당사자 및 그 피보전권리의 연관성이 나타나 있거나 그 승계사실을 증명하는 자료가 첨부되어 있으면 충분하고, 별도로 가압류결정에 대하여 승계집행문을 부여받을 필요는 없다.966)

4) 가압류에 의한 시효중단의 종료시기

가압류에 의한 시효중단은 경매절차에서 부동산이 매각되어 가압류등기가 말소되기 전에 배당절차가 진행되어 가압류채권자에 대한 배당표가 확정되는 등의 특별한 사정이 없는 한, 채권자가 가압류집행에 의하여 권리행사를 계속하고 있다고 볼 수 있는 가압류등기가 말소된 때 그 중단사유가 종료되고, 그때부터 새로 소멸시효가 진행한다. 가압류채권자에 대한 배당액이 공탁되었다고 하여 가압류채권자가 그 공탁금에 대하여 채권자로서 권리행사를 계속하고 있다고 볼 수는 없으므로 그로 인하여 가압류에 의한 시효중단의 효력이 계속된다고 할 수 없다.967)[2022 승진, 2017, 2019, 2021 법무사]

(3) 강제집행의 일시정지서류가 제출된 경우(160조 1항 3호)

강제집행의 일시정지를 명한 재판의 정본(49조 2호 서류) 또는 담보권 실행을 일시정지하도록 명한 재판의 정본(266조 1항 5호 서류)이 제출된 경우에는 그 채권자에 대한 배당금을 공탁하여야 한다(160조 1항 3호).

(4) 저당권설정 가등기가 경료된 경우(160조 1항 4호)

저당권설정의 가등기가 되어 있는 경우에는 그 배당액을 공탁하여야 한다(160조 1항 4호).

---

965) 대법원 2007. 8. 23. 선고 2007다27427 판결.
966) 대법원 1993. 7. 13. 선고 92다33251 판결 ; 2003다37433 판결 ; 2010다94090 판결.
967) 대법원 2013. 11. 14. 선고 2013다18622 판결.

(5) 배당이의의 소가 제기된 경우(160조 1항 5호)

배당표에 대한 이의가 있는 채권에 대하여 적법한 배당이의의 소가 제기된 때에는 그 배당액을 공탁하여야 한다(160조 1항 5호).

(6) 공탁청구가 있는 경우(160조 1항 6호)

저당권자가 저당부동산에 대한 담보권을 실행하기에 앞서 다른 채권자가 저당부동산 이외의 재산에 대하여 강제집행을 신청하여 배당이 실시되는 경우에는 일반채권자로서 집행권원에 기하여 채권전액을 가지고 배당에 참가할 수 있다(민법 340조 2항 본문). 저당부동산만으로도 변제가 충분함에도 저당권자가 다른 부동산으로부터 미리 배당을 받는 경우 다른 채권자는 저당권자에게 배당된 금액의 공탁을 요구할 수 있고(민법 340조 2항 단서), 이러한 공탁청구가 있으면 저당권자의 배당금을 공탁하여야 한다(160조 1항 6호).

(7) 배당기일에 출석하지 않은 경우(160조 2항)

배당받을 채권자가 배당기일에 출석하지 아니한 때에는 그 배당액을 지급할 수 없으므로 이를 공탁하여야 한다(160조 2항).

바. 추가배당

배당표상의 어느 채권자가 배당액의 전부 또는 일부를 배당받지 못하는 것으로 확정된 경우, 그 채권자의 배당이의 여부에 관계 없이 모든 채권자를 대상으로 배당순위에 따라 추가로 배당하는 것을 추가배당이라고 한다.

(1) 추가배당사유

1) 채무자가 제기한 배당이의소송에서 채권자가 패소한 경우

채무자가 배당이의소송에서 승소하였더라도 바로 채무자에게 지급하여서는 아니 되고, 추가배당을 실시하여야 한다.[2013 승진]

2) 저당권자가 담보목적물 이외의 재산에서 배당받은 금액에 대하여 다른 채권자가 공탁청구를 한 후 저당권자가 담보목적물에서 배당을 받은 경우

이 경우에 저당권자가 담보목적물에서 전액을 배당받은 경우에는 공탁된 금액을 추가배당하여야 하고, 일부만을 배당받은 경우에는 배당받지 못한 부분은 공탁된 금액에서 지급하고 잔여액이 있으면 추가배당하여야 한다.[2013 승진]

3) 채권자가 공탁금수령 포기의 의사표시를 한 경우

배당기일에 불출석한 채권자가 <u>공탁금의 수령을 포기</u>하겠다는 의사표시를 한 때에는 채권이 존재하지 않는 것으로 간주하고 추가배당을 실시하여야 한다.[2011 법무사]

4) 가압류채권자가 본안에서 패소한 경우

가압류채권자가 본안소송에서 전부패소 또는 일부패소한 경우 가압류채권자에게 지급할 수 없게 된 배당금은 추가배당을 하여야 한다.

5) 근저당설정계약이 사해행위로 취소되는 경우

근저당권자에게 배당된 금원에 대하여 지급금지가처분결정이 있어 경매법원이 그 배당금을 공탁한 후 그 근저당권설정계약이 <u>사해행위로서 취소</u>된 경우에 그 공탁금은 추가배당하여야 한다.[968][2013 승진]

6) 채무자가 제기한 청구이의의 소에서 채무자가 승소한 경우

채무자가 청구이의의 소에서 승소한 경우 추가배당을 하여야 한다. 배당기일에 채무자의 이의는 없었으나 채권자가 불출석하여 집행법원이 민사집행법 제160조 제2항에 기해 공탁을 하였고, 채권자가 그 공탁금을 수령하기 이전에 채무자가 당해 채권자를 상대로 <u>청구이의의 소를 제기하여 승소</u>한 경우 현행법상 명시적 규정은 없으나, <u>추가배당</u>을 하는 것이 타당하다.[969]

(2) 추가배당절차

① 추가배당표에 대하여도 이의를 할 수 있으나, 종전의 배당기일에서 <u>주장할 수 '없었던'</u> 사유만 주장할 수 있다(161조 4항).[2013 승진]

② 배당액이 공탁된 가압류채권자가 본안소송에서 일부승소의 확정판결을 받아 추가배당을 하는 경우, 가압류채권자의 채권액은 일부승소 확정된 금액에 '<u>종전</u>' 배당기일까지의 지연손해금을 가산한 채권원리금액을 기준으로 하여 조정한 후 공탁금 중에서 그 감액조정된 금액을 가압류채권자에게 지급하며, 나머지 공탁금은 특별한 사정이 없는 한 '<u>종전</u>' 배당기일의 채권액을 기준으로 하여 다른 배당채권자들에게 추가배당하여야 한다.[970][2014 승진, 2021 법무사]

---

968) 대법원 2002. 9. 24. 선고 2002다33069 판결.
969) 대법원 2001. 10. 12. 선고 2001다37613 판결 참조.
970) 대법원 2013. 6. 13. 선고 2011다75478 판결.

7. 배당받을 채권자

가. 가압류채권자

(1) 배당요구

① 첫 경매개시결정등기 '전에' 등기된 가압류채권자는 별도의 배당요구 없이도 당연히 배당에 참가할 수 있다(148조 3호). 그러나 첫 경매개시결정등기 '뒤에' 등기된 가압류채권자는 배당요구종기까지 배당요구를 하여야 배당에 참가할 수 있다.[2023 승진]

② 우선변제권이 있는 임금채권자가 임금채권을 피보전권리로 하여 첫 '경매개시결정등기 전에' 가압류집행을 마친 경우에는 배당요구를 하지 않더라도 배당에 참가할 수 있지만, 우선변제를 받기 위하여는 배당표확정 전까지 우선변제권 있는 채권임을 소명하여야 한다.971)[2014 승진, 2017 법무사]

③ 민법 제348조가 "저당권으로 담보한 채권을 질권의 목적으로 한 때에는 그 저당권등기에 질권의 부기등기를 하여야 그 효력이 저당권에 미친다"라고 규정한 취지는 질권의 효력이 저당권에 미치기 위한 요건을 정한 것에 불과하고, 위와 같은 부기등기를 마쳤다고 하여 곧바로 민법 제349조 제1항의 지명채권에 대한 질권의 대항요건을 갖추었다고 볼 수는 없다.972)

따라서 근저당권 일부이전의 부기등기를 마쳤다 하더라도 피담보채권의 양도인이 채무자에게 채권양도사실을 확정일자 있는 증서로 통지하기 이전에 그 피담보채권에 관하여 가압류집행이 이루어졌다면 그 가압류가 저당권부채권의 양수인보다 우선한다.973)

(2) 청구금액

가압류의 피보전권리와 본안의 소송물인 권리는 엄격히 일치함을 요하지 아니하고, '청구기초의 동일성'이 인정되는 한 가압류에 대한 관계에서 본안이라고 보아야 한다.974) 다만 가압류의 피보전채권과 본안소송의 권리 사이에 청구기초의 동일성이 인정되더라도 본안소송의 권리가 금전채권이 아닌 경우에는 가압류의 효력이 그 본안소송의 권리에 미치지 않는다.975)[2019, 2020 법무사]

---

971) 대법원 2002. 5. 14. 선고 2002다4870 판결 ; 2004. 7. 22. 선고 2002다52312 판결.
972) 대법원 2014. 9. 25. 선고 2014다216126 판결.
973) 대법원 2013. 8. 23. 선고 2012다65270 판결.
974) 대법원 1997. 2. 28. 선고 95다22788 판결.
975) 대법원 2013. 4. 26. 2009마1932 결정.

(3) 가압류 후에 소유권이 이전된 경우

1) 경매실행
가압류집행 후 소유권이 제3자에게 이전된 경우, 가압류채권자는 집행권원을 얻어 제3취득자가 아닌 '가압류채무자'를 집행채무자로 하여 그 가압류를 본압류로 이전하는 강제집행을 실행할 수 있다.976)[2019 법무사]

2) 배당관계
① 가압류집행 후 소유권이 제3자에게 이전된 경우, 가압류채권자 또는 제3취득자에 대한 채권자의 신청에 의해 개시된 경매절차에서 가압류채무자(전 소유자)의 다른 채권자는 배당에 참가할 수 없다.977)[2021, 2023 법무사]

② 가압류집행 후 소유권이 제3자에게 이전된 경우, 가압류채권자 또는 제3자의 채권자에 의하여 신청된 부동산경매절차에서 전 소유자에 대한 가압류채권자는 가압류의 처분금지적 효력이 미치는 금액에 대하여는 제3취득자의 채권자보다 우선적으로 배당을 받을 수 있다.978)[2022, 2023 법무사]

③ 가압류집행 후 소유권이 제3자에게 이전된 경우, 가압류채권자 또는 제3자의 채권자의 신청에 의해 개시된 경매절차에서 제3취득자에 대한 채권자는 당해 가압류목적물의 매각대금 중 가압류의 처분금지적 효력이 미치는 범위의 금액에 대하여는 배당을 받을 수 없으므로 전소유자에 대한 가압류채권자와 제3취득자의 채권자에게 안분배당을 하는 것이 아니라, 가압류의 청구금액 범위 내에서는 전소유자의 가압류채권자에게 먼저 배당을 하여야 한다.979) 다만 가압류결정 당시의 청구금액을 초과하는 이자와 소송비용채권에 대하여는 배당받을 수 없다.980)[2018, 2021, 2022, 2023 법무사]

---

976) 대법원 2005. 7. 29. 선고 2003다40637 판결 ; 2021. 11. 11. 선고 2020다278170 판결.
977) 대법원 1998. 11. 13. 선고 97다57337 판결 ; 1992. 3. 27. 선고 91다44407 판결 ; 1994. 11. 29. 94마417 결정 ; 2004. 9. 3. 선고 2003다22561 판결.
978) 대법원 2006. 7. 28. 선고 2006다19986 판결.
979) 대법원 1998. 11. 10. 선고 98다43441 판결 ; 2005. 7. 29. 선고 2003다40637 판결.
980) 대법원 1998. 11. 10. 선고 98다43441 판결.

(4) 가압류채권의 소멸시기

부동산경매절차에서 가압류채권자의 채권에 대하여 배당액이 공탁된 후 그 채권에 관하여 채권자 승소의 본안판결이 확정된 경우, 본안의 확정판결에서 지급을 명한 <u>가압류채권자의 채권</u>은 공탁된 배당액으로 충당되는 범위에서 <u>본안판결확정 시에 소멸</u>한다. 본안판결 확정 이후에 채무자에 대하여 <u>파산이 선고</u>되었다 하더라도 마찬가지이므로 본안판결 확정시에 이미 발생한 채권소멸의 효력은 그대로 유지된다.

이러한 경우에 가압류채권자가 공탁된 배당금을 채무자의 <u>파산선고 후에 수령</u>하더라도 이는 본안판결 확정 시에 이미 가압류채권의 소멸에 충당된 공탁금에 관하여 단지 <u>수령</u>만이 본안판결 확정 이후의 별도의 시점에 이루어지는 것에 지나지 않는다. 그러므로 가압류채권자가 위와 같이 수령한 공탁금은 파산관재인과의 관계에서 민법상의 <u>부당이득에 해당하지 않는다</u>.981)

따라서 가압류채권자가 본안의 승소판결확정 이후 공탁금을 수령하지 않고 있는 동안 채무자의 파산관재인이 채무자에 대하여 파산선고가 있었다는 이유로 공탁금을 출급하였다면 파산관재인은 본안판결이 확정된 가압류채권자에게 <u>부당이득으로 이를 반환</u>하여야 한다.982)[2019 법무사]

(5) 위법하게 말소된 가압류등기의 효력

부동산에 관하여 가압류등기가 마쳐졌다가 등기가 <u>아무런 원인 없이 말소</u>되었다는 사정만으로는 곧바로 가압류의 효력이 소멸하는 것은 아니지만, 가압류등기가 원인 없이 말소된 이후에 부동산의 소유권이 제3자에게 이전되고 그 후 제3취득자의 채권자 등 다른 권리자의 신청에 따라 경매절차가 진행되어 매각허가결정이 확정되고 <u>매수인이 매각대금을 다 낸 때</u>에는 집행법원이 가압류의 부담을 매수인이 인수할 것을 특별매각조건으로 삼지 않은 이상 <u>원인 없이 말소된 가압류의 효력은 소멸</u>한다.983)[2019, 2023 법무사, 2021 승진]

---

981) 대법원 2018. 7. 24. 선고 2016다227014 판결.
982) 대법원 2018. 7. 26. 선고 2017다234019 판결.
983) 대법원 2017. 1. 25. 선고 2016다28897 판결.

나. 근저당권자

(1) 피담보채권의 범위

1) 피담보채권의 범위

① 근저당권의 피담보채무액 중 지연이자는 채권최고액의 범위 내에서 전액 담보되고, 근저당권의 실행비용(경매비용)은 채권최고액에 포함되지 않는다.[984]

② 경매절차에서 근저당권설정자와 채무자가 동일한 경우에 민사집행법 제148조에 따라 배당받을 채권자나 제3취득자가 없는 한 채권최고액을 초과하는 금원은 근저당권설정자에게 반환할 것이 아니라, 근저당권자의 채권최고액을 초과하는 채무의 변제에 충당하여야 한다.[985][2013 승진, 2023 법무사]

③ 공동근저당 목적부동산이 일부씩 나누어 순차로 경매 실행됨으로써 근저당권자가 배당받은 원본 및 지연이자의 합산액이 결과적으로 채권최고액을 초과하였더라도 그것만으로 피담보채권이 모두 소멸하였다고 볼 수는 없다.[986]

2) 누적적 근저당권의 경우

당사자 사이에 하나의 기본계약에서 발생하는 동일한 채권을 담보하기 위하여 여러 개의 부동산에 근저당권을 설정하면서 각각의 근저당권 채권최고액을 합한 금액을 우선변제받기 위하여 공동근저당권의 형식이 아닌 개별 근저당권의 형식을 취한 경우, 이러한 근저당권은 민법 제368조가 적용되는 공동근저당권이 아니라 피담보채권을 누적적으로 담보하는 근저당권에 해당한다.

① 누적적 근저당권은 공동근저당권과 달리 담보의 범위가 중첩되지 않으므로 누적적 근저당권을 설정받은 채권자는 여러 개의 근저당권을 동시에 실행할 수도 있고, 여러 개의 근저당권 중 어느 것이라도 먼저 실행하여 그 채권최고액의 범위에서 피담보채권의 전부나 일부를 우선변제받은 다음 피담보채권이 소멸할 때까지 나머지 근저당권을 실행하여 그 근저당권의 채권최고액 범위에서 반복하여 우선변제를 받을 수 있다.[987]

② 채권자가 채무자 소유의 부동산과 물상보증인 소유의 부동산에 누적적 근저당권을 설정받았는데 물상보증인 소유의 부동산이 먼저 경매되어 매각대금에서 채권자가 변제를 받은 경우, 물상보증인은 채무자에 대하여 구상권을 취득함과 동시에 채무자 소유 부동산에 관한 근저당권을 대위취득한다.[988][2021 승진]

---

984) 대법원 2001. 11. 27. 선고 2001다47986 판결.
985) 대법원 2009. 2. 26. 선고 2008다4001 판결.
986) 대법원 2009. 12. 10. 선고 2008다72318 판결.
987) 대법원 2020. 4. 9. 선고 2014다51756, 51763 판결.
988) 대법원 2020. 4. 9. 선고 2014다51756, 51763 판결.

(2) 충당의 순서

강제경매, 임의경매를 불문하고 합의충당이나 지정충당은 허용되지 않고 <u>법정충당만이 인정</u>되므로 매각대금은 비용, 이자, 원금의 순서로 변제에 충당되어야 한다.989)

(3) 피담보채권의 확정

1) 경매를 신청한 근저당권자

① 근저당권자가 피담보채무의 불이행을 이유로 경매신청을 한 경우에는 <u>경매신청 시에</u> 근저당권의 피담보채권액이 확정되고, 그 이후에 발생한 원금채권은 그 근저당권에 의하여 담보되지 않는다.990)

근저당권자가 경매를 신청하면서 경매신청서의 청구금액에 <u>장래 발생될 것으로 예상되는 원금채권</u>을 기재하였거나 그 구체적인 금액을 밝혔다는 사정만으로 경매신청 당시에 발생하지 않은 장래의 원금채권까지 피담보채권액에 추가될 수 없을 뿐만 아니라 경매절차상 청구금액이 그와 같이 확장될 수 있는 것도 아니다.991)

② 경매신청 이후부터 근저당권은 부종성을 가지게 되어 <u>보통의 저당권</u>과 같은 취급을 받게 되므로992) 경매개시결정이 있은 후에 경매신청이 취하되었더라도 <u>채무확정의 효과</u>가 번복되는 것은 아니다.993)[2012, 2014, 2019, 2020, 2023 법무사]

③ 근저당권자의 경매신청으로 피담보채권이 확정된 경우, 피담보채권의 <u>확정(경매신청) 전에 발생한 원본채권</u>은 그 근저당권에 의하여 당연히 담보되므로 피담보채권의 <u>확정 후에 발생하는</u> 이자나 지연손해금도 채권최고액의 범위 내에서 담보된다.994)[2019, 2020 법무사, 2023 승진]

2) 경매신청채권자 이외의 근저당권자

① 근저당권자 자신이 직접 경매를 신청한 것이 아니라, 다른 담보권자나 일반채권자가 경매신청을 한 경우에 근저당권자의 피담보채권이 언제 확정되는가의 문제이다.995)

---

989) 대법원 1991. 7. 23. 선고 90다18678 판결 ; 2010. 12. 23. 선고 2009다57460 판결.
990) 대법원 1991. 9. 10. 선고 91다17979 판결.
991) 대법원 2023. 6. 29. 선고 2022다300248 판결.
992) 대법원 1998. 10. 27. 선고 97다26104, 26111 판결.
993) 대법원 2002. 12. 6. 선고 2002다18954 판결.
994) 대법원 2007. 4. 26. 선고 2005다38300 판결.
995) 한편 판례는, 근질권이 설정된 금전채권에 대하여 제3자의 압류로 강제집행절차가 개시된 경우, 근질권의 피담보채권은 근질권자가 위와 같은 강제집행이 개시된 사실을 <u>알게 된 때에 확정</u>된다고 한다(대법원 2009. 10. 15. 선고 2009다43621 판결).

예컨대 후순위 근저당권자가 경매를 신청한 경우 선순위 근저당권자의 피담보채권액은 그 근저당권이 소멸하는 시기, 즉 매수인이 매각대금을 완납한 때에 확정된다.996)

② 공동근저당권자가 목적 부동산 중 일부 부동산에 대하여 제3자가 신청한 경매절차에 소극적으로 참가하여 우선배당을 받은 경우 해당 부동산에 관한 근저당권의 피담보채권은 매각대금을 지급한 때에 확정되지만, 나머지 목적 부동산에 관한 근저당권의 피담보채권은 기본거래가 종료하거나 채무자·물상보증인에 대한 파산이 선고되는 등의 다른 확정사유가 발생하지 아니하는 한 확정되지 아니한다.997)[2019 법무사, 2023 승진]

(4) 공동근저당권자의 배당

1) 공동근저당권

① 공동근저당권이 설정된 목적부동산에 대하여 동시배당이 이루어지는 경우에 공동근저당권자는 채권최고액 범위 내에서 피담보채권을 민법 제368조 제1항에 따라 부동산별로 나누어 각 환가대금에 비례한 액수로 배당받으며, 공동근저당권의 각 목적 부동산에 대하여 채권최고액만큼 반복하여 누적적으로 배당받지 아니한다. 공동근저당권이 설정된 목적부동산에 대하여 이시배당이 이루어지는 경우에도 동시배당의 경우와 마찬가지로 공동근저당권자가 공동근저당권 목적 부동산의 각 환가대금으로부터 채권최고액만큼 반복하여 배당받을 수는 없다.998)[2018 법무사]

② 공동근저당권자가 스스로 근저당권을 실행하거나 타인에 의하여 개시된 경매절차를 통하여 공동담보의 목적 부동산 중 일부에 대한 환가대금으로부터 다른 권리자에 우선하여 피담보채권의 일부에 대하여 배당받은 경우, 그와 같이 우선변제받은 금액에 관하여는 공동담보의 나머지 목적 부동산에 대한 경매절차에서 다시 공동근저당권자로서 우선변제권을 행사할 수 없고, 공동담보의 나머지 목적부동산에 대한 우선변제권의 범위는 최초의 채권최고액에서 우선변제받은 금액을 '공제'한 나머지 채권최고액으로 제한된다.999)[2020, 2023 법무사]

---

996) 대법원 1999. 9. 21. 선고 99다26085 판결.
997) 대법원 2017. 9. 21. 선고 2015다50637 판결.
998) 대법원 2017. 12. 21. 선고 2013다16992 전원합의체 판결.
999) 대법원 2017. 12. 21. 선고 2013다16992 전원합의체 판결.

2) 채무자 부동산과 물상보증인 부동산에 공동근저당권이 설정된 경우

① 채무자 소유 부동산과 물상보증인 소유 부동산에 공동근저당권이 설정된 후 공동담보의 목적부동산 중 채무자 소유 부동산을 제3자에게 매각하여 그 대가로 피담보채권의 일부를 변제하는 경우, 공동근저당권자는 그와 같이 변제받은 금액에 관하여 물상보증인 소유 부동산에 대한 경매절차에서 다시 공동근저당권자로서 우선변제권을 행사할 수 없다.1000)[2023 법무사]

② 채무자 소유 부동산과 물상보증인 소유 부동산에 공동근저당권을 설정한 채권자가 공동담보 중 채무자 소유 부동산에 대한 담보 일부를 포기하거나 순위를 불리하게 변경하여 담보를 상실하게 하거나 감소하게 한 경우, 물상보증인이 그로 인하여 상환받을 수 없는 한도에서 책임을 면한다. 이 경우 공동근저당권자는 나머지 공동담보 목적물인 물상보증인 소유 부동산에 관한 경매절차에서 물상보증인이 담보 상실 내지 감소로 인한 면책을 주장할 수 있는 한도에서 물상보증인 소유 부동산의 후순위 근저당권자에 우선하여 배당받을 수 없다.1001)[2020 법무사]

(5) 저당권설정등기청구권을 위한 가처분등기가 경료된 경우

저당권설정등기청구권을 보전하기 위한 처분금지가처분등기 후 피보전권리 실현을 위한 저당권설정등기가 되면, 그 후 가처분등기가 말소되었더라도 여전히 위 가처분등기 후에 등기된 권리의 취득이나 처분의 제한으로 가처분채권자의 저당권 취득에 대항할 수 없으므로 저당권자보다 우선배당을 받을 수 없다.1002)

(6) 위법하게 말소된 근저당권

① 근저당권은 물권이므로 불법으로 말소되었더라도 그 권리가 소멸하는 것은 아니므로 그 회복등기가 마쳐지기 전이라도 말소된 등기의 등기명의인은 적법한 권리자로 추정된다.1003) 따라서 첫 경매개시결정등기 전에 등기된 근저당권이 불법으로 말소된 경우, 그 근저당권자는 회복등기 전이라도 배당요구 없이 당연히 배당받을 수 있는 채권자에 해당하므로 배당요구종기 이후에도 근저당권이 불법말소된 사실을 증명하여 배당받을 수 있다.1004)[2020 승진]

1000) 대법원 2018. 7. 11. 선고 2017다292756 판결.
1001) 대법원 2018. 7. 11. 선고 2017다292756 판결.
1002) 대법원 2015. 7. 9. 선고 2015다202360 판결.
1003) 대법원 1998. 1. 23. 선고 97다43406 판결.
1004) 대법원 2002. 10. 22. 선고 2000다59678 판결.

② 근저당권설정등기가 원인 없이 불법으로 말소된 경우, 그 근저당권의 명의인은 회복등기 전이라도 그 사실을 증명하여 배당기일에 출석하여 이의를 하고 배당이의의 소를 제기함으로써 구제를 받을 수 있다.1005) 따라서 불법으로 말소된 근저당권의 명의인이 배당기일에 불출석하여 배당표가 확정되었더라도 확정된 배당표에 의하여 배당을 실시하는 것은 실체법상의 권리를 확정하는 것이 아니므로 실제로 배당받은 자를 상대로 부당이득반환청구를 함으로써 근저당권설정등기가 말소되지 않았더라면 배당받았을 금액의 지급을 구할 수 있다.1006)[2012 승진]

③ 근저당권이 불법으로 말소된 경우 근저당권자는 근저당권설정등기의 회복을 구하는 소를 제기할 수 있으나, 근저당권등기가 불법으로 말소된 후 그 부동산에 대한 경매절차가 진행되어 매수인이 대금을 완납한 경우에는 불법으로 말소된 근저당권도 소멸하므로 매수인이 대금을 완납한 이후에는 근저당설정등기의 회복을 구하는 소를 제기할 이익이 없다.1007)

(7) 채권최고액을 초과한 금액의 배당여부

① 채무자와 근저당권설정자가 동일한 경우에 근저당권의 채권최고액은 민사집행법 제148조에 따라 배당받을 채권자나 저당목적 부동산의 제3취득자에 대한 우선변제권의 한도금액이라는 의미를 갖는 것에 불과하고, 그 채권최고액의 범위 내에서만 변제를 받을 수 있다는 이른바 책임의 한도라고까지는 볼 수 없다.1008)[2018 법무사]

② 근저당설정자와 채무자가 동일하고 민사집행법 제148조에 따라 배당받을 채권자나 제3취득자가 없는 한 채권최고액을 초과하는 금액은 근저당권설정자에게 반환할 것이 아니라 근저당권자의 채권최고액을 초과하는 채무의 변제에 충당하여야 한다.1009)[2013 승진, 2023 법무사]

③ 근저당권의 채권최고액을 초과하는 부분으로서 우선변제의 효력이 미치지 않는 채권에 관하여 다른 일반채권자와의 사이에 같은 순위로 안분비례하여 배당하기 위하여는 근저당권에 기한 경매신청이나 채권계산서의 제출이 있는 것만으로는 안 되고, 그 채권최고액을 초과하는 채권에 관하여 별도로 적법한 배당요구를 하였거나 그 밖에 달리 배당받을 수 있는 채권으로서의 필요한 요건을 갖추고 있어야 한다.1010)[2019 법무사]

1005) 대법원 2002. 10. 22. 선고 2000다59678 판결.
1006) 대법원 2002. 10. 22. 선고 2000다59678 판결.
1007) 대법원 1998. 1. 23. 선고 97다43406 판결 ; 2014. 12. 11. 선고 2013다28025 판결..
1008) 대법원 2009. 2. 26. 선고 2008다4001 판결.
1009) 대법원 2009. 2. 26. 선고 2008다4001 판결 ; 1992. 5. 26. 선고 92다1896 판결.
1010) 대법원 1998. 4. 10. 선고 97다28216 판결.

(8) 채권양도의 대항요건을 갖추지 못한 저당권자의 지위

피담보채권을 저당권과 함께 양수한 자는 저당권이전의 부기등기를 마치고 저당권실행의 요건을 갖추고 있는 한 채권양도의 대항요건을 갖추고 있지 아니하더라도 경매신청을 할 수 있으며, 경매개시결정을 할 때 피담보채권의 양수인이 채권양도의 대항요건을 갖추었다는 점을 증명할 필요는 없다.1011) 채무자는 경매절차의 이해관계인으로서 채권양도의 대항요건을 갖추지 못하였다는 사유를 들어 경매개시결정에 대한 이의나 즉시항고절차에서 다툴 수 있으며, 이 경우에 대항요건을 갖추었다는 사실을 '신청채권자'가 증명하여야 한다.1012)
[2023 승진, 2017, 2021, 2023 법무사]

근저당권의 양수인의 신청에 의하여 개시된 경매절차가 채무자의 이의 등으로 실효되지 아니한 이상 그 경매절차는 적법한 것이고, 그 경매신청채권자인 근저당권자는 양수채권의 변제를 받을 수도 있다.1013)

반면에 근저당권이전의 부기등기를 마치지 아니한 양수인은 채권양도의 대항요건을 갖추었는지 여부에 관계 없이 경매신청을 할 수 없다.1014)

(9) 근저당권의 일부이전등기가 경료된 경우

1) 본래의 채권자와 대위변제자 사이의 배당순위

① 변제할 정당한 이익이 있는 자가 채무자를 위하여 근저당권의 피담보채무의 일부를 대위변제한 경우 원래의 채권자는 일부 대위변제자보다 우선변제권을 가진다.1015) 다만 약정이 있으면 약정에 따라 변제순위가 정해진다.[2015 법무사]

② 근로복지공단이 근로자에게 최우선변제권이 있는 최종 3개월분의 임금과 최종 3년분의 퇴직금 중 일부를 체당금으로 지급하고, 그에 해당하는 근로자의 임금 등 채권을 대위하여 행사하는 경우 우선변제권이 있는 근로자의 나머지 임금 등 채권이 대위변제자인 근로복지공단의 채권에 우선한다.1016)

그러나 근로복지공단이 근로자에게 최우선변제권이 있는 임금과 퇴직금 중 일부를 체당금으로 지급하고 그에 해당하는 근로자의 임금 등 채권을 배당절차에서 대위행사하는 경우, 근로복지공단이 대위하는 채권과 체당금을 지급받지 아니한 다른 근로자의 최우선변제권이 있는 임금 등 채권 사이의 배당은 같은 순위로 배당하여야 한다.1017)[2017, 2020 승진, 2018, 2019, 2021, 2024 법무사]

1011) 대법원 2005. 6. 23. 선고 2004다29279 판결 ; 대법원 2024. 8. 19. 2024마6339 결정.
1012) 대법원 2005. 6. 23. 선고 2004다29279 판결.
1013) 대법원 2005. 6. 23. 선고 2004다29279 판결.
1014) 대법원 2005. 6. 23. 선고 2004다29279 판결.
1015) 대법원 2004. 6. 25. 선고 2001다2426 판결.
1016) 대법원 2011. 1. 27. 선고 2008다13623 판결.

2) 일부 대위변제자 사이의 배당순위

수인이 시기를 달리하여 채권의 일부씩을 대위변제하고 근저당권 일부이전의 부기등기를 각 경료한 경우에 각 대위변제자의 변제채권액에 비례하여 안분배당을 하여야 하고, 변제대위자의 부기등기의 선후에 따라 배당을 하여서는 아니 된다.1018)[2011 법무사, 2015 승진] 이 경우 종전의 근저당권자와 채무자 사이에 지연손해금 약정이 있었다면 이러한 약정에 기한 지연손해금 또한 근저당권의 피담보채권에 포함되어 종전의 근저당권자가 배당받을 수 있는 금액으로서 대위변제자들이 안분배당받을 금액에 '포함'되어야 한다.1019)

(10) 집합건물의 전유부분에만 설정된 근저당권

대지사용권은 전유부분과 분리처분이 가능하도록 규약으로 정하였다는 등의 특별한 사정이 없는 한 전유부분에 대한 근저당권의 효력은 대지사용권에까지 미치고, 그에 터잡아 진행된 경매절차에서 전유부분을 매수한 자는 그 대지사용권도 함께 취득한다.1020) 따라서 이 경우에 근저당권자는 대지사용권의 매각대금으로부터도 배당을 받을 수 있다.[2019 법무사]

다. 가등기담보권자

(1) 담보가등기권자의 채권신고

① 법원은 가등기가 있는 강제경매 등의 개시결정이 있는 경우에는 가등기권리자에 대하여 담보가등기인 경우에는 그 내용과 채권의 존부·원인 및 금액을, 담보가등기가 아닌 경우에는 해당내용을 법원에 신고하도록 상당한 기간을 정하여 최고하여야 한다(가등기담보 등에 관한 법률 16조 1항).[2020, 2024 법무사]

② 첫 경매개시결정등기 전에 등기된 담보가등기권자로서 매각으로 인하여 소멸되는 경우에도 집행법원이 정한 기간(배당요구의 종기) 내에 채권신고를 하지 않은 경우에는 배당받을 권리를 상실한다(가등기담보 등에 관한 법률 16조 2항).1021)[2017, 2019, 2023 법무사]

③ 최선순위 가등기권자가 채권신고를 하지 않아 담보가등기인지의 여부를 알 수 없는 경우 경매개시결정등기 촉탁 이후의 절차를 중지할 필요는 없고, 일단 순위보전의 가등기로 간주하여 매수인에게 부담될 수 있다는 취지를 물건명세서에 기재한 후 경매절차를 속행하여야 한다.1022)[2015 승진, 2020, 2023 법무사]

1017) 대법원 2015. 11. 27. 선고 2014다208378 판결.
1018) 대법원 2006. 2. 10. 선고 2004다2762 판결 ; 2001. 1. 19. 선고 2000다37319 판결.
1019) 대법원 2014. 5. 16. 선고 2013다202755 판결.
1020) 대법원 2008. 3. 13. 선고 2005다15048 판결.
1021) 대법원 2008. 9. 11. 선고 2007다25278 판결.

(2) 경매신청

담보가등기권리자는 그 선택에 따라 담보권을 실행하거나 담보목적부동산의 경매를 청구할 수 있는데(가등기담보 등에 관한 법률 12조 1항), 담보가등기권리자가 담보목적부동산의 경매를 청구하는 방법을 선택하여 그 경매절차가 진행 중인 때에는 특별한 사정이 없는 한 가등기담보법 제3조에 따른 담보권을 실행할 수 없으므로 그 가등기에 따른 본등기를 청구할 수 없다.[1023]

(3) 배당절차

① 담보가등기가 마쳐지면 그 때 저당권설정등기가 행하여진 것으로 보므로 저당권의 배당순위를 정하는 것과 같은 판단을 하면 된다(가등기담보 등에 관한 법률 13조). 담보가등기권자보다 선순위의 가압류채권자가 있는 경우에는 담보가등기권자는 선순위의 가압류채권자와 채권액에 비례한 평등배당(안분배당)을 하여야 한다.[1024]

② 가등기담보권에 대하여 선순위 및 후순위 가압류채권이 있는 경우, 가등기담보권자는 선순위 가압류채권에 대하여는 우선변제권을 주장할 수 없으므로 그 피담보채권과 선순위 및 후순위 가압류채권에 대하여 1차로 채권액에 따른 안분비례에 의하여 평등배당을 하되, 담보가등기권자는 위 후순위 가압류채권에 대하여는 우선변제권이 인정되어 그 채권으로부터 받을 배당액으로부터 자기의 채권액을 만족시킬 때까지 이를 흡수하여 변제받을 수 있다(안분후흡수설).[1025]

③ 가등기담보설정 후에 후순위권리자나 제3취득자 등 이해관계 있는 제3자가 생긴 상태에서 새로운 약정으로 기존 가등기담보권에 피담보채권을 추가하거나 피담보채권의 내용을 변경, 확장하는 경우에는 이해관계 있는 제3자의 이익을 침해하게 되므로 이러한 경우에는 피담보채권으로 추가, 확장한 부분은 이해관계 있는 제3자에 대한 관계에서는 우선변제권 있는 피담보채권에 포함되지 않는다.[1026]

[1022] 대법원 2003. 10. 6. 2003마1438 결정.
[1023] 대법원 2022. 11. 30. 선고 2017다232167, 232174 판결.
[1024] 대법원 1992. 10. 13. 선고 92다30597 ; 1987. 6. 9. 선고 86다카2570 판결 ; 1994. 11. 29. 94마417 결정.
[1025] 대법원 1992. 3. 27. 선고 91다44407 판결.
[1026] 대법원 2011. 7. 14. 선고 2011다28090 판결.

라. 전세권자

(1) 배당요구

① 전세권자가 저당권·가압류·압류채권자 등에 대항할 수 없는 경우에는 매각으로 소멸한다(91조 3항). 다만 최선순위의 전세권은 배당요구의 종기까지 배당요구를 하면 배당에 참가하고 매각으로 소멸되지만, 배당요구를 하지 않으면 소멸되지 않으므로 매수인이 인수하여야 한다(91조 4항).

결론적으로, 전세권이 언제 종료되었는지, 그리고 전세권의 목적물이 건물인지 토지인지에 관계 없이 최선순위의 전세권은 오로지 전세권자의 배당요구에 의하여만 소멸되고, 전세권자가 배당요구를 하지 않는 한 전세권은 매수인에게 인수되며, 반대로 배당요구를 하면 존속기간에 관계 없이 전세권은 소멸한다.[1027][2023 승진, 2019, 2021 법무사]

② 주택임대차보호법상 임차인으로서의 지위와 전세권자로서의 지위를 함께 가지고 있는 자가 '임차인'의 지위에 기하여 배당요구를 하였다면 '전세권'에 관하여는 배당요구가 있는 것으로 볼 수 없다.[1028][2021, 2022 승진, 2017, 2018, 2022 법무사]

③ 최선순위 전세권자가 부동산에 관한 제1경매절차에서 배당요구를 하였으나 전세권자로서 배당을 받지 못하였다면 위 전세권은 매각으로 인하여 이미 소멸되었으므로 설령 전세권설정등기가 말소되지 않았다고 하더라도 제2경매절차에서는 전세권자로서 배당받을 수 없다.[1029][2023 승진]

④ 전세권이 존속기간의 만료 등으로 종료한 경우라면 최선순위 전세권자의 채권자는 채권자대위권에 기하거나 전세금반환채권에 대하여 압류 및 추심명령을 받아 전세권에 기한 배당요구를 할 수 있고, 이 경우에는 전세권이 종료하였다는 점에 관한 소명자료를 배당요구종기까지 제출하여야 한다.[1030]

[2019, 2021, 2022 법무사]

(2) 경매신청권

① 전세권자의 전세목적물 인도의무 및 전세권등기 말소의무와 전세권설정자의 전세금 반환의무는 서로 동시이행의 관계에 있으므로 전세권자가 경매를 청구하려면 우선 전세목적물의 인도 및 전세권등기 말소의무를 이행하여 전세권설정자를 이행지체에 빠뜨려야 한다.[1031][2016 법무사]

1027) 대법원 2010. 6. 24. 선고 2009다40790 판결.
1028) 대법원 2010. 6. 24. 선고 2009다40790 판결.
1029) 대법원 2015. 10. 29. 선고 2015다30442 판결.
1030) 대법원 2015. 11. 17. 선고 2014다10694 판결.
1031) 대법원 1977. 4. 13. 77마90 결정.

② 부동산의 일부에 관한 전세권자는 전세권의 목적물이 아닌 나머지 부분에 대하여는 경매신청을 할 수 없지만, 배당에 관하여는 부동산 전부의 매각대금에 대하여 후순위권리자보다 우선변제를 받을 수 있다.1032) 즉 부동산의 일부에 대한 전세권자는 전세권의 목적물인 그 부분만을 분할하지 못하는 한 부동산 전부에 대하여는 경매신청을 할 수 없다.[2017, 2018, 2020 법무사]

③ 주택임차인이 보증금반환청구소송의 확정판결 등의 집행권원에 기하여 강제경매를 신청하는 경우에는 반대의무의 이행이나 이행의 제공이 집행개시의 요건이 아니므로 임차목적 부동산을 임대인에게 인도하지 않고서도 강제경매를 신청할 수 있다(주택임대차보호법 3조의2, 1항).[2011 승진, 2016, 2021 법무사]

(3) 담보권의 효력이 미치는 범위

① 집합건물의 전유부분에 대한 전세권자는 대지사용권의 분리처분이 가능하도록 규약으로 정하는 등의 특별한 사정이 없는 한 전세권의 효력은 대지사용권에도 미치므로 전세권자는 대지사용권의 매각대금으로부터도 배당을 받을 수 있다.1033)[2019 법무사]

② 집합건물의 전유부분에만 설정된 저당권의 효력도 대지사용권의 분리처분이 가능하도록 규약으로 정하는 등의 특별한 사정이 없는 한 그 전유부분의 소유자가 사후에라도 대지사용권을 취득함으로써 전유부분과 대지권이 동일소유자의 소유에 속하게 되었다면 저당권의 효력이 대지사용권에도 미치므로 저당권자는 대지사용권의 매각대금으로부터 배당을 받을 수 있다.1034)

(4) 전세권을 목적으로 하는 저당권이 설정된 경우

1) 전세권의 존속기간이 만료되지 않은 경우의 저당권실행

이 경우 전세권에 대한 저당권자는 전세권 자체를 부동산매각절차의 방법으로 실행할 수 있다.1035)[2014 승진]

2) 전세권이 기간만료 등으로 종료된 경우의 저당권실행

이 경우 전세권에 대한 저당권자는 저당권의 목적물인 전세권에 갈음하여 존속하는 것으로 볼 수 있는 전세금반환채권에 대한 압류 및 추심명령(또는 전부명령)을 받거나 제3자가 전세금반환채권에 대하여 실시한 강제집행절차에서 배당요구를 하는 방법으로 권리를 행사할 수 있다.1036)[2014, 2020 법무사]

1032) 대법원 1992. 3. 10. 91마256, 257 결정 ; 2001. 7. 2. 2001마212 결정.
1033) 대법원 2002. 6. 14. 선고 2001다68389 판결.
1034) 대법원 1995. 8. 22. 선고 94다12722 판결 ; 2001. 2. 9. 선고 2000다62179 판결.
1035) 대법원 2008. 3. 13. 선고 2006다29372, 29389 판결 ; 1995. 9. 18. 95마684 결정.

3) 전세권설정자의 상계항변

전세권저당권이 설정된 때에 이미 전세권설정자가 전세권자에 대하여 반대채권을 가지고 있고, 반대채권의 변제기가 장래 발생할 전세금반환채권의 변제기와 동시에 또는 그보다 먼저 도래하는 경우와 같이 전세권설정자에게 합리적 기대이익을 인정할 수 있는 경우에는 전세권설정자는 반대채권을 자동채권으로 하여 전세금반환채권과 상계함으로써 전세권저당권자에게 대항할 수 있다.1037)

마. 근로자의 우선변제권

(1) 법률의 규정

1) 근로기준법

최종 3개월분의 임금 및 재해보상금 채권은 사용자의 총재산에 대하여 질권, 저당권 또는 '동산·채권 등의 담보에 관한 법률'에 따른 담보권에 따라 담보된 채권, 조세, 공과금 및 다른 채권에 우선하여 변제된다(근로기준법 38조 2항). '최종 3월분의 임금채권'이란 최종 3개월 사이에 지급사유가 발생한 임금채권을 의미하는 것이 아니라, 최종 3개월간 근무한 부분의 임금채권을 말한다.1038)

2) 근로자퇴직급여보장법

근로자의 최종 3년간의 퇴직금은 사용자의 총재산에 대하여 질권 또는 저당권에 의하여 담보된 채권, 조세, 공과금 및 다른 채권에 우선하여 변제된다(근로자퇴직급여보장법 12조 2항). 근로기준법상의 근로자에 해당하는 외국인 근로자에 대하여도 근로자퇴직급여보장법상의 퇴직금 지급에 관한 규정과 최저임금의 보장에 관한 규정이 그대로 적용된다.1039)

(2) 최종 3개월분의 임금

① 최종 3개월분의 임금채권은 퇴직의 시기를 묻지 아니하고 사용자로부터 지급받지 못한 최종 3월분의 임금을 말하고, 사용자의 도산 등 사업폐지 시로부터 소급하여 3개월 내에 퇴직한 근로자의 임금채권에 한정하여 보호하는 취지는 아니다.1040)[2014 승진, 2016 법무사]

1036) 대법원 1995. 9. 18. 95마684 결정.
1037) 대법원 2014. 10. 27. 선고 2013다91672 판결.
1038) 대법원 2002. 3. 29. 선고 2001다83838 판결.
1039) 대법원 2006. 12. 21. 선고 2006다36509 판결.
1040) 대법원 1996. 2. 23. 선고 95다48650 판결 ; 1997. 11. 14. 선고 97다32178 판결.

② 배당요구 당시 이미 근로자와 사용자의 근로계약관계가 이미 종료하였다면 그 종료 시부터 소급하여 3개월 사이에 지급사유가 발생한 임금 중 미지급분을 말하고, 배당요구 당시에도 근로관계가 종료되지 않은 근로자의 경우에는 배당요구 시점부터 소급하여 3개월 사이에 지급사유가 발생한 임금 중 미지급분을 말한다.1041)[2016, 2019, 2024 법무사]

(3) 최종 3년간의 퇴직금

① 우선변제받는 퇴직금은 250일분의 평균임금을 넘을 수 없다(근로자퇴직급여보장법 부칙 9조 4항). 최종 3년간의 퇴직금은 배당요구종기 전에 퇴직금 지급사유가 발생하여야 한다.1042)[2024 법무사]

② 민사집행법 제246조 제1항 제5호는 '퇴직금 그 밖에 이와 비슷한 성질을 가진 급여채권의 2분의 1에 해당하는 금액'을 압류금지채권으로 규정하고 있으므로 사용자가 근로자에게 퇴직금 명목으로 지급한 금원 상당의 부당이득반환채권을 자동채권으로 하여 근로자의 퇴직금채권을 상계하는 것은 퇴직금채권의 2분의 1을 초과하는 부분에 관하여만 허용된다.1043)[2018 법무사]

(4) 배당순위

1) 배당순위

① **우선변제권 있는 소액보증금과는 동순위**

근로자의 최종 3월분의 임금, 재해보상금, 최종 3년간의 퇴직금은 질권·저당권 또는 동산·채권 등의 담보에 관한 법률에 따른 담보권에 따라 담보된 채권, 조세·공과금 및 일반채권보다 선순위이지만, 주택·상가건물의 소액임차인이 우선변제받는 보증금채권과는 동순위이다.1044)[2016 법무사]

② **원금만 우선변제의 대상**

근로기준법 및 근로자퇴직급여보장법에서 우선변제권을 인정하는 것은 최종 3개월분 임금채권 등의 원금만을 의미하므로 지연손해금 채권에 대하여는 우선변제를 받을 수 없다. 따라서 근로자가 판결 등의 집행력 있는 정본으로 배당요구를 하는 경우 원금만을 우선배당하고, 지연손해금은 일반채권자와 안분배당하여야 한다.1045)[2012, 2018, 2022, 2023, 2024 법무사]

1041) 대법원 2015. 08. 19. 선고 2015다204762 판결 ; 2008. 6. 26. 선고 2006다1930 판결.
1042) 대법원 2015. 08. 19. 선고 2015다204762 판결 ; 2008. 6. 26. 선고 2006다1930 판결.
1043) 대법원 2010. 5. 20. 선고 2007다90760 전원합의체판결.
1044) 재민 91-2.

③ **근로관계채권의 배당순위**

근로자가 우선변제받는 채권(최종 3월분의 임금채권, 최종 3년간의 퇴직금채권)을 제외한 나머지 채권(근로관계채권)은 저당권 등에 의하여 담보되는 채권보다는 후순위이고, 조세채권(당해세 포함) 및 일반채권보다는 선순위이다.

조세채권이 저당권 등에 의하여 담보되는 채권보다 우선하는 경우 조세채권 ⇨ 저당권 ⇨ 근로관계채권 순으로 배당된다(근로기준법 38조 1항, 근로자퇴직급여보장법 12조 1항). 저당권 등 담보권자가 없는 경우 근로관계채권은 항상 당해세를 포함한 '모든' 조세채권자보다 선순위이다.[2024 승진, 2016 법무사]

2) 대위변제자의 배당순위

우선변제권이 있는 임금채권을 대위변제한 자는 사용자에 대한 임금채권자로서 사용자의 총재산에 대한 강제경매 또는 임의경매절차에서 배당요구종기까지 배당요구를 하면 저당권자나 일반채권자보다 우선변제를 받을 수 있다.[1046]

다만 근로자인 임금채권자가 우선특권에 기하여 배당요구종기까지 적법한 배당요구를 하였다면 대위권자는 배당요구종기까지 배당요구를 하지 않았더라도 배당표확정 전까지 그 임금채권자를 대위할 권리가 있음을 소명함으로써 임금채권자를 대위하여 배당에 참가할 수 있다.[1047]

3) 일부 대위변제자의 배당순위

① 근로복지공단이 최우선변제권이 있는 최종 3개월분 임금과 최종 3년분 퇴직금 중 일부를 체당금으로 지급하고, 그에 해당하는 근로자의 임금 등 채권을 대위하여 행사하는 경우, 최우선변제권이 있는 근로자의 나머지 임금 등 채권이 대위변제자인 근로복지공단의 채권에 우선한다.[1048][2016, 2021 법무사, 2020 승진]

② 근로복지공단이 근로자에게 최우선변제권이 있는 임금과 퇴직금 중 일부를 체당금으로 지급하고 그에 해당하는 근로자의 임금 등 채권을 배당절차에서 대위행사하는 경우, 근로복지공단이 대위하는 채권과 체당금을 지급받지 아니한 다른 근로자의 최우선변제권이 있는 임금 등 채권 사이의 배당은 같은 순위로 배당하여야 한다.[1049][2017 승진, 2018, 2024 법무사]

1045) 대법원 2000. 1. 28. 99마5143 결정.
1046) 대법원 1996. 2. 23. 선고 94다21160 판결.
1047) 대법원 2007. 9. 7. 선고 2005다70816 판결.
1048) 대법원 2011. 1. 27. 선고 2008다13623 판결.
1049) 대법원 2015. 11. 27. 선고 2014다208378 판결.

(5) 우선변제권의 적용대상

① 임금우선변제권의 적용대상이 되는 사용자의 총재산이라 함은 근로계약의 당사자로서 임금채무를 1차적으로 부담하는 사업주인 사용자의 총재산을 의미한다. 따라서 사용자가 법인인 경우에는 <u>법인 자체의 재산만</u>을 의미하고, 법인의 대표자 등 사업경영 담당자의 개인재산은 이에 포함되지 아니한다.[1050]
[2021 법무사]

② 하수급인이 직상수급인의 귀책사유로 근로자에게 임금을 지급하지 못하여 직상수급인이 하수급인의 근로자들에 대하여 하수급인과 연대책임을 지게 된다 하더라도 그 직상수급인을 하수급인의 근로자에 대한 관계에서 임금채권의 우선변제권이 인정되는 사용자에 해당한다고 볼 수 없으므로 <u>직상수급인 소유의</u> 재산에 대한 강제집행절차에서 <u>하수급인의 근로자들</u>은 직상수급인 소유의 재산을 사용자의 총재산에 해당한다고 보아 이에 대하여 임금 우선변제권을 주장할 수 없다.[1051]

③ 사용자가 '<u>재산</u>'을 <u>취득하기 전에</u> 이미 설정된 담보권에 대하여는 우선변제권이 인정되지 않지만,[1052] 사용자가 '<u>사용자의 지위</u>'를 <u>취득하기 전에</u> 설정한 질권이나 담보권에 의하여 담보된 채권에 대하여는 임금우선변제권이 인정된다.[1053] [2012, 2021 법무사, 2014, 2020 승진]

④ 개인병원 형태로 운영되던 사업을 의료법인 형태로 전환하면서 사업의 인적 조직과 물적 시설이 동일성을 유지하면서 일체로 이전되어 형식적으로 경영주체의 변경이 있을 뿐 <u>개인병원과 의료법인 사이에 실질적인 동일성</u>이 인정되는 경우에는 고용이 승계된 근로자는 물론 <u>법인 전환 후에 신규로 채용된</u> 근로자들도 사용자가 재산을 취득하기 전에 설정된 담보권에 대하여 임금 등의 우선변제권을 가진다.[1054]

⑤ 파견근로자보호 등에 관한 법률 제34조 제2항에 따라 사용사업주가 파견근로자에 대하여 임금지급의무를 부담하는 경우에 <u>파견근로자의 사용사업주에 대한 임금채권에 관하여 근로기준법 제38조 제2항이 정하는 <u>최우선변제권이 인정</u>된다.[1055] [2024 법무사]

1050) 대법원 1996. 2. 9. 선고 95다719 판결.
1051) 대법원 1997. 12. 12. 선고 95다56798 판결.
1052) 대법원 1994. 1. 11. 선고 93다30938 판결.
1053) 대법원 2011. 12. 8. 선고 2011다68777 판결.
1054) 대법원 2004. 5. 27. 선고 2002다65905 판결.
1055) 대법원 2022. 12. 1. 선고 2018다300586 판결.

(6) 우선변제권 있는 임금채권과 가압류·근저당

① 우선변제권이 있는 임금채권자가 첫 경매개시결정등기 전에 가압류등기를 마친 경우에는 배당요구의 종기까지 별도로 배당요구를 할 필요는 없으나, 배당표확정 전까지 가압류채권이 우선변제권 있는 채권임을 소명하여야 우선배당을 받을 수 있다.1056)[2014 승진, 2017, 2021 법무사]

② 경매개시결정등기 전에 등기되었고 매각으로 소멸하는 근저당권자는 배당요구 없이도 당연히 배당을 받을 수 있는 바, 우선변제권이 있는 임금채권자가 현재 및 장래의 임금이나 퇴직금 채권을 피담보채권으로 하여 사용자의 재산에 관한 근저당권을 취득한 경우, 배당요구의 종기까지 우선권 있는 임금채권임을 소명하지 않았다고 하더라도 배당표가 확정되기 전까지 피담보채권이 우선변제권이 있는 임금채권임을 소명하면 최종 3개월분의 임금이나 최종 3년간의 퇴직금 등에 관한 채권에 대하여는 선순위 근저당권자 등보다 우선배당을 받을 수 있다.1057)

바. 조세채권

(1) 배당요구

조세채권자는 그 채권이 실체법상 우선하는 것인지에 관계 없이 배당요구의 종기까지 교부청구를 하여야 배당에 참가할 수 있다.1058) 국세 등의 교부청구는 강제집행에서의 배당요구와 같은 성질의 것이다.1059)

(2) 첫 경매개시결정등기 전에 압류등기를 마친 경우

첫 경매개시결정등기 전에 압류등기를 마친 경우에는 별도의 배당요구(교부청구) 없이도 배당에 참가할 수 있다. 이 경우 배당요구종기까지 체납세액을 알 수 있는 증빙서류를 제출하지 아니하면 집행법원은 압류등기 촉탁서에 의한 체납세액을 조사하여 배당할 수 있을 뿐이고,1060) 그 후(배당요구종기 이후) 비로소 교부청구된 세액은 그것이 다른 실체법상의 다른 채권보다 우선하는 것인지 묻지 않고 배당받을 수 없다.1061)[2023 승진]

1056) 대법원 2002. 5. 14. 선고 2002다4870 판결.
1057) 대법원 2015. 8. 19. 선고 2015다204762 판결.
1058) 대법원 2001. 11. 27. 선고 99다22311 판결.
1059) 대법원 2001. 11. 27. 선고 99다22311 판결.
1060) 대법원 1997. 2. 14. 선고 96다51585 판결.
1061) 대법원 1994. 3. 22. 선고 93다19276 판결 ; 2001. 11. 27. 선고 99다22311 판결.

(3) 압류선착주의

1) 의의 및 적용범위

① 압류선착주의란 국세 상호 간, 지방세 상호간, 국세와 지방세 상호 간에는 '먼저 압류'한 조세가 나중에 압류(참가압류)하거나 '교부청구'한 조세보다 우선한다는 원칙을 말한다(국세기본법 제36조, 지방세기본법 제73조).

② 압류선착주의는 조세채권 사이의 우선순위를 정하는 데만 적용되므로 조세채권과 담보물권 사이의 우선순위를 정하는 데는 적용되지 않고,1062) 부동산 자체에 대하여 부과된 조세, 즉 당해세와 그 가산금에 대하여도 적용되지 않는다.1063)[2017, 2022, 2023 법무사]

2) 관련 판례

① 선행 공매절차에서 매각대금이 저당권자보다 선순위인 조세채권자에게 우선 배분되었으나 압류선착주의에 따라 다른 조세채권에 흡수됨으로써 실제로는 그 금액을 배분받지 못하는 결과가 되었더라도 실질적으로는 선순위 조세채권자의 우선변제권 행사에 의한 배분이 이루어진 것으로 보아야 하므로 납세의무자 소유의 다른 부동산에 관한 후행 경매절차에서 저당권자에 대하여 선순위 조세채권자에게 배분이 이루어지지 아니하였다는 주장을 할 수 없다.1064)

② 공시를 수반하는 담보물권이 설정된 부동산에 관하여 담보물권 설정일 이전에 법정기일이 도래한 조세채권과 담보물권 설정일 이후에 법정기일이 도래한 조세채권에 기한 압류가 모두 이루어진 경우, 당해세를 제외한 조세채권과 담보물권 사이의 우선순위는 그 법정기일과 담보물권 설정일의 선후에 의하여 결정하고, 이와 같은 순서에 의하여 매각대금을 배분한 후, 압류선착주의에 따라 각 조세채권 사이의 우선순위를 결정하여야 한다.1065)[2024 승진, 2023 법무사]

(4) 당해세 우선의 원칙

1) 의의 및 배당순위

① 당해세는 매각부동산 자체에 대하여 부과된 조세 및 가산금으로서 그 법정기일 전에 설정된 저당권 등으로 담보된 채권보다도 우선하는데(국세기본법 35조 3항, 지방세기본법 71조 1항 3호), 이것이 당해세 우선의 원칙이다.

1062) 대법원 2005. 11. 24. 선고 2005두9088 판결.
1063) 대법원 2007. 5. 10. 선고 2007두2197 판결.
1064) 대법원 2015. 4. 23. 선고 2011다47534 판결.
1065) 대법원 2005. 11. 24. 선고 2005두9088 판결.

② 당해세는 소액임차인이 우선변제받는 보증금채권과 근로자의 최종 3개월 임금 및 최종 3년간 퇴직금 채권보다는 후순위로 배당받고, 그 이외의 모든 채권보다 선순위로 배당받는다.

당해세라 하더라도 배당요구종기까지 교부청구한 금액만을 배당받을 수 있고, 당해세에 대한 가산금의 경우에도 교부청구 이후 배당기일까지의 가산금을 포함하여 지급을 구하는 취지를 배당요구종기 이전에 명확히 밝히지 않았다면 배당요구종기까지 교부청구한 금액만 배당받을 수 있다.1066)[2017, 2019 법무사]

2) 당해세의 종류

어떤 조세가 우선징수권이 인정되는 당해세에 해당되는지에 관한 구체적·세부적 판단을 담당할 기관은 개별 법령의 해석 및 적용의 권한을 가진 법원의 영역에 속한다.1067)

가) 국세

국세 중에는 상속세, 증여세, 종합부동산세가 당해세에 해당한다(국세기본법 35조 3항). 다만 경매절차에서 교부청구한 상속세와 증여세가 경매부동산에 대한 당해세에 해당하는지에 관하여는 신중한 판단이 필요하다.

① 판례는 증여세에 관하여, 부동산을 매수한 후 소유권이전등기를 하지 아니하고 수증자 앞으로 직접 소유권이전등기를 한 것을 과세대상으로 삼아 부과된 증여세는 당해세에 해당하지만,1068) 매각재산의 취득자금을 증여받은 것으로 추정하여 그 재산의 취득자금에 대하여 부과하는 증여세는 당해세라 할 수 없다고 판시함으로써1069) 매각재산 자체가 증여된 경우에 한하여 그 재산에 부과된 증여세가 당해세에 해당한다고 보고 있다.

② 부동산에 대하여 근저당권설정 이전에 이루어진 증여를 원인으로 하여 부과된 증여세는 위 부동산 자체에 관하여 부과된 것이고, 근저당권설정 당시 이미 증여를 원인으로 하여 소유권이전등기가 마쳐져 있었으므로 근저당권자로서는 장래 이 증여를 과세원인으로 하여 증여세가 부과될 것을 상당한 정도로 예측할 수 있다고 봄이 상당하고, 위 증여세는 당해세에 해당한다고 판시하였다.1070) [2020 법무사]

1066) 대법원 2012. 5. 10. 선고 2011다44160 판결.
1067) 헌법재판소 2001. 2. 22. 99헌바44 결정 ; 1999. 5. 27. 97헌바889. 98헌바90 결정.
1068) 대법원 1999. 8. 20. 선고 99다6135 판결.
1069) 대법원 1996. 3. 12. 선고 95다47831 판결.
1070) 대법원 2001. 1. 30. 선고 2000다47972 판결.

③ 국세에 대하여 우선적으로 보호되는 저당권으로 담보되는 채권이란 저당권설정 당시의 저당권자와 저당권설정자와의 관계를 기본으로 하여 그 설정자의 납세의무를 기준으로 한 것이라고 해석되므로 저당권설정자가 그 피담보채권에 우선하여 징수당할 아무런 조세의 체납도 없는 상태에서 사망한 경우, 그 상속인에 대하여 부과한 상속세는 이를 당해세라 하여 저당권자보다 우선징수할 수 없다.1071)[2021 법무사]

나) 지방세

지방세 중에는 재산세, 자동차세(자동차 소유에 대한 자동차세만 해당), 지역자원시설세(소방분에 대한 지역자원시설세만 해당) 및 지방교육세(재산세와 자동차세에 부가되는 지방교육세만 해당)가 당해세에 해당한다(지방세기본법 71조 5항). 취득세와 등록면허세는 당해세가 아니다.

(3) 담보권자 등과의 배당순위

1) 배당순위

① 조세채권은 일반채권 및 체납처분의 예에 따라 징수되는 공과금채권(국민건강보험료, 국민연금보험료 등)보다 항상 선순위로 변제된다.

② 조세와 저당권 등 담보권 사이의 우선순위는 조세의 법정기일과 담보권의 설정등기일자의 선후를 따져서 정하여야 한다.[2024 승진]

취득세와 등록면허세 등 '신고납세방식'의 조세와 근저당권 등에 의하여 담보된 채권의 우선순위를 정함에 있어서는 각 세금의 신고일과 근저당설정등기일을 비교하여 우선순위를 정하여야 한다.1072)

2) 과세관청에서 세액을 증액하는 경정처분을 한 경우

납세의무자가 신고납세방식인 국세의 과세표준과 세액을 신고한 다음 저당권설정등기 등을 마쳤는데 이후 과세관청이 당초 신고한 세액을 증액하는 경정처분을 한 경우, 당초 신고한 세액에 대해서는 당초 신고일이 법정기일이 되어 저당권 등에 의하여 담보되는 채권보다 우선하여 징수할 수 있다. 이 경우 증액된 금액에 대하여는 증액경정처분의 납세고지서 발송일이 법정기일이 된다.1073)[2020, 2023 법무사]

1071) 대법원 1996. 7. 12. 선고 96다21058 판결.
1072) 대법원 1999. 1. 26. 선고 98다54298 판결.
1073) 대법원 2018. 6. 28. 선고 2017다236978 판결.

(4) 부동산의 양도와 조세채권

저당권이 설정된 부동산이 양도된 경우, 양수인인 제3자에게 부과된 조세는 그 법정기일이 저당권설정 전이라고 하여도 저당권에 대하여는 우선권이 없다.1074) 저당부동산이 저당권설정자로부터 제3자에게 양도되고, 위 설정자에게 저당권에 우선하여 징수당할 아무런 조세의 체납이 없었다면 양수인인 제3자에 대하여 부과한 국세 또는 지방세를 법정기일이 앞선다거나 당해세라 하여 우선 징수할 수 없다.1075)[2011, 2016 법무사]

(5) 별제권행사에 따른 경매절차에서 조세채권자에 대한 배당

① 파산자 소유의 부동산에 대한 별제권 행사에 따른 경매절차에서 교부청구를 한 조세채권에 대해서는 다른 담보물권자보다 우선변제권을 가진 조세채권에 우선배당을 하되, 그 배당금은 채권자인 과세관청에 직접 교부할 것이 아니라, 파산관재인이 채무자회생법 소정의 절차에 따라 각 재단채권자에게 안분변제할 수 있도록 '파산관재인'에게 교부하여야 한다.1076)

다만 '근로자'는 채무자 회생 및 파산에 관한 법률 제415조의2 본문에 따라 별제권 행사에 따른 경매절차에서 최우선임금채권에 대하여 배당요구를 하여 다른 담보물권자보다 우선하여 배당을 받고 그 배당금을 직접 수령할 수 있다.1077)

② 조세채권자인 과세관청이 파산선고 전 체납처분으로 부동산을 압류(참가압류 포함)한 경우에는 이후 체납자가 파산선고를 받더라도 선착수한 체납처분의 우선성에 따라 별제권(담보물권 등) 행사에 따른 부동산경매절차에서 조세채권자가 매각대금으로부터 직접 배당받을 수 있다.[2024 법무사]

별제권 행사에 따른 부동산경매절차에서 채무자회생법 제349조 제1항에 따라 체납처분의 우선성이 인정되어 조세채권자에게 직접 배당하는 조세채권은 체납처분의 원인이 된 조세채권의 압류 당시 실제 체납액에 한정된다고 봄이 타당하고, 이와 달리 구 국세징수법 제47조 제2항의 문언에 따라 압류 이후 발생한 위 체납액의 초과 부분까지 포함된다고 볼 수는 없다.1078)

1074) 대법원 1972. 1. 31. 선고 71다2266 판결 ; 1991. 10. 8. 선고 88다카105 판결.
1075) 대법원 2005. 3. 10. 선고 2004다51153 판결.
1076) 대법원 2003. 6. 24. 선고 2002다70129 판결.
1077) 대법원 2022. 8. 31. 선고 2019다200737 판결.
1078) 대법원 2023. 10. 12. 선고 2018다294162 판결.

사. 저당물의 제3취득자가 지출한 필요비·유익비

(1) 제3취득자의 범위
저당권설정등기 후에 목적부동산의 제3취득자가 그 부동산의 보존, 개량을 위하여 필요비 또는 유익비를 지출한 때에는 저당물의 경매대금에서 우선상환을 받을 수 있다(민법 367조). 저당부동산의 소유권을 취득한 자도 민법 제367조의 제3취득자에 해당한다.[1079]

(2) 배당요구
① 제3취득자가 민법 제367조에 의하여 매각대금으로부터 필요비·유익비를 우선상환받기 위하여는 배당요구종기까지 배당요구를 하여야 하고, 집행비용을 제외하고는 다른 모든 우선특권보다 우선적으로 배당된다.[1080][2024 법무사]

② 민법 제367조에 의한 우선상환은 제3취득자가 경매절차에서 배당받는 방법으로 민법 제203조 제1항, 제2항에서 규정한 비용에 관하여 경매절차의 매각대금에서 우선변제받을 수 있다는 것이지 이를 근거로 제3취득자가 직접 저당권설정자, 저당권자 또는 경매절차 매수인 등에 대하여 비용상환을 청구할 수 있는 권리가 인정될 수 없다. 따라서 제3취득자는 민법 제367조에 의한 비용상환청구권을 피담보채권으로 주장하면서 유치권을 행사할 수 없다.[1081]

[1079] 대법원 2004. 10. 15. 선고 2004다36604 판결.
[1080] 대법원 2023. 7. 13. 선고 2022다265093 판결.
[1081] 대법원 2023. 7. 13. 선고 2022다265093 판결.

Ⅳ. 부동산경매와 주택임차인

1. 주택임대차보호법의 적용범위

가. 주거용 건물
주거용 건물이라면 주택임대차보호법의 보호대상이 되고, 등기나 허가 여부는 문제되지 않는다.[1082]

나. 임대인

(1) 적법한 임대권한이 있는 자

① 임대차계약은 주택소유자인 임대인과 체결하는 것이 통상적이지만, 임대인이 반드시 소유자일 필요는 없고, 임차주택에 대한 처분권한이 있거나 적법한 임대권한을 가진 자와 체결한 임대차계약도 그 효력이 있다.[1083]

② 乙이 최고가매수신고인이라는 것 외에는 임대차계약 당시 적법한 임대권한이 있었음을 인정할 자료가 없는데도, 甲이 아직 매각대금을 납부하지도 아니한 최고가매수신고인에 불과한 乙로부터 주택을 인도받아 전입신고 및 확정일자를 갖추었다는 것만으로 주택임대차보호법 제3조의2 제2항에서 정한 우선변제권을 취득하였다고 볼 수 없다.[1084]

(2) 보증금반환채권이 가압류된 상태에서 주택이 양도된 경우

임차인의 임대차보증금반환채권이 가압류된 상태에서 임대주택이 양도되면 양수인이 채권가압류의 제3채무자의 지위를 승계하므로 가압류권자는 양도인이 아니라 양수인에 대하여만 위 가압류의 효력을 주장할 수 있다.[1085]

따라서 가압류채권자는 집행권원을 얻어서 가압류를 본압류로 이전하는 압류명령을 신청할 때에는 양수인을 제3채무자로 하여 신청하여야 하고, 이 경우 양수인은 등기사항증명서를 첨부하여 민사집행법 제248조 제1항, 제291조에 따라 가압류를 원인으로 한 집행공탁을 할 수 있다.

[2017, 2023 승진, 2017, 2019, 2022, 2023 법무사]

[1082] 대법원 1987. 3. 24. 선고 86다카164 판결 ; 2007. 6. 21. 선고 2004다26133 판결.
[1083] 대법원 2008. 4. 10. 선고 2007다38908, 38915 판결 ; 1995. 10. 12. 선고 95다22283 판결.
[1084] 대법원 2014. 2. 27. 선고 2012다93794 판결.
[1085] 대법원 2013. 1. 17. 선고 2011다49523 전원합의체 판결.

다. 법인이 대항력을 취득하는 경우

① 한국토지주택공사법에 따른 한국토지주택공사와 지방공기업법 49조에 따라 주택사업을 목적으로 설립된 지방공사가 주택을 임차한 후 지방자치단체의 장 또는 그 법인이 선정한 입주자가 그 주택을 인도받고 주민등록을 마쳤을 때에는 그 법인도 대항력을 취득할 수 있다(주임법 3조 2항).

② 중소기업기본법 제2조에서 정한 중소기업자의 범위에 해당하는 법인이 소속직원의 주거용으로 주택을 임차한 후 그 법인이 선정한 직원이 그 주택을 인도받고 주민등록을 마치면 법인이 주택임대차보호법상의 대항력을 취득할 수 있다. 임대차가 끝나기 전에 그 직원이 변경된 경우에는 그 법인이 선정한 새로운 직원이 주택을 인도받고 주민등록을 마친 다음 날부터 제3자에 대하여 효력이 생긴다(주택임대차보호법 3조 3항).[2016 승진]

③ 주택임대차보호법 제3조 제3항에 따라 법인인 임차인이 주택임대차보호법이 정한 임차인에 해당된다고 보려면, 임차인인 법인의 직원인 사람이 법인이 임차한 주택을 인도받고 주민등록을 마쳐야 한다. 여기에서 말하는 '직원'은 해당 법인이 주식회사라면 그 법인에서 근무하는 사람 중 법인등기사항증명서에 대표이사 또는 사내이사로 등기된 사람을 '제외'한 사람을 의미한다고 보아야 한다.

다만 위와 같은 범위의 임원을 제외한 직원이 법인이 임차한 해당 주택을 인도받아 주민등록을 마치고 그곳에서 거주하고 있다면 이로써 위 조항에서 정한 대항력을 갖추었다고 보아야 하고, 그 밖에 업무관련성, 임대료의 액수, 지리적 근접성 등 다른 사정을 고려하여 그 요건을 갖추었는지를 판단할 것은 아니다.[1086]

④ 법인은 주택임대차보호법 제3조 제1항이 정하는 대항요건의 하나인 주민등록을 마칠 수 없는 점에 비추어 보면, 주택을 임차한 법인에는 주택임대차보호법 제3조 제2항, 제3항이 정하는 경우를 제외하고는 주택임대차보호법 제3조가 적용되지 않는다. 그러므로 임차주택의 양수인이 임대인의 지위를 당연히 승계한다는 내용의 주택임대차보호법 제3조 제4항도 주택임차인이 '법인'인 경우에는 원칙적으로 적용되지 않는다.

따라서 임대인이 법인을 임차인으로 하는 주택을 양도한 경우에는 임대인의 임대차보증금 반환채무를 양수인이 면책적으로 인수하였다는 등의 특별한 사정이 없는 한 임대인의 법인에 대한 임대차보증금 반환채무는 위 주택양도에도 불구하고 소멸하지 아니한다.[1087]

1086) 대법원 2023. 12. 14. 선고 2023다226866 판결.
1087) 대법원 2024. 6. 13. 선고 2024다215542 판결.

2. 대항력

가. 대항력의 요건

① 임대차는 그 등기가 없는 경우에도 임차인이 주택의 인도와 주민등록을 마친 때에는 그 다음 날부터 제3자에 대하여 효력이 생기고, 이 경우 전입신고를 한 때에 주민등록이 된 것으로 본다(주임법 3조 1항).

② 주택의 인도 및 주민등록이라는 대항요건은 대항력의 취득시에만 구비하면 족한 것이 아니라, 그 대항력을 유지하기 위하여 계속하여 존속하고 있어야 할 대항력의 존속요건이기도 하다.[1088] 대항요건은 배당요구의 종기까지 계속 유지·존속하여야 한다.[1089][2023 법무사]

③ 주택의 공동임차인 중 1인이라도 주택임대차보호법 제3조 제1항에서 정한 대항요건을 갖추게 되면 그 대항력은 임대차 전체에 미치므로 임차건물이 양도되는 경우 공동임차인에 대한 보증금반환채무 전부가 임대인 지위를 승계한 양수인에게 이전되고 양도인의 채무는 소멸한다. 이러한 법리는 당사자 사이에 공동임차인의 임대차보증금 지분을 별도로 정한 경우에도 마찬가지이다.[1090]

나. 주택의 인도

① 주택임차인은 직접점유는 물론이고 간접점유의 방법으로도 주택을 인도받을 수 있으므로[1091] 간접점유자인 임차인이 임차주택을 직접 점유하여 거주하지 않고 그곳에 주민등록을 하지 아니한 경우라 하더라도 임대인의 승낙을 받아 적법하게 임차주택을 전대하고 직접점유자인 전차인이 주택을 인도받아 자신의 주민등록을 마쳐야 임차인이 대항력을 취득한다.[1092][2017 법무사]

② 점유개정(주택을 매도하고 동시에 매수인으로부터 다시 임차하는 경우)의 경우에는 임차인은 매수인 명의로 소유권등기가 경료된 '다음' 날 대항력을 취득한다.[1093][2017 법무사]

다. 주민등록

① 주민등록은 임차인 본인뿐 아니라 그 배우자나 자녀 등 가족의 주민등록을 포함한다.[1094]

1088) 대법원 2003. 7. 25. 선고 2003다25461 ; 2008. 3. 13. 선고 2007다54023 판결 등.
1089) 대법원 2007. 6. 14. 선고 2007다17475 판결.
1090) 대법원 2021. 10. 28. 선고 2021다238650 판결.
1091) 대법원 2001. 1. 19. 선고 2000다55645 판결.
1092) 대법원 2007. 11. 29. 선고 2005다64255 판결.
1093) 대법원 2002. 11. 8. 선고 2002다38361 ; 2000. 2. 11. 선고 99다59306 판결.
1094) 대법원 1988.6.14. 선고 87다카3093, 3094 판결 등.

② 외국인이 출입국관리법에 따라 마친 외국인등록과 체류지 변경신고는 주택임대차보호법 제3조 제1항에서 대항요건으로 규정한 주민등록과 같은 법적 효과가 인정되며, 외국국적동포가 재외동포의 출입국과 법적 지위에 관한 법률 제6조에 따라 국내거소신고 및 거소이전신고를 마친 경우에도 마찬가지이다.

또한 구 '재외동포의 출입국과 법적 지위에 관한 법률'에 따른 재외국민의 국내거소신고는 주택임대차보호법 제3조 제1항에서 대항요건으로 규정한 주민등록과 같은 법적 효과가 인정되어야 하고, 이 경우 거소이전신고를 한 때에 전입신고가 된 것으로 보아야 한다.1095)

③ 대항력을 갖춘 임차인이 임대인의 동의를 얻어 적법하게 임차권을 양도하거나 전대한 경우 양수인이나 전차인에게 점유가 승계되고 주민등록이 단절된 것으로 볼 수 없을 정도의 기간 내에 전입신고가 이루어졌다면 원래의 임차인이 갖는 임차권의 대항력은 소멸되지 아니하고 동일성을 유지한 채로 존속한다.1096) 이 경우 임차권 양도에 의하여 임차권은 동일성을 유지하면서 양수인에게 이전되고, 원래의 임차인은 임대차관계에서 탈퇴하므로 임차권의 양수인은 원래의 임차인이 가지는 우선변제권을 행사할 수 있고, 전차인은 원래의 임차인이 갖는 우선변제권을 대위행사할 수 있다.1097)[2018, 2021 승진]

④ 다가구용 단독주택으로 소유권보존등기가 경료된 건물의 일부를 임차한 임차인은 이를 인도받고 임차건물의 지번을 정확히 기재하여 전입신고를 하면 주택임대차보호법 소정의 대항력을 적법하게 취득하고, 나중에 다가구용 단독주택이 다세대주택으로 변경되었다는 사정만으로 임차인이 이미 취득한 대항력을 상실하게 되는 것은 아니다.1098)[2011, 2017 법무사]

라. 대항력의 발생시기

① 임대차는 그 등기가 없는 경우에도 주택의 인도와 주민등록을 마친 때에는 그 다음 날부터 제3자에 대하여 대항력이 발생한다(주택임대차보호법 3조 1항). 다음 날이란 오전 0시부터 대항력이 생긴다는 취지이다.

② 임차인이 주택임대차보호법상의 대항요건을 갖추었더라도 부동산에 가압류등기가 마쳐진 후에 그 채무자로부터 그 부동산을 임차한 자는 가압류사건의 본안판결의 집행으로 그 부동산을 취득한 매수인에게 그 임대차의 효력을 주장할 수 없다.1099)[2016 승진, 2017 법무사]

1095) 대법원 2019. 4. 11. 선고 2015다254507 판결(이 판결로 인하여 2005마358 결정과 2012마825 판결은 사실상 폐기된 것으로 보인다).
1096) 대법원 2010. 6. 10. 선고 2009다101275 판결.
1097) 대법원 2010. 6. 10. 선고 2009다101275 판결.
1098) 대법원 2007. 2. 8. 선고 2006다70516 판결.
1099) 대법원 1983. 4. 26. 선고 83다카116 판결.

마. 관련 판례

① 채권자가 채무자 소유의 주택에 관하여 채무자와 임대차계약을 체결하고 전입신고를 마친 다음, 그곳에 거주하여 형식적으로 주택임대차로서의 대항력을 취득한 외관을 갖추었다고 하더라도 임대차계약의 <u>주된 목적이 주택을 사용 수익하려는 것에 있는 것이 아니고</u> 실제적으로는 대항력 있는 임차인으로 보호받아 후순위권리자 기타 채권자보다 우선하여 <u>채권을 회수</u>하려는 것에 있었던 경우에는 그러한 임차인에게 주택임대차보호법이 정하고 있는 대항력을 부여할 수 없다.1100)[2013 승진, 2020 법무사]

② 실제 임대차계약의 주된 목적이 주택을 사용·수익하려는 것인 이상, 처음 임대차계약을 체결할 당시에는 보증금액이 많아 주택임대차보호법상 소액임차인에 해당하지 않았지만 <u>그 후(경매개시결정등기 전에)</u> 새로운 임대차계약에 의하여 <u>정당하게 보증금을 감액</u>하여 소액임차인에 해당하게 되었다면, 그 임대차계약이 통정허위표시에 의한 계약이어서 무효라는 등의 특별한 사정이 없는 한 그러한 임차인은 <u>소액임차인으로 보호</u>받을 수 있다.1101)[2020 법무사, 2024 승진]

③ 임의경매절차에서 대항요건을 갖춘 임차권보다 선순위의 근저당권이 있는 경우에는 임차권으로 매수인에게 대항할 수 없으나, <u>대금납부 전에</u> 선순위 근저당권이 다른 사유로 소멸한 경우에는 임차권의 대항력이 소멸하지 아니한다.1102)[2017, 2018, 2024 법무사]

④ 임대인에 대한 개인회생절차의 진행 중에 임차주택의 환가가 이루어지지 않아 주택임차인이 환가대금에서 임대차보증금반환채권을 변제받지 못한 채 임대인에 대한 <u>면책결정이 확정되어</u> <u>개인회생절차가 종료</u>되었더라도 특별한 사정이 없는 한 주택임차인의 임대차보증금반환채권 중 우선변제권의 한도 내에서는 면책이 되지 않는 '개인회생채권자목록에 기재되지 아니한 청구권'에 해당하여 <u>면책결정의 효력이 미치지 않는다</u>.1103)

3. 소액임차인의 우선변제권

가. 소액임차인의 범위와 우선변제금

① 소액임차인으로서 일정액을 우선적으로 변제받기 위하여는 <u>경매개시결정 등기 전에</u> 대항요건을 갖추어야 하고(주임법 8조 후문) <u>배당요구의 종기까지</u> 대항요건을 유지하여야 한다.1104)

1100) 대법원 2007. 12. 13. 선고 2007다55088 판결.
1101) 대법원 2008. 5. 15. 선고 2007다23203 판결.
1102) 대법원 1998. 8. 24. 98마1031 결정.
1103) 대법원 2017. 1. 12. 선고 2014다32014 판결.
1104) 대법원 1997. 10. 10. 선고 95다44597 판결.

② 하나의 주택에 임차인이 2인 이상이고, 이들이 그 주택에서 가정공동생활을 하는 경우에는 이들을 1인의 임차인으로 간주하여야 하므로(주택임대차보호법시행령 3조 4항) 각 보증금을 합산하여 소액임차인에 해당하는지의 여부를 결정하여야 한다.
③ 경매개시결정등기 전에 임대인과의 합의로 정당하게 보증금을 감액함으로써 소액임차인에 해당되게 된 경우에는 그 임대차계약이 통정허위표시에 의한 계약이어서 무효라는 등의 특별한 사정이 없는 한 소액보증금의 우선변제를 받을 수 있다.1105)[2020 법무사]

나. 우선변제의 한도금액

우선변제를 받을 임차인 및 보증금 중 일정액의 범위와 기준은 주택가액(대지 가액 포함)의 1/2 범위 내에서만 인정된다(주임법 8조 3항). 여기에서 '주택가액'이라 함은 매각대금에 매각보증금에 대한 배당기일까지의 이자, 몰수된 매각보증금 등을 포함한 금액에서 집행비용을 공제한 '실제 배당할 금액'을 말한다.1106)

다. 시행령 개정 전의 담보물권자의 지위

주택임대차보호법 시행령은 부칙에서 소액보증금 액수가 변동되기 전에 이미 임차주택에 관하여 담보물권을 취득한 자에 대하여는 종전의 규정에 의하도록 하는 경과규정을 두고 있으므로 임차인이 소액임차인에 해당하는지의 여부는 담보물권의 설정일자를 기준으로 하여 결정하여야 한다.1107)

라. 우선변제권 행사의 요건

(1) 주택임대차보호법 제3조 제1항의 대항요건을 갖출 것

소액임차인이 우선변제권을 행사하기 위하여는 반드시 경매개시결정등기 전에 대항요건(주택의 인도와 주민등록)을 갖추어야 하고(주택임대차보호법 8조 1항), 집행법원이 정하여 공고한 배당요구의 종기까지 위 대항요건을 계속 유지·존속하여야 한다.1108)[2023 법무사]

1105) 대법원 2008. 5. 15. 선고 2007다23203 판결.
1106) 대법원 2001. 4. 27. 선고 2001다8974 판결.
1107) 대법원 1993. 9. 14. 선고 92다49539 판결 ; 2002. 3. 29. 선고 2001다84824 판결.
1108) 대법원 2007. 6. 14. 선고 2007다17475 판결.

(2) 배당요구를 하였을 것

① 소액임차인에 해당하는 경우에도 경매절차에서 소액보증금의 우선변제를 받기 위하여는 배당요구종기까지 배당요구를 하여야 한다. 다만 경매개시결정등기 전에 임차권등기명령에 기한 임차권등기를 마친 임차인은 법률상 당연히 배당요구를 한 것으로 보아야 하므로 우선변제를 받기 위하여 별도로 배당요구를 할 필요가 없다.1109)[2021, 2024 승진, 2018 법무사]

② 주택임대차보호법상의 대항력과 우선변제권을 모두 가지고 있는 임차인이 보증금을 반환받기 위하여 보증금반환청구 소송의 확정판결 등 집행권원을 얻어 임차주택에 대하여 스스로 강제경매를 신청하였다면 특별한 사정이 없는 한 대항력과 우선변제권 중 우선변제권을 선택하여 행사한 것으로 보아야 하고, 이 경우 우선변제권을 인정받기 위하여 배당요구의 종기까지 별도로 배당요구를 하여야 하는 것은 아니다.1110)[2017, 2022 법무사]

③ 소액임차인의 보증금 등 우선변제권이 있는 채권자라 하더라도 배당요구 종기까지 배당요구를 하지 않은 경우에는 매각대금으로부터 배당을 받을 수 없을 뿐만 아니라, 그 뒤 배당을 받은 후순위 채권자들을 상대로 부당이득금반환 청구를 할 수도 없다.1111)

마. 대항력과 우선변제권을 겸유한 임차인

① 대항력과 우선변제권을 겸유한 임차인은 임대차존속과 우선변제권 중에서 선택적으로 행사할 수 있고, 임차인이 배당요구를 하였으나 전액을 배당받지 못한 경우에는 그 잔액을 모두 변제받을 때까지 매수인에게 대항할 수 있다.1112) 이 경우에 임차인의 우선변제권은 매각으로 인하여 소멸하므로 매각 후 새로 설정된 근저당권에 기한 제2경매절차에서는 우선변제권에 기한 배당을 받을 수 없다.1113)

② 주택임대차보호법상의 대항력과 우선변제권을 겸유하고 있는 임차인이 배당요구를 하였으나 보증금 전액을 배당받지 못하였다면 임차인은 임차보증금 중 배당받지 못한 금액을 반환받을 때까지 그 부분에 관하여는 임대차관계의 존속을 주장할 수 있으나, 배당받은 보증금에 해당하는 부분에 대하여는 부당이득을 얻고 있다고 할 것이므로 이를 반환하여야 한다.1114)[2020 법무사]

1109) 대법원 2005. 9. 15. 선고 2005다33039 판결.
1110) 대법원 2013. 11. 14. 선고 2013다27831 판결.
1111) 대법원 1996. 12. 20. 선고 95다28304 ; 1997. 2. 25. 선고 96다10263 ; 1997. 4. 25. 선고 96다55709 판결 ; 2002. 1. 22. 선고 2001다70702 판결.
1112) 대법원 1997. 8. 22. 선고 96다53628 판결.
1113) 대법원 2001. 3. 27. 선고 98다4552 판결.
1114) 대법원 1998. 7. 10. 선고 98다15545 판결.

바. 관련 판례

(1) 임차권등기가 경료된 주택

임차권등기명령에 의한 임차권등기가 마쳐진 주택 또는 민법 제621조에 의한 임대차등기가 경료된 주택을 그 이후에 임차한 임차인은 주택임대차보호법 제8조에 의한 우선변제를 받을 권리가 없고, 소액임차인의 최우선변제권이 전면적으로 배제된다(주택임대차보호법 3조의3 제6항, 3조의4 제1항).[2018 법무사]

(2) 대지 매각대금에서 배당받을 수 있는지 여부

① 대지에 대한 저당권의 실행으로 경매가 진행된 경우 또는 대지 및 건물에 대하여 경매가 신청되었다가 건물에 대한 경매신청만을 취하함으로써 대지부분만이 매각된 경우에 주택임차인은 대지의 매각대금으로부터도 우선변제를 받을 수 있고,1115) 대지와 건물이 따로 경매절차가 진행 중인 경우에는 양 절차 모두에서 배당을 받을 수 있다.1116)

다만 이는 대지에 관한 저당권설정 당시 이미 그 지상건물이 존재하는 경우에만 적용되고, 대지 저당권설정 후에 건물이 비로소 신축된 경우에는 임차인은 대지 매각대금에서 우선변제를 받을 수 없다.1117)[2013, 2017 승진, 2020 법무사]

대지 저당권설정 당시 그 지상에 건물이 건축 중인 경우에는 사회관념상 독립된 건물로 볼 수 있는 정도에 이르지 않았다 하더라도 건물의 규모 및 종류가 외형상 예상할 수 있는 정도까지 건축이 진전되어 있는 경우에는 대지 매각대금에서 우선변제를 받을 수 있다.1118)[2021 승진]

② 건물만 임대인 소유이고 대지는 제3자 소유인 경우에는 대지 매각대금으로부터는 우선변제받을 수 없으나, 임대차성립 당시 임대인의 소유였던 대지가 제3자에게 양도되어 임차주택과 대지의 소유자가 서로 달라지게 된 경우에도 임차인은 그 대지의 환가대금에 대하여 우선변제받을 수 있다.1119)[2017 승진]

(3) 미등기주택의 임차인

주택임대차보호법에 미등기 주택을 달리 취급하는 특별한 규정이 없는 바, 임차인의 임차주택 대지에 대한 우선변제권에 관한 법리는 임차주택이 미등기인 경우에도 그대로 적용되므로 미등기 주택의 임차인도 대지 매각대금에서 우선변제를 받을 수 있다.1120)[2017 승진, 2020 법무사]

1115) 대법원 1996. 6. 14. 선고 96다7595 판결 ; 1999. 7. 23. 선고 99다25532.
1116) 재민 84-10(문 13).
1117) 대법원 1999. 7. 23. 선고 99다25532 판결.
1118) 대법원 1992. 6. 12. 선고 92다7221 판결 ; 2006다34107 판결 ; 2010다67159 판결.
1119) 대법원 2007. 6. 21. 선고 2004다26133 전원합의체 판결.

(4) 기타

① 채무자가 채무초과 상태에서 채무자 소유의 유일한 주택에 관하여 소액임차권을 설정해 준 행위는 채무초과 상태에서의 담보제공행위로서 채무자의 총재산의 감소를 초래하는 행위가 되는 것이므로 그 임차권설정행위는 사해행위 취소의 대상이 된다.1121)[2020 법무사]

② 주택임대차보호법 제8조에 규정된 소액보증금에 대하여 주택임차인이 대지와 건물 모두로부터 배당을 받는 경우에는 마치 그 대지와 건물 전부에 대한 공동저당권자와 유사한 지위에 서게 되므로 대지와 건물이 동시에 매각되어 주택임차인에게 그 경매대가를 동시에 배당하는 때에는 대지와 건물의 경매대가에 비례하여 그 채권의 분담을 정하여야 한다.1122)[2022 법무사]

4. 확정일자를 갖춘 임차인의 우선변제권

가. 우선변제권의 요건

(1) 확정일자의 의의

① 확정일자란 증서에 대하여 그 작성한 일자에 관한 완전한 증거가 될 수 있는 것으로 법률상 인정되는 일자를 말하며, 당사자가 나중에 변경하는 것이 불가능한 확정된 일자를 가리킨다.1123)

② 주택임대차보호법상의 대항요건과 확정일자를 갖춘 주택임차인은 후순위권리자 기타 일반채권자보다 우선하여 보증금을 변제받을 권리가 있다(주택임대차보호법 3조의2, 2항). 이는 대항요건과 확정일자를 갖춘 임차인은 배당절차에서 담보물권자와 유사한 지위를 갖는다는 의미이다.

따라서 확정일자를 갖춘 임차인이 여러 명 있고 이들이 모두 저당권자에 우선하는 경우 각 임차인별로 우선변제권을 인정하되, 그들 상호간에는 대항요건 및 확정일자를 최종적으로 갖춘 순서대로 우열관계를 정하여야 한다.1124)
[2024 법무사]

1120) 대법원 2007. 6. 21. 선고 2004다26133 전원합의체 판결.
1121) 대법원 2005. 5. 13. 선고 2003다50771 판결.
1122) 대법원 2003. 9. 5. 선고 2001다66291 판결.
1123) 대법원 1998. 10. 2. 선고 98다28879 판결 ; 2010. 5. 13. 선고 2010다8310 판결.
1124) 대법원 1992. 10. 13. 선고 92다30597 판결.

(2) 우선변제권의 요건

① 대항요건 및 확정일자를 갖춘 임차인은 소액임차인과 마찬가지로 배당요구종기까지 배당요구를 하여야 배당을 받을 수 있고, 배당요구의 종기까지 대항요건을 유지·존속하고 있어야 우선변제를 받을 수 있다.1125)

② 주택임대차보호법에 따른 주택임차인의 대항력 발생일과 임대차계약서상 확정일자가 모두 당해 주택에 관한 1순위 근저당권 설정일보다 앞서는 경우, 주택임차인은 대항력뿐 아니라 1순위 근저당권자보다 선순위의 우선변제권도 가지므로 그 주택에 관한 경매절차에서 배당요구종기까지 배당요구를 하였다면 1순위 근저당권자보다 우선배당을 받을 수 있다.1126)[2021 법무사]

(3) 보증금 일부만 지급된 상태에서 대항요건과 확정일자를 갖춘 경우

주택임대차보호법은 임차인에게 우선변제권이 인정되기 위하여 대항요건과 확정일자 이외에 계약 당시 임차보증금이 전액 지급되어 있을 것을 요구하지는 않는다.

따라서 임차인이 임차보증금의 일부만을 지급하고 대항요건과 임대차계약증서상의 확정일자를 갖춘 다음 나머지 보증금을 나중에 지급하였다고 하더라도 특별한 사정이 없는 한 대항요건과 확정일자를 갖춘 때를 기준으로 임차보증금 전액에 대해서 후순위권리자나 그 밖의 채권자보다 우선하여 변제를 받을 권리를 갖는다.1127)[2021, 2024 승진, 2024 법무사]

나. 배당순위

① 대항요건 및 확정일자를 갖춘 임차인의 배당순위를 판단하는 기준은 확정일자 부여일과 주민등록전입신고 다음 날 중 늦은 날이다. 대항요건 및 확정일자를 갖춘 임차인보다 선순위의 가압류권자가 있는 경우에는 동순위로서 평등배당을 받는다.1128)[2024 승진, 2011, 2024 법무사]

② 대항요건과 확정일자를 갖춘 임차인이 소액임차인의 지위를 겸하는 경우에는 먼저 소액임차인으로서 보호받는 일정액을 우선적으로 배당하고, 배당받지 못한 나머지 보증금에 대하여 확정일자에 기한 순위에 따라 배당을 하여야 한다.1129)[2015, 2021, 2024 승진, 2019, 2022 법무사]

1125) 대법원 2007. 6. 14. 선고 2007다17475 판결.
1126) 대법원 2017. 4. 7. 선고 2016다248431 판결.
1127) 대법원 2017. 8. 29. 선고 2017다212194 판결.
1128) 대법원 1992. 10. 13. 선고 92다30597 판결.
1129) 대법원 2007. 11. 15. 선고 2007다45562 판결.

5. 주택임차권등기명령

가. 신청 및 관할

① 주택임차권등기명령을 신청하기 위하여는 반드시 임대차가 종료되어야 한다. 임차인이 임차주택에 대한 점유를 상실하거나 주민등록을 다른 곳으로 전출하여 대항력을 상실한 경우에도 신청할 수 있다.

② 임차권등기명령 신청 전에 임대인이 사망한 경우 임차인은 대위에 의한 상속등기절차를 선행하지 않더라도 임대인의 사망사실과 상속을 증명하는 서면을 첨부하여 임대인의 상속인을 피신청인으로 하여 임차권등기명령을 신청할 수 있다.1130)

③ 임차인은 임차권등기명령의 신청과 그에 따른 임차권등기와 관련하여 든 비용을 임대인에게 청구할 수 있고, 우선변제권을 취득한 임차인의 보증금반환채권을 계약으로 양수한 금융기관 등은 임차인을 대위하여 임차권등기명령을 신청할 수 있다(주택임대차보호법 3조의3, 8항, 9항).[2018 법무사]

④ 임차권등기명령은 임차주택의 소재지를 관할하는 지방법원, 지방법원지원 또는 시·군법원에 신청할 수 있다(주임법 3조의3, 1항).[2018 법무사]

나. 임차권등기의 촉탁

법원사무관등은 임차권등기명령의 결정이 임대인에게 송달된 때에는 지체 없이 촉탁서에 결정등본을 첨부하여 등기관에게 임차권등기의 기입을 촉탁하여야 하고, 다만 주택임차권등기명령의 경우에는 임대인에게 임차권등기명령의 결정을 송달하기 전에도 임차권등기의 기입을 촉탁할 수 있다(임차권등기명령절차에 관한 규칙 5조).1131)[2018 법무사]

다. 임차권등기명령의 효력발생시기

임차권등기명령의 신청에 대한 재판은 결정으로 하고, 당사자에게 송달하여야 한다. 임차권등기명령은 임대인에게 그 결정이 송달된 때 또는 주택임차권등기가 된 때에 효력이 생긴다(임차권등기명령절차에 관한 규칙 4조).[2018 법무사]

1130) 송무선례 202301-1호 ; 임대차계약체결 후 임대인이 사망한 경우에 집행법원이 망 임대인 소유 명의의 부동산에 관하여 상속관계를 표시하여(등기의무자를 '망 OOO의 상속인 OOO' 등으로 표시함) 임차권등기의 기입을 촉탁하면 등기관은 상속등기가 마쳐지지 않았더라도 그 등기촉탁을 수리할 수 있다(2023. 1. 5. 부동산등기과-62 직권선례).
1131) 2023. 7. 14. 개정.

라. 불복

임차권등기명령의 신청을 기각하는 결정에 대하여 임차인은 항고할 수 있다(주택임대차보호법 3조의3, 4항). 임대인은 임차권등기명령에 대하여 이의를 할 수 있으나 집행정지의 효력은 없다(주택임대차보호법 3조의3, 3항, 민집 283조 1항, 3항).

마. 임차권등기의 효력

① 임차권등기를 마치면 이미 취득한 대항력 및 우선변제권의 효력이 그대로 유지된다. 임차권등기가 마쳐진 이후에는 대항요건을 상실하더라도 이미 취득한 대항력 및 우선변제권은 상실되지 않는다. 다만 대항력이나 우선변제권이 없는 임차인 또는 예전에 대항력을 취득하였으나 임차권등기 전에 일시적으로 대항력을 상실한 임차인이 임차권등기를 마치면 임차권등기를 한 때에 대항력 및 우선변제권을 취득한다(주택임대차보호법 3조의3, 5항).[2018 법무사]

② 임차권등기명령에 의한 임차권등기가 마쳐진 주택을 그 이후에 임차한 임차인은 주택임대차보호법 제8조에 의한 소액보증금의 우선변제를 받을 권리가 없다(주택임대차보호법 3조의3, 6항).[2018 법무사]

③ 임대인의 임대차보증금 반환의무와 임차인의 임차권등기 말소의무는 동시이행관계에 있지 않고, 임대인의 임대차보증금 반환의무가 임차인의 임차권등기 말소의무보다 먼저 이행되어야 할 의무이다.1132)[2018 법무사]

바. 배당요구

경매개시결정등기 전에 임차권등기명령에 기한 임차권등기를 마친 임차인은 법률상 당연히 배당요구를 한 것으로 간주되므로 우선변제를 받기 위하여 별도로 배당요구를 할 필요가 없다.1133)[2015 승진, 2014, 2017 법무사]

6. 우선변제권의 승계

① 은행법에 따른 은행 등 일정한 금융기관 등이 대항요건과 확정일자를 갖춘 임차인 또는 임차권등기명령에 의한 임차권등기를 마친 임차인의 보증금반환채권을 계약으로 양수한 경우에는 양수한 금액의 범위에서 우선변제권을 승계한다. 다만 위 금융기관 등은 우선변제권을 행사하기 위하여 임차인을 대리하거나 대위하여 임대차를 해지할 수는 없다(주택임대차보호법 3조의2, 7항, 9항).[2017 승진]

1132) 대법원 2005. 6. 9. 선고 2005다4529 판결.
1133) 대법원 2005. 9. 15. 선고 2005다33039 판결.

② 주택임대차보호법에 정한 <u>대항력과 우선변제권</u> 두 가지 권리를 겸유하고 있는 임차인이 먼저 우선변제권을 선택하여 임차주택에 대하여 진행되고 있는 경매절차에서 배당요구를 하였으나 보증금 <u>전액을 배당받지 못한 경우</u> 임차인은 여전히 대항요건을 유지함으로써 임대차관계의 존속을 주장할 수 있고, 임차인이 대항력을 구비한 후 <u>임차주택을 양수한 자</u>는 그와 같이 존속되는 임대차의 임대인 지위를 당연히 승계한다.1134)[2024 법무사]

③ 주택임대차보호법 제3조의2 제7항에서 정한 <u>금융기관</u>이 임차인으로부터 보증금반환채권을 계약으로 양수함으로써 양수한 금액의 범위에서 <u>우선변제권을 승계</u>한 다음 경매절차에서 배당요구를 하여 보증금 중 <u>일부를 배당받은</u> 경우에도 주택임대차의 대항요건이 존속되는 한 임차인은 보증금반환채권을 양수한 금융기관이 보증금 <u>잔액을 반환받을 때까지</u> 임차주택의 양수인을 상대로 임대차관계의 존속을 주장할 수 있다.1135)

V. 경매신청의 취하

1. 취하의 방식

① 경매신청의 취하는 반드시 <u>집행법원</u>에 대하여 하여야 하고, <u>집행관</u>에 대하여 한 취하의 의사표시는 효력이 없다. 취하서는 신분이 확인되는 경매신청채권자 본인, 소송대리인, 국가소송수행자, <u>제출대행권이 있는 법무사</u>가 제출하여야 한다.1136) 소송대리인, 국가소송수행자, 제출대행권이 있는 법무사가 제출하는 경우에는 <u>본인의 인감증명서</u>를 제출할 필요가 없다.1137)

② 경매신청이 취하되면 법원사무관등은 경매개시결정을 <u>송달받은 채무자에게</u> 그 사실을 통지하여야 한다(규칙 16조). 채무자 <u>이외의 이해관계인</u>에게는 통지하라는 규정이 없으므로 취하통지를 할 필요가 없다.[2020 법무사]

2. 취하할 수 있는 사람

경매신청을 취하할 수 있는 자는 경매신청인이다.

임의경매에는 승계집행문제도가 없는 바, 임의경매절차가 개시된 후 경매신청의 기초가 된 담보물권이 대위변제에 의하여 이전된 경우에는 그 사실이 법원에 <u>신고되기 전이라도</u> 대위변제자가 경매신청인의 지위를 승계하므로 종전의 경매신청인이 한 취하는 효력이 없다.1138)[2012, 2017, 2020 법무사, 2023 승진]

1134) 대법원 1998. 6. 26. 선고 98다2754 판결.
1135) 대법원 2023. 2. 2. 선고 2022다255126 판결.
1136) 재일 2003-8. 2조.
1137) 재일 2003-8. 2조.

3. 취하의 시기 및 요건
① 매수인이 매각대금을 납부하기 전까지 취하할 수 있다.[2017, 2020, 2023 승진]
② 경매신청채권자는 매각기일에서 적법한 매수신고가 있기 전까지는 다른 사람의 동의 없이 임의로 취하할 수 있다. 다만 매수신고가 있은 뒤에 경매신청을 취하하는 경우에는 최고가매수신고인 또는 매수인과 차순위매수신고인의 동의를 얻어야 한다(93조 2항).[2016, 2020 법무사, 2017, 2023 승진]

(4) 이중경매개시결정이 있는 경우의 취하

1) 선행사건의 취하

가) 후행사건이 배당요구종기까지 신청된 경우
① 선행사건이 취하될 경우 법 제105조 제1항 제3호의 매각물건명세서상의 기재사항이 바뀌는 경우(매수인의 부담에 변경이 있는 경우)에는 최고가매수신고인 등의 동의를 받아야 선행사건을 취하할 수 있다.
② 선행사건이 취하되더라도 법 제105조 제1항 제3호의 매각물건명세서상의 기재사항이 바뀌지 아니하는 경우(매수인의 부담에 변경이 없는 경우)에는 최고가매수신고인 등의 동의 없이 선행사건을 취하할 수 있다.[2022 법무사]

나) 후행사건이 배당요구종기 후에 신청된 경우
후행사건이 배당요구의 종기 후에 신청된 경우 선행사건의 취하·취소로 인하여 후행사건으로 진행하기 위하여는 배당요구의 종기를 다시 정하여야 하고, 그 절차가 지연되어 최고가매수신고인 등의 이익을 해할 우려가 있으므로 최고가매수신고인 등의 동의를 받아야 선행사건을 취하할 수 있다(규칙 49조 1항).
[2014, 2017 법무사]

2) 후행사건의 취하
후행사건의 채권자는 선행사건으로 경매절차가 진행되는 한 선행사건에서의 최고가매수신고인 등의 동의 여부와 관계 없이 임의로 경매신청을 취하할 수 있다.[2017 법무사, 2017 승진]

(5) 재매각명령 후의 취하
대금지급기한까지 그 의무를 이행하지 아니하여 재매각절차를 야기한 전 매수인은 경매취하의 동의권자에 해당하지 않는다.[1139][2023 승진, 2014, 2016, 2020 법무사]

1138) 대법원 2001. 12. 28. 2001마2094 결정.

4. 취하의 효과

① 경매신청이 취하된 경우에는 특별한 사정이 없는 한 압류로 인한 소멸시효중단의 효력이 소멸하고, 첫 경매개시결정등기 전에 등기되었고 매각으로 소멸하는 저당권을 가진 채권자의 채권신고로 인한 소멸시효중단의 효력도 소멸한다.1140)[2020 법무사]

② 다만 민사집행법 제102조 제2항에 따라 경매절차가 취소된 경우(남을 가망이 없을 경우의 경매취소)에는 압류로 인한 소멸시효중단의 효력이 소멸하지 않고, 첫 경매개시결정등기 전에 등기되었고 매각으로 소멸하는 저당권을 가진 채권자의 채권신고로 인한 소멸시효중단의 효력도 소멸하지 않는다.1141)

[2017 승진, 2016, 2020 법무사]

5. 취하 후의 처리

(1) 경매절차의 종료

경매신청이 취하되면 압류의 효력은 소멸한다(93조 1항). 즉 유효한 취하가 있으면 경매절차는 당연히 종료되므로 별도로 경매절차 또는 경매개시결정을 취소할 필요가 없다. 다만 경매개시결정을 송달받은 채무자에게 그 사실을 통지하여야 한다(규칙 16조).[2017 승진, 2012, 2014 법무사]

경매개시결정을 채무자에게 송달하기 전에 취하된 경우에는 통지할 필요가 없고, 채무자 이외의 다른 이해관계인에게는 통지할 필요가 없다.

(2) 경매개시결정등기의 말소촉탁

① 법원사무관등은 유효한 취하가 있으면 직권으로 등기관에게 경매개시결정등기의 말소를 촉탁하여야 한다(141조). 경매개시결정등기의 말소에 필요한 비용은 경매신청인이 부담하여야 한다(규칙 77조).

② 경매신청이 적법하게 취하되었음에도 법원사무관등이 경매개시결정등기의 말소촉탁을 거절하는 경우 민사소송법 제223조를 준용하여 채권자는 법원사무관등의 처분에 대한 이의를 제기할 수 있다.1142)

1139) 대법원 1999. 5. 31. 99마468 결정.
1140) 대법원 2015. 2. 26. 선고 2014다228778 판결.
1141) 대법원 2015. 2. 26. 선고 2014다228778 판결.
1142) 대법원 2009. 10. 16. 2009그90 결정.

6. 강제집행이 취하 또는 취소된 경우 집행비용의 부담

강제집행이 <u>신청의 취하 또는 집행처분의 취소</u> 등으로 인하여 그 목적을 달성하지 못하고 끝난 경우 그 때까지의 절차와 그 준비에 든 비용이 민사집행법 제53조 제1항에서 정한 <u>집행비용에 해당한다고 볼 수는 없다</u>. 그러나 이러한 경우에도 해당 강제집행이 그 목적을 달성하지 못하고 끝나게 된 사정을 고려하지 아니한 채 그 비용을 <u>일률적으로 채권자에게 부담시키는 것은 형평에 반하여 부당</u>하다. 따라서 이 경우 당사자는 집행이 끝날 당시에 집행이 계속된 법원에 집행비용의 부담 및 집행비용액확정재판을 신청할 수 있고, <u>법원은 당사자의 신청에 따라</u> 해당 비용이 지출된 시기, 채권자가 이를 지출할 필요성, 강제집행과의 관련성 및 강제집행이 끝나게 된 원인이나 경위 등 여러 사정을 종합하여 <u>집행비용을 부담할 당사자와 그 부담액을 정할 수 있다</u>.[1143] [2024 법무사]

1143) 대법원 2023. 9. 1. 2022마5860 결정.

제2절 담보권실행을 위한 경매

1. 강제경매와 임의경매의 차이점

가. 집행권원의 요부

① 강제경매는 <u>집행권원의 존재</u>를 요하고, 집행력 있는 정본에 기하여 실시되는 것이므로 강제경매 신청서에는 집행할 수 있는 일정한 집행권원을 적어야 하고(80조 3호), 그 신청서에는 집행력 있는 정본을 붙여야 한다(81조 1항).

② 임의경매는 담보권에 기한 피담보채권의 변제를 받기 위한 절차이므로 집행권원이 필요하지 않고, 그 신청에는 <u>담보권의 존재를 증명하는 서류</u>를 제출하여야 한다(264조 1항).

나. 공신력의 유무

(1) 강제경매

일단 <u>유효한 집행정본</u>에 기하여 매각절차가 완결된 때에는 후일 그 집행권원에 표상된 실체상의 청구권이 <u>당초부터 부존재·무효</u>라든가 매각절차 완료 시까지 <u>변제 등의 사유</u>로 소멸되거나 재심에 의하여 <u>집행권원이 폐기</u>된 경우라 하더라도 매수인은 유효하게 목적물의 소유권을 취득한다.1144) 즉 강제경매에는 공신적 효과가 있다.

① 가집행선고부판결에 기한 강제집행은 확정판결에 기한 경우와 같이 본집행이므로 상소심의 판결에 의하여 가집행선고의 효력이 소멸되거나 집행채권의 존재가 부정되더라도 그에 앞서 <u>이미 완료된 집행절차</u>나 이에 기한 매수인의 소유권취득의 효력에는 아무런 영향을 미치지 않는다.1145)[2011, 2022 법무사]

② 확정된 종국판결에 터잡아 경매절차가 진행된 경우 그 뒤에 확정판결이 재심소송에서 취소되었다고 하더라도(집행권원의 폐기) 그 경매절차를 미리 정지시키거나 취소시키지 못한 채 경매절차가 계속 진행된 이상 <u>이미 매각대금을 완납</u>한 매수인은 경매목적물의 소유권을 적법하게 취득한다.1146)[2013, 2022 법무사]

1144) 대법원 1990. 12. 11. 선고 90다카19098, 19111 판결 ; 1991. 2. 8. 선고 90다16177 판결.
1145) 대법원 1991. 2. 8. 선고 90다16177 판결.
1146) 대법원 1996. 12. 20. 선고 96다42628 판결.

(2) 임의경매

1) 원칙
임의경매에서는 경매의 공신적 효과가 부정되는 것이 원칙이다. 따라서 임의경매에서는 담보권의 무효·부존재 또는 피담보채권의 소멸·불발생 등 실체상의 하자가 있으면 <u>경매개시결정을 할 수 없으며</u>, 나아가 이러한 사유는 매각불허가사유에 해당하고, 이를 간과하고 경매가 진행되어 매각허가결정이 확정되고 매각대금을 완납하여 소유권이전등기를 마쳤더라도 매수인은 <u>소유권을 취득할 수 없다</u>.1147)

즉 담보권이 <u>처음부터 무효·부존재</u>인 경우는 물론이고 담보권이 유효하게 성립하였으나 <u>경매개시결정 전에</u> 피담보채권의 변제 등으로 담보권이 소멸된 경우에 그로 인한 임의경매절차는 <u>당연무효</u>이므로 대금을 납부하여도 매수인은 소유권을 취득할 수 없다.1148)[2022, 2023 승진, 2013, 2021 법무사]

2) 예외
임의경매에 관하여는 다음과 같은 경우에 예외적으로 경매의 공신적 효과가 인정된다. 즉 실체상 존재하는 저당권에 기하여 <u>경매개시결정</u>이 있었다면 그 <u>후에</u> 저당권이 소멸되었거나 변제 등에 의하여 피담보채권이 소멸되었더라도 경매개시결정에 대한 이의 또는 매각허가결정에 대한 항고에 의하여 <u>취소되지 않은 채</u> 매각절차가 진행된 결과 매각허가결정이 확정되고 매각대금이 완납되었다면 매수인은 적법하게 매각부동산의 <u>소유권을 취득</u>한다.1149)[2015, 2016, 2023 승진]

다. 송달특례의 적용 여부
한국자산관리공사 등 일정한 금융기관이 신청하는 <u>담보권실행을 위한 경매</u>에 있어서의 통지 또는 송달은 경매신청 당시 해당 부동산의 <u>등기부</u>에 적혀 있는 주소에 <u>발송함으로써 송달</u>된 것으로 본다(금융회사부실자산 등의 효율적 처리 및 한국자산관리공사의 설립에 관한 법률 45조의2, 1항).[2021 법무사]

송달특례의 규정은 <u>담보권실행을 위한 경매</u>에만 인정되고 강제경매에는 인정되지 않는다.[2011, 2013, 2021 법무사]

1147) 대법원 1999. 2. 9. 선고 98다51855 ; 2012. 1. 2. 선고 2011다68012 판결.
1148) 대법원 1999. 2, 9, 선고 98다51855 판결 ; 2012. 1. 12. 선고 2011다68012 판결.
1149) 대법원 1992. 11. 11. 92마719 결정 ; 2001. 2. 27. 선고 2000다44348 판결.

라. 경매개시결정에 대한 이의사유

(1) 강제경매
① 강제경매에서 경매개시결정에 대한 이의사유는 형식상·절차상 하자를 이유로 하는 경우에만 할 수 있고, 실체적 권리관계에 관한 하자를 이의사유로 삼을 수는 없다.1150) 변제 등으로 인한 집행채권의 소멸 등 실체상 하자는 강제경매개시결정에 대한 이의사유가 되지 못하므로 이러한 실체상 하자는 청구이의의 소로써만 다툴 수 있다.[2017 법무사]

② 형식상·절차상 이의사유는 경매개시결정 이전에 생긴 것이어야 하므로 경매개시결정 이후에 생긴 절차상 하자(예컨대 매각부동산의 가격평가절차나 최저매각가격의 결정 또는 매각기일의 지정·공고에 관한 하자 등)는 경매개시결정에 대한 이의사유가 될 수 없다.1151)[2018 법무사]

(2) 임의경매
임의경매의 경우에는 형식상·절차상 하자는 물론이고 담보권이 없다는 것 또는 소멸되었다는 등의 실체상 하자도 경매개시결정에 대한 이의사유가 된다(265조).1152) 담보권의 무효, 부존재 등 실체상 하자를 이유로 임의경매개시결정에 대한 이의신청을 하는 경우에는 경매개시결정 후 대금납부 시까지 발생한 사유도 이의사유가 된다.

2. 임의경매의 신청

가. 신청
① 민사집행의 신청은 서면으로 하여야 하므로(4조) 강제경매, 임의경매신청 모두 서면으로 신청하여야 한다. 여러 개의 저당권에 기하여 임의경매를 신청하는 때에는 저당권마다 소정의 인지를 붙여야 한다.[2021 법무사]

② 담보권 실행을 위한 경매신청도 소멸시효 중단사유가 된다. 이 경우 경매신청서의 청구금액에 기재되지 아니한 채권은 경매신청에 의하여 시효가 중단되지 않고, 가분채권의 경우 그 일부가 청구금액에 포함되지 않았다면 그 부분의 시효는 중단되지 않는다.1153)[2020 법무사]

1150) 대법원 1994. 8. 27. 94마147 결정 ; 1991. 2. 6. 90그66 결정.
1151) 대법원 1971. 7. 14. 71마467 결정.
1152) 대법원 1991. 1. 21. 90마946 결정.
1153) 대법원 1991. 12. 10. 선고 91다17092 판결.

나. 신청서의 기재사항

담보권 실행을 위한 경매신청서에는 채권자·채무자·소유자와 그 대리인의 표시, 담보권과 피담보채권의 표시, 담보권실행의 대상인 재산의 표시, 피담보채권의 일부에 대하여 담보권 실행 또는 권리행사를 하는 때에는 그 취지와 범위를 적어야 한다(규칙 192조).[2021 법무사]

(1) 채권자

1) 채권자

① 임의경매를 신청할 수 있는 자는 저당권자 등 담보권을 가지는 자이고, 조합이 담보권자인 경우에는 조합원 전원이 공동으로 경매를 신청하여야 한다(민법 272조, 278조 본문). 저당권부채권이 질권의 목적으로 된 경우 질권자는 질권의 부기등기를 갖추면 경매신청을 할 수 있다(민법 348조).[2016 법무사]

② 경매절차에서 법인 대표자의 자격은 법인등기사항증명서에 의하여 증명하여야 하고, 법인인감의 동일성을 증명하는 서류일 뿐 대표자의 자격을 증명하는 서류로 볼 수 없는 법인인감증명서로 증명할 수는 없다.1154)[2017, 2020 법무사]

2) 건물 일부에 대한 전세권자

건물 일부에 관한 전세권자는 전세권의 목적물이 아닌 나머지 부분에 대하여는 경매신청을 할 수 없지만, 배당에 관하여는 건물 전부의 매각대금에 대하여 후순위권리자보다 우선변제를 받을 수 있다.1155) 즉 건물 일부에 대한 전세권자는 전세권의 목적물인 그 부분만을 분할하지 못하는 한 건물 전부에 대하여는 경매신청을 할 수 없다.[2014 승진, 2017, 2018, 2020 법무사]

3) 채권양도의 대항요건을 갖추지 못한 저당권자의 지위

① 피담보채권을 저당권과 함께 양수한 자가 저당권이전의 부기등기를 마치고 저당권실행의 요건을 갖추고 있는 한 채권양도의 대항요건을 갖추고 있지 아니하더라도 경매신청을 할 수 있으며, 이 경우 경매개시결정을 할 때 피담보채권의 양수인이 채무자에 대한 채권양도의 대항요건을 갖추었다는 점을 증명할 필요는 없지만, 적어도 그와 같은 사유는 경매개시결정에 대한 이의나 항고절차에서는 신청채권자가 증명하여야 한다.1156)[2023 승진, 2017, 2021, 2023 법무사]

1154) 대법원 2014. 9. 16. 2014마682 결정.
1155) 대법원 1992. 3. 10. 91마256, 257 결정 ; 2001. 7. 2. 2001마212 결정.
1156) 대법원 2005. 6. 23. 선고 2004다29279 판결 ; 대법원 2022. 1. 14. 2019마71 결정.

② 후순위 근저당권과 함께 그 피담보채권을 양수하였지만 채권양도의 대항요건을 갖추지 못한 양수인이 선순위 근저당권자가 신청한 경매절차에서 배당을 받은 경우에, 채무자가 양수인을 상대로 채권양도의 대항요건 미비를 이유로 배당이의절차에서 다툼으로써 양수인이 배당을 받지 못하게 되더라도, 그 후순위 근저당권이 경매개시결정등기 전에 등기되어 매각으로 소멸하는 이상 채무자에 대한 관계에서 양도인이 민사집행법 제148조 제4호에 따라 배당요구 없이 당연히 배당을 받는 근저당권자에 해당한다고 볼 수 있으므로 채무자에게는 위 배당으로 인하여 손해가 발생하였다고 할 수 없다.1157)

(2) 채무자 및 소유자

① 채무자·소유자를 특정할 수 있도록 그 이름과 주소를 기재한다. 임의경매를 신청한 채권자가 채무자·소유자가 사망한 것을 알지 못하여 사망자를 그대로 표시하여 경매신청을 하고, 이에 따라 경매개시결정이 이루어진 경우에도 경매개시결정의 효력 자체에는 영향이 없다.1158)

② 경매신청 전에 채무자 겸 소유자가 사망하고 상속인들이 피담보채무의 내용을 알지 못하여 경매법원에 사망사실을 밝히고 경매절차를 수계하지 않은 이상 경매법원이 이미 사망한 등기기록상 채무자·소유자를 채무자·소유자로 표시하여 한 경매개시결정이나 매각허가결정도 위법이라 할 수 없다.1159)[2022 법무사]

③ 임의경매개시결정 전에 이미 채무자·소유자가 사망한 경우 대위상속등기를 거친 후에 상속인을 채무자·소유자로 표시하여 경매신청을 하여야 함이 원칙이지만, 집행법원이 사망사실을 간과하고 경매개시결정을 한 때에는 채무자·소유자의 표시를 경정하면 족하고, 경매개시결정의 취소 및 경매신청의 각하를 할 필요는 없다.1160)[2017, 2021 법무사]

④ 부동산에 대한 근저당권의 실행을 위한 경매는 그 근저당권 설정등기에 표시된 채무자 및 저당부동산의 소유자와의 관계에서 그 절차가 진행되는 것이므로 그 절차의 개시 전 또는 진행 중에 채무자나 소유자가 사망하였다고 하더라도 그 상속인들이 경매법원에 대하여 그 사망사실을 밝히고 자신을 이해관계인으로 취급하여 줄 것을 신청하지 아니한 이상 그 절차를 속행하여 저당부동산의 매각을 허가하였다고 하더라도 그 허가결정에 위법이 있다고 할 수 없다.1161)[2022 법무사, 2023 승진]

1157) 대법원 2021. 12. 16. 선고 2021다215701 판결.
1158) 대법원 1996. 4. 12. 선고 95다15537 판결.
1159) 대법원 1975. 11. 12. 75마338 결정 ; 1998. 12. 23. 98마2509 결정.
1160) 1998. 12. 23. 98마2509, 2510 결정.
1161) 1998. 12. 23. 98마2509, 2510 결정.

(3) 담보권의 표시

1) 담보권의 존재를 증명하는 서류
담보권을 실행을 위한 경매를 신청하기 위하여는 담보권의 존재를 증명하는 서류(등기사항증명서)를 내야 하고, 담보권을 승계한 경우에는 승계를 증명하는 서류를 내야 한다(264조 1항, 2항).[2020, 2022 법무사]

2) 저당권의 유용
피담보채권이 소멸하였음에도 저당권설정등기를 말소하지 않고 있다가 당사자 간에 이를 다른 채권의 담보를 위하여 유용하기로 약정한 경우에는 유용약정 이전에 등기기록상 이해관계 있는 제3자가 없는 때에는 그 저당권설정등기는 유효하므로 채권자는 그 저당권에 기하여 경매를 신청할 수 있다.1162)

3) 집합건물로 전환된 경우의 경매신청
토지와 건물을 공동담보로 하여 근저당권이 설정되어 있다가 그 건물의 증·개축으로 인해 집합건물로 전환된 경우, 근저당권자는 그 전환된 집합건물의 각 전유부분이 종전 건물과의 동일성이 인정되거나 종전 건물에 부합된 것으로 인정되는 때에는 그 각 전유부분과 아울러 그에 대응하는 공유지분권으로서의 대지사용권에 대하여 임의경매를 신청할 수 있고, 각 전유부분이 종전 건물과 전혀 별개 또는 독립한 건물이라고 인정되는 때에는 그 부분에 대응하는 공유지분권에 대하여 임의경매를 신청할 수 있다.1163)

(4) 피담보채권의 표시

1) 피담보채권 존재의 소명
① 피담보채권은 경매신청서에 기재하면 족하다.1164) 따라서 경매기록에 의하여 채권의 부존재 또는 변제기의 미도래가 명백한 경우에는 경매개시결정을 할 수 없지만, 그렇지 않은 경우에까지 피담보채권의 존재를 증명하도록 요구하여서는 아니 된다.1165)[2022 법무사]

1162) 대법원 2009. 2. 26. 선고 2006다72802 ; 1963. 10. 10. 선고 63다583 ; 2002. 12. 6. 선고 2001다2846 판결.
1163) 대법원 2012. 4. 30. 2011마1525 결정.
1164) 대법원 2000. 10. 25. 2000마5110 결정.
1165) 대법원 2000. 10. 25. 2000마5110 결정.

② 경매신청채권자는 피담보채권의 표시로서 채권발생의 원인 및 일자, 채권액, 원본채권 이외에 지연손해금에 대하여 배당을 받으려고 하는 때에는 그 금액과 이율 및 기산일을 기재할 필요가 있으나, 이를 <u>증명하는 문서를 제출할 필요까지는 없고</u>, 집행법원은 담보권실행을 위한 경매절차를 개시함에 있어서 담보권의 존재를 증명하는 서류를 조사함으로써 충분하다.1166)[2023 법무사]

③ 집행법원은 <u>담보권의 존재를 증명하는 서류</u>만 첨부되어 있으면 피담보채권의 존재에 관한 판단을 함이 없이 일단 경매개시결정을 하고, 이해관계인이 경매개시결정에 대한 이의 또는 매각허가결정에 대한 항고로 다툴 때 그 존부에 관한 판단을 하면 족하다.1167)

2) 피담보채권의 표시

① 신청서에는 피담보채권을 표시하되, <u>피담보채권의 일부</u>에 대하여 담보권을 실행하는 때에는 그 취지와 범위를 기재하여야 한다(규칙 192조 4호).

② 신청채권자가 경매신청서에 피담보채권의 <u>일부만을</u> 청구금액으로 하여 경매를 신청한 경우에 경매개시결정 이후에는 채권계산서에 청구금액을 확장하여 제출하는 방법으로 청구금액을 확장할 수 없지만, 경매신청서에 청구채권으로 채권원금 외에 지연손해금 등의 부대채권을 <u>개괄적으로 표시</u>하였다가 나중에 채권계산서에 의하여 그 부대채권의 <u>구체적인 금액을 특정</u>하는 것은 경매신청서에 개괄적으로 기재하였던 청구금액의 산출근거와 범위를 밝히는 것에 지나지 아니하여 허용된다.1168) 또한 신청채권자가 경매신청서에 청구채권 중 이자, 지연손해금 등 부대채권을 확정액으로 표시한 경우에는 나중에 <u>배당요구종기까지</u> 채권계산서를 제출하는 방법으로 부대채권을 증액하여 청구금액을 확장하는 것은 허용된다.1169)[2024 법무사]

3) 피담보채권의 이행지체

① 변제기 도래사실에 대하여 <u>증명할 필요는 없으나</u>,1170) 경매신청서에 변제기의 도래사실에 관한 <u>주장은 필요</u>하다. 이행기가 도래하기 전에 한 경매신청은 부적법하므로 제출된 자료에 의하여 이행기가 도래하지 아니하였음이 밝혀진 경우에는 <u>경매신청을 각하</u>하여야 한다.1171)

1166) 대법원 2000. 10. 25. 2000마5110 결정.
1167) 대법원 2000. 10. 25. 2000마5110 결정.
1168) 대법원 2007. 5. 11. 선고 2007다14933 판결(경매신청서에 "원금 3억원 및 위 돈에 대하여 2○○○. ○. ○.부터 완제일까지 연○○%의 비율에 의한 지연손해금"이라고 기재하였다가 나중에 배당기일까지의 지연손해금을 청구한 사안) ; 대법원 2022. 8. 11. 선고 2017다225619 판결.
1169) 대법원 2022. 8. 11. 선고 2017다225619 판결.
1170) 대법원 2000. 10. 25. 2000마5110 결정.

② 담보권자가 피담보채권의 조건이 성취되기 전에 담보권을 실행하여 경매절차가 개시되더라도 경매개시결정이 무효로 되는 것은 아니므로 경매개시결정에 대한 이의신청이나 항고 등으로 경매절차가 저지되지 아니한 채 진행되어 대금을 완납하면 매수인은 유효하게 소유권을 취득하고, 장래에 발생할 조건부 채권을 피담보채권으로 하여 임의경매를 신청한 담보권자도 배당을 받을 수 있다.1172)[2012, 2019, 2023 승진, 2021 법무사]

4) 근저당권의 피담보채권액

① 근저당권의 피담보채권액은 근저당권의 확정 시에 존재하는 채권의 원금, 이자와 지연손해금이다. 따라서 근저당권자가 피담보채무의 불이행을 이유로 경매신청을 한 경우에는 그 경매신청 시에 근저당권의 피담보채권액이 확정되고, 그 이후에 발생하는 원금채권은 그 근저당권에 의하여 담보되지 않는다.1173)[2023 승진]

② 근저당권자인 신청채권자가 경매신청서에 피담보채권 중 일부만을 청구금액으로 기재하여 경매를 신청한 경우, 신청채권자가 당해 경매절차에서 '배당받을 금액'이 경매신청서에 기재된 채권으로 확정되는 것이고, '피담보채권'이 경매신청서에 기재된 금액으로 확정되는 것은 아니다.1174) 이 경우 경매신청 당시 누락된 피담보채권액은 배당요구의 종기까지 이중경매 신청 등으로 구제받을 수 있다.1175)[2023 승진, 2019 법무사]

(5) 담보권실행의 대상이 될 재산의 표시

1) 표시방법

등기된 부동산은 등기부의 표제부에 기재된 대로 표시하면 된다.

경매대상이 아닌 부동산이 경매신청된 다른 부동산과 함께 감정평가되어 매각기일에 공고되고 매각된 결과 매수인에 대한 매각허가결정이 확정되었다고 하더라도 채권자에 의해 경매신청이 되지도 않았고 집행법원으로부터 경매개시결정을 받은 바도 없는 부동산에 대한 매각은 당연 무효이므로 매수인은 그 부동산에 대한 소유권을 취득할 수 없다.1176)[2019 승진, 2022 법무사]

1171) 대법원 1968. 4. 10. 68마301 결정.
1172) 대법원 2015. 12. 24. 선고 2015다200531 판결 ; 2002. 1. 25. 선고 2000다26388 판결.
1173) 대법원 2007. 4. 26. 선고 2005다38300 판결.
1174) 대법원 1997. 2. 28. 선고 96다495 판결.
1175) 대법원 1997. 2. 28. 선고 96다495 판결 ; 2004. 2. 27. 선고 2003다51583 판결.
1176) 대법원 1991. 12. 10, 선고 91다20722 판결.

2) 민법 제365조에 의한 일괄매각

가) 민법 제365조의 규정

토지를 목적으로 저당권을 설정한 후 그 설정자가 토지에 건물을 축조한 때에는 저당권자는 토지와 함께 지상건물에 대하여도 경매를 청구할 수 있다(민법 365조 본문).

나) 과잉매각금지의 원칙 미적용

민법 제365조의 규정에 의한 토지와 지상 건물의 일괄매각신청은 법률의 규정에 따른 것이므로 당연히 일괄매각을 하여야 하고, 집행법원이 일괄매각의 상당성을 별도로 판단할 필요도 없다. 민법 제365조에 의한 일괄매각은 저당권자의 권리이고, 민법 제365조에 의한 일괄매각에는 과잉매각금지의 원칙이 적용되지 아니하므로 법원은 저당권자의 일괄매각신청이 있으면 그 요건이 인정되는 한 재량의 여지 없이 이를 받아들여야 한다.1177)

다만 이 경우에 토지의 저당권자는 건물의 매각대금에 대하여는 우선변제를 받을 수 없으므로 토지 저당권자가 건물의 매각대금에서 배당을 받으려면 별도의 배당요구를 하였거나, 그 밖에 달리 배당을 받을 수 있는 채권으로서 필요한 요건을 갖추고 있어야 한다.1178)

다) 요건

① 저당권설정자가 건물을 축조한 경우뿐만 아니라, 저당권설정자로부터 저당토지에 대한 용익권을 설정받은 자가 그 토지에 건물을 축조한 경우라도 그 후 저당권설정자가 그 건물의 소유권을 취득한 경우에는 저당권자는 토지와 함께 그 건물에 대하여 경매를 청구할 수 있다.1179) 일괄경매가 허용되기 위하여는 경매신청 당시 토지와 지상건물의 소유자가 동일하여야 한다.1180)

② 나대지에 근저당이 설정된 후 건축된 건물의 일부가 인접한 다른 대지에 걸쳐 있는 경우에 건물의 상당부분이 근저당이 설정된 대지 위에 건립되어 있고 그 건물 전체가 불가분의 일체로서 소유권의 객체를 이루고 있다면, 위 대지 근저당권자는 건물 전부에 대하여 민법 제365조 본문에 의한 경매청구권을 행사할 수 있다.1181)

1177) 대법원 1987. 3. 26. 86마341 결정.
1178) 대법원 2012. 3. 15. 선고 2011다54587 판결.
1179) 대법원 2003. 4. 11. 선고 2003다3850 판결.
1180) 대법원 1994. 1. 24. 93마1736 결정.
1181) 대법원 1985. 11. 12. 선고 85다카246.

3) 공장저당권의 실행

가) 일괄매각

① 공장 및 광업재단저당법에 의한 저당권의 실행으로 경매가 이루어지는 경우, 공장저당물건인 토지 또는 건물과 그에 설치된 기계·기구 기타 공장의 공용물과는 유기적인 일체성이 있으므로 반드시 일괄매각하여야 한다.1182)

② 농지가 공장에 속하는 토지, 건물, 공장의 공용물과 함께 공장저당의 목적물이 된 경우에 그 농지 위에 공장에 속하는 건물이나 공용물이 설치되어 있지 않으면 단순히 공장저당의 목적물이 되었다는 이유로 그 농지에 대하여 일괄매각할 수 없다.1183)[2017 법무사]

나) 공장저당의 효력이 미치는 범위

① 공장 및 광업재단저당법에 의한 공장저당을 설정할 때에는 공장의 토지, 건물에 설치된 기계·기구 등은 위 법 제6조 소정의 기계·기구목록에 적어야 공장저당의 효력이 미친다.1184) 기계·기구목록에 기재된 동산이라 하더라도 저당권설정자가 아닌 제3자의 소유인 경우에는 그 소유자가 이를 공장저당권의 목적물로 제공하는 데 동의하였는지와 관계 없이 저당권의 효력이 미치지 않는다.1185) 기계·기구목록에 기재된 동산이 이미 양도담보로 제공된 경우에도 저당권의 효력이 미치지 않으므로 일괄매각할 수 없다.1186)[2017 법무사]

② 공장저당의 목적인 부동산에 보통저당권이 설정되어 있는 경우 보통의 저당권자가 경매신청을 하는 때에도 위 매각부동산은 기계·기구와 일괄매각하여야 하므로 그 신청서에는 기계·기구목록도 함께 적어야 한다.1187) 신청 근저당권자 이외의 근저당권자의 공장저당이 있을 때에는 그 근저당권자의 공장저당의 목적이 된 기계, 기구 등도 함께 일괄매각하여야 한다.1188)[2022 법무사]

다) 경매개시결정에 공장공용물의 표시를 누락한 경우

경매개시결정에서 공장공용물을 경매목적물로 명시하지 아니하거나 감정평가 또는 물건명세서에서 이를 누락한 경우에도 공장공용물은 법률상 당연히 일괄매각되는 것이므로 따로 경매개시결정을 다시 할 필요는 없다.1189)[2019 법무사]

1182) 대법원 1992. 8. 29. 92마576 결정 ; 2003. 2. 19. 2001마785 결정.
1183) 대법원 2004. 11. 30. 2004마796 결정.
1184) 대법원 1993. 4. 6. 93마116 결정 ; 2010. 12. 9. 선고 2010다59844 판결.
1185) 대법원 1992. 8. 29. 92마576 결정 ; 2007. 3. 29. 선고 2006도7799 판결.
1186) 대법원 2003. 9. 26. 선고 2003다29036 판결 ; 1998. 12. 12. 98그64 결정.
1187) 대법원 2003. 2. 19. 2001마785 결정.
1188) 대법원 2003. 2. 19. 2001마785 결정.
1189) 대법원 2000. 4. 14. 99마2273 결정.

4) 민법 제368조에 의한 차순위 저당권자의 대위

① 차순위 저당권자가 경매신청을 하려면 공동저당권자가 그 채권을 모두 변제받은 경우라야 하므로 그 사실을 소명하여야 한다.

② 공동저당의 목적인 여러 부동산이 경매된 경우, 차순위 저당권자의 대위권은 일단 배당표에 따라 배당이 실시되어 배당기일이 종료되었을 때 발생하는 것이고, 배당이의소송의 확정 등 그 배당표가 확정되었을 때 발생하는 것은 아니다.1190)

③ 공동저당의 목적인 채무자 소유의 부동산과 물상보증인 소유의 부동산 중 채무자 소유의 부동산에 대하여 먼저 배당이 이루어져 1번 공동저당권자가 변제를 받더라도 채무자 소유 부동산에 대한 후순위 저당권자는 민법 제368조 제2항 후단에 의하여 1순위 공동저당권자를 대위하여 저당권을 행사할 수 없다.1191)[2020 법무사]

④ 민법 제368조 제2항 후문은 모든 공동저당에 대하여 적용되는 것이 아니라 공동저당의 목적물이 동종물인 경우에만 적용된다. 따라서 동일한 채권을 담보하기 위하여 부동산과 선박에 선순위 저당권이 설정된 후 선박에 대하여만 후순위 저당권이 설정된 경우, 선박이 먼저 경매되어 선박에 대한 선순위 저당권자가 피담보채권 전액을 배당받았더라도 선박에 대한 후순위 저당권자는 부동산에 대한 선순위 저당권자의 저당권을 대위할 수 없다.1192)

⑤ 공동저당권이 설정되어 있는 수 개의 부동산 중 일부는 채무자 소유이고 일부는 물상보증인의 소유인 경우 각 부동산의 경매대가를 동시에 배당하는 때에는 채무자 소유 부동산의 경매대가에서 우선적으로 배당을 하고, 부족분이 있는 경우에 한하여 물상보증인 소유 부동산의 경매대가에서 추가로 배당하여야 한다.1193)[2023 승진, 2020, 2022, 2023 법무사]

1190) 대법원 2006. 5. 26. 선고 2003다18401 판결.
1191) 대법원 2014. 1. 23. 2013다207996 판결.
1192) 대법원 2002. 7. 12. 선고 2001다53264 판결 ; 동 2002. 10. 8. 선고 2002다34901 판결.
1193) 대법원 2013. 7. 18. 선고 2012다5643 전원합의체 판결.

> ▣ 판례확인
> 대법원 2024. 6. 13. 선고 2020다258893 판결
> [민법 제368조 제1항의 규정 취지 / 공동저당권과 동순위로 배당받는 채권이 있는 경우, 위 조항에서 정한 '각 부동산의 경매대가'의 의미 산정하는 방법]
> 민법 제368조 제1항은 "동일한 채권의 담보로 수개의 부동산에 저당권을 설정한 경우에 그 부동산의 경매대가를 동시에 배당하는 때에는 각 부동산의 경매대가에 비례하여 그 채권의 분담을 정한다."라고 규정하고 있다.
> 여기에서 '각 부동산의 경매대가'란 일반적으로 매각대금에서 당해 부동산이 부담할 경매비용과 선순위채권을 공제한 잔액을 말하지만, 공동저당권 설정등기 전에 가압류등기가 마쳐진 경우처럼 공동저당권과 동순위로 배당받는 채권이 있는 경우에는 매각대금에서 당해 부동산이 부담할 경매비용과 선순위채권뿐만 아니라 동순위채권에 안분되어야 할 금액까지 '공제'한 잔액을 말한다고 봄이 타당하다.

다. 첨부서류

(1) 담보권의 존재를 증명하는 서류

부동산에 대한 임의경매를 신청할 때에는 담보권의 존재를 증명하는 서류(등기사항증명서)를 내야 한다(264조 1항).

(2) 담보권의 승계를 증명하는 서류

담보권에 관하여 승계가 있는 경우에는 승계를 증명하는 서류를 내야 하고, 부동산 소유자에게 경매개시결정을 송달할 때에는 담보권의 승계를 증명하는 서류의 등본을 붙여야 한다(264조 2항, 3항).

(3) 채무자 또는 담보권설정자의 소유임을 증명할 서류

담보권의 존재를 증명하는 서류로 등기사항증명서를 제출하는 경우에는 별도로 제출할 필요는 없으나, 민법 제365조의 규정에 따라 지상건물에 대하여 일괄경매를 신청하는 때에는 그 지상 건물이 저당권설정자의 소유임을 증명할 서류(건물등기사항증명서 등)를 첨부하여야 한다.[2023 법무사]

(4) 채권증서

① 피담보채권은 경매신청서에 기재하여 소명하면 족하고, 반드시 그 존재를 증명하여야 경매개시결정을 할 수 있는 것은 아니다.[1194]

1194) 대법원 2000. 10. 25. 2000마5110 결정.

② 피담보채권을 저당권과 함께 양수한 자는 <u>저당권이전의 부기등기</u>를 마치고 저당권실행의 요건을 갖추고 있는 한 <u>채권양도의 대항요건</u>을 갖추고 있지 아니하더라도 경매신청을 할 수 있으며, 이 경우에 <u>경매개시결정</u>을 할 때 피담보채권의 양수인이 채무자에 대한 채권양도의 대항요건을 갖추었다는 점을 증명할 필요는 없지만, 적어도 그와 같은 사유는 경매개시결정에 대한 이의나 매각허가결정에 대한 즉시항고절차에서는 <u>신청채권자가 증명</u>하여야 한다.1195)
[2017, 2021, 2023 법무사, 2023 승진]

3. 당사자의 승계

가. 채권자의 승계

(1) 경매개시 전의 승계
경매개시 전에 채권자의 승계가 있는 경우에는 <u>승계인만이 경매신청</u>을 할 수 있고, 담보권에 관하여 승계가 있는 경우에는 <u>승계를 증명하는 서류</u>를 붙여야 한다(264조 2항).

(2) 경매개시 후의 승계
① 임의경매 <u>진행 중에</u> 신청채권자가 사망한 경우, 그 사망 후에 이루어진 경매절차는 상속인에 의하여 이루어진 것으로 간주되므로 그 이후에 이루어진 매각절차는 상속인들을 위하여 진행된 유효한 것이다.1196)

② <u>임의경매개시결정 후</u> 경매신청채권자인 저당권자의 사망으로 그 상속인으로부터 수계신청이 있는 경우에도 소송절차의 중단·수계에 관한 규정이 준용되지 아니하므로 집행법원이 이를 채무자 또는 소유자에게 통지할 필요가 없다.1197)

③ 임의경매절차 <u>개시 후</u> 경매신청의 기초가 된 담보물권이 대위변제에 의하여 이전된 경우 경매절차의 진행에는 영향이 없고, 그 사실이 법원에 <u>신고되기 전이라도 대위변제자</u>가 경매신청인의 지위를 승계한다.1198)[2017, 2020 법무사]

1195) 대법원 2014. 12. 2. 2014마1412 결정.
1196) 대법원 1972. 11. 7. 72마1266 결정.
1197) 대법원 1964. 3. 24. 63마55 결정.
1198) 대법원 2001. 12. 28. 2001마2094 결정.

나. 채무자의 승계

(1) 경매개시 전의 승계

경매신청 전에 상속이 개시되었으나 그 상속등기가 되지 아니한 경우에는 대위에 의한 상속등기를 하고 그 상속인을 소유자로 하여 경매신청을 하여야 함이 원칙이다.

다만 임의경매개시결정 전에 채무자·소유자가 이미 사망하였음에도 경매신청인이 이를 알지 못하여 사망자를 그대로 채무자·소유자로 표시하여 경매신청을 하고, 이에 의하여 집행법원이 경매개시결정을 하였더라도 당연무효로 되지 아니하고 후에 경정결정에 의하여 채무자·소유자의 표시를 고칠 수 있을 뿐이다.1199)[2017, 2022 법무사]

(2) 경매개시 후의 승계

임의경매절차 개시 후 채무자나 소유자가 사망해도 경매절차는 속행된다.

다만 채무자나 소유자의 상속인이 상속관계를 증명하여 이해관계인으로서의 지위를 얻음으로써 매각절차에 관여할 수는 있으나, 그렇게 하지 않는 이상 임의경매절차는 사망한 채무자나 소유자와의 관계에서 그대로 속행되며 이에 따라 매각허가결정을 하여도 위법하지 않다.1200)

4. 청구금액의 확장

가. 피담보채권의 확정

근저당권자가 피담보채무의 불이행을 이유로 스스로 임의경매신청을 한 경우에는 경매신청 시에 피담보채권액이 확정되고, 이 경우 피담보채권 중 일부만을 청구금액으로 기재하여 경매를 신청하였다면 '배당받을 금액'이 그 기재된 청구금액을 한도로 확정된다.1201)[2019 법무사, 2023 승진]

이 경우 경매신청 당시 누락된 피담보채권액은 배당요구의 종기까지 이중경매신청 등으로 구제받을 수 있다.1202)

1199) 대법원 1964. 5. 16. 64마258 결정.
1200) 대법원 1969. 9. 23. 69마581 결정 ; 1998. 12. 23. 98마2509, 2510 결정.
1201) 대법원 1997. 2. 28. 선고 96다495 판결.
1202) 대법원 1997. 2. 28. 선고 96다495 판결 ; 2004. 2. 27. 선고 2003다51583 판결.

나. 청구금액의 확장

① 담보권실행을 위한 경매에서 경매채권자가 피담보채권의 일부에 대하여만 담보권을 실행하겠다는 취지로 경매신청서에 피담보채권의 원금 중 일부만을 청구금액으로 하여 경매를 신청한 경우에 경매채권자는 채권계산서에 청구금액을 확장하여 제출하는 방법으로 청구금액을 확장할 수 없다.1203)

이 경우 경매신청 당시 누락된 피담보채권액을 변제받기 위하여는 배당요구 종기까지 이중경매신청을 하거나 별도의 집행권원을 얻어 배당요구를 하여야 한다.1204) 이중경매신청 등의 조치를 취하지 않아 그대로 배당이 이루어진 경우에는 후순위채권자를 상대로 잔여채권에 대하여 부당이득반환청구를 할 수 없다.1205)[2020 법무사]

② 근저당권자가 피담보채권 중 일부 금액에 대하여만 경매를 신청한 후 배당요구의 종기까지 이중경매를 신청하는 등 필요한 조치를 취하지 아니한 채 그대로 경매절차를 진행시켜 경매신청서에 기재된 청구금액을 기초로 배당표가 작성·확정되고 그에 따라 배당이 실시되었다면, 신청채권자가 청구하지 아니한 부분의 해당 금원이 후순위 채권자들에게 배당되었다 하여 이를 법률상 원인이 없는 것이라고 볼 수는 없다.1206)[2020 법무사]

다. 청구금액에 이자의 기재가 있는 경우

① 채권자가 경매신청서에 청구금액으로 원리금을 기재하였다면 경매개시결정에는 원금만이 기재되었다 하더라도 채권자는 원리금의 변제를 받을 수 있다.1207)[2017, 2020 법무사]

② 경매신청채권자가 이자 등 부대채권을 특정액으로 표시하였다가 나중에 채권신고서에 의하여 그 부대채권을 증액하는 방법으로 청구금액을 확장하는 경우, 그 확장은 늦어도 채권신고서의 제출기한인 배당요구의 종기까지는 이루어져야 한다.1208)[2023 승진, 2017, 2020 법무사]

③ 경매신청서에 이자를 청구하면서 '완제 시까지'로 기재한 경우에는 배당기일까지의 이자를 배당받을 수 있고,1209) 경매신청서에 '원금 ○○원 및 이에 대한 지연이자'로 기재한 경우에도 배당기일까지의 이자를 청구한 것으로 보아야 한다.1210)

1203) 대법원 1994. 1. 25. 선고 92다50270 판결 ; 98다46938 ; 2011다65396 ; 2011다59377 판결.
1204) 대법원 1997. 2. 28. 선고 96다495 판결 ; 1998. 7. 10. 선고 96다39479 판결.
1205) 대법원 1997. 2. 28. 선고 96다495 판결.
1206) 대법원 1997. 2. 28. 선고 96다495 판결.
1207) 대법원 1999. 3. 23. 선고 98다46938 판결.
1208) 대법원 2001. 3. 23. 선고 99다11526 판결.
1209) 대법원 1999. 3. 23. 선고 98다46938 판결.

라. 다른 피담보채권과의 교환

경매신청서에 피담보채권으로 기재한 채권이 변제 등에 의하여 소멸하였으나 당해 근저당권의 피담보채권으로서 다른 채권이 있는 경우, 신청채권자는 그 청구채권을 소멸된 당초의 채권으로부터 그 다른 채권으로 교환적으로 변경하여 그 다른 채권에 대하여 배당을 구하는 방법으로 당초 청구한 금액의 범위 내에서는 배당을 받을 수 있다.1211) 다만 이 경우에도 경매신청에 의하여 근저당권의 피담보채권이 확정된 이후 발생한 채권으로 청구채권을 변경할 수는 없다.1212)[2017 법무사]

마. 청구금액 확장을 위한 조치

(1) 이중경매신청

근저당권자인 신청채권자가 경매신청서에 피담보채권 중 '일부'만을 청구금액으로 기재하여 경매를 신청한 경우, 신청채권자가 당해 경매절차에서 '배당받을 금액'이 경매신청서에 기재된 채권으로 확정되는 것이고, '피담보채권'이 경매신청서에 기재된 금액으로 확정되는 것은 아니다.1213) 이 경우 경매신청 당시 누락된 피담보채권액은 배당요구의 종기까지 이중경매신청을 하는 방법으로 구제받을 수 있다.1214)[2023 승진, 2019 법무사]

(2) 배당요구

피담보채권 중 일부만을 청구금액으로 하여 임의경매를 신청한 신청채권자는 이중경매를 신청하지 않고 별도의 집행권원을 얻어서 경매신청 당시 누락된 피담보채권액에 대하여 배당요구의 종기까지 배당요구를 하는 방법으로 잔액을 청구할 수도 있다.

5. 경매개시결정에 대한 이의

가. 의의

① 강제경매개시결정에 대한 이의는 집행에 관한 이의의 성질을 가지고 있기 때문에 절차상(형식상) 하자만을 이의사유로 삼을 수 있고 실체상 하자를 이의사유로 삼을 수 없다.1215)

1210) 대법원 1997. 2. 28. 선고 96다495 판결.
1211) 대법원 1997. 1. 21. 선고 96다457 판결.
1212) 대법원 1989. 11. 28. 89다카15601.
1213) 대법원 1997. 2. 28. 선고 96다495 판결.
1214) 대법원 1997. 2. 28. 선고 96다495 판결 ; 2004. 2. 27. 선고 2003다51583 판결.

그러나 담보권실행을 위한 경매에서는 절차상(형식상) 하자는 물론이고 실체상 하자, 즉 담보권이 없다는 것 또는 소멸되었다는 것을 이의사유로 주장할 수 있다(265조).[2022 승진, 2022 법무사]

② 경매개시결정에 대한 이의신청에 관한 재판은 '사법보좌관'의 업무범위에 속하지 않는다(사법보좌관규칙 2조 1항 11호 단서).

나. 절차상 이의사유

절차상(형식상) 이의사유란 경매신청요건의 하자 또는 경매개시요건의 하자를 말한다. 절차상 이의사유는 경매개시결정 당시를 기준으로 하므로 경매개시결정 '이전에' 생긴 것이어야 하고, 경매개시결정 '이후에' 생긴 절차상의 하자(매각부동산의 가격평가절차나 최저매각가격의 결정 또는 매각기일의 지정·공고에 관한 하자 등)는 경매개시결정에 대한 이의로 다툴 수 없다.1216)[2018 법무사]

다. 실체상 이의사유

(1) 매수인 등의 동의 여부

경매신청채권자로부터 변제유예를 받았음을 원인으로 한 임의경매개시결정에 대한 이의신청을 하는 경우 그 이의신청의 기한은 매각대금이 모두 지급될 때까지이고, 매수신고가 있은 이후에도 최고가매수인 등의 동의를 받을 필요가 없다.1217)[2013 승진, 2023 법무사]

(2) 이의사유의 발생시기

실체상 사유인 경우에는 경매개시결정 전에 생긴 사유는 물론이고 경매개시결정 후 대금납부 시까지 발생한 사유도 이의사유가 된다.1218)

(3) 실체상 이의사유

① 실체상의 이의사유에는 저당권의 부존재·무효, 피담보채권의 무효·불성립, 변제 등에 의한 소멸 등이 있다. 임의경매절차 진행 중에 채권자와 채무자 사이에 대환의 약정이 있어서 기존 채무가 소멸하였다면(실체상 하자) 경매개시결정에 대한 이의사유가 될 수 있다.1219)[2018 법무사]

1215) 대법원 1994. 8. 27. 94마147 결정 ; 1978. 9. 30. 77마263 결정.
1216) 대법원 1971. 7. 14. 71마467 결정.
1217) 대법원 2000. 6. 28. 99마7385 결정.
1218) 대법원 1987. 8. 18. 선고 87다카671 판결.
1219) 대법원 1987. 8. 18. 선고 87다카671 판결.

② 저당권이 당초부터 부존재·무효인 경우 또는 경매개시결정 전의 피담보채무의 소멸로 저당권이 소멸된 경우에는 매수인이 대금을 납부하더라도 적법하게 소유권을 취득할 수 없으므로 경매개시결정에 대한 이의로 다투지 아니하더라도 매각절차 종료 후에 매수인을 상대로 소유권에 관한 별소로 구제받을 수 있다.1220)[2017, 2018 법무사, 2016 승진]

③ 임의경매에서 실체상 하자는 경매절차가 어느 단계에 있든지 주장할 수 있으므로 '경매개시결정에 대한 이의'는 물론이고 '매각허가에 대한 이의' 또는 '매각허가결정에 대한 즉시항고'에서도 주장할 수 있다.1221) 따라서 소유자가 매각허가결정에 대하여 저당권의 부존재를 주장하여 즉시항고를 한 경우에 항고법원은 그 권리의 부존재 여부를 심리하여 항고이유의 유무를 판단하여야 한다.1222)[2019 승진, 2024 법무사]

다만 임의경매절차에서 매각허가결정에 대한 항고기각결정이 고지된 후에 채무자가 저당채무 및 집행비용을 변제하고 근저당권등기를 말소하였다는 사유는 법률심인 재항고심에 대한 적법한 재항고이유가 될 수 없다.1223)[2020 법무사]

④ 임의경매개시결정은 종국적 재판의 성질을 가진 결정·명령 또는 독립하여 확정되는 결정·명령에 해당하지 아니하고, 매각허부결정이 선고되면 즉시항고로 다툴 수 있으므로 준재심의 대상이 되지 않는다.1224)[2017 법무사]

(4) 개시결정에 대한 이의사유가 될 수 없는 경우

청구채권이 일부만 존재한다든가 또는 실제의 채권금액보다 많은 금액을 청구금액으로 기재하는 등으로 경매개시결정에 표시된 청구금액이 실제의 채권액과 서로 다르다고 하더라도 이를 이유로 경매개시결정에 대한 이의신청을 할 수 없다.1225) 경매개시결정에 표시된 피담보채권액의 과다는 '배당이의절차'에 따라 그 시정을 구하여야 하고, 경매개시결정에 대한 이의사유는 되지 않는다.1226)[2018, 2021 법무사]

1220) 대법원 1976. 2. 10. 75다994 결정.
1221) 대법원 1964. 4. 13. 63마98 ; 1981. 2. 10. 80마141 ; 1991. 1. 21. 90마946 ; 2008. 9. 11. 2008마696 결정.
1222) 대법원 2008. 9. 11. 2008마696 결정 ; 1991. 1. 21. 90마946 결정.
1223) 대법원 1991. 2. 6. 90마898 결정.
1224) 대법원 2004. 9. 13. 2004마660 결정.
1225) 대법원 1973. 2. 26. 72마991 결정.
1226) 대법원 1973. 2. 26. 72마991 결정.

라. 피담보채무를 변제한 자의 이의

근저당권의 피담보채무를 대금납부 전까지 변제한 경우에는 경매개시결정에 대한 이의신청을 하는 방법과 담보권등기를 말소한 다음 그 등기사항증명서를 경매취소서류로 제출하는 방법(266조 1항 1호, 2항)이 있다. 변제자가 누구냐에 따라 변제하여야 할 피담보채무의 범위가 달라진다.

(1) 채무자 겸 근저당설정자

채무자 겸 근저당설정자가 변제를 하는 경우에는 <u>채무 전액</u>을 변제하여야 하므로 채무금액이 채권최고액을 초과하는 경우에도 그 채무금 전액을 변제하여야 한다. 따라서 채무금액이 근저당권의 채권최고액을 초과하는 경우에 <u>채무의 일부</u>인 채권최고액과 지연이자 및 집행비용을 변제하더라도 채무 전액을 변제할 때까지 근저당권의 효력이 잔존채무에 미치므로 위 일부변제만으로는 근저당권의 말소를 구할 수 없다.[1227]

(2) 물상보증인 또는 제3취득자가 변제자인 경우

물상보증인 또는 제3취득자는 <u>채권최고액만</u> 변제하면 근저당등기의 말소를 청구할 수 있고, 채권최고액의 변제만으로 개시결정에 대한 이의신청을 할 수 있다. 경매절차가 진행 중인 경우에는 <u>집행비용도</u> 함께 변제하여야 한다.[1228]

마. 집행정지

(1) 집행정지를 구하는 방법

임의경매신청권의 존부를 다투면서 경매절차의 정지를 구하는 방법으로는 <u>경매개시결정에 대한 이의신청</u>을 하고 집행정지를 명하는 잠정처분을 받는 방법과 담보권의 효력을 다투는 <u>채무에 관한 이의의 소</u>(채무부존재확인의 소, 저당권등기말소청구의 소 등)를 제기하고 민사집행법 제46조 제2항에 의하여 집행정지를 명하는 잠정처분을 받아 제출하는 방법이 있다.[1229][2014, 2024 법무사]

(2) 집행정지를 구하는 일반 가처분의 배제

민사집행법 제300조의 <u>일반적인 가처분절차</u>에 의하여 임의경매절차를 정지할 수는 없고, 별개의 소로써 직접 <u>임의경매의 불허</u>를 구하는 소(청구이의의 소)도 허용되지 않는다.[1230][2013, 2024 법무사]

[1227] 대법원 1981. 11. 10. 선고 80다2712 판결 ; 2001. 10. 12. 선고 2000다59081 판결.
[1228] 대법원 1974. 12. 10. 선고 74다998 판결 ; 1971. 5. 15. 71마251 결정 ; 1971.4.6. 선고 71다46 판결.
[1229] 대법원 2012. 8. 14. 2012그173 결정.
[1230] 대법원 2002. 9. 24. 선고 2002다43684 판결.

(3) 이의신청이 있었으나 경매절차가 속행된 경우

경매개시결정에 대한 이의신청이 제기되었더라도 그대로 경매절차가 진행되어 매수인이 대금을 납부하면 적법하게 소유권을 취득하므로 그 이후에는 이의사유의 존부에 불구하고 경매개시결정을 취소할 수 없게 되고, 그 이의신청은 부적법하게 된다.1231)

6. 임의경매에서 담보권의 하자와 소유권취득

(1) 경매개시결정 전 담보권의 소멸

① 임의경매에서는 담보권의 무효·부존재 등 실체적 하자가 있는 경우에는 경매개시결정을 할 수 없고, 이를 간과하여 매각허가결정이 확정되고 매각대금을 완납하더라도 매수인은 소유권을 취득할 수 없다.1232)[2021 법무사]

② 담보권이 처음부터 무효·부존재인 경우는 물론이고 담보권이 유효하게 성립하였으나 경매개시결정 전에 피담보채권의 변제 등으로 담보권이 소멸된 경우에 그로 인한 임의경매절차는 당연무효이므로 대금을 납부하여도 매수인은 소유권을 취득할 수 없다.1233)[2017 법무사, 2022, 2023 승진]

③ 임의경매의 정당성은 실체적으로 유효한 담보권의 존재에 근거하므로 담보권에 실체적 하자가 있다면 그에 기초한 경매는 원칙적으로 무효이다. 특히 채권자가 경매를 신청할 당시 실행하고자 하는 담보권이 이미 소멸하였다면, 그 경매개시결정은 아무런 처분권한이 없는 자가 국가에 처분권을 부여한 데에 따라 이루어진 것으로서 위법하다. 그러므로 피담보채권이 소멸되어 무효인 근저당권에 기초하여 임의경매절차가 개시되고 매수인이 해당 부동산의 매각대금을 지급하였더라도, 그 경매절차는 무효이므로 매수인은 부동산의 소유권을 취득할 수 없다. 이와 같이 경매가 무효인 경우 매수인은 경매채권자 등 배당금을 수령한 자를 상대로 그가 배당받은 금액에 대하여 부당이득반환을 청구할 수 있다.1234)

(2) 경매개시결정 후 담보권 소멸 등

① 일단 유효하게 성립한 담보권이 경매개시결정 후에 변제 등으로 소멸한 경우에 경매절차가 저지되지 않은 채 진행되어 매수인이 대금을 완납하였다면 적법하게 소유권을 취득한다.1235)[2023 승진]

1231) 대법원 1965. 12. 7. 65마955 결정.
1232) 대법원 1999. 2, 9, 선고 98다51855 판결.
1233) 대법원 1999. 2, 9, 선고 98다51855 판결 ; 2012. 1. 12. 선고 2011다68012 판결.
1234) 대법원 2023. 7. 27. 선고 2023다228107 판결.

② 채무자와 수익자 사이의 저당권설정행위가 사해행위로 인정되어 저당권설정계약이 취소되는 경우에도 이미 매각대금을 완납한 매수인은 적법하게 소유권을 취득하고, 따라서 이 경우에 채권자취소권의 행사에 따르는 원상회복의 방법으로 매수인의 소유권이전등기를 말소할 수는 없으므로 수익자가 받은 배당금을 반환하여야 한다.1236)[2015 승진]

③ 1, 2순위의 근저당권 사이에 소유권이전청구권보전의 가등기가 경료된 부동산에 대하여 2순위 근저당권자가 담보권실행을 위한 경매를 신청한 경우 매각허가결정의 선고 전에 본등기가 실행되었더라도 그대로 경매절차가 속행되어 매각허가결정이 확정되고 이미 대금이 납부되었다면 매수인은 유효하게 소유권을 취득한다.1237)[2018 법무사]

④ 구건물 멸실 후에 신건물이 신축되었고 구건물과 신건물 사이에 동일성이 없는 경우, 멸실된 구건물에 대한 근저당권설정등기는 무효이며 이에 기하여 진행된 임의경매절차에서 신건물을 매수하였다 하더라도 그 소유권을 취득할 수 없다.1238)[2016 법무사]

(3) 물상보증인의 구상권

물상보증인이 담보권의 실행으로 타인의 채무를 담보하기 위하여 제공한 부동산의 소유권을 잃은 경우 물상보증인이 채무자에게 구상할 수 있는 범위는 특별한 사정이 없는 한 담보권의 실행으로 부동산의 소유권을 잃게 된 때, 즉 매수인이 매각대금을 다 낸 때의 부동산 시가를 기준으로 하여야 하고, 매각대금을 기준으로 할 것이 아니다.1239)

(4) 무효인 본등기 경료 후 진행된 경매절차의 매수인

청산절차를 위반하여 이루어진 담보가등기에 기한 본등기가 무효라고 하더라도 선의의 제3자가 그 본등기에 터 잡아 소유권이전등기를 마치는 등으로 소유권을 취득하면 채무자 등은 더 이상 본등기의 말소를 청구할 수 없고, 무효인 본등기는 그 등기를 마친 시점으로 소급하여 확정적으로 유효하게 되고, 무효인 본등기에 터 잡아 이루어진 소유권이전등기 역시 소급하여 유효하게 된다. 무효인 본등기가 마쳐진 담보목적 부동산에 관하여 진행된 '경매절차'에서 매수인이 본등기가 무효인 사실을 알지 못한 채 담보목적 부동산을 매수한 경우에도 매수인은 선의의 제3자로서 적법하게 소유권을 취득한다.1240)

1235) 대법원 1992. 11. 11. 92마719 결정.
1236) 대법원 2001. 2. 27. 선고 2000다44348 판결.
1237) 대법원 1997. 1. 16. 96마231 결정.
1238) 대법원 1993. 5. 25. 선고 92다15574 판결.
1239) 대법원 2018. 4. 10. 선고 2017다283028 판결.

제2장 채권에 대한 강제집행

제1관 금전채권에 대한 강제집행

1. 의의

금전채권에 대한 집행도 압류 ⇨ 현금화 ⇨ 변제의 3단계로 실시된다. 즉 채권자가 집행법원에 압류명령의 신청을 하면 집행법원은 압류명령을 발령하여 채무자의 제3채무자에 대한 채권을 압류한 후, 다시 채권자의 신청에 의하여 추심명령이나 전부명령을 발령하여 현금화한다.

2. 집행대상

가. 금전채권의 의의

① 금전채권이란 채무자가 제3채무자에 대하여 가지는 금전의 지급을 목적으로 하는 채권을 말한다. 금전채권에는 외국화폐의 지급을 목적으로 하는 외화채권도 포함된다. 다만 특정한 화폐만을 지급의 목적으로 하는 이른바 특정금전채권(특종의 외국화폐 등)은 금전채권의 집행대상이 될 수 없다.

② 배서가 금지되지 아니한 어음·수표 등의 유가증권은 유체동산으로 간주되므로(189조 2항 3호) 유체동산집행에 의하여야 하지만, 배서가 금지된 어음·수표 등의 유가증권은 채권집행의 대상이 된다(233조).

나. 피압류채권의 적격

(1) 채권이 집행채무자의 책임재산에 속할 것

1) 일반론

① 채권이 집행채무자에게 귀속되어 채무자의 책임재산에 속하여야 압류의 대상이 될 수 있고, 제3채무자에 대한 채권이 채무자의 책임재산에 속하는가를 판정하는 시점은 압류명령이 제3채무자에게 송달된 때이다.[1241]

1240) 대법원 2021. 10. 28. 선고 2016다248325 판결.
1241) 대법원 1980. 2. 12. 선고 79다1615 판결 ; 2007. 4. 12. 선고 2005다1407 판결.

② 채무자의 책임재산에 속하지 않는 재산에 관하여 압류명령이 있으면 진정한 채권자는 자신의 채권행사에 있어 위 압류로 인하여 사실상 장애를 받게 되므로 그 채권이 자기에게 귀속한다고 주장하여 집행채권자에 대하여 '제3자이의의 소'를 제기할 수 있다.1242)[2017, 2019 승진, 2020 법무사]

등기청구권에 대하여 압류명령이 있은 경우, 집행채무자 아닌 제3자가 자신이 진정한 등기청구권의 귀속자로서 자신의 등기청구권의 행사에 있어 위 압류로 인하여 장애를 받는 경우에는 그 등기청구권이 자기에게 귀속함을 주장하여 집행채권자에 대하여 '제3자이의의 소'를 제기할 수 있다.1243)[2023 법무사]

③ 채권자가 압류할 당시 피압류채권이 이미 채무자로부터 제3자에게 양도되어 대항요건을 갖추었다면, 그 후에 채무자의 다른 채권자가 그 양도된 채권에 대한 압류 또는 가압류를 하더라도 무효이다.1244) 또한 그 이후에 사해행위취소소송에서 양도된 채권이 취소·실효되거나 채무자에 대한 재양도 등으로 피압류채권이 채무자에게 복귀되었다 하더라도 무효인 압류가 유효하게 되지는 않는다.1245)[2014, 2019, 2020 승진, 2014, 2017, 2023 법무사]

2) 조합의 채권

민법상 조합채권은 조합원 전원에게 합유적으로 귀속하므로 조합원 중 1인에 대한 채권으로써 그 조합원 개인을 집행채무자로 하여 조합의 채권에 대하여 강제집행을 할 수 없다.1246)[2014, 2018 승진, 2017 법무사]

3) 공동명의의 담보공탁

공탁자가 공탁한 내용은 공탁의 기재에 의하여 형식적으로 결정되므로 수인의 공탁자가 공탁하면서 각자의 공탁금액을 나누어 기재하지 않고 공동으로 하나의 공탁금액을 기재한 경우, 공탁자들은 균등한 비율로 공탁한 것으로 보아야 하고, 공탁자들 내부의 실질적인 분담금액이 다르다고 하더라도 이는 공탁자들 내부 사이에 별도로 해결하여야 할 문제이다.

따라서 제3자가 다른 공동공탁자의 공탁금회수청구권에 대하여 압류 및 추심명령을 한 경우에 압류 및 추심명령은 공탁자 간 균등한 비율에 의한 공탁금액의 한도 내에서 효력이 있으므로 담보공탁금을 전액 출연한 공탁자는 압류채권자에 대하여 자금 부담의 실질관계를 이유로 대항할 수 없다.1247)[2022 법무사]

1242) 대법원 1997. 8. 26. 선고 97다4401 판결.
1243) 대법원 1999. 06. 11. 선고 98다52995 판결.
1244) 대법원 2010. 10. 28. 선고 2010다57213, 57220 판결.
1245) 대법원 2010. 10. 28. 선고 2010다57213, 57220 판결 ; 2019. 12. 6. 2019마6043 판결 ; 2022. 12. 1. 선고 2022다247521 판결.
1246) 대법원 2001. 2. 23. 선고 2000다68924 판결.

4) 공동수급체의 공사대금채권

공동이행방식의 공동수급체는 조합의 성질을 가지므로 공동수급체가 도급인에 대하여 가지는 공사대금채권은 원칙적으로 공동수급체 구성원에게 합유적으로 귀속하는 것이어서 구성원 중 1인이 도급인에 대하여 출자지분 비율에 따른 급부를 청구할 수 없고, 구성원 중 1인에 대한 채권으로써 그 구성원 개인을 집행채무자로 하여 공동수급체의 도급인에 대한 채권에 대하여 강제집행을 할 수 없다.[1248]

그러나 공동이행방식의 공동수급체와 도급인이 개별 구성원으로 하여금 지분비율에 따라 직접 도급인에 대하여 권리를 취득하게 하는 약정을 하는 경우와 같이 공사도급계약의 내용에 따라서는 도급인에 대하여 가지는 채권이 공동수급체 구성원 각자에게 지분비율에 따라 구분하여 귀속될 수도 있고, 위와 같은 약정은 명시적으로는 물론 묵시적으로도 이루어질 수 있다. 이 경우 도급인에 대한 공사대금채권은 공동수급체가 아닌 개별 구성원이 지분비율에 따라 직접 취득하는 것이어서, 공동수급체의 합유에 속하는 조합재산이 아니라 구성원의 개인재산이므로 개별 구성원의 공사대금채권에 대한 압류는 유효하다.[1249]

(2) 독립된 재산으로서 가치가 있을 것

1) 채권의 독립성

가) 추심권능

금전채권에 대하여 압류 및 추심명령이 있었다고 하더라도 추심권능은 그 자체로서는 독립적으로 처분하여 환가할 수 있는 것이 아니므로 그에 대한 압류 및 추심명령은 무효이다.[1250][2013, 2016 법무사, 2015, 2023 승진]

추심권능을 소송상 행사하여 승소확정판결을 받았다 하더라도 그 판결에 기하여 금원을 지급받는 것 역시 추심권능에 속하는 것이므로 이러한 판결에 기하여 지급받을 채권에 대한 압류·가압류명령도 무효이다.[1251][2016, 2022 법무사]

1247) 대법원 2015. 9. 10. 선고 2014다29971 판결.
1248) 대법원 2001. 2. 23. 선고 2000다68924 판결.
1249) 대법원 2012. 5. 17. 선고 2009다105406 전원합의체 판결.
1250) 대법원 1988. 12. 13. 선고 88다카3465 판결.
1251) 대법원 1997. 3. 14. 선고 96다54300 판결.

나) 배당금채권

금전채권에 대한 압류 및 추심명령이 있은 경우 민사집행법 제248조에 따라 집행공탁이 이루어지면 피압류채권이 소멸하고, 압류명령은 그 목적을 달성하여 효력을 상실하며, 압류채권자의 지위는 집행공탁금에 대하여 배당받을 채권자의 지위로 전환되므로 추심채권자는 더 이상 추심권능이 아닌 구체적으로 배당액을 수령할 권리, 즉 배당금채권을 가지게 되고, 이는 당연히 압류의 대상이 될 수 있다.1252)

다) 유치권자의 공사대금채권

유치권자가 인도거절권능에 기초하여 경매절차에서 소유권을 취득한 매수인으로부터 피담보채권을 변제받을 수 있는 지위에 있다 하더라도 이는 압류의 대상이 될 수 없다. 유치권자는 매수인에 대하여 적극적으로 공사대금의 변제를 청구할 수 있는 채권은 없고, 매수인에 대하여 공사대금의 변제가 있을 때까지 부동산의 인도를 거절할 수 있을 뿐이다.1253)[2021 법무사]

2) 장래의 채권

① 조건부나 기한부의 채권으로서 아직 조건이나 기한이 도래하지 않은 채권도 압류의 대상이 된다. 장래 발생할 채권이라도 현재 그 권리의 특정이 가능하고 가까운 장래에 발생할 것이 상당 정도 기대되는 경우에는 이를 압류할 수 있다.1254)

장래 발생할 채권이나 조건부 채권도 가까운 장래에 발생할 것임이 상당 정도 기대되는 경우에는 집행대상이 되므로 20년 이상 근속한 지방공무원이 명예퇴직수당 지급대상자로 확정되기 전에도 그 명예퇴직수당채권에 대하여 압류할 수 있다.1255)[2018 승진, 2022 법무사]

② 장래 경매취하를 조건으로 한 보증금반환청구권이나 골프클럽 회원이 탈퇴할 때 행사할 수 있는 예치보증금반환청구권도 압류의 대상이 된다.1256)

다만 압류의 효력이 발생된 후 새로 발생한 채권에 대하여는 그 효력이 미치지 아니하므로 공사대금채권에 대한 압류명령이 제3채무자에게 송달된 후 체결된 추가공사대금 채권에는 압류의 효력이 미치지 아니한다.1257)
[2011, 2013, 2018 승진, 2013, 2020 법무사]

1252) 대법원 2019. 1. 31. 선고 2015다26009 판결.
1253) 대법원 2014. 12. 30. 2014마1407 결정.
1254) 대법원 2010. 2. 25. 선고 2009다76799 판결.
1255) 대법원 2001. 9. 18. 2000마5252 결정 ; 2009. 6. 11. 선고 2008다7109 판결.
1256) 대법원 1989. 11. 10 선고 88다카19606 판결 ; 1976. 2. 24. 선고 75다1596 판결.
1257) 대법원 2001. 12. 24. 선고 2001다62640 판결.

(3) 제3채무자에게 우리나라의 재판권이 미칠 것

① 압류될 채권은 제3채무자에 대하여 송달이 가능하고, 제3채무자에게 대한민국의 재판권이 미치는 경우이어야 한다. 따라서 과세관청이 납세자에 대한 체납처분으로서 국내은행 해외지점에 예치된 예금에 대한 반환채권을 대상으로 한 압류처분은 국세징수법에 따른 압류의 대상이 될 수 없는 재산에 대한 것으로서 무효이다.[1258]

② 대한민국에 거주하면서 주한미군사령부에서 근무하는 甲의 채권자 乙이 우리나라 법원에서 제3채무자를 미합중국으로 하여 甲이 미합중국에 대하여 가지는 퇴직금과 임금 등에 대하여 채권압류 및 추심명령을 받은 후 추심금의 지급을 구한 경우, 위 채권압류 및 추심명령은 재판권이 없는 법원이 발령한 것으로 무효이고, 우리나라 법원은 추심금 소송에 대하여도 재판권이 인정되지 않는다.[1259][2016 법무사]

(4) 양도가 가능할 것

① 국가 또는 지방자치단체와 같은 공권력의 주체만이 행사할 수 있는 조세·부담금·경비 등의 징수권이나 부양료청구권, 유류분반환청구권 등은 일신전속적인 권리로서 압류할 수 없다.[2016 법무사]

② 채무자가 특정한 채권자에게만 변제하여야 할 성질의 채권, 예컨대 사립학교법상 보조금 교부청구권,[1260] 정치자금법에 의한 정당의 국가에 대한 정당보조금지급채권,[1261] 국가나 지방자치단체에 대한 보조금 교부청구채권[1262] 등은 압류할 수 없다.[2016 법무사]

③ 당사자 사이에 양도금지의 특약이 있는 채권이라도 압류채권자가 양도금지의 특약이 있는 사실에 관하여 선의인지 악의인지에 관계 없이 압류할 수 있다.[1263][2016, 2023 승진, 2011, 2012, 2013, 2016, 2022 법무사]

④ 당사자가 이혼이 성립하기 전에 이혼소송과 병합하여 재산분할의 청구를 한 경우, 아직 발생하지 아니하였고 구체적 내용이 형성되지 아니한 재산분할청구권을 미리 양도하는 것은 성질상 허용되지 아니하며, 법원이 이혼과 동시에 재산분할로서 금전의 지급을 명하는 판결이 확정된 이후부터 채권양도의 대상이 될 수 있다(따라서 판결이 확정된 이후부터 채권집행의 대상이 될 수 있다).[1264][2022 법무사]

1258) 대법원 2014. 11. 27. 선고 2013다205198 판결.
1259) 대법원 2011. 12. 13. 선고 2009다16766 판결.
1260) 대법원 2008. 4. 24. 선고 2006다33586 판결.
1261) 대법원 2009. 1. 28. 2008마1440 결정.
1262) 대법원 2008. 4. 24. 선고 2006다33586 판결.
1263) 대법원 1976. 10. 29. 선고 76다1623 판결.

(5) 법률상 압류금지채권이 아닐 것

1) 의의
민사집행법 및 그 밖에 특별법은 채무자의 생활보장 또는 국가적·공익적 사업에 종사하는 자의 업무 및 생계보장이라는 공익적·사회정책적인 이유 등으로 압류할 수 없는 채권을 규정하고 있다(246조 1항 등).

수용자의 영치금 반환채권은 그 압류를 제한하는 규정이 없으므로 압류할 수 있다고 보아야 한다.1265)

2) 압류금지채권의 목적물이 채무자의 계좌에 이체된 경우
① 압류금지채권의 목적물이 채무자의 예금계좌에 입금된 경우 그 예금채권에 대하여는 더 이상 압류금지의 효력이 미치지 아니하므로 그 예금에 대한 압류명령은 유효하다.1266) 다만 압류금지채권에 해당하는 금원이 금융기관에 개설된 채무자의 계좌에 이체된 경우 채무자의 신청에 따라 그에 해당하는 부분의 압류명령을 취소하여야 한다(246조 2항).[2018, 2023 승진, 2014, 2018, 2022, 2023 법무사]

② 채무자가 압류금지채권의 목적물이 입금된 예금채권을 압류당한 다음에 압류명령의 전부 또는 일부의 취소를 구하는 내용의 서면을 집행법원에 제출한 경우, 집행법원으로서는 위 서면에 즉시항고나 이의신청 등의 다른 제목이 붙어 있다 하더라도 특별한 사정이 없는 한 민사집행법 제246조 제2항에 정한 압류명령의 취소신청으로 보고 판단을 하여야 한다.1267)[2024 법무사]

③ 압류금지채권에 해당하는 금원이 금융기관에 개설된 채무자의 계좌에 이체된 경우, 채무자의 신청으로 민사집행법 제246조 제2항의 규정에 따라 그에 해당하는 부분의 압류명령이 취소되었다 하더라도 압류명령은 장래에 대하여만 효력이 상실할 뿐 이미 완결된 집행행위에는 영향이 없고, 채권자가 집행행위로 취득한 금전을 채무자에게 부당이득으로 반환하여야 하는 것은 아니다.1268)
[2024 법무사]

1264) 대법원 2017. 9. 21. 선고 2015다61286 판결.
1265) 대법원 2013. 1. 10. 선고 2011다91128 판결.
1266) 대법원 2008. 12. 12. 2008마1774 결정.
1267) 대법원 2008. 12. 12. 2008마1774 결정.
1268) 대법원 2014. 7. 10. 선고 2013다25552 판결.

3) 민사집행법상의 압류금지채권

가) 법령에 규정된 부양료 및 유족부조료(1호)

나) 채무자가 구호사업 또는 제3자의 도움으로 계속 받는 수입(2호)

채무자가 구호사업 또는 제3자의 도움으로 계속 받는 수입에는 금전수입뿐만 아니라 곡물 그 밖에 일상생활에 필요한 물품의 수입도 포함된다.[2018 법무사]

다) 병사의 급료(3호)

여기서 말하는 병사는 직업군인이 아닌 이등병, 일등병, 상등병, 병장 등 일반사병을 말한다(군인사법 3조 4항). 사회복무요원이 받는 급여도 여기에 해당한다(병역법 2조 1항 10호).

라) 급료·연금·봉급·상여금·퇴직연금 그 밖에 이와 비슷한 성질을 가진 급여채권의 1/2에 해당하는 금액(4호), 퇴직금 그 밖에 이와 비슷한 성질을 가진 급여채권의 1/2에 해당하는 금액(5호)

① **퇴직위로금 및 명예퇴직수당**

퇴직위로금과 명예퇴직수당도 '퇴직금 그 밖에 이와 비슷한 성질을 가진 급여채권(5호)'에 해당한다.[1269]

② **국회의원의 수당**

국회의원이 국회의원수당 등에 관한 법률에 따라 지급받는 일반수당, 관리업무수당, 정액급식비, 정근수당, 명절휴가비와 같은 수당은 민사집행법 제246조 제1항 제4호의 압류금지채권에 해당한다. 다만 국회의원에게 지급되는 입법활동비·특별활동비·입법 및 정책개발비·여비는 그 성질상 강제집행의 대상이 아니므로 전액 압류금지된다.[1270] [2016 법무사, 2021 승진]

③ **지방의회의원의 수당**

지방의회의원이 지급받는 회기수당 등 비용들은 근로자의 근로의 대가로서의 급여와는 그 성격이 다른 것으로서 민사집행법 제246조 제1항 제4호 또는 제5호에서 정한 압류금지채권에 해당하지 아니한다.[1271]

1269) 대법원 2000. 6. 8. 2000마1439 결정.
1270) 대법원 2014. 8. 11. 2011마2482 결정.
1271) 대법원 2004. 6. 18. 2004마336 결정.

④ 근로자의 퇴직연금채권

근로기준법상 근로자에 해당하는 근로자에게 지급하는 퇴직연금은 근로자퇴직급여보장법 제7조 제1항에 따라 그 전액에 관하여 압류금지되고, 이는 민사집행법 제246조 제1항 제4호에 대하여 특별법 관계에 있어서 우선적용되므로 근로자퇴직급여보장법상 퇴직연금채권은 전액 압류금지된다.1272)
[2015, 2023 승진, 2016 법무사]

⑤ 이사, 대표이사의 보수청구권

주식회사의 이사, 대표이사의 보수청구권(퇴직금 등의 청구권 포함)은 그 보수가 합리적인 수준을 벗어나서 현저히 균형을 잃을 정도로 과다하거나, 이를 행사하는 사람이 법적으로는 주식회사 이사 등의 지위에 있으나 이사 등으로서의 실질적인 직무를 수행하지 않는 이른바 명목상 이사 등에 해당한다는 등의 특별한 사정이 없는 이상 민사집행법 246조 1항 4호 또는 5호가 정하는 압류금지채권에 해당한다.[2023 법무사]

근로기준법상 근로자에 해당하지 않는 이사 등에게 지급하는 퇴직연금이 이사 등의 재직 중 직무수행에 대한 대가로서 지급되는 급여인 경우, 위 퇴직연금채권은 민사집행법 제246조 제1항 제4호 본문에서 정한 압류금지채권에 해당한다.1273)[2021 승진]

마) 주택임대차보호법 제8조 및 시행령 규정에 따라 우선변제를 받을 수 있는 금액(6호)

주택의 소액임차인이 우선변제를 받는 금액만 압류금지채권에 해당하고, 상가건물의 소액임차인이 우선변제를 받는 금액은 압류금지채권에 해당하지 않는다.[2013 승진, 2022 법무사]

바) 생명·상해·질병·사고 등을 원인으로 한 보장성보험의 보험금(7호)

① 민사집행법 시행령 제6조에서는 사망보험금 중 1천만원 이하의 보험금에 대하여는 압류하지 못하도록 하는 등 상세한 규정을 두고 있다.

② 보험계약자의 해약환급금청구권에 대하여 압류 및 추심명령을 받은 채권자는 추심권에 기하여 자기 이름으로 보험계약을 해지할 수 있고, 해약환급금청구권에 대한 추심명령을 얻은 채권자가 제3채무자를 상대로 추심금 지급을 구하는 소를 제기한 경우 그 소장부본이 상대방인 보험자에 송달됨에 따라 보험계약해지의 효과가 발생한다.1274)[2016 법무사, 2016 승진]

1272) 대법원 2014. 1. 23. 선고 2013다71180 판결.
1273) 대법원 2018. 5. 30. 선고 2015다51968 판결.

③ 하나의 보험계약에 보장성보험과 저축성보험의 성격이 모두 있는 경우에 저축성보험의 성격을 갖는 계약부분만을 분리하여 해지할 수 없다면, 해당 보험 전체를 두고 민사집행법 제246조 제1항 제7호에서 규정하는 보장성보험에 해당하는지를 결정하여야 한다.

원칙적으로 보험가입 당시 예정된 해당 보험의 만기환급금이 보험계약자의 납입보험료 총액을 초과하는지를 기준으로 하여, 만기환급금이 납입보험료 총액을 초과하지 않으면 민사집행법 제246조 제1항 제7호에서 규정하는 '보장성보험'에 해당한다고 보아야 한다.[2023 법무사]

그러나 만기환급금이 납입보험료 총액을 초과하더라도 해당 보험이 예정하는 보험사고의 성질과 보험가입 목적, 납입보험료의 규모와 보험료의 구성, 지급받는 보험료의 내용 등을 종합적으로 고려하였을 때 보장성보험도 해당 보험의 주된 성격과 목적으로 인정할 수 있다면 이를 민사집행법이 압류금지채권으로 규정하고 있는 보장성보험으로 보아야 한다.1275)

사) 채무자의 1월간 생계유지에 필요한 예금(8호)

① 채무자의 1월간 생계유지에 필요한 예금(적금·부금·예탁금과 우편대체를 포함한다)은 압류할 수 없다(246조 1항 8호). 채무자의 1월간 생계유지에 필요한 예금 등은 개인별 잔액이 185만원 이하로 한다(시행령 7조).

② 채권자가 채권압류 및 추심명령에 기하여 예금채권의 추심을 구하는 소를 제기한 경우, 추심대상채권이 압류금지채권에 해당하지 않는다는 점, 즉 채무자의 개인별 예금 잔액과 민사집행법 제195조 제3호에 의하여 압류하지 못한 금전의 합계액이 185만원을 초과한다는 사실은 '채권자'가 증명하여야 한다.1276)
[2018, 2023 법무사]

아) 압류 및 추심명령이 있음에도 채무자가 이행의 소를 제기한 경우

채무자의 제3채무자에 대한 예금채권에 대하여 채권압류 및 추심명령이 있음에도 채무자가 제3채무자인 금융기관을 상대로 해당 예금이 위 규정에서 정한 채무자의 1월간 생계유지에 필요한 예금으로서 압류금지채권에 해당한다고 주장하며 예금의 반환을 구하는 경우, 해당 소송에서 지급을 구하는 예금이 압류 당시 채무자의 개인별 예금 잔액 중 위 규정에서 정한 금액 이하로서 압류금지채권에 해당한다는 사실은 예금주인 '채무자'가 증명하여야 한다.

1274) 대법원 2013. 7. 12. 선고 2012다105161 판결.
1275) 대법원 2018. 12. 27. 선고 2015다50286 판결.
1276) 대법원 2015. 06. 11. 선고 2013다40476 판결.

이 때 채무자가 금융결제원 등 관련기관이 제공하는 계좌정보통합조회 내역과 압류 및 추심명령의 대상이 된 각 예금계좌에 대한 입출금 내역 등 상당한 방법으로 해당 소송에서 지급을 구하는 예금이 압류 당시 자신이 보유하고 있는 각 예금계좌의 예금 잔액 중 민사집행법 시행령에서 정한 금액 이하임을 알 수 있는 자료를 제출하였다면, 특별한 사정이 없는 한 해당 소송에서 지급을 구하는 예금채권이 압류금지채권에 해당한다는 사실이 증명되었다고 볼 수 있고, 이에 관하여 반드시 사전에 채무자가 민사집행법 제246조 제3항에서 정한 압류금지채권 범위변경 신청에 따른 '압류명령 취소결정'을 받아야만 하는 것은 아니다.[1277)

4) 재판에 의한 압류금지채권의 범위변경

① 법원은 '당사자가 신청'하면 채권자와 채무자의 생활형편 그 밖의 사정을 고려하여 압류명령의 전부 또는 일부를 취소하거나 민사집행법에 규정된 압류금지채권에 대하여 압류명령을 할 수 있다(246조 2항). 이 재판은 법원이 직권으로는 할 수 없다.[2021 승진, 2013, 2018, 2024 법무사]

② 법원은 압류금지채권의 범위변경재판에 앞서 채무자에게 담보를 제공하게 하거나 제공하게 하지 않고 강제집행을 일시정지하도록 명하거나, 채권자에게 담보를 제공하게 하고 그 집행을 계속하도록 명하는 등의 잠정처분을 할 수 있다(246조 4항, 196조 3항, 16조 2항).[2024 법무사]

5) 특별법에 의한 압류금지채권

민사집행법 외에 다른 법령에서 압류금지규정을 두고 있는데, 이들 규정은 민사집행법의 특별법으로서 민사집행법에 우선하여 적용된다.[1278)

사립학교의 기본재산인 예금채권에 대하여 압류명령을 발할 수는 있으나 관할청의 허가가 없는 이상 추심명령을 발할 수는 없고, 압류명령이 발하여진 경우에도 피압류채권이 사립학교의 기본재산임이 밝혀지고 나아가 관할청의 허가를 받을 수 없는 때에는 그 채권은 사실상 압류적격을 상실하게 되므로 채무자는 압류명령의 취소를 구할 수 있다.[1279)

1277) 대법원 2024. 2. 8. 선고 2021다206356 판결.
1278) 대법원 2001. 3. 20. 2000마7801 결정.
1279) 대법원 2002. 9. 30. 2002마2209 결정.

6) 압류될 적격이 없는 채권에 대한 압류명령의 효력

① '압류될 적격이 없는 채권'임에도 이를 간과하고 한 압류명령은 <u>실체법상</u> 효력이 발생하지 않는다는 의미에서 무효이지만, <u>절차법적</u>으로 당연무효라고는 할 수 없으므로 그 외관을 제거하기 위하여 <u>즉시항고</u>에 의하여 취소될 수 있다. '피압류채권의 부존재'와 달리 '<u>피압류적격의 흠결</u>'은 <u>즉시항고사유</u>가 되므로 제3채무자는 즉시항고의 방법으로도 압류명령을 다툴 수 있다.[1280][2024 승진]

② 압류될 적격이 없는 채권에 대하여 압류명령을 한 경우에도 압류명령은 하나의 재판인 이상 이를 당연무효라고는 할 수 없고, 다만 <u>실체법상 효력이 발생하지 않는다</u>'는 의미에서 무효가 되며, 만일 압류명령 외에 추심명령이나 전부명령이 내려졌다면 제3채무자는 이러한 실체법상 무효를 이유로 <u>추심금 또는 전부금청구를 거절</u>할 수 있다.[1281][2013, 2024 승진]

3. 압류절차

가. 관할법원

① 채권에 대한 압류명령의 관할법원은 원칙적으로 <u>채무자의 보통재판적</u>이 있는 곳의 지방법원으로 한다(224조 1항).

채무자의 보통재판적이 없는 경우에는 <u>압류된 채권의 채무자(제3채무자)의 보통재판적</u>이 있는 곳의 지방법원이 관할법원이 된다. 다만 이 경우에 물건의 인도를 목적으로 하는 채권과 물적 담보권이 있는 채권에 대한 집행법원은 그 <u>물건이 있는 곳</u>의 지방법원으로 한다(224조 2항).

② 가압류에서 이전되는 채권압류의 집행법원은 <u>가압류를 명한 법원이 있는 곳</u>을 관할하는 지방법원이 집행법원으로 한다(224조 3항).[2019 승진, 2022 법무사]

나. 압류명령의 신청

(1) 신청방식 및 요건

압류명령을 신청하는 채권자는 압류명령신청에 <u>압류할 채권의 종류와 액수</u>를 밝혀야 한다(225조). 근저당권자 등 담보권자가 <u>물상대위권</u>을 행사하기 위하여 채권압류 및 추심·전부명령을 신청하는 경우에는 <u>담보권의 존재를 증명하는 서류</u>를 제출하면 되고, 일반채권자로서 강제집행을 하는 것은 아니므로 집행권원은 필요하지 않다.[1282][2022 법무사]

[1280] 대법원 2014. 12. 30. 2014마1407 결정.
[1281] 대법원 1987. 3. 24. 선고 86다카1588 판결 ; 1988. 2. 9. 선고 87다카2540 판결 ; 2014. 1. 23. 선고 2013다71180 판결.

(2) 집행당사자의 표시

① 채권집행의 당사자는 집행채권자와 집행채무자이고, 제3채무자는 이해관계인일 뿐 집행당사자는 아니다.

② 집행권원상의 청구권이 양도되어 대항력을 갖춘 경우 집행당사자적격이 양수인으로 변경되고, 양수인이 '승계집행문'을 부여받음에 따라 집행채권자는 양수인으로 확정되므로 승계집행문의 부여로 인하여 양도인에 대한 기존 집행권원의 집행력은 소멸한다.1283) 따라서 그 후 채무자가 양도인을 상대로 제기한 청구이의의 소는 피고적격이 없는 자를 상대로 한 소이거나, 이미 집행력이 소멸한 집행권원의 집행력 배제를 구하는 것으로 권리보호의 이익이 없어 부적법하다.1284)[2022 승진, 2017, 2019, 2021 법무사]

(3) 제3채무자의 표시

제3채무자는 집행당사자가 아니라 이해관계인에 불과하므로 압류명령을 신청하기 전에 제3채무자가 사망하였다는 사정만으로는 채무자에 대한 강제집행요건이 구비되지 않았다고 볼 수 없고, 따라서 이미 사망한 자를 제3채무자로 표시한 압류명령이 있었다고 하더라도 이러한 오류는 경정결정에 의하여 시정될 수 있다.1285)

(4) 집행권원 및 집행채권의 표시

① 채권압류명령의 주문에 압류되는 채권들이 모두 명시되어 있는 이상 그 명령의 이유에 압류되는 채권 중 일부 채권에 관한 집행권원의 기재가 누락되어 있다고 하더라도 그와 같은 사정만으로 그 집행권원의 기재가 누락된 일부 채권에 대하여 위 압류명령의 효력이 미치지 않는다고 볼 수는 없다.1286)

② 집행채권의 범위는 집행권원에 표시된 바에 의하여 정하여지므로 집행증서상 차용원금채권 및 이에 대한 '변제기까지의 이자' 이외에 변제기 이후 다 갚을 때까지의 지연손해금에 대하여는 아무런 기재가 없다면 그 지연손해금에 대하여는 강제집행을 할 수 없다.1287)[2023 승진, 2019, 2020 법무사]

1282) 대법원 1992. 7. 10. 92마380, 381 결정.
1283) 대법원 2008. 2. 1. 선고 2005다23889 판결.
1284) 대법원 2008. 2. 1. 선고 2005다23889 판결.
1285) 대법원 1998. 2. 13. 선고 95다15667 판결.
1286) 대법원 2009. 11. 26. 선고 2006다37106 판결.
1287) 대법원 1994. 5. 13. 94마542, 543 결정.

(5) 압류할 채권의 표시

1) 특정의 필요성

① 채권자는 압류할 채권을 특정하기 위하여 압류명령신청에 <u>압류할 채권의 종류 및 액수</u>를 밝혀야 한다(225조). 압류할 채권의 표시는 이해관계인, 특히 제3채무자로 하여금 <u>다른 채권과 구별할 수 있을 정도로 기재되어 동일성 인식</u>을 저해할 정도에 이르지 않아야 한다.[1288] 압류할 채권이 <u>특정되지 아니하면</u> 그 압류명령은 무효이고, 후에 <u>보완하더라도</u> 소급하여 유효로 되는 것은 아니다.[1289] [2022, 2024 법무사]

② 피압류채권의 구체적인 범위는 압류결정의 압류할 채권의 표시에 기재된 <u>문언의 해석에 따라 결정</u>되는 것이 원칙이다. 압류할 채권의 표시에 기재된 문언은 그 문언 자체의 내용에 따라 객관적으로 엄격하게 해석하여야 하고, 그 문언의 의미가 불명확한 경우의 불이익은 압류 신청채권자에게 부담시키는 것이 타당하므로 <u>제3채무자가 통상의 주의력을 가진 사회평균인을 기준으로 그 문언을 이해할 때 포함 여부에 의문</u>을 가질 수 있는 채권은 특별한 사정이 없는 한 압류대상에 포함되지 않는다.[1290] [2022 법무사]

2) 특정의 방법과 정도

① 채권자가 압류신청을 하면서 압류할 채권의 대상과 범위를 특정하지 않음으로 인하여 집행법원에서 이를 간과하여 압류결정에서도 피압류채권이 <u>특정되지 않은 경우</u> 그 압류결정의 효력이 발생하지 않는다.[1291] [2017 승진, 2021 법무사]

② 집행채권자는 채무자의 채권에 관하여 그 발생원인 등을 구체적으로 알기는 어려우므로 압류명령의 대상인 채권의 표시는 이해관계인 특히 <u>제3채무자로 하여금 다른 채권과 구별</u>할 수 있을 정도로 기재되어 그 동일성의 인식을 저해할 정도에 이르지 아니하였다면 그 압류명령은 유효하다.[1292] [2022 법무사]

1288) 대법원 1965. 10. 26. 선고 65다1699 판결.
1289) 대법원 1973. 1. 30. 선고 72다2151 판결.
1290) 대법원 2013. 12. 26. 선고 2013다26296 판결 ; 2013. 9. 12. 선고 2013다40377 판결.
1291) 대법원 2012. 11. 15. 선고 2011다38394 판결.
1292) 대법원 2011. 4. 28. 선고 2010다89036 판결.

3) 채무자의 제3채무자에 대한 여러 개의 채권을 압류하는 경우

채무자가 제3채무자에 대하여 여러 개의 채권을 가지고 있고, 채권자가 그 각 채권 전부를 대상으로 하여 압류신청을 할 때에도 여러 개의 채권 중 어느 채권에 대하여 어느 범위에서 압류를 신청하는지 신청취지 자체로 명확하게 인식할 수 있도록 특정하여야 하고, 특정되지 않았다면 압류의 효력이 발생하지 않는다(채권가압류의 경우에도 마찬가지임).[1293][2017, 2024 법무사]

다만 압류의 대상인 여러 채권의 합계액이 집행채권액보다 오히려 적다거나 복수의 채권이 모두 하나의 계약에 기하여 발생하였거나 제3채무자가 채무자에게 그 채무를 일괄이행하기로 약정하였다는 등 특별한 사정이 있는 경우에는 압류할 대상인 채권별로 압류될 부분을 따로 특정하지 아니하였더라도 그 압류 등 결정은 유효한 것으로 볼 수 있다.[1294][2024 법무사]

4) 채무자나 제3채무자가 수인인 경우

채무자가 수인이거나 제3채무자가 수인인 경우에는 집행채권액을 한도로 하여 압류로써 각 채무자나 제3채무자별로 어느 범위에서 지급이나 처분의 금지를 명하는 것인지를 압류할 채권의 표시 자체로 명확하게 인식할 수 있도록 특정하여야 하고, 이를 특정하지 아니한 경우에는 집행의 범위가 명확하지 아니하여 그 압류결정은 무효이다.

압류의 대상인 수인의 채무자들의 채권합계액이나 수인의 제3채무자들에 대한 채권합계액이 집행채권액을 초과하지 않는다고 하더라도 개별 채무자 및 제3채무자로서는 자신을 제외한 다른 모든 채무자들이나 모든 제3채무자들의 구체적으로 알 수 있는 특별한 경우가 아니라면 자신에 대한 집행의 범위를 알 수 없음은 마찬가지이므로 달리 볼 것이 아니다.[1295]
[2024 승진, 2017, 2019, 2023, 2024 법무사]

다. 압류명령

(1) 심리와 내용

1) 심리

채권압류명령의 신청이 있으면 신청서와 첨부서류만에 기초하여 서면심사를 한다. 서면심사에 의하여 신청이 이유 있다고 인정되면 압류할 채권의 존부나 집행채무자에의 귀속 여부를 실질적으로 심사하거나 채무자 및 제3채무자를 심문하지 아니하고 채권압류명령을 한다(226조).[2021 법무사]

1293) 대법원 2012. 11. 15. 선고 2011다38394 판결 ; 2013. 12. 26. 선고 2013다26296 판결.
1294) 대법원 2013. 12. 26. 선고 2013다26296 판결.
1295) 대법원 2014. 5. 16. 선고 2013다52547 판결.

2) 압류명령의 내용

압류명령을 할 때에는 법원은 제3채무자에게 채무자에 대한 지급을 금지하고 채무자에게 채권의 처분과 영수를 금지하여야 한다(227조 1항). 압류선언 중에서 제3채무자에 대한 지급금지명령은 압류명령의 본질적인 요소로서 그 기재가 없으면 압류명령은 무효이다.[1296]

3) 초과압류의 금지

금전채권의 압류에 있어 피압류채권의 액면가액이 채권자의 집행채권 및 집행비용의 액을 초과하는 경우에는 그 피압류채권의 실제 가액이 채권자의 집행채권 및 집행비용에 미달한다고 볼 만한 특별한 사정이 없는 한 다른 채권을 중복하여 압류하는 것은 허용되지 않는다.[1297][2019 승진]

(2) 압류명령의 송달

압류명령은 채무자와 제3채무자에게 송달하여야 한다(227조 2항).[2022 법무사]

(3) 압류명령의 효력

1) 효력발생시기

① 압류의 효력은 제3채무자에게 송달된 때에 발생한다(227조 3항). 다만 배서가 금지된 어음·수표 등의 지시채권은 압류명령의 송달만으로는 효력이 발생하지 아니하고, 그 이외에 집행관이 증권을 점유하여야 압류의 효력이 발생한다(233조).[2011, 2012, 2017, 2019 법무사]

② 저당권 있는 채권에 대한 압류의 효력은 제3채무자에게 송달된 때에 발생하지만, 이를 공시하기 위하여는 등기부상 채권압류의 등기가 되어야 한다. 채권자는 채무자의 승낙 없이 압류명령신청과 함께 채권압류사실을 등기부에 기입하여 줄 것을 법원사무관등에게 신청할 수 있으며, 이 경우에 법원사무관 등은 부동산 소유자에게 압류명령이 송달된 뒤에 등기를 촉탁하여야 한다(228조).[2016 승진, 2017, 2021 법무사]

③ 압류의 효력은 제3채무자에게 송달된 때에 발생하므로 채무자가 피압류채권을 양도한 경우에 채권양수인과 압류채권자의 우열관계는 압류명령이 제3채무자에게 송달된 때와 채권양수인이 확정일자에 의한 대항요건을 갖춘 때의 선후에 의하여 결정된다.[1298]

1296) 대법원 1973. 1. 30. 선고 72다2151 판결.
1297) 대법원 2011. 4. 14. 2010마1791 결정 ; 2015. 2. 3. 2014마2242 결정.
1298) 대법원 1994. 4. 26. 선고 93다24223 판결.

2) 압류의 효력이 미치는 범위

가) 압류의 대상인 채권 전액

① 채권압류의 효력은 압류채권자가 압류의 범위를 집행채권과 집행비용의 범위로 한정하여 신청하는 등의 특별한 제한이 없는 한 압류할 시점에 현실로 존재하는 목적채권의 전부에 미치고, 압류된 채권보다 집행채권액이 적다고 하더라도 집행채권의 범위로 제한되는 것이 아니다.1299)[2022 승진, 2019, 2020 법무사]

② 채권자가 1개의 채권 중 일부에 대하여 압류를 하였는데 채권의 일부만 소멸시효가 중단되고 나머지 부분은 이미 시효로 소멸한 경우 압류의 효력은 시효로 소멸하지 않고 잔존하는 채권 부분에 계속 미친다.1300)[2019 법무사]

나) 종된 권리

압류의 효력은 종된 권리에도 미치므로 원본채권을 압류한 경우 압류의 효력이 발생한 뒤에 생기는 이자나 지연손해금에도 당연히 미치지만, 그 효력발생 전에 이미 생긴 이자나 지연손해금에는 미치지 않는다.1301)[2022 승진]

다) 압류의 대상이 된 채권과 채무자의 제3채무자에 대한 채권의 동일성

① 압류명령의 대상이 되는 채권의 구체적인 범위는 '주문'과 '압류할 채권의 표시' 등 압류명령에 기재된 문언의 해석에 따라 결정된다. '압류할 채권의 표시'에 기재된 문언은 그 문언 자체의 내용에 따라 객관적으로 엄격하게 해석하여야 하고, 그 문언의 의미가 불명확한 경우 그로 인한 불이익은 압류채권자에게 부담시키는 것이 타당하다.

따라서 제3채무자가 통상의 주의력을 가진 사회평균인을 기준으로 그 문언을 이해할 때 포함 여부에 의문을 가질 수 있는 채권은 특별한 사정이 없는 한 압류의 대상에 포함되었다고 볼 수 없다.1302)

② 판결결과에 따라 제3채무자가 채무자에게 지급하여야 하는 금액을 피압류채권으로 표시한 경우에 해당 소송의 소송물인 실체법상의 채권이 채권압류명령의 대상이 된다고 볼 수 밖에 없고, 결국 채권자가 받은 채권압류명령의 효력은 거기에서 지시하는 소송의 소송물인 청구원인 채권에 미친다고 보아야 한다.1303)[2021 법무사]

1299) 대법원 1973. 1. 24. 72마1548 결정 ; 1991. 10. 11. 선고 91다12233 판결.
1300) 대법원 2016. 3. 24. 선고 2014다13280, 13297 판결.
1301) 대법원 2015. 5. 28. 선고 2013다1587 판결.
1302) 대법원 2013. 12. 26. 선고 2013다26296 판결 ; 2013. 9. 12. 선고 2013다40377 판결.
1303) 대법원 2018. 6. 28. 선고 2016다203056 판결.

③ 압류의 효력이 발생한 뒤에 새로운 원인에 의하여 발생한 채권에 대하여는 압류의 효력이 미치지 않는다.1304) 따라서 공사대금 채권에 대한 압류 및 전부명령은 제3채무자에게 송달된 후에 체결된 추가공사계약으로 인한 추가공사금 채권에는 미치지 아니한다.1305)[2013, 2020 법무사, 2011, 2013, 2018, 2019 승진]

④ 가압류에서 본압류로 이전하는 내용의 주문이 누락된 채 압류 및 추심명령이 발령되었더라도 가압류 및 압류·추심의 당사자 사이에 동일성이 인정되고, 가압류의 피보전채권과 압류·추심의 집행채권 사이 및 가압류 대상채권과 압류·추심 대상채권 사이에 서로 동일성이 인정되는 경우에는 해당 가압류는 당연히 본압류로 이전하는 효력이 생긴다.1306)[2022 법무사]

(4) 압류채권자의 지위
압류명령을 얻은 것만으로 아직 채권을 추심할 권능을 취득하는 것이 아니므로 현금화를 위하여는 별도로 추심명령이나 전부명령을 받아야 한다.

(5) 집행채권의 시효중단

1) 시효중단의 시기 및 종기
① 집행채권에 대한 소멸시효중단의 효력은 압류명령이 제3채무자에게 송달되어 압류의 효력이 발생하면 압류명령을 신청한 때에 소급하여 생긴다.1307) [2024 법무사]

② 체납처분에 의한 채권압류로 인하여 채권자의 채무자에 대한 채권의 시효가 중단된 후 피압류채권이 기본계약관계의 해지·실효 또는 소멸시효 완성 등으로 인하여 소멸함으로써 압류의 대상이 존재하지 않게 되어 압류 자체가 실효된 경우에는 시효중단사유가 종료한 것으로 보아야 하고, 그 때부터 시효가 새로이 진행한다.1308)[2024 법무사]

2) 시효중단의 효력이 인정되는 압류의 범위
① 채권자가 채무자의 제3채무자에 대한 채권을 압류할 당시 그 피압류채권이 이미 소멸하였다는 등으로 부존재하는 경우에도 특별한 사정이 없는 한 압류집행을 함으로써 그 집행채권의 소멸시효는 중단된다.1309)[2024 법무사]

1304) 대법원 2001. 12. 24. 선고 2001다62640 ; 1989. 2. 28. 선고 88다카13394 판결.
1305) 대법원 2001. 12. 24. 선고 2001다62640 판결.
1306) 대법원 2010. 10. 14. 선고 2010다48455 판결.
1307) 대법원 2009. 6. 25. 선고 2008모1396 판결 ; 2017. 4. 7. 선고 2016다35451 판결.
1308) 대법원 2017. 4. 28. 선고 2016다239840 판결.
1309) 대법원 2014. 1. 29. 선고 2013다47330 판결.

다만 이 경우에는 압류의 효력이 발생하지 아니하므로 시효중단사유가 종료되어 소멸시효는 그 때부터 새로이 진행한다고 보아야 한다.[1310]

② 이미 사망한 채무자를 상대로 한 압류명령신청은 부적법하고, 그 신청에 따른 압류명령이 있었다고 하더라도 이는 당연무효로서 그 효력이 상속인에게 미치지 아니하며, 이러한 당연무효의 압류는 민법 제168조가 정한 소멸시효 중단사유인 '압류'에 해당하지 않는다.[1311]

③ 이미 어음채권의 소멸시효가 완성된 후에는 그 채권이 소멸되고 시효중단을 인정할 여지가 없다. 따라서 시효로 소멸된 어음채권을 청구채권으로 하여 채무자의 재산을 압류한다고 하더라도 이를 적법한 권리행사로 볼 수 없으므로 그 압류에 의하여 그 원인채권의 소멸시효가 중단된다고 볼 수 없다.[1312]

3) 압류가 취하 또는 취소된 경우

압류채권자가 압류명령의 신청을 취하하거나 압류명령이 즉시항고에 의하여 취소된 때에는 시효중단의 효력이 소급적으로 상실된다(민법 175조). 압류해제신청은 압류명령신청을 취하한 경우에 해당하지만,[1313] 압류 및 추심명령을 얻은 채권자가 추심권을 포기하더라도 하여 압류명령의 신청까지 취하한 것으로 볼 수는 없다.[1314][2022 법무사]

(6) 채무자의 지위

1) 압류된 채권의 처분 및 변제수령의 금지

① 채무자는 압류명령에 의하여 채권의 처분과 영수가 금지된다(227조 1항). 다만 채무자가 처분행위를 하거나 제3채무자가 변제를 한 경우에도 그보다 먼저 압류한 채권자에게는 대항할 수 없지만, 그 처분이나 변제 후에 압류명령을 얻은 채권자에 대하여는 유효한 처분 또는 변제가 된다.[1315][2022 승진]

② 채무자가 압류의 대상인 채권을 양도하고 확정일자 있는 통지 등에 의한 채권양도의 대항요건을 갖추었다면, 그 후 채무자의 다른 채권자가 그 양도된 채권에 대하여 압류를 하더라도 이미 존재하지 않는 채권에 대한 압류로서 그 효력이 없으므로 그 다른 채권자는 압류 등에 따른 집행절차에 참여할 수도 없고, 새롭게 배당요구를 할 수도 없다.[1316][2014, 2019, 2020 승진, 2014, 2017, 2024 법무사]

[1310] 대법원 2017. 4. 28. 선고 2016다239840 판결.
[1311] 대법원 2006. 8. 24. 선고 2004다26287, 26294 판결.
[1312] 대법원 2010. 5. 13. 선고 2010다6345 판결.
[1313] 대법원 2017. 7. 18. 선고 2017다9671 판결.
[1314] 대법원 2014. 11. 13. 선고 2010다63591 판결.
[1315] 대법원 2003. 5. 30. 선고 2001다10748 판결.

그 이후에 양도된 채권이 취소·철회되거나 채무자에게 다시 채권양도로 이전되어 채무자의 책임재산으로 복귀되더라도 무효인 압류가 유효하게 되지는 않는다.1317)[2020 승진]

③ 채권압류 또는 가압류가 되더라도 채무자는 여전히 압류된 채권(피압류채권)의 채권자이므로 추심명령이나 전부명령이 있기 전까지는 제3채무자를 상대로 이행의 소를 제기하여 승소판결의 집행권원을 받을 수도 있으며, 다만 그 집행권원에 기하여 강제집행을 할 수는 '없다'.1318)[2013, 2016 승진, 2019 법무사]

④ 채권양도 후 대항요건이 구비되기 전의 채권양도인은 채무자에 대한 관계에서는 여전히 채권자의 지위에 있으므로 채무자의 제3채무자에 대한 채권에 대하여 채권가압류 등의 보전조치를 할 수 있고, 이 경우 채권가압류에 기하여 채권양도인이 배당절차에서 배당을 받았다면 그 배당은 유효하다.1319)

2) 기본적 법률관계의 변경

채권에 대한 압류가 있으면 그 효력으로 채무자나 제3채무자가 압류된 채권 그 자체를 처분하더라도 채권자에게 대항하지는 못하지만, 그 압류로써 압류채권의 발생원인인 기본적인 법률관계의 처분까지 금지하는 것은 아니므로 기본적인 법률관계가 바뀌면 압류의 효력은 소멸한다.

따라서 채무자나 제3채무자는 기본적 계약관계 자체를 해지할 수 있고, 채무자와 제3채무자 사이의 기본적 계약관계가 해지되면 그 계약에 의하여 발생한 채권이 소멸하게 되므로 이를 대상으로 한 압류명령은 실효된다.1320)

3) 기본적 법률관계에 대한 처분행위

① 채권이 압류되었다고 하여 채무자가 압류된 채권을 발생시킨 기본적 법률관계 그 자체를 처분할 수 없는 것은 아니다. 채권의 압류는 제3채무자에 대하여 채무자에게 지급금지를 명하는 것이므로 채무자는 채권을 소멸·감소시키는 등의 행위를 할 수 없고, 그러한 행위로 압류채권자에게 대항할 수는 없지만, 채권의 발생원인인 법률관계에 대한 채무자나 제3채무자의 처분까지 구속하는 효력은 없다.1321)[2022 승진]

1316) 대법원 2010. 10. 28. 선고 2010다57213, 57220 판결.
1317) 대법원 2010. 10. 28. 선고 2010다57213, 57220 판결 ; 2019. 12. 6. 2019마6043 판결.
1318) 대법원 2002. 4. 26. 선고 2001다59033 판결 ; 1989. 11. 24. 선고 88다카25038 판결.
1319) 대법원 2019. 5. 16. 선고 2016다8589 판결.
1320) 대법원 2006. 1. 26. 선고 2003다29456 판결 등.
1321) 대법원 2015. 5. 14. 선고 2012다41359 판결.

따라서 채무자와 제3채무자가 아무런 합리적 이유 없이 채권의 소멸만을 목적으로 계약관계를 합의해제한다는 등의 특별한 경우를 제외하고는, 제3채무자는 채권에 대한 압류가 있은 후에도 채권의 발생원인인 법률관계를 합의해제하고 이로 인하여 압류채권이 소멸되었다는 사유를 들어 압류채권자에 대항할 수 있다.1322)

② 수급인의 보수채권이 압류된 경우에도 채무자나 제3채무자는 도급계약을 해지할 수 있고, 채무자와 제3채무자 사이의 기본적 계약관계인 도급계약이 해지된 이상 그 계약에 의하여 발생한 보수채권은 소멸하게 되므로 이를 대상으로 한 압류명령은 실효된다.1323)[2017 법무사]

③ 보험계약자의 보험금채권에 대한 압류가 있더라도 채무자나 제3채무자는 기본적 계약관계인 보험계약 자체를 해지할 수 있고, 보험계약이 해지되면 그 계약에 의하여 발생한 보험금 채권은 소멸하게 되므로 이를 대상으로 한 압류명령은 실효된다.1324)[2020 법무사]

3) 피압류채권(압류된 채권)의 시효중단

① 채권자가 채무자의 제3채무자에 대한 채권을 압류한 경우에 채권자의 채무자에 대한 채권에 관하여 시효중단의 효력이 생긴다고 할 것이나, 압류된 채무자의 제3채무자에 대한 채권(압류된 채권)에 대하여는 민법 제168조 제2호 소정의 소멸시효 중단사유에 준하는 확정적인 시효중단의 효력이 생긴다고 할 수 없다.1325)[2017 승진, 2019, 2020, 2022 법무사]

② 채권자가 채무자의 제3채무자에 대한 채권에 관하여 채권압류 및 추심명령을 받아 그 결정이 제3채무자에게 송달되었다면 채무자의 제3채무자에 대한 채권(압류된 채권)에 대하여 소멸시효중단사유인 '최고'로서의 효력이 인정된다.1326)[2012, 2024 법무사]

(7) 제3채무자의 지위

1) 채무자에 대한 지급금지

① 제3채무자는 압류에 의하여 채무자에 대한 지급이 금지되며(227조 1항), 제3채무자에 대한 지급금지명령은 채권압류의 본질적 효력이다.

1322) 대법원 2001. 6. 1. 선고 98다17930 판결.
1323) 대법원 2006. 1. 26. 선고 2003다29456 판결.
1324) 대법원 2013. 7. 12. 선고 2012다105161 판결 ; 2017. 4. 28. 선고 2016다239840 판결.
1325) 대법원 2003. 5. 13. 선고 2003다16238 판결.
1326) 대법원 2003. 5. 13. 선고 2003다16238 판결.

② 압류명령이 제3채무자에게 송달되었으나 특별한 사정이 있어 제3채무자가 압류사실을 알지 못하고, 또 과실도 없이 피압류채권을 채무자에게 지급하였다면 채권의 준점유자에 대한 민법 제470조를 유추적용하여 제3채무자의 면책을 인정할 수 있다. 전부명령이 압류 등의 경합으로 무효인데 제3채무자가 선의·무과실로 무효인 전부명령을 얻은 채권자에게 그 전부금을 변제한 경우에도 채권의 준점유자에 대한 변제로서 유효하다.1327)[2013 법무사]

③ 압류명령이 송달되어 효력이 발생하기 전에 제3채무자가 압류된 채권의 지급을 위하여 어음이나 수표를 발행하였을 때에는 압류의 효력은 어음이나 수표채권에는 미치지 아니하므로 제3채무자는 어음이나 수표의 소지인에 대하여 지급할 의무가 있고, 압류명령이 송달된 뒤에 지급하더라도 그 지급으로써 피압류채권이 소멸하였다는 것을 압류채권자에게 대항할 수 있다.1328)[2024 법무사]

원인채권인 물품대금채권에 대한 압류의 효력이 발생하기 전에 물품대금의 지급을 위하여 신용장이 발행된 경우에는 압류의 효력이 발생한 후 신용장 대금의 지급이 이루어졌더라도 수입업자가 그 지급으로 물품대금 채권이 소멸하였다는 것을 압류채권자에게 대항할 수 있다.1329)[2024 법무사]

2) 기본적 법률관계에 대한 처분행위

채권이 압류되었다 하더라도 채무자나 제3채무자가 압류된 채권을 발생시킨 기본적 법률관계 그 자체를 처분할 수 없는 것은 아니다.

따라서 수급인의 보수채권이 압류된 경우에도 채무자나 제3채무자는 도급계약을 해지할 수 있고, 채무자와 제3채무자 사이의 기본적 계약관계인 도급계약이 해지된 이상 그 계약에 의하여 발생한 보수채권은 소멸하게 되므로 이를 대상으로 한 압류명령은 실효된다.1330)[2017 법무사]

보험계약자의 보험금 채권에 대한 압류가 행하여지더라도 채무자나 제3채무자는 기본적 계약관계인 보험계약 자체를 해지할 수 있고, 보험계약이 해지되면 계약에 의하여 발생한 보험금 채권은 소멸하게 되므로 이를 대상으로 한 압류명령은 실효된다.1331)[2020 법무사]

1327) 대법원 2002. 8. 27. 선고 2002다31858 판결 ; 2016. 3. 24. 선고 2015다68911 판결.
1328) 대법원 1984. 7. 24. 83다카2062 ; 2000. 3. 24. 선고 99다1154 판결.
1329) 대법원 2022. 11. 17. 선고 2017다235036 판결.
1330) 대법원 2006. 1. 26. 선고 2003다29456 판결.
1331) 대법원 2017. 4. 28. 선고 2016다239840 판결.

3) 제3채무자의 항변

가) 계약인수가 이루어진 경우

계약당사자로서의 지위승계를 목적으로 하는 계약인수의 경우에는 양도인이 계약관계에 기하여 가지던 권리의무가 동일성을 유지한 채 양수인에게 그대로 승계된다. 따라서 양도인의 제3채무자에 대한 채권이 압류된 후 채권의 발생원인인 계약의 당사자 지위를 이전하는 계약인수가 이루어진 경우 제3채무자는 계약인수에 의하여 그와 양도인 사이의 계약관계가 소멸하였음을 내세워 압류채권자에 대항할 수 없다.[1332] [2017, 2020, 2024 법무사]

나) 상계항변

① 압류명령을 송달받은 제3채무자는 그 후에(즉 압류의 효력이 발생한 후에) 취득한 채권을 자동채권으로 하는 상계로 압류채권자에게 대항하지 못한다(민법 498조). 그러나 압류명령이 송달될 당시 제3채무자의 채무자에 대한 채권(자동채권)과 압류된 채권(수동채권)이 모두 변제기에 도래하여 상계적상에 있는 경우는 물론, 상계적상에 있지 아니한 경우에도 자동채권만이 변제기가 지났거나, 또는 두 채권 모두 변제기가 지나지 않았더라도 자동채권의 변제기가 먼저 도래하거나 동시에 도래하는 경우에는 제3채무자의 상계가 허용된다.[1333]
[2016, 2019 승진, 2016, 2018, 2023, 2024 법무사]

또한 제3채무자의 채무자에 대한 자동채권이 수동채권인 피압류채권과 동시이행관계에 있는 경우에는 그 자동채권이 압류 후에 발생한 것이라 하더라도 제3채무자는 피압류채권과 상계할 수 있다.[1334] [2016 승진, 2016 법무사]

② 항변권이 붙어 있는 채권을 자동채권으로 하여 수동채권과 상계를 하는 것은 허용되지 아니하고, 특히 수탁보증인이 주채무자에 대하여 가지는 민법 442조의 사전구상권에는 민법 443조의 담보제공청구권이 항변권으로 부착되어 있으므로 이를 자동채권으로 하는 상계는 원칙적으로 허용될 수 없다.[1335]

제3채무자가 채무자에 대한 사전구상권을 가지고 있는 경우 상계로써 압류채권자에게 대항하기 위해서는 압류의 효력발생 당시 사전구상권에 부착된 담보제공청구의 항변권이 소멸하여 사전구상권과 피압류채권이 상계적상에 있거나, 여전히 항변권이 부착되어 있는 경우에는 위 항변권을 소멸시켜 상계가 가능하게 된 때가 피압류채권의 변제기보다 먼저 도래하여야 한다.[1336]

1332) 대법원 2015. 5. 14. 선고 2012다41359 판결.
1333) 대법원 2012. 2. 16. 선고 2011다45521 전원합의체 판결 ; 2015. 1. 29. 선고 2012다108764 판결.
1334) 대법원 2005. 11. 10. 선고 2004다37676 판결 ; 2010. 3. 25. 선고 2007다35152 판결.
1335) 대법원 2019. 2. 14. 선고 2017다274703 판결.
1336) 대법원 2019. 2. 14. 선고 2017다274703 판결.

③ 은행 등 금융기관은 통상 대출금 채권과 관련하여 채무자의 변제자력에 의심이 가는 상황이 발생한 때에는 채무자의 대출금 채권에 관한 기한의 이익이 상실되도록 함으로써 예금 등 채권에 대한 압류가 있어도 그 대출금 채권으로 피압류채권인 예금 등의 채권과 상계를 할 수 있도록 특약을 하고 있는데, 판례는 이러한 기한의 이익상실 등 특약의 유효성을 인정하면서 그러한 특약에 따라 대출금 채권과 피압류채권인 예금채권이 <u>곧바로 상계적상</u>에 이르므로 제3채무자인 은행은 <u>제한 없이 상계권을 행사할 수 있다</u>고 보고 있다.1337) [2024 법무사]

④ 동산양도담보권자가 물상대위권 행사로 양도담보설정자의 <u>화재보험금청구권에 대하여 압류 및 추심명령</u>을 얻어 추심권을 행사하는 경우 특별한 사정이 없는 한 제3채무자인 보험회사는 <u>양도담보설정 후 취득한</u> 양도담보 설정자에 대한 별개의 채권을 가지고 상계로써 양도담보권자에게 대항할 수 없다. 그리고 이는 보험금청구권과 본질이 동일한 '공제금청구권'에 대하여 물상대위권을 행사하는 경우에도 마찬가지이다.1338) [2024 법무사]

⑤ 전세금반환채권은 전세권이 성립하였을 때부터 이미 발생이 예정되어 있다고 볼 수 있으므로 전세권저당권이 설정된 때에 이미 전세권설정자가 전세권자에 대하여 반대채권을 가지고 있고, 반대채권의 변제기가 장래 발생할 전세금반환채권의 변제기와 <u>동시에 또는 그보다 먼저 도래</u>하는 경우와 같이 전세권설정자에게 합리적 기대이익을 인정할 수 있는 경우에는 전세권설정자는 반대채권을 자동채권으로 하여 <u>전세금반환채권과 상계</u>함으로써 전세권저당권자에게 대항할 수 있다.1339)

(8) 제3자에 대한 효력

① 금전채권에 대한 압류명령이 있은 경우에, 집행채무자 아닌 제3자가 자신이 진정한 채권자로서 자신의 채권행사에 있어 그 <u>압류로 인하여 사실상 장애</u>를 받았다면 그 채권이 자기에게 귀속한다고 주장하여 집행채권자에 대하여 <u>제3자이의의 소</u>를 제기할 수 있다.1340) [2017, 2019 승진, 2020 법무사]

② 등기청구권에 대하여 압류명령이 있은 경우에 집행채무자 아닌 제3자가 자신이 진정한 등기청구권의 귀속자로서 자신의 등기청구권의 행사에 있어 위 <u>압류로 인하여 장애</u>를 받는 경우에는 그 등기청구권이 자기에게 귀속함을 주장하여 집행채권자에 대하여 제3자이의의 소를 제기할 수 있다.1341) [2023 법무사]

1337) 대법원 2023. 6. 27. 선고 2003다7623 판결 ; 2015. 4. 23. 선고 79750 판결.
1338) 대법원 2014. 9. 25. 선고 2012다58609 판결.
1339) 대법원 2014. 10. 27. 선고 2013다91672 판결.
1340) 대법원 1997. 8. 26. 선고 97다4401 판결.
1341) 대법원 1999.06.11. 선고 98다52995 판결.

(9) 채권압류와 채권양도가 경합하는 경우

① 압류명령이 송달된 후에 채권이 양도되고 확정일자 있는 증서에 의한 대항요건을 갖추었다면 채권양수인은 압류에 의하여 제한된 상태의 채권을 양수받게 된다.1342)[2024 법무사]

② 압류명령이 제3채무자에게 송달되기 전에 이미 피압류채권이 양도되어 대항요건을 갖추었다면 그 후에 채무자의 다른 채권자가 그 양도된 채권에 대하여 한 압류명령은 효력이 없으며,1343) 그 이후에 채권양도계약이 사해행위취소 소송에서 취소·실효되거나 채무자에게 재양도 등으로 피압류채권이 채무자에게 복귀되더라도 무효인 압류가 유효하게 되지는 않는다.1344)[2020 승진, 2023 법무사]

압류명령과 채권양도통지가 제3채무자에게 동시에 송달된 경우에는 그 이후에 이루어진 압류나 가압류는 존재하지 않는 채권에 대한 것으로서 그 효력이 없으므로 그러한 후행 압류채권자 등은 더 이상 그 채권집행절차에 참가할 수 없으며, 채권양수인과 선행 압류채권자 사이에서만 안분하여 배당하여야 한다.1345)[2018, 2019 법무사]

(10) 압류명령의 경정

1) 경정의 사유 및 불복

압류명령 신청 당시 채무자가 이미 사망하였다면 그 신청은 부적법하고 그 신청에 따른 압류명령은 당연무효이며, 그 효력이 상속인에게 미치는 것은 아니다. 따라서 채무자 표시를 상속인으로 하여야 하는데 압류명령 신청 당시 이미 사망한 피상속인으로 잘못 표시하였다는 사유는 결정에 분명한 잘못이 있는 것이라고 할 수 없으므로 경정할 사유에 해당하지 않는다.1346)

2) 경정의 한계

경정으로 인하여 압류명령의 내용이 실질적으로 변경되는 경우에는 경정이 허용되지 않음이 원칙이지만,1347) 경정의 한계를 넘는 결정도 위법하지만 무효는 아니고 취소사유에 불과하다.

1342) 대법원 2000. 4. 11. 선고 99다23888 판결.
1343) 대법원 2010. 10. 28. 선고 2010다57213, 57220 판결.
1344) 대법원 2010. 10. 28. 선고 2010다57213, 57220 판결 ; 2019. 12. 6. 2019마6043 판결 ; 2022. 12. 1. 선고 2022다247521 판결.
1345) 대법원 1994. 4. 26. 선고 93다24223 전원합의체판결.
1346) 대법원 1998. 7. 8. 98그32 결정.
1347) 대법원 1998. 2. 13. 선고 95다15667 판결.

따라서 채권압류 및 추심명령을 그 내용과 효력을 달리하는 채권압류 및 전부명령으로 바꾸는 결정은 경정결정의 한계를 넘어 재판의 내용을 실질적으로 변경하는 위법한 결정이지만 즉시항고로 취소되지 아니하고 확정된 이상 당연무효는 아니다.1348)

3) 경정된 내용의 효력발생시기

가) 원칙
① 압류명령에 대한 경정결정이 확정되면 당초의 채권압류명령은 그 경정결정과 일체가 되어 처음부터 경정된 내용의 채권압류명령이 있었던 것과 같은 효력이 있으므로 원칙적으로 당초의 결정이 제3채무자에게 송달된 때에 소급하여 경정된 내용의 효력이 생긴다.1349)

② 제3채무자는 집행당사자가 아니라 이해관계인에 불과하여 이미 사망한 자를 제3채무자로 표시한 압류 및 전부명령이 있었다고 하더라도 이러한 오류는 경정결정에 의하여 시정될 수 있으므로 채권압류 및 전부명령의 제3채무자의 표시를 사망자에서 그 상속인으로 경정하는 결정이 있고, 그 경정결정이 확정된 경우에는 당초의 압류 및 전부명령 정본이 제3채무자에게 송달된 때에 소급하여 제3채무자가 사망자의 상속인으로 경정된 내용의 압류 및 전부명령의 효력이 발생한다.1350)[2014, 2016 법무사, 2016 승진]

나) 예외
제3채무자의 입장에서 볼 때 객관적으로 경정결정이 당초의 채권압류명령의 동일성을 실질적으로 변경한 것이라고 인정되는 경우에는 이러한 경정결정은 새로운 압류명령과 같은 것으로 보아야 하므로 경정결정이 제3채무자에게 송달된 때에 비로소 경정된 내용의 효력이 생긴다.1351)[2014, 2016, 2021 법무사, 2019 승진]

따라서 추심명령을 전부명령으로 경정한 결정은 그 경정결정이 제3채무자에게 송달된 때에 비로소 경정된 내용의 결정의 효력이 발생한다.1352)[2022 법무사]

1348) 대법원 2001. 7. 10. 선고 2000다72589 판결.
1349) 대법원 1998. 2. 13. 선고 95다15667 판결.
1350) 대법원 1998. 2. 13. 선고 95다15667 판결.
1351) 대법원 2001. 7. 10. 선고 2000다72589 판결.
1352) 대법원 2005. 1. 13. 선고 2003다29937 판결.

(11) 압류명령신청의 재판에 대한 불복

1) 불복방법
압류명령의 신청에 관한 재판에 대하여는 즉시항고를 할 수 있다(227조 4항).

2) 즉시항고 사유

가) 형식상 하자 : 항고사유 O
강제집행의 요건이나 강제집행개시의 요건 등 압류명령을 발령함에 있어서 집행법원이 심사하여야 할 사유, 즉 형식상 하자만 항고사유가 될 수 있다.
다만 집행증서가 무권대리인의 촉탁에 의하여 작성되어 무효인 경우에 그러한 사유는 형식적 하자이기는 하지만 집행증서의 기재 자체에 의하여 용이하게 조사·판단할 수 없으므로 채무자는 청구이의의 소에 의하여 그 집행의 배제를 구할 수 있을 뿐이고, 그러한 사유는 이를 집행권원으로 한 채권압류 및 추심명령에 대한 항고사유가 될 수 없다.[1353][2020 법무사]

나) 실체상 사유 : 항고사유 X
'집행채권의 부존재'나 '압류된 채권의 부존재'와 같은 실체상 사유는 압류명령에 대한 항고사유가 될 수 없다.[1354] 따라서 채무자는 집행채권의 부존재를 청구이의의 소를 통하여 주장하여야 하고, 제3채무자는 압류된 채권의 부존재를 추심금 또는 전부금 청구소송에서 주장하여야 한다.[2020 법무사]

다) 집행취소사유 : 항고사유 O
채권압류명령의 기초가 된 가집행선고 있는 판결을 취소한 상소심판결의 정본은 민사집행법 제49조 제1호 소정의 집행취소서류에 해당하므로 채권압류명령의 기초가 된 가집행의 선고가 있는 판결이 상소심에서 취소되었다는 사실은 적법한 항고이유가 될 수 있다.[1355][2014, 2021 승진, 2017, 2019 법무사]

1353) 대법원 1998. 8. 31. 98마1535, 1536 결정.
1354) 대법원 1996. 11. 25. 95마601, 602 결정 ; 2004. 1. 5. 2003마1667 결정.
1355) 대법원 2007. 3. 15. 2006마75 결정.

라. 저당권 있는 채권의 압류

(1) 의의
① 저당권이 있는 채권을 압류할 경우에 채권자는 채권압류사실을 등기부에 기입하여 줄 것을 법원사무관등에게 신청할 수 있고, 이 신청은 채무자의 승낙 없이 법원에 대한 압류명령의 신청과 함께 할 수 있다(228조 1항).
② 근저당권부 채권압류 및 추심명령이 발령된 후 신청인의 착오로 위 압류명령에 부동산의 일부가 누락되었다며 누락된 부동산을 추가한 부동산목록으로 압류명령의 부동산표시를 고치는 것은 결정 주문의 내용을 실질적으로 변경하는 경우이므로 허용될 수 없다.1356)[2021 법무사]

(2) 압류기입등기의 절차
① 채권압류사실의 기입등기는 압류채권자가 채무자의 승낙 없이 법원사무관등에게 신청하여야 한다. 기입등기의 신청은 압류명령 신청과 함께 할 수도 있으나(228조 1항 후문), 압류명령 신청 후에 별도로 하더라도 무방하다.
② 등기신청이 있으면 법원사무관등은 저당부동산의 소유자에게 압류명령이 송달된 뒤에 관할 등기소의 등기관에게 압류의 기입등기를 촉탁하여야 한다(228조 2항). 저당권 있는 채권의 압류의 기입등기는 부기등기에 의한다(부동산등기법 52조 3호).

(3) 압류의 효력
저당권 있는 채권에 대한 압류기입등기는 단순히 공시의 효과만 있을 뿐이고, 압류의 효력발생요건이나 제3자에 대한 대항요건은 아니다. 따라서 저당권 있는 채권에 대한 압류의 효력은 압류기입등기의 유무와 관계 없이 제3채무자에게 송달된 때에 발생한다.[2017 법무사]

만일 저당권의 피담보채권이 존재하지 않는다면 그 압류명령은 무효이고, 저당권을 말소하는 경우 '압류기입등기가 된 압류채권자'는 등기상 이해관계 있는 제3자로서 저당권말소에 대한 승낙의 의사표시를 하여야 할 의무가 있다.1357)

1356) 대법원 2018. 9. 7. 2018마535 참조.
1357) 대법원 2004. 5. 28. 선고 2003다70041 판결 ; 2009. 12. 24. 선고 2009다72070 판결.

마. 지시채권의 압류

어음, 수표 그 밖에 배서로 이전할 수 있는 증권으로서 배서가 금지된 증권채권의 압류는 법원의 압류명령으로 집행관이 그 증권을 점유하여 한다(233조).

바. 압류명령신청의 취하

채권압류신청을 취하하면 압류결정은 그로써 효력이 소멸되지만, 압류결정정본이 이미 제3채무자에게 송달된 경우에는 취하통지서가 제3채무자에게 송달되었을 때 비로소 압류집행의 효력이 장래를 향하여 소멸되고, 취하통지서 송달 전에 제3채무자가 법원사무관등의 통지에 의하지 아니한 다른 방법으로 취하사실을 알게 된 경우에도 마찬가지이다(이 경우에도 취하통지서가 제3채무자에게 송달되었을 때 압류집행의 효력이 장래에 향하여 소멸된다).1358) 이러한 법리는 채권가압류의 경우에도 그대로 적용된다.[2018 승진, 2017, 2021 법무사]

4. 제3채무자의 공탁

가. 권리공탁

① 제3채무자는 압류에 관련된 금전채권의 전액을 공탁할 수 있다(248조 1항). 제3채무자는 압류에 관련된 금전채권 중 압류된 부분만 공탁할 수도 있고, 압류에 관련된 금전채권의 전액을 공탁할 수도 있다.

② 집행공탁은 공탁 이후 행해질 배당절차의 진행을 전제로 한 것인데, 처분금지가처분은 그것이 설령 금전채권을 목적으로 하더라도 이러한 배당절차와는 관계가 없으므로 제3채무자로서는 이를 이유로 집행공탁을 할 수는 없고, 다만 채권자불확지에 의한 변제공탁을 할 수 있다.1359)[2020 승진, 2017, 2024 법무사]

③ 금전채권의 일부가 압류되었는데 제3채무자가 압류된 금액만 공탁하지 않고 채권전액을 공탁한 경우에 그 공탁금 중 압류의 효력이 미치는 부분(압류된 금액) 집행공탁이 되고, 압류된 금액을 초과하는 부분은 압류의 효력이 미치지 않으므로 변제공탁이 된다.1360) 따라서 압류채무자는 압류된 금액을 초과하는 나머지 금액(변제공탁 부분)에 대하여는 공탁금출급청구를 할 수 있고, 제3채무자도 공탁금회수청구를 할 수 있다.[2017, 2021, 2022 법무사]

1358) 대법원 2008. 1. 17. 선고 2007다73826 판결.
1359) 대법원 2008. 5. 15. 선고 2006다74693 판결.
1360) 대법원 2008. 5. 15. 선고 2006다74693 판결.

④ 압류경합상태에 있는 피압류채권 중 일부에 관하여 추심명령을 얻은 압류채권자가 추심금 청구소송을 제기하여 승소확정된 경우, 제3채무자가 그 추심금 청구사건의 확정판결에 기한 강제집행을 저지하기 위하여 집행공탁을 할 때 공탁하여야 할 금액은 채무 전액이다.1361)[2017, 2020 법무사, 2023 승진]

⑤ 피보험자가 보험계약에 따라 보험자에 대하여 가지는 보험금청구권에 관한 가압류의 경합을 이유로 한 집행공탁은 피보험자에 대한 변제공탁의 성질을 가질 뿐이므로 이러한 집행공탁에 의하여 상법 제724조 제2항에 따른 제3자의 보험자에 대한 직접청구권이 소멸된다고 볼 수는 없으며, 따라서 집행공탁으로써 상법 제724조 제1항에 의하여 직접청구권을 가지는 제3자에게 대항할 수 없다.1362)

(1) 단일 또는 복수의 체납처분압류가 있는 경우

① 체납처분에 의한 압류는 민사집행법 제248조 제1항의 공탁의 전제가 되는 '압류'에 포함되지 않는다.1363) 따라서 금전채권에 관하여 단일 또는 복수의 체납처분압류가 있는 경우에 제3채무자는 민사집행법 제248조 제1항에 의한 집행공탁 또는 변제공탁을 할 수 없다.

따라서 국세징수법상의 체납처분에 의한 압류만을 이유로 집행공탁이 이루어진 경우에는 사업시행자가 민사집행법 제248조 제4항에 따라 법원에 공탁사유를 신고하였다고 하더라도 민사집행법 제247조 제1항에 의한 배당요구 종기가 도래한다고 할 수는 없다.1364)[2022 법무사]

② 체납처분에 의한 압류는 비록 그 자체만을 이유로 민사집행법 제248조 제1항의 '압류'에는 포함되지 않지만, 제3채무자에게 채무자에 대한 지급을 금지하고 채무자에게 채권의 처분과 영수를 금지하는 효력을 가지는 것으로서 민사집행절차에서 압류명령을 받은 채권자의 전속적인 만족을 배제하고 배당절차를 거쳐야만 하게 하는 민사집행법 제229조 제5항의 '다른 채권자의 압류'나 민사집행법 제236조 제2항의 '다른 압류'에는 해당한다.1365)[2021 법무사]

> **법 248조 1항** : 제3채무자는 '**압류**'에 관련된 금전채권의 전액을 공탁할 수 있다.

1361) 대법원 2004. 7. 22. 선고 2002다22700 판결.
1362) 대법원 2014. 9. 25. 선고 2014다207672 판결.
1363) 대법원 2007. 4. 12. 선고 2004다20326 판결.
1364) 대법원 2007. 4. 12. 선고 2004다20326 판결.
1365) 대법원 2015. 8. 27. 선고 2013다203833 판결.

> **법 229조 5항** : 전부명령이 제3채무자에게 송달될 때까지 그 금전채권에 관하여 다른 채권자가 '**압류**'·가압류, 배당요구를 한 경우에는 전부명령은 효력을 가지지 아니한다.
> **법 236조 2항** : 채권자가 추심한 채권액을 법원에 신고하기 전에 다른 '**압류**'·가압류 또는 배당요구가 있었을 때에는 채권자는 추심한 금액을 바로 공탁하고 그 사유를 신고하여야 한다.

(2) 체납처분압류와 압류·추심명령이 경합하는 경우(선후 불문)

① 체납처분에 따라 압류된 채권에 대하여도 민사집행법에 따라 압류 및 추심명령을 할 수 있고, 민사집행절차에서 압류 및 추심명령을 받은 채권자는 제3채무자를 상대로 추심의 소를 제기할 수 있다.[1366][2021 법무사]

② 제3채무자는 압류 및 추심명령에 선행하는 체납처분에 의한 압류가 있어 서로 경합된다는 사정만을 내세워 민사집행절차에서 압류 및 추심명령을 받은 채권자의 추심청구를 거절할 수 없고, 또한 민사집행절차에 따른 압류가 근로기준법에 따라 우선변제권을 가지는 임금 등 채권에 기한 것이라는 등의 사정을 내세워 체납처분에 의한 압류채권자의 추심청구를 거절할 수도 없다.[1367]

③ 체납처분에 따른 압류와 민사집행법상의 압류 및 추심명령이 경합된 경우(선후 불문), 제3채무자는 채권자들 중 어느 한쪽의 청구에 응하여 그에게 채무를 변제하고 변제 부분에 대한 채무의 소멸을 주장할 수도 있고, 민사집행법 제248조 제1항에 따른 채권 전액에 대한 집행공탁을 하여 면책될 수도 있다.[1368] 압류 및 추심명령을 받은 채권자가 제3채무자에게서 압류채권을 추심한 경우에는 민사집행법 제236조 제2항에 따라 추심한 금액을 바로 공탁하고 사유를 신고하여야 한다.[1369][2016, 2020, 2024 승진, 2016, 2021 법무사]

④ 민사집행법에 따른 압류 및 추심명령과 체납처분에 의한 압류가 경합한 후에(선후 불문) 제3채무자가 민사집행절차에서 압류 및 추심명령을 받은 채권자의 추심청구에 응하거나 민사집행법 제248조 제1항에 따른 집행공탁을 하게 되면 피압류채권은 소멸하게 되므로 민사집행법에 따른 압류 및 추심명령과 체납처분에 의한 압류는 모두 목적을 달성하여 효력을 상실한다.[2016 법무사]

따라서 민사집행절차에서 압류 및 추심명령을 받은 채권자뿐만 아니라 체납처분에 의한 압류채권자의 지위도 민사집행법상의 배당절차에서 배당받을 채권자의 지위로 전환되므로 체납처분에 의한 압류채권자가 공탁사유신고 시나 추심신고 시까지 민사집행법 제247조에 의한 배당요구를 따로 하지 않았다고 하더라도 배당절차에 참가할 수 있다.[1370][2017 법무사]

1366) 대법원 2015. 7. 9. 선고 2013다60982 판결.
1367) 대법원 2015. 7. 9. 선고 2013다60982 판결.
1368) 대법원 2015. 7. 9. 선고 2013다60982 판결.
1369) 대법원 2015. 7. 9. 선고 2013다60982 판결.

(3) 체납처분압류와 민사집행법상 가압류가 경합하는 경우

금전채권에 대하여 압류와 체납처분압류가 경합하는 경우 그 선후를 불문하고 민사집행법 제248조 제1항에 따른 집행공탁이 허용되는 이상 가압류와 체납처분압류가 경합하는 경우에도 그 선후를 불문하고 제3채무자는 민사집행법 제291조, 제248조 제1항의 공탁(가압류집행공탁)을 함으로써 강제집행(징수)과 이중지급의 위험으로부터 벗어날 수 있다.1371)

(4) 가압류를 원인으로 한 집행공탁

① 제3채무자는 채권가압류가 집행되었을 때에도 그와 관련된 채무 전액을 공탁할 수 있다(291조, 248조 1항). 가압류집행을 원인으로 하는 집행공탁은 원래의 채권자인 가압류채무자를 피공탁자로 하는 일종의 변제공탁이며, 가압류의 효력은 채무자의 출급청구권에 존속한다(297조).

② 제3채무자가 채권가압류를 원인으로 공탁을 한 경우에도 사유신고를 하여야 하지만, 채권압류로 인한 공탁사유신고와는 그 의미가 달라서 단순히 가압류발령법원에 공탁사실을 알려 주는 의미밖에 없으므로 그 신고는 가압류발령법원에 하여야 한다.

③ 가압류를 원인으로 한 제3채무자의 공탁은 압류를 이유로 한 공탁과 달리 그 공탁금으로부터 배당을 받을 수 있는 채권자의 범위를 확정하는 효력이 없으며, 제3채무자가 공탁을 하고 사유신고를 하더라도 배당절차를 실시할 수 없으며, 공탁금 출급청구권에 대한 채무자의 압류 및 사유신고가 있을 때 비로소 배당절차를 실시할 수 있다.1372)[2017, 2020 승진, 2017, 2019, 2021 법무사]

나. 의무공탁

(1) 공탁의무의 발생

금전채권에 관하여 배당요구서를 송달받은 제3채무자는 배당에 참가한 채권자의 청구가 있으면 압류된 부분에 해당하는 금액을 공탁하여야 한다(248조 2항). 금전채권 중 압류되지 아니한 부분을 초과하여 거듭 압류명령 또는 가압류명령이 내려진 경우에는 그 명령을 송달받은 제3채무자는 압류 또는 가압류채권자의 청구가 있으면 그 채권의 전액에 해당하는 금액을 공탁하여야 한다(248조 3항). 이러한 공탁을 의무공탁이라 한다.[2017, 2020, 2021 법무사, 2023 승진]

1370) 대법원 2015. 8. 27. 선고 2013다203833 판결.
1371) 공탁선례 제202311호(2023. 11. 29. 제정).
1372) 대법원 2006. 3. 10. 선고 2005다15765 판결.

(2) 공탁을 구하는 추심의 소

배당요구채권자의 공탁청구에도 불구하고 제3채무자가 공탁의무를 이행하지 않을 때에는 민사집행법 제249조 제1항에 따라 '공탁을 명하는 추심의 소'를 제기할 수 있는데, 이러한 소는 추심명령을 받은 채권자만 제기할 수 있으므로 추심명령을 받지 아니한 상태에서는 소를 제기할 원고적격이 없다.[1373]

(3) 공탁의무의 불이행

① 추심명령이 경합된 경우에도 공탁의무가 발생하지 않은 때에는 제3채무자는 집행공탁을 하지 않고 정당한 추심권자 1인에게 변제하면 그 채무의 소멸을 다른 채권자 및 채무자에게 주장할 수 있으며, 경합된 추심권자에게 안분하여 변제하여야 하는 것은 아니다.[1374][2023 법무사]

② 공탁청구로 인하여 제3채무자에게 공탁의무가 발생한 경우에는 공탁의 방법에 의하지 않고는 면책받을 수 없다. 따라서 공탁의무가 있는데도 불구하고 제3채무자가 추심채권자 중 한 사람에게 임의로 변제하거나 일부 채권자가 강제집행에 의하여 추심한 경우, 제3채무자는 이로써 '공탁청구한 채권자'에 대한 관계에서 채무의 소멸을 주장할 수 없고 이중지급의 위험을 부담한다. 다만 그러한 경우에도 제3채무자는 '공탁청구한 채권자 외의 다른 채권자'에게는 여전히 채무소멸을 주장할 수 있다.[1375][2017, 2020, 2021 법무사, 2023 승진]

이 경우 공탁청구한 채권자가 제3채무자에게 추심할 수 있는 금액은 제3채무자가 공탁청구에 따라 채권 전액에 해당하는 금액을 공탁하였더라면 공탁청구 채권자에게 배당될 수 있었던 금액 범위에 한정되는 것이고, 공탁청구한 채권자가 제3채무자를 상대한 추심금청구 판결에서 지급을 명한 금액 전부를 추심할 수 있는 것은 아니다.[1376][2016, 2020 법무사]

③ 민사집행법 제248조 제3항에 의한 제3채무자의 공탁은 피압류채권에 대한 압류경합을 이유로 하는 것으로서, 이 경우 제3채무자는 채무 전액을 공탁하여야 한다. 제3채무자가 채무 전액을 공탁하지 않아 집행공탁의 효력이 인정되지 않는다고 하여도 그 공탁이 수리된 후 공탁된 금원에 대하여 배당이 실시되어 배당절차가 종결되었다면 그 공탁되어 배당된 금원에 대하여는 변제의 효력이 있다.[1377][2023 승진]

1373) 대법원 1979. 7. 24. 선고 79다1023 판결.
1374) 대법원 2001. 3. 27. 선고 2000다43819 ; 2005. 1. 13. 선고 2003다29937; 1970. 3. 24. 선고 70다129 판결.
1375) 대법원 2012. 2. 9. 선고 2009다88129 판결.
1376) 대법원 2012. 2. 9. 선고 2009다88129 판결.
1377) 대법원 2014. 7. 24. 선고 2012다91385 판결.

다. 공탁사유신고

(1) 의의 및 효과
① 제3채무자가 압류를 이유로 채무액을 공탁한 때에는 그 사유를 법원에 신고하여야 하는데, 제3채무자의 공탁사유신고가 있으면 배당요구의 종기에 이르게 되어 이른바 배당가입차단효가 발생한다(248조 4항, 247조 1항 1호).
② 제3채무자가 압류를 이유로 채무액을 공탁한 때에는 그 사유를 법원에 신고하여야 한다. 다만 상당한 기간 내에 신고가 없는 때에는 압류채권자, 가압류채권자, 배당에 참가한 채권자, 채무자 그 밖의 이해관계인이 그 사유를 법원에 신고할 수 있다(248조 4항).

(2) 사유신고할 법원
압류된 채권에 관하여 다시 압류명령 또는 가압류명령이 송달된 경우에는 먼저 송달된 압류명령을 발령한 법원에 사유신고를 하여야 한다(규칙 172조 3항).
다만 가압류와 압류가 경합된 경우에는 송달시기와 관계 없이 압류명령을 발령한 법원에 사유신고를 하여야 한다.

(3) 사유신고의 철회
① 일단 제출한 사유신고는 철회 또는 취하할 수 없음이 원칙이다. 다만 제3채무자가 착오로 공탁한 때 또는 공탁원인이 소멸한 때에는 그 사실을 증명하여 공탁물을 회수할 수 있다(공탁법 9조 2항).
공탁자가 착오로 공탁한 때 또는 공탁원인이 소멸한 때에는 공탁자가 공탁물을 회수할 수 있을 뿐 피공탁자의 공탁물 출급청구권은 존재하지 않으므로 공탁자가 공탁물을 회수하기 전에 위 공탁물 출급청구권에 대한 전부명령을 받아 공탁물을 수령한 자는 법률상 원인 없이 공탁물을 수령한 것이 되어 공탁자에 대하여 부당이득반환의무를 부담한다.1378)[공탁법 2013, 2015, 2019, 2021 법무사]
② 민사집행법 제248조에 따라 집행공탁이 이루어지면 피압류채권이 소멸하고 압류명령은 그 목적을 달성하여 효력을 상실하며, 압류채권자의 지위는 집행공탁금에 대하여 배당받을 채권자의 지위로 전환되므로 압류채권자는 압류명령신청을 취하할 수 없고, 취하하더라도 배당금수령권을 포기하는 효과가 있을 뿐 배당절차의 진행에는 영향이 없다.1379)[2018 법무사]

1378) 대법원 2008. 9. 25. 선고 2008다34668 판결.
1379) 대법원 2015. 4. 23. 선고 2013다207774 판결 ; 2019. 1. 31. 선고 2015다26009 판결.

(4) 집행법원의 불수리결정

① 제3채무자가 집행공탁을 하고 사유신고를 하면 배당절차가 개시되는 것이 원칙이다. 다만 제3채무자가 사유신고를 하여 사유신고서가 접수된 후 법원이 불수리사유(착오에 의하여 집행공탁을 하고 사유신고를 한 경우 등)를 발견한 경우에는 그 신고서를 불수리하는 결정을 할 수 있고, 이 경우에는 배당절차가 개시되지 아니하므로 새로운 권리자의 배당가입을 차단하는 효력이 없다.1380)

② 집행채권에 대한 압류가 있은 후에 집행채권자가 채무자의 채권에 대하여 압류명령을 받은 경우 채권압류명령의 제3채무자는 민사집행법에 따른 공탁을 함으로써 채무를 면할 수 있으나, 위 채권압류명령은 가압류를 원인으로 한 공탁과 마찬가지의 효력만이 인정된다. 따라서 위와 같은 공탁에 따른 사유신고는 부적법하고, 이로 인하여 채권배당절차가 실시될 수는 없으며, 만약 채권배당절차가 개시되었더라도 배당금이 지급되기 전이라면 집행법원은 공탁사유신고를 불수리하는 결정을 하여야 한다.1381)

③ 공탁사유신고를 각하 또는 불수리한 집행법원의 결정에 대하여 이해관계인은 민사집행법 제16조에 의하여 집행에 관한 이의로 불복할 수 있다.1382)

[2013, 2016 법무사]

(5) 가압류를 원인으로 한 제3채무자의 공탁

채권가압류에 기한 민사집행법 제291조, 제248조 제1항에 의한 공탁은 사유신고의 대상이 아니고, 새로운 권리자의 배당가입을 차단하는 효력도 발생하지 않는다.1383) 채권가압류로 인한 공탁 후의 사유신고는 채권압류로 인한 공탁 후의 사유신고와는 그 의미가 달라서 단순히 가압류발령법원에 공탁사실을 알려주는 의미밖에 없으므로 그 신고는 가압류발령법원에 하여야 한다.1384)

[공탁법 2019, 2021 법무사]

1380) 대법원 2005. 5. 13. 선고 2005다1766 판결 참조.
1381) 대법원 2016. 9. 28. 선고 2016다205915 판결.
1382) 대법원 1997. 1. 13. 96그63 결정.
1383) 대법원 2006. 3. 10. 선고 2005다15765 판결.
1384) 공탁선례 2-280.

5. 압류의 경합

가. 압류의 경합

(1) 의의
동일한 채권에 관하여 여러 개의 압류명령이 있더라도 각 압류액의 합계가 압류의 대상인 채권의 액보다 많지 않다면 압류의 경합이라고 할 수 없다.
[2017 법무사]

(2) 압류경합의 발생
가압류의 집행에도 원칙적으로 강제집행에 관한 규정이 준용되므로(291조) 압류명령과 가압류명령이 경합된 경우에도 압류명령이 경합된 경우와 마찬가지로 취급한다.[1385] [2014 법무사]

(3) 유효한 압류명령
① 선행 압류채권자가 추심명령을 얻어 추심을 마쳤거나 제3채무자가 집행공탁을 하면 압류된 채권(피압류채권)은 소멸하므로 그 후에 압류명령이 발령되어도 압류의 경합은 생기지 않는다.[1386] [2016 승진]

② 민사집행법 제248조가 정하는 제3채무자의 공탁은 채무자의 제3채무자에 대한 금전채권의 전부나 일부가 압류된 경우에 허용되므로 그러한 공탁에 따른 변제의 효과도 압류의 대상에 포함된 채권에 대해서만 발생한다.[1387] [2021 법무사]

③ 채권에 대한 압류·가압류명령은 그 명령이 제3채무자에게 송달됨으로써 효력이 생기는 것이므로 제3채무자의 지급으로 인하여 피압류채권이 소멸한 이상 설령 다른 채권자가 그 변제 전에 동일한 피압류채권에 대하여 압류·가압류명령을 신청하고, 나아가 압류·가압류명령을 얻었다고 하더라도 제3채무자가 추심권자에게 지급한 후에 그 압류·가압류명령이 제3채무자에게 송달된 경우에는 추심권자가 추심한 금원에 그 압류·가압류의 효력이 미친다고 볼 수는 없다.[1388] 추심채권자가 추심의 신고를 하기 전에 다른 채권자가 동일한 피압류채권에 대하여 압류·가압류명령을 신청하였다고 하더라도 이를 당해 채권추심사건에 관한 적법한 배당요구로 볼 수 없다.[1389]
[2015, 2020 승진, 2017, 2018, 2022, 2023 법무사]

1385) 대법원 1976. 9. 28. 선고 76다1145, 1146 판결.
1386) 대법원 2008. 11. 27. 선고 2008다59391 판결.
1387) 대법원 2018. 5. 30. 선고 2015다51968 판결(예금채권에 대한 압류명령이 있었는데 예금채권과 퇴직연금 채권을 함께 공탁한 사안).
1388) 대법원 2008. 11. 27. 선고 2008다59391 판결.
1389) 대법원 2008. 11. 27. 선고 2008다59391 판결.

(4) 압류의 효력확장

1) 효력
채권일부가 압류된 뒤에 그 나머지 부분을 초과하여 다시 압류명령이 내려진 때에는 각 압류의 효력은 그 채권 전부에 미친다(235조 1항). 채권전부가 압류된 뒤에 그 채권 일부에 대하여 다시 압류명령이 내려진 때에도 그 압류의 효력은 채권 전부에 미친다(235조 2항).[2020, 2021 법무사]

2) 민사집행법 제235조가 적용되지 않는 경우
일반채권보다 우선권 있는 채권에 기초하여 피압류채권의 일부를 특정하여 체납처분에 의한 압류를 한 경우에는 그 특정한 채권 부분에 한하여 압류의 효력이 미치는 것이고, 그 후 강제집행에 의한 압류가 있고 그 압류된 금액의 합계가 피압류채권의 총액을 초과한다고 하더라도 그 압류의 효력이 피압류채권 전액으로 확장되지 아니한다.1390)[2011, 2019 승진, 2012, 2014. 2017, 2021 법무사]

나. 배당요구

(1) 배당요구권자
민법, 상법 그 밖의 법률에 의하여 우선변제권이 있는 채권자와 집행력 있는 정본을 가진 채권자만 배당요구를 할 수 있다(247조 1항).

(2) 배당요구의 방식
① 배당요구는 채권(이자, 비용, 그 밖의 부대채권을 포함한다)의 원인과 액수를 적은 서면으로 하여야 한다(규칙 173조, 48조 1항). 집행력 있는 정본에 의하여 배당요구를 할 때에는 정본 외에 그 사본을 제출하여도 무방하다(규칙 48조 2항).

② '채권의 원인'은 채무자에 대하여 배당요구를 한 채권자가 가지는 원인채권을 특정할 수 있을 정도로 기재하면 충분하지만, 집행력 있는 정본에 의하지 아니한 배당요구의 경우에는 채무자로 하여금 채권이 어느 것인가를 식별할 수 있을 정도로 그 채권의 원인에 관한 구체적인 표시가 필요하다.1391)

1390) 대법원 1991. 10. 11. 선고 91다12233 판결 ; 예컨대 피압류채권 1,000만원 중 일부(700만원)에 대하여 체납처분에 의한 압류가 있고, 그 후에 압류 및 전부명령(500만원)이 있는 경우에 전부명령은 300만원에 관하여는 유효하다.
1391) 대법원 2008. 12. 24. 선고 2008다65242 판결.

(3) 배당요구의 통지

배당요구가 있으면 법원사무관등은 그 사유를 각 채권자, 채무자 및 제3채무자에게 통지하여야 한다(247조 3항, 219조). 이 통지는 배당요구의 효력발생요건은 아니므로 통지가 없더라도 배당요구의 효력에는 영향이 없다.

(4) 배당요구의 종기

제3채무자가 압류를 원인으로 채무액을 공탁한 경우에는 민사집행법 제248조 제4항에 의하여 공탁사유신고를 할 때까지, 채권자가 추심명령에 의하여 채권을 추심한 때에는 민사집행법 제236조 제1항에 의하여 추심신고를 할 때까지, 채권이 특별현금화에 의하여 매각된 경우에는 집행관이 매각대금을 법원에 제출할 때까지 각각 배당요구를 할 수 있다(247조 1항).

1) 채권가압류를 원인으로 한 공탁

채권가압류를 원인으로 한 제3채무자가 공탁한 때에도 그 사유를 서면으로 법원에 신고하여야 하는데(법 291조, 248조 4항, 규칙 172조 1항, 213조 2항), 채권가압류를 이유로 한 제3채무자의 공탁은 압류를 이유로 한 제3채무자의 공탁과 달리 그 공탁금으로부터 배당을 받을 수 있는 채권자의 범위를 확정하는 효력, 즉 배당가입차단효가 없다.[1392][2017, 2019 법무사, 2017, 2020 승진]

2) 체납처분 압류를 이유로 한 집행공탁

체납처분에 의한 압류는 민사집행법 제248조 제1항의 공탁의 전제가 되는 '압류'에 포함되지 않는다. 따라서 금전채권에 관하여 단일 또는 복수의 체납처분압류가 있는 경우에 제3채무자는 민사집행법 제248조 제1항에 의한 집행공탁이나 변제공탁을 할 수 없다. 따라서 국세징수법상의 체납처분에 의한 압류만을 이유로 집행공탁이 이루어진 경우에는 사업시행자가 민사집행법 제248조 제4항에 따라 법원에 공탁사유를 신고하였다고 하더라도 민사집행법 제247조 제1항에 의한 배당요구 종기가 도래한다고 할 수는 없다.[1393][2022 법무사]

(5) 배당요구의 효력

집행력 있는 정본에 기한 배당요구는 민법 제168조 제2호의 '압류'에 준하는 것으로서 배당요구에 관련된 채권에 관하여 소멸시효를 중단하는 효력이 있으며,[1394] 그 후 배당표가 확정되면 그 때부터 다시 소멸시효가 진행된다.[1395]

1392) 대법원 2006. 3. 10. 선고 2005다15765 판결.
1393) 대법원 2007. 4. 12. 선고 2004다20326 판결.
1394) 대법원 2002. 2. 26. 선고 2000다25484 판결.

6. 현금화절차

가. 의의

금전채권의 압류만으로는 압류채권자의 집행채권에 만족을 줄 수 없으므로 압류채권자는 자기 채권의 만족을 얻기 위하여는 압류한 금전채권을 현금화하여야 한다. 금전채권의 원칙적인 현금화방법으로 추심명령과 전부명령이 있다(229조).

나. 추심명령

(1) 의의

추심명령이란 압류채권자에게 압류된 채권(피압류채권)을 제3채무자로부터 추심할 수 있는 권능을 부여하는 집행법원의 명령으로서 전부명령과 함께 금전채권의 원칙적인 현금화방법이다.

(2) 신청 및 관할

추심명령은 압류명령의 신청과 동시에 하여도 되고, 압류명령 이후에 별도로 신청하여도 무방하다. 다만 민사집행법 제233조에 의한 지시채권은 집행관이 증권을 점유하여야 압류의 효력이 발생하므로 압류명령과 추심명령을 동시에 신청할 수는 없고, 집행관의 점유 후에만 추심명령을 신청할 수 있다.

(3) 추심명령의 요건

① 유효하게 압류된 채권에 대하여는 언제나 추심명령을 할 수 있음이 원칙이다. 다만 사립학교의 기본재산인 채권에 대하여 압류 및 추심명령 신청이 있는 경우에 집행법원은 그 처분을 금지하는 압류명령을 할 수는 있으나, 관할청의 허가가 없는 이상 추심명령을 발령할 수는 없다.[1396]

② 압류 당시에 압류된 채권(피압류채권)이 존재하지 않는 경우에는 압류로서의 효력이 없고, 그러한 압류명령에 기초한 추심명령도 무효이므로 해당 압류채권자는 압류 등에 대한 집행절차에 참여할 수 없다.[1397]

1395) 대법원 2009. 3. 26. 선고 2008다89880 판결.
1396) 대법원 2002. 9. 30. 2002마2209 결정.
1397) 대법원 2023. 7. 27. 선고 2023다228107 판결.

(4) 추심명령의 재판

1) 추심명령의 송달
① 압류명령과 마찬가지로 추심명령도 <u>채무자와 제3채무자에게</u> 송달하여야 한다(229조 4항). 다만 <u>채무자</u>에 대한 송달은 추심명령의 효력발생요건이 아니다(229조 4항, 227조 3항).
② 양도된 채권이 이미 <u>변제 등으로 소멸</u>한 경우에는 그 후에 그 채권에 관한 채권압류 및 추심명령이 송달되더라도 그 채권압류 및 추심명령은 존재하지 않는 채권에 대한 것으로서 <u>무효</u>이고, 지명채권양도의 제3자에 대한 대항요건의 문제는 발생될 여지가 없다.1398)[2023 법무사]

2) 추심명령의 효력발생시기
추심명령은 <u>제3채무자에게 송달</u>됨으로써 그 효력이 발생하므로(229조 4항, 227조 2항) 추심명령에 대하여 <u>즉시항고</u>가 제기되더라도 이는 추심명령의 효력에 영향을 미치지 않는다.[2019, 2021 법무사]

3) 추심명령에 대한 불복방법

가) 즉시항고
추심명령의 재판에 대하여는 <u>즉시항고</u>할 수 있다(229조 6항).

나) 즉시항고의 사유 : 형식상(절차상) 사유 O, 실체상 사유 X
① 추심명령에 대한 즉시항고 사유는 추심명령을 할 때 집행법원이 조사하여 준수할 사항에 관한 흠(즉 <u>형식상·절차상 사유</u>)만을 이유로 할 수 있다.
② 집행채권이 변제나 시효완성 등으로 소멸하였다거나 존재하지 않는다든가 압류된 채권(피압류채권)의 부존재·소멸 등의 <u>실체상 사유</u>는 적법한 항고이유가 되지 않는다.1399) <u>피압류채권의 부존재나 소멸</u>은 제3채무자가 '추심금청구의 소'에서 주장하여야 하고, <u>집행채권의 부존재나 소멸</u>은 채무자가 '청구이의의 소'로써 주장하여야 한다.1400)[2020 법무사]

1398) 대법원 2003. 10. 24. 선고 2003다37426 판결.
1399) 대법원 2013. 12. 13. 2013마2212 결정 ; 2014. 2. 13. 2013마2429 결정.
1400) 대법원 1998. 8. 31. 98마1535, 1536 결정.

③ 채무자 회생 및 파산에 관한 법률에 의한 면책결정이 확정되어 채무자의 채무를 변제할 책임이 면제되었다고 하더라도 이는 면책된 채무에 관한 집행권원의 효력을 당연히 상실시키는 사유는 되지 아니하고, '청구이의의 소'를 통하여 그 집행권원의 집행력을 배제시킬 수 있는 '실체상 사유'에 불과하다.

따라서 채무자 회생 및 파산에 관한 법률에 의한 면책결정이 확정되어 채무자의 채무가 면제된 경우에 이를 이유로 한 채무자의 즉시항고는 면책결정의 확정 후에 신청되어 발령된 채권압류 및 추심명령에 대한 적법한 항고이유가 될 수 없다.1401)[2024 승진, 2017 법무사]

④ 채권압류 및 추심명령의 기초가 된 가집행선고 있는 판결을 취소한 상소심판결의 정본은 민사집행법 제49조 제1호 소정의 집행취소서류에 해당하므로 채권압류 명령의 기초가 된 가집행의 선고가 있는 판결이 상소심에서 취소되었다는 사실은 적법한 항고이유가 될 수 있다.1402)[2014, 2021 승진, 2017, 2019 법무사]

⑤ 집행증서가 무권대리인의 촉탁에 의하여 작성되어 무효인 경우에 그러한 사유는 형식적 하자이기는 하지만 집행증서의 기재 자체에 의하여 용이하게 조사·판단할 수 없으므로 채무자는 청구이의의 소에 의하여 그 집행의 배제를 구할 수 있을 뿐이고, 그러한 사유는 이를 집행권원으로 한 채권압류 및 추심명령에 대한 항고사유가 될 수 없다.1403)[2020 법무사]

다) 추심명령 발령 후 집행정지결정이 있는 경우

압류 및 추심명령이 있은 후에 그 집행권원인 제1심판결에 대한 집행정지결정이 있으면 압류채권자는 피압류채권을 추심하는 행위에 더 이상 나아갈 수는 없을 뿐이고 집행법원이 채권압류 및 추심명령을 취소하여야 하는 것은 아니다. 따라서 압류 및 추심명령이 있은 후에 그 집행권원인 제1심판결에 대한 집행정지결정이 있었다는 사정만으로 추심금 소송절차가 중단된다고 볼 수도 없을 뿐만 아니라, 이로 인해 제3채무자가 압류에 관련된 금전채권의 전액을 공탁함으로써 면책받을 수 있는 권리가 방해받는 것도 아니다.1404)[2018 법무사]

1401) 대법원 2014. 2. 13. 2013마2429 결정.
1402) 대법원 2007. 3. 15. 2006마75 결정.
1403) 대법원 1998. 8. 31. 98마1535, 1536 결정.
1404) 대법원 2005. 11. 8. 2005마992 결정 ; 2010. 8. 19. 선고 2009다70067 판결.

(5) 추심권의 취득

① 추심명령은 압류채권자에게 채무자의 제3채무자에 대한 채권을 <u>추심할 권능만을 부여</u>하는 것이고, 채무자가 제3채무자에 대하여 가지는 채권이 압류채권자에게 <u>이전되거나 귀속되는 것은 아니다</u>.1405)

따라서 압류채권자가 채무자의 제3채무자에 대한 채권을 압류한 경우에 그 채권은 압류채권자가 제3채무자에 대하여 가지는 채권이 아니므로 압류채권자는 이를 자동채권으로 하여 제3채무자의 압류채권자에 대한 채권과 <u>상계할 수 없고</u>, 이는 피압류채권에 대하여 이중압류, 배당요구 등이 없다고 하더라도 달리 볼 것은 아니다.1406)

② 추심명령이 있는 때에는 압류채권자는 <u>대위절차 없이</u> 압류된 채권을 추심할 수 있다(229조 2항).

③ 추심권능은 그 자체로서 독립적으로 처분하여 환가할 수 있는 것이 아니어서 압류의 대상이 되지 아니하므로 추심권능에 대한 <u>압류·가압류결정은 무효</u>이다.1407)[2015 승진, 2016, 2021 법무사]

추심권능을 소송상 행사하여 승소확정판결을 받았다 하더라도 그 판결에 기하여 금원을 지급받는 것 역시 추심권능에 속하므로 이러한 판결에 기하여 지급받을 채권에 대한 <u>압류·가압류결정도 무효</u>이다.1408)[2022 법무사]

④ 채무자가 집행력 있는 집행권원의 정본을 가진 채권자에 대하여 배당이의를 하는 경우에는 청구이의의 소를 제기하여야 한다. 채무자가 갖는 <u>잉여금채권</u>에 대해 압류·추심명령을 받은 채권자도 추심권 행사의 일환으로 집행정본을 가진 채권자를 상대로 <u>청구이의의 소를 제기</u>할 수 있다.1409)

(6) 추심권의 범위

1) 원칙

① 추심명령에 의하여 추심채권자가 취득하는 추심권의 범위는 추심명령에 특별한 제한이 없는 한 압류된 <u>채권 전액</u>에 미치고, <u>집행채권의 범위</u>에 한정되는 것이 아니다(232조 1항 본문).[2014 법무사]

1405) 대법원 1997. 3. 14. 선고 96다54300 판결.
1406) 대법원 2022. 12. 16. 선고 2022다218271 판결.
1407) 대법원 1997. 3. 14. 선고 96다54300 판결.
1408) 대법원 1997. 3. 14. 선고 96다54300 판결.
1409) 대법원 2020. 10. 15. 선고 2017다228441 판결.

② 추심명령의 효력은 종된 권리에도 미치므로 압류의 효력이 발생한 뒤에 생기는 이자나 지연손해금에도 당연히 미치지만, 압류의 효력이 발생하기 전에 이미 생긴 이자나 지연손해금에까지 당연히 미치는 것은 아니다.1410)[2022 승진]

2) 압류액수의 제한

① 법원은 채무자의 신청에 따라 압류채권자를 심문한 후에 압류액수를 채권자의 요구액수로 제한하고 그 초과액을 채무자가 처분하거나 영수하도록 허가할 수 있다(232조 1항 단서). 압류액수의 제한허가는 반드시 채무자의 신청이 있어야 하고, 그 제한부분에 대하여는 다른 채권자가 배당요구를 할 수 없다(232조 2항).[2013, 2018 승진]

이 신청에 대한 재판은 판사의 업무이고, 사법보좌관이 처리할 수 있는 직무에 속하지 않는다(사법보좌관규칙 2조 1항 9호 단서 가목).

② 압류액수 제한을 허가하는 결정 또는 그 신청을 기각·각하하는 결정에 대하여는 즉시항고할 수 있다는 특별한 규정이 없으므로 특별항고로서만 불복할 수 있다.1411)

(7) 채권자의 추심권 행사

추심채권자는 집행법원의 수권에 기하여 일종의 추심기관으로서 압류된 채권의 추심에 필요한 채무자의 일체의 권리를 채무자를 대리하거나 대위하지 아니하고 자기의 이름으로 재판상 또는 재판 외에서 행사할 수 있다.1412)

1) 재판 외에서의 추심권 행사

① 자기 이름으로 추심권 행사

추심채권자는 압류한 채권에 대하여 추심에 필요한 일체의 행위, 즉 이행의 최고, 변제의 수령 등 재판 외의 행위를 채무자를 대리하거나 대위하지 않고 자기의 이름으로 할 수 있다. 추심할 채권에 저당권, 질권 등이 있는 경우에는 직접 담보권을 실행할 권능을 취득하게 되므로 자기 이름으로 담보권실행을 위한 경매를 신청할 수 있다.

다만 추심의 목적을 넘는 행위, 예컨대 피압류채권의 면제·포기·기한의 유예·채권양도 등은 할 수 없으며, 그런 내용의 화해·조정도 할 수 없다.1413)[2020 승진]

1410) 대법원 2015. 5. 28. 선고 2013다1587 판결.
1411) 대법원 2014. 3. 19. 2014그50 결정.
1412) 대법원 2005. 7. 28. 선고 2004다8753 판결.
1413) 대법원 2020. 10. 29. 선고 2016다35390 판결.

② 추심채권자의 보험계약해지권 행사

해당 보험계약자인 채무자의 해지권행사가 금지되거나 제한되어 있는 경우 등과 같은 특별한 사정이 없는 한 보험계약자의 해약환급금청구권에 대하여 추심명령을 얻은 채권자는 채무자의 보험계약 해지권을 자기의 이름으로 행사하여 그 채권의 지급을 청구할 수 있다.1414)

보험계약자의 해약환급금청구권에 대한 추심명령을 얻은 채권자가 제3채무자를 상대로 추심금 지급의 소를 제기한 경우, 그 소장에는 추심권에 기초한 보험계약해지의 의사가 담겨있다고 할 것이므로 그 소장부본의 송달로써 보험계약 해지의 효과가 발생한다.1415)[2016 승진, 법무사]

③ 채무자의 재판상 청구로 인한 시효중단의 효력

채무자가 제3채무자를 상대로 금전채권의 이행을 구하는 소를 제기한 후 채권자가 위 금전채권에 대하여 압류 및 추심명령을 받아 제3채무자를 상대로 추심의 소를 제기한 경우, 채무자가 권리주체의 지위에서 한 시효중단의 효력은 집행법원의 수권에 따라 피압류채권에 대한 추심권능을 부여받아 일종의 추심기관으로서 그 채권을 추심하는 추심채권자에게도 미친다.1416)[2024 법무사]

채무자가 제3채무자를 상대로 제기한 금전채권의 이행소송이 압류 및 추심명령으로 인한 당사자적격의 상실로 각하되더라도, 위 이행소송의 계속 중에 피압류채권에 대하여 채무자에 갈음하여 당사자적격을 취득한 추심채권자가 위 각하판결이 확정된 날로부터 6개월 내에 제3채무자를 상대로 추심의 소를 제기하였다면, 채무자가 제기한 재판상 청구로 인하여 발생한 시효중단의 효력은 추심채권자의 추심소송에서도 그대로 유지된다.1417)

2) 재판상의 청구

가) 추심의 소

① 집행력 있는 정본을 가진 모든 채권자는 압류명령이나 추심명령을 얻지 아니하였더라도 추심소송에 공동소송인으로 원고 쪽에 참가할 수 있다(249조 2항). 소를 제기당한 제3채무자는 집행력 있는 정본을 가진 채권자로서 원고쪽에 참가하지 아니한 자를 공동소송인으로 참가하도록 명할 것을 첫 변론기일까지 신청할 수 있고, 이 경우 재판은 참가명령을 받은 채권자에 대하여 효력이 미친다(249조 3항, 4항).[2016 법무사]

1414) 대법원 2009. 6. 23. 선고 2007다26165 판결.
1415) 대법원 2009. 6. 23. 선고 2007다26165 판결.
1416) 대법원 2019. 7. 25. 선고 2019다212945 판결.
1417) 대법원 2019. 7. 25. 선고 2019다212945 판결.

② 상대적 불확지 변제공탁의 피공탁자 중 1인을 채무자로 하여 그의 공탁물출급청구권에 대하여 채권압류 및 추심명령을 받은 추심채권자가 그 공탁물을 출급하기 위하여는 자기의 이름으로 다른 피공탁자를 상대로 공탁물출급청구권이 추심채권자의 채무자에게 있음을 확인한다는 '확인의 소'를 제기할 수 있다.1418)[2018 법무사]

나) 추심의 소의 관할 및 공격방어방법

① 관할법원 및 소송고지
추심명령을 얻은 채권자가 제3채무자를 상대로 추심의 소를 제기하는 경우에 이는 집행법원의 관할에 속하는 것이 아니고 일반규정에 의한 관할법원에 제기하여야 한다(238조 본문). 추심의 소를 제기한 때에는 채무자에게 그 소를 고지하여야 하고, 다만 채무자가 외국에 있거나 있는 곳이 분명하지 아니한 때에는 고지할 필요가 없다(238조).[2016 법무사]

② 피압류채권의 존재에 관한 증명책임
채권압류 및 추심명령에 기한 추심의 소에서 압류된 채권(피압류채권)의 존재는 추심채권자가 증명하여야 한다.1419) 법률의 규정에 따라 압류가 금지된 채권에 대한 압류명령은 '실체법상 효력이 발생하지 않는다'는 의미에서 무효이므로 '제3채무자'는 압류채권자의 추심금 또는 전부금 청구에 대하여 그러한 실체법상의 무효를 들어 지급을 거절할 수 있다.1420)

다) 추심의 소의 원고적격
① 추심명령이 제3채무자에게 적법하게 송달되지 아니하여 추심명령의 효력이 발생하지 아니한 이상, 추심채권자는 제3채무자를 상대로 직접 추심금청구의 소를 제기할 권능이 없으므로 부적법·각하되어야 한다.1421)[2024 법무사]
② 압류가 경합하는 경우에도 압류채권자 중 1인은 추심명령을 얻어 단독으로 소를 제기할 수 있으며, 다른 추심채권자가 먼저 추심의 소를 제기한 경우 그와 별개의 소송으로 추심의 소를 제기하는 것은 중복된 소제기 금지의 원칙에 위배되어 부적법하지만, 기존 추심소송에 공동소송참가를 하는 것은 적법하다.1422)[2024 법무사]

1418) 대법원 2011. 11. 10. 선고 2011다55405 판결.
1419) 대법원 2007. 1. 11. 선고 2005다47175 판결 ; 2015. 6. 11. 선고 2013다40476 판결 ; 2023. 4. 13. 선고 2022다293272 판결.
1420) 대법원 2007. 9. 6. 선고 2007다29591 판결 ; 2014. 1. 23. 선고 2013다71180 판결.
1421) 대법원 2016. 11. 10. 선고 2014다54366 판결.

라) 채무자의 소송수행권

① 압류 및 추심명령이 있은 후에는 채무자는 제3채무자를 상대로 이행의 소를 제기할 당사자적격이 없고 추심채권자만이 제3채무자를 상대로 추심의 소를 제기할 수 있다.1423) 따라서 추심명령이 있는 채권에 대하여 채무자가 제기한 이행의 소는 추심명령과의 선·후와 관계 없이 부적법한 소로서 본안에 관하여 심리·판단할 필요 없이 각하하여야 하고, 이러한 사정은 당사자의 주장이 없더라도 직권으로 조사하여야 한다.1424) 이러한 법리는 채무자의 이행소송 계속 중에 추심명령이 내려진 경우에도 마찬가지로 적용되며, 심지어 채무자의 이행소송이 상고심에 계속 중인 경우에도 마찬가지이다.1425)

② 2인 이상의 불가분채무자 또는 연대채무자 중 1인을 제3채무자로 한 채권압류 및 추심명령이 이루어진 경우에 피압류채권에 관한 이행의 소는 추심채권자만이 제기할 수 있고 추심채무자는 그 피압류채권에 대한 이행소송을 제기할 당사자적격을 상실하지만, 그 채권압류 및 추심명령의 제3채무자가 '아닌' 나머지 불가분채무자를 상대로 이행의 소를 제기할 수 있다.1426)[2014 법무사, 2020 승진]

③ 채무자가 이행소송을 진행 중에 추심채권자가 압류 및 추심명령을 취하하여 추심권능을 상실하면 채무자는 당사자적격을 회복한다(즉 추심권능이 채무자에게 복귀한다). 이러한 사정은 직권조사사항으로서 당사자가 주장하지 않더라도 법원이 직권으로 조사하여 판단하여야 하고, 사실심 변론종결 이후에 당사자적격 등 소송요건이 흠결되거나 그 흠결이 치유된 경우 상고심에서도 이를 참작하여야 한다.1427) 체납처분으로 채무자의 제3채무자에 대한 채권을 압류하였다가 압류를 해제한 경우에도 피압류채권에 대한 추심권능은 채무자에게 복귀한다.1428)[2019, 2024 법무사]

마) 채무자의 이행소송 계속 중에 추심의 소가 제기된 경우

채무자가 제3채무자를 상대로 제기한 이행의 소가 법원에 계속되어 있는 경우에도 추심의 소를 제기할 수 있다. 따라서 채무자가 제3채무자를 상대로 제기한 이행의 소가 법원에 계속되어 있는 상태에서 압류채권자가 제3채무자를 상대로 추심의 소를 제기하는 것은 민사소송법 제259조에서 금지하는 중복된 소제기에 해당하지 않는다.1429)[2015 승진, 2019, 2024 법무사]

1422) 대법원 2015. 7. 23. 선고 2013다30301 판결.
1423) 대법원 2000. 4. 11. 선고 99다23888 판결.
1424) 대법원 2000. 4. 11. 선고 99다23888 판결.
1425) 대법원 2004. 3. 26. 선고 2001다51510 판결.
1426) 대법원 2013. 10. 31. 선고 2011다98426 판결.
1427) 대법원 2010. 11. 25. 선고 2010다64877 판결 ; 2021. 9. 15. 선고 2020다297843 판결.
1428) 대법원 2009. 11. 12. 선고 2009다48879 판결.

바) 복수의 채권자들이 추심명령을 받은 경우

동일한 채권에 대해 복수의 채권자들이 압류·추심명령을 받은 경우 어느 한 채권자가 제기한 추심금소송에서 확정된 판결의 기판력은 그 소송의 변론종결 이전에 압류·추심명령을 받았던 다른 추심채권자에게 미치지 않는다.

추심금소송의 확정판결에 관한 법리는 추심채권자가 제3채무자를 상대로 제기한 추심금소송에서 화해권고결정이 확정된 경우에도 마찬가지로 적용되므로 어느 한 채권자가 제기한 추심금소송에서 화해권고결정이 확정되었더라도 화해권고결정의 기판력은 화해권고결정 확정일 전에 압류 및 추심명령을 받았던 다른 추심채권자에게 미치지 않는다.1430)[2024 법무사]

사) 추심채권자가 일부를 포기한다는 재판상 화해를 한 경우

추심금소송에서 추심채권자가 제3채무자와 '피압류채권 중 일부금액을 지급하고 나머지 청구를 포기한다.'는 내용의 재판상 화해를 한 경우 '나머지 청구 포기 부분'은 추심채권자가 적법하게 포기할 수 있는 자신의 '추심권'에 관한 것으로서 제3채무자에게 더 이상 추심권을 행사하지 않고 소송을 종료하겠다는 의미로 보아야 한다.

추심채권자가 나머지 청구를 포기한다는 표현을 사용하였다고 하더라도 이를 애초에 자신에게 처분권한이 없는 '피압류채권' 자체를 포기한 것으로 볼 수는 없고, 따라서 위와 같은 재판상 화해의 효력은 별도의 추심명령을 기초로 추심권을 행사하는 다른 채권자에게 미치지 않는다.1431)

(8) 추심의 효과

① 추심명령을 얻은 채권자는 집행법원의 수권에 따라 일종의 추심기관으로서 제3채무자로부터 추심하는 것이므로 제3채무자로부터 압류된 채권을 추심하면 그 범위 내에서 압류된 채권(피압류채권)은 소멸한다.1432)[2019 승진, 2023 법무사]

② 추심채권자는 집행법원의 수권에 따라 일종의 추심기관으로서 압류나 배당에 참가한 모든 채권자를 위하여 제3채무자로부터 추심을 하는 것이므로 압류 등이 경합된 경우에도 공탁청구가 없는 이상 제3채무자가 정당한 추심권자에게 지급하면 피압류채권은 소멸하고, 이는 추심명령이 경합된 경우에도 마찬가지이다.1433)

1429) 대법원 2013. 12. 18. 선고 2013다202120 전원합의체 판결.
1430) 대법원 2020. 10. 29. 선고 2016다35390 판결.
1431) 대법원 2020. 10. 29. 선고 2016다35390 판결.
1432) 대법원 2005. 1. 13. 선고 2003다29937 판결 ; 2008. 11. 27. 선고 2008다59391 판결.
1433) 대법원 2001. 3. 27. 선고 2000다43819 판결.

③ 제3채무자의 지급으로 인하여 피압류채권이 소멸한 이상 설령 다른 채권자가 그 변제 전에 동일한 피압류채권에 대하여 압류·가압류명령을 신청하고, 나아가 압류·가압류명령을 얻었다고 하더라도 제3채무자가 추심권자에게 지급한 후에 그 압류·가압류명령이 제3채무자에게 송달된 경우에는 추심권자가 추심한 금원에 그 압류·가압류의 효력이 미친다고 볼 수는 없다.1434)[2017 법무사]

추심채권자가 추심의 신고를 하기 전에 다른 채권자가 동일한 피압류채권에 대하여 압류·가압류명령을 신청하였다고 하더라도 이를 당해 채권추심사건에 관한 적법한 배당요구로 볼 수 없다.1435)[2015, 2020 승진, 2017, 2018, 2022 법무사]

(9) 추심신고와 공탁

1) 추심신고의무

추심채권자가 채권을 추심한 때에는 추심한 채권액을 법원에 신고하여야 한다(236조 1항). 추심신고는 집행법원에 하여야 하고, 사건의 표시, 채권자·채무자·제3채무자의 표시, 제3채무자로부터 지급받은 금액과 날짜를 적은 서면으로 한다(규칙 162조 1항). 추심신고가 있으면 다른 채권자들에 의한 배당요구는 허용되지 않는다(247조 1항 2호).

2) 공탁 및 사유신고

① 채권자가 추심신고를 하기 전에 다른 압류·가압류나 배당요구가 있었을 때에는 추심한 금액을 바로 공탁하고 그 사유를 신고하여야 한다(236조 2항).

압류가 경합된 상태에서 발령된 압류 및 추심명령의 추심채권자가 제3채무자를 상대로 추심금 청구의 소를 제기한 후 얻어 낸 집행권원에 기하여 제3채무자의 재산에 대하여 강제집행을 하여 취득한 추심금도 지체 없이 공탁하고 사유신고하여야 한다.1436)[2017 법무사]

② 추심명령을 얻은 추심채권자가 추심금청구의 소를 통하여 얻어낸 집행권원에 기하여 제3채무자의 금전채권에 대하여 다시 추심명령을 얻어 추심금을 지급받으면 '최초 추심명령의 발령법원'에 추심신고를 하고, 그 신고 전에 압류 등의 경합이 있는 경우에는 위 발령법원에 추심한 금액을 바로 공탁하고 그 사유를 신고하여야 한다.1437)

1434) 대법원 2008. 11. 27. 선고 2008다59391 판결.
1435) 대법원 2008. 11. 27. 선고 2008다59391 판결.
1436) 대법원 2007. 11. 15. 선고 2007다62963 판결.
1437) 대법원 2022. 4. 14. 선고 2019다249381 판결.

③ 채권자가 제3채무자로부터 채권을 추심하면 그 범위 내에서 피압류채권은 소멸하므로 제3채무자는 채권자에 대한 변제로 채무자에게 대항할 수 있다. 추심명령이 경합된 경우에도 제3채무자는 정당한 추심채권자 1인에 대한 변제로 모든 채권자에게 대항할 수 있고,[1438] 추심명령이 경합되었다고 하여 추심채권자들에게 '안분하여 변제'하여야 하는 것은 아니다.[2011, 2023 법무사]

3) 사유신고를 하지 않은 경우

① 압류경합이 있는 경우에 추심채권자가 추심을 마쳤음에도 지체 없이 공탁 및 사유신고를 하지 아니하는 경우 그로 인한 손해배상으로서 제3채무자로부터 추심금을 지급받은 후 공탁 및 사유신고에 필요한 상당한 기간을 경과한 때부터 실제 추심금을 공탁할 때까지의 기간 동안 금전채무의 이행을 지체한 경우에 관한 법정지연손해금 상당 금원도 공탁하여야 할 의무가 있다.[1439][2017 법무사]

② 압류경합이 있는 경우 추심채권자가 추심을 마친 돈을 공탁하지 않고 개인적으로 소비한 경우에는 다른 경합하는 채권자들을 피해자로 하는 횡령죄의 죄책을 질 수 있다.[1440]

4) 추심명령 후 집행정지서류가 제출된 경우

추심명령이 있은 후 민사집행법 제49조 2·4호의 서류가 제출된 때에는 법원사무관등은 압류채권자와 제3채무자에 대하여 그 서류가 제출되었다는 사실과 서류의 요지 및 위 서류의 제출에 따른 집행정지가 효력을 잃기 전에는 압류채권자는 채권의 추심을 할 수 없고, 제3채무자는 채권의 지급을 할 수 없다는 취지를 통지하여야 한다(규칙 161조 1항).[2015 승진]

(10) 채권자의 추심의무 및 추심권의 포기

1) 채권자의 추심의무

① 채권자는 추심명령에 의하여 추심권능이 부여됨과 동시에 추심의무를 부담하므로 채권자가 추심할 채권의 행사를 게을리 한 때에는 이로써 생긴 채무자의 손해를 부담하여야 한다(239조).

② 추심절차를 게을리 하면 집행정본으로 배당요구를 한 채권자는 일정한 기간 내에 추심을 하도록 최고하고, 최고에 따르지 아니한 때에는 법원의 허가를 얻어 직접 추심할 수 있다(250조).

1438) 대법원 1986. 9. 9. 선고 86다카988 판결 ; 2003. 5. 30. 선고 2001다10748 판결.
1439) 대법원 2005. 7. 28. 선고 2004다8753 판결.
1440) 대법원 2003. 3. 28. 선고 2003도313 판결.

2) 추심권의 포기

① 채권자는 추심명령에 따라 얻은 권리를 포기할 수 있다(240조 1항 본문). 추심권의 포기는 법원에 서면으로 신고하여야 하고, 법원사무관 등은 그 등본을 제3채무자와 채무자에게 송달하여야 한다(240조 2항). 추심권을 포기하면 추심명령은 당연히 효력을 상실하지만 기본채권에는 영향이 없다(240조 1항 단서).[2011, 2021 법무사]

② 추심권의 포기는 압류의 효력에는 영향을 미치지 아니하므로 추심권의 포기만으로는 압류로 인한 소멸시효 중단의 효력은 상실되지 아니하고, 압류명령의 신청을 취하하면 비로소 소멸시효 중단의 효력이 소급하여 상실된다.1441)
[2024 법무사]

3) 추심명령을 얻은 후 채권을 양도한 경우

채권자가 집행권원에 기하여 채권압류 및 추심명령을 받은 후 그 집행권원상의 채권을 양도한 경우 양수인은 '승계집행문'을 부여받음으로써 집행채권자로 확정되므로 양수인이 기존 집행권원에 대하여 승계집행문을 부여받지 않았다면 양도인이 여전히 집행채권자의 지위에서 압류채권을 추심하거나 압류명령신청을 취하할 수 있다.1442)[2022 승진, 2022 법무사]

따라서 추심채권자로부터 그 집행채권을 양수한 자가 승계집행문을 부여받지 않은 채 제3채무자를 상대로 추심의 소를 제기한 경우에는 당사자적격이 없으므로 소를 부적법·각하하여야 한다.1443)

(11) 채무자의 지위

① 추심명령이 있으면 추심채권자에게 채무자의 제3채무자에 대한 채권을 추심할 권능만을 부여하는 것이고, 채무자가 제3채무자에 대하여 가지는 채권이 추심채권자에게 이전되거나 귀속되는 것은 아니므로 채무자는 제3채무자에 대하여 피압류채권에 기하여 동시이행을 구하는 항변권을 상실하지 않는다.1444)

② 가압류명령 또는 압류명령만 발령된 상태라면 채무자는 제3채무자를 상대로 이행의 소를 제기할 수도 있지만, 추심명령이 있은 후에는 추심채권자만이 소를 제기할 수 있고 채무자는 제3채무자를 상대로 이행의 소를 제기할 당사자적격이 없다.1445)[2019 법무사]

1441) 대법원 2014. 11. 13. 선고 2010다63591 판결.
1442) 대법원 2014. 11. 13. 선고 2010다63591 판결.
1443) 대법원 2008. 8. 11. 선고 2008다32310 판결.
1444) 대법원 2001. 3. 9. 선고 2000다73490 판결.
1445) 대법원 2000. 4. 11. 선고 99다23888 판결.

(12) 제3채무자의 지위

① 추심명령으로 인하여 제3채무자는 채권자에 대하여 채무자와 동일한 지위에 놓인다. 따라서 제3채무자는 압류채권자에게 채무를 이행할 의무가 있고, 한편으로는 채무자에 대하여 가지는 모든 이의나 항변으로 채권자에게 대항할 수 있다.

② 제3채무자의 상계의 항변은 압류의 효력발생 전에 취득한 자동채권에 한하고, 압류명령을 송달받은 이후에 취득한 채권을 자동채권으로 하는 상계로 압류채권자에게 대항하지 못하는 것이 원칙이다(민법 498조). 그러나 제3채무자의 압류채무자에 대한 자동채권이 수동채권인 피압류채권과 동시이행관계에 있는 경우에는 그 자동채권이 압류 후에 발생한 것이라 하더라도 피압류채권과 상계할 수 있다.[1446) [2016 승진, 2016 법무사]

③ 채권자가 제3채무자로부터 채권을 추심하면 그 범위 내에서 피압류채권은 소멸하므로 제3채무자는 채권자에 대한 변제로 채무자에게 대항할 수 있다. 추심명령이 경합된 경우에도 제3채무자는 정당한 어느 한 추심권자에 대한 변제로 모든 채권자에 대하여 대항할 수 있으며, 추심명령이 경합되었다고 하여 추심채권자들에게 안분하여 변제하여야 하는 것은 아니다.[1447) [2019, 2023 법무사]

④ 추심명령은 압류채권자에게 채무자의 제3채무자에 대한 채권을 추심할 권능을 수여함에 그치고, 제3채무자로 하여금 압류채권자에게 압류된 채권액 상당을 지급할 것을 명하거나 그 지급기한을 정하는 것이 아니므로 제3채무자가 압류채권자에게 압류된 채권액 상당에 관하여 지체책임을 지는 것은 집행법원으로부터 추심명령을 송달받은 때부터가 아니라, 추심명령이 발령된 후 압류채권자로부터 추심금 청구를 받은 다음 날부터이다.[1448) [2013, 2018 법무사, 2014 승진]

⑤ 금전채무의 지연손해금 채무는 금전채무의 이행지체로 인한 손해배상채무로서 이행기의 정함이 없는 채무에 해당하므로 채무자는 확정된 지연손해금 채무에 대하여 채권자로부터 이행청구를 받은 때부터 지체책임을 부담하게 된다.[1449) 따라서 채권압류 및 추심명령 신청 당시 압류 및 추심할 채권으로 표시된 지연손해금 부분은 확정된 지연손해금 채무로 볼 수 있으므로 제3채무자는 추심채권자로부터 추심금에 대한 이행청구를 받은 때부터 지체책임을 부담하게 된다.[1450)

1446) 대법원 2005. 11. 10. 선고 2004다37676 판결.
1447) 대법원 1986. 9. 9. 선고 86다카988 판결 ; 2003. 5. 30. 선고 2001다10748 판결.
1448) 대법원 2012. 10. 25. 선고 2010다47117 판결.
1449) 대법원 2004. 7. 9. 선고 2004다11582 판결.
1450) 대법원 2021. 5. 7. 선고 2018다259213 판결.

(13) 추심명령의 경정

① 채권압류 및 추심명령의 경정결정이 확정되면 당초의 채권압류 및 추심명령은 경정결정과 일체가 되어 처음부터 경정된 내용의 채권압류 및 추심명령이 있었던 것과 같은 효력이 있으므로 원칙적으로 '당초의 결정'이 제3채무자에게 송달된 때에 소급하여 경정된 내용으로 결정의 효력이 있다.1451)[2021 법무사]

② 다만 제3채무자의 입장에서 볼 때 객관적으로 경정결정이 당초의 채권압류 및 추심명령의 동일성을 실질적으로 변경한 것이라고 인정되는 경우에는 '경정결정'이 제3채무자에게 송달된 때에 비로소 경정된 내용의 채권압류 및 추심명령의 효력이 생긴다.1452)[2021 법무사]

다. 전부명령

(1) 의의

전부명령이란 압류된 금전채권을 집행채권의 지급(변제)에 갈음하여 압류채권자에게 이전하는 집행법원의 명령이다. 즉 전부명령이 있으면 압류된 채권은 지급에 갈음하여 압류채권자에게 이전된다(229조 3항).

전부명령은 압류할 채권이 금전채권인 경우에만 가능하므로 유체물의 인도나 권리이전청구권에 대하여는 허용되지 않는다(245조).[2019, 2022 법무사, 2024 승진]

(2) 전부명령의 신청 및 관할

① 전부명령은 추심명령과 마찬가지로 압류명령과 동시에 신청할 수도 있고, 압류명령 후에 신청할 수도 있다. 다만 배서가 금지되는 어음, 수표 등의 증권채권은 집행관이 점유하여야 압류의 효력이 생기므로(233조) 압류와 전부명령을 동시에 신청할 수는 없고, 집행관이 증권을 점유한 후에만 신청할 수 있다.

② 항소심법원이 채무자의 공탁금을 담보로 가집행의 선고가 있는 제1심판결에 따른 강제집행을 항소심판결 선고 시까지 정지하는 결정을 하였다면, 그 후 채권자의 신청에 따라 이루어진 공탁금회수청구권에 대한 채권압류 및 전부명령은 유효한 집행권원에 의한 것이 아니므로 집행법원은 이를 취소하고 그 신청을 기각하여야 한다.1453)

1451) 대법원 2017. 1. 12. 선고 2016다38658 판결.
1452) 대법원 2017. 1. 12. 선고 2016다38658 판결.
1453) 대법원 2008. 9. 3. 2008마892 결정.

(3) 요건

1) 금전채권으로서 권면액을 가질 것

전부명령의 대상은 금전채권에 한하므로 유체물의 인도나 권리이전청구권은 전부명령의 대상이 될 수 없다(245조).[2019, 2022 법무사]

가) 장래의 채권

① 채권압류 및 전부명령이 유효하기 위하여는 그 명령이 제3채무자에게 송달될 당시 반드시 그 채권이 현실적으로 존재하고 있어야 하는 것은 아니고, 장래의 채권이라도 채권 발생의 기초가 확정되어 있어 특정이 가능할 뿐 아니라 권면액이 있고, 가까운 장래에 채권이 발생할 것이 상당한 정도로 기대되는 경우에는 전부명령의 대상이 될 수 있다.[1454][2019 법무사]

② 건설업자가 지방자치단체가 '국가를 당사자로 하는 계약에 관한 법률'과 그 시행령에 의하여 시행하는 공사의 경쟁입찰에 참가하여 낙찰자로 결정되었고, 특별한 사정이 없는 한 조만간 공사도급계약이 체결되도록 예정되어 있었다면 그 공사대금에 대한 채권압류 및 전부명령이 제3채무자인 지방자치단체에 송달될 당시에는 위 계약이 체결되지 아니하여 공사대금채권이 현실적으로 발생하지는 않았지만, 그 발생의 기초가 이미 확정되어 있어 채권의 특정이 가능할 뿐 아니라, 공사대금이 확정되어 있어 권면액도 있으며, 가까운 장래에 채권이 발생할 것이 상당한 정도로 확실시된 상태에 있었으므로 그 공사대금채권에 대한 압류 및 전부명령은 유효하다.[1455]

나) 조건부 채권

① 장래 경매가 취하될 것을 조건으로 한 경매보증금의 반환청구권에 대한 압류 및 전부명령은 유효하고,[1456] 골프클럽의 회원이 탈퇴할 때 행사할 수 있는 예치금반환청구권에 대하여도 압류 및 전부명령을 얻는 방법으로 강제집행할 수 있다.[1457][2011 승진]

② 매매계약이 해제되는 경우 발생하는 매수인의 매도인에 대한 매매대금 반환채권은 매매계약이 해제되기 전까지는 채권발생의 기초가 있을 뿐 아직 권리로서 발생하지 아니한 것이기는 하지만 일정한 권면액을 갖는 금전채권이므로 전부명령의 대상이 될 수 있다.[1458][2019 법무사, 2023 승진]

1454) 대법원 2002. 11. 08. 선고 2002다7527 판결.
1455) 대법원 2002. 11. 08. 선고 2002다7527 판결.
1456) 대법원 1976. 2. 24. 선고 75다1596 판결.
1457) 대법원 1989. 11. 10. 선고 88다카19606 판결.
1458) 대법원 2010. 4. 29. 선고 2007다24930 판결

③ 토지수용으로 인한 보상금채권은 토지수용위원회의 수용재결로 인하여 발생하지만, 사업인정 고시가 있으면 수용대상 토지에 대한 손실보상금의 지급은 확실시되므로 사업인정 고시 후 수용재결 이전 단계에 있는 피수용자의 사업시행자에 대한 손실보상금 채권은 피전부채권의 적격이 있다.1459)

다) 반대급부에 걸린 채권
① 공사도급계약이 체결되기 전에는 공사대금채권이 아직 발생하지 않았으므로 그에 대한 전부명령은 '무효'이다. 따라서 공사도급계약이 이미 체결되어 그에 기한 공사대금채권에 대하여 발령된 전부명령의 효력은 그 전부명령 송달 후 체결된 추가공사계약으로 인한 공사대금채권에는 미치지 않는다.1460)
[2011, 2013, 2018 승진, 2013 법무사]
② 물품공급계약에 의한 물품대금채권은 물품을 공급하지 않았다 하더라도 계약의 성립과 동시에 발생하므로 그와 동시이행관계에 있는 반대채무의 이행이 아직 이루어지지 않아 장래의 구체적인 채권액 확정에 불확실한 요소가 내포되어 있다고 하더라도 전부명령의 대상이 될 수 있다.1461)

2) 양도가 가능할 것
① 양도할 수 없는 채권은 압류가 불가능하므로 양도할 수 있는 채권만 전부명령의 대상이 된다.1462) 다만 당사자 사이에 양도금지특약을 한 채권이라도 압류 및 전부명령에 의하여 이전될 수 있고, 양도금지특약이 있는 사실에 관한 전부채권자의 선의·악의 여부는 전부명령의 효력에 영향이 없다.1463) 이와 같이 양도금지특약채권에 대한 전부명령이 유효한 이상 전부채권자로부터 다시 그 채권을 양수한 자가 그 특약의 존재를 알았거나 중대한 과실로 알지 못하였다 하더라도 채무자는 위 특약을 근거로 삼아 채권양도의 무효를 주장할 수 없다.1464)[2021, 2023 승진, 2018, 2019, 2022 법무사]
② 사용자인 법인이 민사집행법 소정의 압류금지채권인 근로자의 퇴직금 2분의 1 상당액을 민법 제487조의 규정에 의하여 근로자의 수령거절을 원인으로 변제공탁한 경우, 그 공탁금은 임금채권의 성질을 유지한다고 보아야 하므로 이를 집행대상으로 한 압류 및 전부명령은 비록 그 방식이 적법하더라도 그 내용은 무효이다.1465)[2024 법무사]

1459) 대법원 1998. 3. 13. 선고 97다47514 판결.
1460) 대법원 1989. 2. 28. 선고 88다카13394 판결.
1461) 대법원 1996. 4. 3. 선고 96다402 판결.
1462) 대법원 2004. 7. 5. 2004마463 결정.
1463) 대법원 1976. 10. 29. 선고 76다1623 판결 ; 2002. 8. 27. 선고 2001다71699 판결.
1464) 대법원 2003. 12. 11. 선고 2001다3771 판결.
1465) 공탁선례 2-89.

3) 상계가 금지되는 경우 등

① 상계가 금지되는 채권도 압류금지채권이 해당하지 않는 한 전부명령의 대상이 될 수 있다.1466)[2018, 2023 법무사]

② 채권자가 채무자의 제3채무자에 대한 채권을 압류하는 경우 제3채무자가 채권자 자신인 경우에도 이를 압류하는 것이 금지되지 않으므로 단지 채권자와 제3채무자가 같다고 하여 채권압류 및 전부명령이 위법하다고 볼 수 없다.1467)

따라서 사해행위취소의 소에서 수익자가 원상회복으로서 가액배상을 할 경우, 수익자가 채권자취소권을 행사하는 채권자에 대해 가지는 별개의 다른 채권을 집행하기 위하여 그에 대한 집행권원을 가지고 채권자의 수익자에 대한 가액배상채권을 압류하고 전부명령을 받는 것도 허용된다.1468)

[2023, 2024 승진, 2018, 2019, 2021, 2022 법무사]

사용자가 근로자에 대한 집행권원을 가지고 근로자의 자신(사용자)에 대한 임금채권(압류가 금지된 1/2을 제외한 나머지)에 관하여도 압류 및 전부명령을 받을 수 있다.1469)[2024 법무사]

4) 채권자의 경합이 없을 것

① 전부명령이 제3채무자에게 송달될 때까지 다른 채권자가 배당요구, 압류 또는 가압류를 한 때에는 전부명령은 효력이 없다(229조 5항).

② 압류의 경합으로 전부명령이 무효인 경우 나중에 선행된 배당요구, 압류 또는 가압류가 취하 등으로 실효되어 압류경합이 해소되더라도 전부명령의 효력이 되살아나지는 않는다.1470)[2012, 2024 승진, 2015, 2019, 2022, 2023 법무사]

압류가 경합된 상태에서 발령된 전부명령이 무효라 하더라도 그 기초가 된 압류명령까지 무효로 되는 것은 아니므로 무효인 전부명령을 얻었던 압류채권자는 위 압류명령에 기초하여 추심명령을 얻을 수 있다.1471)[2017 승진]

③ 전부명령 송달 당시에 피전부채권이 이미 제3자에 대한 대항요건을 갖추어 양도되었다면 전부명령은 무효이고, 그 후에 위 채권양도계약이 해제되어 원채권자에게 복귀되더라도 위 채권은 압류채권자에게 전부되지 아니한다.1472)

[2015, 2019 승진, 2023 법무사]

1466) 대법원 2017. 8. 21. 2017마499 결정.
1467) 대법원 2017. 8. 21. 2017마499 결정.
1468) 대법원 2017. 8. 21. 2017마499 결정.
1469) 대법원 1994. 3. 16. 자 93마1822, 1823 결정.
1470) 대법원 2008. 1. 17. 선고 2007다73826 판결 ; 2001. 10. 12. 선고 2000다19373 판결.
1471) 대법원 1976. 9. 28. 선고 76다1145, 1146 판결.
1472) 대법원 1981. 9. 22. 선고 80누484 판결 ; 2022. 12. 1. 선고 2022다247521 판결.

(4) 전부명령의 무효를 판단하는 기준이 되는 피압류채권액

① 전부명령에 대하여 압류, 가압류 등의 경합이 있었는지 여부를 결정하는 기준시점은 전부명령이 제3채무자에게 송달된 때이며,1473) 피압류채권이 '장래의 불확정채권' 또는 '조건부 채권'이라 하더라도 경합이 있었는지를 판단하는 기준시점도 마찬가지이다.1474)

② 장래의 불확정채권에 대하여 압류가 중복된 상태에서 전부명령이 있는 경우, 그 압류의 경합으로 인하여 전부명령이 무효가 되는지의 여부는 '나중에 확정된 피압류채권액'을 기준으로 판단할 것이 아니라, 전부명령이 제3채무자에게 송달된 당시의 계약상의 피압류채권액을 기준으로 판단하여야 한다.1475)
[2016, 2017, 2018 승진, 2014, 2018, 2021 법무사]

③ 장래의 불확정채권에 대한 전부명령을 허용하는 것은 가까운 장래에 채권의 발생이 상당한 정도로 기대되기 때문이다. 따라서 전부명령 송달 당시 그 채권액을 알 수 없는 경우에는 그 계약의 체결경위와 내용 및 그 이행경과, 그 계약에 기하여 가까운 장래에 채권이 발생할 가능성 및 그 채권의 성격과 내용 등을 종합하여 그 계약에 의하여 장래 발생할 것이 상당히 기대되는 채권액을 산정한 후 이를 그 계약상의 피압류채권액으로 봄이 상당하다.1476)[2021 법무사]

(5) 여러 개의 전부명령이 동시에 송달된 경우

① 동일 채권에 대하여 두 개 이상의 채권압류 및 전부명령이 발령되어 제3채무자에게 동시에 송달된 경우, 당해 전부명령이 채권압류가 경합된 상태에서 발령된 것으로서 무효인지 여부는 그 각 채권압류명령의 압류액을 합한 금액이 피압류채권액을 초과하는지를 기준으로 판단하여야 하므로 전자가 후자를 초과하는 경우에는 당해 전부명령은 채권의 압류가 경합된 상태에서 발령된 것으로서 모두 무효로 될 것이지만, 그렇지 않은 경우에는 채권의 압류가 경합된 경우에 해당하지 아니하여 당해 전부명령은 모두 유효하게 된다.1477)[2018 법무사]

② 동일 채권에 관하여 확정일자 있는 양도통지와 두 개 이상의 압류 및 전부명령이 동시에 송달된 경우, 채권양도는 압류명령과는 그 성질이 다르므로 당해 전부명령이 압류가 경합된 상태에서 발령된 것으로서 무효인지 여부를 판단함에 있어 압류액에 채권양도의 대상이 된 금액을 합산하여 피압류채권액과 비교하거나, 피압류채권액에서 채권양도의 대상이 된 금액부분을 공제하고 나머지 부분만을 압류액의 합계와 비교할 것은 아니다.1478)[2014 승진, 2022 법무사]

1473) 대법원 1995. 9. 26. 선고 95다4681 판결.
1474) 대법원 2000. 10. 6. 선고 2000다31526 판결.
1475) 대법원 2010. 5. 13. 선고 2009다98980 판결 ; 1998. 8. 21. 선고 98다15439 판결.
1476) 대법원 2010. 5. 13. 선고 2009다98980 판결 ; 1998. 8. 21. 선고 98다15439 판결.
1477) 대법원 2002. 7. 26. 선고 2001다68839 판결.

(6) 전부명령의 무효와 제3채무자의 변제

전부명령이 압류 등의 경합으로 무효인 경우에도 제3채무자가 무효인 전부명령을 얻은 채권자에게 그 전부금을 변제하였다면 제3채무자가 선의·무과실인 때에는 채권의 준점유자에 대한 변제(민법 470조)로써 유효하다.1479)[2013 법무사]

(7) 전부명령의 송달

① 전부명령은 추심명령과 마찬가지로 채무자와 제3채무자에게 송달하여야 한다(229조 4항, 227조 2항).[2022 법무사]

② 포괄적 금지명령은 채무자에게 결정서가 송달된 때부터 효력을 발생하므로 회생채권에 기초하여 회생재단에 속하는 채권에 대하여 발령된 압류 및 전부명령이 제3채무자에게 송달되기 '전에' 포괄적 금지명령이 채무자에게 송달된 경우에는 그 압류 및 전부명령절차의 진행은 금지되며, 이 경우 압류 및 전부명령이 제3채무자에게 송달되더라도 전부명령의 확정은 차단된다(무효).1480)

(8) 전부명령과 공탁

전부명령이 확정되기 전에는 제3채무자는 민사집행법 제248조 제1항에 따라 압류된 금전을 공탁할 수 있으나, 전부명령이 확정되면 피전부채권이 전부채권자에게 이전되고 집행이 종료되므로 확정된 이후에는 집행공탁을 할 수 없다.

(9) 전부명령에 대한 불복 및 집행정지

① 전부명령의 신청에 관한 재판에 대하여는 즉시항고를 할 수 있고, 전부명령은 확정되어야 그 효력이 있다(229조 6항, 7항).

② 채무자는 전부명령이 있은 뒤에 집행정지문서(49조 2호·4호 서류)의 제출을 이유로 전부명령에 대한 즉시항고할 수 있고, 이 경우 항고법원은 다른 이유로 전부명령을 취소하는 경우를 제외하고는 항고에 관한 재판을 정지하여야 한다(229조 8항).[2015 승진] 이 경우 항고인이 항고를 하면서 채권자 작성의 영수증을 첨부한 경우에는 항고이유 중에 명시된 바 없더라도 이를 변제수령증서로 주장하여 그 서류를 제출하였음을 항고이유로 삼는 취지가 포함되어 있다고 볼 수 있다.1481)

1478) 대법원 2002. 7. 26. 선고 2001다68839 판결.
1479) 대법원 1980. 9. 30 선고 78다1292 판결 ; 2016. 3. 24. 선고 2015다68911 판결.
1480) 대법원 2015. 4. 9. 선고 2014다229832 판결.
1481) 대법원 1997. 4. 28. 97마360, 361 결정.

③ 개인회생재단에 속하는 채권에 대한 전부명령이 확정되지 않은 상태에서 개인회생절차가 개시되고 이를 이유로 전부명령에 대하여 즉시항고가 제기된 경우, 항고법원은 다른 이유로 전부명령을 취소하는 경우를 제외하고는 <u>항고에 관한 재판을 정지</u>하였다가 <u>변제계획이 인가</u>되면 전부명령의 효력이 발생하지 아니하게 되었음을 이유로 <u>전부명령을 취소</u>하고 전부명령신청을 기각하여야 한다.1482)[2019, 2022 법무사]

(10) 전부명령에 대한 항고사유

전부명령에 대한 즉시항고의 사유는 전부명령을 내림에 있어서 준수하여야 할 사항의 흠결에 관한 사항에 한하고, 집행채권이 변제 등으로 소멸하였다거나 피전부채권이 존재하지 않는다는 등의 <u>실체적 사유</u>는 즉시항고의 사유가 되지 않는다.1483)[2024 승진]

(11) 전부명령의 효력

1) 소급효

① 전부명령의 기본적인 효력은 피전부채권이 전부채권자에게로 이전되는 것(권리이전효력)과 그로 인한 집행채권의 소멸(변제효)이다. 전부명령은 확정되어야 효력이 있지만(229조 7항) 그 확정에 의하여 발생하는 효력은 전부명령이 <u>제3채무자에게 송달된 때</u>로 소급한다.

즉 전부명령이 확정되면 제3채무자에게 송달된 때에 채무자는 채무를 변제한 것으로 간주되고, 전부명령이 제3채무자에게 <u>송달될 때까지</u> 압류 등이 경합되면 전부명령은 무효이지만, 압류 등의 경합이 전부명령 <u>송달 후에</u> 발생하였다면 전부명령 <u>확정 전</u>이었다 하더라도 이는 전부명령의 효력에 영향을 미치지 않는다(229조 5항).[2011, 2015 승진, 2016, 2024 법무사]

② 채무자가 수인이거나 제3채무자가 수인인 경우 또는 채무자가 제3채무자에 대하여 여러 채권을 가지고 있는 경우, <u>각 채무자나 제3채무자별로 얼마씩의 전부를 명하는 것인지</u> 또는 채무자의 어느 채권에 대하여 얼마씩의 전부를 명하는 것인지를 특정하여야 하고, 이를 특정하지 아니한 경우에는 집행의 범위가 명확하지 아니하므로 그 전부명령은 무효이다.1484)[2017, 2024 법무사]

1482) 대법원 2008. 1. 31. 2007마1679 결정 ; 2010. 12. 13. 2010마428 결정.
1483) 대법원 1999. 8. 13. 99마2198, 2199 결정 ; 1997. 4. 28. 97마360, 361 결정.
1484) 대법원 2004. 6. 25. 선고 2002다8346 판결.

③ 채권압류 및 전부명령이 확정된 후 그 기초가 된 집행권원상의 집행채권이 소멸한 것으로 판명된 경우 그 소멸한 부분에 관하여는 집행채권자가 집행채무자에 대한 관계에서 부당이득을 한 셈이 되므로 집행채권자는 전부명령에 따라 실제로 추심한 금전부분에 관하여는 그 상당액을 부당이득으로 반환하여야 하고, 추심하지 아니한 부분에 관하여는 그 채권 자체를 집행채무자에게 양도하는 방법으로 반환하여야 한다.1485)[2017 승진, 2019, 2024 법무사]

2) 피전부채권의 이전

가) 채권이전의 범위

피전부채권이 집행채권과 집행비용의 합산액보다 적으면 피전부채권 전액이 이전되고, 피전부채권이 위 합산액보다 많은 경우에는 그 합산액을 한도로 하여 이전된다.

① 형식적으로 유효한 집행권원에 기하여 채권압류 및 전부명령이 적법하게 이루어진 이상 피압류채권은 집행채권의 범위 내에서 당연히 집행채권자에게 이전하고, 그 집행채권이 이미 소멸하였거나 실제 채무액을 초과하더라도 그 채권압류 및 전부명령에는 아무런 영향이 없으며, 제3채무자로서는 채무자에 대하여 부담하고 있는 채무액의 한도 내에서 집행채권자에게 변제하면 완전히 면책된다.1486)[2012, 2014 승진, 2015, 2024 법무사]

② 전부명령이 제3채무자에게 송달된 뒤에는 비록 확정되기 전에 다른 압류·가압류명령 등이 있더라도 선행 전부명령이 실효되지 않는 한 압류의 경합이 생길 수 없다. 장래의 채권에 관하여 압류 및 전부명령이 확정되면 그 부분 피압류채권은 제3채무자에게 송달된 시점으로 소급하여 이미 전부채권자에게 이전된 것이므로 그 이후 동일한 장래의 채권에 관하여 다시 압류 및 전부명령이 발하여졌다고 하더라도 압류의 경합은 생기지 않고, 다만 장래의 채권 중 선행 전부채권자에게 이전된 부분을 제외한 나머지 피압류채권이 후행 전부채권자에게 이전된다.1487)[2023 승진, 2017, 2020, 2021 법무사]

③ 전부명령으로 인한 이전의 효력은 피전부채권의 종된 권리에도 미치지만 임대차보증금에 대한 전부명령이 있는 경우에 그 전부명령은 임대차보증금에 대한 것이므로 임차인의 임대인에 대한 부속물매수대금채권에는 미치지 아니한다.1488)[2017 승진]

1485) 대법원 2010. 12. 23. 선고 2009다37725 판결.
1486) 대법원 2004. 5. 28. 선고 2004다6542 판결.
1487) 대법원 2004. 9. 23. 선고 2004다29354 판결.
1488) 대법원 1981. 11. 10. 선고 81다378 판결.

④ 원금과 이에 대한 변제일까지의 부대채권을 집행채권으로 하여 전부명령을 받은 경우 집행채권의 원금의 변제일은 전부명령이 제3채무자에게 송달된 때이고, 집행채권액은 원금과 제3채무자에 대한 전부명령송달 시까지의 부대채권액을 합한 금액이 되므로 피압류채권은 그 금액 범위 안에서 전부채권자에게 이전한다.1489)[2021 승진]

⑤ 채권압류 및 전부명령의 주문에 압류 및 전부되는 채권들이 모두 명시되어 있으나, 이유에 그 중 일부 채권에 관한 집행권원의 기재가 누락된 경우에도 그 일부 채권에 대한 압류 및 전부명령의 효력은 유효하다.1490)

⑥ 수인의 채권자에게 금전채권이 불가분적으로 귀속되는 경우에 불가분채권자들 중 1인을 집행채무자로 한 압류 및 전부명령이 이루어지면 그 불가분채권자의 채권은 전부채권자에게 이전되지만, 그 압류 및 전부명령은 집행채무자가 아닌 '다른' 불가분채권자에게 효력이 없으므로 다른 불가분채권자의 채권의 귀속에 변경이 생기는 것은 아니다.

따라서 다른 불가분채권자는 모든 채권자를 위하여 채무자에게 불가분채권 '전부'의 이행을 청구할 수 있고, 채무자는 모든 채권자를 위하여 다른 불가분채권자에게 '전부'를 이행할 수 있다.1491)[2024 법무사]

나) 전부채권자의 지위

① 제3채무자가 임의로 변제하지 않을 때에는 전부채권자는 민사집행법 제238조에 따라 그 이행을 구하는 소송(전부금청구의 소)을 제기하여야 한다. 이 경우에는 집행채무자에 대하여 소송고지를 하여야 한다(238조 본문).

② 임차인의 임차보증금반환채권에 관하여 전부명령이 있는 경우 전부채권자가 임대인으로부터 보증금을 반환받기 위하여는 목적물의 인도가 동시에 이루어져야 하므로 전부채권자는 제3채무자인 임대인이 무자력이 아니더라도 임차인에 대한 임차목적물인도청구권을 대위행사할 수 있다.1492)[2015, 2017 승진]

다) 집행채무자의 지위

① 전부명령이 형식적으로 유효한 집행권원에 기초한 것이었다면 비록 전부명령 당시에 집행채권이 이미 소멸하였다거나 또는 집행권원이 가집행선고부 판결이었는데 후에 가집행선고가 실효되더라도 압류 및 전부명령의 효력에는 영향이 없다(채무자는 부당이득반환의 방법으로 구제받을 수 있음).1493)

1489) 대법원 1999. 12. 10. 선고 99다36860 판결.
1490) 대법원 2009. 11. 26. 선고 2006다37106 판결.
1491) 대법원 2023. 3. 30. 선고 2021다264253 판결.
1492) 대법원 1989. 4. 25. 선고 88다카4253 판결.
1493) 대법원 1996. 6. 28. 선고 95다45460 판결.

② 임차인의 임대인에 대한 보증금반환채권이 전부된 경우에도 임차인의 건물인도의무와 임대인의 보증금반환의무 사이의 동시이행관계는 존속하므로 임대인이 보증금반환의무를 이행하거나 그 현실적인 이행의 제공을 하지 않는 한 임차인의 건물인도의무는 이행지체에 빠지지 않는다.1494)[2024 법무사]

라) 제3채무자의 지위

① 임대차보증금 반환채권에 대하여 압류 및 전부명령이 발령된 경우 그 임대차보증금은 임차인의 목적물인도시까지 임차인에 대하여 가지는 일체의 채권을 담보하는 것이므로 제3채무자(임대인)는 '전부명령송달 시까지' 발생한 임차인에 대한 채권은 물론이고, 전부명령송달 이후 목적물이 반환될 때까지 발생한 채권(연체된 차임이나 관리비 등)을 공제한 나머지만을 전부채권자에게 지급하면 된다.1495)[2019 법무사]

② 주택임대차보호법상 대항요건을 갖춘 임차인의 임대차보증금반환채권에 대한 압류 및 전부명령이 확정된 후 소유자인 임대인이 당해 주택을 매도한 경우에는 임대인은 전부금 지급의무를 면한다.1496)[2017 승진, 2017 법무사]

③ 전부명령의 전제가 되는 압류가 무효인 경우 그 압류에 기한 전부명령은 절차법상으로는 당연무효라고 할 수 없더라도 '실체법상으로는 그 효력을 발생하지 않는다'는 의미의 무효라고 할 것이고, 따라서 제3채무자는 압류채권자의 전부금지급청구에 대하여 위 실체법상의 무효를 들어 항변할 수 있다.1497)

④ 가분적인 금전채권의 일부에 대한 전부명령이 확정되면 전부된 채권부분과 전부되지 않은 채권부분에 대하여 각기 독립한 분할채권이 성립하게 되므로 그 채권에 대하여 압류채무자에 대한 반대채권으로 상계하고자 하는 제3채무자는 전부채권자와 압류채무자 중 어느 누구도 상계의 상대방으로 지정하여 상계하거나 상계로 대항할 수 있고, 그러한 제3채무자의 상계의사표시를 수령한 전부채권자는 압류채무자에 잔존한 채권부분이 먼저 상계되어야 한다거나, 각 분할채권액의 채권 총액에 대한 비율에 따라 상계되어야 한다는 이의를 할 수 없다.1498)[2015, 2022 법무사]

1494) 대법원 1989. 10. 27. 선고 89다카4298 판결 ; 2002. 7. 26. 선고 2001다68839 판결.
1495) 대법원 2005. 9. 28. 선고 2005다8323, 8330 판결 ; 1987. 6. 9. 선고 87다68 판결.
1496) 대법원 2005. 9. 9. 선고 2005다23773 판결.
1497) 대법원 1987. 3. 24. 선고 86다카1588 판결.
1498) 대법원 2010. 3. 25. 선고 2007다35152 판결.

3) 집행채권의 소멸(변제효)

가) 일반적인 경우

① 전부명령이 확정되면 피전부채권이 존재하는 한 집행채권은 전부명령이 제3채무자에게 송달된 때로 소급하여 소멸한다(231조 본문).

② 채권자가 약속어음금 채권을 집행채권으로 하여 약속어음 채무자가 제3채무자에 대하여 가지는 채권의 압류 및 전부명령을 받아 확정되었다면 위 전부명령이 제3채무자에게 송달된 때에 소급하여 피전부채권이 채권자에게 이전하고, 이는 집행채무자가 채무이행에 갈음하여 현실적인 출연을 한 것과 법률상 동일하게 취급되어 집행채권인 약속어음금 채권은 변제된 것으로 보아 소멸한다.1499) 또한 집행채권인 약속어음금 채권이 전부명령의 확정에 의하여 소멸하면 약속어음금 채권에 의하여 담보되는 원인채권인 대여금채권도 같은 액수만큼 변제로 인하여 확정적으로 소멸한다.1500)[2021 승진, 2022 법무사]

③ 전부명령에 의한 집행채권 소멸의 효과는 채권자가 압류명령신청 시에 명시한 집행채권의 변제를 위하여서만 생기는 바, 채권자가 청구금액을 '대여금 중 일부금'으로 표시한 채권압류 및 전부명령을 신청한 경우에는 집행권원상의 대여금채권만이 집행채권으로 되었을 뿐 그 이자나 지연손해금은 집행채권으로 되었다고 할 수 없으므로 원금과 이자 사이의 변제충당에 관한 문제가 발생할 여지가 없다.1501)

④ 제3채무자의 무자력으로 인한 위험부담은 전부채권자가 부담하여야 하므로 제3채무자의 무자력으로 인하여 현실적으로 변제를 받지 못하였더라도 전부명령이 확정되면 집행채권은 소멸하며, 전부채권자는 채무자의 다른 재산에 대하여 다시 강제집행을 할 수는 없다.[2018 승진]

나) 피전부채권이 존재하지 않는 경우

① 전부명령이 확정되더라도 피전부채권이 존재하지 않는 경우에는 전부명령은 실체법상 무효이므로 피전부채권이 이전되거나 집행채권이 소멸하는 효력은 발생하지 않는다(231조 단서). 이 경우에 전부채권자는 피전부채권이 존재하지 아니함을 증명하여 다시 집행력 있는 정본을 부여받아 강제집행을 할 수 있고,1502) 다만 전부명령 신청 당시에 제출한 집행권원의 반환을 청구할 수는 없다.1503)[2018, 2020 승진, 2015, 2019, 2021, 2024 법무사]

1499) 대법원 2009. 2. 12. 선고 2006다88234 판결.
1500) 대법원 2009. 2. 12. 선고 2006다88234 판결.
1501) 대법원 1996. 4. 12. 선고 95다55047 판결.
1502) 대법원 1996. 11. 22. 선고 96다37176 판결.
1503) 재민 62-9.

② 민사집행법 제248조에 따라 공탁이 이루어져 배당절차가 개시된 다음 집행채권이 양도되고 그 채무자에게 양도통지를 했더라도 양수인이 승계집행문을 부여받아 집행법원에 제출하지 않은 이상 집행법원은 여전히 배당절차에서 양도인을 배당금채권자로 취급할 수밖에 없다. 이러한 경우 양수인이 집행법원을 상대로 자신에게 배당금을 지급하여 달라고 청구할 수 없으며, 양수인이 집행채권 양수사실을 집행법원에 소명하였다고 하더라도 마찬가지이다.

집행채권의 양도와 채무자에 대한 양도통지가 있었더라도 승계집행문의 제출 전에는 배당금채권은 여전히 양도인의 책임재산으로 남아 있게 되므로 승계집행문의 제출 전에 양수인의 채권자가 위 배당금채권에 대한 채권압류 및 전부명령을 받았다면 이는 존재하지 않는 채권을 대상으로 한 것이므로 무효이다.1504)[2024 법무사]

다) 청구권의 기초가 된 법률행위에 무효사유가 있는 경우

공정증서를 집행권원으로 하는 금전채권에 대한 강제집행절차에서 청구권의 기초가 된 법률행위에 무효사유가 있으나 강제집행절차가 취소·정지되지 아니한 채 진행되어 채권압류 및 전부명령이 적법하게 확정되었다면, 그 강제집행절차가 반사회적 법률행위의 수단으로 이용되었다는 등의 특별한 사정이 없는 한 단지 이러한 법률행위의 무효사유를 내세워 확정된 전부명령에 따라 전부채권자에게 피전부채권이 이전되는 효력 자체를 부정할 수 없다.1505)[2020 승진]

라) 장래의 채권에 대한 전부명령

① 전부명령이 확정되면 피압류채권은 전부명령이 제3채무자에게 송달된 때에 소급하여 집행채권의 범위 안에서 당연히 전부채권자에게 이전하고, 동시에 집행채권소멸의 효력이 발생하는 것이며, 이는 피압류채권이 그 존부 및 범위를 불확실하게 하는 요소를 내포하고 있는 장래의 채권인 경우에도 마찬가지이다.1506)

② 장래의 채권에 관하여 압류 및 전부명령이 확정되면 그 부분 피압류채권은 이미 전부채권자에게 이전된 것이므로 그 이후 동일한 장래의 채권에 관하여 다시 압류 및 전부명령이 발하여졌다고 하더라도 압류의 경합은 생기지 않고, 다만 장래의 채권 중 선행 전부채권자에게 이전된 부분을 제외한 나머지 피압류채권이 후행 전부채권자에게 이전된다.1507)[2023 승진, 2017, 2021 법무사]

1504) 대법원 2019. 1. 31. 선고 2015다26009 판결.
1505) 대법원 2016. 3. 24. 선고 2015다248137 판결.
1506) 대법원 1984. 6. 26. 84마13 결정 ; 2000. 4. 21. 선고 99다70716 판결.
1507) 대법원 2004. 9. 23. 선고 2004다29354 판결.

마) 압류명령신청에 기재된 집행채권이 수 개인 경우

압류명령신청에 기재된 집행채권이 수 개인 경우에 전부명령에 의한 채무변제의 효과가 어느 채무에 대하여 생기는지는 법정변제충당의 법리가 적용되기에 앞서 집행채권의 확정에 의하여 결정되고, 구체적으로는 집행권원과 청구금원 등 채권자가 압류명령신청서에 기재한 내용에 의하여 정하여진다.

이는 채권자의 의사에 기하여 전부명령에 의해 소멸할 집행채권의 종류와 범위를 확정하는 문제이지 민법 제476조에서 정한 '지정변제충당'의 문제가 아니다.[1508]

바) 전부명령이 무효인 경우

① 집행채무자적격이 없는 자에 대한 강제집행은 무효이므로 상속포기로 인하여 집행채무자적격이 없는 자를 집행채무자로 하여 이루어진 채권압류 및 전부명령은 확정되더라도 실체법상 효력이 없다. 이는 집행채무자가 상속포기사실을 들어 집행문부여에 대한 이의신청으로 집행문의 효력을 다투어 그 효력이 부정되기 이전에 채권압류 및 전부명령이 이루어져 확정된 경우에도 마찬가지이다.[1509][2010, 2022 승진, 2022, 2024 법무사]

② 채권자대위소송이 제기되고 대위채권자가 채무자에게 대위권 행사사실을 통지하거나 채무자가 이를 알게 된 이후에는 민사집행법 제229조 제5항이 유추적용되어 피대위채권에 대한 전부명령은 우선권 있는 채권에 기초한 것이라는 등의 특별한 사정이 없는 한 무효이다.[1510]

4) 집행의 종료

① 전부명령이 확정되면 집행절차도 종료되므로 그 이후에는 집행정지, 집행의 취소, 압류나 전부명령의 취하, 배당요구, 압류의 경합의 여지가 없다.

② 채권자가 채무자의 봉급 등 장래채권에 대하여 압류 및 전부명령을 받았다면(전부명령이 확정되었다면) 위 전부명령이 무효가 되지 않는 한 그 집행권원에 기한 강제집행은 이미 종료된 것이므로 채무자의 봉급 등의 장래 채권이 발생하지 않는다든가(피전부채권의 부존재) 채권액의 일부에 한정하여 압류 및 전부명령을 받았다는 등의 사정이 없는 한 같은 내용의 집행력 있는 판결정본을 채권자에게 재도부여한 것은 위법하다.[1511][2022 승진, 2015 법무사]

1508) 대법원 2021. 11. 11. 선고 2018다250087 판결.
1509) 대법원 2002. 11. 13. 2002다41602 판결.
1510) 대법원 2016. 8. 29. 선고 2015다236547 판결.
1511) 대법원 1999. 4. 28. 99그21 결정.

제3편 보전처분

제1장 보전소송의 당사자 및 관할

Ⅰ. 보전소송의 당사자

1. 당사자능력 및 대리

① 본안소송에서 소송대리권이 있는 사람은 당연히 보전소송의 대리권도 있다(민사소송법 90조 1항). 따라서 본안소송의 위임장사본을 제출하고 본안소송의 소장사본 등을 첨부하여 소송대리권 또는 위임관계를 소명한다면 별도의 소송위임장을 제출할 필요가 없다.

다만 본안소송을 수임한 변호사가 보전처분에 관한 소송행위를 할 수 있는 소송대리권을 가지고 있다고 하여 의뢰인에 대한 관계에서 당연히 그 권한에 상응한 위임계약상의 의무를 부담하는 것은 아니고, 변호사가 처리의무를 부담하는 사무의 범위는 변호사와 의뢰인 사이의 위임계약의 내용에 의하여 정하여진다.1512)[2018 법무사]

② 신청 당시 이미 사망한 사람을 상대로 한 보전처분신청은 부적법하고, 위 신청에 따른 보전명령이 있었다 하여도 그 명령은 무효이며, 그 효력이 상속인에게 미치지 아니하므로 채무자 표시를 상속인으로 경정할 수 없으나,1513) 채무자의 상속인은 무효인 보전처분에 의하여 생긴 외관을 제거하기 위하여 보전명령에 대한 이의신청을 할 수 있다.1514)[2018, 2022 승진, 2018 법무사]

다만 실무상 가압류와 다툼의 대상에 관한 가처분은 채무자의 관여 없이 이루어지는 경우가 대부분이므로 신청 당시 채무자가 생존해 있었다면 결정 당시는 사망했고 그 수계절차가 이루어지지 않았더라도 그 사망인을 상대로 한 보전처분이 당연무효로 되는 것은 아니다.1515)[2016, 2018 법무사, 2021 승진]

1512) 대법원 1997. 12. 12. 선고 95다20775 판결.
1513) 대법원 1969. 12. 30. 선고 69다1870 ; 1991. 3. 29. 89그9 결정 ; 2006. 8. 24. 선고 2004다26287 판결.
1514) 대법원 2002. 4. 26. 선고 2000다30578 판결.
1515) 대법원 1976. 2. 24. 선고 75다1240 판결 ; 1993. 7. 27. 선고 92다48017 판결.

2. 제3채무자의 지위

① 채권가압류에서의 제3채무자는 이해관계인에 불과하고 보전소송의 당사자는 아니므로 보전명령에 대한 이의·취소를 신청하거나 보전집행의 취소를 신청할 수 없고, 다만 제3자이의의 소를 제기하거나 집행에 관한 이의를 신청할 수 있을 뿐이다.1516)[2014, 2018 승진]

② 채권에 대한 보전명령절차에서 보전처분신청 전에 이미 사망한 사람을 제3채무자로 하여 가압류명령이 발령되었다 하더라도 무효는 아니므로 제3채무자의 표시를 상속인으로 경정할 수 있으며, 이러한 경우 당초의 가압류명령정본이 제3채무자에게 송달된 때로 소급하여 경정된 가압류명령의 효력이 발생한다.1517)[2021 승진]

③ 제3채무자는 가압류명령을 송달받은 후에 취득한 채권에 의한 상계로 가압류채권자에게 대항할 수 없으나(민법 498조), 가압류의 효력발생 당시 자동채권과 수동채권이 모두 변제기가 도래하였거나, 자동채권의 변제기가 수동채권의 변제기와 동시에 또는 그보다 먼저 도래한 경우에는 제3채무자는 자동채권에 대한 상계로 가압류채권자에게 대항할 수 있다.1518)
[2016, 2018 법무사, 2016, 2019 승진]

④ 금전채권이 가압류된 경우에도 이행기가 도래하면 제3채무자는 그 지체책임을 면할 수 없으므로 제3채무자는 가압류된 채권을 공탁할 수 있다(291조, 248조 1항).1519) [2024 법무사]

채권가압류를 이유로 한 제3채무자의 공탁은 압류를 이유로 한 공탁과는 달리 그 공탁금으로부터 배당을 받을 수 있는 채권자의 범위를 확정하는 효력이 없고, 제3채무자가 공탁을 하고 신고를 하더라도 배당절차를 개시할 수 없으며, 공탁금에 대한 채무자의 출급청구권에 대하여 압류 및 공탁사유신고가 있을 때 비로소 배당절차를 개시할 수 있다.1520)[2020 승진, 2019, 2021 법무사]

⑤ 임차인의 임대차보증금반환채권이 가압류된 상태에서 임대주택이 양도되면 양수인이 채권가압류의 제3채무자의 지위도 승계하고, 가압류권자 또한 임대주택의 양도인이 아니라 양수인에 대하여만 위 가압류의 효력을 주장할 수 있다.1521)[2017, 2021, 2023 승진, 2017, 2019, 2023 법무사]

1516) 대법원 1993. 10. 15. 93마1435 결정.
1517) 대법원 1998. 2. 13. 선고 95다15667 판결 ; 2005. 1. 13. 선고 2003다29937 판결.
1518) 대법원 2015. 1. 29. 선고 2012다108764 판결 ; 2012. 2. 16. 선고 2011다45521 전원합의체 판결.
1519) 대법원 1994. 12. 13. 선고 93다951 판결 ; 2004. 7. 9. 선고 2004다16181 판결.
1520) 대법원 2006. 3. 10. 선고 2005다15765 판결.
1521) 대법원 2013. 1. 17. 선고 2011다49523 전원합의체 판결.

따라서 가압류채권자는 집행권원을 얻어서 가압류를 본압류로 이전하는 압류명령을 신청할 때에는 <u>양수인을 제3채무자로</u> 하여 신청하여야 하고, 이 경우 양수인은 등기사항증명서를 첨부하여 민사집행법 제248조 제1항, 제291조에 따라 <u>가압류를 원인으로 한 집행공탁</u>을 할 수 있다.[2022 법무사]

3. 당사자적격 및 승계

① 민법상 조합인 공동수급체가 경쟁입찰에 참가하였다가 다른 경쟁업체가 낙찰자로 선정된 경우, 그 공동수급체의 <u>구성원 중 1인</u>은 합유재산의 보존행위로서 입찰절차의 속행금지가처분을 신청할 수 있다.1522)[2018 승진, 2018 법무사]

② 본안소송이 고유필수적 공동소송인 경우에는 <u>보전소송에서도 전원이 당사자</u>가 되어야 한다.1523)

③ 민법상 조합의 채권은 조합원 전원에게 합유적으로 귀속하므로 특별한 사정이 없는 한 <u>조합원 1인</u>에 대한 채권으로써 그 조합원 개인을 집행채무자로 하여 <u>조합의 채권</u>에 대하여 강제집행을 할 수 없다.1524)[2028 승진, 2017 법무사]

④ 보전처분의 집행에는 원칙적으로 <u>집행문이 필요 없으나</u>, 보전처분 발령 후 집행 전에 채권자 또는 채무자의 <u>승계가 있는 경우</u>에는 예외적으로 승계집행문을 받아 집행하여야 한다(292조 1항, 301조).[2019 승진, 2019, 2024 법무사]

⑤ 채권자가 어느 공동보증인의 재산에 대하여 가압류결정을 받은 경우에 그 피보전권리에 관하여 채권자를 대위하는 변제자는 채권자의 승계인으로서 <u>가압류집행이 되기 전</u>이라면 민사집행법 제292조 제1항에 따라 '승계집행문'을 부여받아야 가압류의 집행을 할 수 있으나, <u>가압류집행이 된 후에는</u> 위와 같은 '승계집행문'을 부여받지 않더라도 가압류에 의한 보전의 이익을 자신을 위하여 주장할 수 있다.1525)[2019 승진, 2015, 2019 법무사]

⑥ 점유이전금지가처분이 집행된 이후에 매매나 임대차 등에 기하여 가처분채무자로부터 점유를 이전받은 제3자에 대하여 가처분채권자가 <u>가처분 자체의 효력</u>으로 직접 퇴거를 강제할 수는 없고, 가처분채권자로서는 본안판결의 집행단계에서 <u>승계집행문</u>을 부여받아서 그 제3자의 점유를 배제할 수 있을 뿐이다.1526)[2011, 2015 법무사, 2019, 2020 승진]

1522) 대법원 2013. 11. 28. 선고 2011다80449 판결.
1523) 대법원 2006. 6. 9. 2003마1566 결정 ; 2009. 9. 10. 선고 2008다62533 판결.
1524) 대법원 2001. 2. 23. 선고 2000다68924 판결.
1525) 대법원 1993. 7. 13. 선고 92다33251 판결 ; 2003. 11. 14. 선고 2003다37433 판결.
1526) 대법원 1999. 3. 23. 선고 98다59118 판결.

다만 점유이전금지가처분이 집행된 이후에 제3자가 가처분채무자의 점유를 침탈하는 등의 방법으로 가처분채무자를 통하지 아니하고 부동산에 대한 점유를 취득한 것이라면 채무자의 승계인이라고 할 수 없으므로 승계집행문을 부여할 수 없다(이 경우 제3자가 점유이전금지가처분의 집행사실을 알면서도 아무런 실체법상의 권원 없이 해당 부동산의 점유를 침탈한 경우라면 채권자가 그러한 점을 소명하여 제3자를 상대로 부동산의 인도단행가처분을 구하는 등의 방법을 강구할 수 있다).[1527][2019, 2020 승진, 2019 법무사]

Ⅱ. 보전소송의 관할

1. 토지관할

(1) 서설

보전소송의 토지관할은 보전처분의 종류에 따라 다르다. 가압류사건은 가압류할 물건이 있는 곳을 관할하는 지방법원이나 본안의 관할법원이 관할하고(278조), 가처분사건은 본안의 관할법원 또는 다툼의 대상이 있는 곳을 관할하는 지방법원이 관할한다(303조).[2018 법무사]

(2) 관할권 없는 법원의 보전처분

법원이 관할권 없음을 간과하고 보전처분을 하였을 때에는 채무자는 이의신청을 하여 취소시킬 수 있다. 그러나 관할권 없는 법원이 한 보전처분도 이의에 의하여 취소되지 않는 한 유효하며,[1528] 관할위반은 재심사유가 아니므로 일단 확정되면 관할위반의 흠은 치유된다.[2022 승진, 2018 법무사]

(3) 본안의 관할법원

1) 본안의 의의

① 본안이란 보전처분에 의하여 직접 보전될 권리 등을 확정하는 민사재판절차를 의미한다. 보전처분의 피보전권리와 본안소송물인 권리는 엄격하게 일치함을 요하지는 않고 청구기초의 동일성이 인정되는 한 본안이라고 할 수 있다.[1529][2014 승진, 2011, 2014, 2020 법무사]

1527) 대법원 2015. 1. 29. 선고 2012다111630 판결.
1528) 대법원 1964. 4. 11. 64마66 결정.
1529) 대법원 1982. 3. 9. 선고 81다1223 판결 ; 2001. 3. 13. 선고 99다11328 판결.

② 가사소송사건 또는 마류 가사비송사건을 본안으로 하는 가압류 또는 가처분사건은 가정법원의 전속관할에 속하고 민사집행법상 보전처분에 관한 규정이 그대로 준용된다(가사소송법 63조 1항).[2011, 2020 법무사]

2) 본안이 계속된 경우

① 이미 어느 법원에 본안이 계속 중이라면 그 법원이 본안의 관할법원으로서 보전처분의 관할법원이 된다. 본안이 제1심법원에 계속 중이면 그 제1심법원이 이에 해당하고, 항소심에 계속 중이면 항소심법원이 이에 해당한다(311조).[2018 법무사]

② 본안이 상고심에 계속 중인 경우에는 상고심은 사실심리를 하기에 적당하지 아니하고 집행법원으로서도 부적합하기 때문에 제1심법원이 보전처분사건의 관할법원이 된다.1530)[2011, 2018 법무사, 2022 승진]

③ 관할권의 유무를 결정할 때 보전신청 당시 본안의 계속 여부만을 심사하면 되고 본안에 관하여 관할권을 갖는지 여부까지 조사할 필요는 없다. 따라서 보전신청 후에 본안사건이 각하되었다든가 관할위반으로 다른 법원으로 이송되었어도 보전신청은 관할위반이 되지 않는다.1531)[2013, 2020 법무사]

④ 예외적으로 본안이 종료된 후에는 그것이 계속되었던 제1심법원이 관할법원이 될 수 있다. 종료된 본안소송의 사실심 변론종결 후에 채권양도, 합병, 상속 등을 이유로 채권자의 지위가 승계된 경우에도 제1심법원만이 본안법원으로서 보전소송의 관할법원이 된다.[2022 승진]

3) 본안이 계속되기 전인 경우

본안이 계속되기 전이라면 장차 본안의 소가 제기되었을 때 이를 관할할 수 있는 법원이 본안의 관할법원이 된다.

(4) 목적물이 있는 곳을 관할하는 지방법원(가압류)

가압류에서는 가압류할 물건이 있는 곳을 관할하는 지방법원도 관할법원이 된다(278조).

(5) 다툼의 대상이 있는 곳을 관할하는 지방법원(가처분)

가처분의 재판은 본안의 관할법원 또는 다툼의 대상이 있는 곳을 관할하는 지방법원이 관할한다(303조).

1530) 대법원 2002. 4. 24. 2002즈합4 결정.
1531) 대법원 1963. 12. 12. 4293민상824 결정.

2. 사물관할
보전소송의 사물관할은 전속관할이 아니라고 보는 것이 판례의 입장이다.1532)

3. 재판장의 긴급처분권
급박한 경우에는 재판장도 보전처분신청에 대한 재판을 할 수 있다(312조). '급박한 경우'란 합의신청사건일 경우 재판부가 1개밖에 없는데 법관 중 일부가 출장 중이거나 제척 등으로 재판부 구성이 불가능한 경우 등 법원의 합의가 신속하게 이루어질 수 없는 사정을 말하고, 단순히 급속을 요한다는 이유만으로 재판장 단독으로 재판할 수 있는 것은 아니다.[2018 법무사]

5. 시·군법원의 관할에 관한 특례
시·군법원은 본안이 소액사건심판법의 적용대상인 경우에만 보전사건에 대한 관할권을 가진다(22조 4호).

6. 국제민사보전사건에 관한 국제재판관할
외국법인이 우리나라에 사업소나 영업소를 가지고 있지 않거나 우리 민사소송법상의 토지관할에 관한 특별재판적이 국내에 없더라도 우리나라 법원에 민사집행법상의 보전처분을 신청한 이상 그러한 행위는 우리나라의 재판권에 복종할 의사로 한 것으로 보아야 하므로 위와 같은 신청채권에 관계된 소송에 관하여는 우리나라의 법원이 재판권을 가진다고 보는 것이 국제민사소송의 재판관할에 관한 조리에 비추어 옳다.1533)

1532) 대법원 1963. 3. 21. 선고 63다70 판결 참조(실무상으로도 합의부 관할인 보전사건을 재정단독결정에 의하여 단독판사가 처리하는 경우가 많다).
1533) 대법원 1989. 12. 26. 선고 88다카3991 판결.

제2장 보전처분의 요건

Ⅰ. 서설

1. 요건
보전처분을 발령하기 위하여는 피보전권리의 존재와 보전의 필요성이라는 2가지 요건을 갖추어야 한다(276, 277, 301조).

2. 피보전권리와 보전의 필요성의 관계
① 피보전권리의 존재와 보전의 필요성은 서로 별개의 독립된 요건이므로 그 심리에 있어서도 상호 관계없이 독립적으로 심리하여야 한다.1534) 위 두 요건의 심리순서가 법정되어 있는 것은 아니지만, 먼저 피보전권리의 존부에 관하여 심리한 후 그 존재가 소명되면 그 다음에 보전의 필요성에 대하여 심리하여야 한다.1535)[2017, 2020 법무사]

② 가처분이 민사집행법 제288조 1항 3호 사유에 해당하여 취소사유가 발생한 이후 채권자가 다시 동일한 내용의 가처분을 신청한 경우, 그 보전의 필요성 유무는 최초의 가처분신청과 동일한 기준으로 판단하여서는 아니되고, 채권자가 선행 가처분의 집행 후 3년이 지나도록 본안소송을 제기하지 아니하였음에도 불구하고 채권자가 보전의사를 포기 또는 상실하였다고 볼 수 없는 특별한 사정이 인정되는 경우에 한하여 보전의 필요성을 인정할 수 있다.1536)
[2024 법무사]

Ⅱ. 피보전권리

1. 가압류의 피보전권리

(1) 금전채권 또는 금전으로 환산할 수 있는 채권일 것
금전채권이란 일정액의 금전의 지급을 목적으로 하는 채권을 말한다. 금전채권이라면 채권액 전부에 대한 보전은 물론이고 채권액의 일부의 보전을 위하여도 가압류를 할 수 있다.

1534) 대법원 2007. 7. 26. 2005마972 결정 ; 2005. 8. 19. 2003마482 결정.
1535) 대법원 1967. 2. 21. 선고 66다2635 판결.
1536) 대법원 2018. 10. 4. 2017마6308 결정.

(2) 청구권이 성립하여 있을 것

① 가압류의 피보전권리는 가압류신청 당시 확정적으로 발생되어 있어야 하는 것은 아니고, 이미 그 발생의 기초가 존재하는 한 장래에 발생할 채권도 피보전권리가 될 수 있다.1537) 따라서 보증인의 주채무자에 대한 장래의 구상권도 가압류할 수 있다.1538) 장래 발생할 채권이나 조건부 채권을 가압류하는 경우에는 현재 그 권리의 특정이 가능하고 가까운 장래에 발생할 것임이 상당정도 기대되어야 한다.1539)[2017 법무사, 2020 승진]

② 가압류의 피보전권리는 재판 시까지는 청구권이 성립하여 있어야 하고, 그 발생 여부가 전혀 불확정적인 채권은 피보전권리가 될 수 없다. 다만 보전될 청구권은 조건이 붙어 있거나 기한이 차지 아니한 것이라도 가압류의 피보전권리가 될 수 있다(276조 2항).[2017 법무사]

(3) 통상의 강제집행에 적합한 권리일 것

① 가압류의 피보전권리는 통상의 강제집행이 가능한 것이어야 한다. 따라서 국세징수절차에 따라 징수되는 조세채권과 같이 특수한 절차에 따라 집행되는 청구권, 부집행의 특약이 있는 채권이나 자연채무, 파산절차에 의하여 면책된 채권 등과 같이 특별한 사유로 인하여 집행할 수 없는 채권은 가압류의 피보전권리가 될 수 없다.[2022 법무사]

② 형사법상 재산형의 일종인 추징은 민사소송절차에 의하여 권리보호를 받는 것으로 볼 수 없으므로 가압류의 피보전권리가 될 수 없다.1540)[2017 법무사]

③ 단지 본안소송을 제기할 수 없다는 사유만으로 그 청구권이 가압류에 부적합하다고 할 수는 없다. 따라서 중재합의가 있는 청구권은 본안의 소를 제기할 수는 없으나, 법원의 집행결정을 얻어 강제집행을 할 수 있으므로(중재법 18조의7) 가압류의 피보전권리가 될 수 있다.[2013, 2022 법무사]

2. 다툼의 대상에 대한 가처분의 피보전권리

(1) 특정물에 관한 이행청구권일 것

① 다툼의 대상은 가처분에 의하여 보전될 강제집행의 대상이 될 수 있는 물건이어야 하므로 제3자 소유 물건은 가처분의 대상이 될 수 없다.1541)
[2017, 2021 법무사]

1537) 대법원 2002. 9. 27. 2000마6135 결정 ; 1993. 2. 12. 선고 92다29801 판결.
1538) 대법원 1993. 2. 12. 선고 92다29801 판결.
1539) 대법원 1982. 10. 26. 선고 82다카508 판결.
1540) 대법원 1971. 10. 11. 선고 71다1588 판결.
1541) 대법원 1996. 1. 26. 선고 95다39410 판결.

② 다툼의 대상에 관한 가처분은 그 피보전권리가 '특정물에 관한 이행청구권'이므로 그 목적물인 다툼의 대상이 명확히 특정되어야 하지만,1542) 대체물이라도 채권자나 집행관이 집행목적물을 특정할 수 있는 경우에는 예외이다.1543)
[2021 법무사]

③ 등기부상 진실한 소유자의 소유권에 방해가 되는 부실등기가 존재하는 경우에 그 등기명의인이 허무인 또는 실체가 없는 단체인 때에는 소유자는 그와 같은 허무인 또는 실체가 없는 단체 명의로 실제 등기행위를 한 사람에 대하여 소유권에 기한 방해배제로서 허무인 또는 실체가 없는 단체 명의의 등기말소를 구할 수 있고, 이와 같은 말소청구권을 보전하기 위하여 실제 등기행위를 한 사람을 상대로 처분금지가처분을 할 수도 있다.1544)[2020 승진, 2022 법무사]

④ 배당절차에서 작성된 배당표가 잘못되어 배당을 받아야 할 채권자가 배당을 받지 못하고 배당을 받을 수 없는 사람이 배당받는 것으로 되어 있을 경우, 배당금이 실제 지급되었다면 배당금 상당의 금전지급을 구하는 부당이득반환청구를 할 수 있다. 다만 아직 배당금이 지급되지 아니한 때에는 배당금지급청구권의 양도에 의한 부당이득의 반환을 구하여야 하고, 이 경우 그 채권 가액에 해당하는 금전의 지급을 구할 수는 없으며, 이 경우에 집행의 보전은 가압류에 의할 것이 아니라 배당금지급금지가처분의 방법으로 하여야 한다.1545)
[2024 승진, 2022 법무사]

(2) 청구권이 성립하여 있을 것

① 계쟁부동산에 관하여 실체상 아무런 피보전권리가 없는 사람의 신청에 의하여 처분금지가처분 결정이 내려졌다면, 그에 기한 가처분등기가 마쳐졌다 하더라도 그 가처분권자는 가처분의 효력을 채무자나 제3자에게 주장할 수 없으므로 그 가처분등기 후에 소유권이전등기를 마친 자는 가처분권리자에 대하여 유효하게 소유권취득을 주장할 수 있다.1546)[2020 승진, 2017 법무사]

피보전권리가 없음에도 처분금지가처분 결정을 받아 집행한 경우, 그 이후 가처분에 따른 본안소송에서 가처분채권자와 채무자 사이에 소송상의 화해가 이루어져 가처분채권자 명의의 소유권이전등기가 경료되었더라도 그 가처분을 가지고 후에 이루어진 처분금지가처분채권자에게 대항할 수 없다.1547)[2023 법무사]

1542) 대법원 1999. 5. 13. 99마230 결정.
1543) 예컨대 대체물에 관하여 일정한 수량이 정하여져 있는 경우에는 채무자의 점유 중에 있는 동종·동질·동량의 물건에 대하여 집행관이 특정하여 인도집행하는 것이 가능하므로(257조) 그에 대한 가처분이 가능하다.
1544) 대법원 2008. 7. 11. 2008마615 결정.
1545) 대법원 2013. 4. 26. 2009마1932 결정.
1546) 대법원 1999. 10. 8. 선고 98다38760 판결 ; 1994. 4. 29. 선고 93다60434 판결.
1547) 대법원 1999. 10. 8. 선고 98다38760 판결 ; 1994. 4. 29. 선고 93다60434 판결.

② 다툼의 대상에 관한 가처분도 가압류와 마찬가지로 그 피보전권리는 <u>가처분신청 당시</u> 확정적으로 발생되어 있어야 하는 것은 아니고, 그 발생의 기초가 존재하는 한 <u>조건부·기한부</u> 청구권이나 <u>장래에 발생할 채권</u>도 가처분의 피보전권리가 될 수 있다.1548)[2022 법무사, 2024 승진]

③ 단순한 기대를 보전하기 위한 가처분은 허용되지 않는다. 따라서 국유재산의 임차인이 연고자로서 우선매수권이 있다고 하더라도 위 <u>연고권</u>을 법률상의 권리라고 볼 수는 없는 것이므로 이를 피보전권리로 하여 그 부동산에 대한 처분금지가처분을 청구할 수는 없다.1549)[2013, 2022 법무사]

④ 부동산의 공유지분권자는 공유물분할의 소를 제기하기에 앞서 그 승소판결이 확정됨으로써 취득할 <u>부동산의 전부 또는 특정부분에 대한 소유권</u>을 피보전권리로 하여 <u>다른 공유자의 지분</u>에 대한 가처분을 할 수 있고,1550) <u>부동산 전부</u>에 대한 처분금지가처분도 할 수 있다.1551)[2014, 2015, 2017 법무사, 2020, 2024 승진]

⑤ 국토의 계획 및 이용에 관한 법률상 규제구역 내의 토지에 관하여 관할관청의 허가 없이 체결된 매매계약이라 하더라도 허가를 받을 것을 전제로 체결된 매매계약의 매수인은 <u>토지거래허가신청절차 이행청구권</u>을 피보전권리로 하여 매매목적물의 처분을 금하는 가처분을 구할 수 있으나,1552) 위와 같은 매매계약에 기한 소유권이전등기청구권 또는 토지거래계약에 관한 허가를 받을 것을 조건으로 한 소유권이전등기청구권은 가처분의 피보전권리가 될 수 없다.1553)[2011, 2013, 2016, 2017 법무사]

⑥ 주식을 매수하여 <u>주주로서의 권리</u>를 가진다는 것만으로 회사 소유의 부동산에 관하여 어떠한 청구권을 가진다고 할 수는 없으므로 주주로서의 권리를 보전하기 위하여 회사 소유 부동산에 대한 처분금지가처분을 구하는 것은 허용되지 아니한다.1554)[2021, 2022 법무사]

(3) 다툼의 대상의 현상에 관한 것일 것

목적물의 점유자인 가처분채권자가 그 소유권을 갖지 아니하여 결국에는 불법점유자로 된다 하더라도 그 목적물을 <u>인도할 때까지는</u> 점유권을 가지므로 그 방해의 예방이나 그 밖의 조치를 청구할 수 있다.1555)[2022 법무사]

1548) 대법원 2002. 9. 27. 2000마6135 결정 ; 2002. 8. 23. 선고 2002다1567 판결.
1549) 대법원 1971. 10. 11. 선고 71다1826 판결.
1550) 대법원 2013. 6. 14. 2013마396 결정.
1551) 대법원 2002. 9. 27. 2000마6135 결정.
1552) 대법원 1998. 12. 22. 선고 98다44376 판결.
1553) 대법원 2010. 8. 26. 2010마818 결정.
1554) 대법원 1998. 9. 18. 선고 96다44136 판결 .
1555) 대법원 1967. 2. 21. 선고 66다2635 판결.

3. 임시의 지위를 정하기 위한 가처분의 피보전권리

① 임시의 지위를 정하는 가처분은 장래의 집행보전이 아닌 현존하는 위험방지를 위한 것이므로 권리관계가 현존하여야 한다. 권리관계가 현존하여야 하므로 이미 효력이 상실된 단체협약의 효력정지를 구하는 가처분은 허용되지 아니한다.1556)[2024 승진]

② 형성의 소는 법률에 명문의 규정이 있는 경우에 한하여 제소할 수 있는데, 학교법인의 이사장이나 조합의 이사가 조합업무에 관하여 위법행위를 하였다는 이유로 해임을 청구하는 소송은 형성의 소로서 이를 제기할 수 있는 법적 근거가 없으므로 이를 피보전권리로 하는 직무집행정지 및 직무대행자선임의 가처분은 허용되지 않는다.1557)[2015, 2017, 2021 법무사, 2020 승진]

민법상 조합의 청산인에 대하여 법원에 해임을 청구할 권리가 조합원에게 인정되지 않으므로 특별한 사정이 없는 한 그와 같은 해임청구권을 피보전권리로 하여 청산인에 대한 직무집행정지와 직무대행자선임을 구하는 가처분은 허용되지 않는다.1558)

③ 임시의 지위를 정하는 가처분으로 강제경매 또는 임의경매절차의 정지를 구하는 것은 허용되지 않는다.1559) 중재절차의 진행을 정지하는 가처분을 허용하는 규정을 두고 있지 않은 이상 중재합의의 부존재나 무효를 이유로 법원에 가처분의 방법으로 중재절차의 진행을 정지해달라고 신청하는 것은 허용되지 않는다.1560)

4. 관련문제

(1) 피보전권리의 범위

보전처분의 피보전권리와 본안의 소송물인 권리는 엄격하게 일치될 필요는 없고 청구기초의 동일성이 인정되는 한 그 보전처분의 효력은 본안소송의 권리에 미친다.1561)[2020 법무사]

1556) 대법원 1995. 3. 10. 94마605 결정.
1557) 대법원 2001. 1. 16. 선고 2000다45020 판결.
1558) 대법원 2020. 4. 24. 2019마6918 결정.
1559) 대법원 2003. 9. 8. 2003그74 ; 2004. 8. 17. 2004카기93 결정.
1560) 대법원 2018. 2. 2. 2017마6087 결정 ; 1996. 6. 11. 96마149 결정.
1561) 대법원 2009. 3. 13. 2008마1984 결정 ; 1982. 3. 9. 선고 81다1223 판결.

(2) 보전처분의 유용

일단 어떤 청구권을 피보전권리로 하여 보전처분을 받은 후 이 보전처분을 다른 청구권을 보전하는 보전처분으로 유용할 수 있는지에 관하여, 판례는 소극적으로 해석한다.1562) 즉 어느 피보전권리에 관하여 채권자가 본안소송에서 패소확정이 되면 위 피보전권리와 청구의 기초를 달리 하는 경우는 물론 청구의 기초를 같이 하는 다른 권리의 보전을 위하여도 앞서 받은 보전처분을 유용할 수 없으므로 보전명령의 취소사유가 된다.1563)[2012, 2014, 2022 법무사]

예를 들어, 가장매매를 원인으로 한 소유권이전등기말소청구권을 피보전권리로 하여 이루어진 처분금지가처분결정은 신탁해지를 원인으로 한 소유권이전등기청구권을 소송물로 하는 소송에 유용할 수도 없으며,1564) 이혼위자료청구권을 피보전권리로 한 가압류결정을 재산분할로 인한 금전지급청구권에 유용할 수도 없다.1565)[2020 법무사]

Ⅲ. 보전의 필요성

1. 가압류의 보전의 필요성

(1) 집행불능 또는 집행의 현저한 곤란

가압류의 보전의 필요성은 가압류를 하지 아니하면 판결 그 밖의 집행권원을 집행할 수 없거나 집행하는 것이 매우 곤란한 염려가 있을 경우에 인정된다(277조).

(2) 보전의 필요성이 부정되는 경우

① 채권자의 금전채권에 관하여 근저당권 등 충분한 물적 담보가 설정되어 있다거나 채무자에게 충분한 재산이 있다는 것이 소명된 경우 또는 동시이행관계에 있는 반대급부가 이행불능이 된 경우1566) 등에는 가압류의 필요성이 부정된다.1567)[2020, 2024 법무사]

② 채권자에게 확정판결 등 집행권원이 있는 경우에는 원칙적으로 가압류의 보전의 필요성이 없다.[2020 법무사]

1562) 대법원 1963. 9. 12. 선고 63다354 판결 ; 1976. 4. 27. 선고 74다2151 판결.
1563) 대법원 2004. 12. 24. 선고 2004다53715 판결 ; 1994. 8. 2. 선고 93므1259 판결.
1564) 대법원 1970. 4. 28. 선고 69다1311 판결.
1565) 대법원 1994. 8. 2. 선고 93므1259 판결.
1566) 대법원 1992. 1. 21. 선고 91다33032 판결.
1567) 대법원 1967. 12. 29. 선고 67다2289 판결 ; 2009. 5. 15. 2009마136 결정 ; 1992. 1. 21. 선고 91다33032 판결.

2. 다툼의 대상에 관한 가처분의 보전의 필요성

① 다툼의 대상에 관한 가처분은 현상이 바뀌면 당사자가 권리를 실행하지 못하거나 이를 실행하는 것이 매우 곤란한 염려가 있을 경우에 허용된다(300조 1항). 현상의 변경은 다툼의 대상에 관하여 생겨야 하므로 채무자의 일반적인 재산상태가 좋지 않다든가, 자력이 감소한다든가, 채무자의 다른 재산으로부터 만족을 받을 수 있다든가 하는 등의 사유는 고려할 필요가 없다.[2023 승진]

② 다른 사람의 토지를 그 소유자의 의사에 반하여 계속 점유·경작하고 있는 이상 출입금지가처분의 필요성이 인정되고,1568) 토지의 처분행위를 금하는 가처분이 인정된다면 그 토지 위에 공작물의 설치와 수목벌채 등 행위의 금지를 구하는 가처분도 보전의 필요성이 있고, 또한 그 소명이 되어 있다고 보아야 한다.1569)[2019 법무사]

③ 불법점유라 하더라도 정당한 절차를 밟아 그 목적물을 인도할 때까지는 그 점유의 방해예방을 청구할 수 있으므로 가처분채권자의 점유가 불법점유라 하여도 보전의 필요성이 인정된다.1570)[2022 법무사]

④ 다툼의 대상에 관한 가처분은 보전처분의 잠정성·신속성 등에 비추어 피보전권리에 관한 소명이 인정된다면 다른 특별한 사정이 없는 한 보전의 필요성도 인정되는 것으로 보아야 하고, 비록 동일한 피보전권리에 관하여 다른 채권자에 의하여 동종의 가처분집행이 이미 마쳐졌다거나, 선행 가처분에 따른 본안소송에 공동피고로 관여할 수 있다거나 또는 나아가 장차 후행 가처분신청에 따른 본안소송이 중복소송에 해당될 여지가 있다는 등의 사정이 있다고 하더라도 그러한 사정만으로 곧바로 보전의 필요성이 없다고 단정할 수 없다.1571)
[2024 법무사]

3. 임시지위를 정하기 위한 가처분의 보전의 필요성

(1) 의의

① 임시의 지위를 정하는 가처분에 있어 보전의 필요성은 채권자에게 생길 현저한 손해를 피하거나 급박한 위험을 막기 위하여 또는 그 밖에 필요한 이유가 있을 경우이다(300조 2항). 임시의 지위를 정하기 위한 가처분의 재판에는 변론기일 또는 채무자가 참석할 수 있는 심문기일을 열어야 함이 원칙이고, 다만 예외적으로 기일을 열어 심리하면 가처분의 목적을 달성할 수 없는 사정이 있는 경우에는 기일을 열지 않아도 된다(304조).[2019 법무사, 2020 승진]

1568) 대법원 1968. 5. 14. 선고 67다2777 판결.
1569) 대법원 1969. 6. 24. 선고 68다2100 판결.
1570) 대법원 1967. 4. 4. 선고 66다2641 판결.
1571) 대법원 2005. 10. 17. 2005마814 결정.

② 임시지위를 정하기 위한 가처분이 필요한지 여부는 당해 가처분신청의 인용여부에 따른 당사자 쌍방의 이해득실관계, 본안소송의 승패의 예상 기타 여러 사정을 고려하여 법원의 재량에 따라 합목적적으로 결정하여야 한다.1572) 특히 가처분채무자에 대하여 본안판결에서 명하는 것과 같은 내용의 의무를 부담시키는 만족적 가처분에서는 보다 고도의 보전의 필요성이 존재하지 않으면 아니 된다.1573)[2017, 2019 법무사]

③ 보전처분에 의하여 제거되어야 할 상태가 채권자에 의하여 오랫동안 방임되어 온 경우에는 임시의 지위를 정하는 가처분을 하여야 할 긴급한 보전의 필요성이 없다.1574)

④ 간접강제란 채무불이행에 대한 제재를 고지함으로써 그 제재를 면하기 위하여 채무를 이행하도록 동기를 부여하는 것을 목적으로 하는 집행방법이고, 간접강제결정은 가처분결정의 집행방법에 불과하다. 따라서 가처분결정이 받아들여지고 그 집행을 위하여 간접강제결정까지 있었더라도 간접강제결정 효력의 계속존속 여부는 보전의 필요성 여부를 판단함에 있어 참작하여야 할 사유가 되지 아니한다.1575)

(2) 현저한 손해

현저한 손해란 본안소송의 판결이 확정될 때까지 기다리는 것이 가혹하다고 생각될 정도의 불이익이나 고통을 말하는 것으로 직접 및 간접의 재산적 손해는 물론이고 명예·신용 그 밖의 정신적 손해 및 공익적 손해를 포함한다.1576)

(3) 급박한 위험

토지소유자가 충분한 예방공사를 하지 아니한 채 건물건축을 위한 심굴굴착공사를 함으로써 인접대지의 일부 침하와 건물균열 등의 위험이 발생하였다 하더라도 나머지 공사의 대부분이 지상건물의 축조이어서 더 이상의 심굴굴착공사의 필요성이 없다고 보이고, '침하와 균열'이 더 이상 확대된다고 볼 사정이 없다면 토지심굴굴착 금지청구권과 소유물방해예방 또는 방해제거청구권에 기한 공사중지가처분을 허용하여서는 아니 된다.1577)[2017 법무사]

1572) 대법원 2003. 11. 28. 선고 2003다30265 판결.
1573) 대법원 2003. 11. 28. 선고 2003다30265 판결 ; 2009. 1. 20. 2006마515 결정.
1574) 대법원 2005. 8. 19. 2003마482 결정.
1575) 대법원 2003. 10. 24. 선고 2003다36331 판결.
1576) 대법원 1967. 7. 4. 67마424 결정.
1577) 대법원 1981. 3. 10. 선고 80다2832 판결.

4. 보전의 필요성이 문제되는 경우

① 채권자가 이미 확정판결이나 그 밖의 집행권원(조정, 화해 등의 조서, 집행증서)을 가지고 있는 경우에는 즉시 집행에 착수할 수 있으므로 '원칙적으로' 보전의 필요성이 부정된다. 다만 집행할 채권이 조건부 또는 기한부이거나 청구이의의 소가 제기되어 집행이 정지된 경우 등 즉시 집행이 불가능한 경우에는 보전의 필요성이 인정될 여지가 있다.[2020 법무사, 2023 승진]

② 피보전권리에 관하여 근저당권 등 충분한 물적 담보가 설정되어 있거나1578) 동시이행관계에 있는 반대급부가 이행불능이 된 경우,1579) 채무자에게 충분한 재산이 있음이 판명된 경우1580)에는 보전의 필요성이 인정되지 않는다.
[2010, 2019, 2020, 2024 법무사]

③ 선박우선채권이 있는 채권자는 선박소유자의 변동에 관계 없이 그 선박에 대하여 집행권원 없이도 경매청구권을 행사할 수 있으므로 가압류의 필요성이 인정되지 않는다.1581) 다만 우선변제권이 인정되는 임금채권자는 사용자의 총재산에 대하여 우선변제권이 있지만 선박우선특권과는 달리 집행권원이 필요하므로 그 보전을 위한 가압류의 필요성이 인정된다.[2022 법무사, 2023 승진]

④ 채권자가 채무자들이 업종제한약정에 위반하여 동종영업을 하고 있음을 알고도 그러한 상태를 장기간 아무런 조치를 취하지 아니한 채 방치하고 있었다면 보전의 필요성을 인정하기 어렵다.1582)[2022 법무사]

⑤ 특허권 또는 실용신안권침해금지가처분 사건에서 가처분채권자가 신청 당시에는 실체법상의 권리를 가지고 있다 하더라도 가까운 장래에 본안소송에서 채권자가 패소하여 특허권 등이 무효로 될 것이 충분히 예상되는 경우에는 보전의 필요성이 없다.1583)[2024 법무사]

⑥ 가처분채권자가 본안소송에서 승소판결을 받은 그 집행채권이 정지조건부인 경우라 할지라도 그 조건이 집행채권자의 의사에 따라 즉시 이행할 수 있는 반대의무의 이행인 경우, 정당한 이유 없이 그 반대의무의 이행을 게을리 하고 집행에 착수하지 않고 있다면 보전의 필요성은 소멸되었다고 보아야 한다.1584)
[2024 법무사]

1578) 대법원 1967. 12. 29. 67다2289 판결 ; 1988. 11. 22. 선고 87다카1671 판결.
1579) 대법원 1992. 1. 21. 선고 91다33032 판결.
1580) 대법원 2009. 5. 15. 2009마136 결정.
1581) 대법원 1967. 12. 29. 67다2289 판결.
1582) 대법원 2005. 8. 9. 2003마482 결정.
1583) 대법원 2007. 6. 4. 2006마907 결정.
1584) 대법원 1985. 4. 9. 선고 84다카2331 판결.

⑦ 가압류채권자가 본안소송에서 승소판결을 받아 확정된 후, 가압류채무자가 그 본안판결에 대하여 재심의 소를 제기하였으나 재심의 소를 각하한 판결이 확정되고도 5개월이 지나도록 가압류채권자가 본 집행에 착수하지 않고 있었다면 가압류는 보전의 필요성이 소멸되었다고 볼 것이다.1585)

⑧ 가처분신청을 인용하는 결정에 따라 권리침해가 중단되었다고 하더라도 가처분 채무자들이 그 가처분의 적법 여부에 대하여 다투고 있는 이상 권리침해의 중단이라는 사정만으로 종래의 가처분이 보전의 필요성을 잃게 되는 것은 아니다.1586)[2016, 2019, 2024 법무사]

1585) 대법원 1990. 11. 23. 선고 90다카25246 판결.
1586) 대법원 2007. 1. 25. 선고 2005다11626 판결.

제3장 보전처분의 신청·심리 및 재판

Ⅰ. 보전처분의 신청

1. 의의
보전처분의 신청은 민사소송에서 소제기에 해당하므로 성질에 반하지 않는 이상 소제기에 관한 민사소송법상의 규정이 준용된다(23조 1항). 민사보전절차는 보전명령절차와 보전집행절차가 구별되므로 보전처분신청과 보전집행의 신청은 그 의미와 법적 규제가 다르다.[2019 법무사]

2. 신청의 방식

(1) 서면주의
보전처분신청, 보전처분에 대한 이의신청·취소신청, 제소명령신청은 모두 신청의 취지와 이유를 적은 서면에 의하여야 한다(규칙 203조).

(2) 신청서 기재사항 관련
① 보전처분신청, 제소명령신청, 제소명령, 보전명령에 대한 이의신청, 이의신청에 대한 결정까지는 모두 일련의 절차에 해당하므로 보전처분신청사건의 송달영수인은 제소명령 및 이의신청서 부본·이의사건의 결정문 등을 수령할 권한이 있다.1587) 다만 보전처분에 대한 취소신청이나 및 담보취소신청은 별개의 사건이므로 여기에 대하여는 송달영수인신고의 효력이 미치지 아니한다.[2022 승진]

② 채무자나 제3채무자가 수인인 경우 가압류 또는 압류로써 각 채무자나 제3채무자별로 어느 범위에서 지급이나 처분의 금지를 명하는 것인지를 특정하지 아니한 가압류결정이나 압류명령은 무효이고, 수인의 채무자들의 채권 합계액이나 수인의 제3채무자들에 대한 채권 합계액이 집행채권액을 초과하지 않는 경우에도 마찬가지이다.1588)[2024 승진, 2017, 2019, 2023 법무사]

③ 확정일자 없는 증서에 의한 지명채권의 양도승낙 후에 채권양수인이 그 증서를 첨부하여 법원에 양수금채권을 피보전권리로 하여 채무자의 재산에 대한 가압류를 신청하고, 법원공무원이 가압류신청서를 접수하면서 이에 접수일자를 표시하는 접수인을 찍은 경우, 가압류신청서에 찍힌 접수일자는 그 첨부서류인 승낙서에 대하여 확정일자에 해당한다.1589)[2024 법무사]

1587) 대법원 2001. 5. 29. 2000재다186 판결.
1588) 대법원 2014. 05. 16. 선고 2013다52547 판결.

④ 채권에 대한 가압류를 신청하는 채권자는 신청서에 <u>가압류할 채권의 종류와 액수</u>를 밝혀야 하고(225조, 291조), 특히 <u>일부에 대하여만</u> 가압류명령을 신청하는 때에는 그 범위를 밝혀 적어야 한다(규칙 159조 1항 3호, 218조).
[2024 법무사]

⑤ 채권자가 가압류를 신청하면서 가압류할 채권의 대상과 범위를 특정하지 않음으로 인해 집행법원에서도 이를 간과하여 가압류결정에서도 피압류채권이 <u>특정되지 않은 경우</u>에는 그 가압류결정은 <u>무효</u>이다.1590)
[2017 승진, 2017, 2021, 2024 법무사]

⑥ 유체동산 가압류의 경우에는 가압류신청 당시 목적물을 특정할 필요는 없으나 가압류할 <u>유체동산이 있는 장소</u>를 기재하여야 하고(296조 1항), 다툼의 대상에 관한 가처분은 그 피보전권리가 <u>특정물에</u> 관한 이행청구권이므로 가처분신청서에 그 목적물을 명확하게 표시하여야 한다.1591)[2024 법무사]

(3) 소명자료의 첨부

① 채권자는 청구채권(피보전권리)과 이유(보전의 필요성)에 대하여 <u>소명하여야</u> 한다(279조 2항).

② 가압류를 신청하는 채권자는 <u>가압류신청진술서</u>를 제출하여야 하는데, 채권자가 가압류신청진술서를 제출하지 아니하거나 고의로 진술사항을 누락한 경우 또는 진술한 내용이 허위임이 발견된 경우에는 특별한 사정이 없는 한 <u>보정명령 없이도</u> 가압류신청을 기각할 수 있다.1592)[2012, 2024 법무사]

가압류신청진술서에는 <u>본안소송의 제기여부</u> 및 동일한 재산에 대한 가압류나 다른 재산에 대한 가압류를 신청한 사실이 있는지(<u>중복신청 여부</u>) 등을 밝혀야 한다.[2020 법무사]

3. 신청의 대위

① 채권자는 채무자를 대위하여 그의 제3채무자에 대한 채권을 행사할 수 있으므로 <u>보전처분신청도 대위</u>하여 할 수 있다.1593) 이 경우에 채권자가 채무자에게 그 <u>대위사실을 통지</u>하면 채무자는 자기의 채권을 처분하거나 행사할 수 없고, 따라서 이중의 보전처분신청을 할 수 없다.1594)[2019, 2020 법무사]

1589) 대법원 2004. 7. 8. 선고 2004다17481 판결.
1590) 대법원 2012. 11. 15. 선고 2011다38394 판결.
1591) 대법원 1999. 5. 13. 99마230 결정.
1592) 대법원예규 재민 2003-4(보전처분신청사건의 사무처리요령).
1593) 대법원 1958. 5. 29. 선고 4290민상735 판결.
1594) 대법원 2007. 6. 28. 선고 2006다85921 판결.

② 채권자는 자기의 채권의 기한 전이라도 법원의 허가를 얻어 대위권을 행사하여 신청할 수 있지만, 보전처분신청은 보전행위에 해당하므로 법원의 허가를 얻지 않고 행사할 수 있다(민법 404조 2항 단서).[2021 법무사]

4. 신청의 효과

(1) 중복신청의 금지

보전처분신청이 중복신청에 해당하는지 여부는 후행 보전처분 신청의 심리종결시를 기준으로 판단하여야 하고, 보전명령에 대한 이의신청이 제기된 경우에는 이의소송의 심리종결 시가 기준이 된다.[1595][2021 법무사]

가처분이 민사집행법 제288조 제1항 제3호 사유에 해당하여 취소사유가 발생한 이후 채권자가 다시 동일한 내용의 가처분을 신청한 경우, 그 보전의 필요성 유무는 최초의 가처분 신청과 동일한 기준으로 판단하여서는 아니 되고, 채권자가 선행 가처분의 집행 후 3년이 지나도록 본안소송을 제기하지 아니하였음에도 불구하고 채권자가 보전의사를 포기 또는 상실하였다고 볼 수 없는 특별한 사정이 인정되는 경우에 한하여 보전의 필요성을 인정할 수 있다.[1596]
[2024 법무사]

(2) 시효의 중단

① 시효중단의 효력발생시기는 보전처분을 신청한 때이다.[1597]

가분채권의 일부를 피보전채권으로 하여 가압류를 한 경우에는 피보전채권의 일부만에 관하여 시효중단의 효력이 있다.[1598] 따라서 채권자가 가분채권의 일부분을 피보전권리인 청구채권으로 주장하여 채무자 소유의 재산에 대하여 가압류를 한 경우에는 그 청구채권 부분에만 시효중단의 효력이 있고, 가압류로 보전되는 청구채권에 포함되지 아니한 나머지 채권에 대하여는 시효중단의 효력이 발생할 수 없다. 가압류 청구금액으로 채권의 원금만이 기재되어 있다면 가압류채권자가 가압류채무자에 대하여 원본채권 외에 그에 부대하는 이자 또는 지연손해금 채권을 가지고 있다고 하더라도 청구금액에 포함되지 않은 부대채권에 대하여는 시효중단의 효력이 발생할 수 없다.[1599]

1595) 대법원 2018. 10. 4. 2017마6308 결정.
1596) 대법원 2018. 10. 4. 2017마6308 결정.
1597) 대법원 2011. 5. 13. 선고 2011다10044 판결.
1598) 대법원 1969. 3. 4. 선고 69다3 판결.
1599) 대법원 2024. 10. 25. 선고 2024다233212 판결.

② 민법 제168조는 가압류(2호)와 재판상의 청구(1호)를 별도의 소멸시효중단 사유로 규정하고 있으므로 가압류의 피보전채권에 관한 <u>본안의 승소판결이 확정</u>되었다고 하더라도 가압류에 의한 소멸시효중단의 효력이 이에 흡수되어 소멸되는 것은 아니다.1600)[2017 승진. 2019 법무사]

③ 금전채권에 대한 가압류의 집행 후에 행하여진 채권자의 <u>집행취소 또는 집행해제</u>의 신청은 특별한 사정이 없는 한 가압류 자체의 신청을 <u>취하</u>하는 것과 마찬가지로 그에게 권리행사의 의사가 없음을 객관적으로 표명하는 행위로서 민법 제175조에 의하여 시효중단의 효력이 <u>소급적으로 소멸</u>한다.1601)
[2022, 2024 법무사]

④ 보전처분신청은 채권자의 채권에 관하여 시효중단 등 실체법상의 효과가 있으나,1602) 이미 사망한 자를 채무자로 한 가압류신청에 의한 가압류결정과 같이 부적법하고 <u>당연무효인</u> 가압류는 시효중단의 효력이 없다.1603)[2017 승진]

⑤ 민법 제168조에서 가압류를 시효중단사유로 정하고 있는 것은 가압류에 의하여 채권자가 권리를 행사하였다고 할 수 있기 때문인데 가압류에 의한 집행보전의 효력이 존속하는 동안은 가압류채권자에 의한 권리행사가 계속되고 있다고 보아야 할 것이므로 가압류에 의한 시효중단의 효력은 <u>가압류 집행보전의 효력이 존속하는 동안</u>은 계속된다.

따라서 유체동산에 대한 가압류결정을 집행한 경우 가압류에 의한 시효중단 효력은 가압류 집행보전의 효력이 존속하는 동안 계속된다. 그러나 유체동산에 대한 가압류 <u>집행절차에 착수하지 않은 경우</u>에는 시효중단 효력이 없고, 집행절차를 개시하였으나 가압류할 동산이 없기 때문에 집행불능이 된 경우에는 집행절차가 종료된 때로부터 시효가 새로이 진행된다.1604)[2020, 2022, 2024 법무사]

⑥ 경매절차에서 부동산이 매각되어 <u>가압류등기가 말소</u>된 경우, 가압류에 의한 <u>시효중단사유가 종료</u>하여 그 때부터 새로 소멸시효가 진행하고, 대금납부 후의 배당절차에서 가압류채권자의 채권에 대한 배당이 이루어지고 그 배당액이 공탁되었다고 하여 가압류채권자가 그 공탁금에 대하여 채권자로서 권리행사를 계속하고 있다고 볼 수는 없으므로 가압류에 의한 시효중단의 효력이 계속되는 것은 아니다.1605)[2017, 2019, 2022 법무사]

1600) 대법원 2000. 4. 25. 선고 2000다11102 판결.
1601) 대법원 2010. 10. 14. 선고 2010다53273 판결.
1602) 대법원 2005. 10. 27. 선고 2005다35554, 35561 판결.
1603) 대법원 2006. 8. 24. 2004다26287, 26294 판결.
1604) 대법원 2011. 5. 13. 선고 2011다10044 판결 ; 2011. 1. 13. 선고 2010다88019 ; 2006. 7. 27. 2006다32781 ; 2000. 4. 25. 2000다11102 판결.
1605) 대법원 2013. 11. 14. 선고 2013다18622 판결.

⑦ 채권자가 채무자의 제3채무자에 대한 채권을 압류 또는 가압류한 경우에 채권자의 채무자에 대한 채권에 관하여는 민법 제168조 제2호 소정의 확정적인 소멸시효중단의 효력이 생기지만, 채무자의 제3채무자에 대한 채권에 대하여는 민법 제168조 제2호 소정의 소멸시효 중단사유에 준하는 확정적인 시효중단의 효력이 생긴다고 할 수 없다.1606)[2019, 2020, 2022, 2024 법무사, 2022 승진]

채권압류 및 추심명령이 제3채무자에게 송달된 경우에 그 결정이 제3채무자에게 송달이 되었다면 채무자의 제3채무자에 대한 채권에 대하여는 민법 제168조 제2호 소정의 소멸시효 중단사유에 준하는 확정적인 시효중단의 효력이 생긴다고는 할 수 없으나, 소멸시효 중단사유인 최고로서의 효력을 인정하여야 한다.1607)[2017 승진, 2024 법무사]

⑧ 민법 제169조는 "시효의 중단은 당사자 및 그 승계인 간에만 효력이 있다."라고 규정하고 있고, 한편 민법 제440조는 "주채무자에 대한 시효의 중단은 보증인에 대하여 그 효력이 있다."라고 규정하고 있는 바, 민법 제440조는 민법 제169조의 예외규정으로서 주채무자에 대한 시효중단의 사유가 발생하였을 때는 그 보증인에 대한 별도의 중단조치가 이루어지지 아니하여도 동시에 시효중단의 효력이 생기도록 한 것이고, 그 시효중단사유가 압류, 가압류 및 가처분이라고 하더라도 이를 보증인에게 통지하여야 비로소 시효중단의 효력이 발생하는 것은 아니다.1608)[2022 법무사]

(3) 채권가압류결정의 경정결정이 있는 경우 효력발생시기

채권가압류결정의 경정결정이 확정되면 원칙적으로 당초의 채권가압류결정이 제3채무자에게 송달된 때에 소급하여 경정된 내용의 채권가압류결정의 효력이 발생한다. 다만 제3채무자의 입장에서 볼 때, 경정결정이 당초의 채권가압류결정의 동일성에 실질적으로 변경을 가하는 것이라고 인정되는 경우에는 경정결정이 제3채무자에게 송달된 때에 비로소 경정된 내용의 채권가압류결정의 효력이 발생한다.1609) '채권압류명령'이 경정된 경우에도 위 이론이 그대로 적용된다.1610)[2014 법무사]

1606) 대법원 2003. 5. 13. 선고 2003다16238 판결.
1607) 대법원 2003. 5. 13. 선고 2003다16238 판결.
1608) 대법원 2005. 10. 27. 선고 2005다35554 판결.
1609) 대법원 1999. 12. 10. 선고 99다42346 판결.
1610) 대법원 2005. 1. 13. 선고 2003다29937 판결.

5. 보전처분신청의 취하

1) 취하의 방식
절차의 안정과 명확성을 기하기 위하여 보전처분신청의 취하는 <u>서면</u>에 의하여야 하고, 다만 <u>변론기일 또는 심문기일</u>에서는 말로 할 수 있다(규칙 203조의2, 1항).[2024 법무사]

2) 취하의 시기 및 동의
① 보전명령이 발령된 후에도 보전명령 자체가 존속하는 한 그 집행여부에 관계 없이 <u>어느 단계에서든</u> 취하 가능하고, 보전처분신청을 취하하면 보전명령을 <u>취소하는 결정이 없어도</u> 보전명령의 효력은 당연히 상실한다.1611)
[2024 법무사]
② 채권자가 보전명령을 취하하는 경우에 상대방(채무자)의 <u>동의</u>를 받을 필요는 없다.[2017, 2020 법무사]

3) 취하의 효과
① 보전처분신청의 취하에 의하여 보전명령은 실효되므로 보전처분신청에 의하여 발생한 소송법상의 효과와 실체법상의 효과는 소멸한다.1612) 즉 채권자가 가압류신청을 취하하면 가압류명령의 효력은 소멸하고, 가압류로 인한 시효중단의 효력도 <u>소급적으로 소멸</u>한다(민법 175조).[2024 법무사]
② 채권가압류에서 채권자가 가압류신청을 취하하면 가압류결정은 그로써 효력이 소멸되지만, 가압류결정정본이 이미 제3채무자에게 송달된 경우에는 <u>취하통지서가 제3채무자에게 송달되었을 때</u> 가압류집행의 효력이 장래를 향하여 소멸된다. 이는 취하통지서가 제3채무자에게 송달되기 전에 제3채무자가 집행법원 법원사무관등의 통지에 의하지 아니한 <u>다른 방법으로 취하사실을 알게 된 경우에도 마찬가지</u>이다.1613) 이러한 법리는 채권압류의 경우에도 그대로 적용된다.[2018, 2022 승진, 2017, 2021, 2024 법무사]

1611) 대법원 2007. 6. 8. 2006마1333 결정.
1612) 대법원 2008. 1. 17. 선고 2007다73826 판결 ; 2001. 10. 12. 선고 2000다19373 판결.
1613) 대법원 2008. 1. 17. 선고 2007다73826 판결.

Ⅱ. 보전처분신청의 심리

1. 가압류와 다툼의 대상에 관한 가처분
가압류와 다툼에 대상에 관한 가처분은 변론을 거치지 않고 재판할 수도 있고 변론을 거쳐 재판할 수도 있다(280조 1항, 301조).

2. 임시지위를 정하기 위한 가처분
임시지위를 정하기 위한 가처분은 원칙적으로 변론기일 또는 채무자가 참석할 수 있는 심문기일을 열어야 하고, 다만 기일을 열어 심리하면 가처분의 목적을 달성할 수 없는 사정이 있는 때에는 기일을 열지 않아도 된다(304조).
[2019 법무사, 2020 승진]

3. 소명
① 보전소송에서 피보전권리의 존재와 보전의 필요성에 관한 사실인정은 증명이 아닌 소명에 의한다(279조 2항, 301조). 다만 관할, 당사자능력, 소송능력, 법정대리인, 소송대리권 그 밖의 소송요건은 공익적 사항으로서 직권조사사항이며 본래 소명에 친하지 아니하므로 보전소송에서도 증명의 대상이다.[2013, 2019 법무사]

② 소명이 없거나 부족할 경우에 보증금을 공탁하게 하거나, 그 주장이 진실하다는 것을 선서하게 하여 소명에 갈음할 수 있다(민사소송법 299조 2항). 다만 보전처분 신청이 이유 없음이 소명된 경우에는 법원은 보증을 세우고도 보전처분을 발령할 수 없다.[1614][2014 법무사]

③ 청구채권이나 보전처분의 이유를 소명하지 아니한 때에도 보전처분으로 생길 수 있는 채무자의 손해에 대하여 법원이 정한 담보를 제공한 때에는 보전처분을 명할 수 있다(280조 2항). 그러나 피보전권리나 보전의 필요성에 관한 소명이 없을 뿐 아니라 오히려 반대로 피보전권리 또는 보전의 필요성이 없음이 소명된 경우에는 법원은 보전처분을 발령할 수 없다.[1615]
[2014, 2017 법무사, 2018 승진]

1614) 대법원 1965. 7. 27. 선고 65다1021 판결.
1615) 대법원 2010. 4. 8. 2009마1026 결정.

Ⅲ. 재판

1. 신청을 배척하는 재판

① 강제집행의 목적물이 될 수 없어 장차 강제집행을 보전하기 위한 가압류의 대상도 될 수 없는 목적물에 대한 가압류신청은 부적법하고, 이를 이유로 가압류결정을 취소하는 경우에는 채무자에게 담보제공을 명할 수 없다.1616)
[2014 승진, 2016, 2018 법무사]

② 가압류취소결정의 집행에 의하여 가압류등기가 말소된 후 당해 부동산에 관하여 제3자 앞으로 소유권이전등기가 경료된 경우에는 채권자는 더 이상 가압류신청을 할 이익이 없고,1617) 가처분취소결정의 집행에 의하여 처분금지가처분등기가 말소된 후 당해 부동산에 관하여 제3자 앞으로 소유권이전등기가 경료된 경우에도 채권자는 더 이상 가처분신청을 할 이익이 없다.1618)[2018 법무사]

③ 보전처분신청에서는 피보전권리나 보전의 필요성을 소명하여야 하고, 그 소명이 없을 때에도 담보를 제공하게 하고 보전처분을 명할 수 있으나, 단지 그 소명이 없을 뿐 아니라 오히려 반대로 피보전권리 또는 보전의 필요성이 없음이 소명된 경우에는 보전처분을 명할 수 없다.1619)[2014 법무사]

④ 채권자는 보전처분신청을 기각하거나 각하하는 재판에 대하여 즉시항고할 수 있다(281조 2항). 보전처분신청을 인용한 결정에 대하여 채무자는 보전처분을 발령한 법원에 이의를 신청할 수 있을 뿐이고, 즉시항고나 재항고로 다툴 수 없다.1620)[2022 법무사]

⑤ 무담보의 가압류결정을 구하는 신청에 대하여 담보제공을 조건으로 가압류를 명하는 경우에는 실질적으로 가압류신청에 대한 일부기각의 재판과 같은 성질을 가지므로 채권자는 즉시항고로 불복할 수 있다.1621)[2019, 2023 법무사]

Ⅱ. 보전처분을 명하는 재판

1. 담보

(1) 담보의 성질

1616) 대법원 2012. 11. 29. 2012마1647 결정.
1617) 대법원 2007. 11. 30. 선고 2006므2580 판결.
1618) 대법원 1998. 10. 13. 선고 96다42307 판결 ; 2008. 5. 7. 2008마401 결정.
1619) 대법원 1965. 7. 27, 선고 65다1021 판결.
1620) 대법원 2008. 12. 22. 2008마1752 결정.
1621) 대법원 2000. 8. 28. 99그30 결정(민사집행법 281조 2항에 가압류신청을 기각하거나 각하하는 결정에 대하여는 즉시항고할 수 있다는 명문규정이 있음).

① 청구채권(피보전권리)이나 가압류의 이유(보전의 필요성)를 소명하지 아니한 때에도 가압류로 생길 수 있는 채무자의 손해에 대하여 법원이 정한 담보를 제공한 때에는 가압류를 명할 수 있고, 소명이 있는 때에도 필요에 따라 담보를 제공하게 하고 가압류를 명할 수 있다(280조 2항, 3항).

② 가압류를 위하여 법원의 명령으로 제공된 공탁금은 부당한 가압류로 인하여 채무자가 입은 손해를 담보하는 것이므로 가압류취소에 관한 소송비용은 가압류로 인하여 제공된 공탁금이 담보하는 손해의 범위에 포함된다.[1622]

③ 제3자는 가압류채권자나 가처분채권자를 대신하여 공탁할 수 있는데, 이 경우에 법원의 허가나 담보권리자의 동의는 필요로 하지 않는다.[2024 승진]

(2) 담보제공명령

① 담보로 제공할 금액은 법원의 재량에 속한다. 법원이 강제집행정지결정을 명하기 위하여 담보제공명령을 내렸다면 이러한 담보제공명령은 나중에 있을 강제집행을 정지하는 재판에 대한 중간적 재판에 해당하므로 위 명령에서 정한 공탁금액이 너무 과다하여 부당하다고 하더라도 이는 강제집행정지재판에 대한 불복절차에서 그 당부를 다툴 수 있을 뿐, '담보제공명령'에 대하여는 독립하여 불복할 수 없다.[1623] 법원이 정한 담보액이 지나치게 많다고 판단되면 채권자는 담보제공명령을 이행하지 아니할 수 있고, 담보제공명령의 불이행을 이유로 법원이 보전처분신청을 각하하면 그 각하결정에 대하여 즉시항고를 할 수 있다(281조 2항, 301조).[2011 법무사, 2020 승진]

② 담보제공명령에 따라 담보를 제공하면 통상은 보전처분을 발하게 되지만, 담보를 제공하였다고 하여 반드시 보전처분을 명하는 재판을 하여야 하는 것은 아니다.[1624][2011, 2021 법무사, 2018 승진]

③ 인지 첩부·첨부 및 공탁제공에 관한 특례법 제3조의 규정에 의거하여 국가가 채권자인 경우에는 담보제공명령을 하지 않는다.[1625] 이러한 특례는 국가를 당사자로 하는 소송에 한하여 인정될 뿐이고, 국가사무와 관련된 모든 소송에 인정되는 것은 아니므로 지방자치단체나 공법인이 국가로부터 위탁받은 사무를 처리하는 과정에서 발생하는 소송에 관하여는 위 특례를 인정할 수 없다.[1626]

1622) 대법원 2019. 12. 12. 선고 2019다256471 판결.
1623) 대법원 2001. 9. 3. 2001그85 결정.
1624) 대법원 1968. 6. 18. 선고 68다539 판결.
1625) 인지첩부·첨부 및 공탁제공에 관한 특례법 제3조(불공탁) : 국가는 국가를 당사자로 하는 소송 및 행정소송을 수행할 때 민사소송법에 따른 공탁을 하지 아니한다.
1626) 대법원 2004. 10. 6. 2004마467 결정.

(3) 담보물변경

① 담보제공자는 담보물의 변경을 신청할 수 있고(민사소송법 126조), 담보물변경의 재판은 담보제공명령을 한 법원 또는 그 기록을 보관하고 있는 법원이 관할한다(민사소송규칙 23조 1항).

② 법원은 담보제공자의 신청이 상당하다고 인정할 때에는 결정으로 공탁한 담보물을 바꾸도록 명할 수 있고(민사소송법 126조), 공탁한 담보물이 금전인 경우에 유가증권으로 담보물을 변환하는 것은 법원의 재량에 속한다.1627) 신담보물을 어떠한 종류와 수량의 유가증권으로 할 것인가는 법원의 재량에 의하여 정하여지므로 본래의 공탁물에 갈음하여 유가증권 등을 공탁하게 할 때에 신·구담보물의 액면가액이 절대적으로 동일하거나 그 이상이어야 하는 것은 아니다.1628)[2020 법무사]

③ 법원의 담보물변경결정에 대하여는 불복할 수 없으므로 특별항고만 허용된다.1629)

(4) 담보권리자의 담보권의 실행

1) 현금이 담보로 제공된 경우

담보권리자(가압류·가처분채무자)는 피담보채권이 발생하였음을 증명하는 확정판결 또는 공탁자의 동의서를 첨부하여 공탁금을 직접 출급청구할 수 있다.[2020 법무사]

2) 지급보증위탁계약을 맺은 문서가 담보로 제공된 경우

담보로서 지급보증위탁계약을 맺은 문서가 제공된 경우에 채무자는 보전처분을 신청한 채권자를 상대로 먼저 집행권원을 취득한 후 이를 바탕으로 보험자에게 보험금청구를 하여야 하고, 보험자에게 직접 손해배상을 구할 수는 없다.1630)

3) 가처분채권자가 파산선고를 받은 경우

가처분채권자가 가처분으로 인하여 가처분채무자가 받게 될 손해를 담보하기 위하여 일정한 금전을 공탁한 경우, 담보권리자인 가처분채무자는 담보공탁금에 대하여 질권자와 동일한 권리가 있다(19조 3항, 민사소송법 123조).

1627) 대법원 1977. 12. 15. 77그27 결정.
1628) 대법원 1988. 8. 11. 88그25 결정.
1629) 대법원 1961. 7. 20. 4294민항159 결정 ; 2011. 9. 16. 2011마1176 결정.
1630) 대법원 1999. 4. 9. 선고 98다19011 판결.

가처분채권자가 파산선고를 받으면 가처분채권자가 제공한 담보공탁금에 대한 공탁금회수청구권에 관한 권리는 파산재단에 속하므로 가처분채무자가 공탁금회수청구권에 관하여 질권자로서 권리를 행사한다면 이는 별제권을 행사하는 것으로서 파산절차에 의하지 아니하고 담보권을 실행할 수 있다.1631)
[2021 법무사]

(5) 담보취소

1) 신청인
가압류·가처분채권자가 제공한 담보는 채권자가 법원으로부터 담보취소결정을 받아 다시 회수할 수 있다(민사소송법 125조).

2) 담보취소사유

가) 담보사유의 소멸
담보사유의 소멸이란 채권자가 본안의 승소확정판결을 얻거나 이행권고결정이 확정된 때 등을 말하며, 채권자는 이러한 담보사유의 소멸을 증명하여 담보취소결정을 얻은 후 담보물을 회수할 수 있다.1632)[2021 법무사]

다만 채권자가 보전처분 전에 보전처분신청을 취하한 경우에는 담보취소절차 없이 취하증명을 제출하여 공탁금을 회수할 수 있다.

나) 채무자의 동의
채무자의 동의가 있으면 보전소송이나 본안소송의 완결 전이라도 담보취소결정을 하여야 한다.[2020 법무사]

다) 소송완결 후의 권리행사최고
① 소송이 완결되면 손해발생 여부도 확정되므로 담보제공자의 신청에 의하여 법원이 일정한 기간을 정하여 담보권자에게 그 담보권의 행사를 최고하고, 만약 그 기간 내에 담보권을 행사하지 않으면 담보취소에 동의한 것으로 간주되어 담보취소결정을 할 수 있다.

② 소송의 완결은 보전소송절차가 완결되어 더 이상 손해액이 증가할 염려가 없는 것을 말하며, 본안의 소가 이미 제기된 때에는 그 본안소송도 완결되어야 한다.1633)[2020 법무사, 2021 승진]

1631) 대법원 2015. 9. 10. 선고 2014다34126 판결.
1632) 대법원 2006. 6. 30. 2006마257 결정.

③ 담보권자의 권리행사는 보전처분으로 인한 손해배상을 구하는 소제기나 지급명령 등과 같이 피담보채권 자체에 관한 재판상의 청구이어야 하고, 소송비용액확정신청이나 집행비용액확정신청은 이에 해당하지 않는다.1634)
[2020, 2021 법무사]

④ 권리행사최고를 거쳐 담보취소결정이 발령된 후 그 결정이 확정되기 전에 담보권리자가 권리행사를 하고 이것을 증명한 경우에는 담보권리자가 담보취소에 동의한 것으로 간주하여 발하여진 담보취소결정은 그대로 유지할 수 없으므로 담보취소결정을 취소하고 채권자의 담보취소신청을 기각하여야 한다.1635)
[2021 승진, 2021 법무사]

3) 불복방법
채무자는 담보취소결정에 대하여 즉시항고할 수 있다(민사소송법 125조 4항).

2. 가압류해방공탁

① 가압류명령에는 가압류의 집행을 정지시키거나 집행한 가압류를 취소시키기 위하여 채무자가 공탁할 금액을 적어야 하는데(282조), 이를 가압류 해방공탁금이라고 한다. 가압류명령을 발령할 때에는 반드시 해방공탁금액을 기재하여야 하고, 그 금액을 공탁한 때에는 법원은 결정으로 반드시 집행한 가압류를 취소하여야 한다(299조 1항).1636)

② 가압류해방공탁금은 가압류 목적물에 갈음하는 것이므로 금전에 의한 공탁만이 허용되고, 실질적 유통가치가 있는 것이라고 하더라도 유가증권에 의한 공탁은 인정되지 않는다.1637)[2024 승진, 2016 법무사]

③ 채무자가 해방금액을 공탁하여 가압류집행이 취소되더라도 가압류 자체의 효력까지 상실되는 것은 아니므로 채무자는 해방금을 공탁하고 가압류집행의 취소를 구할 수도 있고, 법원이 명한 담보를 제공하고 가압류 자체의 취소를 구할 수도 있다.[2011, 2016 승진, 2011, 2012 법무사]

④ 해방공탁금은 가압류의 집행정지나 취소로 인한 채권자의 손해를 담보하기 위한 것이 아니고 가압류의 목적재산에 갈음하는 것이므로 가압류채권자는 해방공탁금에 대하여 우선변제권이 없다.[2021 법무사]

1633) 대법원 1969. 12. 12. 69마967 결정 ; 2010. 5. 20. 2009마1073 전원합의체 결정.
1634) 대법원 2003. 6. 17. 2003마826 결정 ; 2008. 3. 17. 2008마60 결정 ; 2011. 2. 21. 2010그220 결정.
1635) 대법원 2000. 7. 18. 2000마2407 결정.
1636) 대법원 1962. 5. 31. 62마5 결정.
1637) 대법원 1996. 10. 1. 96마162 전원합의체 결정.

가압류집행의 목적물에 갈음하여 가압류해방금이 공탁된 경우 그 가압류의 효력은 공탁금 자체가 아니라 공탁자인 채무자의 공탁금회수청구권에 대하여 미치는 것이므로 채무자의 다른 채권자가 가압류해방공탁금의 회수청구권에 대하여 압류명령을 받은 경우에는 가압류채권자의 가압류와 다른 채권자의 압류는 그 집행대상이 같아 서로 경합하게 된다.1638)[2018, 2019 승진, 2012, 2016, 2022 법무사]

따라서 가압류해방공탁금의 회수청구권에 관하여 압류명령 등이 송달되면 공탁관은 지체없이 집행법원에 사유신고하여야 하고, 압류·추심명령을 받은 채권자에게 공탁을 지급하여서는 아니된다.1639)

⑤ 가압류채무자에게 해방공탁금의 용도로 금원을 대여하여 가압류집행을 취소할 수 있도록 한 자는 비록 가압류채무자에 대한 채권자라 할지라도 특별한 사정이 없는 한 가압류채권자에 대한 관계에서 가압류해방공탁금 회수청구권에 대하여 위 대여금채권에 의한 압류 또는 가압류의 효력을 주장할 수 없다.

위 대여금 채권에 기하여 위 해방공탁금 회수청구권에 대한 채권압류 및 전부명령을 받았다고 하더라도 그 채권이 바로 위 주식가압류집행취소를 위한 해방공탁금의 용도로 금원을 대여함으로써 발생한 것인 이상 위 해방공탁금 회수청구권에 대한 배당절차에서 배당을 받을 수 없다.1640)[2018 승진, 2016, 2021 법무사]

1638) 대법원 1996. 11. 11. 95마252 결정.
1639) 대법원 2002. 8. 27. 선고 2001다73107 판결.
1640) 대법원 1998. 6. 26. 선고 97다30820 판결.

제4장 보전명령에 대한 채무자의 구제

Ⅰ. 총설

1. 부당한 보전처분과 손해배상

① 보전처분이 불법행위를 구성하는 경우에는 그로 인한 손해배상청구를 할 수 있다. 보전처분은 법원의 재판에 의하여 집행되는 것이지만 그 실체상 청구권이 있는지 여부는 본안소송에 맡기고 단지 소명에 의하여 채권자의 책임 아래 하는 것이므로 보전처분 집행 후에 채권자가 본안소송에서 패소확정되었다면 특별한 반증이 없는 한 채권자에게 고의 또는 과실이 있다고 추정되고, 따라서 채권자는 부당한 보전처분 집행으로 인한 손해에 대하여 이를 배상할 책임이 있다.1641)[2019, 2020 승진, 2023 법무사]

② 가압류신청에서 채권액보다 지나치게 과다한 금액을 주장하여 그 청구금액대로 가압류결정이 된 경우 본안판결에서 피보전권리가 없는 것으로 확인된 부분의 범위 내에서는 가압류채권자의 고의·과실이 추정된다.1642) 다만 채권자가 가압류신청 당시 그 주장하는 채권이 있다고 믿을 만한 상당한 이유가 있었다고 인정되는 경우에는 위와 같은 고의·과실의 추정이 번복되어 부당한 가압류를 이유로 한 손해배상책임은 인정되지 않는다.1643)[2019 승진, 2020, 2022 법무사]

③ 부동산 등기청구권을 보전하기 위한 처분금지가처분이 부당하게 집행되어 부동산의 처분이 지체되었더라도 가처분집행 당시 소유자가 그 부동산을 사용·수익하는 경우에는 부동산의 환가가 지연됨으로 인한 손해는 그 부동산을 계속 사용·수익함으로 인한 이익과 상쇄되어 결과적으로 부동산의 처분이 지연됨으로 인한 손해는 없다 할 것이고, 만일 부동산의 환가가 지연됨으로 인한 손해가 그 부동산을 계속 사용·수익하는 이익을 초과한다면 이는 특별손해이다.1644)

다만 분양할 목적으로 토지를 매입하여 연립주택을 신축하였으나 부당한 처분금지가처분으로 인하여 처분이 제한된 경우와 같이 채무자가 목적물을 사용·수익하지 않는 경우에는 처분이 지연된 기간 동안 입은 손해 중 부동산의 처분대금에 대한 법정이율에 따른 이자 상당 금액은 통상손해에 속한다.1645)
[2020 법무사]

1641) 대법원 1999. 4. 13. 선고 98다52513 판결.
1642) 대법원 1999. 9. 3. 선고 98다3757 판결.
1643) 대법원 2011. 7. 14. 선고 2011다13241 판결.
1644) 대법원 2001. 1. 19. 선고 2000다58132 판결.
1645) 대법원 2001. 11. 13. 선고 2001다26774 판결.

④ 토지에 대한 부당한 가압류집행으로 그 지상에 건물을 신축하는 내용의 공사도급계약이 해제됨으로 인한 손해는 <u>특별손해</u>이므로 가압류채권자가 토지에 대한 가압류집행이 그 지상 건물 공사도급계약의 해제사유가 된다는 사정을 알았거나 알 수 있었을 때에 한하여 배상의 책임이 있다.1646)[2020, 2022 법무사]

⑤ <u>부동산가압류 집행 후</u> 집행채권자가 채무자와 민사상 책임을 묻지 않기로 하는 특약을 체결함으로써 본안소송에서 소각하 판결이 선고되어 확정된 경우, 이는 보전처분의 발령 후 피보전권리가 소멸한 경우이므로 위 가압류가 그 <u>신청 및 집행 당시부터</u> 위법한 것이었다고 볼 수 없다.1647)[2019 승진]

⑥ 민사상의 금전채권에 있어서 부당한 보전처분으로 인하여 그 채권금을 제때에 지급받지 못함으로써 발생하는 <u>통상의 손해액</u>은 그 채권금에 대한 민법 소정의 연 5푼의 비율에 의한 지연이자 상당액이고, 채무자가 실제로 부당하게 가압류된 금원을 활용하여 얻을 수 있었던 금융상의 이익이나 공탁한 금원을 조달하기 위한 금융상의 이자 상당액은 <u>특별손해</u>로서 채권자가 이를 알았거나 알 수 있었을 경우에 한하여 배상책임이 있다.1648)

⑦ 부당한 채권가압류의 집행이 있었더라도 그 집행기간 동안 기한의 미도래나 조건의 불성취 등으로 인해 가압류채무자가 제3채무자로부터 채권을 <u>바로 지급받을 수 없는 사정</u>이 있었다면 가압류채무자가 부당한 채권가압류의 집행으로 인하여 어떤 손해를 입었다고 할 수는 없다.1649)[2022 승진]

⑧ 가압류채무자가 가압류 이후 가압류청구금액을 공탁하고 그 집행취소결정을 받았다면, 가압류채무자는 적어도 위 가압류집행으로 인하여 위 공탁금에 대한 민사법정이율인 연 5% 상당의 이자와 공탁금 이율1650) 상당 이자의 <u>차액 상당의 손해</u>를 입었다고 보아야 한다.1651)[2019 승진, 2023 법무사]

⑨ 부당한 가처분의 취소를 위하여 변호사에게 사건처리를 위임한 사람은 자신이 지급한 변호사보수 전액이 아니라 소송비용액확정절차를 거쳐 상환받을 수 있는 부분을 <u>제외한 나머지 금액</u>만을 손해배상청구할 수 있다.1652)

1646) 대법원 2008. 6. 26. 선고 2006다84874 판결.
1647) 대법원 2007. 11. 15. 선고 2005다34919 판결.
1648) 대법원 1999. 9. 3. 선고 98다3757 판결.
1649) 대법원 2006. 6. 15. 선고 2006다10408 판결.
1650) 현재 공탁금의 이자는 연 1만분의 35이다(공탁금의 이자에 관한 규칙 2조).
1651) 대법원 1992. 9. 25. 선고 92다8453 판결.
1652) 대법원 2000. 12. 22. 선고 2000다54390 판결.

2. 가처분의 취소와 원상회복재판

① 가처분을 명한 재판에 기초하여 채권자가 물건을 인도받거나 금전을 지급받거나 또는 물건을 사용·보관하고 있는 경우에는 법원은 가처분을 취소하는 재판에서 채무자의 신청에 따라 채권자에 대하여 그 물건이나 금전을 반환하도록 명할 수 있다(308조). 원상회복의 범위는 물건 또는 금전의 반환에 한정되고, 손해배상의무의 존부에 관하여 판단할 수는 없다.

② 원상회복재판은 가집행선고나 집행문을 부여받을 필요 없이 즉시 집행력을 가지며, 집행기간도 2주 이내로 제한되지 않는다.[2022 승진]

Ⅱ. 보전처분에 대한 이의

1. 이의절차의 구조

① 보전처분에 대한 이의신청은 동일 심급에서의 불복신청으로서 변론 또는 당사자 쌍방이 참여할 수 있는 심문을 거쳐 다시 보전처분신청의 당부를 심리·판단하여 달라는 신청으로 보아야 하고,[1653] 판단의 기준시점도 보전처분 시가 아닌 이의소송의 심리종결 시이다.[1654][2013, 2021, 2024 법무사]

② 보전처분신청의 소송대리인은 보전처분에 대한 이의소송에서도 소송대리인의 지위를 유지하므로 그에 기한 제소명령신청사건에도 미치지만,[1655] 취소소송에까지 미치는 것은 아니다.[2013 법무사, 2017 승진]

2. 신청

(1) 이의사건의 관할 및 이송

① 이의신청사건은 보전처분을 발령한 법원의 전속관할이다.[1656] 항소심법원이 보전명령을 한 경우에는 이의사건도 항소심법원의 전속관할이다. 보전처분신청이 1심에서 배척되고 채권자의 항고에 의하여 항고심법원에서 보전명령을 한 경우에 이의사건의 관할법원은 항고심법원이다.[1657][2013, 2020 법무사, 2014 승진]

② 법원은 이의사건에 관하여 현저한 손해 또는 지연을 피하기 위한 필요가 있는 때에는 직권이나 당사자의 신청에 따라 결정으로 가압류사건의 관할권이 있는 다른 법원에 사건을 이송할 수 있고, 다만 이송 받은 법원이 심급을 달리하는 경우에는 이송이 허용되지 않는다(284조).[2020 법무사]

1653) 대법원 2006. 5. 26. 선고 2004다62597 판결.
1654) 대법원 2006. 5. 26. 선고 2004다62597 판결.
1655) 대법원 2003. 8. 22. 2003마1209 결정.
1656) 대법원 2003. 7. 22. 선고 2003다24598 판결.
1657) 대법원 2008. 12. 22. 2008마1752 결정 ; 2008. 5. 13. 2007마573 결정 ; 1999. 4. 20. 99마865 결정.

(2) 이의신청인

1) 채무자, 일반승계인

① 보전명령에 대한 이의신청을 할 수 있는 사람은 <u>채무자와 그 일반승계인</u>이다.1658) 채무자의 특정승계인은 직접 자기 이름으로 이의신청을 할 수 없고, 민사소송법 제81조에 의한 <u>참가승계를 하는 경우</u>에만 이의신청을 할 수 있을 뿐이다.1659)[2021 법무사]

② <u>보전처분신청 이전</u>에 이미 사망한 자를 채무자로 한 보전처분신청은 부적법하고 그 신청에 따른 보전명령이 있었다 하여도 그 결정은 <u>당연무효</u>로서 그 효력이 상속인에게 미치지 않지만, 채무자의 상속인은 일반승계인으로서 무효인 보전명령에 의하여 생긴 외관을 제거하기 위하여 <u>보전명령에 대한 이의신청</u>을 하여 그 취소를 구할 수 있다.1660)[2018 승진]

2) 제3채무자

채권가압류의 제3채무자는 <u>당사자가 아니므로</u> 가압류결정에 대한 이의신청을 할 수 없다. 따라서 '채무자의 제3채무자에 대한 채권'이 부존재하는 경우 가압류결정은 제3채무자에 대하여 실체법상 아무런 <u>효력이 없으므로</u> 제3채무자는 가압류결정에 대하여 이의신청을 할 수 없다.1661)[2013 승진, 2024 법무사]

3) 채무자의 채권자

보전처분에 대한 이의신청은 보전처분에 대한 소송법상의 불복방법에 불과하고, 채권자대위권에 의하여 소송절차상 개개의 권리를 행사하는 것은 허용되지 아니하므로 채무자의 채권자가 <u>채권자대위에 의하여</u> 보전처분에 대한 이의신청을 할 수 없다.1662) 다만 보전명령에 대한 제소명령을 신청할 수 있는 권리, 제소기간의 도과 또는 사정변경·특별사정에 의한 <u>가압류·가처분취소를 신청</u>할 수 있는 권리는 채권자대위권의 목적이 될 수 있다.1663)[2015, 2016, 2018 법무사]

5) 직무집행이 정지된 이사

직무집행정지가처분을 받은 <u>당해 이사</u>는 직무집행정지가처분을 받은 당해 사건에 관하여는 가처분의 당부를 다툴 수 있으므로 당연히 이의신청을 할 수 있으나, <u>회사, 법인 등 단체</u>는 채무자적격이 없으므로 이의신청을 할 수 없다.1664)

1658) 대법원 2011. 9. 21. 2011마1258 결정.
1659) 대법원 1970. 4. 28. 선고 69다2108 판결.
1660) 대법원 2002. 4. 26. 선고 2000다30578 판결.
1661) 대법원 1999. 3. 23. 선고 98다63100 판결.
1662) 대법원 1967. 5. 2. 선고 67다267 판결.
1663) 대법원 2011. 9. 21. 2011마1258 결정.

(3) 이의신청의 시기 및 이의신청의 이익

1) 이의신청의 시기
① 이의신청의 시기에 대하여는 법률상 특별한 제한이 없으므로 보전명령이 유효하게 존재하고 취소·변경을 구할 이익이 있는 한 보전집행의 여부에 관계없이 언제든지 이의신청을 할 수 있다.1665)
② 이의신청사건이 계속 중 채무자에 대한 파산선고결정이 확정된 경우 파산자의 재산에 대한 가압류결정은 무효이므로 채무자의 이의신청은 이익이 없어 부적법하여 각하하여야 한다.1666)

2) 이의신청의 이익이 없는 경우
① 영업비밀의 침해와 전직을 금지하는 가처분에서 금지기간을 정한 경우에 그 금지기간의 경과로 가처분의 효력이 상실되므로 채무자는 이의로써 그 결정의 취소를 구할 이익이 없다.1667) 그러나 위 가처분결정과 함께 그 의무위반에 대한 간접강제결정이 내려진 경우에는 채무자는 위 금지기간 경과 후에도 간접강제결정에 기하여 집행당할 위험이 존재하므로 그 배제를 위하여 이의신청으로 가처분의 취소를 구할 이익이 있고, 또 위 이의신청에 따른 재판에 대하여 항고할 이익도 있다.1668)
② 가처분에 의해 직무집행이 정지된 당해 이사 등을 선임한 주주총회 결의의 취소나 무효 또는 부존재확인을 구하는 본안소송에서 가처분채권자가 승소하여 그 판결이 확정된 경우, 가처분은 그 직무집행정지기간의 정함이 없는 경우에도 본안승소판결의 확정과 동시에 그 목적을 달성한 것이 되어 당연히 효력을 상실하게 되므로 채무자는 더 이상 이의신청으로 가처분의 취소나 변경을 구할 이익이 없다.1669)[2022 승진]

1664) 대법원 1997. 10. 10. 선고 97다27404 판결.
1665) 대법원 1959. 10. 29. 선고 4292민상64 판결.
1666) 대법원 2002. 7. 12. 선고 2000다2351 판결.
1667) 대법원 2004. 10. 28. 선고 2004다31593 판결.
1668) 대법원 2007. 6. 14. 2006마910 결정.
1669) 대법원 1989. 9. 12. 선고 87다카2691 판결.

(4) 이의사유

① 이의사유에는 원칙적으로 아무런 제한이 없다. 따라서 채무자는 피보전권리 및 보전의 필요성의 존부에 관한 사유는 물론이고 그 외에도 이미 발령된 보전처분을 부당하게 하는 모든 사유를 이의사유로 주장할 수 있다. 사정변경에 해당하는 사유, 특별사정의 존재, 제소기간의 도과 등 취소사유도 이의사유로 주장할 수 있다.1670)[2013, 2020, 2024 법무사]

② 채권가압류에서 가압류된 채권의 부존재 등을 이유로 채무자나 제3채무자가 이의신청을 하는 경우에는 그 이익이 없으므로 이의신청을 각하하여야 한다.1671)[2020, 2024 법무사]

(5) 이의신청의 취하

① 채무자는 이의신청에 대한 재판이 있기 전까지 채권자의 동의 없이 이의신청을 취하할 수 있다(285조 1, 2항). 채권자도 이의사건의 계속 중에 채무자의 동의 없이 가압류나 가처분신청을 취하할 수 있다.[2017, 2020 법무사]

② 이의신청의 취하는 서면으로 하여야 하지만 변론기일 또는 심문기일에서는 말로 할 수 있다(285조 3항).

3. 이의신청에 대한 심리

(1) 심리방식

이의신청이 있으면 법원은 변론기일 또는 당사자 쌍방이 참여할 수 있는 심문기일을 정하고 이를 당사자에게 통지하여야 한다(286조 1항).[2012 법무사]

(2) 송달

이의신청서 부본은 채권자에게 송달하여야 하는데(규칙 206조 2항), 이의신청을 한 채무자에게 채권자의 주소를 확인하여 보정할 의무가 있는 것이 아니므로 설령 채무자가 채권자의 구속상태를 알고서 이를 법원에 알리지 않았더라도 채권자에 대한 공시송달을 위법하다고 할 수 없다.1672)[2021 법무사]

(3) 신청취지의 확장 및 변경

특별한 사정이 없는 한 보전명령에 대한 이의절차에서 채권자가 신청취지를 확장하거나 변경하는 것은 허용될 수 없다.1673)[2019 승진, 2016, 2021, 2022 법무사]

1670) 대법원 2000. 2. 11. 선고 99다50064 판결.
1671) 대법원 1967. 5. 2. 선고 67다267 판결.
1672) 대법원 1992. 4. 14. 선고 92다3441 판결.

(4) 피보전권리의 변경

① 당사자가 권리 없음이 명백한 피보전권리를 내세워 보전처분을 한 것이라는 등의 특별한 사정이 없는 한 청구의 기초에 변경이 없는 범위 내에서는 이의절차에서도 신청이유의 피보전권리를 변경할 수 있다.1674) 따라서 소유권이전등기말소청구권을 피보전권리로 하여 처분금지가처분결정을 받은 다음 청구기초의 변경이 없는 범위 안에서 그 가처분이의절차에서 가처분신청이유에 예비적으로 시효취득으로 인한 소유권이전등기청구권을 추가할 수 있다.1675) 이 경우 변경으로 인하여 피보전권리로 추가되는 권리가 보전처분 재판 당시 아직 발생하지 아니한 권리도 피보전권리로 변경할 수 있다.1676)
[2019 승진, 2016, 2021, 2024 법무사]

② 법원은 당사자가 신청하지 아니한 사항에 대하여는 재판하지 못한다(처분권주의, 민사소송법 203조). 보전소송에서도 처분권주의·변론주의가 적용되므로 채권자가 신청하지 않았음에도 선행 매매계약의 매매대금 지급청구권을 피보전권리로 하는 가압류결정을 후행 매매계약에 기한 잔대금 및 그 지연배상금의 범위 내에서 인가하고 그 초과부분을 취소하는 것은 허용되지 않는다.1677)
[2019 승진, 2024 법무사]

(5) 심리종결일의 고지

민사집행법 제286조 제2항은 '법원은 심리를 종결하고자 하는 경우에는 상당한 유예기간을 두고 심리를 종결할 기일을 정하여 이를 당사자에게 고지하여야 한다. 다만 변론기일 또는 당사자 쌍방이 참여할 수 있는 심문기일에는 즉시 심리를 종결할 수 있다.'라고 규정하고 있다. 즉 법원은 상당한 유예기간을 두고 심리종결일을 정하거나, 변론기일 또는 당사자 쌍방이 참여할 수 있는 심문기일에 즉시 심리를 종결할 수 있다(286조 2항).

원칙적으로 이의소송의 심리종결일까지 제출된 주장·소명만이 이의사건의 판단자료가 된다.[2013 법무사]

1673) 대법원 2010. 5. 27. 2010마279 결정.
1674) 대법원 2009. 3. 13. 2008마1984 결정.
1675) 대법원 1982. 3. 9. 선고 81다1221 판결.
1676) 대법원 1996. 2. 27. 선고 95다45224 판결.
1677) 대법원 2009. 11. 26. 선고 2008다23224 판결(채권자가 신청하지 않은 부분에 대한 결정이므로).

4. 재판

(1) 재판형식

① 보전처분에 대한 모든 재판은 결정으로 하여야 하므로 이의신청에 대한 재판도 결정으로 하여야 한다(286조 3항). 이의신청에 대한 결정에는 이유를 적어야 하지만, 변론을 거치지 아니한 경우에는 이유의 요지만을 적을 수 있다(286조 4항). 이의신청에 대한 이유를 기재할 때에는 보전처분신청에 대한 결정의 전부 또는 일부를 인용할 수 있다(규칙 203조의3, 2항).

② 1심법원이 가압류명령을 취소하는 주문을 내면서 동시에 채권자의 가압류신청을 기각하는 주문을 내지 않았다 하더라도 재판이 탈루된 것이라거나 종국재판에 앞서 선결문제에 관하여 중간재판을 한 것이라고는 볼 수 없다.1678)

(2) 효력유예선언

① 채권자는 보전처분을 취소하는 결정에 대하여 즉시항고를 할 수 있지만 집행정지의 효력이 없으므로 채무자에 의하여 집행취소절차가 완료된다면 즉시항고가 인용되어도 보전의 목적을 달성할 수 없게 된다. 이러한 사태를 피하기 위해서 채권자는 즉시항고를 제기함과 더불어 보전처분을 취소하는 결정의 효력정지를 신청하여야 하는데, 효력정지신청의 기회만이라도 보장하기 위하여 보전명령의 취소결정을 법원이 직권으로 2주를 넘지 않는 범위 내에서 효력을 유예하는 선언을 할 수 있도록 하였다(286조 6항).[2015 법무사]

② 효력유예선언제도는 보전처분취소의 경우에도 준용된다. 다만 제소기간 도과로 인한 보전처분 취소의 경우에는 준용되지 아니하므로 효력유예선언을 할 수 없다.[2022 승진]

1678) 대법원 1994. 12. 27. 선고 94다38366 판결.

Ⅲ. 보전처분의 취소

1. 총론

(1) 취소소송의 구조

① 취소절차는 일단 유효하게 발령된 보전명령을 보전처분절차와는 별개의 절차에 의하여 실효시키는 제도라는 점에서, 보전처분신청절차 내에서 보전처분신청의 당부를 다시 심리하는 이의절차와 구별된다. 보전처분절차에서 이루어진 선정당사자 선정행위의 효력은 제소명령신청절차에는 미치지만 보전처분취소사건에까지 미치지는 않는다.1679)[2022 승진, 2012, 2015, 2018, 2023 법무사]

② 보전처분사건을 수임 받은 소송대리인의 소송대리권도 본안의 제소명령을 신청하거나 제소명령결정을 송달받을 권한은 있지만,1680) 보전처분취소소송에까지 그 위임의 효력이 미치는 것은 아니므로 취소신청서 및 기일통지서 등은 채권자 본인에게 송달하여야 한다.[2012, 2018 법무사, 2017 승진]

(2) 관할법원 및 이송

① 취소사건은 보전처분을 발령한 법원의 전속관할이고, 다만 보전처분취소사건의 본안이 이미 계속되어 있는 경우에는 그 본안의 관할법원이 취소사건을 관할한다(288조 2항).

② 보전명령의 취소신청 당시 본안소송이 항소심법원에 계속된 때에는 취소사건은 항소심의 전속관할에 속한다(311조). 따라서 사정변경에 따른 취소신청 당시 본안소송이 이미 항소심에 계속되어 있는 경우에는 항소심이 취소사건의 관할법원이 되므로 심급을 달리하더라도 반드시 항소심법원으로 이송하여야 한다(288조 2항 단서, 301조).[2013, 2020, 2023 법무사]

(3) 신청

1) 신청인

① 보전처분 취소신청을 할 수 있는 사람은 채무자와 그 일반승계인이다. 채무자는 가압류의 목적물을 제3자에게 양도한 후에도 취소신청을 할 수 있다.1681)

1679) 대법원 2003. 3. 31. 2003마324 결정 ; 2001. 4. 10. 선고 99다49170 판결.
1680) 대법원 2003. 3. 31. 2003마324 결정.
1681) 대법원 1962. 9. 27. 선고 62다330 판결.

② 법인 등 단체의 대표자 및 이사 등을 채무자로 하여 직무집행정지 및 대행자선임가처분이 있은 경우 그 후 사정변경이 있으면 그 가처분에 의하여 <u>직무집행이 정지된 대표자 등</u>이 그 가처분의 취소신청을 할 수 있고, 이 경우 종전의 대표자 등이 사임하고 새로 대표자가 선임되었다고 하더라도 직무집행정지가처분사건의 당사자가 될 수 없는 <u>회사·법인 등의 단체</u>는 가처분취소신청을 할 수 없다.1682)[2018 법무사]

③ 보전처분 목적물의 <u>특정승계인</u>은 채권자대위권의 행사에 의하지 아니하고 <u>직접 취소신청</u>을 할 수 있다.1683) 부동산에 대한 처분금지가처분이 집행된 후에 당해 부동산의 <u>일부지분을 승계한 자</u>는 공유물의 '보존행위'로서 단독으로 위 부동산 전체에 대한 가처분결정의 취소신청을 할 수 있다.[2017 승진, 2023 법무사]

④ <u>보전집행 후 3년이 경과</u>한 것을 이유로 보전명령의 취소를 구하는 경우에는 채무자 외에 <u>이해관계인</u>도 신청인이 될 수 있다(288조 1항).

채권가압류나 채권의 처분금지가처분에서 제3채무자는 당사자가 아니라 이해관계인으로서 <u>제3자에</u> 불과하므로 취소권자가 될 수 없다.1684) 보전집행물의 소유권을 주장하는 제3자는 <u>제3자이의의 소</u>에 의하여 구제받을 수 있다.

2) 신청시기 및 방법

① 채무자는 보전처분이 <u>유효하게 존재하는 한</u> 언제든지 취소신청을 할 수 있다.

② 가압류가 강제경매개시결정으로 인하여 <u>본압류로 이행</u>된 경우 본집행의 효력이 유효하게 존속하는 한 상대방은 <u>가압류집행의 효력</u>을 다툴 수는 없고, 오로지 <u>본집행의 효력</u>에 대하여만 다투어야 한다.1685)

다만 부동산에 대한 가압류가 집행된 후 가압류가 강제경매개시결정으로 <u>본압류로 이행</u>되었으나 강제경매개시결정이 이미 경매절차를 개시하는 결정을 한 부동산에 대한 것이고 <u>배당요구의 종기 이후</u>의 경매신청에 의한 것인 경우에는 채무자나 이해관계인이 <u>가압류에 대한 취소를 구할 이익</u>이 있다.1686)[2017 승진, 2017, 2024 법무사]

1682) 대법원 1997. 10. 10. 선고 97다27404 판결.
1683) 대법원 2006. 9. 22. 선고 2004다50235 판결 ; 2010. 8. 26. 2010마818 결정.
1684) 대법원 1993. 10. 15. 93마1435 결정.
1685) 대법원 2002. 3. 15. 2001마6620 결정 ; 2004. 12. 10. 선고 2004다54725 판결.
1686) 대법원 2016. 03. 24. 2013마1412 결정.

③ 부동산에 대한 가압류결정이 있고 그에 기한 가압류등기가 마쳐진 후, 해당 가압류에 기한 집행절차가 아닌 경매절차에서 부동산이 매각되어 가압류등기가 직권으로 말소되더라도 가압류결정의 효력은 그대로 남아 있게 된다. 따라서 채무자나 이해관계인은 가압류집행의 존속여부에 관계없이 가압류결정이 유효하게 존재하고 그 신청의 이익이 있는 한 민사집행법 제288조 제1항 제3호(가압류집행 후 3년간 본안의 소를 제기하지 아니한 때)에 의한 가압류취소신청을 할 수 있다.[1687][2020 승진, 2022 법무사]

④ 채무자는 취소신청에 대한 재판이 있기 전까지 채권자의 동의 없이 보전처분취소신청을 취하할 수 있다(285조 1항, 301조).[2018 법무사]

(4) 재판

보전처분에 대한 이의·취소에 대한 재판은 모두 결정으로 하여야 한다. 채권가압류에 대한 이의·취소사건에서 채권가압류를 취소하는 결정이 있는 경우에 결정문에 제3채무자의 표시가 있더라도 결정정본을 제3채무자에게 송달하여서는 아니된다.[1688][2011, 2015 승진]

2. 제소기간 도과로 인한 취소

(1) 본안의 제소명령

1) 관할법원
제소명령은 보전명령을 발령한 법원의 전속관할이다.

2) 신청인
① 제소명령의 신청인은 채무자 및 그 일반승계인이다. 소유권이전등기청구권에 대한 처분금지가처분의 제3채무자는 가처분에 대한 제소명령의 신청권이 없으므로 제3채무자가 채권자를 상대로 한 제소명령신청은 부적법하다.[1689]
[2023 법무사]

② 가압류·가처분결정에 대한 본안의 제소명령을 신청할 수 있는 권리나 제소기간의 도과에 의한 가압류·가처분의 취소를 신청할 수 있는 권리는 채권자대위권의 목적이 될 수 있다.[1690]

1687) 대법원 2019. 5. 17. 2018마1006 결정.
1688) 재민 2003-4, 제13조.
1689) 대법원 1993. 10. 15. 93마1435 결정.
1690) 대법원 2011. 9. 21. 2011마1258 결정.

③ 보전처분절차에서의 선정당사자 선정행위의 효력은 제소명령신청절차에는 미치지만, 보전처분취소사건에는 선정의 효력이 미치지 않는다.1691) 보전처분신청을 대리한 소송대리인이 있는 경우에 그 위임의 효력이 제소명령신청사건에는 미치지만, 보전처분취소사건에는 그 위임의 효력이 미치지 않는다.1692)

3) 제소명령

① 채무자로부터 제소명령신청이 있으면 법원은 채권자에게 본안의 소를 제기하고 이를 증명하는 서류를 제출할 것을 명하고, 이미 소를 제기하였으면 소송계속사실을 증명하는 서류를 제출하도록 명하여야 한다(287조 1항). 제소명령은 변론 없이 결정의 형식으로 한다(287조 1항).

② 보전처분신청을 대리한 소송대리인이 있는 경우에는 그 위임의 효력이 제소명령사건에도 미치므로 제소명령의 송달을 소송대리인에 대하여 할 수 있다.1693) 제소기간은 2주 이상으로 정하여야 한다(287조 2항).

③ 소제기 증명서류를 제출한 뒤에 본안의 소가 취하되거나 각하된 경우에는 소제기 증명서류를 제출하지 아니한 것으로 본다(287조 4항).[2017 법무사]

(2) 제소기간 도과로 인한 취소

1) 소제기증명서의 제출

① 채권자가 법원이 정한 기간내에 소제기증명원을 제출하지 아니하면 채무자는 보전명령의 취소를 신청을 할 수 있고, 법원은 결정으로 보전명령을 취소하여야 한다(287조 3항).

② 채권자가 법원이 정한 제소기간 내에 소를 제기하였음에도 불구하고 그 증명서를 기간 내에 법원에 제출하지 않은 경우에는 보전명령을 취소하여야 한다. 제소기간 내에 소제기증명서를 제출하지 아니한 경우에는 이후에 소제기증명서가 제출되더라도 보전명령을 취소하여야 한다.1694) 소제기를 증명하는 서류를 제출한 뒤에 본안의 소가 취하 또는 각하된 경우에는 그 서류를 제출하지 않은 것으로 본다(287조 4항).[2011 법무사, 2017 승진]

③ 채권자가 기간 내에 본안의 소를 제기하였다가 그 기간이 지난 뒤에 청구기초의 동일성이 인정되는 별소를 제기하고 원래의 소를 취하한 경우 보전명령을 취소하여야 한다.1695)

1691) 대법원 2003. 3. 31. 2003마324 결정 ; 2001. 4. 10. 선고 99다49170 판결.
1692) 대법원 2003. 8. 22. 2003마1209 결정 ; 2003. 3. 31. 2003마324 결정.
1693) 대법원 2003. 8. 22. 2003마1209 결정.
1694) 대법원 2008. 7. 10. 2008마332 ; 2008마260 ; 2003마1209 ; 2003마793 결정.

④ 가압류결정에 대한 제소명령에 응하여 제기한 본안의 소를 각하한 판결이나 중재절차를 종료한 선언의 당부는 당해 절차에서 판단되어야 할 것이고, 제소기간의 도과 여부를 심리하는 법원이 그 당부에 관하여 심리·판단할 수 있는 것이 아니므로 그 판결이나 중재절차에 위법이 있다 하더라도 제소기간의 경과 여부를 판단함에 있어서는 아무런 영향도 미칠 수 없다.1696)[2022 승진]

2) 본안의 소의 의미

① 본안의 소는 반드시 판결을 목적으로 하는 일반소송의 제기만을 의미하는 것은 아니고 조정, 지급명령 등도 포함된다. 집행증서와 같이 소송절차 밖에서 채무자의 협력을 얻어 집행권원을 취득하는 경우에도 가압류채권자가 채권의 실현 내지 회수의사를 가졌음이 명백하다면 가압류 집행 후 3년 내에 본안의 소를 따로 제기하지 아니하였더라도 제288조 제3호(가압류가 집행된 뒤에 3년간 본안의 소를 제기하지 아니한 때)의 가압류취소사유에 해당하지 않는다.1697)

② 본안의 제소명령을 받은 가압류채권자가 가압류의 피보전채권 중 일부채권액에 대하여만 제소명령에 정하여진 기간 내에 본안의 소를 제기하고, 나머지 채권액에 대하여는 그 기간이 지난 뒤에 청구취지확장의 방법으로 본안의 소를 추가로 제기한 경우, 위 청구취지의 확장부분에 대한 가압류명령은 취소하여야 한다.1698)[2014 승진]

③ 본안소송의 소송물은 보전소송의 피보전권리와 엄격하게 일치함을 요하지 않고, 청구기초의 동일성이 인정되면 족하다.1699) 다만 가압류의 피보전채권과 본안소송의 권리 사이에 청구기초의 동일성이 인정되더라도 본안소송의 권리가 금전채권이 아닌 경우에는 가압류의 효력이 그 본안소송의 권리에 미치지 않는다.1700)[2021 법무사]

3) 재판 및 불복

① 제소기간 도과로 인한 보전처분의 취소신청에 대하여는 변론이나 심문 또는 서면심리를 거쳐 결정으로 재판한다(287조 3항).

1695) 대법원 2008. 7. 10. 2008마332 결정.
1696) 대법원 2000. 2. 11. 선고 99다50064 판결.
1697) 대법원 2016. 03. 24. 2013마1412 결정.
1698) 대법원 2008. 7. 10. 2008마260 결정.
1699) 대법원 2009. 3. 13. 2008마1984 결정 ; 2006. 11. 24. 선고 2006다35223 판결 ; 2001. 3. 13. 선고 99다11328 판결.
1700) 대법원 2013. 4. 26. 2009마1932 결정.

② 제소명령 후 가압류결정의 청구채권을 양도한 경우에는 채권양도의 대항요건을 갖추지 못하였더라도 채권양수인이 채권양도인의 제소명령상의 지위를 승계하고, 제소명령에서 정한 기간 내에 양수인이 본안의 소를 제기하고 소장접수증명서를 첨부한 제소신고서를 제출한 이상 제소명령을 준수하였다고 봄이 타당하다.1701)[2022 승진, 2018, 2023 법무사]

③ 13필지의 토지를 대상으로 하는 처분금지가처분결정에 대한 제소명령이 그 중 어느 부분에 대한 것인지 특정되지 아니하였더라도, 채무자가 그 중 2필지의 토지에 대해서만 제소명령 불응을 이유로 한 가처분취소를 신청하였다면 위 제소명령은 2필지의 토지에 대해서만 효력이 있다.1702)

④ 제소기간경과로 인한 보전처분취소의 경우에는 효력유예선언에 관한 규정 (286조 6항)이 준용되지 아니하므로 법원은 효력유예선언을 할 수 없다.
[2022 승진]

⑤ 보전처분에 대한 제소명령절차는 집행에 관한 절차가 아니므로 제소명령의 불이행을 이유로 한 보전처분 취소결정은 민사집행법 제15조의 집행절차에 관한 집행법원의 재판에 해당한다고 볼 수 없고, 따라서 그에 대한 즉시항고에 관해서는 민사집행법 제15조가 아닌 민사소송법상 즉시항고에 관한 규정이 적용된다.1703)

3. 사정변경에 따른 취소

(1) 의의

보전명령의 발령 후 보전처분의 이유가 소멸되거나 그 밖에 사정이 바뀌어 보전처분을 유지함이 상당하지 않게 된 때에는 보전처분이 인가된 뒤에도 채무자는 보전명령의 취소를 구할 수 있다(288조 1항, 301조). 보전처분이 집행된 뒤에 3년간 본안의 소를 제기하지 아니한 때에는 채무자 외에 이해관계인도 보전명령의 취소신청을 할 수 있다(288조 1항 3호).

(2) 사정의 변경

1) 피보전권리에 관한 것

1701) 대법원 2014. 10. 10. 2014마1284 결정.
1702) 대법원 2008. 5. 9. 2007마696 결정.
1703) 대법원 2006. 9. 28. 2006마829 결정.

가) 피보전권리의 소멸·변경

① 채무자는 가압류의 이유가 소멸되거나 그 밖에 사정이 바뀐 때에는 가압류가 인가된 뒤에도 그 취소를 신청할 수 있고(288조 1항 1호), 피보전권리의 부존재가 분명하게 된 경우에도 사정변경에 해당한다.

甲(임차인)이 乙(임대인)에 대한 임차보증금 반환채권을 피보전권리로 하여 乙소유 부동산에 관하여 가압류결정을 받았는데, 乙이 실제 임차인이 甲의 아버지인 丙이라고 주장하면서 丙을 상대로 제기한 건물인도 소송에서 丙이 실제 임차인임을 전제로 한 판결이 선고되었고, 그 후 丙이 위 가압류결정의 피보전권리와 같은 임차보증금 반환채권을 피보전권리로 하여 위 부동산에 관하여 거듭 가압류결정을 받은 경우, 甲의 乙에 대한 임차보증금 반환채권은 부존재함이 분명하게 되었고 이는 가압류결정을 취소할 사정변경에 해당한다.1704)
[2018 법무사, 2023 승진]

② 가압류의 목적인 채무자의 제3채무자에 대한 채권(가압류된 채권)이 존재하지 않음이 밝혀졌다 하더라도 이는 가압류결정이 결과적으로 채권보전의 실효를 거둘 수 없게 됨에 그칠 뿐이고, 이로써 가압류결정을 취소할 사유는 되지 못한다.1705)[2013 승진, 2020, 2024 법무사]

나) 채권자패소의 본안판결이 확정된 경우 : 실체법상 이유로 패소확정

① 채권자가 본안소송에서 실체법상 이유로 패소확정된 때에는 사정변경으로 인한 취소사유가 되고,1706) 채권자가 위 확정판결에 대하여 재심의 소를 제기하더라도 취소에 영향을 미칠 수 없다.1707)[2017 승진]

② 피보전권리에 관한 본안소송에서 패소확정이 되면 위 피보전권리와 청구의 기초가 다른 경우는 물론 청구의 기초를 같이하는 다른 권리의 보전을 위하여도 앞서 받은 보전처분을 유용할 수 없다.1708) 따라서 본안소송으로 연대채무의 이행을 구했다가 채권자가 패소확정된 경우에 다시 보증채무의 이행을 구하는 소를 제기하였고, 그 청구의 기초가 동일하다 하더라도 보전처분의 유용은 허용되지 않는다.[2012, 2014, 2022 법무사]

1704) 대법원 2014. 11. 18. 2014마1379 결정.
1705) 대법원 1999. 3. 23. 선고 98다63100 판결.
1706) 대법원 1963. 9. 12. 선고 63다354 판결; 1973. 3. 20.선고 73다165 판결; 2008. 11. 27. 2007마1470 결정.
1707) 대법원 1991. 1. 11. 선고 90다8770 판결.
1708) 대법원 2004. 12. 24. 선고 2004다53715 판결 ; 1994. 8. 2. 선고 93므1259 판결.

③ 채권자가 여러 개의 피보전권리를 주장하여 보전명령을 얻은 후 그 중 일부의 권리만을 주장한 본안소송에서 패소확정된 경우에도 사정변경에 따른 취소를 인정할 수 있다. 예컨대 채권자가 점유권에 기한 인도청구권과 소유권에 기한 인도청구권을 피보전권리로 하여 보전처분을 받았는데, 소유권에 기한 인도청구권을 본안으로 한 소송에서 패소확정되었다면 그 후 다시 점유권에 기한 인도청구소송이 계속 중이라도 사정이 변경된 경우에 해당한다.1709)[2023 법무사]

다) 소송법상 이유로 각하판결을 받은 경우

본안소송이 소송법상 이유로 각하판결을 받은 경우에는 사정변경에 해당되지 않는다.1710) 다만 소송법상 이유로 각하판결을 받은 경우에 채권자가 민사집행법 288조 1항 3호에서 정한 제소기간 내에 피보전권리에 관한 본안의 소를 다시 제기하여 그 절차에서 소송요건의 흠결을 보완하는 것이 불가능하거나 현저히 곤란하다고 볼 만한 특별한 사정이 있는 경우에는 사정변경이 발생하였다고 볼 수 있다.1711)

라) 본안판결이 확정되지 아니한 경우 등

보전명령 후 그 본안소송에서 채권자가 패소하고 그 판결이 판결이유, 증거 등에 비추어 상급심에서 변경될 염려가 없다고 인정되는 경우 본안판결이 확정되지 않았더라도 사정변경을 이유로 보전명령을 취소할 수 있다.1712)

3) 보전의 필요성에 관한 것

① 보전의 필요성에 관한 사정변경의 사유는 보전이유의 소멸·변경이다. 가압류채권자가 본안소송에서 승소하고 집행권원을 획득하여 즉시 본집행을 할 수 있는 요건을 갖추었음에도 그 집행을 하지 않고 있는 경우에는 피보전권리에 대한 보전의 필요성은 소멸되었다고 할 것이고, 이와 같이 가압류결정 후에 보전의 필요성이 소멸된 때에는 그 가압류를 그대로 존속시켜 놓을 수 없는 사유인 사정변경이 있다고 보아야 한다.1713)[2023 승진]

1709) 대법원 1973. 3. 20. 선고 73다165 판결.
1710) 대법원 2004. 12. 24. 선고 2004다53715 판결 ; 1998. 5. 21. 선고 97다47637 전원합의체 판결.
1711) 대법원 2018. 2. 9. 2017마5829 결정.
1712) 대법원 1977. 5. 10. 77다471 판결 ; 2008. 11. 27. 2007마1470 결정.
1713) 대법원 2007. 7. 26. 2007마340 결정.

② 법인 등 단체 대표자에 대한 직무집행정지가처분이 있은 후 직무집행이 정지된 대표자의 임기가 만료되고 새로 단체의 대표자가 선임되었다면, 특별한 사정이 없는 한 직무집행이정지된 위 대표자가 단체의 대표자로서의 직무집행을 계속하여 위 단체에 회복하기 어려운 손해를 입힐 가능성은 없어졌으므로 위 가처분결정은 이를 더 이상 유지할 필요가 없는 사정변경이 생겼다고 본다.[1714][2012 법무사]

(3) 보전집행 후 3년간 본안의 소를 제기하지 아니한 때

1) 신청인 및 취소의 요건

① 보전집행 후에 채권자가 3년간 본안의 소를 제기하지 아니하면 채무자 또는 이해관계인의 신청에 따라 결정으로 보전명령을 취소하여야 한다(288조 1항 3호, 301조).[2011 승진]

② 보전처분이 집행된 후에 보전처분 목적물을 양수한 양수인은 민사집행법 제288조에 의하여 사정변경으로 인한 보전처분의 취소신청을 구할 수 있는 신청인적격이 있고, 그러한 양수인에 대한 채권자는 민사집행법 제288조 제1항 후문의 이해관계인에 해당한다.[1715][2018 법무사]

③ 민사집행법 제288조 제1항 제3호의 사유는 보전처분집행 전까지 본안의 소가 제기되지 않은 경우에 한하여 적용되는 보전처분 취소사유이므로 가압류 채권자가 가압류집행 전에 이미 본안의 소에 관한 확정판결을 받은 경우에는 비록 가압류가 집행된 뒤에 3년간 다시 본안의 소를 제기하지 않았다고 하더라도 특별한 사정이 없는 한 민사집행법 제288조 제1항 제3호 사유에 해당한다고 볼 수 없다.[1716]

2) 재판

3년이 지나면 취소의 요건이 완성되므로 그 후에 본안의 소를 제기하여도 보전처분의 취소를 배제하지 못한다.[1717] 보전집행 후 3년간 본안의 소를 제기하지 아니하였다고 하여 취소결정 없이 보전처분의 효력이 당연히 소멸하는 것은 아니고, 채무자 또는 이해관계인이 그러한 요건이 있을 때 취소신청을 할 수 있다는 것에 불과하다.[1718]

1714) 대법원 1995. 3. 10. 선고 94다56708 판결.
1715) 대법원 2014. 10. 16. 2014마1413 결정.
1716) 대법원 2023. 10. 20. 2020마7039 결정.
1717) 대법원 1999. 10. 26. 선고 99다37887 판결.
1718) 대법원 2004. 4. 9. 선고 2002다58389 판결 ; 2008. 2. 14. 선고 2007다17222 판결.

3) 소멸시효 중단효

3년간 본안의 소를 제기하지 아니하였음을 이유로 한 가압류취소는 시효중단의 효력이 소급하여 없어지는 민법 제175조[1719])에서 정한 가압류취소의 경우에 해당하지 않는다.[1720])[2024 승진]

1719) 민법 175조 : 압류, 가압류, 가처분은 권리자의 청구에 의하여 또는 법률의 규정에 따르지 아니함으로 인하여 취소된 때에는 시효중단의 효력이 없다.
1720) 대법원 2009. 5. 28. 선고 2009다20 판결.

제5장 보전항고 및 보전집행

제1절 보전항고

Ⅰ. 즉시항고

1. 채권자의 즉시항고

① 보전처분신청을 기각·각하하는 재판에 대하여 채권자는 즉시항고할 수 있다(301조, 281조 2항).

② 보전처분에 대하여 채무자는 의의신청을 할 수 있을 뿐이고, 보전명령이 항고법원에 의하여 행해진 경우라도 이에 대하여 민사소송법 제442조의 재항고나 민사소송법 제444조의 즉시항고로 다툴 수 없다.[1721] [2019 법무사]

2. 보전처분이의·취소재판에 대한 즉시항고

(1) 의의

보전처분이의·취소재판에 대하여는 즉시항고로 불복할 수 있다(286조 7항, 287조 5항, 301조, 307조).

(2) 항고기간 및 항고방식

① 보전처분이의·취소재판에 대한 즉시항고는 항고인이 재판을 고지받은 날로부터 1주 이내에 원심법원에 제기하여야 한다. 그러나 법원이 즉시항고 제기기간을 잘못 고지하였다면 설령 즉시항고가 법정기간을 경과하여 제기되었다고 하더라도 그것이 고지된 기간 내에 제기된 이상 적법한 항고로 봄이 상당하다.[1722] [2019 법무사]

② 보전처분이의·취소신청에 대한 재판은 집행절차에 관한 집행법원의 재판이 아니므로 그에 대한 즉시항고에는 민사집행법 제15조가 적용되지 않는다.[1723] 따라서 보전처분이의·취소신청에 대한 재판의 항고인이 항고장에 항고이유를 적지 아니하였다거나, 항고장 제출일로부터 10일 이내에 항고이유서를 제출하지 아니하였다는 이유로 즉시항고를 각하할 수 없다.[1724] [2019, 2023 법무사]

1721) 대법원 1999. 4. 20. 99마865 결정 ; 2008. 12. 22. 2008마1752 결정.
1722) 대법원 2007. 3. 26. 2006마1331 결정 ; 2007. 7. 27. 2006마1131 결정.
1723) 대법원 2006. 9. 28. 2006마829 결정.
1724) 대법원 2008. 2. 29. 2008마145 결정.

③ 항고법원의 심리범위는 '항고이유'에 의하여 제한되는 것이 아니므로 항고법원은 항고이유서 제출 여부와 관계없이 항고이유의 주장이 없더라도 그 불복신청의 한도 안에서 기록에 나타난 자료에 의하여 제1심 재판의 당부를 심리·판단하여야 한다.1725)[2019 법무사]

(3) 즉시항고의 효과
민사집행법은 보전처분이의·취소재판에 대한 즉시항고에 관하여 집행정지의 효력을 부여하고 있는 민사소송법 제447조의 준용을 배제하고 있으므로 즉시항고가 제기되더라도 집행정지의 효력이 없다(286조 7항, 287조 5항, 288조 3항, 307조 2항). 따라서 채무자의 이의·취소신청에 따라 보전처분을 취소하는 결정이 발령되면 채무자는 즉시 보전집행의 취소신청을 할 수 있다.

(4) 보전처분취소결정의 효력정지
① 민사집행법은 채권자의 보호를 위하여 보전처분취소결정의 '효력유예선언제도'와는 별도로 보전처분취소결정의 '효력정지제도'를 규정하였다. 보전처분취소결정에 대하여 채권자의 즉시항고가 있는 경우에, 불복의 이유로 주장한 사유가 법률상 정당한 사유가 있다고 인정되고 사실에 대한 소명이 있으며, 그 보전처분을 취소함으로 인하여 회복할 수 없는 손해가 생길 위험이 있다는 사정에 대한 소명이 있는 때에는 법원은 당사자의 신청에 따라 보전처분취소결정의 효력을 정지시킬 수 있다(289조 1항).

② 효력정지재판은 보전처분취소결정에 대한 즉시항고가 제기된 이후에 할 수 있다. 효력정지의 요건에 관한 소명은 보증금을 공탁하거나 주장이 진실함을 선서하는 방법으로 대신할 수 없다(289조 2항).[2023 법무사]

③ 효력정지재판은 항고법원이 하는 것이 원칙이지만 재판기록이 원심법원에 있는 때에는 원심법원이 위 재판을 한다(289조 3항). 당사자는 법원의 효력정지재판에 대하여 불복할 수 없다(289조 5항).[2023 법무사]

④ 재판에 대한 불복절차 또는 시정절차가 마련되어 있으면 이를 통한 시정을 구하지 않고서는 원칙적으로 국가배상을 구할 수 없으며, 보전재판이라고 해서 이와 달리 보아야 할 이유가 없다.1726)

1725) 대법원 2008. 2. 28. 2007마274 결정 ; 2010. 3. 3. 2009마876 결정.
1726) 대법원 2022. 3. 17. 선고 2019다226975 판결.

(5) 항고법원의 심리

민사집행법은 보전명령에 대한 이의신청이 있는 때에는 법원은 변론기일 또는 당사자 쌍방에게 참여할 수 있는 심문기일을 정하여야 한다고 규정하고 있을 뿐이고(286조 1항) <u>항고법원의 심리방법</u>에 관하여는 아무런 규정도 두고 있지 않다. 따라서 항고법원의 심리에 관하여는 결정으로 완결할 사건에 관한 <u>민사소송법의 규정이 준용</u>되어 항고법원이 변론을 열 것인지 아닌지 및 변론을 열지 아니할 경우에 당사자와 이해관계인 그 밖의 참고인을 심문할 것인지 아닌지를 정할 수 있다고 보아야 한다.[1727]

(6) 가압류취소결정의 집행

채권가압류취소결정의 집행으로서 집행법원이 제3채무자에게 가압류집행취소통지서를 송달한 경우 그 <u>효력은 확정적</u>이므로, 채권가압류결정이 제3채무자에게 송달된 상태에서 그 채권을 양수하여 확정일자 있는 통지 등에 의한 대항요건을 갖춘 채권양수인은 위와 같이 가압류집행취소통지서가 제3채무자에게 송달된 이후에는 더 이상 처분금지효의 제한을 받지 않고 <u>아무런 부담이 없는 채권취득의 효력을 가압류채권자에게 대항</u>할 수 있게 된다.

위와 같이 가압류취소결정의 집행이 완료된 이상 이후 항고심에서 가압류취소결정을 취소하여 가압류결정을 인가하였다고 하더라도, 이미 <u>취소된 가압류집행이 소급하여 부활하는 것은 아니므로</u>, 채권양수인이 아무런 부담이 없는 채권취득의 효력을 가압류채권자에게 대항할 수 있음은 마찬가지이다.[1728][2023 승진]

(7) 보전처분취소결정의 취소와 집행

보전처분 취소결정을 상소법원이 취소한 경우로서 법원이 그 보전처분의 집행기관이 되는 때에는 그 <u>취소재판을 한 상소법원</u>이 직권으로 집행하되, 취소재판을 한 법원이 대법원인 때에는 채권자의 신청에 따라 <u>제1심법원이 집행</u>한다(298조 1항, 2항, 301조).[2020 승진, 2022, 2024 법무사]

3. 재항고

① 재항고는 재판에 영향을 미친 헌법, 법률, 명령 또는 규칙의 위반을 이유로 드는 때에만 할 수 있다(23조 1항, 민소법 442조). 재항고심은 사후심으로서 <u>원심결정 단계까지</u> 제출된 소송자료를 기초로 하여야 하는 것이고, 원심결정 이후에 제출된 자료를 그 판단의 자료로 삼는 것은 허용되지 아니한다.[1729]

1727) 대법원 2012. 5. 31. 2012마300 결정.
1728) 대법원 2022. 1. 27. 선고 2017다256378 판결.
1729) 대법원 2010. 4. 30. 2010마66 결정.

② 법원의 가처분결정에 직무집행을 정지하는 기간이 정하여져 있는 경우 그 '기간의 경과'로 가처분결정의 효력이 상실되므로 그 기간 경과 후에는 가처분결정이 외형상 잔존함으로 인하여 어떠한 법률상 이익이 침해되었다고 볼 만한 특별한 사정이 없는 한 그 취소를 구할 법률상 이익이 없다.1730)
[2022 승진, 2023 법무사]

Ⅱ. 특별항고

① 불복할 수 없는 결정이나 명령에 대하여는 재판에 영향을 미친 헌법위반이 있거나, 재판의 전제가 된 명령·규칙·처분의 헌법 또는 법률의 위반여부에 대한 판단이 부당하다는 것을 이유로 하는 때에만 대법원에 특별항고를 할 수 있다(민소법 449조 1항).

② 효력정지신청을 기각한 결정, 보전명령 경정신청을 기각한 결정, 담보물변경결정, 해방공탁에 의한 가압류집행취소신청을 기각한 결정에 대하여는 민사소송법 제449조 소정의 특별항고로만 불복할 수 있다.1731)

③ 재도의 고안을 허용하는 것은 특별항고를 인정한 취지에 맞지 아니하므로 특별항고가 있는 경우 원심법원은 경정결정을 할 수 없고 기록을 그대로 대법원에 송부하여야 한다.1732)[2018 법무사]

제2절 보전집행

Ⅰ. 집행기간

1. 의의

보전처분의 집행은 채권자에게 재판을 고지한 날로부터 2주를 넘긴 때에는 하지 못한다(292조 2항, 301조). 2주라는 집행기간은 채권자의 권리행사 확보와 채무자보호의 요청을 조화시키기 위하여 국가의 집행권을 제한하는 공익적 규정이므로 법원이 임의로 신장할 수 없고, 채무자도 기간경과의 이익을 포기할 수 없다.[2013 법무사]

2. 기산점

1730) 대법원 2013. 6. 17. 2013마568 결정.
1731) 대법원 1991. 3. 29. 89그9 결정 ; 2000. 5. 31. 2000그22 결정.
1732) 대법원 2001. 2. 28. 2001그4 결정.

(1) 원칙

보전처분의 집행은 채권자에게 재판을 고지한 날로부터 2주를 넘긴 때에는 하지 못한다(292조 2항, 301조).

(2) 예외

1) 대체적 작위를 명하는 가처분

일정한 작위를 명하는 가처분의 경우에 그 작위가 대체적인 경우에는 대체집행에 의하고 부대체적인 경우에는 간접강제에 의하게 되는데, 이 경우의 집행기간은 대체집행·간접강제신청에 대한 인용재판이 있을 때부터 진행되는 것이 아니라, 가처분재판의 고지일로부터 2주일 이내에 대체집행·간접강제의 신청이 있어야 한다.1733)[2013 승진, 2013 법무사]

2) 부대체적 작위를 명하는 가처분

① 가처분에서 명하는 부대체적 작위의무가 일정기간 계속되는 경우라면, 채무자가 성실하게 그 작위의무를 이행함으로써 강제집행을 신청할 필요 자체가 없는 동안에는 위 집행기간이 진행하지 않고, 채무자의 태도에 비추어 작위의무의 불이행으로 인하여 간접강제가 필요한 것으로 인정되는 때에 그 시점부터 위 2주의 집행기간이 기산된다.1734)[2013 승진, 2013 법무사]

② 그러나 부대체적 작위채무의 이행을 명하는 가처분결정과 함께 그 의무위반에 대한 간접강제결정이 동시에 이루어진 경우에는 간접강제결정 자체가 독립된 집행권원이 되고, 간접강제결정에 기초하여 배상금을 현실적으로 집행하는 절차는 간접강제절차와 독립된 별개의 금전채권에 기초한 집행절차이므로 그 간접강제결정에 기한 강제집행을 반드시 가처분결정이 송달된 날로부터 2주 이내에 할 필요는 없다.1735)[2019, 2022, 2023 법무사]

4) 부작위를 명하는 가처분

① 단순한 부작위를 명하는 가처분은 원칙적으로 집행기간의 문제가 생기지 않지만 채무자가 명령위반행위를 하면 그 명령위반행위 시로부터 그 제거나 방지를 위한 신청의 집행기간이 개시된다.1736)

② 채무자에 대하여 단순한 부작위를 명하는 가처분은 그 가처분재판이 채무

1733) 대법원 2010. 12. 30. 2010마985 결정.
1734) 대법원 2010. 12. 30. 2010마985 결정.
1735) 대법원 2008. 12. 24. 2008마1608 결정.
1736) 대법원 1982. 7. 16. 82마카50 결정.

자에게 고지됨으로써 발생하는 것이지만, 채무자가 그 명령위반을 한 때에 비로소 간접강제의 방법에 의하여 부작위상태를 실현시킬 필요가 생기는 것이므로 그 때부터 2주 이내에 간접강제를 신청하여야 함이 원칙이고, 다만 채무자가 <u>가처분재판이 고지되기 전부터</u> 가처분재판에서 명한 부작위에 위반되는 행위를 계속하고 있는 경우라면, 그 <u>가처분결정이 채권자에게 고지된 날부터 2주 이내에</u> 간접강제를 신청하여야 하고, 그 집행기간이 지난 후의 간접강제신청은 부적법하다.[1737][2013, 2019, 2024 법무사]

Ⅲ. 보전집행의 취소

1. 채권자의 집행취소신청

① 집행취소는 채무자에게 불이익할 것이 전혀 없으므로 채권자가 집행취소신청을 함에는 채무자의 동의가 필요 없다.[1738]

② 가처분해제신청서가 위조되었다고 주장하는 채권자는 <u>집행에 관한 이의를</u> 통하여 말소회복을 구할 수 있고, 그 집행이의가 이유 있다면 집행법원이 가처분기입등기의 <u>말소회복등기의 촉탁을</u> 하여야 하므로 채권자가 말소된 가처분등기의 회복등기절차의 이행을 <u>소구</u>할 이익은 없다.[1739][2021 법무사]

2. 보전처분신청의 취하를 이유로 한 채무자의 집행취소신청

채권가압류에서 채권자가 채권가압류신청을 취하하면 가압류결정은 그로써 효력이 소멸되지만, 가압류결정정본이 이미 제3채무자에게 송달된 경우에는 <u>취하통지서가 제3채무자에게 송달</u>되었을 때 비로소 가압류집행의 효력이 장래를 향하여 소멸된다.[1740] 이는 취하통지서 송달 전에 제3채무자가 법원사무관등의 통지에 의하지 아니한 <u>다른 방법으로 취하사실을</u> 알게 된 경우에도 같다.[1741] 이러한 법리는 채권압류의 경우에도 그대로 적용된다.[2017, 2021 법무사]

1737) 대법원 2010. 12. 30. 2010마985 결정.
1738) 대법원 1980. 2. 15. 79마351 결정.
1739) 대법원 2000. 3. 24. 선고 99다27149 판결.
1740) 대법원 2008. 1. 17. 선고 2007다73826 판결.
1741) 대법원 2008. 1. 17. 선고 2007다73826 판결.

3. 제3자의 집행취소신청

부동산가압류등기(또는 가처분등기)가 <u>무효인 등기라면</u> 소유자는 가압류채권자를 상대로 그 가압류등기의 말소를 구할 수 있다.1742) 그러나 <u>무효가 아닌</u> 가압류등기 경료 후 가압류목적물에 대한 소유권을 취득한 사람은 집행법원에 <u>가압류결정취소나 집행취소신청</u>을 하여 그 결정을 받아 이를 원인증서로 하여 가압류등기를 말소시킬 수 있을 뿐, 곧바로 가압류등기 자체의 말소를 소구할 수 없다.1743)[2024 법무사]

4. 채권의 집행취소

가압류의 취소를 명하는 재판이 있다고 하더라도 채무자가 그 재판을 집행법원에 제출하면서 가압류의 <u>집행취소를 신청</u>하여 집행법원이 이에 따른 가압류의 집행취소절차를 밟기에 이르지 아니한 이상 <u>가압류집행의 효력은 여전히 유지</u>되는 것이고, 이러한 절차가 취하여지지 않은 채 집행법원 아닌 가압류이의 사건의 제1심법원이 소송당사자 아닌 제3채무자에게 위 재판을 송달하였다 하더라도 그것만으로 위 가압류의 집행이 당연히 취소되었다고 할 수 없다.1744)

5. 집행취소의 효과

(1) 소멸시효중단 효과의 소급적 소멸

금전채권에 대한 가압류가 행하여진 후 채권자의 신청에 의하여 그 <u>집행이 취소</u>되었다면 다른 특별한 사정이 없는 한 가압류에 의한 소멸시효중단의 효과는 <u>소급적으로 소멸</u>된다.1745)[2024 법무사]

다만 <u>3년간 본안의 소를 제기하지 아니하였음을 이유로 한 가압류취소</u>는 시효중단의 효력이 소급하여 없어지는 민법 제175조1746)에서 정한 가압류취소의 경우에 해당하지 않는다.1747)[2024 승진]

1742) 대법원 1988. 10. 11. 선고 87다카2136 판결.
1743) 대법원 1976. 3. 9. 선고 75다1923 판결 ; 1982. 12. 14. 선고 80다1872 판결.
1744) 대법원 2003. 7. 22. 선고 2003다24598 판결.
1745) 대법원 2010. 10. 14. 선고 2010다53273 판결.
1746) 민법 제175조 : 압류, 가압류, 가처분은 권리자의 청구에 의하여 또는 법률의 규정에 따르지 아니함으로 인하여 취소된 때에는 시효중단의 효력이 없다.
1747) 대법원 2009. 5. 28. 선고 2009다20 판결.

(2) 집행법원의 보전처분 취소결정에 따라 보전처분등기가 말소된 경우

가처분취소결정의 집행에 의하여 가처분등기가 말소된 경우 그 효력은 '확정적'인 것이므로 가처분결정에 따른 가처분등기가 마쳐져 있던 상태에서 부동산을 양수하여 소유권이전등기를 마친 제3자라 하더라도 가처분등기가 말소된 이후에는 더 이상 처분금지효의 제한을 받지 않고 소유권취득의 효력으로 가처분채권자에게 대항할 수 있다. 이 경우 가처분채권자는 더 이상 처분금지가처분을 신청할 이익이 없다.1748)[2018, 2019, 2024 법무사]

Ⅳ. 본집행으로의 이전

1. 이전의 요건

(1) 당사자의 동일성

① 보전집행의 당사자와 본집행의 당사자는 동일하여야 한다.

② 점유이전금지가처분이 집행된 후에 제3자가 점유를 취득한 경우에 가처분채무자는 가처분채권자에 대한 관계에서 여전히 그 점유자의 지위에 있는 것으로 취급되므로 가처분채권자는 가처분 자체의 효력으로 직접 제3자의 퇴거를 강제할 수는 없고, 본안판결의 집행단계에서 승계집행문을 부여받아야 제3자에 대한 집행을 할 수 있다.1749)

③ 가압류집행 전에 보전처분의 피보전채권이 양도되었다면 양수인은 승계집행문을 부여받아야 가압류의 집행을 할 수 있으나, 가압류집행이 완료된 후에 피보전권리가 양도된 경우에는 승계집행문을 부여받을 필요 없이 채권양수사실만을 소명하면 보전집행의 효력을 주장할 수 있다.1750)[2011 법무사]

(2) 피보전권리의 동일성

보전처분의 피보전권리와 본안의 소송물인 권리는 엄격하게 일치될 필요는 없고, 청구기초의 동일성이 인정되는 한 그 보전처분의 효력은 본안소송의 권리에 미친다.1751)[2014, 2020 법무사]

다만 가압류의 피보전채권과 본안소송의 권리 사이에 청구기초의 동일성이 인정되더라도 본안소송의 권리가 금전채권이 아닌 경우에는 가압류의 효력이 그 본안소송의 권리에 미치지 않는다.1752)

1748) 대법원 2017. 10. 19. 2015마1383 결정.
1749) 대법원 1999. 3. 23. 선고 98다59118 판결.
1750) 대법원 1993. 7. 13. 선고 92다33251 판결.
1751) 대법원 2009. 3. 13. 2008마1984 결정.
1752) 대법원 2013. 4. 26. 2009마1932 결정.

2. 이전의 효과

① 가압류집행이 있은 후 그 가압류가 강제경매개시결정으로 인하여 본압류로 이행된 경우 가압류집행이 본집행에 포섭됨으로써 당초부터 본집행이 있었던 것과 같은 효력이 있고, 본집행의 효력이 유효하게 존속하는 한 상대방은 가압류에 대한 이의신청이나 취소신청 등으로 가압류의 효력을 다툴 수 없으며, 오로지 본집행의 효력에 대하여만 다투어야 하므로 본집행이 취소·실효되지 않는 한 가압류집행이 취소되었다 하더라도 이미 그 효력을 발생한 본집행에는 아무런 영향이 없다.1753) 특히 강제집행조차 종료한 경우에는 그 강제집행의 근거가 된 가압류결정 자체의 취소나 가압류집행의 취소를 구할 이익은 더 이상 없다고 할 것이다.1754)[2024 법무사]

② 부동산가압류가 본압류로 이행되어 본집행의 효력이 유효하게 존속하는 한 집행법원의 가압류등기 말소촉탁은 그 취지 자체로 보아 법률상 허용될 수 없음이 명백한 경우에 해당되므로 등기관은 집행법원의 말소촉탁을 각하하여야 한다. 등기관이 집행법원의 말소촉탁을 각하하지 않고 가압류등기를 말소한 경우에는 등기관의 처분에 대한 이의신청으로 다툴 수 있다.1755)[2013 승진]

③ 가압류등기 후 제3자 앞으로 소유권이전등기가 마쳐진 부동산에 대하여 가압류권자의 신청에 의한 강제경매절차가 진행 중 가압류해방공탁으로 가압류집행이 취소되어 가압류등기가 말소되더라도 이를 이유로 강제경매개시결정을 취소할 수 없다.1756)[2013, 2019 승진, 2012, 2017, 2021 법무사]

다만 부동산에 대한 가압류가 집행된 후 그 가압류가 강제경매개시결정으로 인하여 본압류로 이행되었으나, 그 강제경매개시결정이 이미 경매절차를 개시하는 결정을 한 부동산에 대한 것이고 배당요구종기 이후의 경매신청에 의한 것인 때에는 먼저 경매개시결정을 한 경매신청이 취하되거나 그 절차가 취소되었다는 등의 특별한 사정이 없는 한 가압류집행이 본집행에 포섭된다고 볼 수 없으므로 채무자나 이해관계인은 가압류에 대한 취소를 구할 이익이 있다.1757)[2017 승진]

④ 채권자가 금전채권의 가압류를 본압류로 이전하는 압류·추심명령을 받아 본집행절차로 이행한 후 본압류 신청만을 취하한 경우에는 그 가압류집행의 효력이 본집행과 함께 당연히 소멸되지 아니하므로 채권자는 제3채무자에 대하여 그 가압류집행의 효력을 주장할 수 있다.1758)[2017 승진, 2024 법무사]

1753) 대법원 2010. 10. 14. 선고 2010다48455 판결. ; 2004. 12. 10. 선고 2004다54725 판결 ; 2002. 3. 15. 2001마6620 결정.
1754) 대법원 2004. 12. 10. 선고 2004다54725 판결.
1755) 대법원 2012. 5. 10. 2012마180 결정.
1756) 대법원 2002. 3. 15. 2001마6620 결정.
1757) 대법원 2016. 03. 24. 2013마1412 결정.

다만 보전집행과 본집행은 하나의 목적을 위한 일련의 절차로서 일체를 이루는 것이므로 본집행이 목적달성불능으로 종료되면(무잉여로 취소된 경우 등) 선행 보전집행의 효력도 상실되고,1759) 가압류가 본집행으로 이전된 후 채무자가 청구이의소송에서 승소함으로써 본집행절차가 종국적으로 취소된 경우에도 가압류절차는 본집행절차와 함께 효력을 상실한다.1760)[2017 승진, 2024 법무사]

⑤ 가압류에서 본압류로 이행된 경우에 가압류 후 본집행 전에 소유권을 취득한 제3취득자는 가압류의 청구금액 외에 그 가압류의 집행비용 및 본집행의 집행비용 중 가압류의 본압류로의 이행에 대응하는 부분까지를 아울러 변제하여야만 가압류에서 이행된 본압류의 집행배제를 구할 수 있다.1761)
[2014 승진, 2021 법무사]

⑥ 부동산가압류등기 후에 가압류목적물의 소유권을 취득한 제3자가 사정변경을 이유로 하여 가압류취소를 신청하고 법원이 이를 받아들여 그 가압류를 취소하는 결정을 하였다고 하더라도 그에 기하여 가압류등기가 말소되기 전까지는 그 가압류집행으로 인한 처분금지의 효력이 여전히 유지되므로 가압류채권자는 가압류를 취소하는 결정에 대하여 불복하면서 아직 말소되지 아니한 가압류등기에 기초하여 적법하게 강제경매신청을 할 수 있다.1762)

1758) 대법원 2000. 6. 9. 선고 97다34594 판결.
1759) 대법원 1980. 6. 26. 80마146 결정.
1760) 대법원 2011. 6. 28. 2011마267 결정.
1761) 대법원 2006. 11. 24. 선고 2006다35223 판결.
1762) 대법원 2010. 11. 30. 2008마950 결정.

제6장 각종의 가압류·가처분과 그 집행

Ⅰ. 부동산가압류와 그 집행

1. 집행절차
부동산에 대한 가압류집행은 가압류재판에 관한 사항을 등기부에 기입하는 방법으로 집행한다(293조 1항).

2. 상속재산에 대한 가압류집행
상속인은 아직 상속승인, 상속포기 등으로 상속관계가 확정되지 않은 동안에도 잠정적으로나마 피상속인의 재산을 당연취득하고 상속재산을 관리할 의무가 있으므로 상속채권자는 그 기간 동안 상속인을 상대로 상속재산에 관한 가압류결정을 받아 이를 집행할 수 있다. 그 후 상속인이 상속포기로 인하여 상속인의 지위를 소급하여 상실한다고 하더라도 이미 발생한 가압류의 효력에 영향을 미치지 않는다. 따라서 위 상속채권자는 종국적으로 상속인이 된 사람 또는 민법 제1053조에 따라 선임된 상속재산관리인을 채무자로 한 상속재산에 대한 경매절차에서 가압류채권자로서 적법하게 배당을 받을 수 있다.[1763] [2023 법무사]

3. 처분금지의 효력
① 가압류가 집행되었더라도 채무자는 가압류목적물을 매매하거나 기타의 처분행위를 할 수 있고, 다만 가압류채권자에 대한 관계에서만 처분행위의 유효를 주장할 수 없을 뿐이라는 것이 판례의 입장이다(개별상대효설).[1764]

가압류의 처분금지효력은 가압류채권자의 이익보호를 위하여 인정되는 것이므로 채무자가 가압류의 효력에 반하는 처분행위를 한 경우라도 가압류채권자는 그 처분행위의 효력을 긍정할 수 있다.[1765] [2019 법무사]

② 토지에 대한 가압류가 집행되어 있어도 토지의 수용으로 사업시행자가 그 소유권을 원시취득하면 가압류의 효력은 소멸되는 것이므로 토지에 대한 가압류가 그 수용보상금청구권에 당연히 이전되는 것도 아니고, 수용보상금채권에 토지 가압류의 처분금지적 효력이 미치는 것도 아니다.[1766] [2019, 2023, 2024 법무사]

1763) 대법원 2021. 9. 15. 선고 2021다224446 판결.
1764) 대법원 2002. 9. 6. 선고 2000다71715 판결.
1765) 대법원 2007. 1. 11. 선고 2005다47175 판결.
1766) 대법원 2000. 7. 4. 선고 98다62961 판결 ; 2009. 9. 10. 선고 2006다61536 판결.

Ⅱ. 채권가압류와 그 집행

1. 가압류명령

채권가압류에는 제3채무자에 대하여 채무자에게 지급하여서는 아니된다는 명령만을 하여야 한다(296조 3항). 채무자에 대하여 채권의 처분과 영수를 금지하는 명령을 발령하지 않는다는 점에서 본압류와 다르다.

채권가압류는 채무자에 대하여 채권의 처분을 금지하는 명령을 발령하지 아니하므로 가압류된 채권도 이를 양도하는데 아무런 제한이 없으며, 다만 가압류된 채권을 양수받은 양수인은 그러한 가압류로 제한된 상태의 채권을 양수받게 된다.1767)[2013 승진, 2024 법무사]

2. 집행

채권가압류는 제3채무자에 대하여 채무자에게 지급을 금지하는 명령이 기재된 가압류결정정본을 제3채무자에게 송달함으로써 집행하고, 집행법원은 가압류명령을 발령한 법원이 된다며(296조 2항).

3. 효력

① 채권가압류의 효력은 가압류결정이 제3채무자에게 송달됨으로써 발생한다(227조 3항). 채권가압류결정의 경정결정이 확정되면 원칙적으로 당초의 채권가압류결정 정본이 제3채무자에게 송달된 때에 소급하여 경정된 내용의 채권가압류결정의 효력이 발생한다. 다만 제3채무자의 입장에서 볼 때 경정결정이 당초의 채권가압류결정의 동일성에 실질적으로 변경을 가하는 것이라고 인정되는 경우에는 경정결정이 제3채무자에게 송달된 때에 비로소 경정된 내용의 채권가압류결정의 효력이 발생한다.1768)[2014 법무사, 2016 승진]

② 채권가압류명령을 받은 제3채무자가 가압류채무자에 대한 반대채권을 가지고 있는 경우 가압류효력발생 당시 자동채권과 수동채권이 모두 변제기가 도래하였거나, 그 당시 자동채권의 변제기가 도래하지 아니한 때에는 그것이 가압류된 채권의 변제기와 동시에 또는 그보다 먼저 도래하면, 추심명령이나 전부명령 송달 이후에도 상계할 수 있다.1769)[2016 승진, 2016 법무사]

③ 채권가압류가 된 경우에도 채무자는 제3채무자를 상대로 이행의 소를 제기하여 집행권원을 얻을 수 있고, 단지 제3채무자에 대하여 강제집행을 할 수 없을 뿐이다('채권압류'가 된 경우에도 마찬가지임).1770)[2019, 2024 법무사]

1767) 대법원 2000. 4. 11. 선고 99다23888 판결.
1768) 대법원 1999. 12. 10. 선고 99다42346 판결.
1769) 대법원 2015. 1. 29. 선고 2012다108764 판결 ; 2012. 2. 16. 선고 2011다45521 판결.

④ 금전채권이 가압류된 후 그 이행기가 도래한 경우에는 제3채무자는 그 지체책임을 면할 수 없으므로 제3채무자는 가압류에 관련된 금액을 공탁할 수 있다(248조 1항).1771) 채권가압류를 이유로 한 공탁은 압류를 이유로 한 공탁과는 달리 채권자의 범위를 확정하는 배당가입차단효가 없고, 배당절차를 개시하는 사유도 되지 않는다.[2011, 2017, 2024 법무사]

⑤ 채권자가 1개의 채권 중 일부에 대하여 가압류를 하였는데 채권의 일부만 소멸시효가 중단되고 나머지 부분은 이미 시효로 소멸한 경우 가압류의 효력은 시효로 소멸하지 않고 잔존하는 채권 부분에 계속 미친다.1772)[2019 법무사]

4. 예금채권에 대한 가압류

(1) 양도금지특약과 가압류의 효력
① 당사자 사이에 양도금지의 특약이 있는 채권이라도 압류 및 전부명령에 의하여 이전할 수 있고, 양도금지의 특약이 있는 사실에 관하여 압류채권자가 선의인가 악의인가는 전부명령의 효력에 영향이 없다.1773)[2022 법무사, 2023 승진]

② 이자채권은 원본채권인 예금채권의 종된 권리이므로 예금채권이 압류·전부되면 이자채권도 압류·전부채권자에게 이전된다. 다만 원본채권 압류 당시 이미 변제기에 이른 이자채권은 원본채권인 예금채권에 대하여 독립성을 가지므로 압류의 효력이 당연히 미치지는 않는다.1774)[2022 법무사]

(2) 피압류예금채권의 특정
① 가압류명령의 송달 이후에 채무자의 계좌에 입금될 예금채권도 현재 그 권리의 특정이 가능하고 가까운 장래에 예금채권이 발생할 것이 상당한 정도로 기대된다고 볼 만한 예금계좌가 개설되어 있는 경우에는 가압류대상이 될 수 있다. 다만 가압류결정의 가압류할 채권의 표시에 "채무자가 각 제3채무자들에게 대하여 가지는 다음의 예금채권 중 다음에서 기재한 순서에 따라 위 청구금액에 이를 때까지의 금액"이라는 문언의 기재로써 가압류결정의 송달 이후에 새로 입금되는 예금채권까지 포함하여 가압류되었다고 보는 것은 통상의 주의력을 가진 사회평균인을 기준으로 할 때 의문을 품을 여지가 충분하므로 이 부분 예금채권까지 가압류대상이 되었다고 해석할 수 없다.1775)[2013 승진, 2024 법무사]

1770) 대법원 1989. 11. 24. 선고 88다카25038 판결.
1771) 대법원 2004. 7. 9. 선고 2004다16181 판결.
1772) 대법원 2016. 3. 24. 선고 2014다13280, 13297 판결.
1773) 대법원 1976. 10. 29. 선고 76다1623 판결 ; 2002. 8. 27. 선고 2001다71699 판결.
1774) 대법원 1989. 3. 28. 선고 88다카12803 판결 참조.
1775) 대법원 2011. 2. 10. 선고 2008다9952 판결.

② 채권압류 및 추심명령의 '압류 및 추심할 채권의 표시'란에 기재된 신탁예금은 예금의 한 종류로서 열거되어 있을 뿐이고, 신탁계약의 방법으로 보관되어 있는 확정급여형 퇴직연금을 포함한다고 볼 수 없으므로 위 채권압류·추심명령의 효력이 퇴직연금 채권에는 미치지 않는다.1776)

③ 가압류명령의 송달 이후에 채무자의 계좌에 입금될 예금채권도 그 발생의 기초가 되는 법률관계가 존재하여 현재 그 권리의 특정이 가능하고 가까운 장래에 예금채권이 발생할 것이 상당한 정도로 기대된다고 볼 만한 예금계좌가 개설되어 있는 경우에는 가압류의 대상이 될 수 있다.1777)

그러나 장래의 예금채권에 대한 가압류결정 정본이 제3채무자에게 송달되었을 때에 채무자의 제3채무자에 대한 예금계좌가 개설되어 있지 않는 등 피압류채권 발생의 기초가 되는 법률관계가 없는 경우에는 그러한 채권가압류는 피압류채권이 존재하지 않으므로 가압류로서 집행보전의 효력이 없다.1778)

④ 채권자가 채무자의 제3채무자에 대한 채권을 가압류할 당시 그 피압류채권이 부존재하는 경우에도 집행채권에 대한 권리행사로 볼 수 있어 특별한 사정이 없는 한 가압류집행으로써 그 집행채권의 소멸시효는 중단된다.[2024 법무사]

다만 가압류결정 정본이 제3채무자에게 송달될 당시 피압류채권 발생의 기초가 되는 법률관계가 없어 가압류의 대상이 되는 피압류채권이 존재하지 않는 경우에는 가압류의 집행보전 효력이 없으므로 특별한 사정이 없는 한 가압류결정의 송달로써 개시된 집행절차는 곧바로 종료되고, 이로써 시효중단사유도 종료되어 집행채권의 소멸시효는 그 때부터 새로이 진행한다고 보아야 한다.1779)

5. 저당권이 있는 채권에 대한 가압류

① 저당권이 있는 채권에 대한 가압류명령은 채무자와 제3채무자에게 송달하는 외에 부동산의 소유자에게도 송달하여야 한다(228조 2항). 저당권이 있는 채권이 가압류된 경우 채권자의 신청에 따라 법원사무관등은 저당부동산의 소유자에게 가압류명령을 송달한 후 채무자의 승낙 없이 채권가압류사실을 등기부에 기재하도록 촉탁하여야 한다(228조).

② 저당권 있는 채권에 대한 가압류등기는 가압류의 효력발생요건이 아니고 공시의 효력만 있으므로 제3채무자에게 송달되지 아니한 때에는 가압류기입등기를 마쳐도 가압류의 효력이 발생하지 않는다.[2017 법무사]

1776) 대법원 2018. 5. 30. 선고 2015다51968 판결.
1777) 대법원 2011. 2. 10. 선고 2008다9952 판결.
1778) 대법원 2023. 12. 14. 선고 2022다210093 판결.
1779) 대법원 2023. 12. 14. 선고 2022다210093 판결.

6. 배서가 금지된 지시채권에 대한 가압류

어음·수표 등의 지시채권 중 배서가 금지되지 아니한 것은 유체동산가압류의 집행방법에 따라 집행관이 증권을 점유하여야 한다(291조, 189조 2항 3호, 1항)

배서가 금지된 지시채권의 가압류는 채권가압류의 집행방법에 의하여야 하고, 제3채무자에게 가압류명령을 송달하는 외에 집행관이 증권을 점유하여야 가압류의 효력이 생긴다(291조, 233조).1780)[2019, 2024 승진]

7. 출자증권에 대한 가압류

채무자가 건설공제조합에 대하여 갖는 출자증권의 인도청구권을 가압류한 경우 법원의 가압류명령이 제3채무자인 건설공제조합에 송달되면 가압류의 효력이 생기고, 이 경우 가압류로 인한 소멸시효중단의 효력은 가압류신청 시에 소급하여 생긴다.1781)[2019 법무사]

8. 가압류와 처분금지가처분 등의 경합

① 채권에 대한 가압류와 처분금지가처분은 서로 내용이 모순·저촉되는 경우에도 집행의 선후에 관계 없이 효력에 우열이 없다. 소유권이전등기청구권에 대한 처분금지가처분이 있은 후, 그 등기청구권에 대한 가압류가 이루어졌다고 하더라도 선행 가처분이 후행 가압류에 우선하는 효력이 없다.1782)

따라서 소유권이전등기청구권에 대한 가압류가 있기 전에 소유권이전등기청구권을 보전하기 위하여 "채무자는 소유권이전등기청구권을 양도하거나 기타 일체의 처분을 하여서는 아니된다. 제3채무자는 채무자에게 소유권이전등기절차를 이행하여서는 아니된다"라는 소유권이전등기청구권 처분금지가처분이 있었다고 하더라도 그 가처분은 뒤에 이루어진 가압류에 우선하는 효력이 없으므로 그 가압류는 가처분채권자와의 관계에서도 유효하다.1783)[2024 승진, 2016 법무사]

② 채권자가 채무자의 금전채권이나 예탁금제 골프회원권에 대하여 가처분결정을 받아 가처분결정이 제3채무자에게 송달되고 그 후 본안소송에서 승소하여 확정되었다면, 가처분결정의 송달 이후에 실시된 가압류 등의 보전처분 또는 그에 기한 강제집행은 가처분의 처분금지효력에 반하는 범위 내에서는 가처분채권자에게 대항할 수 없다.1784)

1780) 대법원 1997. 11. 14. 선고 97다38145 판결.
1781) 대법원 2017. 4. 7. 선고 2016다35451 판결.
1782) 대법원 1998. 4. 14. 선고 96다47104 판결 ; 1999. 2. 9. 선고 98다42615 판결.
1783) 대법원 1999. 2. 9. 선고 98다42615 판결 ; 2001. 10. 9. 선고 2000다51216 판결.
1784) 대법원 2014. 6. 26. 선고 2012다116260 판결.

③ 동일한 채권에 관하여 가압류명령과 확정일자 있는 양도통지가 동시에 제3채무자에게 도달한 경우, 채권양수인은 그 후에 압류나 가압류를 한 다른 채권자에 대해서는 이미 채권이 전부 양도되었음을 주장하여 대항할 수 있으므로 그러한 후행 압류권자 등은 더 이상 그 채권에 관한 집행절차에 참가할 수 없다.1785) 따라서 확정일자 있는 채권양도통지와 채권가압류명령이 동시에 도달됨으로써 제3채무자가 변제공탁을 하고, 그 후에 다른 채권압류 또는 가압류가 이루어진 경우 채권양수인과 선행가압류채권자 사이에서만 안분하여 배당하여야 한다.1786)[2018, 2019 법무사]

Ⅲ. 부동산 처분금지가처분과 그 집행

1. 피보전권리

① 국토의 계획 및 이용에 관한 법률상 규제구역 내의 토지에 관하여 관할관청의 허가 없이 체결된 매매계약이라 하더라도 허가를 받을 것을 전제로 체결된 매매계약의 매수인은 토지거래허가신청절차 이행청구권을 피보전권리로 하여 매매목적물의 처분을 금하는 가처분을 구할 수 있으나,1787) 위와 같은 매매계약에 기한 소유권이전등기청구권 또는 토지거래계약에 관한 허가를 받을 것을 조건으로 한 소유권이전등기청구권은 가처분의 피보전권리가 될 수 없다.1788)[2011, 2013, 2016, 2017 법무사]

② 국유재산의 임차인이 연고자로서 우선매수권이 있다고 하더라도 위 연고권을 법률상의 권리라고 볼 수는 없는 것이므로 이를 피보전권리로 하여 그 부동산에 대한 처분금지가처분을 청구할 수는 없다.1789)[2013, 2022 법무사]

2. 가처분의 목적물

① 부동산처분금지가처분은 등기된 부동산에 한하여 허용되므로 미등기 부동산의 경우에는 채무자 명의로 보존등기가 가능한 경우에만 처분금지가처분을 할 수 있다.

② 신축건물로서 완공은 되었으나 사용승인을 받지 못한 건물 또는 완공되지 않았더라도 건물로서의 실질과 외관을 갖추고 지번·구조·면적 등이 건축허가 또는 건축신고의 내용과 사회통념상 동일하다고 인정되는 건물에 대하여는 부동산경매·가압류·가처분의 대상으로 삼을 수 있다.1790)[2019 법무사]

1785) 대법원 2013. 4. 26. 선고 2009다89436 판결.
1786) 대법원 2013. 4. 26. 선고 2009다89436 판결 ; 2004. 9. 3. 선고 2003다22561 판결.
1787) 대법원 1998. 12. 22. 선고 98다44376 판결.
1788) 대법원 2010. 8. 26. 2010마818 결정.
1789) 대법원 1971.10.11. 선고 71다1826 판결.

③ 신축 중인 건물로서 아직 독립한 건물로 인정할 수 있는 단계에 이르지 않은 경우에는 부동산등기법 제66조의 미등기부동산으로 취급할 수 없음은 물론이고, 독립하여 거래의 객체가 될 수 없어 유체동산집행의 대상으로도 되지 않으므로 보전처분의 대상이 될 수 없다.1791)[2023 승진, 2024 법무사]

3. 집행 및 효력

(1) 등기와의 관계

① 부동산가압류와 마찬가지로 가처분을 발령한 법원이 집행법원이 되어 등기부에 금지사항을 기입하는 방법으로 집행하며, 가처분등기의 촉탁은 법원사무관등이 한다(293조, 301조).

② 아파트에 대한 분양금지가처분결정을 받았다 하더라도 그 가처분등기가 경료되기 이전에 가처분채무자가 그 가처분의 내용에 위반하여 처분행위를 함으로써 제3자 명의로 소유권이전등기를 마친 경우 그 소유권이전등기는 완전히 유효하고 위 가처분결정은 집행불능이 된다.1792)[2023 법무사]

③ 가처분결정을 송달하는 외에 현행법상 등기부에 공시할 방법이 없는 건축주명의변경금지가처분은 대물적 효력이 인정되지 아니하므로 제3자가 채무자로부터 실제로 권리를 양수하여 소유권보존등기를 하였다면 가처분을 내세워 그 권리취득의 효력을 부인할 수 없다.1793)[2015 법무사, 2023 승진]

(2) 가처분등기 후의 처분행위의 효력

① 가처분에 위반한 처분행위는 가처분채무자와 그 상대방 및 제3자 사이에는 완전히 유효하고 가처분채권자에게만 대항할 수 없음에 그친다.1794) 처분금지가처분이 등기되었으나 그 가처분 당시의 가처분채무자 명의의 등기가 원인무효인 관계로 확정판결에 의해 말소되어 전소유자의 소유명의로 복귀되는 경우는 금지되는 처분행위에 해당한다고 볼 수 없다.1795)[2016 법무사]

② 가처분채권자가 가처분채무자의 공유지분에 관하여 처분금지가처분등기를 마친 후에 가처분채무자가 나머지 공유자와 사이에 경매를 통한 공유물분할을 내용으로 하는 화해권고결정을 받아 이를 확정시켰다면, 다른 특별한 사정이 없는 한 이는 처분금지가처분에서 금하는 처분행위에 해당한다.1796)

1790) 대법원 2011. 6. 2. 2011마224 결정.
1791) 대법원 1995. 11. 27. 95마820 결정.
1792) 대법원 1997. 7. 11. 선고 97다15012 판결.
1793) 대법원 1997. 5. 7. 선고 97다1907 판결.
1794) 대법원 1968. 9. 30. 선고 68다1117 판결 ; 2000.. 10. 6. 선고 2000다32147 판결.
1795) 대법원 1996. 8. 20. 선고 94다58988 판결.

③ 가처분채권자가 가처분 위반행위의 효력을 부인할 수 있는 시기는 본안소송에서 승소확정판결을 받거나 이와 동일시할 수 있는 사정이 발생한 때이므로 단순히 가처분채권자의 지위만으로는 가처분 이후에 경료된 처분등기의 말소를 청구할 수는 없고, 등기관도 가처분 이후에 이루어진 가처분 위반등기를 직권으로 말소할 수 없다.1797)[2020 승진, 2023 법무사]

④ 임차권은 목적물의 사용·수익을 내용으로 하는 권리로서 근저당권의 존속이 임차권의 실현에 장애가 되지 않고, 가처분등기 후 설정된 근저당권이 실행되더라도 임차권을 제3자에게 대항할 수 있으므로 위 가처분권자는 그 가처분 후에 마쳐진 근저당권설정등기의 말소를 구할 수 없다.1798)[2016, 2019 법무사]

(3) 피보전권리와의 관계

1) 피보전권리 없이 발령된 가처분

① 다툼의 대상인 부동산에 관하여 실체상 아무런 권리가 없는 사람의 신청에 의하여 처분금지가처분 결정이 내려졌다면 그를 근거로 한 가처분등기가 마쳐졌다 하더라도 그 가처분권자는 가처분의 효력을 채무자나 제3자에게 주장할 수 없으므로 그 가처분등기 후에 소유권이전등기를 마친 자는 가처분권리자에 대하여 유효하게 소유권취득을 주장할 수 있다.1799)[2017 법무사, 2020 승진]

② 당초 유효한 피보전권리를 근거로 처분금지가처분등기가 마쳐졌다고 하여도 그 가처분이 취하 또는 취소되는 등으로 그 가처분등기가 적법하게 말소되거나 가처분채권자가 본안소송에서 패소확정되어 그 가처분이 취소당할 운명에 있게 되면 위 가처분등기 이후에 마친 소유권이전등기 또는 저당권설정등기는 완전히 유효하게 된다.1800)

③ 소유권이전등기청구권 보전을 위한 가등기가 사해행위로 이루어진 것이라는 이유로 가등기상 권리 자체의 처분을 금지하는 가처분을 받은 채권자가 제기한 본안소송인 사해행위취소소송에서, 민법 제406조 제2항의 제척기간이 도과되었다고 의심할 만한 사정이 있는데도, 법원이 직권으로 추가 증거조사를 하여 기간 준수 여부를 확인하지 않고 가처분권자에 대하여 승소판결을 선고하여 판결이 확정되었다면 특별한 사정이 없는 한 가처분에 반하는 권리를 취득한 제3자는 가처분채권자에게 대항할 수 없다.1801)

1796) 대법원 2017. 5. 31. 선고 2017다216981 판결.
1797) 대법원 1992. 2. 14. 선고 91다12349 판결.
1798) 대법원 1984. 4. 16. 84마7 결정.
1799) 대법원 1999. 10. 8. 선고 98다38760 판결.
1800) 대법원 1976. 4. 27. 선고 74다2151 판결 ; 2000. 10. 6. 선고 2000다32147 판결.
1801) 대법원 2015. 7. 23. 선고 2014다205768 판결.

2) 대위에 의한 가처분

① 부동산이 甲 ⇨ 乙 ⇨ 丙 순으로 순차 양도된 경우 丙이 乙을 대위하여 乙이 甲에 대하여 가지는 소유권이전등기청구권을 보전하기 위하여 甲을 상대로 처분금지가처분결정을 받아 집행을 마쳤는데, 甲이 乙에게 소유권이전등기를 경료하였다면 이는 가처분에 위배되지 않으므로 완전히 유효하다.1802)
[2023 법무사]

② 甲 ⇨ 乙 ⇨ 丙 ⇨ 丁 순으로 순차 양도된 경우 丁이 丙과 乙을 순차 대위하여 甲을 상대로 처분금지가처분결정을 받아 집행을 마쳤는데, 甲에서 丙 앞으로 직접 이전등기가 이루어졌다면(중간생략등기가 이루어짐) 이 등기는 가처분에 위배되므로 丁에게 대항할 수 없다.1803)[2012 법무사]

4. 다른 절차와의 경합

① 처분금지가처분이 되어 있는 부동산에 대한 강제집행은 적법·유효하고, 강제집행의 진행 중에 가처분의 존재만으로는 가처분채권자가 제3자이의의 소를 제기할 수 없으며,1804) 가처분채권자가 후에 본안소송에서 승소확정판결을 받은 때에 비로소 그 강제집행의 결과를 부인할 수 있음에 불과하다.1805)

② 부동산에 관한 처분금지가처분등기 후에 가처분채권자가 본안에서 승소판결을 받아 확정되면 피보전권리의 범위 내에서 가처분 위반행위의 효력을 부정할 수 있고, 이와 같은 가처분의 우선적 효력은 그 위반행위가 체납처분에 기한 것이라 하여 달리 볼 수 없다.1806)[2023 법무사]

Ⅳ. 부동산 점유이전금지가처분과 그 집행

1. 요건

점유이전금지가처분의 피보전권리는 부동산에 대한 인도청구권이다. 토지소유자는 그 지상에 무단으로 건축된 건물 소유자에 대하여 건물의 철거와 그 대지부분의 인도를 청구할 수 있을 뿐, 자기 소유 건물을 점유하고 있는 자에게 그 건물에서 퇴거할 것을 청구할 수는 없으므로1807) 건물소유자를 상대로 한 점유이전금지가처분은 허용되지 않는다. 따라서 이 경우에는 토지에 대한 점유이전금지가처분과 함께 건물에 대한 처분금지가처분을 신청하여야 한다.1808)

1802) 대법원 1994. 3. 8. 선고 93다42665 판결 ; 1989. 4. 11. 선고 87다카3155 판결.
1803) 대법원 1998. 2. 13. 선고 97다47897 판결.
1804) 대법원 1992. 2. 14. 선고 91다12349 판결.
1805) 대법원 1998. 10. 27. 선고 97다26104 판결.
1806) 대법원 1993. 2. 19. 92마903 전원합의체 결정(이 판결과 다른 취지의 종전 판례들은 변경함).
1807) 대법원 1999. 7. 9. 선고 98다57457, 57464 판결.

2. 신청·집행 및 효력

점유이전금지가처분의 집행은 등기를 요하지 아니하므로 미등기부동산도 그 목적물이 될 수 있다. 점유이전금지가처분은 점유이전과 현상변경을 금지하는 것에 불과하므로 가처분이 있음에도 불구하고 점유가 제3자에게 이전된 때에 채무자는 채권자에 대한 관계에서 여전히 점유자의 지위에 있는 것으로 취급될 뿐 소유자에 의한 목적물의 처분을 금지 또는 제한하는 것은 아니다.1809)

따라서 점유이전금지가처분의 대상이 된 목적물의 소유자가 그 의사를 근거로 하여 가처분채무자에게 직접점유를 하게 한 경우에는 그 점유에 관한 현상을 고정하는 것만으로 소유권이나 간접점유권이 침해되는 것은 아니므로 직접점유자를 채무자로 하는 가처분집행에 대하여 간접점유자에 불과한 소유자는 제3자이의의 소를 제기할 수 없다.1810)[2011, 2016, 2017 법무사, 2022, 2024 승진]

3. 가처분의 경합

수 개의 가처분이 서로 모순·저촉되는지의 여부는 당사자, 피보전권리, 보전의 필요성, 신청취지 등을 비교하여 판단하여야 한다. 동일 건물에 대하여 甲의 채무자 乙을 상대로 집행관 보관 및 채무자 乙 사용의 점유이전금지가처분이 집행된 후에(1차 가처분), 丙의 채무자 丁을 상대로 집행관 보관 및 채무자 丁 사용의 점유이전금지가처분이 다시 집행(2차 가처분)된 경우, 1차 가처분채권자는 실체법상의 권리에 기하여 제3자 이의의 소를 제기하거나 집행에 관한 이의로서 제2차 가처분집행의 배제를 구할 수도 있다.1811)

4. 현상변경 시의 조치

① 점유이전금지가처분이 집행된 후에 제3자가 점유를 취득한 경우 가처분채권자는 가처분 자체의 효력으로 직접 제3자의 퇴거를 강제할 수는 없고, 본안판결의 집행단계에서 승계집행문을 부여받아 제3자에 대한 집행을 하여야 한다.1812) 다만 점유이전금지가처분이 집행된 이후에 제3자가 가처분채무자의 점유를 침탈하는 등의 방법으로 가처분채무자를 통하지 아니하고 부동산에 대한 점유를 취득한 것이라면 채무자의 승계인이라고 할 수 없으므로 승계집행문을 부여할 수 없다.1813)[2011, 2015, 2019 법무사, 2020 승진]

1808) 대법원 1987. 11. 24. 선고 87다카257 판결.
1809) 대법원 1987. 11. 24. 선고 87다카257 판결 ; 1966. 7. 26. 선고 66다1060 판결.
1810) 대법원 2002. 3. 29. 선고 2000다33010 판결.
1811) 대법원 1981. 8. 29. 81마86 결정.
1812) 대법원 1999. 3. 23. 선고 98다59118 판결.
1813) 대법원 2015. 1. 29. 선고 2012다111630 판결(이 경우 제3자가 점유이전금지가처분의 집행사실을 알면서도 아무런 실체법상의 권원 없이 해당 부동산의 점유를 침탈한 경우라면 채권자가 그러한 점을 소명하여

② 점유이전금지가처분집행이 있었는데도 점유가 제3자에게 이전된 경우 가처분채무자는 가처분채권자에 대한 관계에서 여전히 점유자의 지위에 있고, 따라서 가처분채권자는 가처분채무자의 점유상실을 고려하지 아니하고 가처분채무자를 피고로 한 채로 본안소송을 계속할 수 있다.1814) 그러나 가처분채무자가 가처분채권자가 아닌 제3자에 대한 관계에서도 점유자의 지위에 있다고 볼 수는 없다.1815)[2011, 2024 법무사]

Ⅴ. 직무집행정지 등에 관한 가처분과 그 집행

1. 피보전권리와 본안소송

(1) 주식회사 이사 등의 직무집행정지가처분
주식회사의 이사해임의 소 등이 제기된 경우 또는 급박한 사정이 있는 때에는 본안소송의 제기 전이라도 법원은 당사자의 신청에 의하여 가처분으로써 이사의 직무집행을 정지할 수 있다(상법 407조 1항). 판례는 상법상의 직무집행정지가처분을 '임시의 지위를 정하기 위한 가처분'의 일종으로 보고 있다.1816)

(2) 해임청구권보전을 위한 직무집행정지가처분
① 주식회사의 이사 등의 해임의 소는 형성의 소로서 법률에 명문규정이 있으므로 해임청구권을 보전하기 위한 직무집행정지가처분이 허용된다. 다만 해임의 소를 본안으로 하는 직무집행정지가처분신청은 특별히 급박한 사정이 없는 한 해임의 소를 제기할 수 있을 정도의 절차요건을 거친 흔적이 소명되어야 피보전권리와 보전의 필요성도 인정될 수 있다.1817)

② 학교법인의 이사장에 대하여 불법행위를 이유로 그 해임을 청구하는 소송은 형성의 소에 해당하는데, 이를 허용하는 법적 근거가 없으므로 학교법인의 이사장에 대한 직무집행정지 및 직무집행대행자 선임의 가처분은 허용되지 않는다.1818) 중소기업협동조합법에 따라 설립된 조합의 이사장이나 이사가 위법행위를 하였다는 이유로 그 해임을 청구하는 소송도 형성의 소에 해당하는데, 이를 제기할 수 있는 법적 근거가 없으므로 조합의 이사장이나 이사에 대한 직무집행정지가처분도 허용되지 않는다.1819)[2017, 2021 법무사, 2020 승진]

제3자를 상대로 부동산의 인도단행가처분을 구하는 등의 방법을 강구할 수 있다).
1814) 대법원 1987. 11. 24. 선고 87다카257 판결 ; 1966. 7. 26. 선고 66다1060 판결.
1815) 대법원 1996. 6. 7. 96마27 결정.
1816) 대법원 1989. 5. 23. 선고 88다카9883 판결.
1817) 대법원 1997. 1. 10. 95마837 결정.
1818) 대법원 1997. 10. 27. 97마2269 결정.

③ 민법상 조합의 청산인에 대하여 법원에 해임을 청구할 권리가 조합원에게 인정되지 않으므로 특별한 사정이 없는 한 그와 같은 해임청구권을 피보전권리로 하여 청산인에 대한 직무집행정지와 직무대행자선임을 구하는 가처분은 허용되지 않는다.1820)

2. 신청

(1) 채무자적격

직무집행정지가처분의 채무자는 직무집행정지를 요구받은 당해 이사 등 개인에 한정되며, 회사나 법인 등 단체는 채무자가 될 수 없다.1821)[2021 승진]

(2) 관할

가처분의 관할법원은 본안의 관할법원 또는 다툼의 대상이 있는 곳을 관할하는 지방법원이다(303조). 다만 직무집행정지가처분에는 다툼의 대상이라고 할 수 있는 유체물 또는 무체물이 없으므로 본안 관할법원만이 관할법원이 된다.

3. 심리

① 직무집행정지가처분은 임시지위를 정하기 위한 가처분의 일종이므로 원칙적으로 변론기일 또는 채무자가 참석할 수 있는 심문기일을 열어야 하고, 다만 기일을 열어 심리하면 가처분의 목적을 달성할 수 없는 사정이 있는 경우에는 예외적으로 기일을 열지 않아도 무방하다(304조).[2019 법무사, 2020 승진]

② 임시의 지위를 정하는 가처분이 필요한지 여부는 당해 가처분신청의 인용 여부에 따른 당사자 쌍방의 이해득실관계, 본안소송에 있어서의 장래의 승패의 예상 등 여러 사정을 고려하여 법원의 재량에 따라 합목적적으로 결정하여야 하고, 단체의 대표자선임결의의 하자를 원인으로 하는 가처분신청에 있어서는 장차 채권자가 본안에 승소하여 적법한 선임결의가 있을 경우 채무자가 다시 대표자로 선임될 개연성이 있는지의 여부도 가처분의 필요성 여부 판단에 참작하여야 한다.1822)[2023 승진]

③ 임원의 선임에 절차상의 잘못이 있어 그 선임이 무효로 돌아간다고 하더라도 그들 임원이 회사 주식의 60%를 소유하고 있는 주주에 의하여 선임된 사람들인 이상 이들을 그 회사의 경영에서 배제시키고 그 대행자를 선임하여야 할 필요성은 없다.1823)

1819) 대법원 2001. 1. 16. 선고 2000다45020 판결.
1820) 대법원 2020. 4. 24. 2019마6918 결정.
1821) 대법원 1997. 7. 25. 선고 96다15916 판결 ; 1997. 10. 10. 선고 97다27404 판결.
1822) 대법원 1997. 10. 14. 97마1473 결정.

4. 직무대행자

(1) 선임 및 개임

직무대행자는 법원이 <u>자유재량</u>에 의하여 선임하는 것이므로 당사자는 직무대행자를 지정할 권한도 없고, 법원의 선임결정에 대하여 <u>불복할 수 없다</u>.[1824] 법원이 일단 선임한 직무대행자가 부적당한 때에는 직권으로 언제든지 개임할 수 있지만, 당사자에게는 개임신청권이 없으므로 당사자는 법원의 처분에 관하여 <u>불복할 수 없다</u>.[1825] <u>이사가 아닌 사람도</u> 대표이사 직무대행자로 선임할 수도 있으나, 가처분에 의하여 직무집행이 <u>정지된 종전의 이사</u> 등을 직무대행자로 선임할 수는 없다.[1826]

(2) 직무대행자의 보수

직무대행자에게 지급된 보수는 <u>집행비용</u>(53조)에 해당한다.[1827]

(3) 직무대행자의 지위와 권한

① 직무대행자는 가처분명령에 다른 정함이 있는 경우 외에는 법인의 통상사무에 속하지 아니한 행위를 하지 못한다. 다만 <u>법원의 허가</u>를 얻은 경우에는 그러하지 아니하다(민법 60조의2, 1항. 상법 408조 1항 등).

재단법인의 이사직무대행자가 재단법인의 근간인 <u>이사회의 구성 자체를 변경</u>하는 것은 법인의 상무에 속하지 아니하고,[1828] 학교법인 이사직무대행자가 본안소송의 <u>항소권을 포기</u>하거나 <u>인낙</u>을 하는 행위도 상무에 속하지 않는다.[1829]

② 법원의 직무집행정지 가처분결정에 의해 회사를 대표할 권한이 정지된 대표이사가 그 정지기간 중에 체결한 계약은 <u>절대적으로 무효</u>이고, 그 후 가처분신청의 취하에 의하여 보전집행이 취소되었다 하더라도 무효인 계약이 유효하게 되지는 않는다.[1830]

1823) 대법원 1991. 3. 5. 90마818 결정.
1824) 대법원 1979. 7. 19. 79마198 결정.
1825) 대법원 1979. 7. 19. 79마198 결정.
1826) 대법원 1990. 10. 31. 90그44 결정.
1827) 대법원 2011. 4. 28. 2011마197 결정.
1828) 대법원 2000. 2. 11. 선고 99다30039 판결.
1829) 대법원 2006. 1. 26. 선고 2003다36225 판결.
1830) 대법원 2008.5.29. 선고 2008다4537 판결.

(4) 직무대행자의 권한소멸

① 가처분에 의해 직무집행이 정지된 당해 이사 등을 선임한 주주총회 결의의 취소나 무효 또는 부존재확인을 구하는 <u>본안소송에서 가처분채권자가 승소</u>하여 그 판결이 확정된 경우 가처분은 그 직무집행정지기간의 정함이 없는 경우에도 본안승소판결의 확정과 동시에 그 목적을 달성한 것이 되어 <u>당연히 효력을 상실하게 되므로</u> 채무자는 더 이상 이의신청으로 가처분의 취소나 변경을 구할 이익이 없다.1831)[2022 승진]

② 대표이사의 직무집행정지 및 직무대행자선임의 가처분이 이루어진 이상, 그 후 대표이사가 해임되고 새로운 대표이사가 선임되었다 하더라도 <u>가처분결정이 취소되지 아니하는 한</u> 직무대행자의 권한은 유효하게 존속하며, 새로이 선임된 대표이사는 그 선임결의의 적법여부에 관계 없이 대표이사로서의 권한을 가지지 못한다.1832)

(5) 사정변경에 의한 가처분취소신청의 당사자적격

단체 임원에 대한 직무집행정지 및 직무대행자선임 가처분이 있은 후 사정변경이 있으면 <u>직무집행이 정지된 대표자</u> 등 개인이 그 가처분의 취소신청을 할 수 있고, 종전의 대표자 등이 사임하고 새로 대표자가 선임되었다고 하여도 <u>가처분사건의 당사자가 될 수 없는 법인</u> 등은 그 가처분취소신청을 할 수 없다.1833)

5. 집행 및 효력

(1) 가처분의 집행방법

법원사무관등은 법원이 법인의 대표자 그 밖의 임원으로 등기된 사람에 대하여 직무의 집행을 정지하거나 그 직무를 대행할 사람을 선임하는 가처분을 하거나 그 가처분을 변경·취소한 때에는 법인의 '<u>주사무소 또는 본점</u>'이 있는 곳의 등기소에 그 등기를 촉탁하여야 한다. 다만 이 사항이 등기하여야 할 사항이 아닌 경우에는 그러하지 아니하다(306조).1834)

1831) 대법원 1989. 9. 12. 선고 87다카2691 판결.
1832) 대법원 2000. 2. 22. 선고 99다62890 판결 ; 1992. 5. 12. 선고 92다5638 판결.
1833) 대법원 1997. 10. 10. 선고 97다27404 판결.
1834) '법인의 주사무소 및 분사무소 또는 본점 및 지점이 있는 곳의 등기소에 촉탁하여야 한다'를 '법인의 주사무소 또는 본점이 있는 곳의 등기소에 촉탁하여야 한다'로 개정하였음(2025. 1. 31. 시행).

(2) 집행취소의 효과

법원의 직무집행정지가처분결정에 의해 회사를 대표할 권한이 정지된 대표이사가 그 정지기간 중에 체결한 계약은 절대적으로 무효이고, 그 후 가처분신청의 취하에 의하여 보전집행이 취소되었다 하더라도 집행의 효력은 장래를 향하여 소멸할 뿐 소급적으로 소멸하는 것은 아니므로 가처분신청이 취하되었다 하여 무효인 계약이 유효하게 되지는 않는다.[1835]

[1835] 대법원 2008. 5. 29. 선고 2008다4537 판결.

▣ 저자 약력

* 연세대학교대학원 법학과 졸업
* [자격사항] 법무사, 공인중개사, 행정사 자격취득
* [학위] 법학박사(민사집행법 전공)
* 현) 대한법률구조공단 초빙교수(민사집행실무)
* 현) 법무부 Law Educator(민사집행)
* 현) 서울지방변호사회 실무교육교수(민사집행실무)
* 현) 중앙법률사무교육원 실무교육교수(민사집행/부동산경매 권리분석/채권집행/공탁실무)
* 현) 연세대학교 부동산경매 전문가과정 책임교수(부동산경매 권리분석)
* 현) 대한법무사협회 법무사연수원 연수교육교수(민사집행실무)
* 전) 합격의 법학원 교수(민사집행법/공탁법)
* 현) ST Unitas 전문직단기(법무사 Part) 전임교수(민사집행법/공탁법/가족관계등록법)

▣ 주요 저서 및 논문

* 민사집행법 강의(2024. 10. 제12판)
* 민사집행법 객관식(2024. 11. 제13판)
* 민사집행법 핵심판례 최종정리(2025. 3. 제6판)
* 민사집행법 핵심정리(2025. 5. 제8판)
* 민사집행법 판례정리(2023. 2. 제7판)
* 민사집행법 예상문제(2021. 4. 제3판)
* 민사집행법 OX(2023. 3. 제4판)
* 공탁법 강의(2024. 11. 제6판)
* 공탁법 객관식(2024. 11. 제6판)
* 공탁법 핵심지문 최종정리(2025. 4. 제6판)
* 공탁법 핵심정리(2023. 4. 제4판)
* 공탁법 OX(2023. 3. 제3판)
* 공탁법 예상문제(2024. 제2판)
* 가족관계등록법 핵심정리(2025. 1. 제3판)
* 가족관계등록법 객관식(2025. 2. 제4판)
* 부동산경매실무와 권리분석(2021. 3. 제8판)
* 민사집행실무(2023. 2. 대한법무사협회 법무사연수원, 제9판)
* 부동산경매 권리분석 및 인도소송실무(2025. 제3판 예정, 중앙법률사무교육원)

외 논문 등 다수

♣ 이 교재를 사용한 실강 및 동영상
ST Unitas 커넥츠 법무사단기

[제8판]
2025 핵심정리 민사집행법

발행일	2017년 01월 01일 초판 발행
	2025년 05월 20일 제8판 발행
지은이	한 봉 상
펴낸이	韓 奉 相
펴낸곳	도서출판 **연세출판사**
	◎법무사 수험서적 전문출판◎
	江原特別自治道 原州市 江邊路 415
전 화	033)744-2916
팩 스	033)746-2916
등 록	제2010-000007호

정 가 40,000원
ISBN 979-11-86633-79-3

* 본서의 무단복제 등의 행위를 금합니다.
* 파본은 바꿔 드립니다.
* 저자와 협의로 인지첩부는 생략합니다.